山东省高等教育名校建设工程课程改革教材
全国水利职业教育优秀教材

水工建筑物

（修订版）

主　编　冷爱国　张云清
副主编　娄　英　刘　磊
主　审　孔祥利

黄河水利出版社
·郑州·

内 容 提 要

本书是山东省高等教育名校建设工程课程改革教材、全国水利职业教育优秀教材，是本着高职教育的特色，依据中央财政支持专业建设方案和山东省特色名校建设方案要求进行编写的。全书共分12个学习项目，主要内容包括水利工程基本知识、重力坝、水闸、土石坝、河岸溢洪道、水工隧洞、橡胶坝、渠道、渡槽、桥梁、倒虹吸管和涵洞、跌水与陡坡等。本书主要讲述各种水工建筑物的作用、特点、适用情况、工作条件、结构形式与布置和有关设计计算的技能训练。

本书可作为高等职业院校、高等专科学校的水利工程、水利水电建筑工程、水利水电工程管理、城市水利等专业的教材，也可供相关专业的工程技术人员学习参考。

图书在版编目（CIP）数据

水工建筑物/冷爱国，张云清主编. —郑州：黄河水利出版社，2015.9 （2019.7 修订版重印）
山东省高等教育名校建设工程课程改革教材
ISBN 978－7－5509－1231－1

Ⅰ.①水… Ⅱ.①冷… ②张… Ⅲ.①水工建筑物－高等学校－教材 Ⅳ.①TV6

中国版本图书馆CIP数据核字(2015)第216934号

组稿编辑：王路平 电话：0371－66022212 E-mail：hhslwlp@163.com

出 版 社：黄河水利出版社 网址：www.yrcp.com
地址：河南省郑州市顺河路黄委会综合楼14层 邮政编码：450003
发行单位：黄河水利出版社
发行部电话：0371－66026940、66020550、66028024、66022620(传真)
E-mail：hhslcbs@126.com
承印单位：河南承创印务有限公司
开本：787 mm×1 092 mm 1/16
印张：23.75
字数：550千字 印数：3 501—6 500
版次：2015年9月第1版 印次：2019年7月第2次印刷
2019年7月修订版

定价：52.00元

前 言

本书是依据中央财政支持提升社会服务能力重点建设专业和山东省高等教育名校建设工程重点建设专业——水利工程专业的人才培养方案和课程建设目标要求，并按照国家及行业有关水工建筑物的新规范、新标准编写完成的。在吸收有关教材和技术文献资料精华的基础上，改变了教学内容编排思路，充实了新思想、新理论、新方法、新技术和教学案例；以"工学结合"为主线，以培养学生的实践动手能力为目标，不过分苛求学科的系统性和完整性，注重学生职业能力训练和综合素质培养，体现了高等职业教育的特点，突出了适用性、实践性、创新性的教材特色。

在 2017 年由中国水利教育协会组织的教材评选中，本书被评为"全国水利职业教育优秀教材"。

为了不断提高教材质量，编者于 2019 年 7 月对全书进行了认真修订完善，补充了国家及行业近几年颁布的最新规范、标准，改正了书中在教学实践中发现的问题和错误。

本书是结合水利高等职业院校教学改革的实践经验编写而成的，坚持"行动导向"的教学成果，体现"教、学、做"一体化、"工学结合"教学理念，教材内容紧扣培养目标，更加贴近水利水电工程职业岗位的各项工作，教材同时融合了建造师、土木工程师等职业资格的相关内容。

本书编写过程注重调研，先后对山东水利勘测设计院、日照市水利局、山东水利工程总公司等多家单位的工作岗位要求和往届毕业生的工作情况进行调研；编写过程注重工程一线人员的参与，在教学案例、技能训练内容设置和编审过程中广大工程技术人员给予了全程指导；编写时力求做到概念准确、案例丰富、方法步骤清楚。

本书由山东水利职业学院主持编写工作，编写人员及编写分工如下：冷爱国编写项目一；山东水利勘测设计院刘建生、冷爱国编写项目二；日照市东港区水利局娄英编写项目三；日照水库管理局刘磊、冷爱国编写项目四；刘昌礼编写项目五；张云清编写项目六至项目八；邓婷婷编写项目九、项目十；赵鲁斌编写项目十一；张瑜编写项目十二。本书由冷爱国、张云清担任主编，冷爱国负责全书统稿；由娄英、刘磊担任副主编；由济宁市水利局高级工程师孔祥利担任主审。

本书在编写过程中，参考了其他院校和专家的一些教材与资料，得到了山东水利勘测设计院、临沂水利勘测设计院、山东水利工程总公司及黄河水利出版社等单位的大力支持，在此一并表示感谢！

由于编者水平有限，编写时间仓促，书中难免存在不足之处，恳请读者批评指正，提出宝贵意见。

编 者

2019 年 7 月

目 录

项目一　水利工程基本知识

【学习目标】

1. 掌握水利工程的概念、类型，防洪工程体系建设。
2. 掌握水工建筑物的概念、类型和特点。
3. 掌握水利枢纽的概念、类型和布置。
4. 能进行水利工程分等与水工建筑物分级以及确定洪水标准。

水是生命之源、生产之要、生态之基，水利是经济社会发展的基本条件、基础支撑、重要保障，兴水利、除水害历来是治国安邦的大事。

水利行业是人类社会为了生存和发展，对自然界的水和水域进行控制和调配，以防治水旱灾害，开发利用和保护水资源，为达到兴利除害的目的所进行的计划、建造和管理行业。水利行业涉及防洪、除涝、灌溉、水力发电、给水、排水、港工、水土保持、水资源保护、环境水利、水利渔业规划、设计、施工和管理等。

一、水利工程

水利工程指对自然界的地表水和地下水进行控制和调配，以达到除害兴利的目的而修建的工程，也称水工程。在时间上、空间上合理分配水资源，达到防洪补枯，消除洪涝灾害和发展灌溉、发电、供水，改善生态环境和航运等目的。

水利工程按其所承担的任务可分为以下几种类型。

（一）河道整治与防洪工程

河道整治主要是通过整治建筑物和其他措施，防止河道冲蚀、改道和淤积，使河流的外形和演变过程都能满足防洪与兴利等各方面的要求。一般防治洪水的措施是“上拦下排，两岸分滞”的工程体系。

“上拦”是防洪的根本措施，不仅可以有效防治洪水，而且可以综合开发利用水土资源。“上拦”就是在山地丘陵地区进行水土保持，拦截水土，有效地减少地面径流；在干、支流的中上游兴建水库拦蓄洪水，调节下泄流量不超过下游河道的过流能力。

水库作为一种蓄水工程，改变了河道的径流，使下游河道流量发生了变化。在汛期可以拦蓄洪水，消减洪峰，保护下游地区安全，拦蓄的水流由于下游水位抬高可以用来灌溉、发电、航运、供水和淡水养殖；在枯水期，通过水库放水可以改善航道水量、河道水质、维持河道水生态平衡。

“下排”就是疏浚河道，修筑堤防，提高河道泄洪能力，减轻洪水威胁。这是治标的办法，不是从根本上防治洪水。但是，在“上拦”工程没有完全控制洪水之前，筑堤防洪仍是一种重要的有效措施，而且要加强汛期的防护、管理、监察等工作，确保安全。

"两岸分滞"就是在河道两岸适当位置修建分洪闸、引洪道、滞洪区等，将超过河道安全泄量的洪峰流量通过泄洪建筑物分流到该河道下游或其他水系，或者蓄于低洼地区（滞洪区），以保证河道两岸保护区的安全。滞洪区的规划与兴建应根据实际经济发展情况、人口因素、地理情况和国家的需要，由国家统筹安排。为了减少滞洪区的损失，必须做好通信、交通和安全措施等工作，并做好水文预报，只有万不得已时才采用分洪措施。

（二）农田水利工程

发展农业生产，提高粮食产量，通过修建闸、渠等水利工程措施，形成良好的灌、排系统，来调节和改变农田水分状态和地区水利条件，使之符合农业生产发展的需要，改变不利于农业发展的自然条件，促进农业稳产高产。

农田水利工程一般包括以下三种类型：

（1）取水工程：从河流、湖泊、水库、地下水等水源适时适量地引取水量，用于农田灌溉的工程称为取水工程。在河流中引水灌溉时，取水工程一般包括抬高水位的拦河坝（闸）、控制引水的进水闸、排沙用的冲沙闸、沉沙池等。当河流流量较大、水位较高能满足自流引水灌溉要求时，可以不修建拦河坝（闸）。当河流水位较低又不宜修建坝（闸）时，可建提灌站，提水灌溉。

（2）输水配水工程：将一定流量的水流输送并配置到田间的工程称为输水配水工程，如各级渠道及渠道上的涵洞、渡槽、分水闸等。

（3）排水工程：各级排水沟及沟道上的建筑物。其作用是将农田内多余水分排泄到作物以外范围，使农田水分保持适宜状态，如排水沟、排水闸等。

（三）水力发电工程

水力发电工程即将具有巨大能量的水流通过水轮机转换为机械能，再通过发电机将机械能转换为电能的工程措施。

水力发电的两个基本要素即落差和流量。为了有效地利用天然河道的水能，常采用工程措施，修建能集中落差和流量的水工建筑物，使水流符合水力发电工程的要求。在山区常用的水能开发方式是拦河筑坝，形成水库，这样既可以调节径流又可以集中落差。在坡度很陡或有瀑布、急滩、弯道的河段，而上游又不许淹没时，可以沿河岸修建引水建筑物（渠道、隧洞）来集中落差和流量，开发水能。

（四）供水和排水工程

供水是将水从天然水源中取出，经过净化、加压，用管网供给城市、工矿企业等用水部门；排水是排除工矿企业及城市废水、污水和地面雨水。城市供水对水质、水量及供水可靠性要求很高；排水必须符合国家规定的污水排放标准。

我国水源不足，现有供、排水能力不能与科技和生产发展以及人民物质文化生活水平的不断提高相适应，特别是城市供水与排水的要求越来越高；水质污染问题不仅加剧了水资源的供需矛盾，而且导致环境恶化、生态破坏。

（五）航运工程

航运包括船运与筏运（木、竹浮运）。发展航运对物质交流、繁荣市场、促进经济和文化发展是很重要的。它的运费低廉，运输量大。内河航运有天然水道（河流、湖泊等）和人工水道(运河、河网、水库、闸化河流等)两种。

利用天然河道通航,必须进行疏浚、河床整治、改善河流的弯曲情况、设立航道标志,以建立稳定的航道。当河道通航深度不足时,可以通过拦河建闸、坝的措施抬高河道水位;或利用水库进行径流调节,改善水库下游的通航条件。人工水道是人们为了改善航运条件,开挖人工运河、河网及渠化河流,以节省航程,节约人力、物力、财力。

在航道上如建有闸、坝等挡水建筑物,应同时修建通航建筑物,如中转码头、升船机、船闸、过木建筑物。

(六)水土保持工程

水土保持工程是防治水土流失的一项措施。它是应用工程学原理,防治山区、丘陵区、风沙区水土流失,保护、改良与合理利用水土资源,并充分发挥水土资源的经济效益和社会效益,建立良好生态环境的一项措施。

水土保持工程可分为以下四种类型:

(1)山坡防护工程。其作用在于用改变小地形的方法防止坡地水土流失,将雨水及融雪水就地拦蓄,使其渗入农地、草地或林地,减少或防止形成地面径流,增加农作物、牧草以及林木可利用的土壤水分,同时,将未能就地拦蓄的坡地径流引入小型蓄水工程。在发生重力侵蚀危险的坡地上,可以修筑排水工程或支撑建筑物防止滑坡作用。山坡防护工程的措施有:梯田、拦水沟埂、水平沟、水平阶、水簸箕、钱鳞坑、山坡截流沟、水窖(旱井)以及稳定斜坡下部的挡土墙等。

(2)山沟治理工程。其作用在于防止沟头前进、沟床下切、沟岸扩张,减缓沟床纵坡、调节山洪洪峰流量,减少山洪或泥石流的固体物质含量,使山洪安全排泄,对沟口冲积锥不造成灾害。山沟治理工程的措施有:沟头防护工程、谷坊工程,以拦沙调沙为主要目的的各种拦沙坝,以拦泥淤地、建设基本农田为目的的淤地坝及沟道防道防岸工程等。

(3)山洪排导工程。其作用在于防止山洪及泥石流冲刷与淤积灾害而修建的排洪沟或导洪堤等建筑物,保护村庄、道路、工矿企业及生产安全。

(4)小型蓄水用水工程。其作用在于将坡地径流及地下潜流拦蓄起来,减少水土流失,灌溉农田,提高作物产量。其工程包括小水库、蓄水塘坝、淤滩造田、引洪漫地、引水上山等。

二、水工建筑物

在水的静力或动力作用下工作,并与水发生相互影响的各种建筑物,称为水工建筑物。

(一)水工建筑物的类型

1.按建筑物的用途分类

(1)挡水建筑物。用以拦截江河,形成水库或壅高水位,如各种坝和闸,以及为抗御洪水或挡潮,沿江河海岸修建的堤防、海塘等。

(2)泄水建筑物。用以宣泄在各种情况下、特别是洪水期的多余入库水量,以确保大坝和其他建筑物的安全,如溢流坝、溢洪道、泄洪洞等。

(3)输水建筑物。为灌溉、发电和供水的需要从上游向下游输水用的建筑物,如输水洞、引水管、渠道、渡槽等。

(4)取水建筑物。是输水建筑物的首部建筑,如进水闸、扬水站等。

(5)整治建筑物。用以整治河道,改善河道的水流条件,如丁坝、顺坝、导流堤、护岸等。

(6)专门建筑物。专门为灌溉、发电、供水、过坝需要而修建的建筑物,如电站厂房、沉沙池、船闸、升船机、鱼道、筏道等。

2. 按建筑物使用时间分类

(1)永久性建筑物。这种建筑物在运用期长期使用,根据其在整体工程中的重要性又分为主要建筑物和次要建筑物。主要建筑物是指失事后将造成下游灾害或严重影响工程效益的建筑物,如闸、坝、泄水建筑物、输水建筑物及水电站厂房等;次要建筑物是指失事后不致造成下游灾害和对工程效益影响不大且易于检修的建筑物,如挡土墙、导流墙、工作桥及护岸等。

(2)临时性建筑物。这种建筑物仅在工程施工期间使用,如围堰、导流建筑物等。

有些水工建筑物在枢纽中的作用并不是单一的。如溢流坝既能挡水,又能泄水;水闸既可挡水,又能泄水,还可作取水之用。

(二)水工建筑物的特点

1. 工作条件复杂

由于水的作用形成了水工建筑物特殊的工作条件:挡水建筑物蓄水以后,除承受一般的地震力和风压力等水平推力外,还承受很大的水压力、浪压力、冰压力、地震动水压力等水平推力,对建筑物的稳定性影响极大;通过水工建筑物和地基的渗流,对建筑物和地基产生渗透压力,还可能产生侵蚀和渗透破坏;当水流通过水工建筑物下泄时,高速水流可能引起建筑物的空蚀、振动以及对下游河床和两岸的冲刷;对于特定的地质条件,水库蓄水后可能诱发地震,进一步恶化建筑物的工作条件。

水工建筑物的地基是多种多样的。在岩基中经常遇到节理、裂隙、断层、破碎带及软弱夹层等地质构造;在土基中,可能遇到粉细砂、淤泥等构成的复杂土基。为此,在设计以前必须进行周密的勘测,作出正确的判断,为建筑物的选型和地基处理提供可靠的依据。

2. 施工条件复杂

水工建筑物的兴建,首先需要解决好施工导流问题,要求施工期间,在保证建筑物安全的前提下,河水应能顺利下泄,必要的通航、过木要求应能满足,这是水利工程设计和施工中的一个重要课题;其次,工程进度紧迫,工期也比较长,截流、度汛需要抢时间、争进度,否则将导致工期拖延;第三,施工技术复杂,水工建筑物的施工受气候影响较大,如大体积混凝土的温度控制和复杂的地基较难以处理,填土工程要求一定的含水量和一定的压实度,雨季施工有很大的困难;第四,地下、水下工程多,排水施工难度比较大;第五,交通运输比较困难,高山峡谷地区更为突出。

3. 对国民经济的影响巨大

水利枢纽工程和单项的水工建筑物可以承担防洪、灌溉、发电、航运等任务,同时又可以绿化环境,改良土壤植被,发展旅游,甚至建成优美的城市等,但是,如果处理不当也可能产生消极的影响。例如:水库蓄水越多,则效益越高,淹没损失也越大,不仅导致大量移民和迁建,还可能引起库区周围地下水位的变化,直接影响到工农业生产,甚至影响生态环境;库尾的泥沙淤积,可能会使航道恶化。堤坝等挡水建筑物万一失事或决口,将会给下游人民的生命财产和国家建设带来灾难性的损失。1975 年 8 月我国河南省遭遇特大洪水,加之板桥、石漫滩两座水库垮坝,使下游 1 100 万亩[1]农田受淹,京广铁路中断,死亡人数达 9 万人。

三、水利枢纽

为了综合利用水资源,达到防洪、灌溉、发电、供水、航运等目的,修建几种不同类型的建筑物,以控制和支配水流,满足国民经济发展的需要,而由不同水工建筑物组成的综合体称为水利枢纽。

水利枢纽分为蓄水枢纽和取水枢纽两种。

(一)蓄水枢纽

蓄水枢纽是为了解决来水与用水在时间和水量分配上存在的矛盾而修建的以挡水建筑物为主体的建筑物综合运用体。一般由挡水、泄水、放水及某些专门性建筑物组成。将这些作用不同的建筑物相对集中布置,综合考虑防洪、灌溉、发电、航运、渔业、林业、交通、生态及环境等各方面的要求,并保证它们在运行中能良好配合工作。

丹江口水利枢纽是典型的蓄水枢纽,其布置如图 1-1 所示。

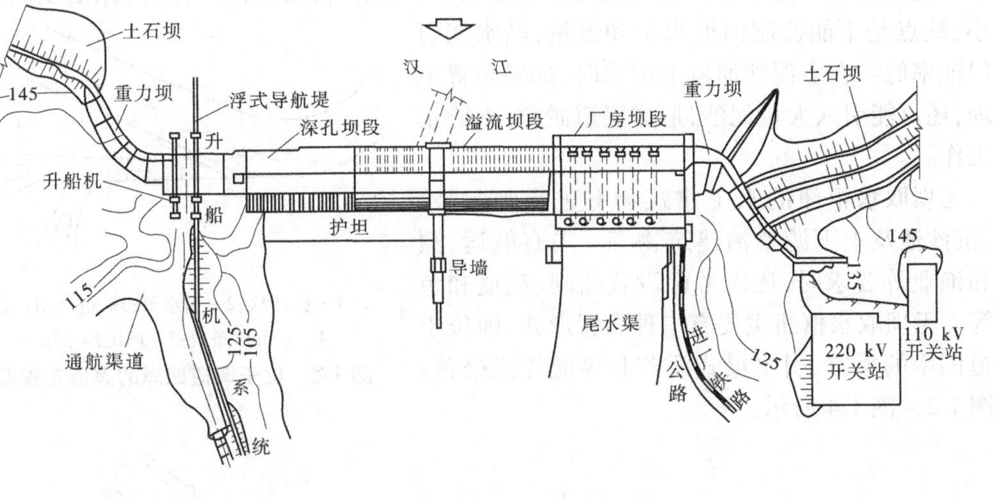

图 1-1 丹江口水利枢纽布置图

丹江口水利枢纽是南水北调中线渠首蓄水工程,具有防洪、灌溉、发电、航运、渔业等综合效益。其主要组成部分如下:

(1)拦河坝:为宽缝重力坝(副坝为黏土斜墙堆石坝),用以截断水流、挡水蓄水、形成水库。总库容 209 亿 m^3,水电站装机容量 90 万 kW。

(2)深孔坝段、溢流坝段:用以宣泄洪水期河道入库洪量超过水库调蓄能力的多余洪水,以保证大坝及有关建筑物安全。

[1] 1 亩 = 1/15 hm^2,全书同。

(3)水电站建筑物:用以将水能转变为电能。

(4)升船机:其作用是向上下游运送过坝船只。

水利枢纽的作用可以是单一的,但多数是综合利用的水利枢纽。枢纽正常运行中各部门之间对水的要求有所不同。如防洪部门希望汛前降低水位以加大防洪库容,而兴利部门则希望扩大兴利库容而不愿汛前过多降低水位;水力发电只是利用水的能量而不消耗水量,发电后的水仍可用于农业灌溉或工业供水,但发电、灌溉和供水的用水时间不一定一致。因此,在设计水利枢纽时,应使上述矛盾能得到合理解决,以降低工程造价,满足国民经济各部门的需要。

(二)取水枢纽

取水枢纽是指从河流或水库取水的水利枢纽。其作用是获取符合水量及水质要求的河水,以满足灌溉、发电、工业及生活用水的要求;并要求防止粗颗粒泥沙进入渠道,以免引起渠道的淤积和对水轮机或水泵叶片的磨损,保证渠道及水电站正常运行。

取水枢纽根据是否具有拦河建筑物可分为无坝取水枢纽和有坝取水枢纽两大类。

1.无坝取水枢纽

当河道枯水时期的水位和流量能满足引水要求时,不必在河床上修建拦河建筑物,只需在河流的适当地点开渠,并修建必要的建筑物自流引水,这种取水枢纽称为无坝取水枢纽。其优点是工程简单、投资少、施工比较容易、工期短、收效快,并且对河床演变的影响较小;缺点是不能控制河道水位和流量,枯水期引水保证率低。在多泥沙河流上引水时,如果布置不合理,还可能引入大量泥沙,造成渠道淤积,不能正常工作。

无坝取水枢纽的水工建筑物有进水闸、冲沙闸、沉沙池及上下游整治建筑物等。当有航运、漂木和渔业等要求时,还应考虑设置船闸、筏道和鱼道等。无坝取水枢纽主要有三种布置形式,即位于弯道凹岸的渠首、引水渠式渠首和导流堤式渠首,如图1-2~图1-4所示。

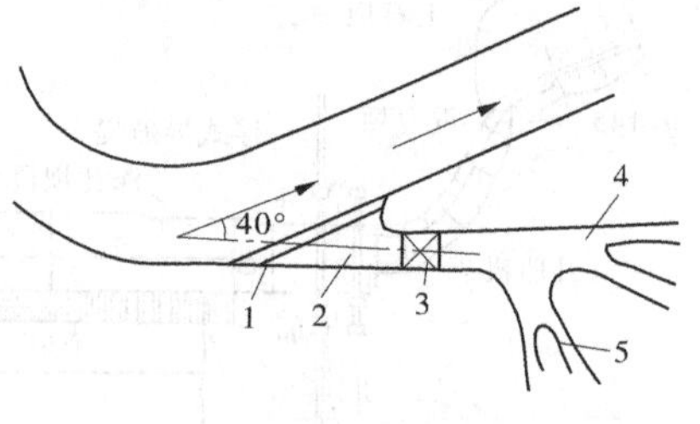

1—拦沙坎;2—引水渠;3—进水闸;
4—东沉沙条渠;5—西沉沙条渠

图1-2 位于弯道凹岸的渠道布置图

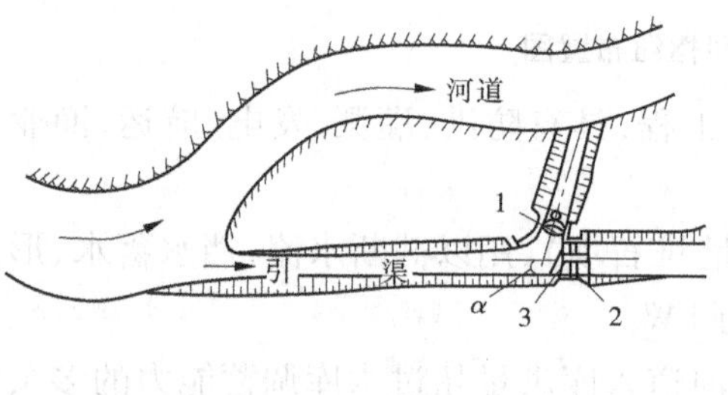

1—冲沙闸;2—进水闸;3—拦沙槛

图1-3 引水渠式渠首布置图

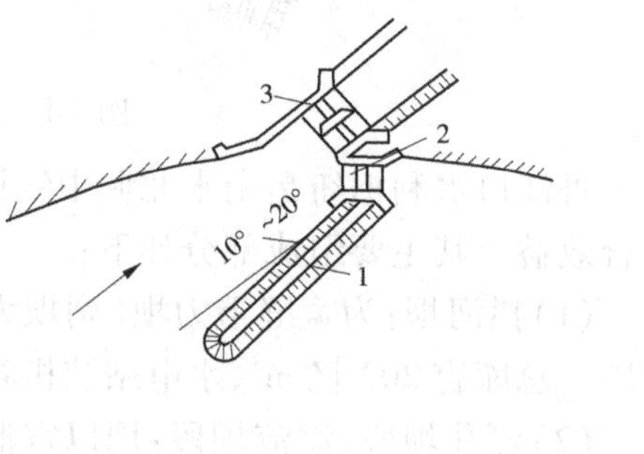

1—导流堤;2—泄水冲沙闸;3—进水闸

图1-4 导流堤式渠首布置图

图 1-5 所示是我国古代著名的水利工程都江堰取水枢纽的布置示意图。它建于 2 300 年前,也属于导流堤式渠首。整个渠首位置选择在岷江天然弯道上。它由百丈堤、导流堤、飞沙堰、泄水槽及进水口等建筑物组成。金刚堤(导流堤)位于进水口——宝瓶口前,建在江中卵石沉积的天然滩脊上,根据当时的施工条件和材料,堤身是用当地材料竹笼内装卵石及木桩加固而成,类似于现代的铅丝笼装卵石导流堤。金刚堤的最前端是分水鱼嘴。金刚堤的作用主要是分水和导流,它把岷江分为内江和外江。

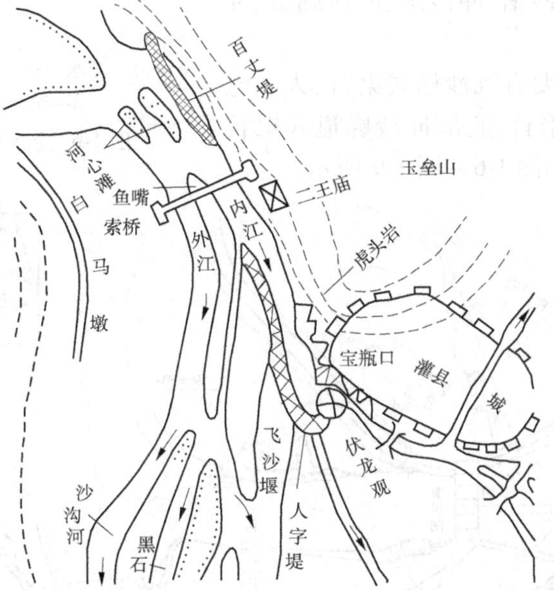

图 1-5　都江堰取水枢纽平面布置图

在洪水时期,内江和外江水量的分配比例大约为 4∶6,大部分洪水,从外江流走以保证灌区的安全;在枯水时期,内外江的分水比例恰好相反,大部分江水进入内江,保证了灌区用水。进水口——宝瓶口,系由人工凿开玉垒山而成。由于岩石坚硬,能抵抗水流的冲击,并可以控制引取所需的水量。飞沙堰及泄水槽建在进水口前的导流堤上,用以宣泄进入内江的多余水量,排走泥沙,并保持取水口所需要的水位。百丈堤位于导流堤上游,除引导江水外,还保护河岸免受冲刷。因整个工程布置合理,各建筑物能互相紧密配合,相互调节,起到了分水、泄洪、引水和防沙的作用,使成都平原农田可以自流灌溉,成为旱涝保收的富饶地区。这座工程的建造,充分体现了我国古代劳动人民具有无穷的智慧和高超的科学技术水平。

2. 有坝取水枢纽

当河道枯水时期的水位和流量能满足引水要求,但河道水位较低不能自流取水时,需修建壅水坝(或拦河闸)来抬高水位以满足自流取水的要求,这种具有壅水坝的取水枢纽称为有坝取水枢纽。有坝取水枢纽的优点是工作可靠,取水保证率高,便于取水防沙和综合利用,故应用较广。

有坝取水枢纽一般由拦河壅水建筑物(壅水坝或拦河闸)、进水闸、冲沙闸、防排沙设施及上下游河道整治措施等建筑物组成。拦河壅水建筑物的作用是抬高水位和宣泄河道多余的水量及汛期洪水;进水闸的作用是控制入渠流量;防排沙设施的作用是防止河流泥沙进入渠道。常用的防排沙设施有沉沙槽、冲沙闸、冲沙廊道、冲沙底孔及沉沙池等。

有坝取水枢纽主要有沉沙槽式渠首、人工弯道式渠首、底栏栅式渠首、底部冲沙廊道式渠首和两岸引水式渠首,如图1-6~图1-9所示。

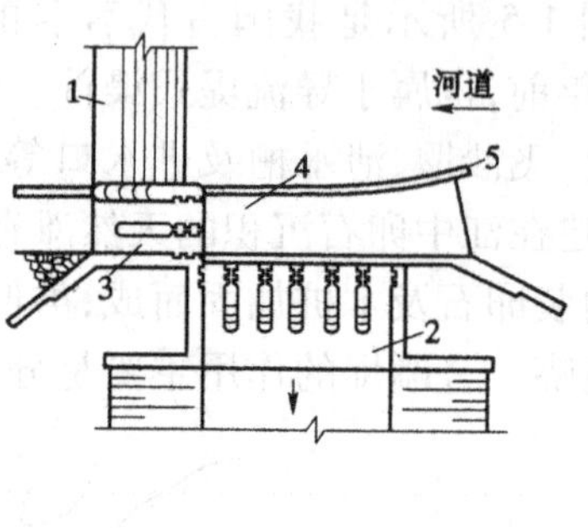

1—壅水坝;2—进水闸;3—冲沙闸;4—沉沙槽;5—导水墙

图1-6 沉沙槽式渠首布置图

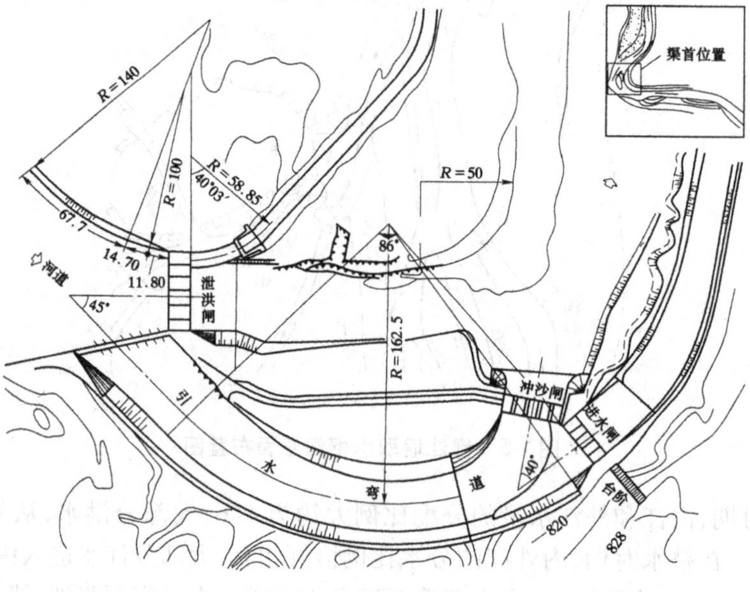

图1-7 人工弯道式渠首布置图 (单位:m)

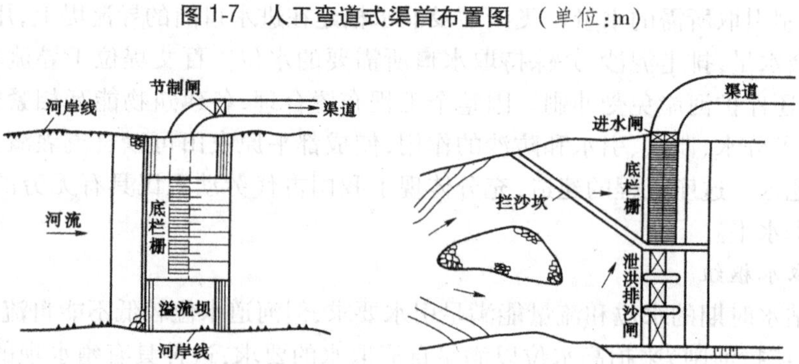

(a) 湖北猴子底栏栅式渠首　(b) 新疆吐鲁番人民渠渠首

图1-8 底栏栅式渠首布置图

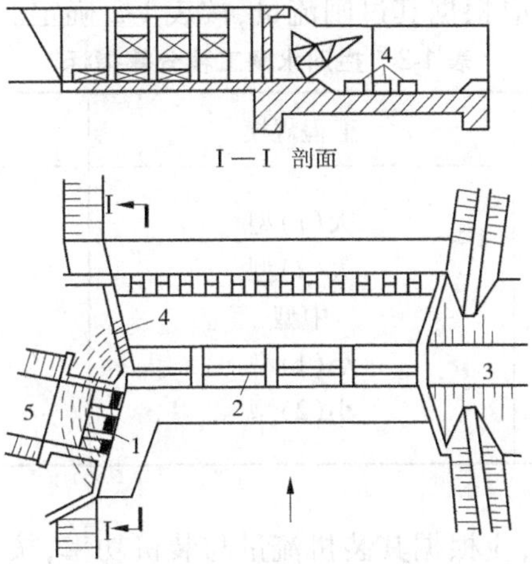

1—进水闸;2—拦河闸;3—土坝;4—冲沙廊道;5—干渠

图 1-9 冲沙廊道式渠首布置图

四、水利水电工程分等和水工建筑物分级

为了使工程达到既安全又经济的目的,应根据其规模、效益及其在国民经济中的重要性将水利水电工程分等,再将工程中的不同建筑物按其所属工程的等别和重要性分级。级别高的建筑物,对设计及施工的要求也高,级别低的建筑物则可以适当降低。

(一)工程等别确定

根据《水利水电工程等级划分及洪水标准》(SL 252—2017)规定,综合利用的水利水电工程的等别按表 1-1 确定。当按其各项用途确定的等别不同时,应按其中的最高等别确定整个工程的等别。

表 1-1 水利水电工程分等指标

工程等别	工程规模	水库总库容(亿 m^3)	分等指标					
			防洪		治涝	灌溉	供水	发电
			保护城镇及工矿企业的重要性	保护农田面积(万亩)	治涝面积(万亩)	灌溉面积(万亩)	供水对象的重要性	装机容量(万 kW)
Ⅰ	大(1)型	≥10	特别重要	≥500	≥200	≥150	特别重要	≥120
Ⅱ	大(2)型	10~1.0	重要	500~100	200~60	150~50	重要	120~30
Ⅲ	中型	1.0~0.1	中等	100~30	60~15	50~5	中等	30~5
Ⅳ	小(1)型	0.1~0.01	一般	30~5	15~3	5~0.5	一般	5~1
Ⅴ	小(2)型	0.01~0.001		<5	<3	<0.5		<1

注:1. 水库总库容是指水库最高水位以下的静库容。

2. 治涝面积和灌溉面积均指设计面积。

拦河水闸工程的等别,应根据其过闸流量,按表1-2确定。

表1-2 拦河水闸工程分等指标

工程等别	工程规模	过闸流量(m^3/s)
Ⅰ	大(1)型	≥5 000
Ⅱ	大(2)型	5 000~1 000
Ⅲ	中型	1 000~100
Ⅳ	小(1)型	100~20
Ⅴ	小(2)型	<20

灌溉、排水泵站的等别,应根据其装机流量与装机功率,按表1-3确定。工业、城镇供水泵站的等别,应根据其供水对象的重要性,按表1-1确定。

表1-3 灌溉、排水泵站分等指标

工程等别	工程规模	分等指标	
		装机流量(m^3/s)	装机功率(万kW)
Ⅰ	大(1)型	≥200	≥3
Ⅱ	大(2)型	200~50	3~1
Ⅲ	中型	50~10	1~0.1
Ⅳ	小(1)型	10~2	0.1~0.01
Ⅴ	小(2)型	<2	<0.01

注:1.装机流量、装机功率是指包括备用机组在内的单站指标。
2.当泵站按分等指标分属两个不同等别时,其等别按其中高的等别确定。
3.由多级或多座泵站联合组成的泵站系统工程的等别,可按其系统的指标确定。

取水枢纽工程等别应根据引水流量的大小,按表1-4确定。

表1-4 取水枢纽工程分等指标

工程等别	Ⅰ	Ⅱ	Ⅲ	Ⅳ	Ⅴ
规模	大(1)型	大(2)型	中型	小(1)型	小(2)型
取水流量(m^3/s)	>200	200~50	50~10	10~2	<2

(二)工程级别确定

1.永久性水工建筑物级别

(1)水利水电工程的永久性水工建筑物的级别,应根据其所在工程的等别和建筑物的重要性,划分为5级,按表1-5确定。

表 1-5 永久性水工建筑物级别

工程等别	主要建筑物	次要建筑物
Ⅰ	1	3
Ⅱ	2	3
Ⅲ	3	4
Ⅳ	4	5
Ⅴ	5	5

(2)失事后损失巨大或影响十分严重的水利水电工程的 2～5 级主要永久性水工建筑物,经过论证并报主管部门批准,可提高一级;失事后造成损失不大的水利水电工程的 1～4 级主要永久性水工建筑物,经过论证并报主管部门批准,可降低一级。

(3)水库大坝按表 1-5 规定为 2 级、3 级的永久性水工建筑物,如坝高超过表 1-6 指标,其级别可提高一级,但洪水标准可不提高。

表 1-6 水库大坝提级指标

级别	坝型	坝高(m)
2	土石坝	90
	混凝土坝、浆砌石坝	130
3	土石坝	70
	混凝土坝、浆砌石坝	100

(4)当永久性水工建筑物基础的工程地质条件复杂或采用新型结构时,对 2～5 级建筑物可提高一级设计,但洪水标准不予提高。

(5)城市防洪建筑物级别,根据《城市防洪工程设计规范》(GB/T 50805—2012)确定。应按城市等别及其在工程中的作用和重要性划分为四级,可按表 1-7 确定。

表 1-7 防洪建筑物级别

城市等别	永久性建筑物级别		临时性建筑物级别
	主要建筑物	次要建筑物	
Ⅰ	1	3	4
Ⅱ	2	3	4
Ⅲ	3	4	4
Ⅳ	4	4	

注:1. 主要建筑物是指失事后使城市遭受严重灾害并造成重大经济损失的建筑物,例如堤防、防洪闸等。

2. 次要建筑物是指失事后不致造成城市灾害或者造成经济损失不大的建筑物,例如丁坝、护坡、谷坊。

3. 临时性建筑物是指防洪工程施工期间使用的建筑物,例如施工围堰等。

(6)堤防工程的级别,应按《堤防工程设计规范》(GB 50286—2013)确定。堤防工程的防洪标准应根据防护区内防洪标准较高的防护对象的防洪标准确定。堤防工程的级别应符合表 1-8 的规定。

表 1-8　堤防工程的级别

防洪标准（重现期（年））	≥100	<100 且≥50	<50 且≥30	<30 且≥20	<20 且≥10
堤防工程的级别	1	2	3	4	5

堤防工程上的闸、涵、泵站等建筑物及其他构筑物设计防洪标准，不应低于堤防工程的防洪标准，并应留有适当的安全裕度。

(7)灌溉渠道或排水沟的级别应根据灌溉或排水流量的大小，按表 1-9 确定。对灌排结合的渠道工程，当按灌溉和排水流量分属两个不同工程级别时，应按其中较高的级别确定。

表 1-9　灌排渠沟工程分级指标

工程级别	1	2	3	4	5
灌溉流量（m^3/s）	>300	300～100	100～20	20～5	<5
排水流量（m^3/s）	>500	500～200	200～50	50～10	<10

(8)水闸、渡槽、倒虹吸、涵洞、跌水与陡坡等灌排建筑物的级别，应根据过水流量的大小，按表 1-10 确定。

表 1-10　灌排建筑物分级指标

工程级别	1	2	3	4	5
过水流量（m^3/s）	>300	300～100	100～20	20～5	<5

(9)在防洪堤上修建的引水、提水工程及其他灌排建筑物，或在挡潮堤上修建的排水工程，其级别不得低于防洪堤或挡潮堤的级别。

(10)倒虹吸、涵洞等灌排建筑物与公路或铁路交叉布置时，其级别不得低于公路或铁路的级别。

2. 临时性水工建筑物级别

(1)水利水电工程施工期使用的临时性挡水和泄水建筑物的级别，应根据保护对象的重要性、失事后果、使用年限和临时性建筑物规模，按表 1-11 确定。

(2)当临时性水工建筑物根据表 1-11 指标分属不同级别时，其级别应按其中最高级别确定。但对 3 级临时性水工建筑物，符合该级别规定的指标不得少于两项。

(3)利用临时性水工建筑物挡水发电、通航时，经过技术经济论证，3 级以下临时性水工建筑物的级别可提高一级。

表1-11　临时性水工建筑物级别

<table>
<tr><th rowspan="2">级别</th><th rowspan="2">保护对象</th><th rowspan="2">失事后果</th><th rowspan="2">使用年限（年）</th><th colspan="2">临时性水工建筑物规模</th></tr>
<tr><th>高度(m)</th><th>库容(亿 m³)</th></tr>
<tr><td>3</td><td>有特殊要求的1级永久性水工建筑物</td><td>淹没重要城镇、工矿企业、交通干线或推迟总工期及第一台(批)机组发电,造成重大灾害和损失</td><td>>3</td><td>>50</td><td>>1.0</td></tr>
<tr><td>4</td><td>1、2级永久性水工建筑物</td><td>淹没一般城镇、工矿企业或影响工程总工期及第一台(批)机组发电而造成较大经济损失</td><td>3~1.5</td><td>50~15</td><td>1.0~0.1</td></tr>
<tr><td>5</td><td>3、4级永久性水工建筑物</td><td>淹没基坑,但对总工期及第一台(批)机组发电影响不大,经济损失较小</td><td><1.5</td><td><15</td><td><0.1</td></tr>
</table>

五、水利水电工程水工建筑物洪水标准

水利水电工程永久性水工建筑物的洪水标准,应按山区、丘陵区和平原、滨海区分别确定。

当山区、丘陵区的水利水电工程永久性水工建筑物的挡水高度低于15 m,且上下游最大水头差小于10 m时,其洪水标准宜按平原、滨海区标准确定;当平原区、滨海区的水利水电工程永久性水工建筑物的挡水高度高于15 m,且上下游最大水头差大于10 m时,其洪水标准宜按山区、丘陵区标准确定。

江河采取梯级开发方式,在确定各梯级水利水电工程的永久性水工建筑物的设计洪水与校核洪水标准时,还应结合江河治理和开发利用规划,统筹研究,相互协调。

(一)山区、丘陵区水利水电工程的永久性水工建筑物

(1)山区、丘陵区水利水电工程永久性水工建筑物的洪水标准,应按表1-12确定。

表1-12　山区、丘陵区水利水电工程永久性水工建筑物的洪水标准(重现期(年))

<table>
<tr><th colspan="2" rowspan="2">项目</th><th colspan="5">水工建筑物级别</th></tr>
<tr><th>1</th><th>2</th><th>3</th><th>4</th><th>5</th></tr>
<tr><td colspan="2">设计</td><td>1 000~500</td><td>500~100</td><td>100~50</td><td>50~30</td><td>30~20</td></tr>
<tr><td rowspan="2">校核</td><td>土石坝</td><td>可能最大洪水(PMF)或10 000~5 000</td><td>5 000~2 000</td><td>2 000~1 000</td><td>1 000~300</td><td>300~200</td></tr>
<tr><td>混凝土坝、浆砌石坝</td><td>5 000~2 000</td><td>2 000~1 000</td><td>1 000~500</td><td>500~200</td><td>200~100</td></tr>
</table>

(2)对土石坝,如失事下游将造成特别重大灾害,1 级建筑物的校核洪水标准,应取可能最大洪水(PMF)或重现期 10 000 年标准;2～4 级建筑物的校核洪水标准,可提高一级。

(3)对混凝土坝、浆砌石坝,如洪水漫顶将造成极严重的损失,1 级建筑物的校核洪水标准,经过专门论证并报主管部门批准,可取可能最大洪水(PMF)或重现期 10 000 年标准。

(4)山区、丘陵区水利水电工程的永久性泄水建筑物消能防冲设计的洪水标准,可低于泄水建筑物的洪水标准,根据泄水建筑物的级别按表 1-13 确定,并应考虑在低于消能防冲设计洪水标准时可能出现的不利情况。对超过消能设计标准的洪水,容许消能防冲建筑物出现局部破坏,但必须不危及挡水建筑物及其他主要建筑物的安全,且易于修复,不致长期影响工程运行。

表 1-13　山区、丘陵区水利水电工程消能防冲建筑物洪水标准

永久性泄水建筑物级别	1	2	3	4	5
洪水重现期(年)	100	50	30	20	10

(5)水电站厂房的洪水标准,应根据其级别,按表 1-14 的规定确定。河床式水电站厂房,挡水部分的洪水标准,应与工程的主要挡水建筑物的洪水标准相一致。水电站厂房的副厂房、主变压器场、开关站、进厂交通等的洪水标准,可按表 1-14 确定。

表 1-14　水电站厂房洪水标准(重现期(年))

水电站厂房级别	设计	校核
1	200	1 000
2	200～100	500
3	100～50	200
4	50～30	100
5	30～20	50

(6)坝体施工期临时度汛洪水标准,应根据坝型及坝前拦洪库容,按表 1-15 确定。根据其失事后对下游的影响,标准可适当提高或降低。

表 1-15　坝体施工期临时度汛洪水标准(重现期(年))

坝型	拦洪库容(亿 m^3)		
	>1.0	1.0～0.1	<0.1
土石坝	>100	100～50	50～20
混凝土坝、浆砌石坝	>50	50～20	20～10

(7)导流泄水建筑物封堵后,如永久泄洪建筑物尚未具备设计泄洪能力,坝体度汛洪水标准应通过分析坝体施工和运行要求,按表 1-16 规定确定。

表 1-16 导流泄水建筑物封堵后坝体度汛洪水标准(重现期(年))

坝型		大坝级别		
		1	2	3
混凝土坝、浆砌石坝	设计	200～100	100～50	50～20
	校核	500～200	200～100	100～50
土石坝	设计	500～200	200～100	100～50
	校核	1 000～500	500～200	200～100

(二)平原、滨海区水利水电工程的永久性水工建筑物

(1)平原区水利水电工程永久性水工建筑物洪水标准,应按表 1-17 确定。

表 1-17 平原区水利水电工程永久性水工建筑物洪水标准(重现期(年))

项目		永久性水工建筑物级别				
		1	2	3	4	5
水库工程	设计	300～100	100～50	50～20	20～10	10
	校核	2 000～1 000	1 000～300	300～100	100～50	50～20
拦河水闸	设计	100～50	50～30	30～20	20～10	10
	校核	300～200	200～100	100～50	50～30	30～20

(2)潮汐河口段和滨海区水利水电工程永久性水工建筑物潮水标准,应根据其级别,按表 1-18 确定。对 1 级、2 级建筑物,若确定的设计潮水位低于当地历史最高潮水位,应采用当地历史最高潮水位校核。

表 1-18 潮汐河口段和滨海区水利水电工程永久性水工建筑物潮水标准

永久性水工建筑物级别	1	2	3	4、5
设计潮水位重现期(年)	≥100	100～50	50～20	20～10

(3)平原区水电站厂房的洪水标准,应根据其级别,按表 1-17 确定。

(4)平原、滨海区水利水电工程的永久性泄水建筑物消能防冲洪水标准,应根据泄水建筑物的级别,分别按表 1-17 和表 1-18 确定。

(三)其他水利工程的永久性水工建筑物

(1)灌溉和治涝工程永久性水工建筑物洪水标准,应根据其级别,按表 1-19 确定。

表 1-19 灌溉和治涝工程永久性水工建筑物洪水标准

永久性水工建筑物级别	1	2	3	4	5
洪水重现期(年)	100～50	50～30	30～20	20～10	10

注:灌溉和治涝工程永久性水工建筑物的校核洪水标准,可视具体情况和需要研究确定。

(2)供水工程永久性水工建筑物洪水标准,应根据其级别,按表 1-20 确定。

表 1-20 供水工程永久性水工建筑物洪水标准(重现期(年))

运用情况	永久性水工建筑物级别			
	1	2	3	4
设计	100~50	50~30	30~20	20~10
校核	300~200	200~100	100~50	50~30

(3)泵站建筑物洪水标准,应根据其级别,按表 1-21 确定。

表 1-21 泵站建筑物洪水标准(重现期(年))

运用情况	永久性水工建筑物级别				
	1	2	3	4	5
设计	100	50	30	20	10
校核	300	200	100	50	20

(四)堤防工程

堤防工程的洪水标准,应根据江河防洪规划和保护对象的重要性,按照现行国家标准《防洪标准》(GB 50201—2014)确定。

对没有整体防洪规划河流的堤防,或不影响整体防洪规划的相对独立的局部堤防,其洪水标准,根据保护对象的重要性,按《防洪标准》(GB 50201—2014)确定。

穿堤永久性水工建筑物的洪水标准,应不低于堤防工程洪水标准。

(五)临时性水工建筑物

临时性水工建筑物洪水标准,应根据建筑物的结构类型和级别,在表 1-22 规定的幅度内,结合风险度综合分析,合理选用。对失事后果严重的,应考虑遇超标准洪水的应急措施。

表 1-22 临时性水工建筑物洪水标准(重现期(年))

临时性建筑物类型	临时性水工建筑物级别		
	3	4	5
土石结构	50~20	20~10	10~5
混凝土、浆砌石结构	20~10	10~5	5~3

六、案例

(一)案例一

参照三峡工程平面布置图 1-10,说明三峡工程的各部分的组成、布置和作用。

三峡水利枢纽工程位于中国长江干流三峡中的西陵峡,坝址在湖北省宜昌市三斗坪,距三峡出口南津关 38 km,在已建的葛洲坝水利枢纽上游 40 km,是开发和治理长江的关键性骨干工程,具有防洪、发电、航运等巨大的综合效益,是当今世界上最大的水利枢纽工程。

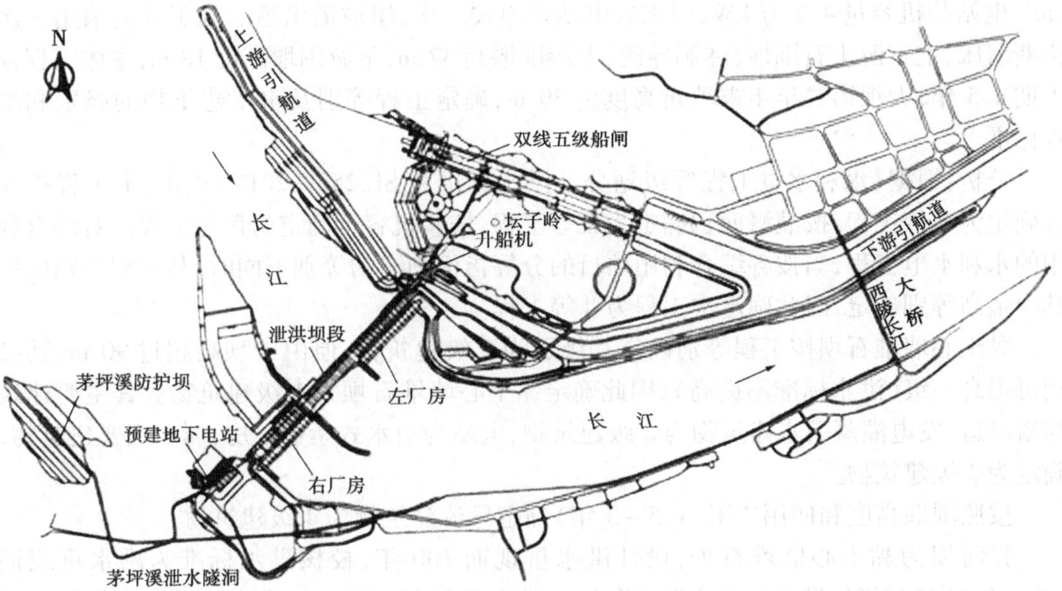

(a) 三峡水利枢纽平面布置图

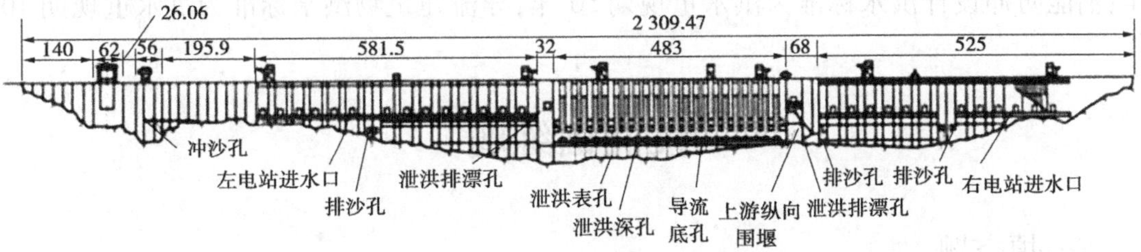

(b) 三峡水利枢纽上游立视图

图 1-10　三峡水利枢纽工程　（单位：m）

三峡水利枢纽主要建筑物由大坝、水电站和通航建筑物三大部分组成。三峡大坝坝顶高程 185 m，水库总库容 393 亿 m^3。

大坝：为混凝土重力坝，大坝坝轴线全长 2 309.47 m，最大坝高 181 m。大坝右侧茅坪溪防护坝为沥青混凝土心墙砂砾石坝，最大坝高 104 m。泄洪坝段居河床中部，前沿总长 483 m，设有 23 个深孔、22 个表孔以及 22 个后期需封堵的临时导流底孔。

水电站：水电站装机容量 18 200 MW，采用坝后式厂房，设有左、右岸两组厂房，共安装 26 台水轮发电机组。

通航建筑物：包括永久船闸和升船机，均位于左岸的山体中。永久船闸为双线五级连续梯级船闸，单级闸室有效尺寸长 280 m、宽 34 m，坎上最小水深 5 m，可通过万吨级船队。升船机为单线一级垂直提升，承船厢有效尺寸长 120 m、宽 18 m，水深 3.5 m，一次可通过一艘 3 000 t 级的客货轮。

（二）案例二

某水利水电工程总库容 1.08 亿 m^3 黏土心墙堆石坝，最大坝高 98 m，灌溉面积 3 万

hm^2，电站装机容量4.2万kW，引水式电站岸边式厂房，岸坡溢洪道。施工导流采用一次拦断河床，上下游土石围堰，隧洞导流，上游围堰高37 m，下游围堰高度18 m，主体工程施工期4.5年，大坝第二年年末填筑高度为39 m，确定工程等别及水工建筑物的级别和洪水标准。

分析：根据《水利水电工程等级划分及洪水标准》(SL 252—2017)规定，本工程按库容确定为Ⅱ等工程，按灌溉面积确定为Ⅲ等工程，按装机容量确定为Ⅳ等工程。对综合利用的水利水电工程，当按各综合利用项目的分等指标确定的等别不同时，其工程等别应按其中最高等别确定，因此确定本工程为Ⅱ等工程。

黏土心墙堆石坝按工程等别确定其级别为2级建筑物，但由于坝高超过90 m，其级别可提高一级（洪水标准不提高），因此确定黏土心墙堆石坝为1级建筑物。其主要建筑物溢洪道，发电灌溉引水建筑物为2级建筑物，电站为引水式岸边厂房，属于次要建筑物，确定为3级建筑物。

按照围堰高度和使用年限(1.5～3年)确定导流建筑物为4级建筑物。

拦河坝为黏土心墙堆石坝，设计洪水重现期100年，校核洪水标准为洪水重现期2 000年（库容下限，洪水标准亦取下限值）；发电灌溉引水建筑物进水口取与大坝相同的洪水标准；电站厂房设计洪水标准为洪水重现期50年，校核洪水标准为洪水重现期200年；消能防冲设计洪水标准为洪水重现期50年；导流建筑物洪水标准为洪水重现期10年。

技能训练题

一、填空题

1. 我国人均水资源约为世界水资源的________。

2. 河道常用的防洪体系为________、________、________。

3. 水利工程按所承担的任务可分________、________、________、________和________。

4. 水工建筑物按用途可分为________、________、________、________、________和________。

5. 水工建筑物按使用时间可分为________和________。

6. 组成水库枢纽的“三大件”包括________、________和________等类型建筑物。

7. 有坝取水枢纽，是指河道水量________、水位________、不能满足________要求，或引水量较大，无坝引水不满足要求的情况。

8. 无坝引水枢纽中，引水角一般为30°～50°，引水角越小，水流条件越________、冲刷越________、渠首的布置也就越________。

二、名词解释

水利工程；水利枢纽；水工建筑物

三、判断题

1. 我国地大物博，河流众多，是一个水资源充沛的国家。 ( )

2. 我国的水资源分布情况大体是南涝北旱的局面。 ( )

3. 水工建筑物的级别越高所采用的洪水重现期越短。 ( )

4. 所谓水利工程，是指对自然界的地表水和地下水进行控制和调配，以达到除害兴利目的而修建的工程。 ( )

四、简答题

1. 水利工程按所承担的任务分为哪几类？

2. 简述水工建筑物的特点。

3. 水工建筑物按用途分为哪几类？

4. 什么是水工建筑物的工作条件，工作条件应包括哪些内容？

5. 水利枢纽有哪些类型？

6. 蓄水枢纽的布置要求是什么？

7. 有坝取水和无坝取水枢纽的布置有什么不同？

8. 为什么要对水利水电枢纽工程分等和对水工建筑物分级？分等分级的原则、方法是什么？分等、分级有哪些作用？

9. 拟建高 50 m 的土石坝，形成总库容 2.0 亿 m^3、装机容量 9 000 kW、灌溉面积 20 万亩的水电枢纽工程。试问该水利工程属几等？各主要、次要、临时建筑物属几级？

10. 下列哪些指标是确定水利工程等别的依据？哪些指标是提高挡水建筑物级别的依据？

①水利兴利库容；②坝高；③总库容；④挡水建筑物类型；⑤水电站的装机容量；⑥水电站年发电量；⑦设计灌溉面积；⑧保护农田面积；⑨保护城镇及工矿区；⑩淹没损失；⑪过坝陆上交通货运量。

项目二 重力坝

任务一 重力坝特点和类型

【学习目标】

1. 了解重力坝的工作原理。
2. 掌握重力坝的特点和适用情况。
3. 掌握重力坝类型。

重力坝主要是依靠坝体自重所产生的抗滑力来满足稳定要求的挡水建筑物。在世界坝工史上是最古老,也是采用最多的坝型之一,如图2-1所示。

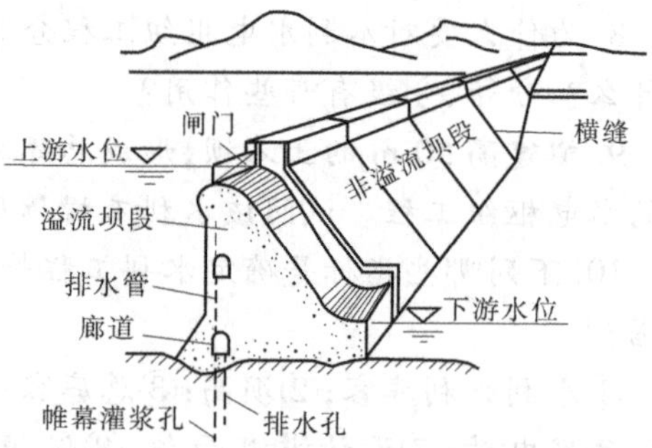

图2-1 混凝土重力坝示意图

重力坝坝轴线一般为直线,垂直坝轴线方向设缝,将坝体分成许多独立的坝段,防止因坝基发生不均匀沉陷和因温度变化而引起坝体开裂。为防止漏水,在缝内设置多道止水。垂直坝轴线的横剖面基本上呈三角形,结构受力形式为固结于坝基上的悬臂梁。坝基需要布置防渗排水设施。

随着施工技术的发展和机械化水平的提高,重力坝的坝高、坝型、结构、材料、施工方法等均发生了很大的变化。

我国已建的比较高的重力坝有刘家峡148 m、新安江105 m、三门峡106 m、丹江口110 m、三峡181 m、龙滩216.5 m等,其中龙滩为碾压混凝土重力坝。

一、重力坝的特点

(一)重力坝的优点

(1)工作安全,运行可靠。重力坝剖面尺寸大,坝内应力较小,筑坝材料强度较高,耐久性好,因此抵抗洪水漫顶、渗漏、侵蚀、地震和战争等破坏的能力都比较强。据统计,在各种坝型中,重力坝失事率相对较低。

(2)对地形、地质条件适应性强。任何形状的河谷都可以修建重力坝。对地质条件要求相对较低,一般修建在岩基上,当坝高不大时,也可修建在土基上。

(3)泄洪方便,导流容易。可采用坝顶溢流,也可在坝内设泄水孔,不需设置溢洪道和泄水隧洞,枢纽布置紧凑。在施工期可以利用坝体导流,不需另设导流隧洞。

(4)施工方便,维护简单。大体积混凝土,可以采用机械化施工,在放样、立模和混凝土浇筑等环节都比较方便,在后期维护、扩建、补强、修复等方面也比较简单。

(5)受力明确,结构简单。重力坝沿坝轴线用横缝分成若干坝段,各坝段独立工作,结构简单,受力明确,稳定和应力计算都比较简单。

(二)重力坝的缺点

(1)坝体剖面尺寸大,材料用量多,材料的强度不能得到充分发挥。

(2)坝体与坝基接触面积大,坝底扬压力大,扬压力的作用会抵消部分坝体重量的有效压力,对坝体稳定不利,故需采用各种有效的防渗排水设施,以减少扬压力,节省工程量。

(3)坝体体积大,混凝土在凝结过程中产生大量水化热和硬化收缩,将引起不利的温度应力和收缩应力。因此,在浇筑混凝土时,需要有较严格的温度控制措施。

二、重力坝的分类

(1)按坝的高度分类。坝高是指坝基最低面(不含局部有深槽或井、洞部位)至坝顶路面的高度。坝高低于 30 m 的为低坝,高于 70 m 的为高坝,介于 30 ~ 70 m 的为中坝。

(2)按泄水条件分类。有溢流重力坝和非溢流重力坝。溢流坝段和坝内设有泄水孔的坝段统称为泄水坝段,非溢流坝段也叫挡水坝段。

(3)按筑坝材料分类。有混凝土重力坝和浆砌石重力坝。

(4)按施工方法分类。有浇筑混凝土重力坝和碾压混凝土重力坝。碾压混凝土重力坝剖面与实体重力坝剖面类似。

(5)按坝体结构形式分类。有实体重力坝、宽缝重力坝、空腹(腹孔)重力坝、预应力锚固重力坝、装配式重力坝和支墩坝(平板坝、连拱坝、大头坝),见图 2-2、图 2-3。

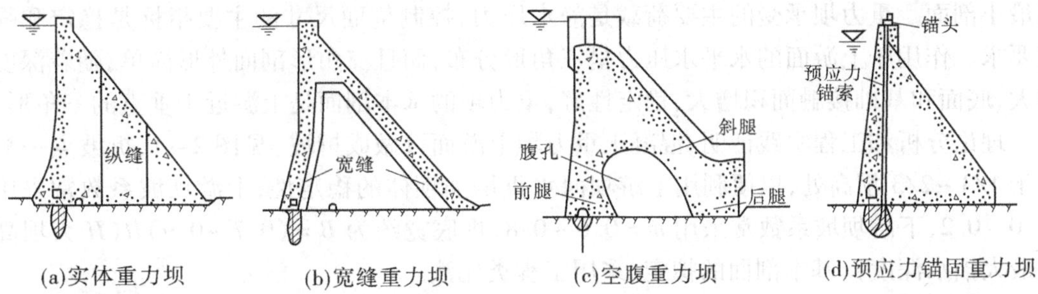

(a)实体重力坝 (b)宽缝重力坝 (c)空腹重力坝 (d)预应力锚固重力坝

图 2-2 重力坝的形式

图 2-3 支墩坝的形式

任务二 非溢流坝的剖面及设计

【学习目标】

1. 掌握重力坝基本剖面的概念和剖面参数。
2. 掌握非溢流重力坝剖面类型和适用情况。
3. 掌握非溢流坝坝顶构造布置。
4. 学会拟定非溢流重力坝剖面。

一、剖面设计的基本原则

非溢流重力坝剖面设计的基本原则是:①满足稳定和强度要求,保证大坝安全;②工程量小,造价低;③结构合理,运用方便;④利于施工,方便维修。剖面拟定的步骤为:拟定基本剖面→根据运用以及其他要求,将基本剖面修改成实用剖面→按规范要求对实用剖面进行应力分析和稳定验算→修正和计算后,得到合理的设计剖面。

二、重力坝的基本剖面

重力坝的基本剖面是指只考虑满足稳定和强度要求,不考虑使用要求,满足挡水要求的最小剖面。重力坝承受的主要荷载是静水压力,控制剖面尺寸的主要指标是稳定和强度要求。作用于上游面的水平水压力呈三角形分布,而且三角形剖面外形简单,随着深度加大,底面和基础接触面积增大,稳定性好,重力坝的基本剖面是上游近于垂直的三角形。

理论分析和工程实践证明,混凝土重力坝上游面可做成折坡(见图 2-4),折坡点一般位于 1/3 ~2/3 坝高处,以便利用上游坝面水重增加坝体的稳定性;上游坝坡系数常采用 $n=0\sim0.2$,下游坝坡系数常采用 $m=0.6\sim0.8$,坝底宽约为 $B=(0.7\sim0.9)H$(H 为坝高或最大挡水深度),基本剖面的拟定,采用工程类比法。

三、非溢流重力坝的实用剖面

基本剖面拟定后,要进一步根据作用在坝体上的全部荷载以及运用条件,考虑坝顶交通、设备和防浪墙布置、施工和检修等综合需要,把基本剖面修改成实用剖面。

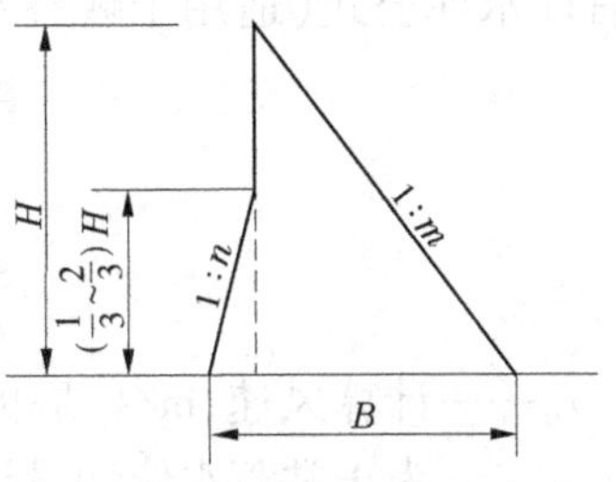

图 2-4　重力坝的基本剖面

(一)坝顶宽度

为了满足运用、施工和交通的需要,坝顶必须有一定的宽度。当有交通要求时,应按交通要求布置。一般情况坝顶宽度可采用坝高的 8% ~10% ,且不小于 3 m。碾压混凝土坝坝顶宽不小于 5 m;当坝顶布置移动式启闭机时,坝顶宽度要满足安装门机轨道的要求。

(二)坝顶高程

为了交通和运用管理的安全,非溢流重力坝的坝顶应高于校核洪水位,坝顶上游的防浪墙顶的高程应高于波浪顶高程,其与正常蓄水位或校核洪水位的高差 Δh 可按下式计算:

$$\Delta h = h_{1\%} + h_z + h_c \tag{2-1}$$

式中　Δh——防浪墙顶至正常蓄水位或校核洪水位的高差,m;

$h_{1\%}$——超值累积频率为 1% 时波浪高度,m;

h_z——波浪中心线高出正常蓄水位或校核洪水位的高度,m;

h_c——安全超高,m,可查表 2-1。

表 2-1　安全超高 h_c　(单位:m)

运用情况	坝的级别		
	1	2	3
设计情况(基本情况)	0.7	0.5	0.4
校核情况(特殊情况)	0.5	0.4	0.3

波浪的几何要素,如图 2-5(a)所示,波高 h_l 为波峰到波谷的高度;波长 L 为波峰到波峰的距离;h_z 为波浪中心线高出静水面的高度。目前,波浪要素主要用半经验公式确定。

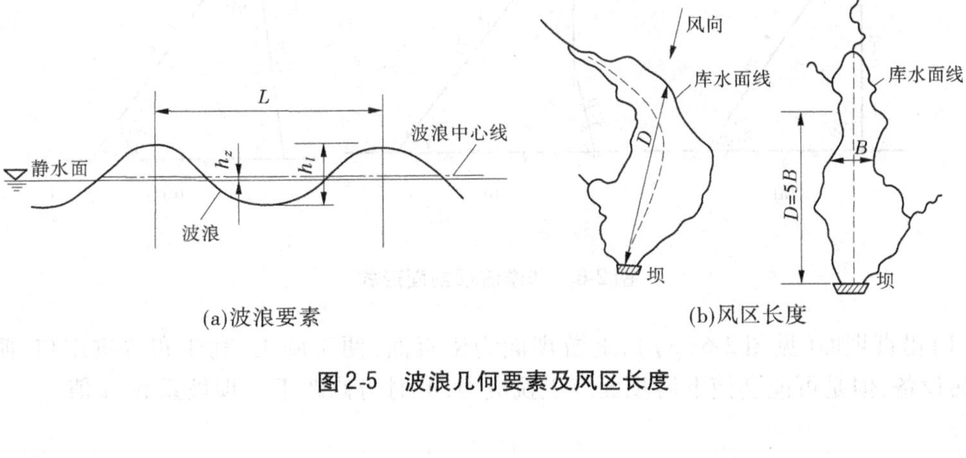

(a)波浪要素　(b)风区长度

图 2-5　波浪几何要素及风区长度

官厅水库公式(适用于峡谷水库):

$$\frac{gh_l}{v_0^2} = 0.0076v_0^{-\frac{1}{12}}\left(\frac{gD}{v_0^2}\right)^{\frac{1}{3}} \tag{2-2}$$

$$\frac{gL}{v_0^2} = 0.331v_0^{-\frac{1}{2.15}}\left(\frac{gD}{v_0^2}\right)^{\frac{1}{3.75}} \tag{2-3}$$

式中 v_0——计算风速,m/s,是指水面以上 10 m 处 10 min 的多年最大风速平均值,水库为正常蓄水位和设计洪水位时,宜采用相应洪水期多年平均最大风速的 1.5 ~ 2.0 倍,校核洪水位时,宜采用相应洪水期最大风速的多年平均值;

D——风区长度(有效吹程),m,是指风作用于水域的长度,为自坝前沿风向到对岸的距离,当风区长度内水面由局部缩窄且缩窄处的宽度 B 小于 12 倍计算波长时,用风区长度 $D=5B$(也不小于坝前到缩窄处的距离),水域不规则时,按规范要求计算,见图 2-5(b)。

$$h_z = \frac{\pi h_l^2}{L}\text{cth}\frac{2\pi H}{L} \tag{2-4}$$

式中 H——坝前水深,m。

官厅公式所得波高 h_l 累计概率为 5%,适用于 $v_0 < 20$ m/s,$D < 20$ km 且 $gD/v_0^2 = 20 \sim 250$ 的情况。推算 1% 的波高需乘以 1.43。波浪几何要素的计算详见《水工建筑物荷载设计规范》(DL 5077—1997)。

坝顶高程或坝顶上游防浪墙顶高程按下式计算,并选用较大值:

$$\text{坝顶或防浪墙顶高程} = \text{设计洪水位} + \Delta h_{设} \tag{2-5}$$

$$\text{坝顶或防浪墙顶高程} = \text{设计洪水位} + \Delta h_{校} \tag{2-6}$$

式中,$\Delta h_{设}$、$\Delta h_{校}$ 应按式(2-1)分别计算。

当坝顶设防浪墙时,坝顶高程不得低于相应的静水位。

(三)实用剖面形式

坝体实用剖面的形式,主要有三种,见图 2-6。

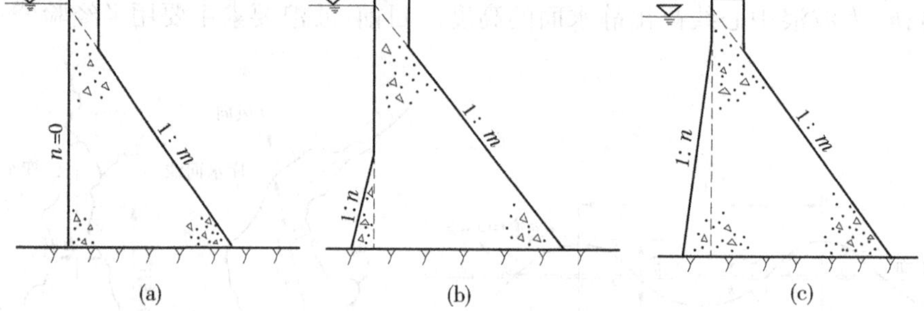

图 2-6 非溢流坝剖面形式

(1)铅直坝面(见图 2-6(a)),上游坝面为铅直面,便于施工,利于布置进水口、闸门和拦污设备,但是可能会使下游坝面产生拉应力,此时可修改下游坝坡系数 m 值。

(2)折坡坝面(见图2-6(b)),是最常用的实用剖面。既可利用上游坝面的水重增加稳定,又可利用折坡点以上的铅直面布置进水口,还可以避免空库时下游坝面产生拉应力,折坡点(1/3~2/3坝前水深)处应进行强度和稳定演算。

(3)斜坡坝面(见图2-6(c)),当坝基条件较差时,可利用斜面上的水重提高坝体的稳定性。

坝底一般应按规定置于坚硬新鲜岩基上,100 m以下重力坝坝基灌浆廊道距岩基和上游坝面应不小于5 m。

实用剖面应该以剖面的基本参数为依据,以强度和稳定为约束条件,建立坝体工程量最小的目标函数,进行优化设计,确定最终的设计方案和相关尺寸。

(四)坝顶结构布置

坝顶结构布置的原则:安全、经济、合理、实用。

坝顶结构形式:①坝顶部分伸向上游;②坝顶部分伸向下游,并做成拱桥或桥梁结构形式;③坝顶建成矩形实体结构,必要时为移动式闸门启闭机铺设隐形轨道。

坝顶排水:一般都排向上游。

坝顶防浪墙:高度一般为1.2 m,厚度应能抵抗波浪及漂浮物的冲击,与坝体牢固地连在一起,防浪墙在坝体分缝处也留伸缩缝,缝内设止水,如图2-7所示。

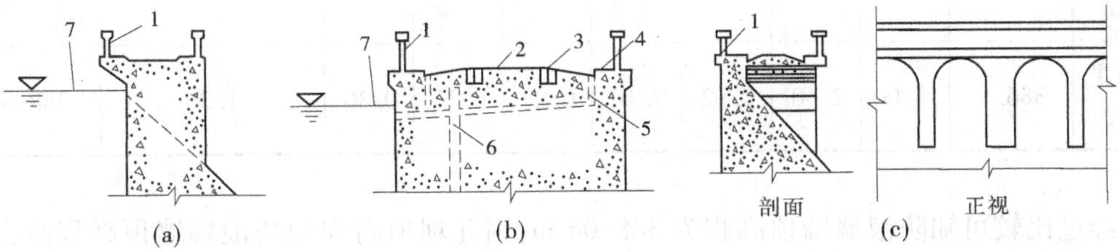

1—防浪墙;2—公路;3—起重机轨道;4—人行道;5—坝顶排水管;6—坝体排水管;7—最高水位

图2-7 坝顶结构布置

四、案例分析

(一)基本资料

地质条件:河床高程332 m,覆盖层深2~3 m,风化层厚1~2 m,无特殊不利地质构造,则河床可利用高程为327 m。

水文条件:本工程为Ⅲ等。永久性重要建筑物为3级,按规范要求,采用50年一遇洪水设计,500年一遇洪水校核。水文计算数据如表2-2所示。

气象条件:本地区多年平均最大风速为14 m/s,50年重现期的最大风速取多年平均最大风速的1.5倍,水库吹程为2.6 km。

枢纽总体布置:根据地形、地质、天然建筑材料等因素的考虑,本工程选用混凝土重力坝方案,重力坝由非溢流坝段和溢流坝段组成。

表 2-2　水文计算结果

特征水位	上游水位(m)	下游水位(m)	库容(万 m^3)	溢流坝泄量(m^3/s)
校核洪水位	386.70	335.20	1 200	1 680
设计洪水位	385.40	334.30	1 140	1 250
正常蓄水位	383.50	331.70	895	
死水位	350.00			

(二)非溢流坝剖面设计

1. 坝高确定

波浪要素按官厅水库公式计算,计算结果见表 2-3。

表 2-3　防浪墙高程计算

计算情况	水位高程(m)	v_0 (m/s)	D (km)	$h_{5\%}$	L	$h_{1\%}$	h_z	h_c	$\Delta h = h_{1\%} + h_z + h_c$	防浪墙高程
正常蓄水位	383.5	21.00	2.60	1.03	10.65	1.47	0.31	0.40	2.17	385.67
校核洪水位	386.7	14.00	2.60	0.62	7.10	0.89	0.17	0.30	1.36	388.06

经过比较可知防浪墙墙顶高程为 388.06 m,因此坝顶高程为防浪墙墙顶高程减去防浪墙高度 1.2 m,则坝顶高程为 386.86 m,高于水库校核洪水位。

坝高为　　　　　　$386.86 - 327.00 = 59.86(\text{m})$

2. 坝顶宽度

考虑交通要求,坝顶宽度取 7 m。

3. 坝面坡度

上游坝面采用上部铅直,下部倾斜,折点高程为 356.96 m,坡度为 1∶0.2。下游坡面采用基本三角形顶点与校核洪水位齐平的剖面形式,则折坡处向上延伸与校核洪水位相交。坡度为 1∶0.7,则下游折点高程为 376.70 m。

4. 坝底宽度

由上、下游折坡点的高程、坡度、坝顶宽度等几何关系可以求得坝底宽度为 47.78 m,底宽与坝高比为 0.8,在 0.7～0.9 内,故坝底宽度符合要求。

5. 地基防渗与排水设施拟定

由于防渗的需要,坝基面须设置防渗帷幕和排水孔,其中心线在坝基面处距离坝踵分别为 6.9 m、10 m。初步拟定非溢流坝剖面及尺寸,如图 2-8 所示。

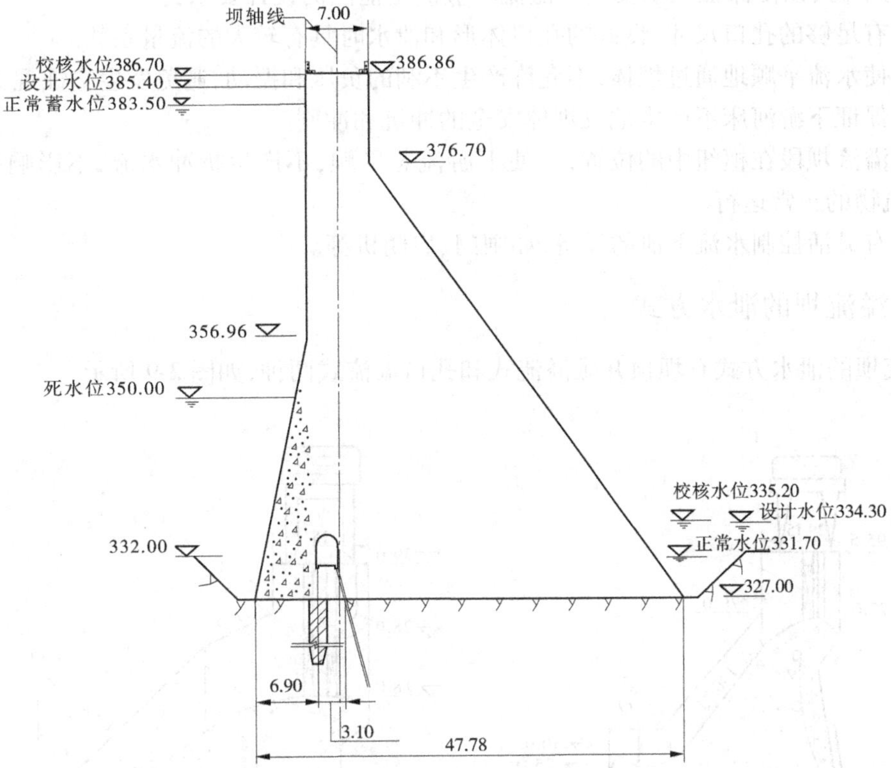

图 2-8　初拟非溢流坝剖面　（单位：m）

任务三　溢流坝的剖面及设计

【学习目标】

1. 掌握溢流坝剖面的设计要求。
2. 掌握溢流重力坝坝顶曲线的确定。
3. 掌握溢流坝坝顶构造布置。
4. 学会拟定溢流重力坝剖面。

溢流重力坝简称溢流坝，既是挡水建筑物，又是泄水建筑物。因此，坝体剖面设计除要满足稳定和强度要求外，还要满足泄水的要求，同时要考虑下游的消能问题。当溢流坝段在河床上的位置确定后，先选择合适的泄水方式，并根据洪水标准和运用要求确定孔口尺寸及溢流堰顶高程。

一、溢流坝的设计要求

溢流坝是枢纽中最重要的泄水建筑物之一，将规划库容所不能容纳的大部分洪水经坝顶泄向下游，以便保证大坝安全。溢流坝应满足泄洪的设计要求：

(1)有足够的孔口尺寸、良好的孔口体形和泄水时具有较大的流量系数。

(2)使水流平顺地通过坝体，不允许产生不利的负压和振动，避免发生空蚀现象。

(3)保证下游河床不产生危及坝体安全的冲坑和冲刷。

(4)溢流坝段在枢纽中的位置，应使下游流态平顺，不产生折冲水流，不影响枢纽中其他建筑物的正常运行。

(5)有灵活控制水流下泄的设备，如闸门、启闭机等。

二、溢流坝的泄水方式

溢流坝的泄水方式有坝顶开敞溢流式和孔口溢流式两种，如图2-9所示。

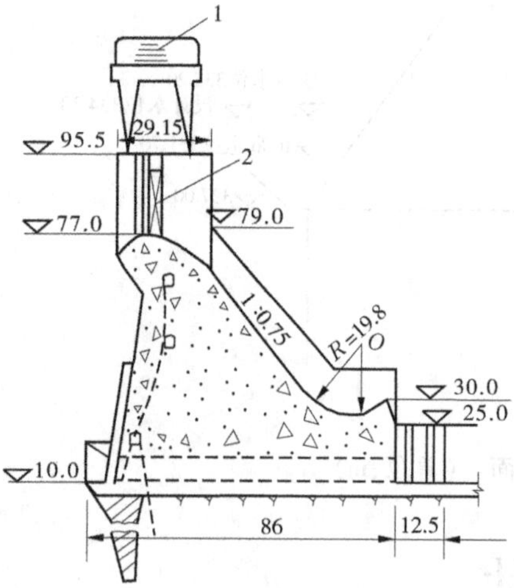

(a)坝顶开敞溢流式

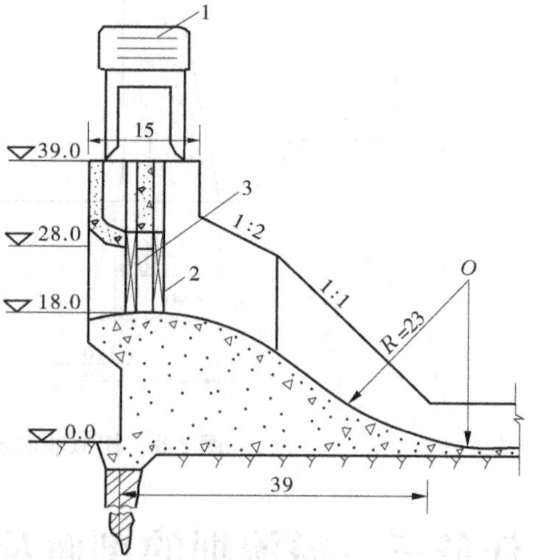

(b)孔口溢流式

1—门机；2—工作闸门；3—检修门

图2-9 溢流坝泄水方式 (单位：m)

(一)坝顶开敞溢流式

不设闸门时，堰顶高程等于水库的正常蓄水位，泄水时，靠壅高库内水位增加下泄量，这种情况增加了库内的淹没损失和非溢流坝的坝顶高程及坝体工程量。坝顶溢流不仅可以用于排泄洪水，还可以用于排泄其他漂浮物。它结构简单，可自动泄洪，管理方便，适用于洪水流量较小，淹没损失不大的中小型水库。

当堰顶设有闸门时，闸门顶高程虽高于水库正常蓄水位，但堰顶高程较低，可利用闸门不同开启度调节库内水位和下泄流量，减少上游淹没损失和非溢流坝的高度及坝体的工程量。与深孔闸门比较，堰顶闸门承受的水头较小，其孔口尺寸较大，闸门的操作、检修均比深孔闸门方便。随着库水位的升高，下泄流量增加较快，具有较大的超泄能力。在大中型水库工程中得到广泛的应用。

(二)孔口溢流式

在闸墩上部设置胸墙，既可利用胸墙挡水，又可减少闸门的高度和降低堰顶高程。它可以根据洪水预报提前放水，腾出较大的防洪库容，提高水库的调洪能力。当库水位低于胸墙下缘时，下泄水流流态与堰顶开敞溢流式相同；当库水位高于孔口一定高度时，呈大孔口出流。胸墙多为钢筋混凝土结构，常固接在闸墩上，也有做成活动式的。

三、溢流坝的剖面设计

溢流坝的基本剖面呈三角形。上游坝面可以做成铅直面，也可以做成折坡面。溢流面由顶部曲线段、中间直线段和底部反弧段三部分组成，见图 2-10。

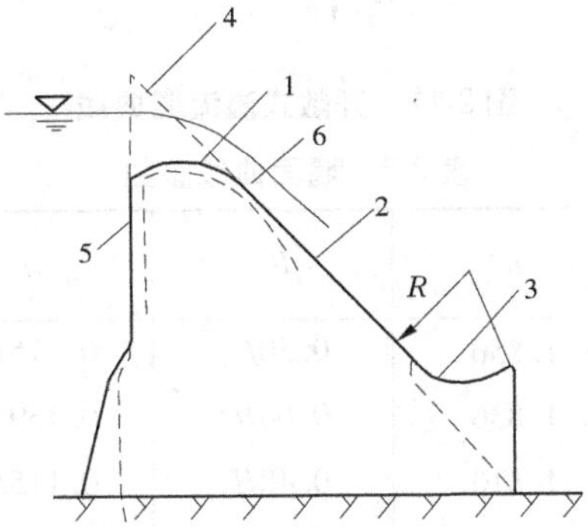

1—顶部溢流段；2—直线段；3—反弧段；4—基本剖面；5—薄壁堰；6—薄壁堰溢流水舌

图 2-10　溢流坝剖面

溢流坝剖面设计要求：①有较高的流量系数，泄流能力大；②水流平顺，不产生不利的负压和空蚀破坏；③形体简单、造价低、便于施工。

(一)溢流坝的堰面曲线

1. 顶部曲线段

溢流堰面曲线常采用非真空剖面曲线。采用较广泛的非真空剖面曲线有克－奥曲线和幂曲线（或称 WES 曲线）两种。克－奥曲线定出的剖面较肥大，常超出稳定和强度的需要，克－奥曲线不给出曲线方程，只给定曲线坐标值，插值计算和施工放样均不方便。而幂曲线给定曲线方程，便于计算和放样。克－奥曲线流量系数为 0.48 ~ 0.49，幂曲线流量系数最大可达 0.502，所以幂曲线在堰面曲线设计中得到广泛应用。

1）开敞式溢流堰堰顶下游堰面曲线

开敞式溢流堰堰顶下游堰面曲线采用 WES 幂曲线，见图 2-11。

WES 幂曲线方程为

$$x^n = kH_d^{n-1}y \tag{2-7}$$

式中　H_d——定型设计水头，m，可根据容许负压的大小按堰顶最大作用水头 H_{max} 的 75% ~ 95% 计算；

x、y——以溢流堰顶点为坐标原点的横、纵坐标；

n——与上游堰坡度有关的指数，见表 2-4；

k——当 $P_1/H_d > 1.0$ 时，k 见表 2-4，当 $P_1/H_d \leq 1.0$ 时，取 $k = 2.0 \sim 2.2$，其中 P_1 为上游堰高，见图 2-11。

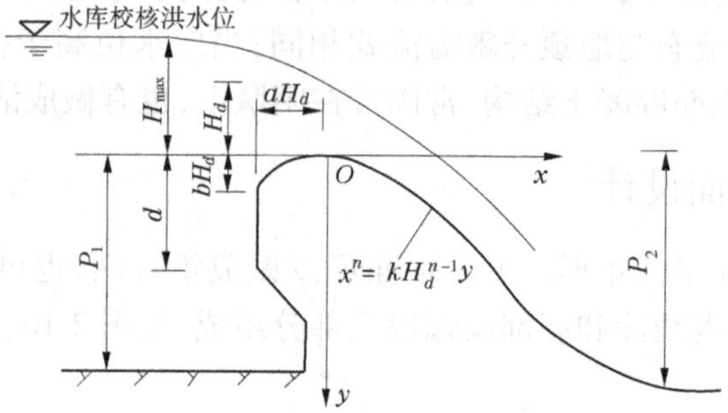

图 2-11 开敞式溢流堰曲线

表 2-4 堰面曲线参数

上游面坡度 $\Delta y/\Delta x$	k	n	R_1	a	R_2	b
3:0(铅直)	2.000	1.850	$0.50H_d$	$0.175H_d$	$0.20H_d$	$0.282H_d$
3:1	1.936	1.836	$0.68H_d$	$0.139H_d$	$0.21H_d$	$0.237H_d$
3:2	1.939	1.810	$0.48H_d$	$0.115H_d$	$0.22H_d$	$0.214H_d$
3:3	1.873	1.776	$0.45H_d$	$0.119H_d$	—	—

2)开敞式溢流堰堰顶上游堰面曲线

开敞式溢流堰堰顶上游堰面曲线可采用下列三种曲线:

(1)双圆弧曲线,见图 2-12。图中 R_1、R_2、k、n、a、b 等参数见表 2-4,R_1、R_2 分别为两圆弧的半径。

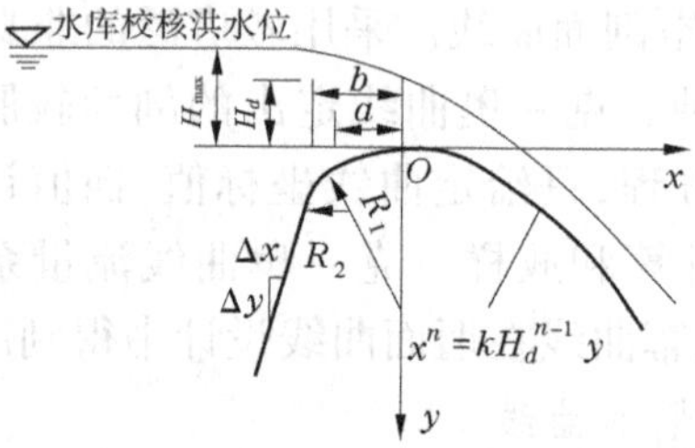

图 2-12 堰顶上游堰头为双圆弧曲线、下游为幂曲线

(2)三圆弧曲线,上游堰面铅直,见图 2-13。

(3)椭圆曲线,见图 2-11。椭圆曲线方程为:

$$\frac{x^2}{(aH_d)^2} + \frac{(bH_s - y)^2}{(bH_d)^2} = 1 \tag{2-8}$$

式中 aH_d、bH_d——椭圆曲线的长轴和短轴(当 $P_1/H_d \geq 2.0$ 时,$a = 0.28 \sim 0.30$,$a/b = 0.87 + 3a$;当 $P_1/H_d < 2.0$ 时,$a = 0.215 \sim 0.28$,$b = 0.127 \sim 0.163$;当 P_1/H_d 取小值时,a 与 b 相应取小值)。

上游堰面采用倒悬堰顶时,应满足 $d > H_{max}/2$。

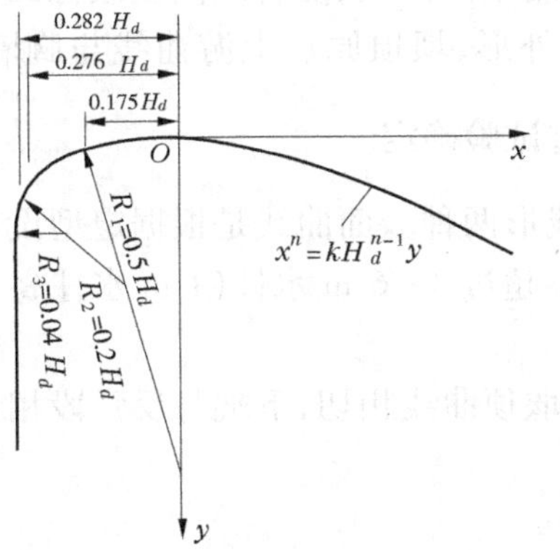

图 2-13　堰顶上游堰头为三圆弧曲线、下游为幂曲线

选择 WES 实用堰堰面曲线定型设计水头时，还应结合堰面允许负压综合确定。堰顶附近的最小压力 $h_{\min}/H_d$ 与相对水头 $H_{\max}/H_d$ 和上、下游相对堰高 P_1/H_d 及 P_2/H_d 有关，见表 2-5。

表 2-5　WES 实用堰堰顶附近最小相对压力 $h_{\min}/H_d$

$H_d/H_{\max}$	0.60	0.65	0.70	0.75	0.775	0.80	0.825	0.85	0.875	0.90	0.95	1.00
$h_{\min}/H_d$	-1.00	-0.80	-0.60	-0.45	-0.40	-0.30	-0.25	-0.20	-0.15	-0.10	-0.05	0

注：本表适用于 $P_1/H_d \geq 1.33$ 的情况，其他情况参见《混凝土重力坝设计规范》(DL 5180—1999)。

3）带胸墙孔口式实用堰堰面曲线

当校核洪水位情况下最大作用水头 $H_{\max}$（孔口中心线上）与孔口高 D 的比值 $H_{\max}/D > 1.5$，或闸口全开时，属孔口泄流。如图 2-14 所示，设计堰面曲线采用抛物线，方程为

$$y = \frac{x^2}{4\varphi^2 H_d} \tag{2-9}$$

式中　H_d——定型设计水头，m，一般取孔口中心线至水库校核水位的水头的 75% ~ 95%；

φ——孔口收缩断面上的流速系数，一般取 $\varphi = 0.96$，当孔前设有检修闸门槽时取 0.95；

x、y——以溢流堰顶点为坐标原点的坐标。

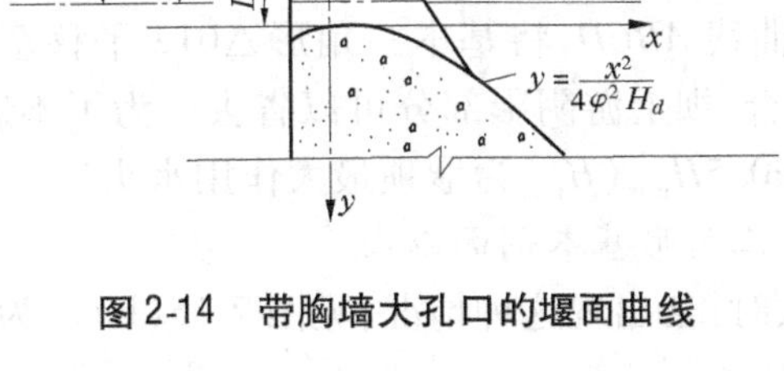

图 2-14　带胸墙大孔口的堰面曲线

坐标原点上游段可采用单圆曲线、复合圆曲线或椭圆曲线与上游坝面连接，胸墙底缘也可采用圆弧或椭圆曲线外形，坝顶原点上游曲线与胸墙底缘曲线选用应通盘考虑，当 $1.2<\frac{H_{max}}{D}<1.5$ 时，应通过试验确定。

上述 WES 型和抛物线形两种堰面曲线是根据定型设计水头确定的，当宣泄校核洪水时，堰面出现的负压值应不超过 3～6 m 水柱（1 m 水柱高 = 9.8 kPa）。

2. 中间直线段

中间直线段的上端与堰顶曲线相切，下端与反弧段相切，坡度与非溢流坝段的下游坡相同。

3. 底部反弧段

溢流坝面反弧段是使沿溢流面下泄水流平顺转向的工程设施，通常采用圆弧曲线，$R=(4\sim10)h$，h 为校核洪水闸门全开时反弧最低点的水深。反弧最低点的流速愈大，要求反弧半径愈大。当流速小于 16 m/s 时，取下限；流速大时，宜采用较大值。当采用底流消能，反弧段与护坦相连时，宜采用上限值。

（二）溢流坝剖面设计

溢流坝的实用剖面是在三角形基本剖面基础上结合堰面曲线修改而成的，在剖面设计时往往会出现以下两种情况。

1. 溢流坝堰面曲线超出基本三角形剖面

在坚固完好的岩基上，会出现这种情况，设计时需对基本剖面进行修正，见图 2-15(a)。

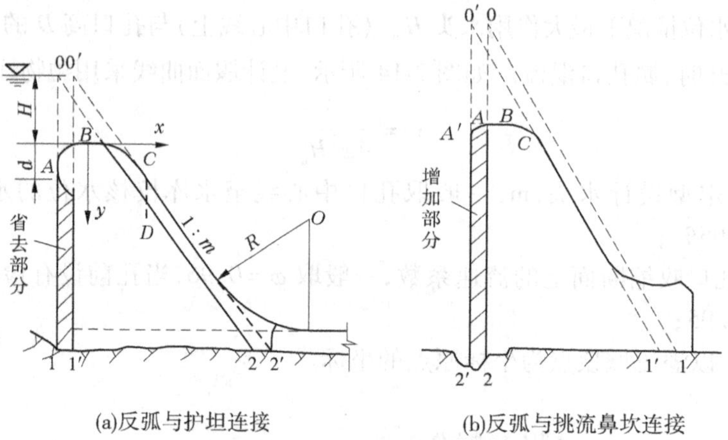

(a)反弧与护坦连接　　(b)反弧与挑流鼻坎连接

图 2-15　溢流坝剖面绘制

先绘出非溢流坝三角形基本剖面△102，根据溢流坝的定型设计水头 H_s 和选定的堰面曲线形式，点绘出堰面曲线 $ABCD$，将基本三角形△012 平移至△0′1′2′位置，使下游边 0′2′与溢流坝面的切线重合，坝上游阴影部分可以省去。为了不影响堰顶泄流，保留高度 d 的悬臂实体，且要求 $d\geq0.5H_{max}$（H_{max} 为堰顶最大作用水头）。

2. 溢流堰面曲线落在三角形基本剖面以内

当坝基摩擦系数较大时，会出现这种情况，见图 2-15(b)。为了满足与基本剖面协调的要求，可将失去的部分坝体体积补上，通常是在溢流坝顶加一斜直线 AA'，使之与溢流曲线相切于 A 点，增加上游阴影部分坝体体积，同时也满足坝体稳定和强度要求。

3. 具有挑流鼻坎的溢流坝

当鼻坎超出基本三角形剖面以外时，如图 2-16 所示。当 $l/h>0.5$ 时，须核算 $B—B'$ 截面处的应力。若拉应力较大，可考虑在 $B—B'$ 截面处设置结构缝，把鼻坎与坝体分开；若拉应力不大，也可采用局部加强措施，不设结构缝。

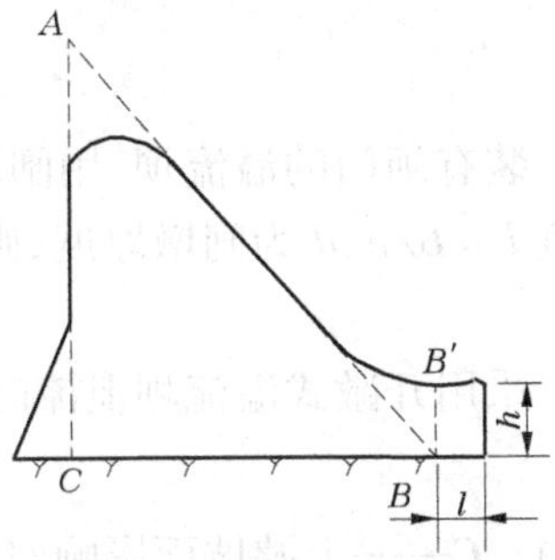

图 2-16 挑流鼻坎结构缝

溢流坝和非溢流坝的上游坝面要求应尽量一致，并且对齐，以免产生坝段之间的侧向水压力，否则将使坝段的稳定、强度计算复杂化。溢流坝的下游坝面，则不强求与非溢流坝面完全一致对齐，只要两者各自保持一致对齐即可。

四、溢流坝的孔口布置

溢流坝的孔口设计涉及很多因素，如洪水设计标准、下游防洪要求、库水位壅高的限制、泄水方式、堰面曲线以及枢纽所在地段的地形、地质条件等。设计时，先选定泄水方式，拟定若干个泄水布置方案（除堰面溢流外，还可配合坝身泄水孔或泄洪隧洞泄流），初步确定孔口尺寸，按规定的洪水设计标准进行调洪演算，求出各方案的防洪库容、设计和校核洪水位及相应的下泄流量，然后估算淹没损失和枢纽造价，进行综合比较，选出最优方案。

（一）洪水标准

详见本书项目一中的永久性水工建筑物的洪水标准。

（二）单宽流量的确定

单宽流量的大小是溢流重力坝设计中一个很重要的控制性指标。单宽流量一经选定，就可以初步确定溢流坝段的净宽和堰顶高程。单宽流量愈大，下泄水流的动能愈集中，消能问题就愈突出，下游局部冲刷会愈严重，但溢流前缘短，对枢纽布置有利。因此，一个经济而又安全的单宽流量，必须综合地质条件、下游河道水深、枢纽布置和消能工设计多种因素，通过技术经济比较后选定。单宽流量 q 的选取：工程实践证明，软弱岩石常取 $q=20\sim50\ m^3/(s\cdot m)$；中等坚硬的岩石取 $q=50\sim100\ m^3/(s\cdot m)$；特别坚硬的岩石 $q=100\sim150\ m^3/(s\cdot m)$；地质条件好、堰面铺铸石防冲、下游尾水较深和消能效果好的工程，可以选取更大的单宽流量。

（三）孔口尺寸的确定

溢流孔口尺寸主要取决于通过溢流孔口的下泄洪水流量 Q，根据设计和校核情况下的洪水来量，经调洪演算确定下泄洪水总流量 $Q_{总}$，再减去泄水孔和其他建筑物下泄流量之和 Q_0，即得 Q：

$$Q = Q_{总} - \alpha Q_0 \quad (m^3/s) \tag{2-10}$$

式中 Q_0——经由电站、船闸及其他泄水孔下泄的流量；

α——系数，考虑电站部分运行，或由于闸门障碍等因素对下泄流量的影响，正常运用时取 0.75 ~ 0.90，校核情况下取 1.0。

单宽流量 q 确定以后，溢流孔净宽 B（不包括闸墩厚度）为

$$B = \frac{Q}{q} \quad (\mathrm{m}) \tag{2-11}$$

装有闸门的溢流坝，用闸墩将溢流段分隔为若干个等宽的孔。设孔口总数为 n，孔口宽度 $b = B/n$，d 为闸墩厚度，则溢流前缘总宽度 $B_{总}$ 为

$$B_{总} = nb + (n-1)d \quad (\mathrm{m}) \tag{2-12}$$

采用开敞式溢流坝泄流时：

$$Q = Cm\varepsilon\sigma_s B\sqrt{2g}H_z^{\frac{3}{2}} \tag{2-13}$$

式中 C——上游坡面影响修正系数，当上游面铅直时，C 取 1.0；

B——溢流孔净宽，m；

m——流量系数，见表 2-6；

ε——侧收缩系数，根据闸墩厚度及闸墩头部形状而定，初设时可取 $\varepsilon = 0.90 \sim 0.95$；

σ_s——淹没系数，视淹没程度而定，不淹没时取 1.0；

g——重力加速度 9.81，$\mathrm{m/s^2}$；

H_z——计入行近流速的堰上总水头，m。

表 2-6　流量系数 m 值

H_z/H_d	0.4	0.5	0.6	0.7	0.8	0.9	1.0	1.1	1.2	1.3
m	0.436	0.451	0.464	0.476	0.486	0.494	0.501	0.507	0.510	0.513

注：1. 本表适用于 $P_1/H_d \geqslant 1.33$ 的情况，其他情况参见《混凝土重力坝设计规范》(SL 319—2005)。
2. P_1 为上游堰高，m；H_d 为定型设计水头，m。

用设计洪水位减去堰顶水头 H_z（此时堰顶水头应扣除流速水头）即得堰顶高程。

当采用孔口泄流时：

$$Q_{溢} = \mu A_k\sqrt{2gH_z^{\frac{3}{2}}} \tag{2-14}$$

式中 A_k——出口处的面积，$\mathrm{m^2}$；

H_z——自由出流时为孔口中心处的作用水头，淹没出流时为上下游水位差，m；

g——重力加速度 9.81，$\mathrm{m/s^2}$；

μ——孔口或管道的流量系数，初设时对有胸墙的堰顶孔口，当 $H_z/D = 2.0 \sim 2.4$ 时（D 为孔口高，m），取 $\mu = 0.74 \sim 0.82$，对深孔取 $\mu = 0.83 \sim 0.93$，当为有压流时，μ 值必须通过计算沿程及局部水头损失来确定。

确定孔口尺寸时应考虑以下因素：

(1) 泄洪要求。

(2) 闸门的宽高比，采用 $b/H = 1.5 \sim 2.0$。

(3) 枢纽布置。孔口高度愈大，单宽流量愈大，溢流坝段愈短；孔口宽度愈小，孔愈多，闸墩数愈多，溢流坝段总长也相应加大。

(4)下游水流条件。单宽流量愈大,下游消能问题愈突出,为了对称均衡开启闸门,孔口数目最好采用奇数。

五、溢流坝的消能防冲

溢流坝下泄的水流具有很大的动能,若不妥善进行处理,势必导致下游河床被严重冲刷,甚至造成岸坡坍塌和大坝失事。因此,坝后采取合理的消能措施对枢纽布置、大坝安全及工程造价都具有重要意义。

消能措施的设计原则:

(1)尽量使下泄水流的大部分动能消耗在水流内部的紊动中,以及水流与空气的摩擦上。

(2)不产生危及坝体安全的河床或岸坡的局部冲刷。

(3)下泄水流平稳,不影响枢纽中其他建筑物的正常运行。

(4)结构简单,工作可靠。

(5)工程量小,造价低。

(6)消能方式:底流消能、挑流消能、面流消能和消力戽消能等。

(7)消能形式的选择:根据水头及单宽流量的大小、下游水深及其变幅、坝基地质、地形条件以及枢纽布置情况等,经技术经济比较后选定。

(一)底流消能

底流消能(见图2-17)是在坝下设置消力池、消力坎或综合式消力池和其他辅助消能设施,促使下泄水流在限定的范围内产生水跃。主要通过水流内部的旋滚、摩擦、掺气和撞击达到消能的目的,以减轻对下游河床的冲刷。底流消能工作可靠,但工程量较大,多用于低水头、大流量的溢流重力坝。

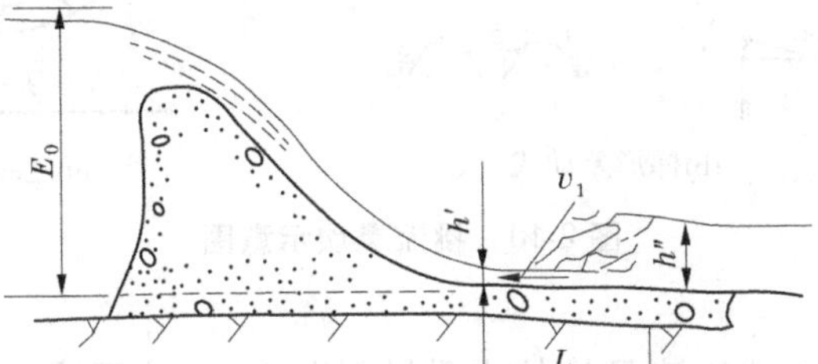

图2-17 底流水跃消能图

(二)挑流消能

利用溢流坝下游反弧段的鼻坎,将下泄的高速水流挑射抛向空中,抛射水流在掺入大量空气时消耗部分能量,而后落到距坝较远的下游河床水垫中产生强烈的旋滚,并冲刷河床形成冲坑,随着冲坑的逐渐加深,大量能量消耗在水流旋滚的摩擦之中,冲坑也逐渐趋于稳定。鼻坎挑流消能一般适用于基岩比较坚固的中高溢流重力坝。

挑流消能设计内容,主要包括确定挑流鼻坎的形式、鼻坎高程、挑射角度、反弧半径、计算挑距和最大冲坑水垫厚度。

1. 挑流鼻坎的形式、鼻坎高程及挑角的确定

挑流鼻坎的形式，一般有连续式、差动式等，见图 2-18。

差动式设置高低坎、射流挑离鼻坎时上下分散，加剧了挑射水舌在空气中的掺气和碰撞，提高消能效果，减少冲刷坑深度。但冲刷坑最深点距坝底较近，鼻坎上流态复杂，特别在高速水流作用下易于空蚀。

差动式鼻坎的上齿坎挑角和下齿坎挑角的差值以 5°~10°为宜；上齿宽度和下齿宽度之比宜大于 1.0，齿高差以 1.5 m 为宜，高坎侧宜设通气孔。

连续式构造简单、易于施工，水流平顺，不易空蚀，水流雾化较轻，但掺气作用较差，主要适用于尾水较深，基岩较为均一、坚硬及溢流前沿较长的泄水建筑物。

在我国的工程实践中，连续式鼻坎应用较为广泛。其鼻坎的最低高程，一般应高于下游最高水位 1~2 m。其挑角多采用 $\theta=15°\sim35°$。

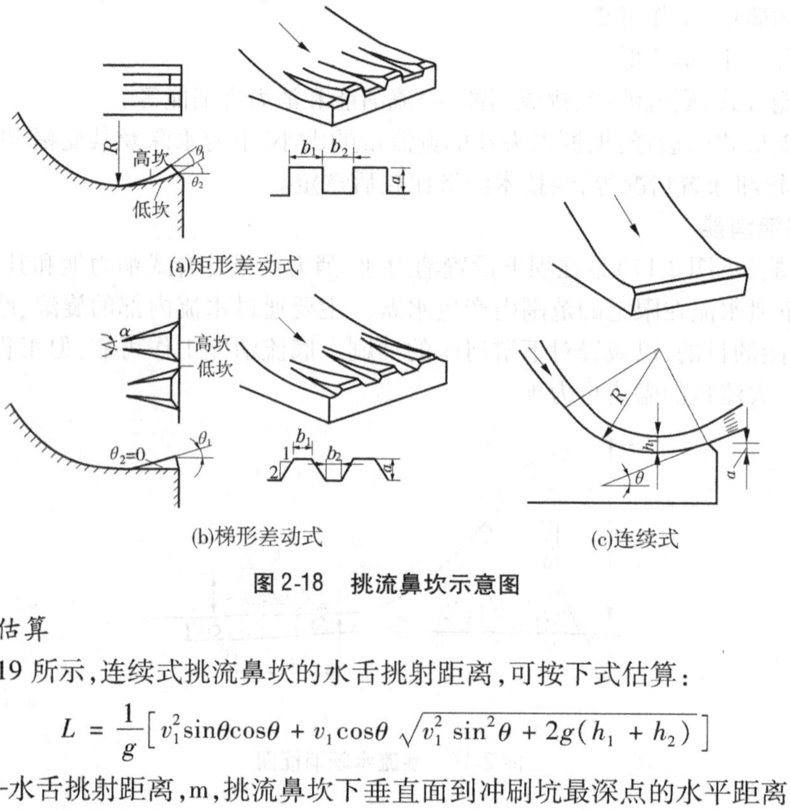

图 2-18 挑流鼻坎示意图

2. 挑距估算

如图 2-19 所示，连续式挑流鼻坎的水舌挑射距离，可按下式估算：

$$L=\frac{1}{g}\left[v_1^2\sin\theta\cos\theta+v_1\cos\theta\sqrt{v_1^2\sin^2\theta+2g(h_1+h_2)}\right] \tag{2-15}$$

式中 L——水舌挑射距离，m，挑流鼻坎下垂直面到冲刷坑最深点的水平距离；

v_1——坎顶水面流速，m/s，按鼻坎处平均流速 v 的 1.1 倍计，即 $v_1=1.1v=1.1\varphi\sqrt{2gH_0}$（$H_0$ 为水库水位至坎顶的落差，φ 为堰面流速系数）；

θ——鼻坎的挑角，(°)；

h_1——坎顶垂直方向水深，m，$h_1=h/\cos\theta$（h 为坎顶平均水深，m）；

h_2——坎顶至河床面高差，m，如冲坑已经形成，计算冲坑进一步发展时，可算至坑底。

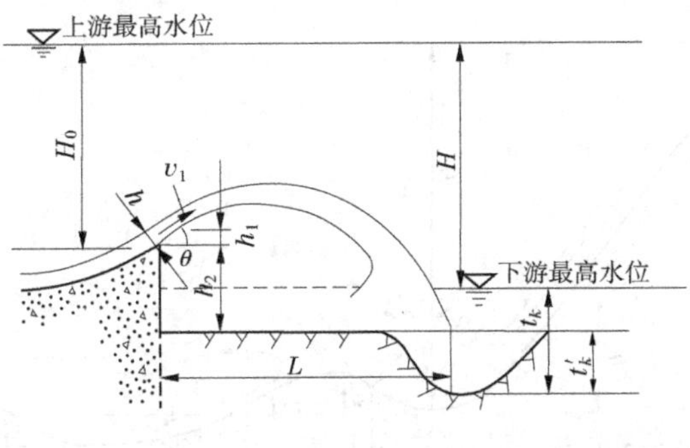

图 2-19 连续式挑流鼻坎的水舌及冲刷坑示意图

3. 最大冲坑水垫厚度

关于最大冲坑水垫厚度，目前尚无精确计算公式，工程中常用下式进行估算，见图 2-19。

$$t_k = \alpha q^{0.5} H^{0.25} \tag{2-16}$$

式中 t_k——水垫厚度，自水面算至坑底，m；

q——单宽流量，$m^3/(s \cdot m)$；

H——上下游水位差，m；

α——冲刷系数，坚硬完整的岩石，$\alpha = 0.9 \sim 1.2$，坚硬但完整性较差的岩石，$\alpha = 1.2 \sim 1.5$，软弱破碎、裂隙发育的基岩，$\alpha = 1.5 \sim 2.0$。

最大冲坑水垫厚度 t_k 求出后，根据河床水深即可求出最大冲刷坑深度 t'_k。

挑流消能的安全挑距，应不影响坝趾基岩稳定。冲刷坑最低点距坝趾的距离应大于 2.5 倍的坑深。水舌入水宽度应不影响冲刷两侧岸坡或其他建筑物的稳定。

（三）面流式消能

面流式消能（见图 2-20）利用鼻坎将高速水流挑至尾水表面，在主流表面与河床之间形成反向旋滚，使高速水流与河床隔开，避免了对临近坝趾处河床的冲刷。由于表面主流沿水面逐渐扩散并有反向旋滚的作用，能产生消能效果。

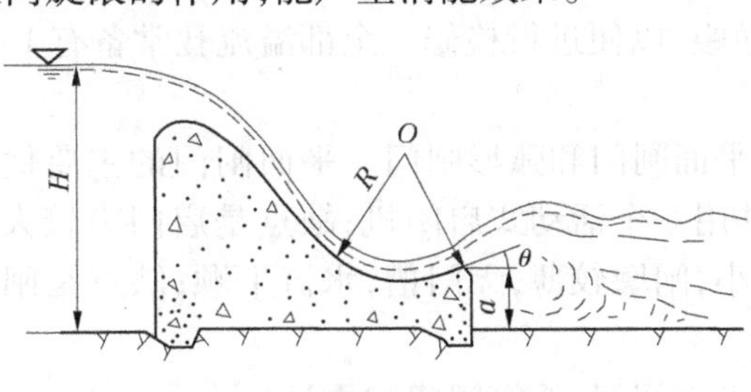

图 2-20 面流消能示意图

面流消能适用于下游尾水较深（大于跃后水深），水位变幅不大，下泄流量变化范围不大，以及河床和两岸有较高的抗冲能力的情况下。它的缺点是对下游水位和下泄流量变幅有严格的限制，下游水流波动较大，在较长距离内不够平稳，影响发电和航运。

（四）消力戽消能

消力戽的构造类似于挑流消能设施，但其鼻坎潜没在水下，下泄水流在被鼻坎挑到水

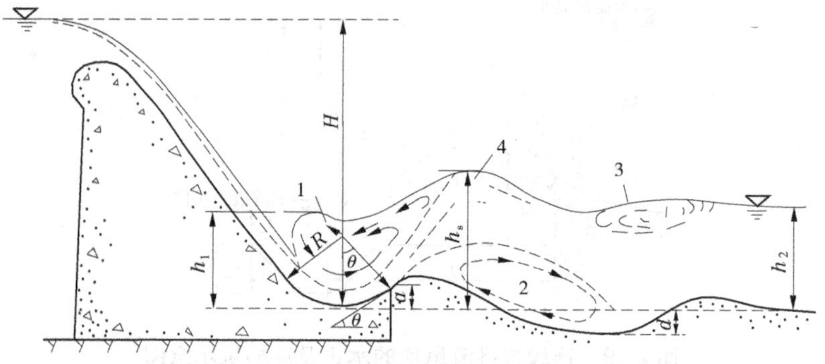

1—戽内旋滚;2—戽后底部旋滚;3—下游表面旋滚;4—戽后涌浪

图 2-21　消力戽

面(形成涌浪)的同时,还在消力戽内、消力戽下游的水流底部以及消力戽下游的水流表面形成三个旋滚,即所谓的“一浪三滚”,如图 2-21 所示。消力戽的作用主要在于使戽内的旋滚消耗大量能量,并将高速水流挑至水面,以减轻对河床的冲刷。消力戽下游的两个旋滚也有一定的消能作用。由于高速主流在水流表面,故无须做护坦。

消力戽设计既要避免因下游水位过低出现自由挑流,造成严重冲刷,也需避免因下游水位过高,淹没太大,急流潜入河底淘刷坝脚。设计时可参考有关文献,针对不同流量进行水力计算,以确定反弧半径、鼻坎高度和挑射角度。

六、溢流坝的上部结构

(一)闸门和启闭机

溢流坝上闸门有工作闸门、检修闸门。工作闸门用来调节下泄流量;检修闸门用于短期挡水,以便对工作闸门、建筑物及机械设备进行检修。工作闸门一般设在溢流堰顶,有时为了使溢流面更陡一些,可将闸门设在靠近堰顶不远的下游处。检修闸门和工作闸门之间应留有 1 ~ 3 m 的净距,以便进行检修。全部溢流孔常备有 1 ~ 2 个检修闸门,交替使用。

常用的工作闸门有平面闸门和弧形闸门。平面闸门的主要优点是结构简单,闸墩受力条件好,各孔口可以共用一个活动式启闭机;缺点是启门力较大,闸墩较厚。弧形闸门的主要优点是启门力较小,闸墩较薄,无门槽,水流平顺;缺点是闸墩较长,且受力条件较差。

检修闸门可以采用平面闸门、浮箱闸门和叠梁。

启闭机有活动式和固定式两种形式。活动式启闭机多用于平面闸门,可以兼用于起吊工作闸门和检修闸门。固定式启闭机固定在工作桥上,多用于弧形闸门。

(二)闸墩和工作桥

闸墩可以用来分孔,承受闸门传来的水压力,支撑工作桥和交通桥,如图 2-22 所示。

闸墩的平面形状应使水流平顺,减小孔口的侧收缩。上游端常采用半圆形或椭圆形;下游端一般用流线形,有时也采用半圆形或宽尾墩。

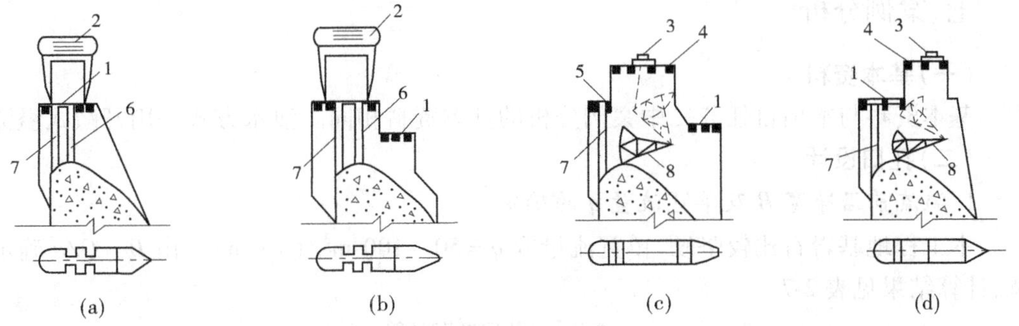

1—公路桥;2—门机;3—启闭机;4—工作桥;5—便桥;6—工作闸门槽;7—检修闸门槽;8—弧形闸门

图 2-22 溢流坝顶布置图

闸墩上游端可与坝体上游面齐平,也可外悬于坝顶,以满足上部结构布置的要求。

闸墩厚度与闸门形式有关。采用平面闸门时需要设门槽,工作闸门槽深 0.5 ~ 2.0 m,宽 1 ~4 m,门槽处的闸墩厚度不得小于 1 ~1.5 m,以保证有足够的强度。弧形闸门闸墩的最小厚度为 1.5 ~2.0 m。如果是缝墩,墩厚要增加 0.5 ~1.0 m。由于闸墩较薄,需要配置受力钢筋和温度钢筋。

闸墩的长度和高度,应满足闸门、工作桥、交通桥和启闭机械的要求。平面闸门多用活动式启闭机,轨距一般在 10 m 左右。当交通要求不高时,工作桥可兼作交通桥用,否则需另设交通桥。门机高度应能将闸门吊出门槽。在正常运用中,闸门提起后可用锁定装置挂在闸墩上。弧形闸门一般采用固定式启闭机,要求闸门吊至溢流水面以上,工作桥应有相应的高度。交通桥则要求与非溢流坝坝顶齐平。为了改善水流条件,闸墩需向上游伸出一定长度,并将这部分做到溢流坝顶以下约 1/2 堰顶水深处。

溢流坝两侧设边墩,不仅起闸墩的作用,同时也起分隔溢流坝与非溢流坝的作用,见图 2-23。边墩从坝顶延伸到坝址,边墩高度由溢流水深决定,导墙应考虑溢流水面上由水流冲击波和掺气所引起的水深增高,一般高出水面 1 ~1.5 m。当采用底流消能时,导墙需延长到消力池末端。当溢流坝与水电站并列时,导墙长度要延伸到厂房后一定的范围,以减少尾水对电站运行的影响。为防止温度裂缝,在导墙上每隔 15 m 左右做一道伸缩缝。导墙顶厚为 0.5 ~2.0 m,下部厚度由结构计算确定。

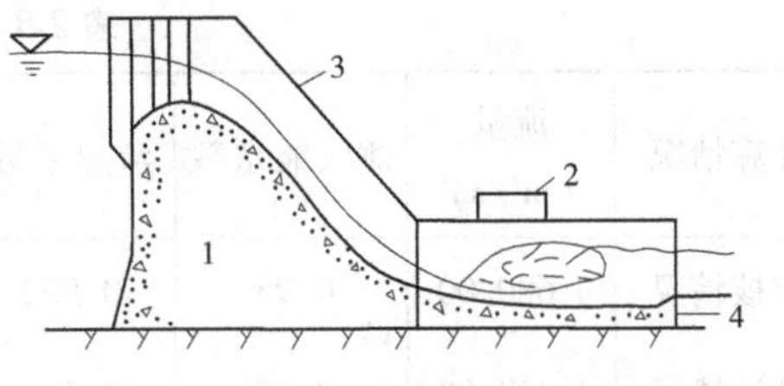

1—溢流坝;2—水电站;3—边墩;4—护坦

图 2-23 边墩和导墙

(三)横缝的布置

溢流坝段的横缝,有以下两种布置方式:①缝设在闸墩中间,当各坝段间产生不均匀沉降时,不致影响闸门启闭,工作可靠,缺点是闸墩厚度较大;②缝设在溢流孔跨中,闸墩成为整体墩,可使大跨度弧形闸门支铰结构得到加强,但易受地基不均匀沉降的影响。

七、案例分析

（一）基本资料

基本资料与本项目任务二中案例分析的基本资料相同。泄水方式采用开敞式溢流。

（二）孔口设计

1. 溢流前沿净宽 B 及单宽流量 q 的确定

本工程地基岩石比较坚硬，单宽流量取 $q=50\sim100\ m^3/(s\cdot m)$。由 $B=Q/q$ 确定净宽，计算结果见表 2-7。

表 2-7　孔口净宽计算

计算情况	泄流量（m^3/s）	单宽流量（$m^3/(s\cdot m)$）	净宽（m）
校核情况	1 680.00	50.00 ~ 100.00	33.60 ~ 16.80
设计情况	1 250.00	50.00 ~ 100.00	25.00 ~ 12.50

根据上表计算，溢流坝前沿总净宽 B 取 24 m，孔口数为 3 个，每个孔宽度为 8 m。

2. 溢流前沿总长度的确定

闸墩的墩头形状为上游采用半圆形，下游采用圆弧曲线形。中墩厚度 d 取 2.54 m，则前沿总宽为 $B_{总}=nb+(n-1)d=3\times8+2\times2.54=29.08(m)$。

3. 堰顶高程的确定

根据堰流公式(2-13)可知：　$Q=m\varepsilon\sigma_s B\sqrt{2g}H_z^{\frac{3}{2}}$

初定 $m=0.502$，$\varepsilon=0.95$，$\sigma_s=1.0$，计算 H_z，忽略行进流速水头，则堰顶高程为计算水位减去相应的堰上水头。计算结果见表 2-8。

表 2-8　堰顶高程计算

计算情况	流量（m^3/s）	侧收缩系数	流量系数	孔口净宽（m）	对应上游水位（m）	堰上水头 H_z（m）	堰顶高程（m）
校核情况	1 680.00	0.95	0.502	24.00	386.70	10.32	376.38
设计情况	1 250.00	0.95	0.502	24.00	385.40	8.47	376.93

根据上表计算，取堰顶高程为 376.38 m。

4. 定型设计水头的确定

堰上最大水头 $H_{max}=H_{校}-H_{堰}=386.70-376.38=10.32(m)$；

定型设计水头 $H_d=(75\%\sim95\%)H_{max}=7.74\sim9.80$ m，取 $H_d=9.50$ m。

由 $H_d/H_{max}=0.92$ 及 $P_1/H_d=5.20>1.33$ 查表得：

堰顶附近最小压力$(-0.075H_d)=(-0.075)\times9.50=-0.71(m)>-6$ m，符合要求。

5. 泄流能力校核

由堰流公式 $Q = m\varepsilon\sigma_s B_0 \sqrt{2g} H_z^{\frac{3}{2}}$ 校核堰的泄流能力。

其中,堰流为自由出流,则 $\sigma_s = 1$。

侧收缩系数按经验公式计算:$\varepsilon = 1 - 2[K_a + (n-1)K_p]H_0/(nb)$,边墩形状系数 $K_a = 0.1$;中闸墩形状系数 K_p 由闸墩的头部形式、H_0/H_d 及闸墩头部与堰上游面的相对位置决定。

流量系数 m 取决于上游堰高与设计水头之比 P_1/H_d、堰顶全水头与设计水头之比 H_0/H_d 以及上游面的坡度。计算结果见表 2-9、表 2-10($m_d = 0.502$)。

表 2-9　有关系数计算表

计算情况	P_1/H_d	H_0/H_d	m/m_d	K_p	K_a
校核水位	5.20	1.09	1.025	0.01	0.1
设计水位	5.20	0.95	0.992	0.02	0.1

表 2-10　泄流能力校核计算表

计算情况	流量系数 m	侧收缩系数 ε	净宽 (m)	堰上水头 H_0 (m)	设计流量 (m^3/s)	计算流量 (m^3/s)	误差
校核洪水位	0.515	0.90	24.00	10.32	1 680.00	1 625.62	-3.34%
设计洪水位	0.498	0.89	24.00	9.02	1 250.00	1 282.59	2.54%

由表可知误差小于5%,说明孔口设计符合要求。

(三)溢流面曲线设计

(1)堰顶上游采用三圆弧的半径及其坐标值为

$$R_1 = 0.50H_d = 4.75\ \text{m}$$
$$x_1 = -0.175H_d = -1.662\ \text{m}$$
$$R_2 = 0.20H_d = 1.90\ \text{m}$$
$$x_2 = -0.276H_d = -2.622\ \text{m}$$
$$R_3 = 0.04H_d = 0.38\ \text{m}$$
$$x_3 = -0.282H_d = -2.677\ \text{m}$$

(2)堰顶下游采用 WES 幂曲线,曲线方程为

$$x^{1.85} = 2.0H_d^{0.85}y$$

(3)下游直线坡率为 $m = 0.7$。

(4)反弧段半径为 $R = 21$ m。

(5)剖面绘制:绘出其基本剖面,由于上游侧超出基本剖面,故需要将溢流坝做成堰顶突向上游以满足溢流曲线的要求,倒悬高度为 6.00 m,如图 2-24 所示。

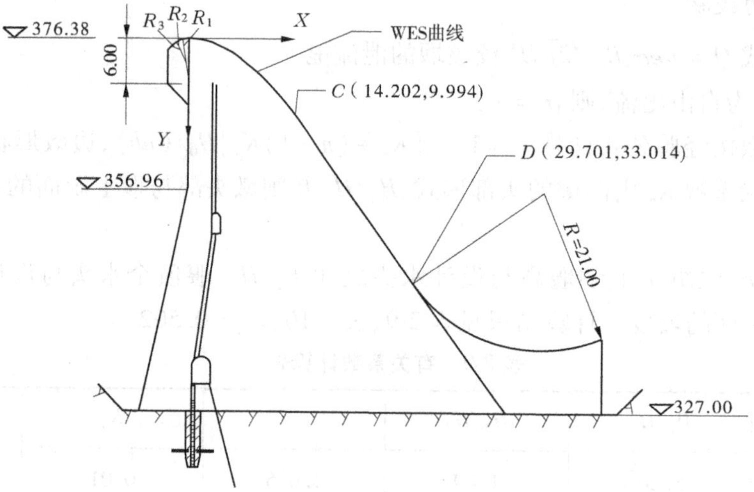

图2-24　溢流坝剖面　（单位：mm）

任务四　重力坝的材料及构造

【学习目标】

1. 掌握重力坝的材料和要求。
2. 掌握重力坝分缝的类型和处理方法。
3. 学会识读重力坝工程图。

重力坝的建筑材料主要是混凝土。对于水工混凝土，除强度外还应按其所处的部位和工作条件，在抗渗、抗冻、抗冲刷、抗侵蚀、低热、抗裂性能方面提出不同的要求。

一、混凝土重力坝的材料

（一）混凝土的强度等级

普通混凝土强度等级是按标准方法制作养护的立方体试件，在28 d龄期用标准试验方法测得的具有95%保证率的抗压强度标准值确定的，混凝土强度随着龄期延长而增长。坝体常态混凝土强度标准值的龄期一般为90 d，碾压混凝土可采用180 d龄期，因此在规定混凝土强度设计值时，应同时规定设计龄期。

大坝常用混凝土强度等级有C7.5、C10、C15、C20、C25、C30，高于C30的混凝土用于重要构件和部位。大坝混凝土的强度标准值可采用90 d龄期轴心抗压强度，保证率80%。

（二）混凝土的耐久性

（1）抗渗性。对于大坝的上游面、基础层和下游水位以下的坝面均为防渗部位。其混凝土应具有抵抗压力水渗透的能力。抗渗性能通常用“W”，即抗渗等级表示。

大坝混凝土抗渗等级应根据所在部位和水力坡降，按表2-11采用。

表 2-11　大坝抗渗等级的最小允许值

项次	部位	水力坡降	抗渗等级
1	坝体内部		W2
2	坝体其他部位按水力坡降考虑时	$i<10$	W4
		$10\leqslant i<30$	W6
		$30\leqslant i<50$	W8
		$i\geqslant 50$	W10

注:1. 表中 i 为水力坡降。

2. 承受侵蚀水作用的建筑物,其抗渗等级应进行专门的试验研究,但不得低于 W4。

3. 混凝土的抗渗等级应根据坝体承受水压力作用的时间,采用 90 d 龄期的试件测定抗渗等级。

(2)抗冻性。混凝土的抗冻性能指混凝土在饱和状态下,经多次冻融循环而不被破坏,不严重降低强度的性能。通常用"F",即抗冻等级来表示。

抗冻等级一般应视气候分区,冻融循环次数、表面局部小气候条件、水分饱和程度、结构构件重要性和检修的难易程度,按表 2-12 查取。

表 2-12　大坝抗冻等级

气候分区	严寒		寒冷		温和
年冻融循环次数(次)	≥100	<100	≥100	<100	—
受冻严重且难以检修部位:流速大于 25 m/s、过冰、多沙或多推移质过坝的溢流坝、深孔或其他输水部位的过水面及二期混凝土	F300	F300	F300	F200	F100
受冻严重但有检修条件部位:混凝土重力坝上游面冬季水位变化区;流速小于 25 m/s 的溢流坝、泄水孔的过水面	F300	F200	F200	F150	F50
受冻较重部位:混凝土重力坝外露阴面部位	F200	F200	F150	F150	F50
受冻较轻部位:混凝土重力坝外露阳面部位	F200	F150	F100	F100	F50
重力坝下部位或内部混凝土	F50	F50	F50	F50	F50

注:1. 混凝土抗冻等级应按一定的快冻试验方法确定,也可采用 90 d 龄期的试件测定。

2. 气候分区按最冷月平均气温 T_1 值作如下划分:严寒 $T_1<-10$ ℃;寒冷 -10 ℃ $\leqslant T_1<-3$ ℃;温和 $T_1>-3$ ℃。

3. 年冻融循环次数分别按一年内气温从 +3 ℃以上降至 −3 ℃以下期间设计预定水位的涨落次数统计,并取其中的大值。

4. 冬季水位变化区指运行期内可能遇到的冬季最低水位以下 0.5～1.0 m,冬季最高水位以上 1.0 m(阳面)、2.0 m(阴面)、4.0 m(水电站尾水区)。

5. 阳面指冬季大多为晴天,平均每天有 4 h 以上阳光照射,不受山体或建筑物遮挡的表面,否则均按阴面考虑。

6. 最冷月份平均气温低于 −25 ℃地区的混凝土抗冻等级宜根据具体情况研究确定。

7. 混凝土抗冻必须加气剂,其水泥、掺合料、外加剂的品种和数量,水灰比、配合比及含气量应通过试验确定。

(3)抗磨性。抗磨性指抵抗高速水流或挟砂水流的冲刷、抗磨损的能力。目前,尚未制定出定量的技术标准，一般而言，对于有抗磨要求的混凝土，应采用高强度混凝土或高强硅粉混凝土，其抗压强度等级不应低于 C20，要求高的则不应低于 C30。

(4)抗侵蚀性。抗侵蚀性指抵抗环境水的侵蚀性能。当环境水具有侵蚀性时，应选用适宜的水泥和尽量提高混凝土的密实性，且外部水位变动区及水下混凝土的水灰比可参表 2-13 减少 0.05。

表 2-13　最大水灰比

气候分区	大坝分区					
	Ⅰ	Ⅱ	Ⅲ	Ⅳ	Ⅴ	Ⅵ
严寒和寒冷地区	0.55	0.45	0.50	0.50	0.65	0.45
温和地区	0.65	0.50	0.55	0.55	0.65	0.45

(5)抗裂性。为防止大体积混凝土结构产生温度裂缝，除采用合理分缝、分块和温控措施外，应选用发热量最低的水泥、合理的掺和料，减少水泥用量，提高混凝土的抗裂性能。

二、混凝土重力坝的材料分区

由于坝体各部分的工作条件不同，因而对混凝土强度等级、抗掺、抗冻、抗冲刷、抗裂等性能要求也不同，为了节省和合理使用水泥，通常将坝体不同部位按不同工作条件分区，采用不同等级的混凝土。图 2-25 为重力坝的三种坝段分区情况：Ⅰ区为上、下游最高水位以上坝体外部表面混凝土；Ⅱ区为上、下游水位变动区的坝体外部表面混凝土；Ⅲ区为上、下游最低水位以下坝体外部表面混凝土；Ⅳ区为坝体基础混凝土；Ⅴ区为坝体内部混凝土；Ⅵ区为抗冲刷部位(例如溢洪道溢流面、泄水孔、导墙和闸墩等)。

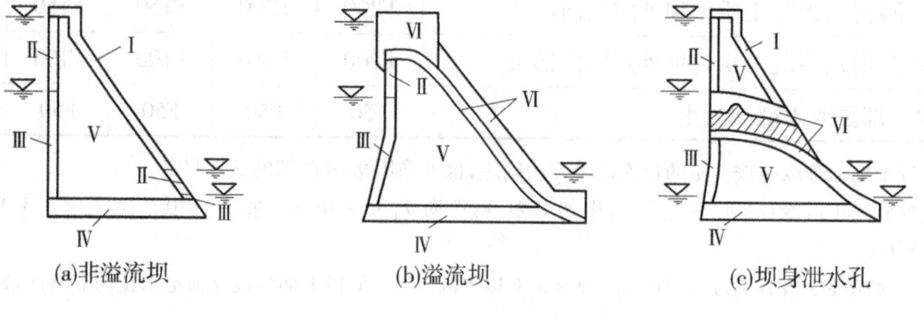

图 2-25　坝体分区示意图

大坝分区性能见表 2-14。

坝体为常态混凝土的强度等级不应低于 C7.5，碾压混凝土强度等级不应低于 C5。

同一浇筑块中混凝土强度等级不宜超过两种，等级差不宜超过两级，分区厚度尺寸最少为 2.0 ~ 3.0 m。

表 2-14 大坝分区特性

分区	强度	抗渗	抗冻	抗冲刷	抗侵蚀	低热	最大水灰比	选择各分区的主要因素
Ⅰ	+	—	+ +	—	—	+	+	抗冻
Ⅱ	+	+	+ +	—	+	+	+	抗冻、抗裂
Ⅲ	+ +	+ +	+	—	+	+	+	抗渗、抗裂
Ⅳ	+ +	+	+	—	+	+ +	+	抗裂
Ⅴ	+ +	+	+	—	—	+ +	+	
Ⅵ	+ +	—	+ +	+ +	+ +	+	+	抗冲耐磨

注：表中有"＋＋"的项目为选择各区等级的主要控制因素，有"＋"的项目为需要提出要求的，有"—"的项目为不需提出要求的。

三、重力坝坝体的防渗与排水设施

（一）坝体防渗

在混凝土重力坝坝体上游面和下游面最高水位以下部分，多采用一层具有防渗、抗冻、抗侵蚀的混凝土作为坝体防渗设施，防渗指标根据水头和防渗要求而定，防渗厚度一般为作用水头的1/10～1/20，但不小于2 m。

（二）坝体排水设施

靠近上游坝面设置排水管幕，以减小坝体渗透压力。排水管幕距上游坝面的距离一般为作用水头的1/15～1/25，且不小于2.0 m。排水管间距为2～3 m，管径为15～20 m。排水管幕沿坝轴线一字排列，管孔铅直，与纵向排水、检查廊道相通，上下端与坝顶和廊道直通，便于清洗、检查和排水。坝体排水构造布置见图2-26（a）。

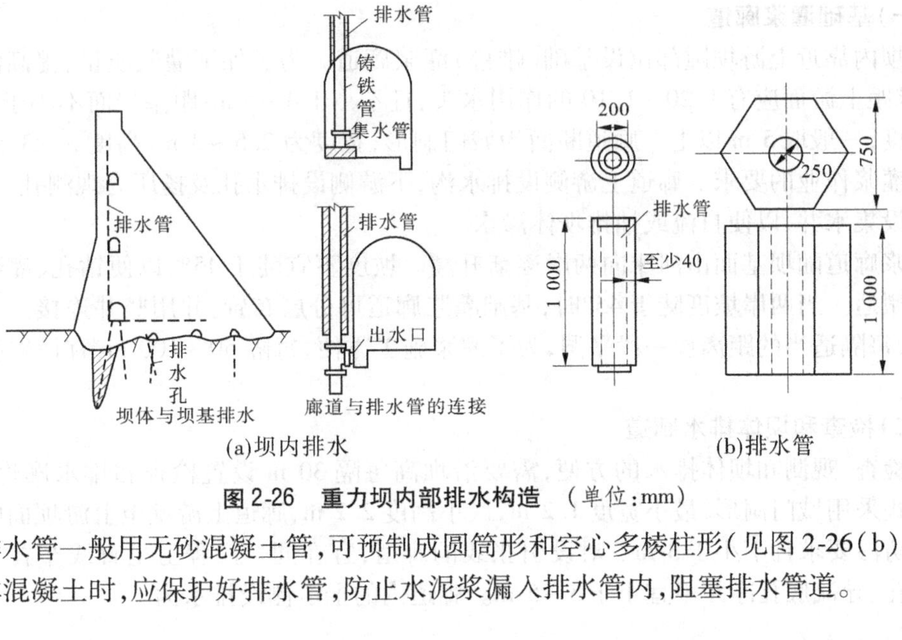

(a)坝内排水　(b)排水管

图 2-26 重力坝内部排水构造 （单位：mm）

排水管一般用无砂混凝土管，可预制成圆筒形和空心多棱柱形（见图2-26（b）），在浇筑坝体混凝土时，应保护好排水管，防止水泥浆漏入排水管内，阻塞排水管道。

四、重力坝的坝内廊道系统

重力坝的坝体内部，为了满足灌浆、排水、观测、检查和交通等要求，在坝体内设置了不同用途的廊道，这些廊道相互连通，构成了重力坝坝体内部廊道系统，如图 2-27 所示。

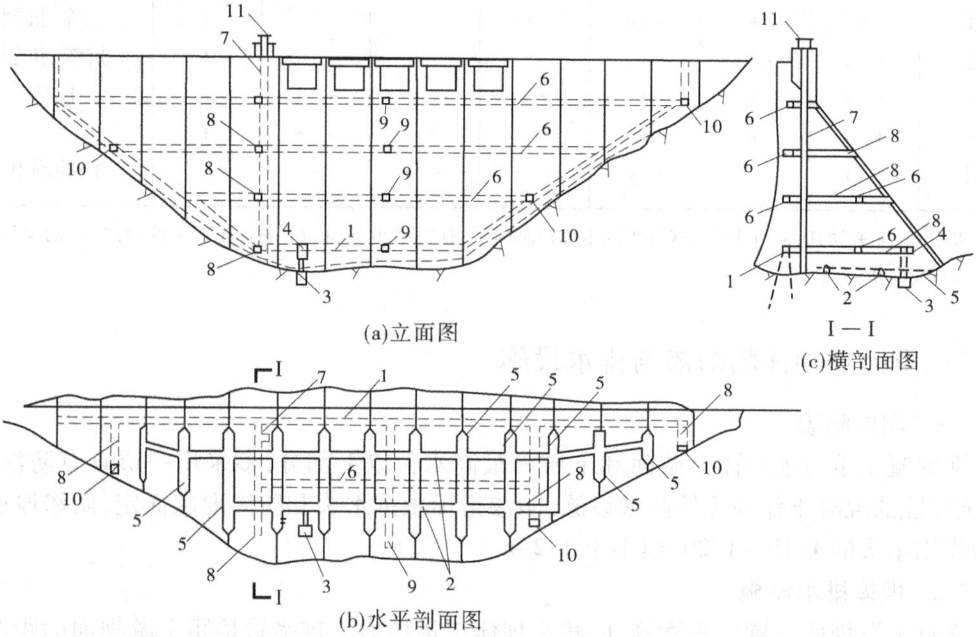

1—坝基灌浆排水廊道；2—基面排水廊道；3—集水井；4—水泵室；5—横向排水廊道；6—检查廊道；7—电梯井；8—交通廊道；9—观测廊道；10—进出口；11—电梯塔

图 2-27　坝内廊道系统图

（一）基础灌浆廊道

在坝内靠近上游坝踵部位设基础（帷幕）灌浆廊道。为了保证灌浆质量，提高灌浆压力，要求距上游面应有 1/20 ~ 1/10 的作用水头，且不小于 4 ~ 5 m；距基岩面不小于 1.5 倍廊道宽度，一般取 5 m 以上。廊道断面为城门洞形，宽度为 2.5 ~ 3 m，高度 3 ~ 3.5 m，以便满足灌浆作业的要求。廊道上游侧设排水沟，下游侧设排水孔及扬压力观测孔，在廊道最低处设集水井，以便自流或抽排坝体渗水。

灌浆廊道随坝基面由河床向两岸逐渐升高。坡度不宜陡于 45°，以便钻孔、灌浆及其设备的搬运。当两岸坡度陡于 45°时，基础灌浆廊道可分层布置，并用竖井连接。当岸坡较长时，每隔适当的距离设一段平洞，为了灌浆施工方便，每隔 50 ~ 100 m，宜设置横向灌浆机室。

（二）检查和坝体排水廊道

为检查、观测和坝体排水的方便，需要沿坝高每隔 30 m 设置检查和排水廊道一层。断面形式采用城门洞形，最小宽度 1.2 m，最小高度 2.2 m，廊道上游壁至上游坝面的距离应满足防渗要求且不小于 3 m。对设引张线的廊道，宜在同一高程上呈直线布置。廊道与泄水孔、导流底孔净距不宜小于 3 ~ 5 m。廊道内的上游侧设排水沟。

为了检查、观测的方便，坝内廊道要相互连通，各层廊道左右岸各有一个出口，要求与竖井、电梯井连通。

对于坝体断面尺寸较大的高坝，为了检查、观测和交通的方便，尚需另设纵向和横向的廊道。此外，还可根据需要设专门性廊道。

五、重力坝的分缝与止水

为了满足运用和施工的要求，防止温度变化和地基不均匀沉降导致坝体开裂，需要合理分缝。常见的有横缝、纵缝和施工缝。

（一）横缝

垂直于坝轴线，将坝体分成若干个坝段的缝为横缝，沿坝轴线 15 ~ 20 m 设一道横缝，缝宽的大小主要取决于河谷地形、地基特性、结构布置、温度变化、浇筑能力等，缝宽一般为 1 ~ 2 cm。横缝分永久性和临时性两种。

1. 永久性横缝

永久性横缝指为了使各坝段独立工作而设置的与坝轴线垂直的铅直缝面，缝内不设缝槽、不灌浆，但要设置止水，缝宽应大于该地区最大温差引起膨胀的极限值 1 cm。夏季施工和冬季施工时所留的缝宽是不相同的。在温度最高时，不允许缝间产生挤压力。

常用的止水设施有止水片、止水沥青井、缝间填料等。

止水片常用的有紫铜片、塑料带、橡胶带等。紫铜片厚一般 1.0 ~ 1.6 mm，每侧埋入混凝土的长度不小于 20 ~ 25 cm，距坝面 1 ~ 2 m，深入基岩 30 ~ 50 cm。橡胶止水和塑料止水适应变形能力较强，在气候温和地区可用塑料止水片，在寒冷地区则可采用橡胶止水带。

沥青止水井位于两片止水片之间，有方形和圆形两种，边长和直径为 20 ~ 30 cm。井内灌注Ⅱ号或Ⅲ号石油沥青、水泥和石绵粉组成的填料。井内设有蒸汽或电热设备，当沥青老化时，加热可使沥青从井底流出，然后重新填料。

缝间填料：缝间可采用沥青杉木板、沥青油毡等，缝口用聚氯乙烯胶泥、混凝土塞、沥青封堵。

高坝的横缝止水常采用两道金属止水片和一道防渗沥青井，如图 2-28 所示。

中低坝的横缝止水可适当简化。如中坝第二道止水片可采用橡胶或塑料片等，低坝经论证也可采用一道止水片。

2. 临时性横缝

临时性横缝在缝面设置键槽，埋设灌浆系统，施工后灌浆连接成整体。临时横缝主要用于以下几种情况：①对横缝的防渗要求很高时；②陡坡上的重力坝段，即岸坡较陡，将各坝段连成整体，改善岸坡坝段的稳定性；③不良坝基上的重力坝，即软弱破碎带上的各坝段，横缝灌浆后连成了整体，增加坝体刚度；④强地震区（设计烈度在 8 度以上）的坝体，即强地震区将坝段连成整体，可提高坝体的抗震性。当岸坡坝基开挖成台阶状时，坡度陡于 1∶1时，应按临时性横缝处理。

（二）纵缝

平行于坝轴线的缝称纵缝，设置纵缝的目的在于适应混凝土的浇筑能力和减少施工

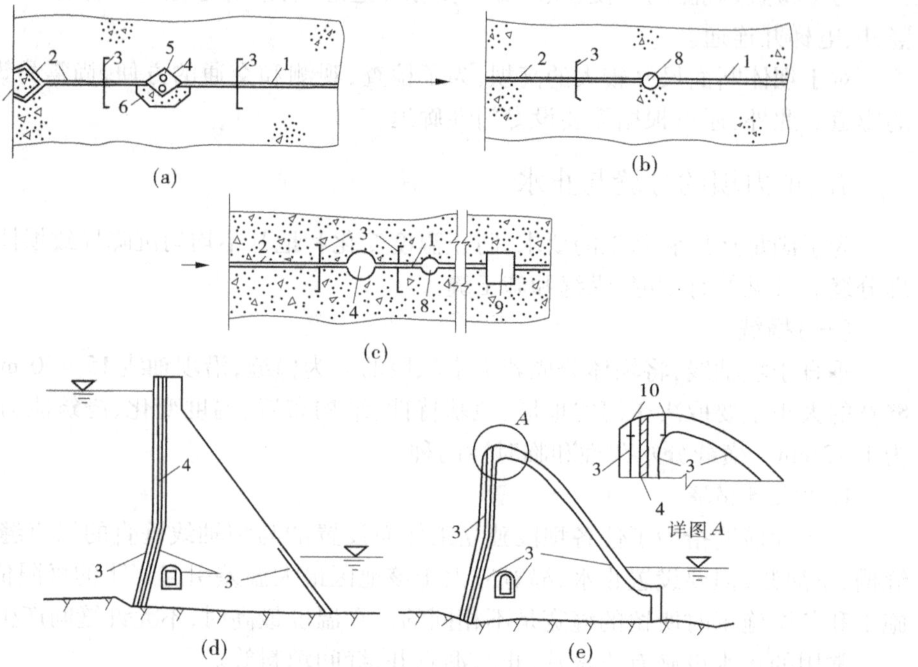

1—横缝;2—沥青油毡;3—止水片;4—沥青井;
5—加热电极;6—预制块;7—钢筋混凝土塞;8—排水井;9—检查井;10—闸门底槛预埋件

图 2-28　横缝止水构造示意图

期的温度应力,待温度正常之后进行接缝灌浆。

纵缝按结构布置形式分为铅直纵缝、斜缝和错缝,见图 2-29。

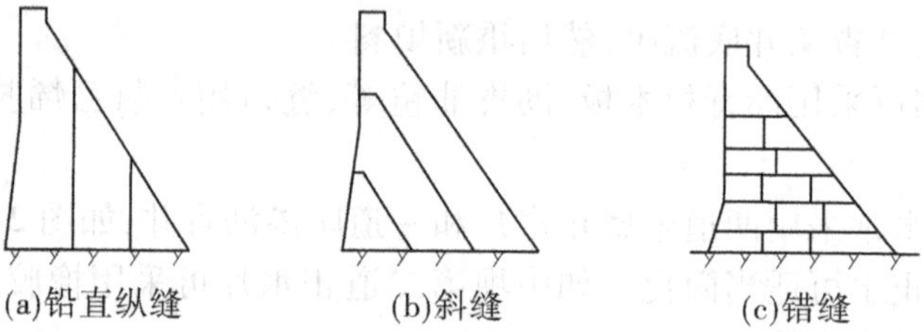

图 2-29　纵缝形式

1. 铅直纵缝

纵缝方向是铅直的为铅直纵缝,是最常用的一种形式,缝的间距根据混凝土的浇筑能力和温度控制要求确定,缝距一般为 15 ~ 30 m,纵缝不宜过多。

为了很好的传递压力和剪力,纵缝面上设呈三角形的键槽,槽面与主应力方向垂直,在缝面上布置灌浆系统。

待坝体温度稳定,缝张开到 0. 5 mm 以上时进行灌浆。灌浆沿高度 10 ~ 15 m 分区,缝体四周设置止浆片,止浆片用镀锌铁片或塑料片(厚 1 ~ 1. 5 cm,宽 24 cm)。严格控制灌浆压力为 0. 35 ~ 0. 45 MPa,回浆压力为 0. 2 ~ 0. 25 MPa,压力太高会在坝块底部造成过大拉应力而破坏，压力太低不能保证质量。

纵缝两侧坝块的浇筑应均衡上升，一般高差控制在 5～10 m，以防止温度变化、干缩变形造成缝面挤压剪切，键槽出现剪切裂缝。

2. 斜缝

斜缝大致按满库时的最大主应力方向布置，因缝面剪应力小，不需要灌浆。中国的安砂坝成功地采用了这种方法，斜缝在距上游坝面一定距离处终止，并采取并缝措施，如布置垂直缝面的钢筋、并缝廊道等。斜缝的缺点是施工干扰大，相邻坝块的浇筑间歇时间及温度控制均有较严格的限制，故目前中高坝中较少采用。

3. 错缝

浇筑块之间像砌砖一样把缝错开，每块厚度 3～4 m（基岩面附近减至 1.5～2 m），错缝间距为 10～15 m，缝位错距为 1/3～1/2 浇筑块的厚度。错缝不需要灌浆，施工简便，整体性差，可用于中小型重力坝中。

近年来，世界坝工由于温度控制和施工水平的不断提高，发展趋势是不设纵缝，通仓浇筑，施工进度快，坝体整体性好。但规范要求高坝利用通仓浇筑必须有专门论证。

（三）水平施工缝

坝体上下层浇筑块之间的结合面称水平施工缝。一般浇筑块厚度为 1.5～4.0 m，靠近基岩面用 0.75～1.0 m 的薄层浇筑，利于散热、减少温升，防止开裂。纵缝两侧相邻坝块水平施工缝不宜设在同一高程，以增强水平截面的抗剪强度。上、下层浇筑间歇 3～7 d，上层混凝土浇筑前，必须对下层混凝土凿毛，冲洗干净，铺 2～3 cm 强度较高的水泥砂浆后浇筑。水平施工缝的处理应高度重视，施工质量关系到大坝的强度、整体性和防渗性，否则将成为坝体的薄弱层面。

任务五　重力坝的荷载及荷载组合

【学习目标】

1. 掌握作用于重力坝上荷载的概念及对建筑物的影响。
2. 理解重力坝荷载组合的含义。
3. 学会计算自重、水压力、扬压力等主要荷载。

荷载是重力坝设计的主要依据之一，荷载可按作用随时间的变异分为三类：永久作用、可变作用和偶然作用。水工结构设计时应根据规范规定的计算方法的不同正确选用代表值。永久作用和可变作用的代表值采用作用的标准值；偶然作用的代表值除《水工建筑物荷载设计规范》（DL 5077—1997）规定的之外，可按有关标准的规定，或结合观测资料和工程经验综合分析确定。

（1）永久作用包括：坝体自重和永久性设备自重；淤沙压力（有排沙设施时可列为可变作用）；土压力。

（2）可变作用包括：静水压力；扬压力（包括渗透压力和浮托力）；动水压力（包括水流

离心力，水流冲击力，脉动压力等）；浪压力；冰压力（包括静冰压力和动冰压力）；风雪荷载；机动荷载。

（3）偶然作用包括：地震作用；校核洪水位时的静水压力。

一、重力坝的荷载

重力坝的荷载主要包括：①自重；②静水压力；③动水压力；④淤沙压力；⑤浪压力；⑥扬压力；⑦冰压力；⑧地震荷载；⑨土压力；⑩其他荷载。

计算单元：单位坝长（1 m）或一个坝段。

计算依据：《水工建筑物荷载设计规范》（DL 5077—1997）。

（一）自重（包括永久设备自重）

坝体自重 W 标准值计算公式：

$$W = V\gamma_c \quad (\mathrm{kN/m}) \tag{2-17}$$

式中 V——计算单元坝体体积，m^3，常将坝体断面分解成矩形、三角形计算，见图 2-30（a）；

γ_c——坝体混凝土的重度，kN/m^3，根据选定的配合比通过试验确定，一般采用 23.5 ~24.0 kN/m^3。

计算自重时，坝上永久性的固定设备，如闸门、固定式启闭机的重量也应计算在内，坝内较大的孔洞应该扣除。

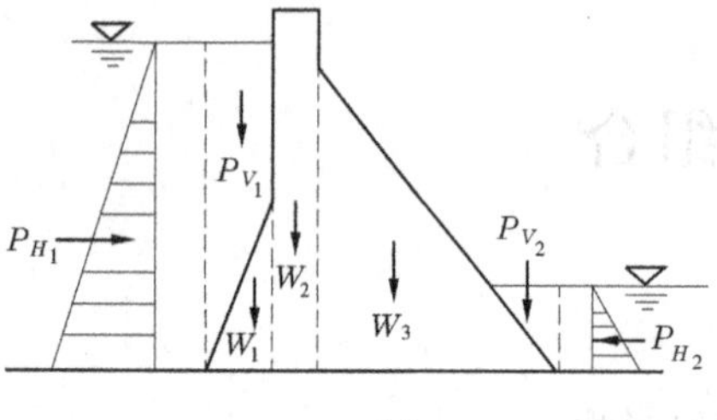

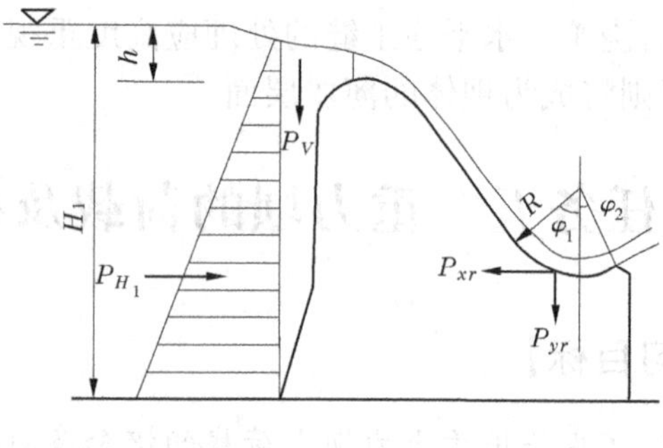

图 2-30 坝体自重和坝面水压力计算图

（二）静水压力

静水压力是作用在上下游坝面的主要荷载，如图 2-30（b）所示，分解为水平水压力（P_H）和垂直水压力（P_V）。溢流堰前水平水压力以（P_{H_1}）表示。标准值按以下公式计算。

$$P_V = V_w\gamma_w \quad (\mathrm{kN/m}) \tag{2-18}$$

$$P_H = \frac{1}{2}\gamma_w H^2 \quad (\mathrm{kN/m}) \tag{2-19}$$

$$P_{H_1} = \frac{1}{2}\gamma_w (H^2 - h^2) \quad (\mathrm{kN/m}) \tag{2-20}$$

式中 V_w——斜坡面上水体体积，m^3；

H——计算点处的作用水头,m;

h——堰顶溢流水深,m;

γ_w——水的重度,kN/m³。

(三)动水压力

溢流坝下游反弧段,在高速水流作用下的时均压力和脉动压力叫动水压力。动水压力的水平分力标准值 P_{xr} 和垂直分力标准值 P_{yr} 为

$$P_{xr} = \frac{\gamma_w}{g} qv(\cos\varphi_2 - \cos\varphi_1) \quad (\text{N/m}) \tag{2-21}$$

$$P_{yr} = \frac{\gamma_w}{g} qv(\sin\varphi_2 + \sin\varphi_1) \quad (\text{N/m}) \tag{2-22}$$

式中 q——相应设计状况下反弧段上的单宽流量,m³/(s·m);

g——重力加速度,m/s²;

v——反弧段最低点处的断面平均流速,m/s;

φ_1、φ_2——反弧段圆心竖线左、右的中心角,取其绝对值;

其他符号意义同前。

P_{xr} 和 P_{yr} 的作用点可近似地认为在反弧段长度的中点,见图2-30(b)。

因溢流坝顶和坝面上的脉动压力对坝体稳定和坝内应力影响很小,可以忽略不计;当引起结构振动和影响结构安全时应计入。

(四)淤沙压力

入库水流挟带的泥沙在水库中淤积,淤积在坝前的泥沙对坝面产生的压力叫淤沙压力,见图2-31。

淤积的规律是从库首至坝前,随水深的增加而流速减小,沉积的粒径由粗到细,坝前淤积的是极细的泥沙,淤积泥沙的深度和内摩擦角随时间在变化,一般计算年限取50~100年。

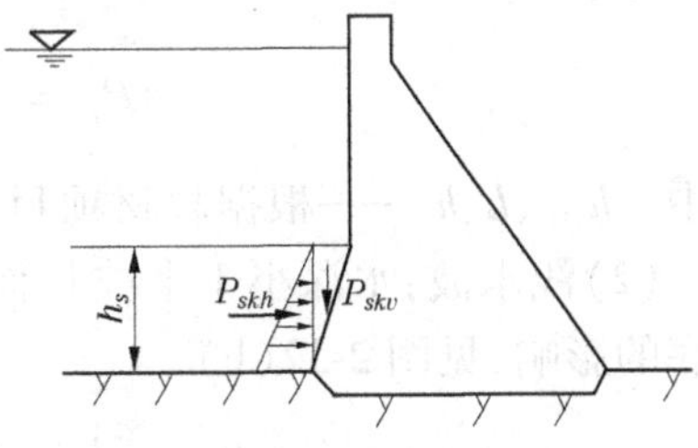

图2-31 淤沙压力计算图

单位坝长上的水平淤沙压力标准值 P_{skh} 为

$$P_{skh} = \frac{1}{2}\gamma_{sb} h_s^2 \tan^2(45° - \frac{\varphi_s}{2}) \quad (\text{kN/m}) \tag{2-23}$$

$$\gamma_{sb} = \gamma_{sd} - (1 - n)\gamma_w$$

式中 γ_{sb}——淤沙的浮重度,kN/m³;

γ_{sd}——淤沙的干重度,kN/m³;

γ_w——水的重度,kN/m³;

n——淤沙的孔隙率;

h_s——坝前估算的泥沙淤积厚度,m;

φ_s——淤沙的内摩擦角,(°)。

当上游坝面倾斜时,应计入竖向淤沙压力,按淤沙的浮重度计算。

(五)浪压力

水库表面波浪对建筑物产生的拍击力叫浪压力。浪压力的影响因素较多,呈动态变化,可取不利情况计算标准值。

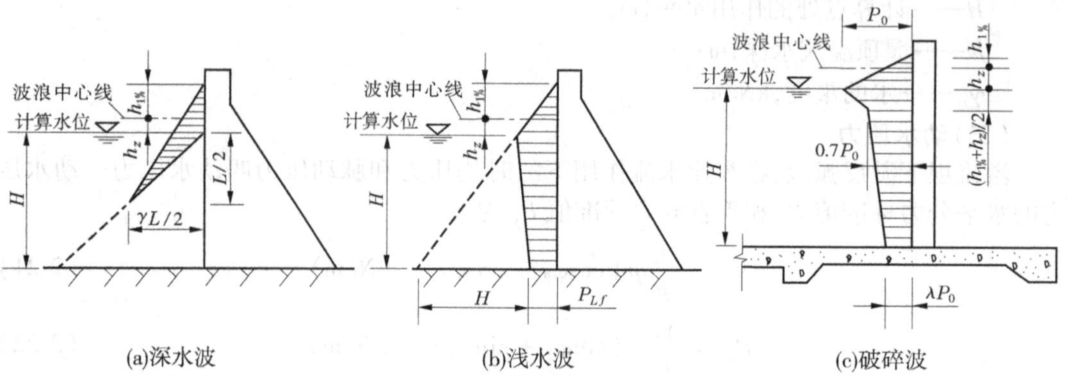

图 2-32 浪压力分布

临界水深 H_{cr} 的计算公式为

$$H_{cr} = \frac{L}{4\pi}\ln\left(\frac{L + 2\pi h_{1\%}}{L - 2\pi h_{1\%}}\right) \tag{2-24}$$

随着水深的不同，坝前有三种可能的波浪发生，即深水波、浅水波和破碎波。这三种波态的浪压力分布不同，浪压力计算公式如下：

(1)深水波：当坝前水深 $H \geqslant H_{cr}$ 和 $H \geqslant L/2$ 时，波浪运动不受库底的约束，见图 2-32(a)。

$$P_L = \frac{\gamma_w L}{4}(h_{1\%} + h_z) \quad (\text{kN/m}) \tag{2-25}$$

式中 $h_{1\%}$、L、h_z——根据教材项目二任务二有关公式计算。

(2)浅水波：水深小于半波长而大于临界水深 H_{cr}，即 $L/2 > H > H_{cr}$ 时，波浪运动受到库底的影响，见图 2-32(b)。

$$P_L = \frac{1}{2}[(h_{1\%} + h_z)(\gamma_w H + P_{Lf}) + HP_{Lf}] \tag{2-26}$$

$$P_{Lf} = \gamma_w h_{1\%} \operatorname{sech}\frac{2\pi H_B}{L}$$

式中 P_{Lf}——水下底面处浪压力剩余强度，kN/m²。

(3)破碎波：水深小于临界水深，即 $H < H_{cr}$ 时，波浪发生破碎，见图 2-32(c)。

$$P_L = \frac{P_0}{2}[(1.5 - 0.5\lambda)h_{1\%} + (0.7 + \lambda)H] \tag{2-27}$$

$$P_0 = K_0\gamma_w h_{1\%}$$

式中 λ——水下底面处浪压力强度折减系数，当 $H \leqslant 1.7h_{1\%}$ 时，采用 0.6，当 $H > 1.7h_{1\%}$ 时，采用 0.5；

P_0——计算水位处的浪压力强度，kN/m²；

K_0——建筑物底坡影响系数，与坝前一定距离的库底纵坡平均值 i 有关，见表 2-15。

表 2-15 河底坡 i 对应的 K_0 值

底坡 i	1/10	1/20	1/30	1/40	1/50	1/60	1/80	<1/100
K_0 值	1.89	1.61	1.48	1.41	1.36	1.33	1.29	1.25

（六）扬压力

扬压力包括渗透压力和浮托力两部分。渗透压力由上下游水位差产生的渗流而在坝内或坝基面上形成的向上的压力。浮托力是由下游水深淹没坝体计算截面而产生向上的压力。扬压力分布图形，要根据水工结构的形式、地基地质条件和防渗排水设备，分别确定。

1. 坝底面上的扬压力

岩基上坝底扬压力按以下三种情况确定：

（1）当坝基设有防渗和排水孔幕时，坝底面上游（坝踵）处的扬压力作用水头为 H_1，排水孔中心线处的扬压力作用水头为 $H_2+\alpha(H_1-H_2)$，下游（坝趾）处为 H_2，三者之间用直线连接，如图 2-33（a）、（b）、（c）所示。

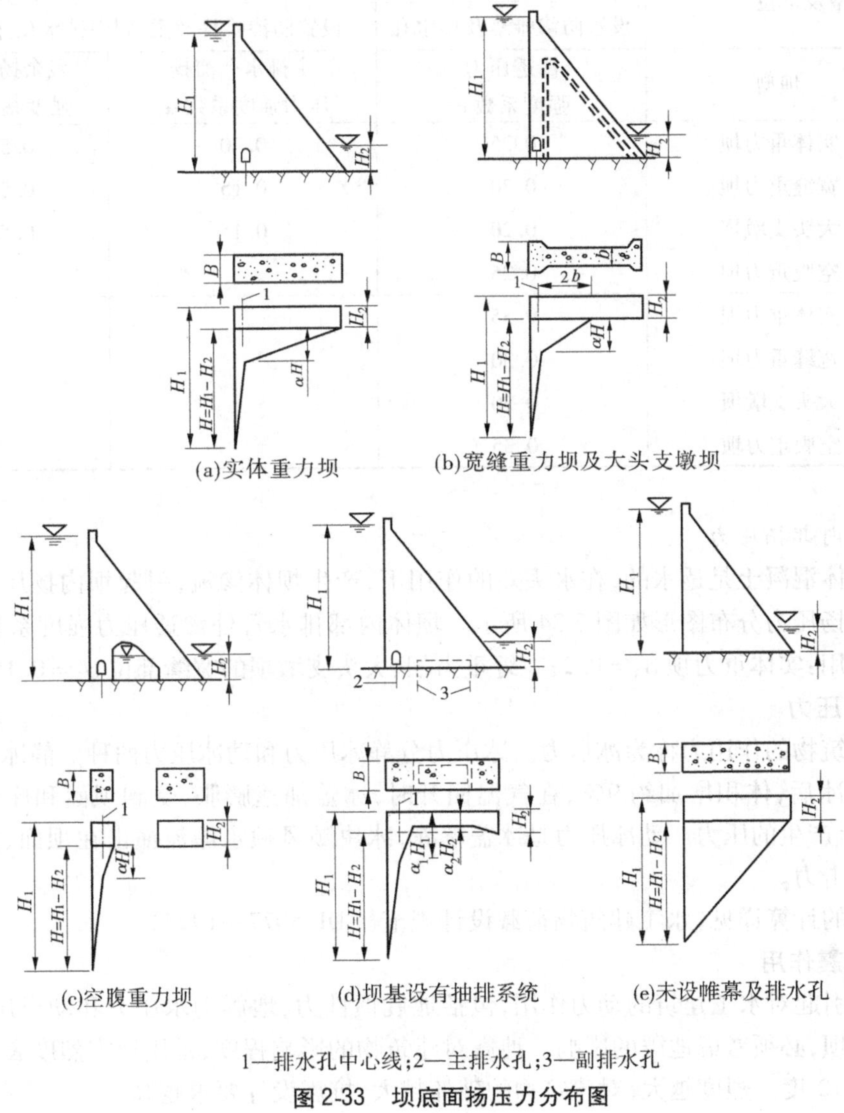

1—排水孔中心线；2—主排水孔；3—副排水孔

图 2-33 坝底面扬压力分布图

(2) 当坝基设有防渗帷幕、上游主排水孔幕、下游副排水孔及抽排系统时，坝底面上游处的扬压力作用水头为 H_1，下游坝趾处为 H_2，主、副排水孔中心线处分别为 $\alpha_1 H_1$、$\alpha_2 H_2$，其间各段用直线连接，如图 2-33(d)所示。

(3) 当坝基无防渗帷幕、排水孔幕时，坝底面上游处的扬压力作用水头为 H_1，下游处为 H_2，其间用直线连接，如图 2-33(e)所示。

上述(1)、(2)中的渗透压力强度系数 α、扬压力强度系数 α_1 及残余扬压力强度系数 α_2 可参照表 2-16 采用。应注意，对河床坝段和岸坡坝段，α 取值不同，后者计及三向渗流作用，α_2 取值应大些。

表 2-16　坝底面的渗透压力和扬压力强度系数

坝型及部位		坝基处理情况		
		设置防渗帷幕及排水孔	设置防渗帷幕及主、副中排水孔并抽排	
部位	坝型	渗透压力强度系数 α	主排水孔前扬压力强度系数 α_1	残余扬压力强度系数 α_2
河床坝段	实体重力坝	0.25	0.20	0.50
	宽缝重力坝	0.20	0.15	0.50
	大头支墩坝	0.20	0.15	0.50
	空腹重力坝	0.25		
岸坡坝段	实体重力坝	0.35		
	宽缝重力坝	0.30		
	大头支墩坝	0.30		
	空腹重力坝	0.35		

2. 坝体内部扬压力

由于坝体混凝土是透水的，在水头差的作用下，产生坝体渗流，引起坝内扬压力。其计算截面处扬压力分布图形如图 2-34 所示。坝体内部排水管处渗透压力强度系数 α_3 按下列情况采用：实体重力坝 $\alpha_3 = 0.2$；宽缝重力坝、大头支墩坝的宽缝部位 $\alpha_3 = 0.15$。

(七) 冰压力

冰对建筑物的作用力称为冰压力。冰压力分静冰压力和动冰压力两种。静冰压力是水库表面结冰后，体积增加约 9%，在气温回升时，冰盖加速膨胀，受到坝面和库岸的约束，在坝面上产生的压力。动冰压力是冰盖解冻，冰块顺风顺水漂流撞击在坝面、闸门或闸墩上的撞击力。

冰压力的计算详见《水工建筑物荷载设计规范》(DL 5077—1997)。

(八) 地震作用

地震会引起对水工建筑的动力作用，包括地震惯性力、地震动水压力和动土压力等。在地震区建坝，必须考虑地震的影响。地震对建筑物的影响程度，常用地震烈度表示。地震烈度分为 12 度。烈度越大，对建筑物的破坏越大，抗震设计要求越高。

在考虑地震作用时，常用到地震的基本烈度和设计烈度两个概念。基本烈度是指建

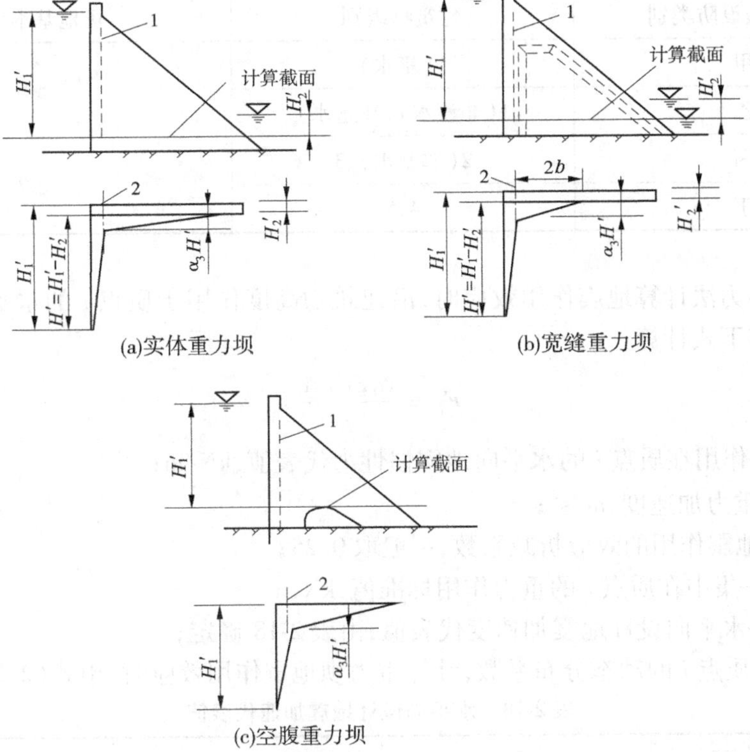

(a)实体重力坝　(b)宽缝重力坝

(c)空腹重力坝

1—坝内排水管;2—排水管中心线

图 2-34　坝体计算截面上扬压力分布

筑物所在地区一定时期内(约 100 年),可能遇到的地震最大烈度。设计烈度指抗震设计时采用的地震烈度。一般采用基本烈度作为设计烈度。但对于 1 级挡水建筑物可根据工程的重要性和遭受的危害性,其设计烈度可比基本烈度提高 1 度;对设计烈度在 6 度以下时,设计时可不考虑地震作用;对基本烈度为 6 度或 6 度以上地区,坝高超过 200 m 或库容大于 100 亿 m^3 的大型工程,以及基本烈度为 7 度及 7 度以上的地区、坝高超过 150 m 的大(1)型工程,其抗震设防依据应进行专门的地震危险性分析评定。

《水工建筑物抗震设计规范》(SL 203—97)规定,水工建筑物的工程抗震设防类别,应根据其重要性和工程场地基本烈度按表 2-17 的规定确定。

工程抗震设防等级为甲类的重力坝,其地震作用采用动力法;工程抗震设防等级为乙、丙类的重力坝,采用动力法或拟静力法;设计烈度小于 8 度且坝高小于、等于 70 m 的重力坝,可采用拟静力法。

1. 地震惯性力

地震时,重力坝随地壳做加速运动时,产生了地震惯性力。地震惯性力的方向是任意的,一般情况下只考虑水平向地震作用,对于设计烈度为 8、9 度的 1、2 级重力坝,应同时计入水平和竖向地震作用,但对竖向地震惯性力,尚需乘 0.5 的耦合系数。

表 2-17　工程抗震设防类别

工程抗震设防类别	建筑物级别	场地基本烈度
甲	1(壅水)	≥6
乙	1(非壅水)、2(壅水)	
丙	2(非壅水)、3	≥7
丁	4、5	

采用拟静力法计算地震作用效应时,沿建筑物高度作用于质点 i 的水平向地震惯性力代表值应按下式计算:

$$F_i = \frac{\alpha_h \xi G_{Ei} \alpha_i}{g} \tag{2-28}$$

式中　F_i——作用在质点 i 的水平向地震惯性力代表值,kN/m;

g——重力加速度,m/s^2;

ξ——地震作用的效应折减系数,一般取 0.25;

G_{Ei}——集中在质点 i 的重力作用标准值,kN;

α_h——水平向设计地震加速度代表值,由表 2-18 确定;

α_i——质点 i 的动态分布系数,计算重力坝地震作用效应时,由式(2-29)确定。

表 2-18　水平向设计地震加速代表值

设计烈度(度)	7	8	9
α_h	0.1g	0.2g	0.4g

注:g = 9.81 m/s^2。

$$\alpha_i = 1.4 \times \frac{1 + 4(h_i/H)^4}{1 + 4\sum_{j=1}^{n} \frac{G_{Ej}}{G_E}(h_j/H)^4} \tag{2-29}$$

式中　n——坝体计算质点总数;

H——坝高,溢流坝的 H 应算至闸墩顶;

h_i、h_j——质点 i、j 的高度;

G_E——产生地震惯性力的建筑物总重力作用的标准值。

2. 地震动水压力

地震时,坝前、坝后的水随着震动,形成作用在坝面上的激荡力。采用拟静力法,在水平地震作用下,重力坝铅直面上沿高度分布的地震动水压强代表值按式(2-30)计算:

$$p_w(h) = \alpha_h \xi \psi(h) \rho_w H_1 \tag{2-30}$$

式中　$p_w(h)$——作用在直立迎水坝面水深 h 处的地震动水压强代表值;

$\psi(h)$——水深 h 处的地震动力压力分布系数,由表 2-19 查取;

ρ_w——水的密度标准值,kN/m^3;

H_1——水深;

其余符号意义同前。

表 2-19　地震动水压力分布系数 $\psi(h)$

h/H_1	0	0.1	0.2	0.3	0.4	0.5	0.6	0.7	0.8	0.9	1.0
$\psi(h)$	0	0.43	0.58	0.68	0.74	0.76	0.76	0.75	0.71	0.68	0.67

单位宽度坝面总地震动水压力作用点位于水面以下 $0.54H_1$ 处，其代表值 F_0 为

$$F_0 = 0.65\alpha_h \xi \rho_w H_1^2 \tag{2-31}$$

当迎水坝面倾斜，且与水平夹角为 θ 时，上述动水压力代表值应乘以折减系数 η_c，则 η_c 的计算式为

$$\eta_c = \frac{\theta}{90} \tag{2-32}$$

（九）其他荷载

常见的其他荷载有土压力、温度荷载、灌浆压力、风荷载、雪荷载等。

土压力分主动土压力和被动土压力，根据具体情况确定。

温度荷载是指建筑物受环境温度变化、水泥水化热的产生或散失时受坝基和其他结构约束而产生的温度应力。正常运用期靠合理设置温度缝来消除温度应力，施工期的水化热靠采用低热水泥、采取温控措施等来消除温度应力。虽然在稳定和应力分析时不计入，但结构设计应引起重视。

在施工时要严格控制灌浆压力，防止因压力太大破坏建筑物。

风荷载、雪荷载、车辆荷载、人群荷载、永久设备荷载等在重力坝全部荷载中占比重很小，一般忽略不计。但这些荷载对某些局部结构是非常重要的，例如溢流坝坝顶桥梁、启闭机房、启闭机架等，在结构分析计算时，必须计入这些荷载。

以上荷载计算详见《水工建筑物荷载设计规范》(DL 5077—1997)。

二、荷载组合

作用于重力坝上的荷载，除坝体自重外，其余荷载大小和出现的概率都有一定的变化。因此，在进行荷载组合时，应分析各种荷载出现的概率、结构的重要性、同时作用的可能性而进行荷载组合。

（一）荷载作用

(1)坝体及其上永久设备自重。

(2)以发电为主的水库，上游用正常蓄水位，下游按照运用要求泄放最小流量时的水位，且防渗及排水设施正常工作时的水作用：①大坝上、下游面的静水压力；②扬压力。

(3)大坝上游淤沙压力。

(4)大坝上、下游侧向土压力。

(5)以防洪为主的水库(取代(2))，上游用防洪高水位，下游用其相应的水位，且防渗及排水设施正常工作时的水作用：①大坝上、下游面的静水压力；②扬压力；③相应泄洪时的动水压力。

(6)浪压力:①取50年一遇风速引起的浪压力(约相当于多年平均最大风速的1.5~2倍引起的浪压力);②多年平均最大风速引起的浪压力。

(7)冰压力,取正常蓄水位时的冰作用。

(8)其他出现机会较多的作用。

(9)当水库泄放校核洪水(偶然状况)流量时,上下游水位的作用(取代(5)),且防渗及排水设施正常工作时的水作用:①大坝上、下游面的静水压力;②扬压力;③相应泄洪时的动水压力。

(10)地震力。一般取正常蓄水情况时相应的上、下游水深。

(11)其他出现机会很少的作用。

(二)荷载组合

《混凝土重力坝设计规范》(SL 319—2018)规定:作用于重力坝上的荷载组合分为基本组合和偶然组合。按承载能力极限状态设计时,混凝土重力坝应考虑基本组合和偶然组合两种作用效应组合。按正常使用极限状态设计时,混凝土重力坝应考虑短期组合和长期组合两种作用效应组合。

将以上各种荷载的作用组合列入表2-20。

表2-20 荷载组合

设计状况	作用组合	主要考虑情况	荷载									说明
			自重	静水压力	扬压力	淤沙压力	浪压力	冰压力	动水压力	土压力	地震作用	
持久状况	基本组合	1.正常蓄水位情况	(1)	(2)	(2)	(3)	(6)①	—	—	(4)	—	以发电为主的水库,土压力根据坝体外是否有填土而定(下同)
		2.防洪高水位情况	(1)	(5)	(5)	(3)	(6)①	—	(5)	(4)	—	以防洪为主水库
		3.冰冻情况	(1)	(2)	(2)	(3)	—	(7)	—	(4)	—	静水压力及扬压力按相应冬季库水位计算
短暂状况	基本组合	施工期临时挡水	(1)	(2)	(2)	(3)				(4)		
偶然状况	偶然组合	1.校核洪水情况	(1)	(9)	(9)		(6)②	—	(9)	(4)	—	
		2.地震情况	(1)	(2)	(2)	(3)	(6)②	—	—	(4)	(10)	静水压力、扬压力和浪压力按正常水位计算,有论证时可另作规定

注:1.应根据各种作用同时发生的概率,选择计算中最不利的组合。

2.根据地质和其他条件,当考虑运用时期排水设备易于堵塞,需经常维修时,应考虑排水失效的情况,作为特殊组合。

（三）荷载作用分项系数

根据荷载作用的特点，有不同的分项系数，常用荷载作用的分项系数见表2-21。

表2-21 （荷载）作用分项系数

序号	作用类型	分项系数
1	自重（永久作用）	1.00
2	水压力（可变作用） （1）静水压力 （2）动水压力：时均压力、离心力、冲击力、脉动压力	 1.00 1.05、1.10、1.10、1.30
3	扬压力（可变作用） （1）渗透压力 （2）浮托力 （3）扬压力（有抽排） （4）残余扬压力（有抽排）	 1.20 1.00 1.10 1.20
4	淤沙压力（永久作用）	1.20
5	浪压力（可变作用）	1.20
6	静（动）冰压力（可变作用）	1.10
7	静止（主动）土压力（永久作用）	1.20
8	未规定的永久作用对结构不利（永久作用对结构有利）	1.05（0.95）
9	未规定的不可控制可变作用（可控可变作用）	1.20（1.10）
10	风（雪）荷载，灌浆压力（可变作用）	1.30

任务六 重力坝的抗滑稳定分析

【学习目标】

1. 掌握重力坝失稳的类型。
2. 掌握承载能力极限状态稳定分析方法。
3. 学会对坝基面进行稳定分析。
4. 掌握提高坝体抗滑稳定的方法。

一、抗滑稳定计算截面的选取

重力坝抗滑稳定计算主要是核算坝基面及混凝土层面上的滑动稳定性。另外，当坝基内有软弱夹层、缓倾角结构面时，也应核算其深层滑动稳定性。

二、重力坝抗滑稳定计算

《混凝土重力坝设计规范》(DL 5108—1999)规定，重力坝的抗滑稳定按承载能力极限状态计算，认为滑动面为胶结面，滑动体为刚体。此时，滑动面上的滑动力作为效应函数，阻滑力为抗力函数，并认为承载能力达到极限状态时刚体处于极限平衡状态。

(一)抗滑稳定极限状态设计表达式

(1)基本组合极限状态设计表达式：

$$\gamma_0\psi S(\gamma_G G_k,\gamma_Q Q_k,a_k) \leqslant \frac{1}{\gamma_{d_1}}R\left(\frac{f_k}{\gamma_m},a_k\right) \tag{2-33}$$

(2)偶然组合极限状态设计表达式：

$$\gamma_0\psi S(\gamma_G G_k,\gamma_Q Q_k,A_k,a_k) \leqslant \frac{1}{\gamma_{d_2}}R\left(\frac{f_k}{\gamma_m},a_k\right) \tag{2-34}$$

(3)抗滑稳定极限状态作用效应函数：

$$S(\cdot) = \sum P_R \quad 或 S(\cdot) = \sum P_C \tag{2-35}$$

(4)抗滑稳定极限状态抗力函数：

$$R(\cdot) = f'_R\sum W_R + C'_R A_R \quad 或 \quad R(\cdot) = f'_C\sum W_C + C'_C A_C \tag{2-36}$$

式中 $S(\cdot)$——作用效应函数；

$R(\cdot)$——结构及构件抗力函数；

γ_0——结构重要性系数，对应于结构安全系数分别为Ⅰ、Ⅱ、Ⅲ级的结构及构件，可分别取1.1、1.0、0.9；

ψ——设计状况系数，对于持久状况、短暂状况、偶然状况，可分别取1.0、0.95、0.85；

γ_G——永久作用分项系数，见表2-21；

γ_Q——可变作用分项系数，见表2-21；

G_k——永久作用标准值；

Q_k——可变作用标准值；

a_k——几何参数标准值，可作为定值处理；

f_k——材料性能的标准值；

γ_m——材料性能分项系数，查表2-22；

γ_{d1}——基本组合结构系数，查表2-23；

A_k——偶然作用代表值；

γ_{d2}——偶然组合结构系数，查表2-23；

$\sum P_R$、$\sum P_C$——计算层面上全部切向作用之和，kN；

$\sum W_R$、$\sum W_C$——计算层面上全部法向作用之和，kN；

f'_R、f'_C——计算层面上抗剪断摩擦系数；

C'_R、C'_C——计算层面上抗剪断黏聚力，kPa；

A_R、A_C——计算层面截面积，m^2。

核算时，应根据材料的标准值和作用的标准值或代表值分别计算基本组合和偶然组合。

表 2-22 材料性能分项系数

序号	材料性能		分项系数	说明
1	抗剪断强度			
	混凝土/基岩	摩擦系数 f'_R 黏聚力 C'_R	1.3 3.0	
	混凝土/混凝土	摩擦系数 f'_C 黏聚力 C'_C	1.3 3.0	包括常态混凝土和碾压混凝土层面
	基岩/基岩	摩擦系数 f'_d 黏聚力 C'_d	1.4 3.2	
	软弱结构面	摩擦系数 f'_d 黏聚力 C'_d	1.5 3.4	
2	混凝土强度	抗压强度 f_c	1.5	

表 2-23 结构系数

序号	项目	结构类型	分项系数	说明
1	抗滑稳定极限状态设计式	基本组合 偶然组合	1.2 1.2	包括建基面、层面、深层滑动
2	抗压极限状态设计式	基本组合 偶然组合	1.8 1.8	

(二)深层抗滑稳定分析

当坝基岩体内存在着不利的软弱结构面、缓倾角裂隙及坝下游经冲刷形成临空面等情况时，需核算深层抗滑稳定。其计算原理与坝基面抗滑稳定计算相同。

(三)抗剪断参数的选取

f'_R、f'_C，C'_R、C'_C的值直接关系到工程的安全性和经济性，必须合理地选用。一般情况下，应经试验测定，且每一主要工程地质单元的野外试验不得少于 4 组；选取这些参数值时，应结合现场的实际情况，参照工程地质条件类似的工程经验，并考虑坝基岩体经工程处理后可能达到的效果，经地质、试验和设计人员共同分析研究进行适当调整后确定。中型工程的中、低坝，若无条件进行野外试验，应进行室内试验，并参照地质条件类似工程的经验数据选用；小型工程的低坝无试验资料时，可参照地质条件类似工程的试验成果和经验数据选用，坝体混凝土与基岩接触面抗剪断参数的计算值参考《混凝土重力坝设计规范》(DL 5108—1999)。

三、提高坝体抗滑稳定的工程措施

除增加坝体自重外，提高坝体抗滑稳定的工程措施主要有以下几种：

(1)利用水重。当坝底面与基岩间的抗剪强度参数较小时，常将上游坝面做成倾向上游的斜面，利用坝面上的水重来提高坝体的抗滑稳定性。但应注意，上游坝面的坡度不宜过缓，否则，在上游坝面容易产生拉应力，对坝体强度不利。

(2)采用有利的开挖轮廓线。开挖坝基时，最好利用岩面的自然坡度，使坝基面倾向上游，见图2-35(a)。有时，有意将坝踵高程降低，使坝基面倾向上游，见图2-35(b)，但这种做法将加大上游水压力，增加开挖量和混凝土浇筑量，故很少采用。当坝基比较坚固时，可以开挖成锯齿状，形成局部的倾向上游的斜面，见图2-35(c)，这种方法已广泛采用。

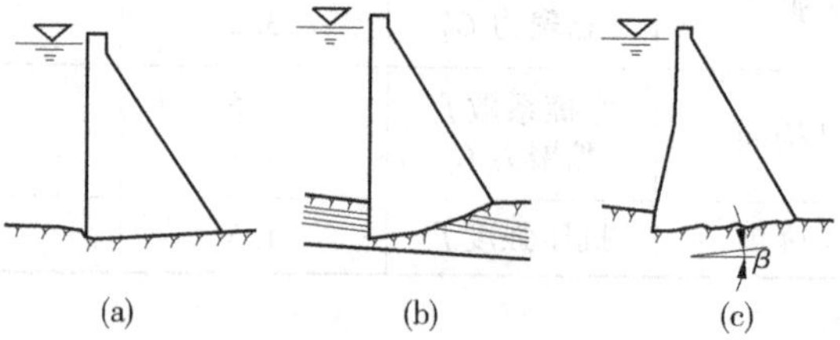

图2-35 坝基开挖轮廓

(3)设置齿墙。如图2-36(a)所示，当基岩内有倾向下游的软弱面时，可在坝踵部位设齿墙，切断较浅的软弱面，迫使可能的滑动面由 abc 成为 $a'b'c'$，这样既增大了滑动体的重量，同时也增大了抗滑体的抗力。如在坝趾部位设置齿墙，将坝趾放在较好的岩层上(见图2-36(b))，则可更多地发挥抗力体的作用，在一定程度上改善了坝踵应力，同时由于坝趾的压应力较大，设在坝趾下齿墙的抗剪能力也会相应增加。

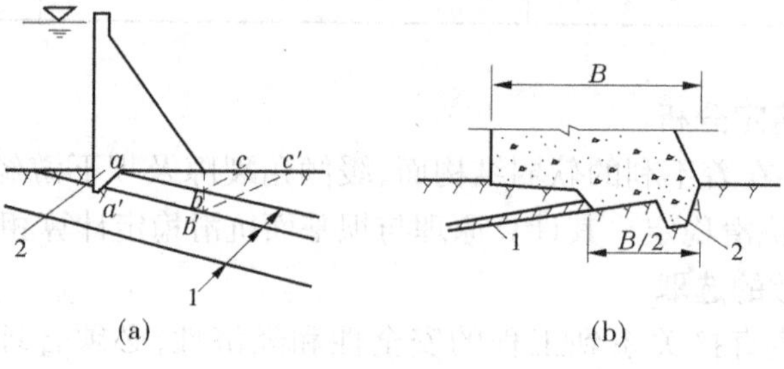

1—泥化夹层；2—齿墙

图2-36 齿墙设置

(4)抽水措施。当下游水位较高，坝体承受的浮托力较大时，可考虑在坝基面上设置排水系统，定时抽水以减少坝底浮托力，见图2-37。

(5)加固地基。加固措施有：帷幕灌浆、固结灌浆及断层、软弱夹层的处理等。

(6)防渗排水。在坝基内布置防渗排水幕，保证排水畅通，降低扬压力，有利于稳定。

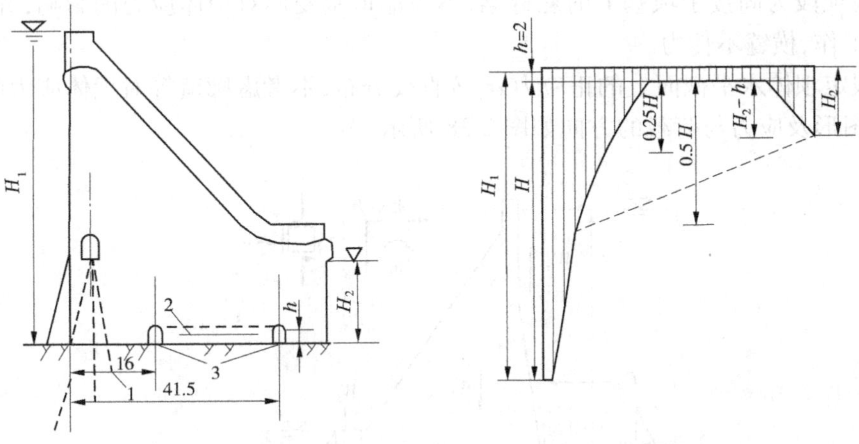

(a)溢流坝剖面　　(b)设计扬压力图形

1—主排水孔;2—横向排水廊道;3—纵向排水廊道

图 2-37　有抽水设施的坝底扬压力分布图　（单位:m）

任务七　重力坝的应力分析

【学习目标】

1. 了解重力坝应力分析的目的。
2. 掌握正常使用极限状态应力分析方法。
3. 学会对坝基面进行应力分析。

重力坝应力分析的目的是检验大坝在施工期和运用期是否满足强度要求,同时也为混凝土强度等级分区和某些部位的配筋提供依据;验算坝体断面是否合理;为设计坝内廊道、管道、孔口、坝体分缝等提供周边应力数据。

一、应力分析方法

重力坝的应力分析方法主要有模型试验法、材料力学法、弹性理论的解析法、弹性理论的差分法、弹性理论的有限元法。下面主要介绍材料力学法。

材料力学法计算坝体应力,首先在坝的横剖面上截取若干个控制性水平截面进行应力计算。一般情况应在坝基面、折坡处、坝体削弱部位(如廊道、泄水管道、坝内有孔洞的部位)以及认为需要计算坝体应力的部位截取计算截面。

对于实体重力坝,常在坝体最高处沿坝轴线取单位坝长(1 m)作为计算对象,选定荷载组合,确定计算截面,进行应力计算。

用材料力学法计算对坝体的基本假定:

(1)假定坝体混凝土为均质、连续、各向同性的弹性材料。

(2)视坝段为固接于坝基上的悬臂梁,不考虑地基变形对坝体应力的影响,并认为各坝段独立工作,横缝不传力。

(3)假定坝体水平截面上的正应力 σ_y 按直线分布,不考虑廊道等对坝体应力的影响。计算图形及应力与荷载的方向如图 2-38 所示。

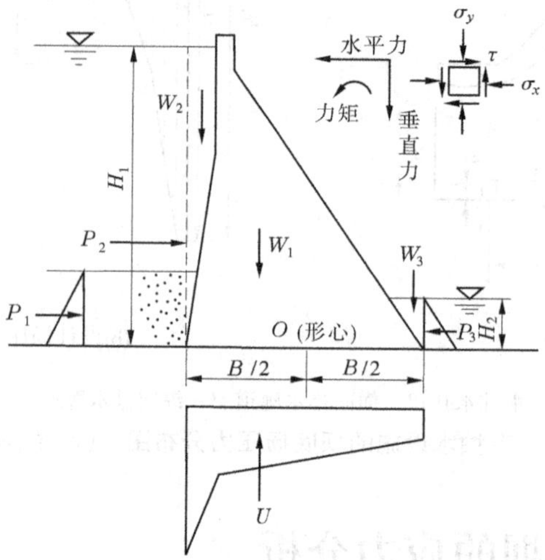

图 2-38 坝体应力计算图

二、坝体和坝基的应力控制

用材料力学法计算应力时,其应力值应满足《混凝土重力坝设计规范》(DL 5108—1999)规定的强度指标。一般情况下,坝体的最大和最小应力都出现在上下游坝面,所以在重力坝设计规范中规定,首先应校核坝体边缘应力是否满足强度要求。

混凝土重力坝应按承载能力极限状态验算坝趾和坝体选定截面下游端点的抗压强度,按正常使用极限状态验算满库时的坝体上游面拉应力和空库时的下游面拉应力。

(一)承载能力极限状态设计

承载能力极限状态通用表达式为

$$\gamma_0 \psi S(F_d, \alpha_k) \leqslant \frac{1}{\gamma_d} R(f_d, \alpha_k) \tag{2-37}$$

式中 $S(\cdot)$——作用效应函数;

$R(\cdot)$——抗力函数;

γ_0——结构重要性系数,对应于结构安全系数分别为Ⅰ、Ⅱ、Ⅲ级的结构及构件,可分别取 1.1、1.0、0.9;

ψ——设计状况系数,对于持久状况、短暂状况、偶然状况,可分别取 1.0、0.95、0.85;

F_d——作用的设计值(作用标准值乘分项系数);

α_k——几何参数(结构构件几何参数的标准值);

f_d——材料性能的设计值;

γ_d——结构系数。

1. 坝趾抗压强度极限状态

重力坝正常运行时，下游坝址发生最大主压应力，故抗压强度承载能力极限状态作用效应函数为

$$S(\cdot) = (\frac{\sum W_R}{A_R} - \frac{\sum M_R T_R}{J_R})(1 + m_2^2) \tag{2-38}$$

抗压强度极限状态抗力函数为

$$R(\cdot) = f_c \quad 或 \quad R(\cdot) = f_R \tag{2-39}$$

2. 坝体选定截面下游的抗压强度承载能力极限状态

作用效应函数为

$$S(\cdot) = (\frac{\sum W_C}{A_C} - \frac{\sum M_C T_C}{J_C})(1 + m_2^2) \tag{2-40}$$

抗压强度极限状态抗力函数

$$R(\cdot) = f_c \tag{2-41}$$

式中　$\sum M_R$、$\sum M_C$——全部法向作用分别对坝基面、计算截面形心的力矩之和，kN·m，逆时针方向为正；

A_R、A_C——坝基面面积、计算截面面积，m^2；

T_R、T_C——坝基面、计算截面形心轴到下游面的距离，m；

J_R、J_C——坝基面、计算截面分别对形心轴的惯性矩，m^4；

m_2——坝体下游坡度；

f_c——混凝土抗压强度，kPa；

f_R——基岩抗压强度，kPa。

(二)正常使用极限状态计算

(1)坝踵不出现拉应力，计入扬压力后，计算式为

$$S(\cdot) = \frac{\sum W_R}{A_R} + \frac{\sum M_R T_{R'}}{J_R} \geqslant 0 \tag{2-42}$$

核算坝踵应力时，应分别考虑短期组合和长期组合。

(2)坝体上游面的垂直应力不出现拉应力，计入扬压力后，计算公式为

$$S(\cdot) = \frac{\sum W_c}{A_c} + \frac{\sum M_c T_{c'}}{J_c} \geqslant 0 \tag{2-43}$$

式中　$\sum W_R$、$\sum W_C$——坝基面、坝体截面以上法向作用之和(方向以向下为正)；

$\sum M_R$、$\sum M_C$——坝基面、坝体截面上全部作用对截面形心力矩之和(以逆时针为正)；

A_R、A_C、J_R、J_C、T'_R、T'_C——坝基面和坝体截面的面积、惯性矩、截面形心轴至上游边缘的距离。

核算坝体上游面的垂直应力应采用长期组合进行计算。

(3)短期组合下游坝面的垂直拉应力，计算公式为

$$\frac{\sum W_C}{A_C}-\frac{\sum M_C T_C}{J_C}\leqslant 100\ \text{kPa} \tag{2-44}$$

正常使用极限状态计算中,作用效应函数中的作用均以作用的标准值或代表值表示。

三、案例分析

(一)基本资料

某高山峡谷地区规划的水利枢纽,拟定坝型为混凝土重力坝,其任务以防洪为主,兼顾灌溉、发电,为3级建筑物。

1. 水电规划成果

上游设计洪水位为355.0 m,相应的下游水位为331.0 m;上游校核洪水位356.3 m,相应的下游水位为332.0 m;正常高水位354.0 m;死水位339.5 m。

2. 地质资料

河床高程328.0 m,有1~2 m覆盖层,清基后新鲜岩石表面最低高程为326.0 m。岩基为石炭岩,节理裂隙少,地质构造良好。抗剪断强度取其分布的0.2分位值为标准值,则摩擦系数 $f'_{ck}=0.82$,凝聚力 $C'_{ck}=0.6$ MPa。

3. 其他有关资料

河流泥沙计算年限采用50年,据此求得坝前淤沙高程337.1 m。泥沙浮重度为6.5 kN/ m^3,内摩擦角 $\varphi=18°$。

枢纽所在地区洪水期的多年平均最大风速为15 m/s,水库最大风区长度由库区地形图上量得 $D=0.9$ km。

坝体混凝土重度 $\gamma_c=24$ kN/m^3,地震设计烈度为6度。拟采用混凝土强度等级C10,90 d龄期,80%保证率,f_{ckd}强度标准值为10 MPa,坝基岩石允许压应力设计值为4 000 kPa。

非溢流坝断面尺寸如图2-39所示。

(二)技能训练内容

(1)荷载计算及作用组合,只计算一种作用组合,选设计洪水位情况计算,取常用的五种荷载:自重、静水压力、扬压力、淤沙压力、浪压力。列表计算其作用标准值和设计值。

(2)坝基面抗滑稳定验算。

(3)坝基面抗压强度验算。

(三)资料分析

该水利枢纽位于高山峡谷地区,因地震设计烈度为6度,故不计地震影响。大坝以防洪为主,3级建筑物,对应可靠度设计中的结构安全级别为Ⅱ级,相应结构重要性系数 $\gamma_0=1.0$。坝体上的荷载分两种组合:基本组合(设计洪水位)取持久状况对应的设计状况系数 $\psi=1.0$,结构系数 $\gamma_d=1.2$;偶然组合(校核洪水位)取偶然状况对应的设计状况系数 $\psi=0.85$,结构系数 $\gamma_d=1.2$。坝趾抗压强度极限状态的设计状况系数同前,结构系数 $\gamma_d=1.8$。

可靠度设计要求均采用作用(荷载)设计值和材料强度设计值。作用(荷载)标准值乘以作用(荷载)分项系数后的值为作用(荷载)设计值;材料强度标准值除以材料性能分项系数后的值为材料强度设计值。本设计有关(荷载)作用的分项系数自重为1.0,静水压力为1.0,渗透压力为1.2,浮托力为1.0,淤沙压力为1.2,浪压力为1.2。混凝土材料

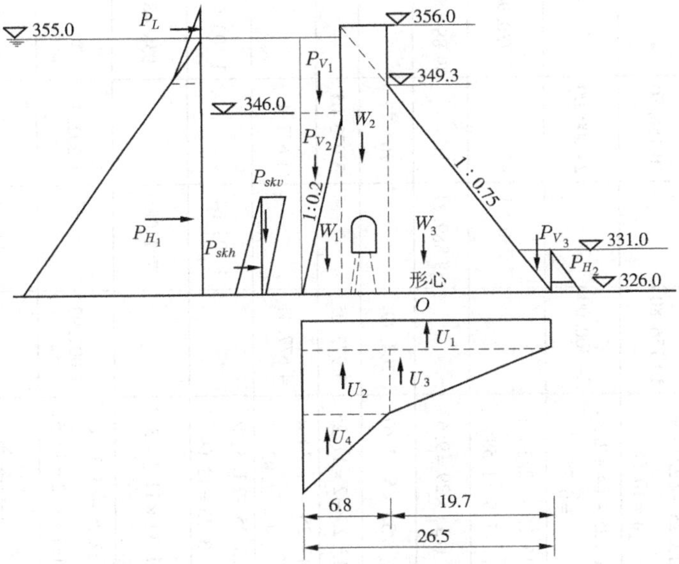

图 2-39 非溢流重力坝剖面设计图 （单位：m）

的强度分项系数为 1.35；因大坝混凝土用 90 d 龄期，大坝混凝土抗压强度材料分项系数取 2.0；热扎Ⅰ级钢筋强度分项系数为 1.15，Ⅱ、Ⅲ、Ⅳ级为 1.10。材料性能分项系数中，对于混凝土与岩基间抗剪强度摩擦系数 $f'_{ck}=0.82$，凝聚力 C'_{ck} 为 3.0。上游坝踵不出现拉应力极限状态的结构功能极限值为 0。下游坝基不能被压坏而允许的抗压强度功能极限值为 4 000 kPa。实体重力坝渗透压力强度系数 α 为 0.25。

（四）荷载计算及组合

以设计洪水位情况为例进行稳定和应力的极限状态验算（其他情况略）。根据作用（荷载）组合表 2-24，设计洪水情况的荷载组合包含：自重 + 静水压力 + 淤沙压力 + 扬压力 + 浪压力。沿坝轴线取单位长度 1 m 计算。

（1）自重：将坝体剖面分成两个三角形和一个长方形计算其标准值，廊道的影响暂时不计入。

（2）静水压力：按设计洪水时的上下游水平水压力和斜面上的垂直水压力分别计算其标准值。

（3）扬压力：扬压力强度在坝踵处为 γH_1，排水孔中心线上为 $\gamma(H_2+\alpha H)$，坝趾处为 γH_2。α 为 0.25，按图中 4 块分别计算其扬压力标准值。

（4）淤沙压力：分水平方向和垂直方向计算。泥沙浮重度为 6.5 kN/m^3，内摩擦角 $\varphi_s=18°$。水平淤沙压力标准值为 $P_{skh}=\frac{1}{2}\lambda_{sb}h_s^2\tan^2(45°-\frac{\varphi_s}{2})$。

（5）浪压力：坝前水深 $H>L/2$，采取下式计算浪压力标准值：

$$P_L=\frac{1}{4}\gamma_w L_m(h_l+h_z)$$

荷载作用标准值和设计值成果见表 2-24。

表 2-24 （荷载）作用标准值、设计值计算

（荷载）作用（分项系数）		计算公式	作用标准值				作用设计值				对截面形心的力臂 L（m）	力矩标准值 M（kN·m）		力矩设计值 M（kN·m）	
			垂直力		水平力		垂直力		水平力			+	−	+	−
			↓	↑	→	←	↓	↑	→	←					
自重（1.0）	W_1	(1/2)×4×20×24×1	960				960				13.25−(2/3)×4=10.58	10 156.80		10 156.80	
	W_2	5×30×24×1	3 600				3 600				13.25−(4+2.5)=6.75	24 300.00		24 300.00	
	W_3	(1/2)×17.5×23.3×24×1	4 893				4 893				13.25−(2/3)×17.5=1.58		7 730.94		7 730.94
水平水压力（1.0）	P_{H1}	$(1/2)\times9.81\times29^2\times1$			4 125.11				4 125.11		(1/3)×29=9.67		39 889.81		39 889.81
	P_{H2}	$(1/2)\times9.81\times5^2\times1$				122.63				122.63	(1/3)×5=1.67	204.79		207.79	
垂直水压力（1.0）	P_{V1}	9.81×4×9×1	353.16				353.16				13.25−2=11.25	3 973.05		3 973.05	
	P_{V2}	(1/2)×9.81×4×20×1	392.40				392.40				13.25−(1/3)×4=11.92	4 677.41		4 677.41	
	P_{V3}	(1/2)×9.81×3.75×5×1	91.97				91.97				13.25−(1/3)×3.75=12.00		1 103.64		1 103.64
泥沙压力（−1.2）	P_{skh}	$(1/2)\times6.5\times11.1^2\times\tan^2(45°-18°/2)$			211.37				253.64		(1/3)×11.1=3.7		782.08		938.48
	P_{skv}	(1/2)×6.5×11.1×(11.1×0.2)×1	80.09				96.11				13.25−(1/3)×11.1×0.2=12.51	1 001.93		1 202.34	
浪压力（1.2）	P_L	(1/4)×9.81×11.478×(1.124+0.346)			41.38				49.66		27.577		1 141.14		1 369.37
小计			10 370.62		4 377.86	122.63	10 386.64		4 428.41	122.63		44 313.98	50 647.61	44 514.39	51 032.24
			↓10 370.62		→4 255.23		↓10 386.64		→4 305.78			−6 333.63		−6 517.85	

续表 2-24

（荷载）作用（分项系数）	计算公式	作用标准值				作用设计值				对截面形心的力臂 L（m）	力矩标准值 M（kN. m）		力矩设计值 M（kN. m）	
		垂直力		水平力		垂直力		水平力						
		↓	↑	→	←	↓	↑	→	←		+	−	+	−
扬压力 浮托力 U_1 (1.0)	9. 81 ×26. 5 × 5 ×1		1 299. 83				1 299. 83			0	0		0	
扬压力 渗透力 (−1.2) U_2	9. 81 × 0. 25 ×24 × 6. 8 ×1		400. 25				480. 30			13. 25 −3. 4 =9. 85		3 942. 46		4 730. 95
扬压力 渗透力 (−1.2) U_3	(1/2) ×9. 81 × 0. 25 ×24 × 19. 7 ×1		579. 77				695. 72			13. 25 − (6. 8 +6. 57) = −0. 12	69. 57		83. 48	
扬压力 渗透力 (−1.2) U_4	(1/2) ×9. 81 × (24 −24 × 0. 25) × 6. 8 ×1		600. 37				720. 44			13. 25 − (1/3) ×6. 8 =10. 98		6 594. 06		7 912. 87
小计			2 880. 22				3 196. 29				69. 57	10 536. 52	83. 48	12 643. 82
		↑2 880. 22				↑3 196. 29					−10 466. 95		−12 560. 34	
总计		10 370. 62	2 880. 22	4 377. 86	122. 63	10 386. 64	3 196. 29	4 428. 41	122. 63		44 383. 55	61 184. 13	44 597. 87	63 676. 06
		↓7 490. 40		→4 255. 23		↓7 190. 35		→4 305. 78			−16 800. 58		−19 078. 19	

（五）抗滑稳定验算

坝体抗滑稳定验算，属承载能力极限状态，核算时，其作用和材料性能均应以设计值代入。

基本组合时：

$\gamma_0 = 1.0, \psi = 1.0, \gamma_d = 1.2, f'_d = 0.82/1.3 = 0.630\ 8, C'_d = 600/3 = 200(\text{kPa})$

$$\gamma_0\psi S(\cdot) = \gamma_0\psi(\frac{1}{2}\gamma_w H_1 - \frac{1}{2}\gamma_w H_2 + P_L + P_{skh})$$

$$= 1 \times 1 \times (4\ 125.11 - 122.63 + 49.66 + 253.64) = 4\ 305.78(\text{kN})$$

$$\frac{1}{\gamma_d}R(\cdot) = \frac{1}{\gamma_d}(f'_d \sum W + C'_d A)$$

$$= \frac{1}{1.2} \times (0.630\ 8 \times 7\ 190.35 + 200 \times 26.5 \times 1) = 8\ 196.39(\text{kN})$$

由于 4 305.78 kN < 8 196.39 kN，故基本组合时抗滑稳定极限状态满足要求。

偶然组合与基本组合计算方法类同，计算省略。

（六）坝基抗压强度验算

坝趾抗压强度极验算，属承载能力极限状态，核算时，其作用和材料性能均以设计值代入。

基本组合时：

$$\gamma_0 = 1.0, \psi = 1.0, \gamma_d = 1.8$$

$$\gamma_0\psi S(\cdot) = \gamma_0\psi(\frac{\sum W}{B} - \frac{6\sum M}{B^2})(1 + m^2)$$

$$= 1.0 \times 1.0 \times (\frac{7\ 190.35}{26.5} + \frac{6 \times 19\ 078.19}{26.5^2}) \times (1 + 0.75^2)$$

$$= (271.33 + 163.00) \times 1.562\ 5 = 678.64(\text{kPa})$$

（1）对于坝趾岩基：

$$\frac{1}{\gamma_d}R(\cdot) = \frac{1}{1.8} \times 4\ 000 = 2\ 222.22(\text{kPa})$$

由于 678.64 kPa < 2 222.22 kPa，故基本组合时坝址基岩抗压强度极限状态满足要求。

（2）对于坝趾混凝土 C10：

$$\frac{1}{\gamma_d}R(\cdot) = \frac{1}{\gamma_d}f_{ckd}/\gamma_m = \frac{1}{1.8} \times \frac{10\ 000}{2} = 3\ 846.15(\text{kPa})$$

由于 678.64 kPa < 3 846.15 kPa，故基本组合时坝趾混凝土 C10 抗压强度极限状态满足要求。

偶然组合与基本组合计算方法类同，计算省略。

坝体上下游面拉应力正常使用极限状态计算：因上下游坝面不出现拉应力属于正常使用极限状态，（要求计入扬压力），故设计状况系数 ψ 作用分项系数 γ_G、γ_Q，材料性能分项系数 γ_m 均采用 1.0，扬压力也采用标准值。规范规定上游坝踵不出现拉应力结构功能的极限值 $C_1 = 0$；当坝上游有倒坡、施工期和完建无水期时下游坝趾允许出现小于 0.1

MPa 的拉应力,结构功能的极限值 $C_2=0.1$ MPa。下面只对坝踵进行验算。

$$\gamma_0 S(\cdot) = \gamma_0\left(\frac{\sum W}{B} + \frac{6\sum M}{B^2}\right)$$

$$= 1.0 \times \left(\frac{7\ 490.40}{26.5} - \frac{6 \times 16\ 800.58}{26.5^2}\right)$$

$$= 282.66 - 143.54 = 139.12(\text{kPa}) > 0$$

因 139.12 kPa >0,故上游坝踵不出现拉应力,满足要求。

任务八　重力坝的地基处理

【学习目标】

1. 掌握重力坝对地基的要求。
2. 掌握岩石地基固结灌浆的方法。
3. 掌握岩石地基帷幕灌浆的方法。

一、重力坝对地基的要求

坝区天然基岩,不同程度地存在风化、节理、裂隙,甚至断层、破碎带和软弱夹层等缺陷,对这些不利的地质条件必须采取适当的处理措施。处理后的地基应满足下列要求:①应具有足够的抗压和抗剪强度,以承受坝体的压力;②应具有良好的整体性和均匀性,以满足坝基的抗滑稳定要求和减少不均匀沉降;③应具有足够的抗渗性和耐久性,以满足渗透稳定的要求和防止渗水作用下岩体变质恶化。统计资料表明:重力坝的失事有40%是因为地基问题造成的。地基处理对重力坝的经济、安全至关重要,要与工程的规模和坝体的高度相适应。

二、坝基的开挖与清理

坝基开挖与清理的最终目的是将坝体坐落在坚固、稳定的地基上。开挖的深度根据坝基应力、岩石强度、完整性、工期、费用、上部结构对地基的要求等综合研究确定。高坝需建在新鲜、微风化或弱风化下部的基岩上;中坝可建在微风化至弱风化中部的基岩上;坝高小于50 m时,可建在弱风化中部至上部的基岩上。同一工程中的两岸较高部位对岩基要求可适当放宽。

坝段的基础面上、下游高差不宜过大,并开挖成略向上游倾斜的锯齿状。若基础面高差过大或向下游倾斜,应开挖成带钝角的大台阶状。两岸岸坡坝段基岩面,尽量开挖成有足够宽度的台阶状,以确保坝体的侧向稳定,对于靠近坝基面的缓倾角、软弱夹层,埋藏不深的溶洞、溶蚀面等局部地质缺陷应予以挖除。开挖至距离基岩面0.5~1.0 m时,应采用手风钻钻孔,小药量爆破,以免破坏基础岩体,遇到风化的页岩、黏土岩时,应留有0.2~0.3 m的保护层,待浇筑混凝土前再挖除。

坝基开挖后，在浇混凝土前，要进行彻底、认真的清理和冲洗：清除松动的岩块、打掉凸出的尖角，封堵原有勘探钻洞、探井、探洞，清洗表面尘土、石粉等。

三、坝基的加固处理

坝基加固的目的：①提高基岩的整体性和弹性模量；②减少基岩受力后的不均匀变形；③提高基岩的抗压、抗剪强度；④降低坝基的渗透性。

（一）坝基的固结灌浆

当基岩在较大范围内节理裂隙发育或较破碎而挖除不经济时，可对坝基进行低压浅层灌水浆加固，这种灌浆称为固结灌浆。固结灌浆可提高基岩的整体性和强度，降低地基的透水性。工程试验表明，节理裂隙较发育的基岩固结灌浆后，弹性模量可提高 2 倍以上。一般在坝体浇筑 5 m 左右时，采用较高强度等级的膨胀水泥浆进行固结灌浆。

固结灌浆的范围主要根据坝基的地质条件、岩石破碎程度及坝基受力情况而定。当基岩较好时，可仅在坝基上、下游应力较大的地区进行，坝基岩石普遍较差而坝又较高的情况下，则多进行坝基全面积固结灌浆。有的工程甚至在坝基以外的一定范围内也进行固结灌浆。固结灌浆孔的布置，采用梅花形的排列，孔距、排距随岩石破碎情况而定，一般为 3 ~ 4 m，孔深一般为 5 ~ 8 m，见图 2-40。局部地区及坝基应力较大的高坝基础，必要时可适当加深，帷幕上游区宜配合帷幕深度确定，一般采用 8 ~ 15 m。灌浆时，先用稀浆，而后逐步加大浆液的稠度，灌浆压力一般为 0.2 ~ 0.4 MPa，在有混凝土盖重时为 0.4 ~ 0.7 MPa，以不掀动岩石为限。

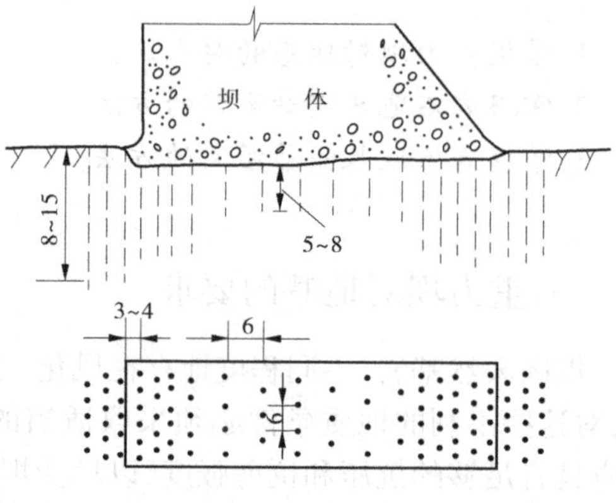

图 2-40　坝基固结灌浆孔的布置　（单位：m）

（二）坝基断层破碎带的处理

断层破碎带的强度低，压缩变形大，易产生不均匀沉降导致坝体开裂，若与水库连通，会使渗透压力加大，危及大坝安全。

（1）垂直河流方向的陡倾角断层破碎带。这种情况对漏水影响不大，要改善其力学特性。采用开挖回填混凝土的措施，如做成混凝土塞或混凝土拱进行加固，如图 2-41(a)所示。当软弱带的宽度小于 2 ~ 3 m 时，混凝土塞的高度（开挖深度）一般可采用软弱宽度的 1 ~ 1.5 倍，且不小于 1 m，或根据计算确定。塞的两侧可挖成 1∶1 ~ 1∶0.5 斜坡，以便将坝体的压力经混凝土塞（或拱）传到两侧完整的基岩上。

（2）顺河流方向的陡倾角断层破碎带。这种情况，首先沿整个坝基设置水平混凝土塞改善应力性能；其次在破碎带与防渗帷幕线交点处，设置近似垂直而较深的混凝土塞，最后在塞下接较深的防渗帷幕，如图 2-41(b)所示。

（3）缓倾角破碎带。这种情况同时存在强度、防渗和滑动问题，除加厚表层混凝土塞外，还应考虑其下面埋深部对沉降和稳定的影响。可以采用开挖若干个斜井和平洞，井和

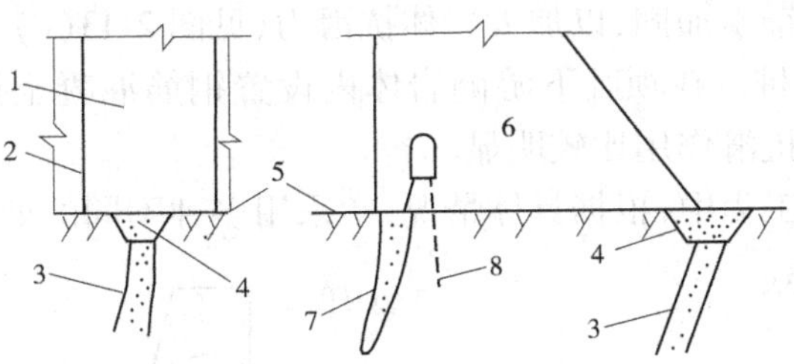

1—坝段；2—伸缩缝；3—断层破碎带；4—混凝土塞；5—岩基面；
6—坝体；7—灌浆帷幕；8—排水孔幕

图 2-41 陡倾角断层破碎带处理

洞应大于破碎带宽度，回填混凝土，形成由混凝土斜塞和水平塞组成的刚性骨架，封闭该范围内的破碎物，以阻止其产生挤压变形和减少地下渗流的破坏作用，如图 2-42 所示。

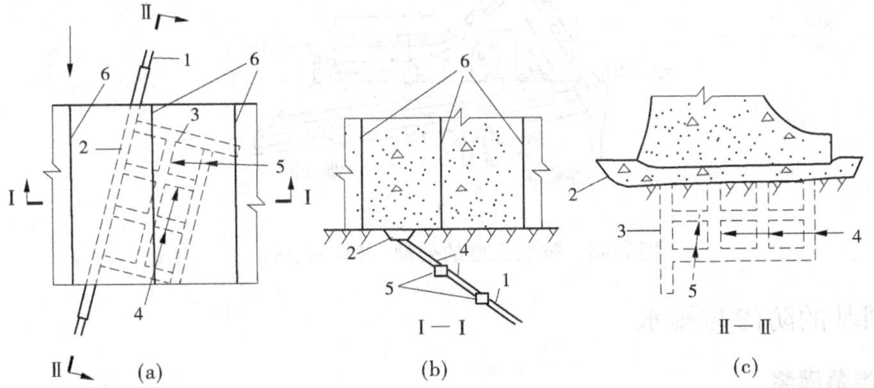

1—断层破碎带；2—地表混凝土塞；3—阻水斜塞；4—加固斜塞；5—平洞回填；6—伸缩缝

图 2-42 缓倾角断层破碎带处理

(三)软弱夹层的处理

岩石层间软弱夹层厚度较小，遇水容易发生软化或泥化，致使抗剪强度低，特别是倾角小于 30°的连续软弱夹层更为不利。对浅埋的软弱夹层，将其挖除，回填与坝基强度等级相近的混凝土。对埋藏较深的软弱夹层，应根据埋深、产状、厚度、充填物的性质，结合工程具体情况、采取相应不同的处理措施。

对于浅埋软弱夹层用明挖换基的方法，将夹层挖除，回填混凝土。

对埋藏较深的软弱夹层，应结合工程情况分别采用混凝土塞、混凝土深齿墙、预应力锚索、混凝土抗滑桩等措施加固。

(1)设置混凝土塞。对埋藏较深、较厚，倾角平缓的软弱夹层，在层间打洞；设置混凝土塞，起混凝土键的作用，见图 2-43(a)。

(2)设混凝土齿墙。对埋深较浅的软弱夹层，在坝趾和坝踵处设置混凝土齿墙，切断软弱夹层直达完整基岩，见图 2-43(b)。

(3)预应力锚索加固。对于软弱夹层层数较多，位置较深，走向平行，夹层较薄的坝基，在岩内采用预应力锚索加固，以加大岩体抗滑力，见图2-43(c)。

(4)设混凝土抗滑桩。在坝趾下游侧岩体内设置钢筋混凝土抗滑桩，穿过软弱夹层固定在完整的岩基上，抗滑作用比较明显。

实践证明，在同一工程中，根据具体情况，常采用多种不同的处理方法。

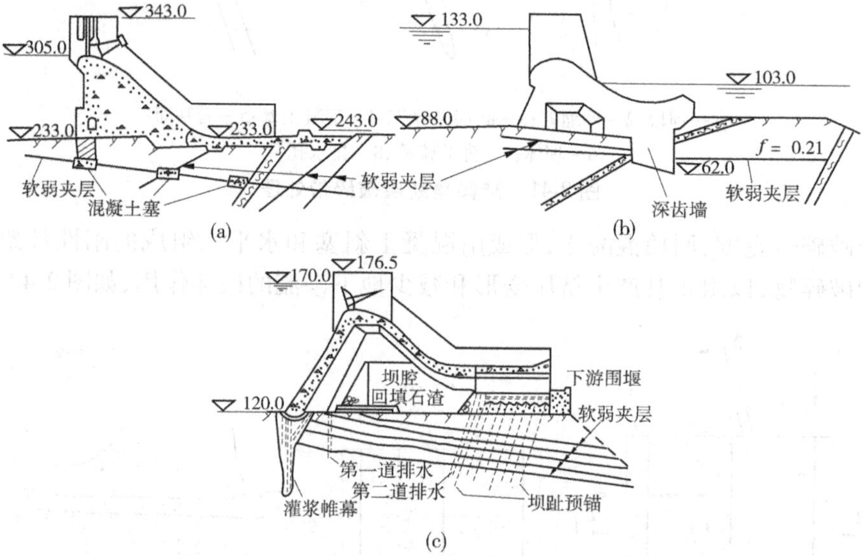

图2-43 软弱夹层的处理 (高程:m)

四、坝基的防渗与排水

(一)帷幕灌浆

帷幕灌浆是最好的防渗方法，可降低渗透水压力，减少渗流量，防止坝基产生机械或化学管涌。常用的灌浆材料有水泥浆和化学浆，应优先采用膨胀水泥浆。化学浆可灌性好，抗渗性好，但价格昂贵。

防渗帷幕的位置布置在靠近上游坝面的坝轴线附近，自河床向两岸延伸，见图2-44。

防渗帷幕的深度应根据作用水头、工程地质、地下水文特性确定：坝基内透水层厚度不大时，帷幕可穿过透水层，深入相对隔水层3~5 m。相对隔水层较深时，帷幕深度常用坝高的3/10~7/10，形成河床部位深、两岸浅的帷幕布置形式。

防渗帷幕的厚度应当满足抗渗稳定的要求，即帷幕内的渗透坡降应小于容许的渗透坡降[J]。防渗帷幕厚度应以浆液扩散半径组成区域的最小厚度为准，厚度与排数有关，中高坝可设两排以上，低坝设一排，多排灌浆时一排必须达到设计深度，两侧其余各排可取设计深度的1/2~1/3。孔距一般为1.5~4.0 m，排距宜比孔距略小。还可以在上游坝踵处加一排补强。

帷幕灌浆的时间，应在坝基固结灌浆后并要求坝体混凝土浇筑到一定的高度(有盖重后)施工。灌浆压力在孔底应大于2~3倍坝前静水头，帷幕表层段应大于1~1.5倍坝前静水头，但应以不破坏岩体为原则。

防渗帷幕伸入两岸的范围由河床向两岸延伸一定距离，与两岸不透水层衔接起来，当

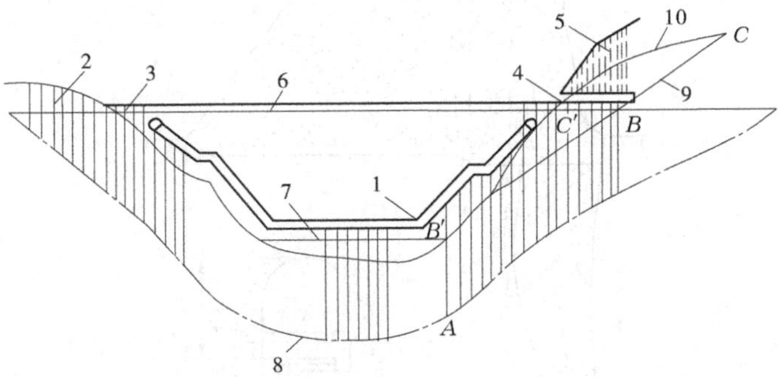

1—灌浆廊道;2—山坡钻进;3—坝顶钻进;4—灌浆平洞;5—排水孔;6—正常蓄水位;
7—原河水位;8—防渗帷幕底线;9—原地下水位线;10—蓄水后地下水位线

图2-44　防渗帷幕沿坝轴线的布置

两岸相对不透水层较深时,可将帷幕伸入原地下水位线与最高库水位交点(见图2-41中*B*点)处为止。

(二)坝基排水

降低坝基底面的扬压力,可在防渗帷幕后设置主排水孔幕和辅助排水孔幕,见图2-45。

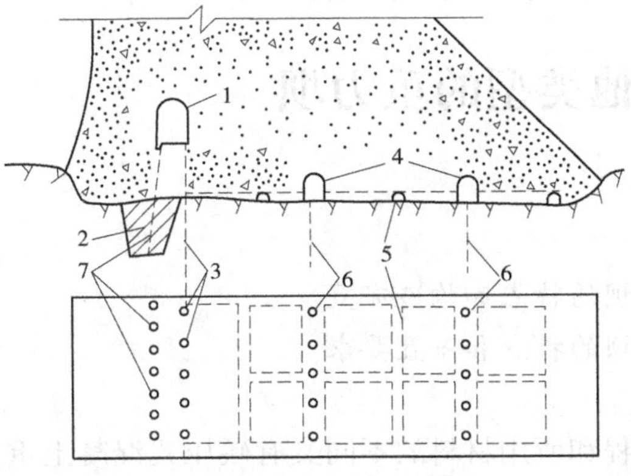

1—灌浆排水廊道;2—灌浆帷幕;3—主排水孔幕;4—纵向排水廊道;
5—半圆管;6—辅助排水孔幕;7—灌浆孔

图2-45　坝基排水系统

主排水孔幕在防渗帷幕下游一侧,在坝基面处与防渗帷幕的距离应大于2 m,见图2-46。主排水孔幕一般向下游倾斜,与帷幕成10°~15°夹角。主排水孔孔距为2~3 m,孔径为150~200 m,孔径过小容易堵塞,孔深可取防渗帷幕深度的2/5~3/5倍,高中坝的排水孔深不宜小于10 m。

主排水孔幕在帷幕灌浆后施工。排水孔穿过坝体部分要预埋钢管,穿过坝基部分待帷幕灌浆后才能钻孔。渗水通过排水沟汇入集水井,自流或抽排向下游。

辅助排水孔幕高坝一般可设2~3排;中坝可设1~2排,布置在纵向排水廊道内,孔距约3~5 m,孔深6~12 m。有时还在横向排水廊或在宽缝内设排水孔。纵横交错、相互

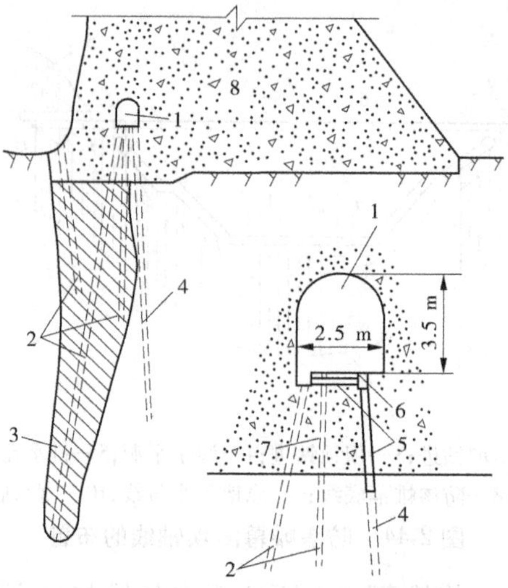

1—坝基灌浆排水廊道;2—灌浆孔;3—灌浆帷幕;4—排水孔幕;

5—排水钢管;6—ϕ100 三通;7—ϕ75 预埋钢管;8—坝体

图 2-46 防渗帷幕和排水幕布置

连通就构成了坝基排水系统,如图 2-45 所示。如下游水位较深,历时较长,要在靠近坝趾处增设一道防渗帷幕,坝基排水系统要靠抽排。

任务九 其他类型的重力坝

【学习目标】

1. 掌握碾压式重力坝的特点和构造布置。
2. 掌握浆砌石重力坝的特点和布置要求。

根据重力坝形成过程和所用材料的不同又有碾压式混凝土重力坝和浆砌石重力坝,下面主要介绍这两种坝型。

一、碾压混凝土重力坝

碾压混凝土坝是采用水泥含量低的干贫混凝土,利用自卸汽车、皮带机输送入仓,推土机铺填,压实机械逐层碾压固结而成的坝。采用常态混凝土实体坝的形式,土坝施工方法,与常态混凝土坝相比,具有施工工艺简单、速度快、工期短、水泥用量省、简化温控措施、省略纵缝、模板用量省等优点。

(一)碾压混凝土的原材料

1. 水泥

碾压混凝土的原材料与常态混凝土无本质区别,凡适用于水工混凝土使用的水泥品种均可采用,包括硅酸盐水泥、普通硅酸盐水泥、低热矿渣硅酸盐水泥和粉煤灰。

2. 混合材料

碾压混凝土一般都要加入粉煤灰和火山灰等混合材料，其掺量一般为胶凝材料总量的30% ~60%甚至更多，增加掺量不但能更好地填充骨料间的空隙，降低水化热，同时粉煤灰能与水泥的游离石灰起化学反应，还可在某种程度增强混凝土的后期强度。

3. 细骨料

砂的含水量的变化对碾压混凝土拌和物稠度的影响比常态混凝土敏感，因此控制砂的含水量十分重要。此外，对细骨料中微细颗粒含量的限制一般可以放宽些，它有类似的粉煤灰部分的作用。目前，我国控制在7% ~15%（常态混凝土6% ~12%）。

4. 粗骨料

石子最大颗粒和级配，对碾压混凝土的分离、压实和胶凝材料用量，以及水化热温升都有显著的影响，必须选择适当，通常采用连续级配，最大粒径一般为80 mm，也有采用150 mm的，这主要取决于建筑物的结构形式、施工工艺的设备和管理水平等。我国目前一般选用最大粒径为80 mm，当最大粒径小于80 mm时，拌和物的分离现象可以减小，但含砂率将增大，水泥用量也随之增大，对大坝混凝土的温控不利。

5. 外加剂

由于碾压混凝土的铺筑仓面面积大，为了提高混凝土拌和物的和易性，推迟初凝时间，使大体积混凝土的碾压层保护“活态”从而充分保证整体性，防止产生冷缝，一般必须使用缓型的减水剂。

6. 配合比

一般坝碾压混凝土的水胶比为0.45 ~0.75，关于胶凝材料的用量，对于大体积碾压混凝土，我国按规定一般不宜低于130 kg/m^3，近年来为改善碾压混凝土的密度和层间的结合，胶凝材料有增加的趋势。

（二）碾压混凝土重力坝构造特点

1. 坝体分缝

碾压混凝土由于水泥用量减少，水化热减少，采用薄层通仓浇筑，自然散热，因而取消纵缝，可少设或不设横缝，横缝常由切缝和切割而成，横峰间距一般为15 ~20 m。横缝不一定从基础开始，也不一定要全部通到坝顶，横缝止水一般应设两道。

2. 坝体防渗

碾压混凝土坝上游的防渗措施有以下几种：

（1）在坝的上游面采用常态混凝土作防渗层，其最小有效厚度一般为坝面水头的1/30 ~1/15，但不宜小于1.0 m，我国采用1.5 ~3.5 m，如图2-47（a）所示的日本玉川坝。其优点是可在较厚的防渗层内设置横缝，缝内设止水，防渗效果较好；缺点是增加坝体施工程序，降低施工程度，增加工程投资。

（2）在上游坝面3 m左右的范围内，采用富含胶凝材料碾压混凝土防渗，要求碾压混凝土的强度、抗渗、抗冻等级设计值均满足坝体防渗要求。

（3）钢筋混凝土预制模板式，外侧为钢筋混凝土预制板，内侧为碾压混凝土，如图2-47（b）所示美国柳溪坝。

（4）综合多种形式防渗，在坝的上游面用6 ~10 cm厚的钢筋混凝土预制板保护，预制板与坝体之间用钢筋连接，兼作沥青砂灌注的模板。我国福建的坑口坝，如图 2-47(c)所示，溢流坝面采用钢筋混凝土防冲层，上游坝面外侧用钢筋混凝土预制板，内侧用沥青砂浆防渗层，下游坝面采用混凝土预制板，坝内采用碾压混凝土。

(5)在坝的上游面喷涂 2 mm 合成橡胶薄膜进行防渗。如图 2-47(d)所示为我国潘家口下池坝，坝体表面为浓胶凝浆液保护。

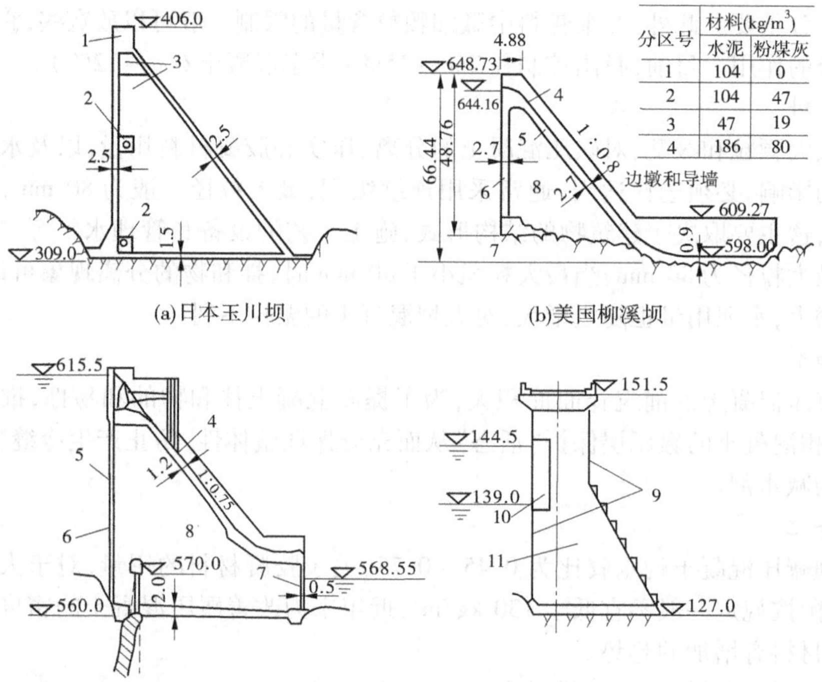

(a)日本玉川坝　(b)美国柳溪坝

(c)坑口坝　(d)潘家口下池坝

1—常态混凝土；2—钢筋混凝土；3—不同配合比的碾压混凝土；4—钢筋混凝土防冲层；5—沥青砂浆防渗层；6—钢筋混凝土预制板；7—混凝土预制块；8—坝内碾压混凝土；9—浓胶凝浆液；10—D150 碾压混凝土；11—D50 碾压混凝土；

图 2-47　碾压混凝土重力坝典型剖面　(单位：m)

3. 坝内排水及廊道

碾压混凝土重力坝也须在坝体上游部位和坝基布置排水系统，以降低扬压力，坝内排水系统的布置与坝面防渗层的抗渗性能和厚度有关，基础及岸坡接头排水布置与坝址地质条件有关，坝内竖向排水管一般为预制的无砂混凝土管，管距 20～30 m，也可用钻孔或逐层拔管等方法形成。

为了减少施工干扰，加大施工作业面，坝内最好不设廊道或少设廊道，尽量做到一个廊道兼多种用途，一般中等高度(70 m 以下)的坝常只设基础灌浆廊道，兼排水检查及交通作用，对于较高的坝可多设廊道。廊道采用预制拼装和现场浇筑两种方式，廊道外层用薄层砂浆与碾压混凝土连接。

二、浆砌石重力坝

浆砌石重力坝与混凝土重力坝相比，具有就地取材、节省水泥、节省模板、不需要另设温控措施、施工技术简单、易于掌握等优点，因而在中小型水利工程中得到广泛应用。但由于人工砌筑，砌体质量不易均匀，防渗性能差，且修整、砌筑机械化程度较低，施工期较长，耗费劳动力，故在大型工程中较少采用。

（一）浆砌石重力坝的材料

1. *石料*

石料是浆砌石坝的主要材料。砌筑坝体的石料要求质地均匀、无裂缝，不易风化和有足够的抗压强度。石料按其外形分为片石（毛石）、块石和条石等。片石无一定规则的形状、尺寸，砌体强度差，胶结材料用量大，一般仅用于坝体的次要部分。块石是具有两个较大平行面且基本方正的石料，砌体强度较高，宜用于砌筑浆砌石坝体。条石是经过加工修整而外形大致平整的长方形石料，砌体强度高，省胶结材料，砌筑速度快，但费工较多，一般用于上、下游坝面及溢流面等部位。

砌筑坝体的石块尺寸越大胶结材料越省，砌体强度也越高，但应以能运输上坝为原则。一般片石厚度不应小于 15 cm，块石、条石的厚度不小于 25 ~ 30 cm。

2. *胶结材料*

胶结材料作用是把石块胶结成整体，以承受坝体的各种作用荷载，并填实石料间的孔隙，减少坝体渗漏。常用的胶结材料有水泥砂浆、细石混凝土及混合砂浆等。

水泥砂浆由水泥、砂和水按一定比例拌和而成。水泥砂浆所用的砂应级配良好，砂质坚硬，最大粒径不超过 5 mm，杂质含量不超过 5%。一般用的砂浆较稠，水灰比可控制在 0.55 ~ 0.65；灌缝砂浆较稀，水灰比控制在 0.8 ~ 1.0。

细石混凝土是目前广泛应用的一种胶结材料，适用于块石砌筑的坝，与水泥砂浆相比，可节省水泥，改善砂料的级配，从而提高砌体的密实度和强度，但不能用于浆砌条石。

对于一些小型工程，坝体内部常采用混合砂浆砌筑，混合砂浆是在水泥砂浆中掺入一定比例的石灰或黏土等掺合料组成。这种胶结材料只用于坝体的次要部位。

（二）砌体的强度

砌体的强度不仅取决于石料和胶结材料的强度等级，而且还与石料的形状、大小及砌筑质量有关。

砌体强度随石料强度的增大而增大，但当达到一定强度后，其影响不甚明显，胶结材料的强度愈高，砌体强度也愈高，但影响程度随石料的种类不同而有所差异。一般情况下，细石混凝土砂浆砌筑比水泥砂浆砌筑的砌体强度高。胶结材料的和易性好，则砌体强度较高。此外，石料的形状愈不规则，大小愈不均匀，则砌体强度就愈低。

（三）浆砌石重力坝的构造特点

浆砌石重力坝在构造上与混凝土重力坝大致相同，但在坝体防渗、分缝、溢流坝面的衬护等方面有其自己的特点和要求。

1. *坝体的防渗*

工程中常采用以下两种防渗设施：

(1)混凝土防渗面板。在坝体迎水面设置混凝土防渗面板，是大中型浆砌石重力坝广泛用的一种防渗措施。

面板在底部应嵌入完整基岩内 1 ~ 1.5 m，并与坝基防渗设施连成整体，见图 2-48。防渗面板的厚度，一般为上游水深的 1/20 ~ 1/15 或更薄，但不得小于 0.3 m。防渗面板一般采用 C15 或 C20 混凝土，并适当布置纵、横温度钢筋，并使温度钢筋与砌体内的预埋钢筋连接，面板在沿坝轴线方向设伸缩缝，一般间距为 10 ~ 20 m，缝宽约 1.0 cm，缝内应设止水。

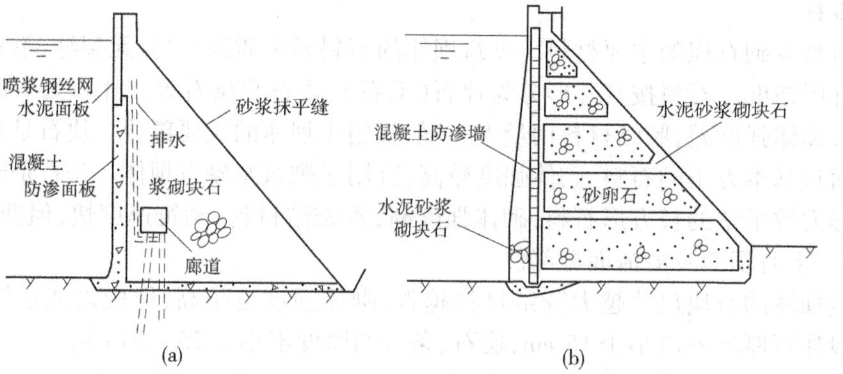

图 2-48 浆砌石非溢流重力坝

有的工程混凝土防渗面板做在距上游坝面 1 ~ 2 m 的坝体内，迎水面用浆砌石或预制混凝土砌筑，以省去浇混凝土面板的模板支撑及脚手架。

(2)浆砌条石防渗层。在坝体迎水面用水泥砂浆砌筑一层质地良好的条石作为防渗层。厚度不超过坝上水头 1/20，砌缝的宽度应控制在 1 ~ 2 cm。用 M7.5 ~ M10 号水泥砂浆作为胶结材料，表面用水泥砂浆仔细勾缝。也有工程采用凿槽填缝防渗，即将已砌好的防渗层在迎水面沿砌缝凿成宽 4 ~ 5 cm、深 3 cm 梯形槽，然后用 M10 ~ M15 水泥砂浆填塞满，勾成平缝或突缝，此种防渗措施适用于小型工程。除此之外，也可在迎水面采用钢丝网水泥喷浆护面及预制混凝土板护面等防渗措施。

2. 溢流坝面的衬护

溢流坝面需用混凝土衬护，见图 2-49。混凝土层厚 0.6 ~ 1.5 m，不得小于 0.3 m，混凝土强度等级为 C19 衬护内布设温度筋，且用锚筋与砌体锚固。对于单宽流量较小的工程，除坝顶混凝土外，其余部位可用条石或方正块石丁砌衬护。

3. 坝体分缝

由于浆砌石坝水泥用量少，水化热低，加之施工时又是分层砌筑，所以一般不需设纵向施工缝。横缝间距也可增大，一般为 20 ~ 30 m，但不宜超过 50 m。为了适应不均匀的沉降，在基岩岩性变化或地形有陡坎处均设横缝。

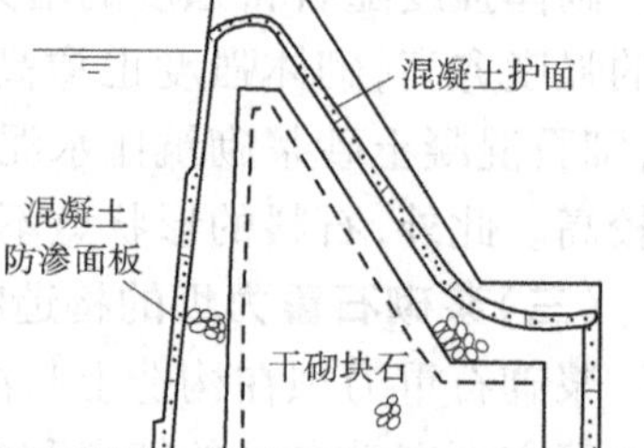

图 2-49 浆砌石溢流重力坝

为使砌体与基岩紧密结合，在砌石前需先浇筑一层

0.5～1.0 m 的混凝土垫层。当工程规模较小、基岩完整坚硬、地形较规整时，可先在坝底铺 5 cm 厚的砂浆，然后砌石。

技能训练题

一、填空题

1. 重力坝是指＿＿＿＿＿＿。其坝轴线一般为直线，垂直于坝轴线方向设＿＿＿＿，将坝体分成若干个坝段，每一个坝段相当于固接于地基上的＿＿＿＿。

2. 重力坝按坝高可分为＿＿＿＿、＿＿＿＿、＿＿＿＿三类。按泄水条件可分为＿＿＿＿、＿＿＿＿。按坝体结构形式可分为＿＿＿＿、＿＿＿＿、＿＿＿＿和＿＿＿＿。

3. 重力坝承受的主要荷载是呈三角形分布的＿＿＿＿，控制坝体剖面尺寸的主要指标是＿＿＿＿、＿＿＿＿，重力坝的基本剖面是＿＿＿＿形。

4. 非溢流坝的坝顶或防浪墙顶必须高出库水位，其高出库水位的高度为 $\Delta h = h_l + h_z + h_c$，其中 h_l 表示＿＿＿＿＿＿，h_z 表示＿＿＿＿＿＿，h_c 表示＿＿＿＿＿。

5. ＿＿＿＿表示地震对建筑物的影响程度。＿＿＿＿越大，表示对建筑物的破坏越大，抗震设计要求越高。

6. 按承载能力极限状态设计时，应考虑＿＿＿＿和＿＿＿＿两种作用效应组合。

7. 按正常使用极限状态设计时，应考虑＿＿＿＿和＿＿＿＿两种作用效应组合。

8. 溢流坝既是＿＿＿＿，又是＿＿＿＿。因此，坝体剖面设计时除满足稳定和强度要求外，还要满足＿＿＿＿的要求，同时要考虑下游的消能问题。

9. 溢流坝的溢流面由顶部的＿＿＿＿、中间的＿＿＿＿和底部的＿＿＿＿组成。

10. 单宽流量的大小是溢流坝设计中一个很重要的控制指标。如果单宽流量越大，对＿＿＿＿不利，但对＿＿＿＿有利。

11. 溢流坝段的横缝有两种布置方式。其中，横缝布置在＿＿＿＿时，相邻坝段产生的不均匀沉陷不影响闸门启闭，但闸墩厚度＿＿＿＿；另一种形式，横缝布置在＿＿＿＿，闸墩比较薄，但受地基不均匀沉陷的影响大。

12. 闸墩的水平剖面形状应使＿＿＿＿，减小水头损失，墩头的形状常用＿＿＿＿、＿＿＿＿和＿＿＿＿等。

13. 工作闸门常在＿＿＿＿中启闭；检修闸门在＿＿＿＿中启闭；事故闸门常在＿＿＿＿中快速关闭，在＿＿＿＿中开启。

14. 通气孔的上端进口不允许设在＿＿＿＿内，自由通气孔的上端进口应高于＿＿＿＿。

15. 重力坝坝体排水措施是：靠近上游坝面设置＿＿＿＿，其上下端与坝顶和廊道直通。坝基排水措施是＿＿＿＿。

16. 坝体分缝的目的是＿＿＿＿，满足施工的要求。常见的缝有＿＿＿＿、＿＿＿＿和施工缝。

17. 重力坝内的廊道的作用是＿＿＿＿、＿＿＿＿和观测。交通廊道常分为

________和________。

18. 排水孔幕布置在________的下游，通常在防渗帷幕灌浆后施工。

19. 重力坝岩基渗流危害性有：①________、②________、③________、④________等。采用的措施是________。

20. 扬压力对重力坝的________不利。重力坝主要依靠自重满足________和________要求。

21. 重力坝坝基岩体若坚固完整且抗渗能力强，其地基采用________降低扬压力，若节理裂隙发育常采用________降低扬压力。

22. 混凝土重力坝控制坝基渗流的目的，有________、________和________大小，一般是控制________。

23. 重力坝临时性横缝键槽方向一般为：当相邻坝段要求传递铅直向剪力时，采用________向键槽；要求传递水平向剪力时，则采用________向键槽。

二、名词解释

扬压力；重力坝的基本剖面；重力坝的实用剖面；荷载作用的基本组合；荷载作用的偶然组合

三、选择题

1. 溢流坝属于(　　)。

A. 挡水建筑物和泄水建筑物　　B. 次要建筑物

C. 挡水建筑物　　D. 泄水建筑物

2. 下列重力坝是按坝体的结构形式进行分类的有(　　)。

A. 混凝土重力坝　　B. 浆砌石重力坝

C. 实体重力坝　　D. 溢流重力坝

3. 下面关于坝体应力的几种说法正确的是(　　)。

A. 正常运用期，坝基面的最大铅直正应力应小于坝基容许压应力

B. 正常运用期，坝基面的最大铅直正应力应大于坝基容许压应力

C. 坝体内绝对不允许出现拉应力

D. 以上说法都不对

4. 重力坝的坝体廊道的主要作用是(　　)。

A. 检查和排水　　B. 检查、灌浆和排水

C. 排水　　D. 交通

5. 采用以下(　　)措施主要用来降低重力坝坝基的扬压力。

A. 开挖与清理　　B. 固结灌浆

C. 帷幕灌浆　　D. 混凝土齿墙

6. 重力坝的基本剖面为(　　)。

A. 梯形　　B. 三角形　　C. 矩形　　D. 正方形

7. 重力坝地基处理时，顺水流方向的开挖面不宜(　　)。

A. 成台阶状　B 成锯齿状　C. 向下游倾斜　D. 向上游倾斜

8. 高度超过(　　)的坝属于高坝。

A. 50 m　B. 60 m　C. 70 m　D. 100 m

9. 因为作用于重力坝上游面的水压力呈(　　)分布，所以其基本剖面是三角形。

A. 三角形　B. 矩形　C. 梯形　D. 弧形

四、判断题

1. 检修闸门和事故闸门都只能在静水中关闭和开启。(　)
2. 官厅公式只适合于计算峡谷水库的波浪三要素。(　)
3. 对于基本烈度为 6 度及其以下地区不考虑地震荷载。(　)
4. 挑流消能适用于基岩较坚固、水头较高的情况。(　)
5. 固结灌浆是深层高压水泥灌浆，其主要目的是降低坝体的渗透压力。(　)
6. 地震烈度大，对建筑物的破坏小，抗震设计要求低。(　)
7. 设计洪水情况属于荷载的偶然组合。(　)
8. 按定型设计水头确定的溢流面顶部曲线，当通过校核洪水位时不能出现负压。(　)
9. 重力坝的基本剖面是三角形是因为考虑施工方便。(　)

五、简答题

1. 重力坝的工作原理是什么？

2. 重力坝的工作特点有哪些？你认为有哪些途径和方法，可以改进实体重力坝存在的缺点？

3. 重力坝有哪些类型？

4. 作用于重力坝上的荷载有哪些？何为计算荷载的标准值？何为设计值？为什么要进行荷载组合？

5. 如何对作用重力坝上的荷载进行组合？

6. 试述重力坝坝面和坝基面的应力控制标准。

7. 为什么要对坝体混凝土进行分区？

8. 简述溢流重力坝的消能形式、消能原理及适用条件。

9.《重力坝设计规范》(DL 5108—1999)要求抗滑稳定分析需验算哪些作用组合？提高坝体抗滑稳定性的工程措施有哪些？

10. 重力坝为什么要进行分缝？常见的缝有哪些？

11. 重力坝地基处理的措施有哪些？

12. 固结灌浆、帷幕灌浆各有什么作用？

13. 简述重力坝坝基的防渗与排水措施。

14. 什么叫浮托力？什么叫渗透压力？为什么扬压力对重力坝的稳定不利？

15. 分别画出实体重力坝、空腹重力坝及宽缝重力坝的扬压力分布图。

16. 说明地震震级和烈度的含义。说明地震基本烈度和设计烈度的含义，确定其值应注意的问题。

六、计算题

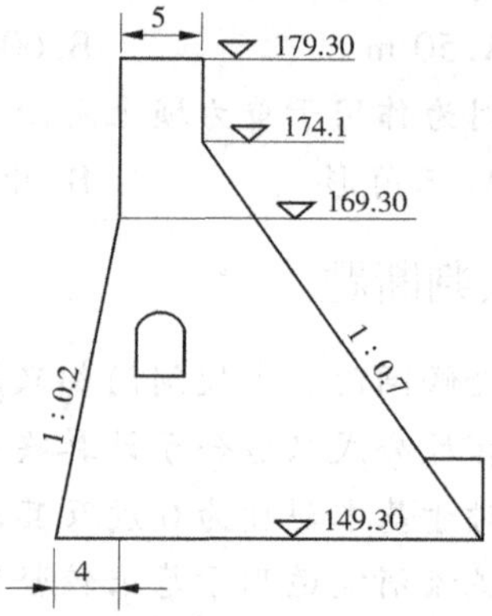

图 2-50 非溢流重力坝剖面 (单位:m)

1. 某混凝土重力坝为 3 级建筑物,如图 2-50 所示,上游坝坡取折坡形,折坡点位于坝高的 2/3 处,即 169.3 m 高程。在此以上坝坡铅直,在此以下坝坡坡率 n 取 0.2,下游坝坡坡率 m 取 0.7,坝顶宽度 5.0 m。防洪高水位 177.2 m,相应下游水位 154.3 m;校核洪水位 177.8 m,相应下游水位 154.7 m;正常高水位 176.0 m,相应下游水位 154.0 m;死水位 160.4 m,淤沙高程 160.4 m;淤沙的浮重度 $\gamma_s=8\ kN/m^3$,内摩擦角 $\varphi=18°$;混凝土重度 $\gamma_c=24\ kN/m^3$。河床基岩面高程为 149.3 m,地基为较完整的微风化花岗片麻岩,坝基设帷幕灌浆和排水孔,帷幕及排水孔中心线距上游坝脚分别为 5.3 m 和 6.8 m。地震设计烈度为 7 度;50 年一遇风速 22.5 m/s;水库吹程 $D=3$ km。试分析其荷载组合。

2. 已知资料见计算题 1,用分项系数极限状态设计法核算基本组合(防洪高水位情况)时坝体沿坝基面的抗滑稳定性能。

3. 已知实体重力坝坝体混凝土重度为 23.5 kN/m^3,水的重度为 9.8 kN/m^3,坝与地基间的摩擦系数 $f=0.7$,要求的大坝抗滑稳定安全系数为 1.05,试问:

(1)当坝底扬压力折减系数分别为 1.0 和 0.3 时,坝的基本三角形剖面尺寸各是多少?

(2)计算上述情况的工程量相差多少?

(3)应如何按照实用要求修改基本剖面?

4. 初拟非溢流重力坝剖面及坝体稳定计算。

基本资料:

某重力坝为Ⅱ级建筑物,建在山区峡谷非地震区,坝顶无交通要求。

上游设计洪水位 66.0 m,相应下游水位 4.0 m。上游校核洪水位 68.0 m,相应下游水位 5.0 m。坝址处基岩表面高程为 0 m,坝底与基岩之间的摩擦系数 $f=0.6$。

为了进行坝基灌浆和排水,设置一标准廊道,其尺寸为 2.5 m×2.5 m,廊道上游至坝面的最小距离为 4.0 m,廊道底面至坝底面的距离为 6.0 m。

多年平均最大风速 $v=16$ m/s,吹程 $D=3$ km。计算中暂不计泥沙压力。坝体材料为细骨料混凝土,其重度 $\gamma_s=24\ kN/m^3$。

要求:

(1)根据教材中确定基本剖面的原理(不必用基本剖面计算公式),并参考实用剖面经验数据,初拟坝体剖面(要按比例)。

(2)根据初拟剖面进行坝体抗滑稳定计算(设计洪水位情况)。如不满足抗滑稳定要求,指出改进措施(不要求重新计算)。

项目三 水 闸

任务一 水闸的类型、组成和工作特点

【学习目标】

1. 掌握水闸的类型。
2. 掌握水闸的组成和作用。
3. 掌握水闸的工作特点。

水闸是一种低水头水工建筑物,既能挡水,又能泄水,具有调节水位、控制流量的作用。一般建在河流和渠道上,也可修建在水库和湖泊的岸边。

一、水闸的作用与分类

(一)水闸按所承担的任务分类

水闸按所承担的任务,可分为六种,如图 3-1 所示。

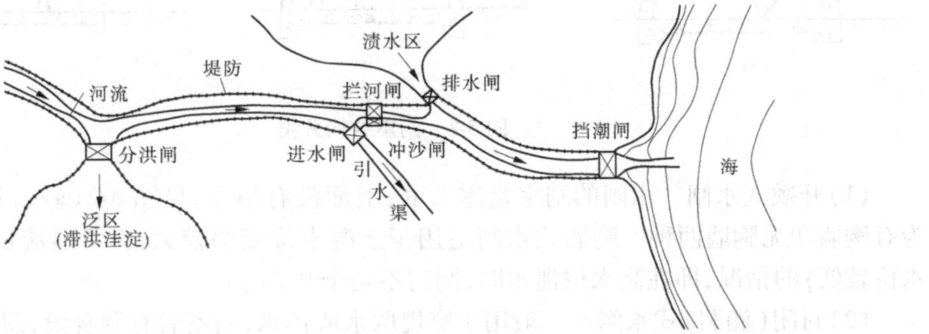

图 3-1 水闸分类示意图

(1)节制闸。在河道上或渠道上建造,枯水期用以抬高水位满足上游引水或航运的需要;洪水期控制下泄流量,保证下游河道安全。位于河道上的节制闸又称为拦河闸。一般选择在河道顺直、河势相对稳定的河段。其上、下游直线段长度不宜小于 5 倍水闸进水口处的水面宽度。

(2)进水闸。建在河道、水库或湖泊的岸边,用来控制引水流量,以满足灌溉、发电或供水的需要。进水闸又称为取水闸或渠首闸。一般选在河岸基本稳定的顺直河段或弯道

凹岸顶点稍偏下游处。

(3)分洪闸。常建于河道的一侧,用来将超过下游河道安全泄量的洪水泄入分洪区(蓄洪区或滞洪区)或分洪道。一般选在河岸基本稳定的顺直河段或弯道凹岸顶点稍偏下游处的深槽一侧。

(4)排水闸。常建于江河沿岸排水渠道末端,用以排除河道两岸低洼地区的涝渍水。当河道内水位上涨时,为防止河水倒灌,又需要关闭闸门。这类水闸为双向水闸且闸底板高程较低。宜选在靠近主要涝区和容泄区的老堤堤线上,地势低洼、出口通畅。

(5)冲沙闸。主要建在多泥沙河道上,用于排除进水闸、节制闸前或渠道淤积的泥沙,减少引水水流的含沙量。常建于进水闸一侧的河道上与节制闸并排布置或设在无节制闸的进水闸旁,尽量在河槽最深的部位,又称为排沙闸。

(6)挡潮闸。建在入海河口附近,涨潮时关闭,防止海水倒灌;退潮时开闸泄水,具有双向挡水的特点。一般选择在岸线和岸坡稳定的潮汐河口,且闸址泓滩冲淤变化较小、上游河道有足够的蓄水容积的地点。

(二)水闸按闸室结构形式分类

水闸按闸室结构形式可分为开敞式和封闭(涵洞)式两种,见图 3-2。

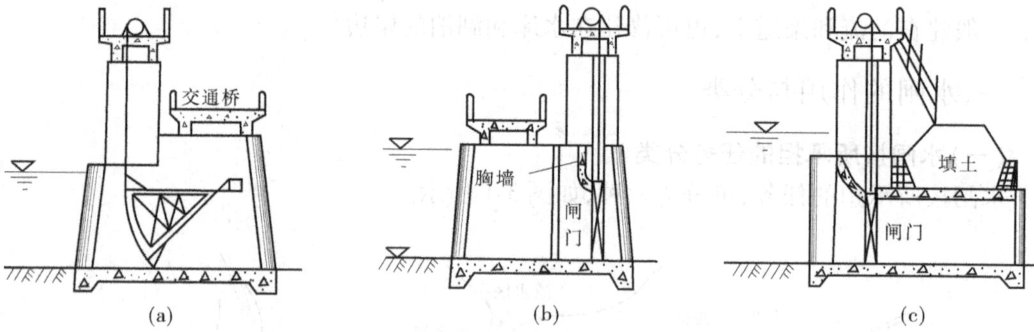

图 3-2 闸室结构分类

(1)开敞式水闸。水闸的闸室是露天的,上面没有填土,见图 3-2(a)、(b)。它又分为有胸墙和无胸墙两种。胸墙式水闸适用于上游水位变幅较大,而下泄流量又较小(泄水位较低)的情况,即在高水位泄水时,闸门不是全开。

(2)封闭(涵洞)式水闸。一般用于穿堤取水或排水,闸室后有洞身段,洞身上面有填土,见图 3-2(c)。一般建于深挖式渠道或较高的堤防之下。

二、水闸的组成部分及其作用

水闸一般由闸室、上游连接段和下游连接段三部分组成,如图 3-3 所示。

(一)闸室

闸室是水闸的主体,有控制水流和连接两岸的作用。包括底板、闸门、闸墩、胸墙(开敞式水闸)、交通桥、工作桥和启闭机房等。底板是闸室的基础,主要用于支承上部结构的重量、满足抗滑稳定和地基应力的要求,还兼有防渗的作用。闸门主要起控制水流的作用。闸墩的目的是分隔闸孔和支承闸门、胸墙、交通桥、工作桥和启闭机房。胸墙的作用则是减小闸门和工作桥的高度,减小启门力,降低工程造价。交通桥的作用是连接水闸两侧的交通。工作桥是用于支承、安装启闭设备。启闭机房是用于安装和控制启闭设备。

(二)上游连接段

上游连接段的主要作用是引导水流平顺进入闸室,保护上游河床及两岸免于冲刷,并有防渗作用。一般包括上游防冲槽、上游护底、上游护坡、上游铺盖、上游翼墙等。上游防冲槽、上游护底、上游护坡主要起防冲作用。上游铺盖、上游翼墙除防冲作用之外,还有防渗作用。

(三)下游连接段

下游连接段的主要作用是将下泄水流平顺引入下游河道,有消能、防冲及防止发生渗透破坏的功能。一般有护坦、下游翼墙、海漫、防冲槽及下游护坡。护坦、下游翼墙、海漫有消能、防冲及防止发生渗透破坏的作用。防冲槽及下游护坡主要起防冲的作用。

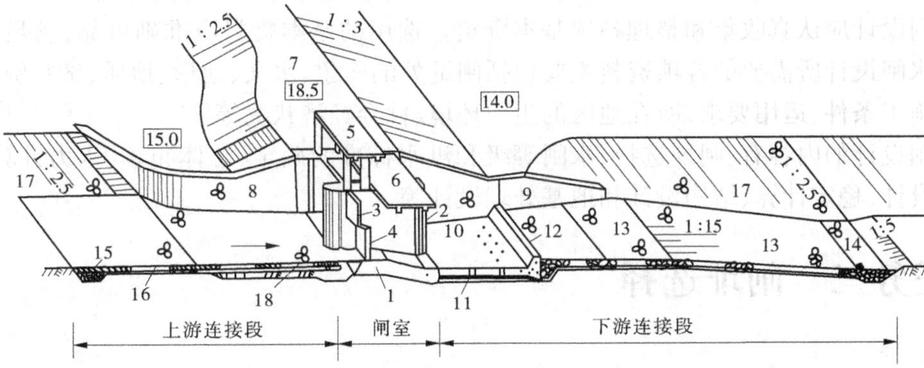

1—闸底板;2—闸墩;3—胸墙;4—闸门;5—工作桥;6—交通桥;7—堤顶;8—上游翼墙;9—下游翼墙;10—护坦;11—排水孔;12—消力坎;13—海漫;14—防冲槽;15—上游防冲槽;16—上游护底;17—上下游护坡;18—水平铺盖

图 3-3 水闸组成示意图

三、水闸的工作特点

水闸的地基可以是岩基或土基,大部分水闸都修建在土基上。一般水闸具有以下一些特点。

(一)稳定方面

关门挡水时,水闸上、下游较大的水头差造成较大的水平推力,使水闸有可能沿基面产生向下游的滑动,为此,水闸必须具有足够的重力,以维持自身的稳定。

(二)防渗方面

由于上下游水位差的作用,水将通过地基和两岸向下游渗流。渗流会引起水量损失,同时地基土在渗流作用下,容易产生渗透变形。严重时闸基和两岸的土壤会被淘空,危及水闸安全。渗流会产生扬压力,对闸室和两岸连接建筑物的稳定不利。因此,应妥善进行防渗设计。

（三）消能防冲方面

水闸开闸泄水时，在上、下游水位差的作用下，过闸水流往往具有较大的动能，流态也较复杂，而土质河床的抗冲能力较低，可能引起冲刷。此外，水闸下游常出现波状水跃和折冲水流，会进一步加剧对河床和两岸的淘刷。因此，设计水闸除应保证闸室具有足够的过水能力外，还必须采取有效的消能防冲措施，以防止河道产生有害的冲刷。

（四）沉降方面

土基上建闸，由于土基的压缩性大，抗剪强度低，在闸室的重力和外部荷载作用下，可能产生较大的沉降影响正常使用，尤其是不均匀沉降会导致水闸倾斜，甚至断裂。在水闸设计时，必须合理地选择闸型、做好结构布置，安排好施工程序，采取必要的地基处理等措施，以减少过大的地基沉降和不均匀沉降。

四、水闸设计

水闸设计应符合《水闸设计规范》（SL 65—2001）和现行有关标准的规定。

水闸设计应认真收集和整理各项基本资料。选用的基本资料应准确可靠，满足设计要求。水闸设计所需要的各项资料主要包括闸址处的气象、水文、地形、地质、试验资料以及工程施工条件、运用要求，所在地区的生态环境、社会经济状况等。

水闸设计的内容有：闸址选择、水闸等级和洪水标准的确定、总体布置、水力计算、防渗排水设计、稳定计算、结构设计和地基处理设计等。

任务二　闸址选择

【学习目标】

1. 掌握水闸闸址选择的要求。
2. 能正确进行水闸闸址选择。

闸址选择关系到工程建设的成败和经济效益的发挥，是水闸设计的一项重要任务，应根据水闸的功能、特点和运用要求以及区域经济条件，综合考虑地形、地质、水流、潮汐、泥沙、冰情、施工、管理、周围环境等因素，经技术、经济比较后确定。

一、一般要求

（1）地形、地质条件。水闸的闸址宜选择在地形开阔、岸坡稳定、岩土坚实和地下水位较低的地点；宜优先选用地质良好的天然地基，避免采用人工处理地基。

水闸闸址的地质条件对选好闸址至关重要，应优先选用地质条件良好的天然地基，最好是选用新鲜完整的岩石地基，或承载能力大、抗剪强度高、压缩性低、透水性小、抗渗稳定好的土质地基。

（2）水流条件。闸址的位置应使进闸和出闸水流比较均匀和平顺，闸前和闸后应尽量避开其上、下游可能产生有害的冲刷和泥沙淤积的地方。若在平原河网地区交叉口附近建闸,选定的闸址宜在距离交叉口较远处。若在多支流汇合口下游河道上建闸,其闸址最好远离汇合口,因为闸前需要有足够长度的河段,用以调整由于支流来水量不等、流向不正所形成的闸前不良水流条件,以避免出现在各闸孔过闸流量不均时,出闸水流冲刷岸坡的情况。

(3)交通影响。在铁路桥或Ⅰ、Ⅱ级公路桥附近建闸,选定的闸址与铁路桥或Ⅰ、Ⅱ级公路桥的距离不能太近。由于铁路桥或Ⅰ、Ⅱ级公路桥车流量大、交通繁忙,对附近水闸的正常运行有一定的干扰影响。

(4)施工、管理条件。选择闸址应综合考虑材料来源、对外交通、施工导流、场地布置、基坑排水、施工用水、用电等条件,还应考虑水闸建成后工程管理和防汛抢险等条件。

(5)其他方面。选择闸址还应考虑尽可能少占土地及少拆迁房屋;尽量利用周围已有的公路、航运、动力、通信等公用设施;有利于绿化、净化、美化环境和生态环境保护;有利于开展综合经营。

二、特殊要求

由于各类水闸其主要作用和功能不一样,在闸址选择时对不同类型的水闸,有不同的要求。

(1)节制闸或泄洪闸闸址宜选择在河岸基本稳定的河段,经技术、经济比较后也可选择在弯曲河段裁弯取直的新开河道上。

(2)进水闸、分水闸或分洪闸闸址宜选择在河岸基本稳定的顺直河段或弯道凹岸顶点稍偏下游处。

(3)排水闸(排涝闸)或泄水闸(退水闸)闸址宜选择在地势低洼、出水通畅处。排水闸(排涝闸)闸址宜选择在靠近主要涝区和容泄区的老堤堤线上。

(4)挡潮闸闸址宜选择在岸线和岸坡稳定的潮汐河口附近,且闸址泓滩冲淤变化较小,上游河道有足够的蓄水容积的地点。

三、闸址选择案例

(一)工程基本资料

某拦河闸工程位于老沭河上,闸轴线位于老沭河中泓桩号49+020处,是某灌区的枢纽工程。工程存在的问题有防洪标准低、抗震能力差、闸底板局部损坏严重、消能防冲工程水毁严重等,需拆除重建。

1. 工程等别和建筑物级别

根据《水利水电工程等级划分及洪水标准》(SL 252—2000),该拦河闸总库容为1 460万m^3,设计洪水过闸流量为2 500 m^3/s,校核流量为3 000 m^3/s,工程规模为大(2)型,工程等别Ⅱ等,主要永久建筑物级别为2级,次要永久建筑物级别为3级,临时建筑物级别为4级。

2. 洪水标准

根据《水利水电工程等级划分及洪水标准》(SL 252—2000),结合工程所在河道的实际情况及防洪要求确定洪水标准：拦河闸设计洪水标准为50年一遇、校核洪水标准为100年一遇，消能防冲设计洪水标准为50年一遇，临时性水工建筑物设计洪水标准为10年一遇。

3. 灌溉设计保证率

旱田保证率为50%，水田保证率为75%。

4. 地震设防烈度

据《中国地震动参数区划图》(GB 18306—2001)，地震动峰值加速度为0.20g，相应地震基本烈度为Ⅷ度。

(二)闸址选择

1. 闸址选择遵循原则

(1)闸址处河道顺直，河床、河势稳定，地质地形条件良好。

(2)若在多支流汇合口附近建闸，闸址宜在距离交叉河口较远处，闸址至汇合口应至少保持闸上游河道水面宽度的3倍距离以上。

(3)枢纽布置应使工程投资最省，技术可行，不影响其他建筑物安全，有利于河势稳定，防止局部冲刷。

(4)闸轴线应与河道中心线垂直，其上下游河道直线段长度不宜小于5倍进口处的水面宽度。

(5)符合有关水利建设规划。

2. 闸址及轴线选择方案比选

方案一：原闸址方案

位于原闸址，老沭河中泓桩号49+020，测量桩号14+260，闸轴线基本垂直于河道水流方向。

方案二：原闸址下移50 m位置方案

位于原闸址下游50 m，老沭河中泓桩号48+970，测量桩号14+310，闸轴线垂直于河道水流方向。

方案一与方案二由于两处闸址相距较近，地质构造处于同一单元，地质构造基本一致，所以工程设计采用的指标基本一致。

方案一优点：原闸经过多年的运行，两岸道路基本形成，原闸址处改建可有效利用两侧原有道路，减少新建道路投资，总体投资较小。缺点：改建时需要拆除原闸，施工过程中需修筑大量的施工围堰及导流设施，需要建设临时便道，连接两岸乡镇，临时工程投资大，施工期内拦蓄的库容放空，无法保证灌区的灌溉用水，不利于区域内的居民生活和工农业的正常生产。

方案二优点：施工过程中，可以保留原闸，通过原闸的调蓄，可以大量减少施工围堰及导流设施的工程量，降低临时工程投资，并且可以保证灌区的灌溉用水及区域内居民生活和工农业的正常生产。缺点：需新建连接路与原道路连接，增加道路设施的投资，增加部分永久占地。

表 3-1 闸址方案比选表

项目方案	方案一:原闸址方案	方案二:原闸址下移 50 m 方案
工程指标	拦河闸挡水位 48.0 m,蓄水量 1 460 万 m^3,采用尺寸 10.00 m×7.0 m(宽×高)露顶式弧形钢闸门结构形式,共 22 孔,采用卷扬式启闭机启闭	拦河闸挡水位 48.0 m,蓄水量 1 460 万 m^3,采用尺寸 10.00 m×7.0 m(宽×高)露顶式弧形钢闸门结构形式,共 22 孔,采用卷扬式启闭机启闭
施工围堰长度(m)	1 100	675
两岸连接路度(m)	400	600
临时道路长度(km)	4.05	3.75
经济指标(万元)	10 585	9 950
优点	两岸连接路工程量少	1. 施工过程中,可以保留原闸,交通影响小; 2. 通过原闸的调蓄,可以减少施工围堰及导流设施的工程量;降低临时工程投资; 3. 可以防止水资源的浪费; 4. 保证灌区的灌溉用水及区域内居民生活和工农业的正常生产
缺点	1. 需筑大量的施工围堰及导流设施; 2. 交通桥拆除,需建设临时便道,临时工程投资大; 3. 施工期内拦蓄的库容放空,水源白白浪费; 4. 没有有效水源保证某灌区的灌溉用水,不利于区域内的居民生活和工农业的正常生产	两岸连接路工程量大

经分析比较,两个方案投资差别不大,但考虑某灌区面积较大为 20.0 万亩,灌溉水源对灌区的影响较大,且施工期较长,没有有效的灌溉水源,某灌区作物将受到影响,因此本次闸址选择方案二。

根据方案比选结果,经综合分析确定某拦河闸闸轴线:拦河闸位于老沭河中泓桩号 48 +970 处,闸轴线与河道中心线呈正交。

任务三　闸室的布置和构造

【学习目标】

1. 掌握闸室的组成及各部分的类型。
2. 能进行闸室各组成部分结构布置。
3. 掌握闸室的构造要求。

水闸闸室布置应根据水闸挡水、泄水条件和运行要求，结合考虑地形、地质等因素，做到结构安全可靠，布置紧凑合理，施工方便，运用灵活，经济美观。

一、闸孔形式选择

闸孔形式一般有开敞式孔口和胸墙孔口型两种，底板有宽顶堰和低实用堰形式，如图3-4所示。

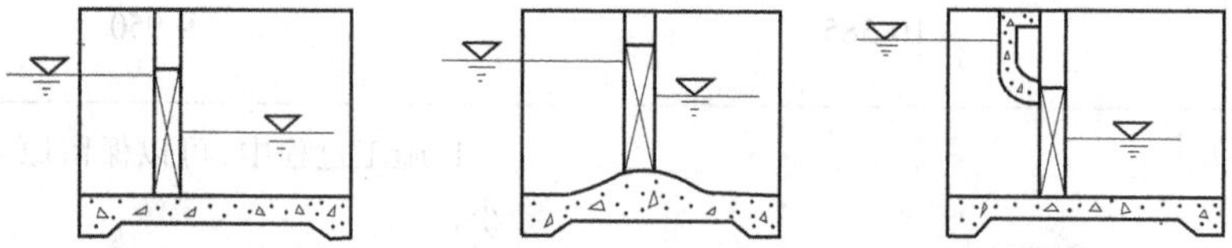
(a)宽顶堰开敞式孔口　(b)低实用堰开敞式孔口　(c)胸墙孔口型

图3-4　闸孔形式

宽顶堰是水闸中常用的一种底板形式，它有利于泄洪、冲沙、排冰、通航、双向过水等，结构简单，施工方便，泄流能力比较稳定等优点；其缺点是自由泄流时流量系数较小，闸后易产生波状水跃。

低实用堰有梯形的、曲线形的和驼峰形的。实用堰自由泄流时流量系数较大，水流条件好，堰面曲线合适时闸后不易产生波状水跃，有利于拦沙；其缺点是结构较复杂，施工不太方便，泄流能力受尾水影响大，淹没水深 $h_s > 0.6H$ 时，泄流能力将急剧下降，当上游水位较高，为限制过闸单宽流量，需抬高堰顶高程时，常采用实用堰底板。

当上游水位变幅较大，过闸流量较小时，常采用胸墙孔口型。胸墙孔口型可以减小闸门高度和启门力，从而降低工作桥高和工程造价。

二、底板

按闸墩与底板的连接方式，闸底板可分为整体式（见图3-5(a)、(b)）和分离式（见图3-5(c)）两种。

（一）整体式底板

当闸墩与底板浇筑成整体时，即为整体式底板。它的优点是闸孔两侧闸墩之间不会产生过大的不均匀沉降，适用于地基承载力较差的土基。整体式底板具有将结构自重和水压力等荷载传给地基及防冲、防渗作用，故底板较厚。

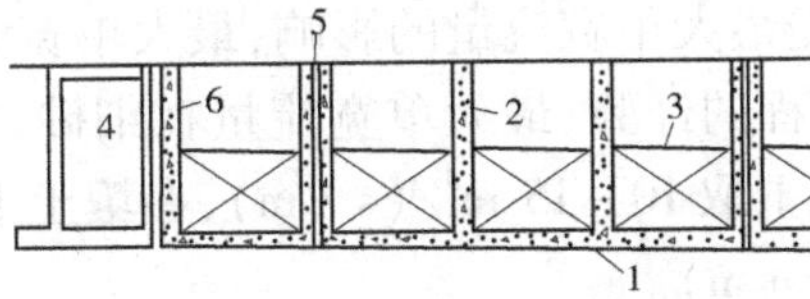

(a)缝设在闸墩中间

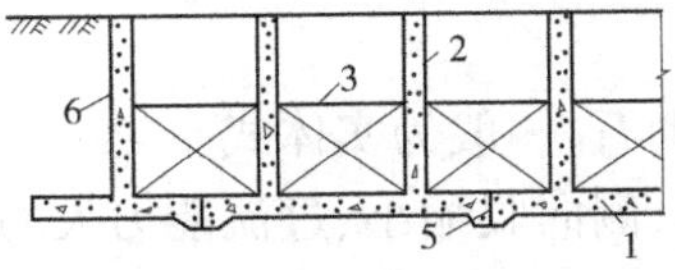

(b)缝设在闸孔底板中间

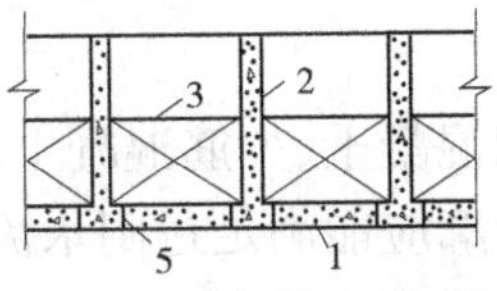

(c)分离式底板

1—底板;2—闸墩;3—闸门;4—空厢式岸墙;5—温度沉降缝;6—边墩

图 3-5 底板的分类

底板顺水流方向的长度可根据闸室整体抗滑稳定和地基允许承载力为原则,同时满足上部结构布置要求。水头愈大,地基条件愈差,则底板愈长。初步拟定时,对砂砾石地基可取(1.5~2.0)H(H 为上、下游最大水位差);砂土和砂壤土地基,取(2.0~2.5)H;黏壤土地基,取(2.0~3.0)H;黏土地基,(2.5~3.5)H。

底板的厚度必须满足强度和刚度的要求,大中型水闸可取闸孔净宽的1/6~1/8,一般为1.0~2.0 m,最薄不小于0.7 m,实际工程中小型水闸有0.3 m厚。底板混凝土还应满足强度、抗渗、抗冲等要求,一般选用 C15 或 C20。闸墩中间分缝的底板一般适用于孔径8~12 m和较松软地基或地震烈度较高的地区。对于中等密实以上,承载力较大的地基也可将缝分在闸底板中间,如图 3-4(b)所示。

(二)分离式底板

当闸墩与底板设缝分开时,即为分离式底板,如图 3-5(c)所示。闸室上部结构的重量和水压力直接由闸墩传给地基,底板仅有防冲、防渗和稳定的要求,其厚度可根据自身稳定的要求确定。分离式底板一般适用于孔径大于8 m和地基条件较好的砂土或岩石地基。由于底板较薄,所以工程量较整体式底板节省。涵洞式水闸不宜采用分离式底板。

(三)底板高程

底板顶面高程与闸承担的任务、泄流或引水流量、上下游水位及河床地质条件等因素有关。闸底板应置于较为坚实的土层上,并尽量利用天然地基。在地基强度满足要求的情况下,底板高程定得高些,闸室宽度大,两岸连接建筑物相对较低。相比而言,对于小型水闸,两岸连接建筑物在整个工程中占的比重较大,因此总的工程量可能是经济的;在大中型水闸中,由于闸室工程量占的比重较大,降低底板高程常常是有利的。当然,底板高程也不能定的太低,否则,由于单宽流量加大,将会增加下游消能防冲的工程量;闸门的高度和启闭设备也随之增加;基础开挖也会更加困难。

一般情况下,拦河闸和冲沙闸的底板顶面可与河底齐平;进水闸的底板顶面在满足引水设计流量的情况下,应尽可能高一些,防止泥沙进入渠道;分洪闸的底板顶面也应较河床稍高;排水闸则应尽量低一点,以保证将渍水迅速排出,但要避免排水出口被泥沙淤塞;挡潮闸兼有排水闸作用时,底板顶面高程也应低一些。

同时，底板高程的确定要受最大单宽流量的影响，最大单宽流量主要取决于闸址地质和水力条件。根据我国水利工程的经验，最大单宽流量在细砂、粉砂、粉土及淤泥河床上取5~10 $m^3/(s·m)$，在砂壤土上取10~15 $m^3/(s·m)$，在壤土上取15~20 $m^3/(s·m)$，在黏土河床上取15~25 $m^3/(s·m)$。

三、闸墩

闸墩材料常用混凝土、少筋混凝土或浆砌石，一般为实体式。

闸墩的外形轮廓应能满足过闸水流平顺、侧向收缩小、过流能力大的要求。上下游端部形状多采用半圆形或流线型。

闸墩的长度取决于上部结构布置和闸门形式，一般与底板同长或稍短些。

闸墩上游部分的顶面高程应满足以下两个方面要求：①水闸挡水时，不低于水闸正常蓄水位加波浪高度与相应安全超高之和；②泄洪时，不低于设计或校核洪水位与安全超高值之和。各种运用条件下水闸安全超高下限值见表3-2。闸墩下游部分的高程可根据需要适当降低，但应保证下游的交通桥底部高出泄水位0.5 m及桥面能与闸室两岸道路衔接顺畅。

表3-2　水闸安全超高下限值　（单位：m）

运用情况		水闸级别			
		1	2	3	4、5
挡水时	正常蓄水位	0.7	0.5	0.4	0.3
	最高挡水位	0.5	0.4	0.3	0.2
泄水时	设计洪水位	1.5	1.0	0.7	0.5
	校核洪水位	1.0	1.0	0.5	0.4

闸墩厚度必须满足稳定和强度要求，并与闸门形式及跨度有关。初选时可参考表3-3拟定。

表3-3　闸墩厚度 d 参考值

类型	闸孔净宽 b_0(m)	闸墩厚度 d(m)	
		中墩	缝墩
小跨度	3~6	0.5~1.0	2×0.4~2×0.6
中跨度	6~12	0.8~1.4	2×0.6~2×0.8
大跨度	>12	1.2~2.5	2×0.8~2×1.5

平面闸门闸墩厚度决定于工作门槽颈部的厚度和门槽深度。门槽颈部厚度的最小值为0.4 m。工作门槽尺寸根据闸门的尺寸决定，一般工作门槽深为0.2~0.3 m，门槽宽度为0.5~1.0 m，其宽深比一般为1.6~1.8。检修门槽深为0.15~0.20 m，宽0.15~0.30 m。检修门槽至工作门槽的净距离不宜小于1.5 m，以便检修操作。

门槽位置一般在闸墩中部偏高水位一侧，有时为了利用水重增加闸室稳定，也可把门槽设在闸墩中部偏低水位一侧。

四、胸墙

当水闸挡水高度较大，闸孔尺寸超过泄流要求时，可设置胸墙挡水。胸墙顶部高程可按挡水要求确定，应与闸墩顶部高程齐平。底部高程一般应以不影响泄水为原则，高出泄水位0.1～0.2 m。

胸墙的位置取决于闸门形式。对于弧形闸门，胸墙可设在闸门的上游侧；对于平面闸门，胸墙设在闸门的上、下游侧都可以。设上游时止水较复杂，且易磨损，但有利于闸门启闭，钢丝绳也不易锈蚀。

胸墙结构形式可根据孔径大小和泄水要求选用，一般采用钢筋混凝土结构。小跨度（小于或等于 6 m）的胸墙可做成上薄下厚的板式结构，如图 3-6(a)所示；大跨度（大于6 m）水闸则可做成梁板式结构，如图 3-6(b)所示；当胸墙高度大于 5.0 m 且跨度较大时，可增设中梁及竖梁构成肋形结构，如图 3-6(c)所示。

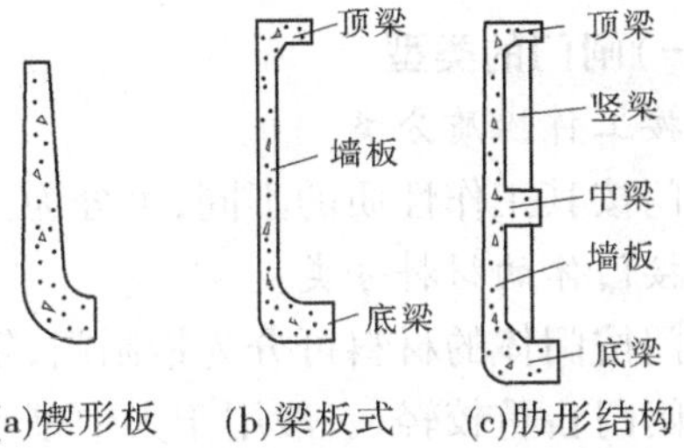

图 3-6 胸墙的结构形式

板式胸墙顶部厚度一般不小于 20 cm。梁板式的板厚一般不小于 12 cm；顶梁梁高约为胸墙跨度的 1/12～1/15，梁宽常取 40～80 cm；底梁梁高约为跨度的 1/8～1/9，梁宽为 60～120 cm。为使过闸水流平顺，胸墙迎水面底缘应做成圆弧形。

胸墙的支承方式有简支和固结两种。简支胸墙与闸墩分开浇筑，缝内设止水，简支胸墙断面尺寸较大。固结式胸墙与闸墩整体浇筑，闸室的整体性好，但易在连接处的迎水面产生裂缝。

五、工作桥

工作桥是供安装和操作启闭设备之用，常设置在闸墩上。若工作桥较高，宜在闸墩上另建支墩或排架支承工作桥。

初步确定桥高时，平面闸门可取门高的 2 倍再加 1.0～1.5 m 的超高值，并满足闸门能从闸门槽中取出检修的要求；若采用活动式启闭机，桥高应大于 1.7 倍门高；升卧式闸门的桥高为平面直升门高的 70%。弧形闸门的工作桥较低。

小型水闸的工作桥一般采用板式结构，大中型水闸多采用板梁结构，如图 3-7 所示。

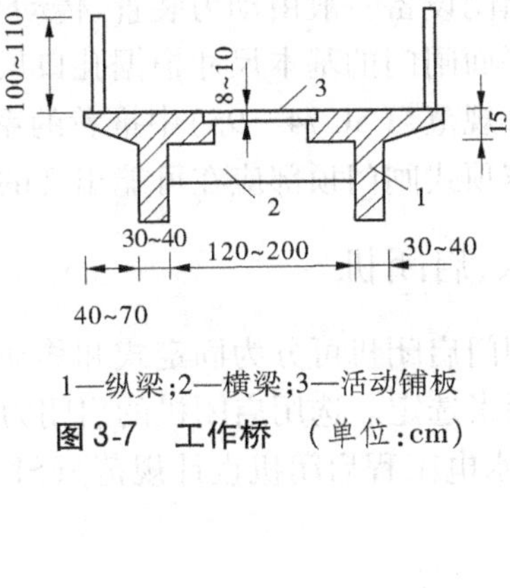

1—纵梁；2—横梁；3—活动铺板

图 3-7 工作桥 （单位：cm）

工作桥的总宽度取决于启闭机的类型、容量和操作需要，小型水闸总宽度在 2.0～

2.5 m,大型水闸为2.5 ~4.5 m。

六、交通桥

建造水闸时,应考虑两侧的交通,以满足汽车、拖拉机和行人通过。交通桥的位置应根据闸室稳定及两岸交通连接等条件确定,通常布置在低水位一侧,桥面宽视两岸交通及防汛抢险要求确定。交通桥的形式可采用整体板式、板梁式和拱式,中小型工程可采用定型设计。

七、闸门

闸门是水闸的关键部分,用它来封闭和开启孔口,以达到控制水位和调节流量的目的。

(一)闸门的类型

1.按工作性质分类

闸门按其工作性质的不同,可分为工作闸门、事故闸门和检修闸门等。

2.按门体的材料分类

闸门按门体的材料可分为钢闸门、钢筋混凝土或钢丝网水泥闸门、木闸门及铸铁闸门等。钢闸门自重较轻,一般用于大中型水闸。钢筋混凝土和钢丝网水泥闸门可以节省钢材,无须除锈。但前者较笨重,启闭设备容量大;后者容易剥蚀,耐久性差,一般用于渠系小型水闸。铸铁门抗锈蚀、抗磨性能好,止水效果也好,但由于材料抗弯强度较低,性能又脆,故仅在低水头、小孔径水闸中使用。木闸门耐久性差,已很少采用。

3.按结构形式分类

闸门按其结构形式可分为平面闸门、弧形闸门等。弧形闸门与平面闸门比较,其主要优点是启门力小,可以封闭相当大面积的孔口,无影响水流态的门槽,闸墩厚度较小,机架桥的高度较低,埋件少。它的缺点是需要的闸墩较长,不能提出孔口以外进行检修维护,也不能在孔口之间互换,总水压力集中于支铰处,闸墩受力复杂。

(二)平面闸门的构造

平面闸门由活动部分(也称门叶)、埋固部分和启闭设备三部分组成。其中,门叶由承重结构、支承行走部件、止水装置和吊耳等组成。承重结构包括面板、梁格、竖向联结系或隔板、门背(纵向)联接系和支承边梁等。埋固部分一般包括行走埋固件和止水埋固件等。启闭设备一般由动力装置、传动和制动装置以及连接装置等组成。

平面闸门的基本尺寸根据孔口尺寸确定。孔口尺寸应优先采用《水利水电工程钢闸门设计规范》(SL 74—95)中推荐的系列尺寸。

露顶式闸门顶部应在可能出现的最高挡水位以上有0.3 ~0.5 m的超高。

八、启闭机

闸门启闭机可分为固定式和移动式两种。启闭机形式可根据门型、尺寸及其运用条件等因素选定。选用启闭机的启闭力应等于或大于计算启闭力,同时应符合国家现行的《水利水电工程启闭机设计规范》(SL 41—93)所规定的启闭机系列标准。

当多孔闸门启闭频繁或要求短时间内全部均匀开启时，每孔应设一台固定式启闭机。常用的固定式启闭机有卷扬式、螺杆式、油压式。

(一)卷扬式启闭机

卷扬式启闭机主要由电动机、减速箱、传动轴和绳鼓组成。绳鼓固定在传动轴上，围绕钢丝绳，钢丝绳连接在闸门吊耳上。启闭闸门时，通过电动机、减速箱和传动轴使绳鼓转动，带动闸门升降。为了防备停电或电器设备发生故障，可同时使用人工操作，通过手摇箱进行人力启闭。卷扬式启闭机启闭能力较大，操作灵便，启闭速度快，但造价较高，适用于弧形闸门。某些平面闸门能靠自重(或加重)关闭，且启闭力较大时，也可采用卷扬式启闭机。

(二) 螺杆式启闭机

当闸门尺寸和启闭力都很小时，常用简便、廉价的单吊点螺杆式启闭机。螺杆与闸门连接，用机械或人力转动主机，迫使螺杆连同闸门上下移动。当水压力较大，门重不足时，为使闸门关闭到底，可通过螺杆对闸门施加压力。当螺杆长度较大(如大于3 m)时，可在胸墙上每隔一定距离设支撑套环，以防止螺杆受压失稳。其启门力一般为3～100 kN。

(三)油压式启闭机

油压式启闭机的主体为油缸和活塞。活塞经活塞杆或连杆和闸门连接。改变油管中的压力即可使活塞带动闸门升降。油压式启闭机的优点是利用油泵产生的液压传动，可用较小的动力获得很大的启重力，液压传动比较平稳和安全，较易实行遥控和自动化等。其主要缺点是缸体内圆镗的加工受到各地条件的限制，质量不易保证，造价也较高。

九、分缝与止水

(一) 分缝

水闸沿轴线方向每隔一定距离必须设置永久缝，以免闸室因地基不均匀沉降及伸缩变形而产生裂缝。缝的间距一般为15～20 m，缝宽2～3 cm。

整体式底板的永久缝设在闸墩中间，一孔、二孔或三孔成为一个独立单元。靠近岸边，为了减轻墙后填土对闸室的不利影响，特别是当地质条件较差时，最好采用单孔，而后再接二孔或三孔的闸室。当地基较好时，也可将缝设在底板上。这样可以减少工程量，且还可减少底板的跨中弯矩。

分离式底板中，闸墩与底板设缝分开。

除闸室分缝外，凡相邻结构荷载相差悬殊或结构较长、面积较大的地方，都需设缝分开。如在铺盖与闸底板连接处、翼墙与边墩及铺盖连接处、消力池护坦与闸底板及翼墙连接处都设沉降缝。此外，混凝土铺盖及消力池本身也需设缝分段、分块，如图3-8所示。

(二) 止水

凡是有防渗要求的缝，都应设止水。止水分水平止水和垂直止水两种。

铺盖、消力池底板与闸底板、翼墙之间，消力池底板间的分缝处设水平止水，见图3-9(a)～(d)。图(a)适用于地基沉降较小或防渗要求较低的缝位；图(b)、(c)、(d)适用于地基沉降较大或防渗要求较高的缝位。在接缝底部与地基土壤接触处常铺设2～3层油毛毡沥青麻布，或填黏土，以提高防渗效果。

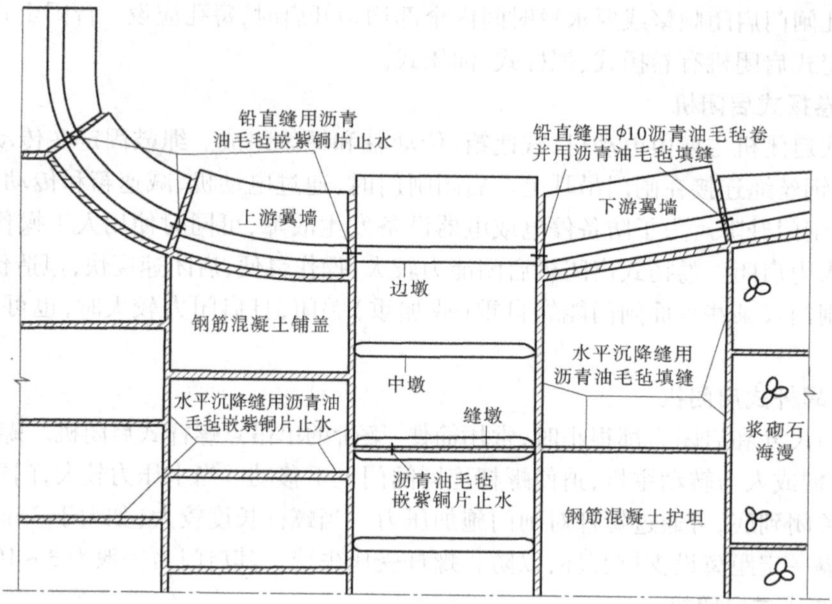

图 3-8　水闸的分缝与止水布置

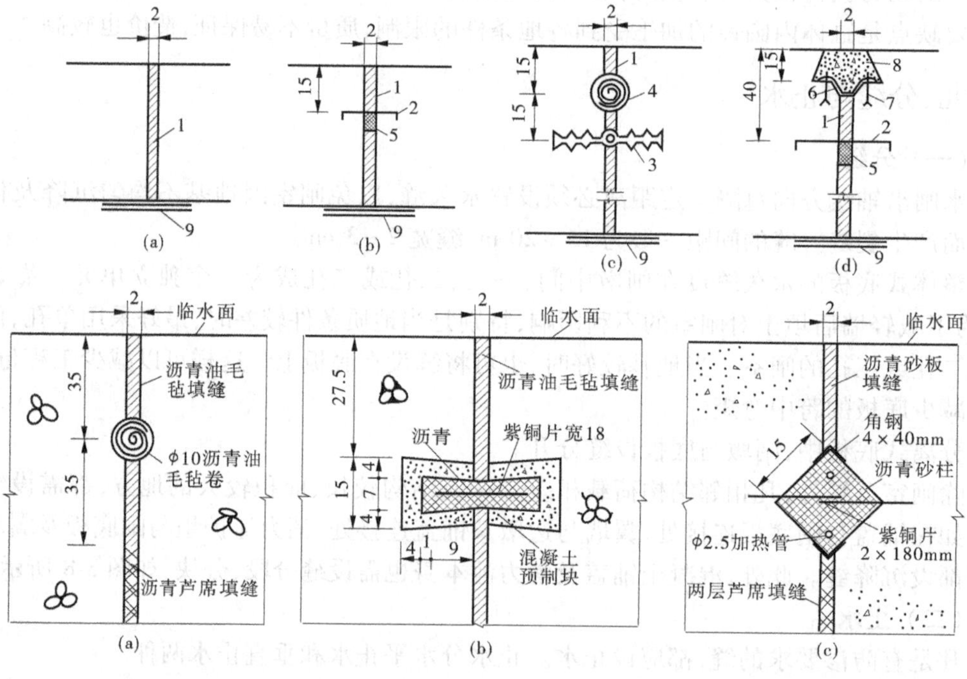

1—沥青填料;2—紫铜片或镀锌铁片;3—塑料止水片;4—沥青油毛毡卷;5—灌沥青或沥青麻索填塞;
6—橡皮;7—鱼尾螺栓;8—沥青混凝土;9—二至三层沥青油毛毡或麻袋浸沥青,宽 50 ~ 60 cm

图 3-9　水平与铅直止水构造　(单位:cm)

缝墩中、边墩与翼墙之间以及各段翼墙之间设垂直止水，见图 3-9(e)、(f)、(g)。图(e)结构简单，施工方便，适用于不均匀沉降较小或防渗要求较低的缝位，如岸墙与翼墙的止水等。图(f)、(g)均为闸墩止水，一般布置在闸门上游，以减少缝墩侧向压力。

在无防渗要求的缝中，一般铺贴沥青油毡。

必须做好止水交叉处的连接，否则，容易形成渗水通道。交叉有两种类型：一是铅直交叉，二是水平交叉。

十、工程布置案例

以某拦河闸为例，其布置主要包括上游连接段、闸室段、消能防冲段和下游连接段的布置。

（一）上游连接段布置

为改善拦河闸进口水流条件，上游段河道进行开挖整平，治理长度 200.0 m，边槽设护岸防护，两岸设护坡与岸墙连接，采用 C30 混凝土连锁式护坡，护坡坡比为 1:2，护砌长度左右岸各 50.0 m；护岸下游接两岸翼墙，连接段采用弧形布置将水流平顺引入，左右岸圆弧翼墙采用 C30 钢筋混凝土扶壁式挡土墙，顺水流长 25.0 m，圆弧半径均为 30.0 m，岸墙顶高程为 50.0 m；上游铺盖采用 C30 钢筋混凝土，厚 0.5 m，斜坡段顺水流长 20.0 m，坡比 1:20，底高程由 41.00 m 渐变至 40.00 m，平直段长 5.0 m，铺盖上游端采用块石回填。

（二）闸顶高程确定

水闸闸顶高程的计算根据《水闸设计规范》(SL 265—2016)中相关公式进行计算。

闸墩顶高程计算成果见表 3-4。

表 3-4　拦河闸顶高程计算成果　（单位：m）

计算情况	平均波高 h_m	平均波长 L_m	波浪爬高 h_b	安全超高	静水位	水闸顶高程
正常挡水	0.387	11.879	0.833	0.4	48.00	49.23
设计洪水位	—	—	—	1.0	48.31	49.31
校核洪水位	—	—	—	0.7	48.91	49.61

经计算，水闸顶高程为 49.61 m，本水闸顶高程取 50.00 m。

（三）闸室段布置

控制段闸室顺水流方向长 20.0 m，采用露顶式弧形钢闸门结构形式，闸孔净宽 10.0 m，共 22 孔，闸室总宽 261.4 m。闸室采用钢筋混凝土平底板，闸底板高程为 41.00 m，堰顶高程 41.50 m；闸墩处分缝，两孔一联，缝墩厚 2.4 m，中墩厚 1.5 m，闸墩顶高程 50.00 m。闸室内设工作闸门和检修闸门各一道，工作闸门为弧形钢闸门，闸门尺寸 10 m×7.0 m（宽×高），采用卷扬式启闭；工作闸门上游设叠梁式检修钢闸门。上游设检修桥，桥宽 1.6 m，桥面高程 50.30 m，采用预制钢筋混凝土结构，下游侧设交通桥，桥面高程 51.00 m，交通桥面净宽度为 7.0＋2×0.5＝8.0(m)，交通桥荷载标准，参照公路－Ⅱ级，采用预制钢筋混凝土空心板式结构。

（四）消能防冲段布置

消能防冲段由陡坡及消力池段组成，陡坡采用 C30 钢筋混凝土结构，长 13.0 m，厚 1.0 m，坡比 1∶4；斜坡段末端接 C30 钢筋混凝土消力池，池长 25.0 m，厚 1.0 m，池深 1.5 m，消力池底板高程 38.50 m。消力池下游底部采用 C20 块石混凝土填充封闭，顶部设块石混凝土海漫，海漫长 30.0 m，厚 0.5 m，顶高程 40.00 m。海漫末端设防冲槽，防冲槽底宽 3.0 m，深 2.0 m，采用块石混凝土填充。防冲槽后设反坡与现状河道相连接。

（五）下游连接段布置

两岸岸墙采用 C30 混凝土连锁式护坡，左、右岸各 100.0 m，坡比 1∶2.0，左右岸顶高程为 47.00 m；下游海漫后河底高程按防冲槽顶高程渐变至现状河底，治理长度为 100.0 m。

（六）启闭机房、桥头堡和管理房屋布置

为保护闸门启闭机等金属机电设备和方便管理，布置启闭机房、桥头堡和管理房屋。某拦河闸位于古道军事旅游度假区内，拦河闸外观建筑应结合景区管委会要求，本拦河闸的建筑效果、顶面及立面设计采用明清式古建筑风格。

任务四　防渗排水布置

【学习目标】

1. 掌握地下轮廓线的概念和防渗长度的确定。
2. 掌握黏土基底和砂土地基地下轮廓的布置。
3. 掌握水闸的防渗排水设施。
4. 能初步进行地下轮廓布置。

水闸防渗排水布置的任务是合理拟定地下轮廓线的形式和尺寸，采取必要和可靠的防渗排水措施，以消除和减小渗流对水闸的不利影响，保证闸室的抗滑稳定、闸基和两岸的渗透稳定。

一、闸基的防渗长度

水闸水流在上下游水位差 H 的作用下，经地基或两岸向下游渗透。上游铺盖、板桩、闸底板及消力池等不透水部分与地基的接触线如图 3-10 所示，即闸基渗流的第一条流线，即图中折线（0—1—2—3—…—16）称为地下轮廓线，其长度称为闸基的防渗长度。

在工程规划和可行性研究阶段，初步拟定的闸基防渗长度应满足下式要求：

$$L = C\Delta H \tag{3-1}$$

式中　L——闸基的防渗长度，即闸基轮廓线防渗部分水平段和垂直段长度的总和，m；

C——允许渗径系数值，见表 3-5，当闸基设板桩时，可采用表 3-5 规定的较小值；

ΔH——上、下游水位差，m。

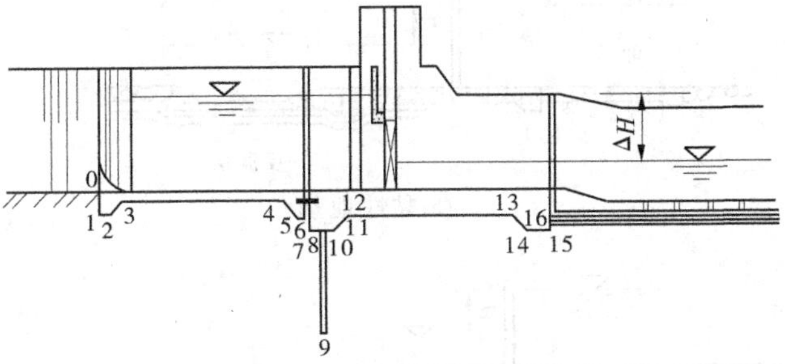

图 3-10 防渗长度示意图

表 3-5 允许渗径系数值 C

排水条件	地基类别									
	粉砂	细砂	中砂	粗砂	中砾和细砾	粗砾和夹卵石	轻粉质砂壤土	轻砂壤土	壤土	黏土
有滤层	13~9	9~7	7~5	5~4	4~3	3~2.5	11~7	9~5	5~3	3~2
无滤层	—	—	—	—	—	—	—	—	7~4	4~3

注:地基土分类见《水闸设计规范》(SL 265—2016)附录 F。

要求实际防渗长度大于上式计算值,否则,根据经验,很有可能渗透稳定或闸室抗滑稳定不满足要求。

二、地下轮廓布置

闸基防渗长度初步确定后,可根据地基特性,参考已建的工程经验进行闸基地下轮廓布置。

防渗布置一般采用防渗和排水相结合的原则,即"高防低排"的原则。在高水位一侧设置防渗设施,如铺盖、板桩、齿墙、混凝土防渗墙及帷幕灌浆等,延长渗径,减小作用在底板上的渗透压力,降低闸基渗透坡降;在低水位一侧设置排水设施,如排水孔、反滤层及减压井等,将渗入闸基的水尽快排出,并防止渗流出口发生渗透变形。

水闸地下轮廓的布置与地基土有密切关系。

(一)黏性土地基地下轮廓线布置

黏性土地基(见图 3-11(a))具有凝聚力,不易产生管涌,但摩擦系数较小。布置地下轮廓线时,主要考虑如何降低闸底板渗透压力,以增加闸室稳定性。为此,防渗设施常采用水平铺盖,而不用板桩,以免破坏天然土的结构,造成集中渗流。排水设施可前移到闸底板下,以降低底板上的渗透压力并有利于黏性土的加速固结。出口设置反滤层。

黏性土地基内夹有承压水层时,应考虑设置垂直排水,见图 3-11(b)。

(二)砂性土地基地下轮廓线布置

砂性土粒间无黏着力,易产生管涌,要求防止渗透变形是其考虑主要因素;砂性土摩擦系数较大,对减小渗透压力要求相对较小。当砂层很厚时,可采用铺盖与板桩相结合的

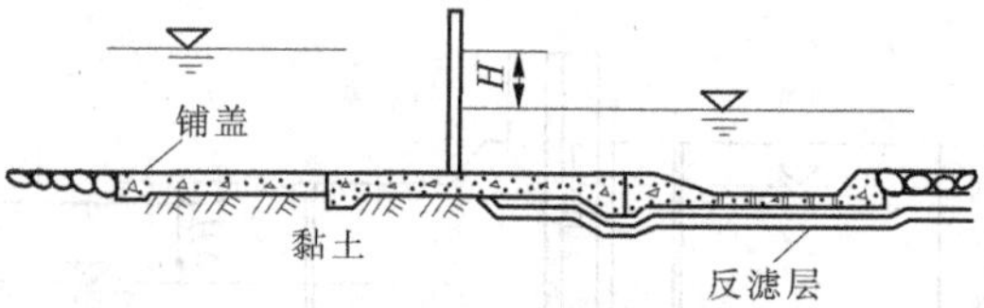

(a)黏性地基

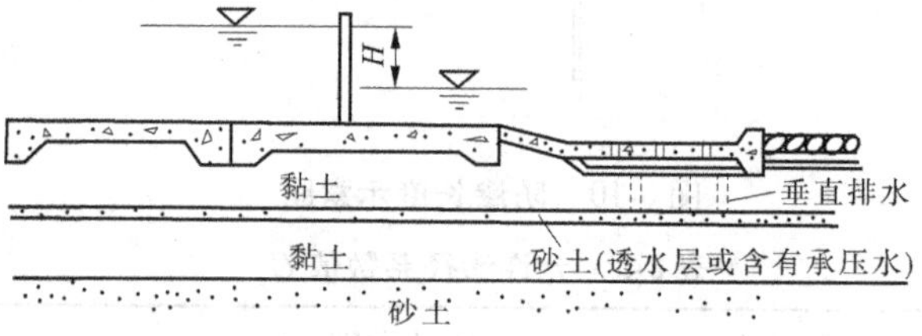

(b)黏性地基夹有透水砂层

图 3-11　黏性地基上地下轮廓布置

形式,排水设施布置在护坦上(见图 3-12(a))。必要时,在铺盖前端再加设一道短板桩,以加长渗径。当砂层厚度较浅,下面有不透水层时,可将板桩插入不透水层(见图 3-12(b))。当地基为粉细砂土基时,为了防止地基液化,常将闸基四周用板桩封闭起来,因其受双向水头作用,故水闸上下游均设有排水设施,而防渗设施无法加长。设计时应以水头差较大的一边为主,另一边为辅,并采取除降低渗压以外的其他措施,提高闸室的稳定性(见图 3-12(c))。

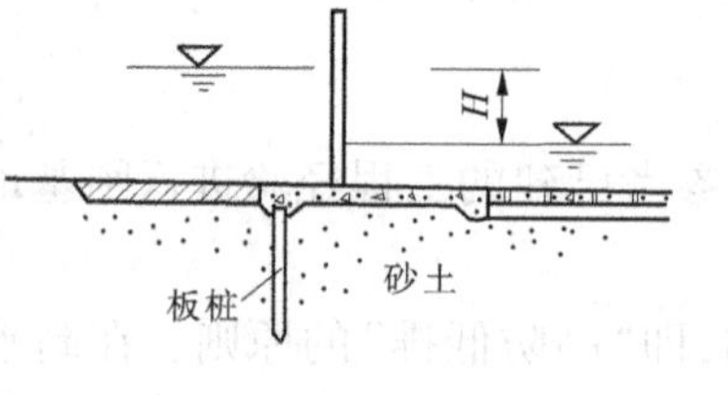

(a)砂层厚度较深时

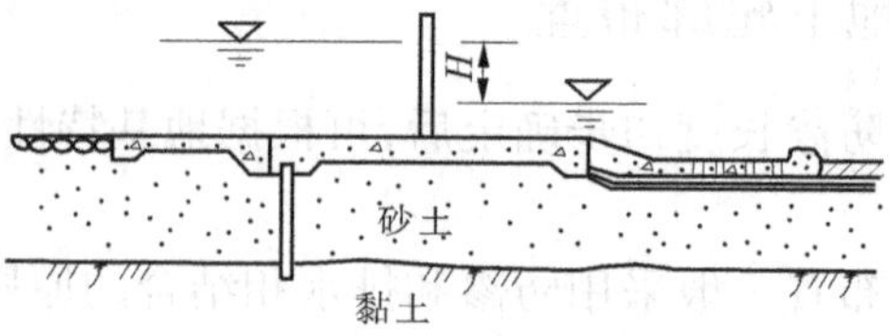

(b)砂层厚度较浅时

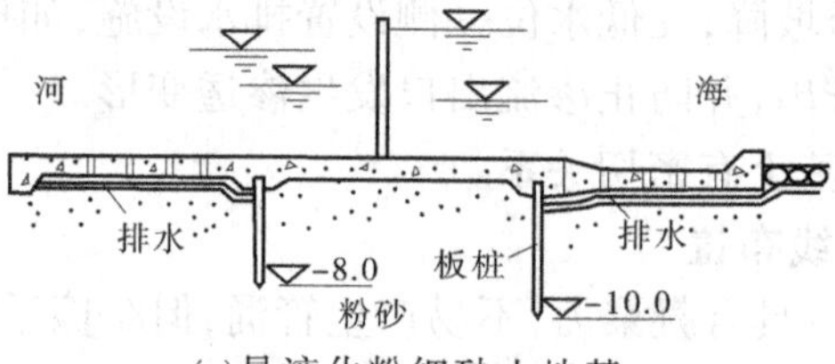

(c)易液化粉细砂土地基

图 3-12　砂性地基上地下轮廓布置

三、防渗及排水设施

防渗设施是指构成地下轮廓的铺盖、板桩及齿墙,而排水设施则是指铺设在护坦、浆砌石海漫底部或闸底板下游段起导渗作用的砂砾石层。排水常与反滤层结合使用。

(一) 铺盖

铺盖主要是用来延长渗径,应具有一定的不透水性(一般要求铺盖的渗透系数要比地基土的渗透系数小100倍以上);为了适应地基的变形,也要有一定的柔性;还要有一定的抗冲性。常用的材料为黏土、黏壤土、混凝土或钢筋混凝土。

1. 黏土和黏壤土铺盖

一般用于砂土地基,铺盖的长度应由地下轮廓线设计方案比较确定,一般为闸上水头的3~5倍。铺盖的厚度

$$\delta = \frac{\Delta H}{[J]} \tag{3-2}$$

式中 ΔH——铺盖顶、底面的水头差;

$[J]$——材料的允许坡降,黏土为4~8,壤土为3~5。

铺盖上游端的最小厚度由施工条件确定,一般为0.6~0.8 m。铺盖与底板连接处为防渗薄弱部位,通常的处理措施是:在该处将铺盖加厚;将底板前端做成倾斜面,使黏土能借自重及其上的荷载与底板紧贴;在连接处铺设油毛毡等止水材料,一端用螺栓固定在斜面上,另一端埋入黏土中,如图3-13所示。为了防止铺盖在施工期遭受破坏和运行期间被水流冲刷,应在其表面铺砂层,然后在砂层上铺设单层或双层块石护面。

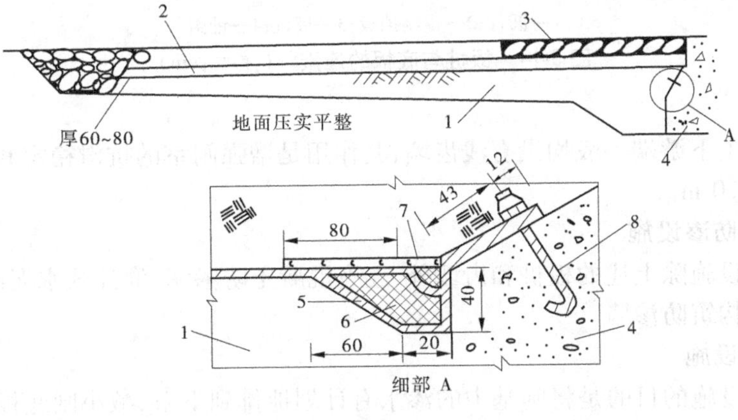

1—黏土铺盖;2—垫层;3—浆砌石保护层;4—闸底板;5—沥青麻袋;6—沥青填料;7—木盖板;8—斜面螺栓

图3-13 黏土铺盖的细部构造 (单位:cm)

2. 钢筋混凝土铺盖

当缺少适宜的黏土或需要铺盖兼做阻滑板时,常采用钢筋混凝土铺盖。钢筋混凝土铺盖的厚度不宜小于0.4 m,在与底板连接处加厚至0.8~1.0 m并用沉降缝分开,缝中设止水。在顺水流和垂直水流方向应设沉降缝,间距不宜超过15~20 m。在接缝处局部加厚,并设止水。

钢筋混凝土铺盖内须配置双向构造钢筋(Φ10 mm,间距25~30 cm)。如利用铺盖作阻滑板,还须配置轴向受拉钢筋。受拉钢筋与闸室在接缝处应采用铰接的构造形式。接缝中的钢筋断面面积要适当加大,以防锈蚀。用作阻滑板的钢筋混凝土铺盖,在垂直水流方向仅有施工缝,不设沉降缝。

（二）板桩

透水地基较薄时，可用板桩截断渗流，并插入不透水层至少 1.0 m；若不透水层很厚，则板桩的深度一般采用(3/5～1)H(H 为水头)水头。用作板桩的材料有木材、钢筋混凝土及钢材三种。木板桩厚 8～12 cm，宽 20～30 cm，一般长 3～5 m，最长 8 m，可用于砂土地基，但目前很少用。钢筋混凝土板桩使用较多，这种桩可用于各种地基。一般在现场预制，厚10～15 cm，宽 50～60 cm，长度为 12～15 m，桩的两侧做成舌槽形，以便相互贴紧。

板桩与闸室连接形式有两种，一种是把桩板紧靠底板前缘，顶部嵌入黏土铺盖一定深度；另一种是把板桩顶部嵌入底板底面特设的凹槽内，桩顶填塞可塑性较大的不透水材料，见图 3-14。前者适用于闸室沉降量较大，而板桩尖已插入坚实土层的情况；后者则适用于闸室沉降量小，而板桩尖未达到坚实土层的情况。

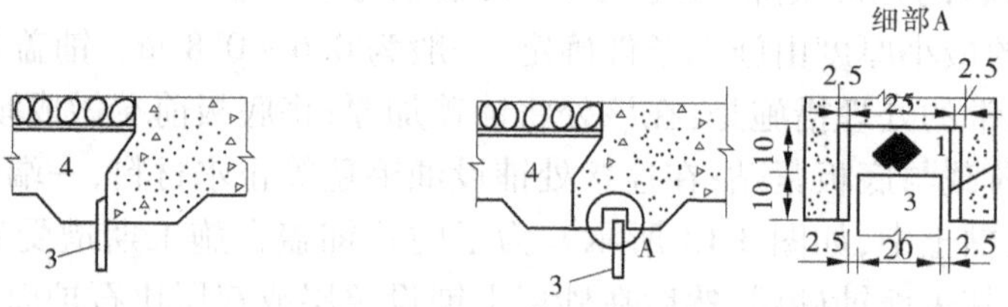

(a)顶部嵌入黏土　　(b)顶部嵌入底板凹槽

1—沥青；2—预制挡板；3—板桩；4—铺盖

图 3-14　板桩与底板的连接　（单位：cm）

（三）齿墙

闸底板的上下游端一般均设有浅齿墙，其作用是增强闸室的抗滑稳定和延长渗径，齿墙深为 1.0～2.0 m。

（四）其他防渗设施

垂直防渗设施除上述的板桩和齿墙外，还有混凝土防渗墙、灌注式水泥砂浆帷幕以及用高压旋喷法构筑防渗墙。

（五）排水设施

设置排水设施的目的是将闸基中的渗水有计划地排到下游，减小闸底板的渗透压力，增加闸室的抗滑稳定性，并能防止出口发生渗透破坏。

(1)平铺式排水。其一般都是在设有排水孔的消力池和浆砌石海漫的底部平铺反滤层，即在开挖好的地基上平铺 1 层 200～300 g/m^{2}的土工布，土工布上铺设反滤层，反滤层上平铺直径 1～2 cm、厚 15～30 cm 的卵石、砾石或碎石，见图 3-15。

(2)铅直排水。铅直排水常用于下面有承压透水层处。将排水井伸入到该层内 0.3～0.5 m，引出承压水，达到降压的目的。排水井的井径一般为 0.3 m 左右，间距 3 m 左右，内填滤料。

四、水闸的侧向绕渗布置

水闸建成挡水后，除闸基渗流外，渗流还从上游高水位绕过翼墙、岸墙和刺墙等流向下游，称为侧向绕渗，见图 3-16。绕渗对翼墙、岸墙施加水压力，影响其稳定性；在渗流出口处，以及填土与岸、翼墙的接触面上可能产生渗透变形。此外，它还会影响闸和地基的

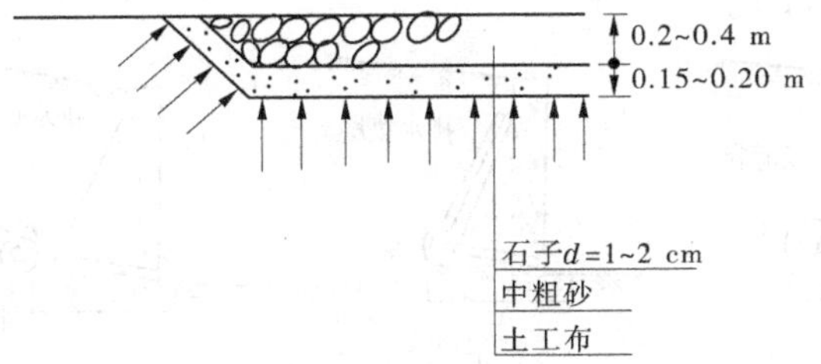

图 3-15 反滤层

安全。因此,应做好侧向防渗排水设施的布置。

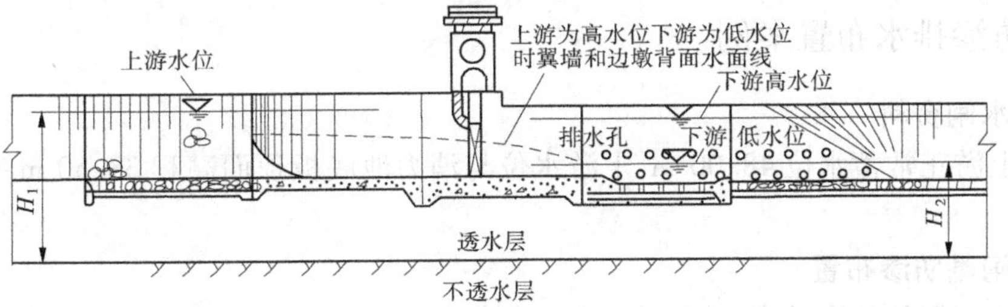

图 3-16 侧向绕渗示意图

侧向防渗排水布置(包括刺墙、板桩、排水井等)应根据上下游水位、墙体材料和墙后土质以及地下水位变化等情况综合考虑,并应与闸基的防渗排水布置相适应,使在空间上形成防渗整体。若铺盖长于翼墙,在岸坡上也应设铺盖,或在伸出翼墙范围的铺盖侧部加设垂直防渗措施,以保证铺盖的有效长度,防止在空间上形成防渗漏洞。防渗设备除利用翼墙和岸墙外,还可根据需要,在岸墙或边墩后面靠近上游处增设板桩或刺墙,以增加侧向渗径。刺墙与边墩或岸墙之间需要用沉陷缝分开,缝中设止水设备。为避免填土与边墩、翼墙的接触面上产生集中渗流,常需设置一些短的刺墙,并使边墩与翼墙的挡水面稍成倾斜,使填土借自重紧压在墙背上。为排除雨水,单向水头的水闸可在下游翼墙和护坡上设置排水设施。排水设施多种多样,可根据墙后回填土的性质选用以下不同的形式:①排水孔。在稍高于地面的下游翼墙上,每隔 2 ~ 4 m 留一直径 5 ~ 10 cm 的排水孔,以排除墙后渗水。这种布置适用于透水性较强的砂性回填土,见图 3-17(a)。②连续排水垫层。在墙背面上覆盖一层用透水材料做成的排水垫层,使渗水经排水孔排向下游,见图 3-17(b)。这种布置适用于透水性很差的黏性回填土。③连续排水垫层。它也可沿开挖比按坡铺设,见图 3-17(c)。

(a) (b) (c)

图 3-17 下游翼墙后的排水设施

五、防渗排水布置案例

(一)水闸资料

水闸上游正常蓄水位 48.00 m,下游水位与消力池底板顶面高程 38.50 m 齐平,地基为中粗砂。

(二)闸基防渗布置

初步拟定闸基防渗长度,采用式(3-1)计算:

$$L = C\Delta H$$

上游为正常蓄水位 48.00 m,下游水位平消力池 38.50 m,所以取 $\Delta H = 9.5$ m;C 为允许渗径系数值,根据闸基地质条件,查规范允许渗径系数值,取 $C = 5$。

经计算,闸基防渗长度需 $L = 47.5$ m。

根据闸室布置情况,闸室底板长 20.0 m,上游铺盖采用 C30 钢筋混凝土结构,长 20.0 m,闸底板下游接 13.0 m 钢筋混凝土消力池斜坡段,综上布置,防渗总长度为 53.0 m,能够满足计算长度要求。

(三)排水布置

下游消力池水平段设置 PVCϕ50 塑料排水管,间距为 2.0 m,呈梅花形布置,排水管底部铺设中小石子厚 0.2 m,中粗砂厚 0.2 m,下设反滤土工布一层。消力池下游海漫段亦设置 PVCϕ50 塑料排水管,间距为 2.0 m,梅花形布置。

(四)止水设计

闸室段防渗范围内分缝处均设两层止水,铜止水和 651 型橡胶止水带,其余防渗采用 651 型橡胶止水带,止水带必须符合规范要求,止水带采用电加热板硫化黏合或冷粘接,止水严密可靠。

任务五 水闸的消能防冲布置

【学习目标】

1. 了解水闸泄流的特点。
2. 掌握底流式消能的布置。

3. 掌握海漫防冲槽的作用、特点和布置要求。

4. 能进行消能防冲设施布置。

水闸泄水时，部分势能转为动能，流速增大，具有较强的冲刷能力，而土质河床一般抗冲能力较低。因此，为了保证水闸的安全运行，必须采取适当的消能防冲措施。

一、水闸的泄流特点及布置要求

水闸是一种多孔口的水工建筑物，其上下游水位经常变化，出闸水流形式也不一样。消能设施应能在各种水力条件下，均能满足消能要求且上下游水流能很好地衔接。

(1)当水闸的上下游水位差较小时，闸下易产生波状水跃(见图3-18)。波状水跃消能效果较差，水流不能随翼墙扩散而减速，仍保持急流向下游流动，致使两侧产生回流，缩窄了河槽过水有效宽度，局部单宽流量加大，造成河床和两岸的严重冲刷。布置时可在水闸出流平台末端设一小槛，促成底流式消能，可比较好地解决波状水跃。

(2)过闸水流都是先收缩后扩散，若布置不当或管理不善，下泄水流不能均匀扩散，主流集中，形成折冲水流(见图3-19)，对下游消能设施及河道破坏较大。因此，在布置时，闸室要对称布置(尤其是小型水闸)，上游河渠要有一定长度的直线段使水流平顺进入闸室，闸下游采用扩散角不太大(每侧宜为7°~12°)的翼墙。同时，闸门启闭应严格遵守闸门操作规程。

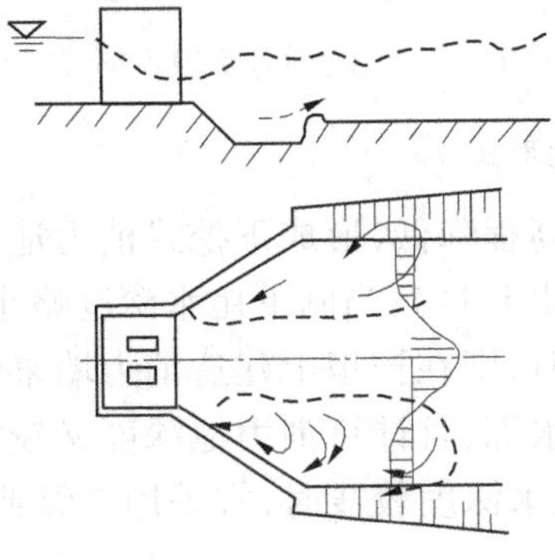

图3-18　波状水跃示意图

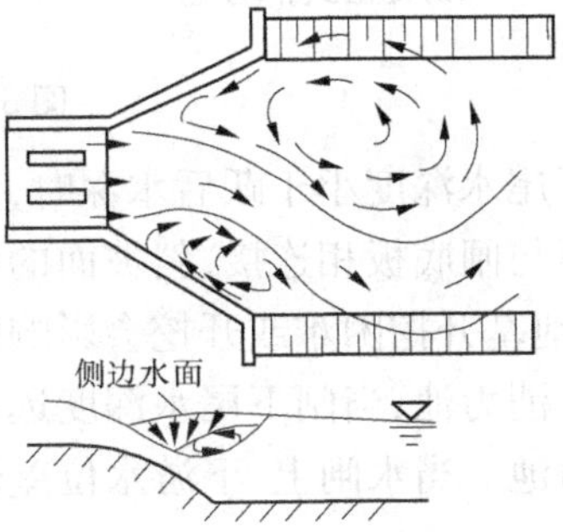

图3-19　闸下折冲水流

二、水闸的消能方式

平原地区的水闸，水头低，下游水位变幅大，一般采取底流式消能；对于山区的一些泄水闸等，当下游有坚硬的岩体，又具有较大水深时，可以采用挑流式消能；当下游有足够的水深且水深变幅较小，两岸抗冲能力也较大时，可采用面流式消能。下面主要介绍底流式消能布置。

底流式消能主要是通过在闸下产生的一定淹没度的水跃来降低水流的能量，保护水跃范围内的河床免遭冲刷。淹没度过小，水跃不稳定，表面旋滚前后摆动；淹没度过大，较高流速的水舌潜入底层，消能效果反而减少。一般淹没度控制在1.05~1.10较为适宜。

三、闸基消能防冲布置

水闸闸基的消能防冲措施主要有消力池、海漫和防冲槽。

（一）消力池的布置与构造

1. 消力池的形式

消力池的形式主要有下挖式、突槛式和综合式，如图 3-20 所示。

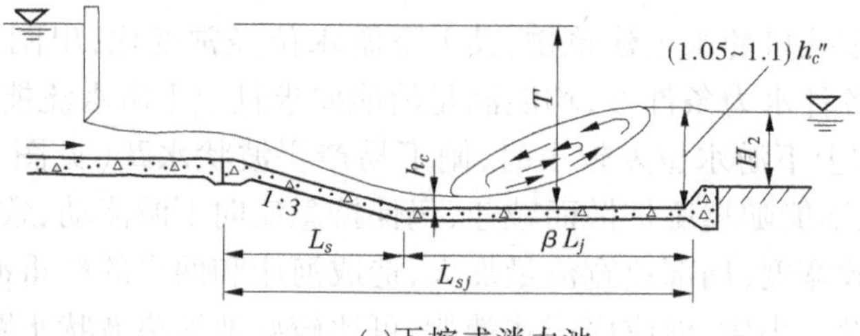

(a)下挖式消力池

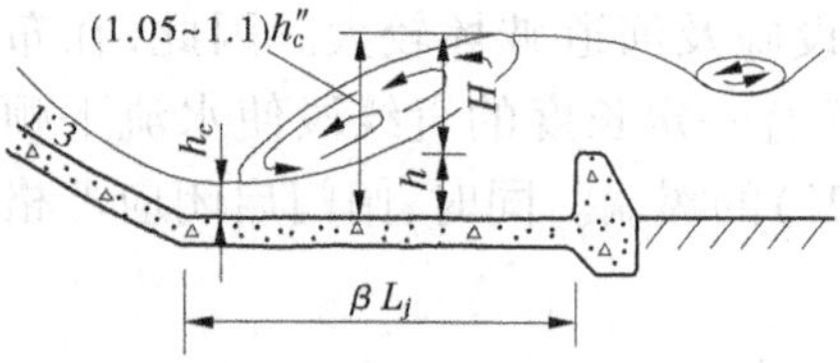

(b)突槛式消力池

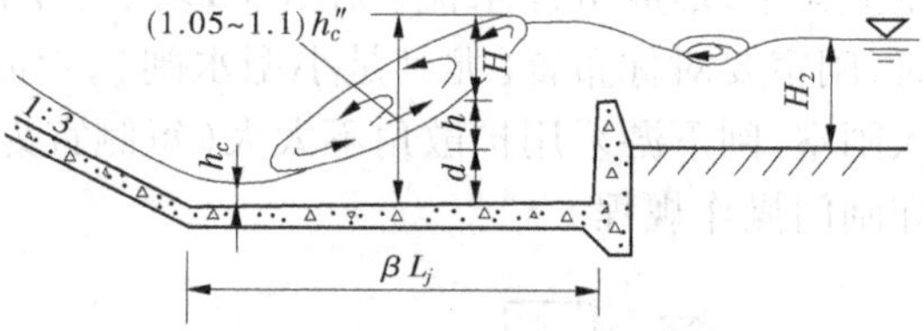

(c)综合式消力池

图 3-20　消力池形式

当闸下尾水深度小于跃后水深时，常将护坦高程降低，形成下挖式消力池，消力池可采用斜坡面与闸底板相连接，斜坡面的坡度不宜陡于 1∶4；当闸下尾水深度略小于跃后水深时，或者地基开挖困难或开挖会影响闸室稳定时，则在护坦上建造消力墙来壅高水位，形成突槛式消力池；当闸下尾水深度远小于跃后水深，且计算消力池深度又较深时，可采用综合消力池。当水闸上、下游水位差较大，且尾水深度较浅时，宜采用二级或多级消力池消能。

2. 消力池的尺寸

消力池的尺寸主要包括池深、池长和护坦厚度。池深要保证水跃为淹没式水跃，池长要保证水跃在池内。消力池尺寸计算详见本项目任务七。

3. 尾槛

消力池末端一般设有高 0.5 m 左右的尾槛，用以壅高池内水深，稳定水跃，调整槛后水流流速分布（见图 3-21），并加强水流平面扩散，以减小对下游河床的冲刷。

4. 辅助消能工

为了提高护坦的消能效果，除尾槛外，有时还设消力墩等辅助消能工，使水流在墩后形成涡流，加强水跃中的紊流扩散，稳定水跃，减小跃后水深，缩短水跃长度和提高消能效果。

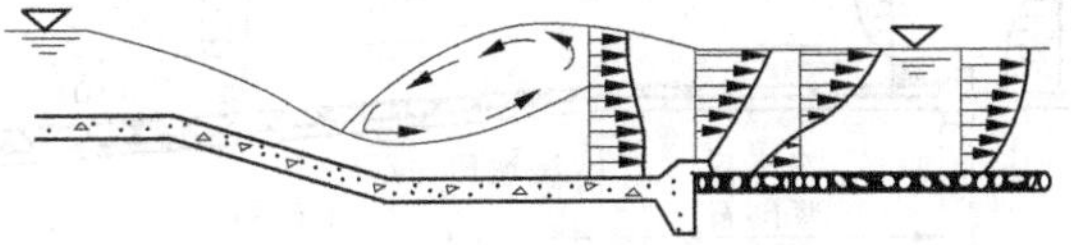

图 3-21 尾槛后的流速分布

5. 消力池的构造

消力池底板一般采用 C15 或 C20 混凝土，并配置 $\phi(10\sim12)$@250 的构造钢筋。大型水闸护坦顶、底面均需配筋，中小型水闸可只在顶层配筋。

为了减小护坦上的扬压力，可在水平段的后部设排水孔，其底部设反滤层。排水孔孔径一般为 5 ~ 10 cm，间距 1.0 ~ 3.0 m，呈梅花形布置。但在多泥沙河道上，排水孔易被堵塞，不宜采用。

护坦与闸室、岸墙及翼墙之间，以及其本身沿水流方向均应用缝分开，以适应不均匀沉陷和温度变形。护坦自身的缝距可取 10 ~ 20 m，靠近翼墙的消力池缝距应取得小一些。护坦在垂直水流方向通常不设缝，以保证其稳定性，缝宽 2.0 ~ 2.5 cm。缝的位置如在闸基防渗范围内，缝中应设止水设备，但一般都铺贴沥青油毛毡。

为增强护坦的抗滑稳定性，常在消力池的末端设置齿墙，墙深一般为 0.8 ~ 1.5 m，宽为 0.6 ~ 0.8 m。

(二)海漫的布置与构造

海漫的作用是进一步消减水流余能，并调整流速分布，保护护坦和河床的安全，防止冲刷。

1. 海漫的长度

海漫的长度取决于消力池出口的单宽流量、上下游水位差、地质条件、尾水深度及海漫本身的粗糙程度等因素。根据可能出现的最不利水位流量组合，可用下列公式估算：

$$L_p = K_s\sqrt{q_s\sqrt{\Delta H'}} \tag{3-3}$$

式中 L_p——海漫长度，m；

K_s——海漫长度计算系数，可由表 3-6 查得；

q_s——消力池末端单宽流量，m^2/s；

$\Delta H'$——消力池泄水时的上下游水位差，m。

表 3-6 海漫长度计算系数 K_s 值

河床土质	粉砂、细砂	中砂、粗砂、粉质壤土	粉质黏土	坚硬黏土
K_s	14 ~ 13	12 ~ 11	10 ~ 9	8 ~ 7

2. 海漫的构造

一般在海漫起始段做 5 ~ 10 m 长的水平段，其顶面高程可与护坦齐平或在消力池尾坎顶以下 0.5 m 左右，水平段后做成不陡于 1:10 的斜坡，以使水流均匀扩散，调整流速分布，保护河床不受冲刷(见图 3-22)。

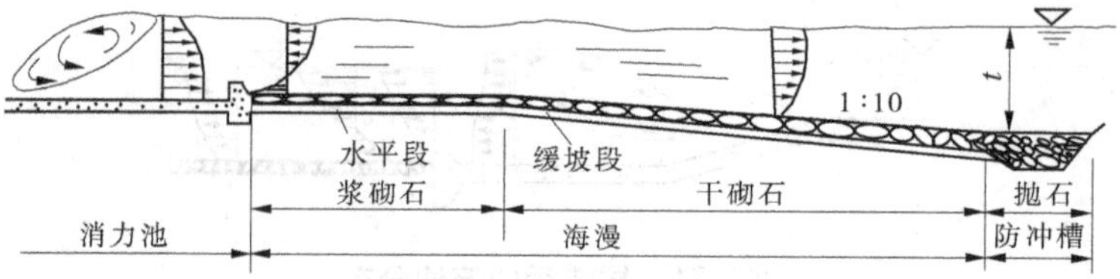

图3-22　海漫布置示意图

海漫的构造要求：①有一定的粗糙度，以利进一步消除余能；②有一定的透水性，以降低扬压力；③有一定的柔性，以适应河床的变形。

常见的海漫形式有以下几种：

(1)干砌石海漫。一般由粒径大于30 cm的块石砌成，厚度为0.4～0.6 m，下面铺设碎石、粗砂垫层，每层厚10～15 cm，见图3-23(a)。干砌石海漫的抗冲流速为2.5～4.0 m/s。其最大优点是能适应河床变形，透水性好，主要用于斜坡段。

(2)浆砌石海漫。采用M5或M7.5水泥砂浆，砌石直径大于30 cm，厚度0.4～0.6 m，砌石内设排水孔，下面铺设反滤层或垫层，见图3-23(b)。浆砌石海漫抗冲能力强，抗冲流速3～6 m/s，但柔性和透水性没有干砌石好，一般用于海漫前10 m范围内。

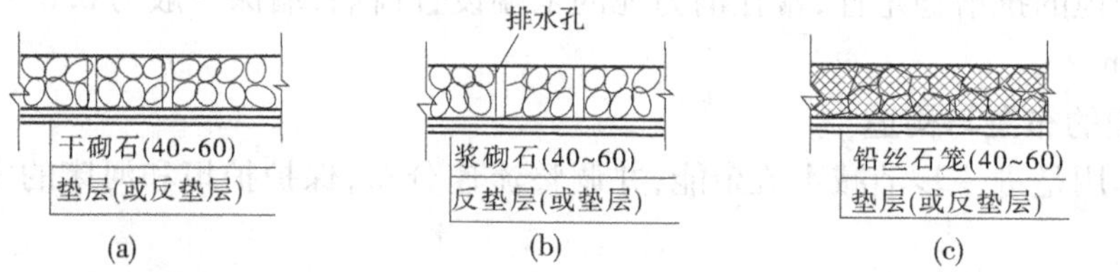

图3-23　海漫的构造示意图　(单位:cm)

(3)混凝土海漫。海漫由混凝土板块拼铺而成，每块板的边长为2～5 m，厚度为0.1～0.3 m，板中设有排水孔，下面铺设反滤层或垫层，混凝土板海漫的抗冲流速可达6～10 m/s，造价较大。

(4)铅丝笼海漫，见图3-23(c)。

(三)防冲槽的布置与构造

水流经过海漫后，能量虽得到进一步消除，但仍具有一定冲刷能力，流速分布接近河床正常流速分布，在海漫末端仍有冲刷现象。为保证安全和节省工程量，常在海漫末端挖槽抛石加固，形成一道防冲槽或其他加固措施，如图3-24所示。

参照已建水闸工程的实践经验，防冲槽大多采用宽浅式，其深度t'一般取1.5～2.5 m，底宽b取2～3倍的深度，上游坡率$m_1=2～3$，下游坡率$m_2=3$。防冲槽的单宽抛石量V应满足护盖冲坑上游坡面的需要，可按式(3-3)估算。

$$V = Ad_m \tag{3-4}$$

式中　V——单宽抛石量，m^3；

A——经验系数，一般为2～4；

d_m——海漫末端的可能冲刷深度，即$d_m = 1.1\dfrac{q'}{[v_0]} - t$，其中$q'$为海漫末端的单宽

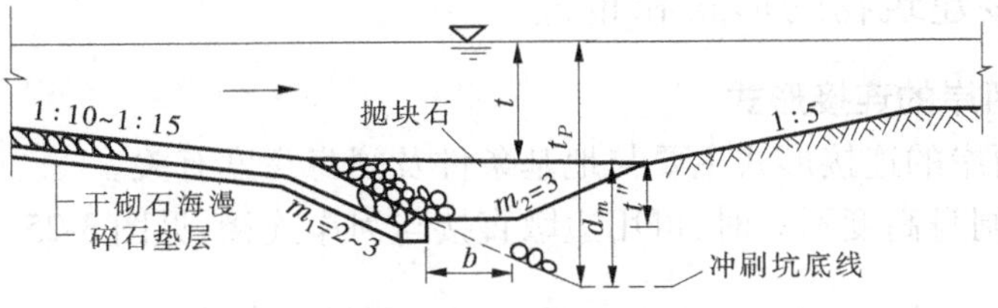

图 3-24 防冲槽构造图

流量,$m^3/(s \cdot m)$,$[v_0]$为河床土质的允许不冲流速,m/s,t为海漫末端的水深,m。

四、上下游护坡及上游河床防护

上游水流流向闸室,流速逐渐加大,为了保证河床和河岸不受冲刷,闸室上游的河床及岸坡要采取相应的防护措施。与闸底板连接的上游铺盖,主要是为防渗而设,但处于冲刷地段,其表层应有防冲保护。上游翼墙通常设于铺盖段的护坡部位,其上游有2~3倍水头长度的护底及护坡。

水闸下游河床和岸坡防护,除护坦、海漫、防冲槽和下游翼墙外,防冲槽及海漫两侧均常设干砌石护坡,有时在防冲槽末端还设4~6倍水头长度的护坡。

在护坡与河床和边坡交接处,常设一道深0.5 m的浆砌石齿墙,其下设0.1~0.2 m碎石、粗砂垫层。

任务六 两岸连接建筑物布置

【学习目标】

1. 掌握两岸连接建筑物的作用。
2. 掌握闸室与两岸的布置形式。
3. 掌握翼墙的类型、特点和布置要求。
4. 能正确进行两岸连接建筑物的布置。

一、两岸连接建筑物的作用

水闸与河岸或堤坝等连接时须设置连接建筑物,包括上、下游翼墙和边墩(或边墩和岸墙),有时还有防渗刺墙。其作用是:①挡两侧填土,保证岸土的稳定及免遭过闸水流的冲刷;②当水闸过水时,引导水流平顺入闸,并使出闸水流均匀扩散;③控制闸身两侧的渗流,防止土壤产生渗透变形;④在软弱地基上设岸墙以减少两岸地基沉降对闸室结构的不利影响。

在水闸工程中,两岸连接建筑物在水闸总工程中所占比重较大,有时可达总工程量的15%~40%,闸孔数愈少,所占的比例愈大。

二、两岸连接建筑物的形式和布置

(一)闸室与两岸的连接形式

水闸闸室与两岸的连接形式主要与地基条件及闸身高度有关。

当地基较好,闸身高度不大时,可用边墩直接与河岸连接,见图 3-25。

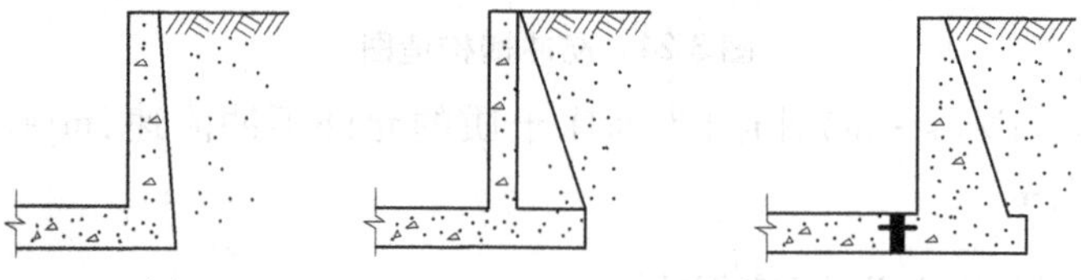

图 3-25 边墩直接挡土

当闸身较高,地基软弱时,如用边墩直接挡土,由于边墩与闸身地基的荷载相差悬殊,可能产生严重不均匀沉降,影响闸门启闭,并在底板内产生较大的内力。此时,可在边墩后面设置轻型岸墙,边墩只起支承闸门及上部结构的作用,而土压力全部由岸墙承担,见图 3-26。这种连接形式可以减小边墩和底板的内力,同时还可以使作用在闸室上的荷载比较均衡,以减少不均匀沉降。

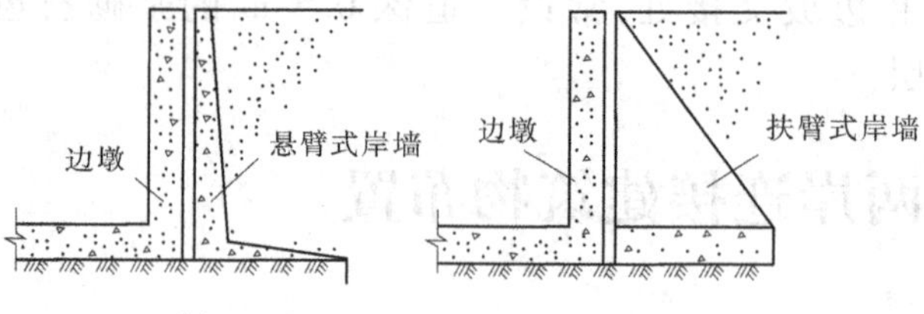

图 3-26 边墩不挡土

当地基承载力过低,也可以采用护坡式结构形式。其优点是边墩不挡土,也不设岸墙和翼墙挡土,因此闸室边孔受力状态得到改善,适用于软弱地基。其缺点是防渗和抗冻性能较差。同时,为了挡水和防渗需要,在岸坡段设刺墙,其上游设防渗铺盖。

(二)翼墙的布置

上游翼墙应与闸室两端平顺连接,其顺水流方向的投影长度应大于或等于铺盖长度。

下游翼墙的平均扩散角每侧宜采用 7° ~ 12°,其顺水流方向的投影长度大于或等于消力池长度。

上、下游翼墙的墙顶高程应分别高于上、下游最不利的运用水位。翼墙分段长度应根据结构和地基条件确定,可采用 15 ~ 20 m。建筑在软弱地基或回填土上的翼墙分段长度可适当缩短。

翼墙平面布置一般有以下几种。

1. 圆弧翼墙

这种布置形式是从边墩两端开始,用圆弧直墙与河岸相连,上游圆弧半径为 15 ~ 20

m，下游圆弧半径为30～40 m，见图3-27（a）。其优点是水流条件好，缺点是施工复杂，模板用量大。其适用于下上游水位差及单宽流量大、闸身高、地基承载力较低的大中型水闸。

2. 反翼墙

上游翼墙长度为水闸水头的3～5倍，或与铺盖同长；下游与消力池同长，然后分别垂直插入堤岸内。两段相连的转角处，常用半径为2～5 m的圆弧连接，见图3-27（b）。这种布置形式水流和防渗效果好，但工程量大，适用于大中型工程。对于渠系小型水闸，为了节省工程量，可采用一字形布置形式，即翼墙自闸室边墩上下游端垂直插入堤岸。这种布置可节省工程量，但进出水流条件差。

3. 扭曲面翼墙

翼墙的迎水面，从边墩端部的铅直面，向上、下游延伸而逐渐变为和与其相连的河岸或渠道坡度相同为止，形成扭曲面，见图3-27（c）。其优点是进出闸水流平顺，工程量小，但施工复杂。这种布置在渠系工程中应用较多。

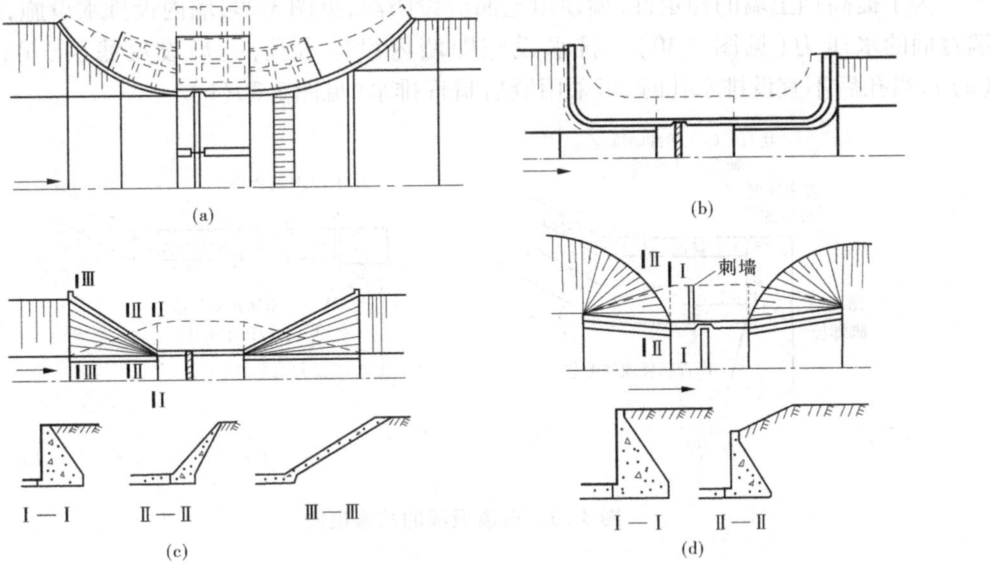

图3-27 翼墙平面布置形式

4. 斜降式翼墙

翼墙在平面上呈八字形，高度随其向上、下游延伸而逐渐降低，至末端与河床齐平，见图3-26（d）。这种布置的优点是节省工程量，施工简便，但水流在闸孔附近容易产生立轴旋滚，冲刷岸坡，而且岸墙后渗径较短，有时需要另设刺墙，只能用于小型水闸。

（三）两岸连接建筑物的结构形式

两岸连接建筑物结构主要是挡土墙，挡土墙有重力式、悬臂式、扶壁式和空箱式等。

1. 重力式挡土墙

重力式挡土墙主要依靠自身的重力维持稳定（见图3-28），常用混凝土和浆砌石建造。

由于挡土墙的断面尺寸大，材料用量多，建在土基上时，基墙高一般不宜超过 5 ~6 m。

重力式挡土墙顶宽一般为 0.4 ~ 0.8 m，边坡系数 m 为 0.25 ~ 0.5，混凝土底板厚 0.5 ~0.8 m，两端悬出 0.3 ~0.5 m，前趾常需配置钢筋。

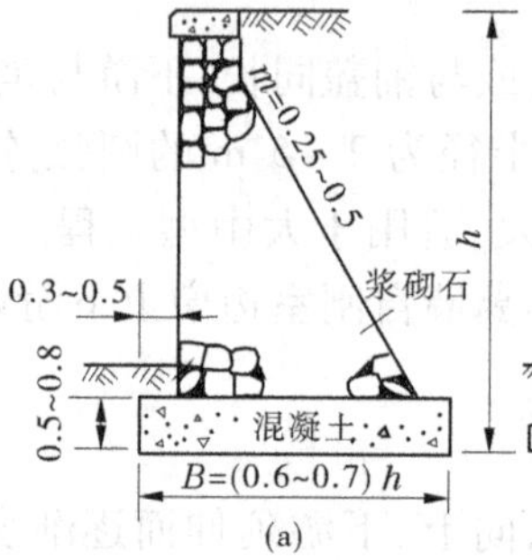

图 3-28　重力式挡土墙　（单位：m）

为了提高挡土墙的稳定性，墙顶填土面应设防渗，见图 3-29；墙内设排水设施，以减少墙背面的水压力（见图 3-30）。排水设施即墙内设排水孔，孔后设反滤层（见图 3-30(a)），当孔后不宜设排水孔时，可采用墙后暗管排水（见图 3-30(b)）。

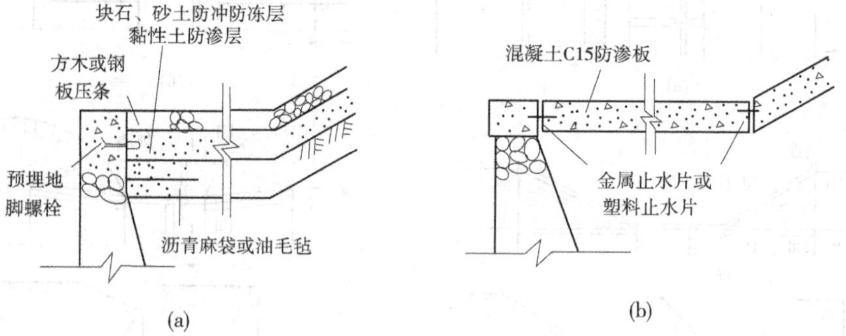

图 3-29　翼墙顶部的防渗设施

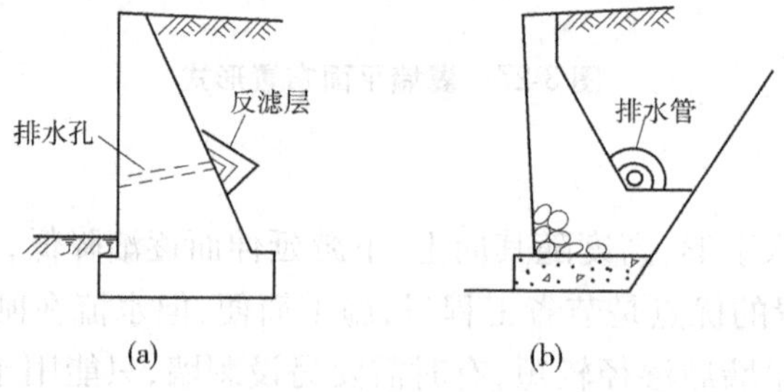

图 3-30　挡土墙排水

为了适应地基不均匀沉降，挡土墙每隔 10 ~ 25 m 设置沉降缝一道，缝宽 2 cm，用沥青杉板隔开。

2. 悬臂式挡土墙

悬臂式挡土墙一般为钢筋混凝土结构，由直墙和底板组成，见图3-31。其适宜高度为6～10 m。悬臂式挡土墙具有厚度小、自重轻等优点。底板宽度由挡土墙稳定条件和基底压力分布条件确定。调整后踵长度，可以改善稳定条件；调整前趾长度，可以改善基底压力分布条件。

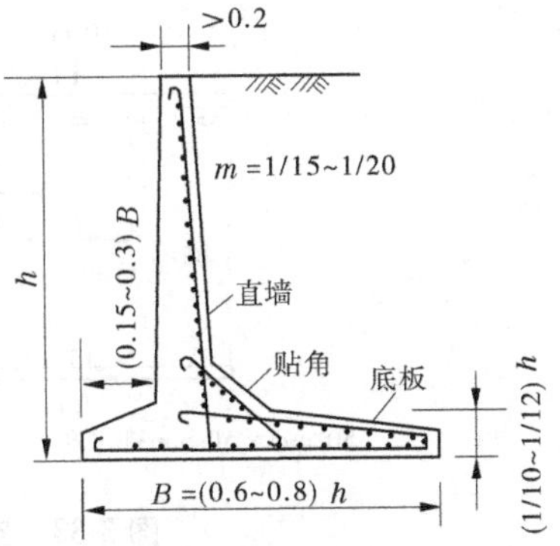

图3-31 悬臂式挡土墙剖面图 （单位：m）

3. 扶壁式挡土墙

当墙的高度超过9～10 m以后，采用钢筋混凝土扶壁式挡土墙较为经济。扶壁式挡土墙由直墙、底板及扶壁三部分组成，见图3-32。利用扶壁和直墙共同挡土，并可利用底板上的填土维持稳定，当改变底板长度时，可以调整合力作用点位置，使地基反力趋于均匀。

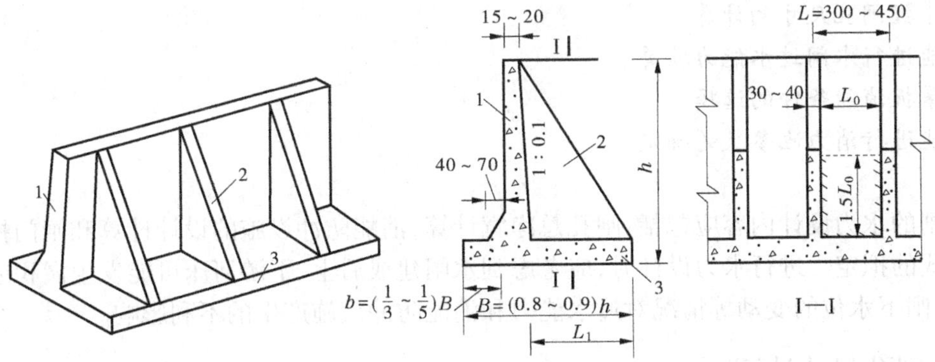

1—立墙；2—扶壁；3—底板

图3-32 扶壁式挡土墙 （单位：cm）

钢筋混凝土扶壁间距一般为3～4.5 m，扶壁厚度0.3～0.4 m；底板用钢筋混凝土建造，其厚度由计算确定，一般不小于0.4 m；直墙顶端厚度不小于0.2 m，下端由计算确定。悬臂段长度 b 为(1/3～1/5)B。直墙高度在6.5 m以内时，直墙和扶壁可采用浆砌石结构，直墙顶厚0.4～0.6 m，临土面可做成1∶0.1的坡度；扶壁间距2.5 m，厚0.5～0.6 m。

4. 空箱式挡土墙

空箱式挡土墙由底板、前墙、后墙、扶壁、顶板和隔墙等组成，见图3-33。利用前后墙之间形成的空箱充水或填土可以调整地基应力。因此，它具有自重小和地基应力分布均匀的优点。但其结构复杂，需用较多的钢材和木材，施工困难，造价高。适用于地基较差的大型水闸。

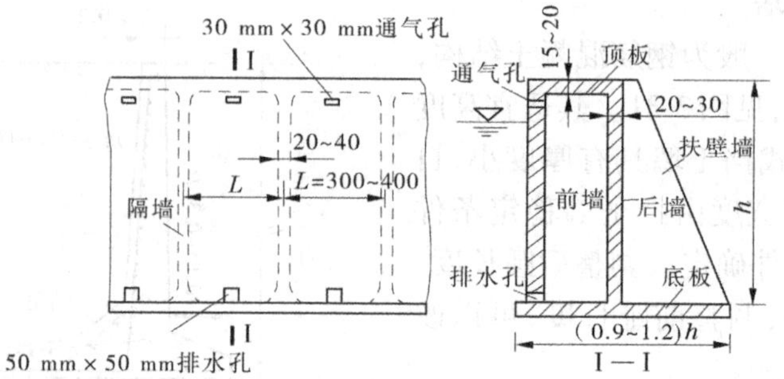

图 3-33 空箱挡土墙 (单位:cm)

任务七 水力设计

【学习目标】

1. 掌握闸孔尺寸的计算。
2. 能进行水闸过水能力验算。
3. 掌握消能条件的选择。
4. 能进行消力池参数的确定。

水闸的水力设计内容应包括:闸孔总净宽计算,消能防冲设施的设计计算和闸门控制运用方式的拟定。进行水力设计时,应考虑到水闸建成后上、下游河床可能发生淤积或冲刷,以及闸下水位的变动等情况对过水能力和消能防冲设施产生的不利影响。

一、闸孔尺寸计算

(一)闸孔总净宽计算

水闸闸孔总净宽应根据规划的设计流量,闸槛形式,闸孔布置形式,上、下游水位衔接要求,泄流状态等因素计算确定。下面介绍平底板闸孔总净宽计算。

(1)当出闸水流为堰流时,见图 3-34。计算公式为

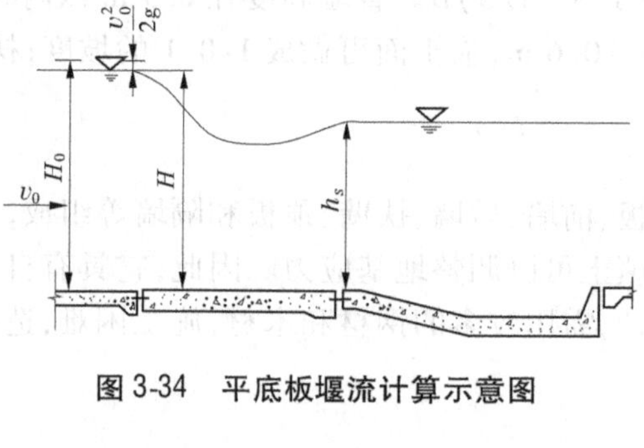

图 3-34 平底板堰流计算示意图

$$B_0 = \frac{Q}{\sigma \varepsilon m \sqrt{2g} H_0^{3/2}} \tag{3-5}$$

单孔闸

$$\varepsilon = 1 - 0.171(1 - \frac{b_0}{b_s})\sqrt[4]{\frac{b_0}{b_s}} \tag{3-6}$$

多孔闸

$$\varepsilon = \frac{\varepsilon_z(N-1) + \varepsilon_b}{N} \tag{3-7}$$

$$\varepsilon_z = 1 - 0.171\left(1 - \frac{b_0}{b_0 + d_z}\right)\sqrt[4]{\frac{b_0}{b_0 + d_z}} \tag{3-8}$$

$$\varepsilon_b = 1 - 0.171\left(1 - \frac{b_0}{b_0 + \frac{d_z}{2} + b_b}\right)\sqrt[4]{\frac{b_0}{b_0 + \frac{d_z}{2} + b_b}} \tag{3-9}$$

式中 B_0——闸孔总净宽,m;

Q——设计流量 m^3/s;

H_0——计入行近流速水头的堰顶水头,m;

m——流量系数,可采用0.385;

ε——侧收缩系数,对于单孔闸按式(3-6)计算或由表3-7查得,对于多孔闸可按式(3-7)计算;

σ——堰流淹没系数,对于宽顶堰可由表3-8查得,表中 h_s 为堰顶下游水深,m;

g——重力加速度;

b_0——闸孔净宽,m;

b_s——上游河道一半水深处的宽度,m;

N——闸孔数;

ε_z——中闸孔侧收缩系数,可按式(3-8)计算求得或由表3-7查得,但表中 b_s 为 $b_0 + d_z$;

d_z——中闸墩厚度,m;

ε_b——边闸孔侧收缩系数,可按式(3-9)计算求得;

b_b——边闸墩顺水流向边缘线至上游河道水边线之间的距离,m。

表3-7 侧收缩系数 ε 值

b_0/b_s	≤0.2	0.3	0.4	0.5	0.6	0.7	0.8	0.9	1.0
ε	0.909	0.911	0.918	0.928	0.940	0.953	0.968	0.983	1.000

表3-8 宽顶堰 σ 值

h_s/H_0	≤0.72	0.75	0.78	0.80	0.82	0.84	0.86	0.88	0.90	0.91
σ	1.00	0.99	0.98	0.97	0.95	0.93	0.90	0.87	0.83	0.80
h_s/H_0	0.92	0.93	0.94	0.95	0.96	0.97	0.98	0.99	0.995	0.998
σ	0.77	0.74	0.70	0.66	0.61	0.55	0.47	0.36	0.28	0.19

(2)当堰流处于高淹没度($h_s/H_0 \geq 0.9$)时,闸孔总净宽也可按式(3-10)和式(3-11)计算,见图3-35。

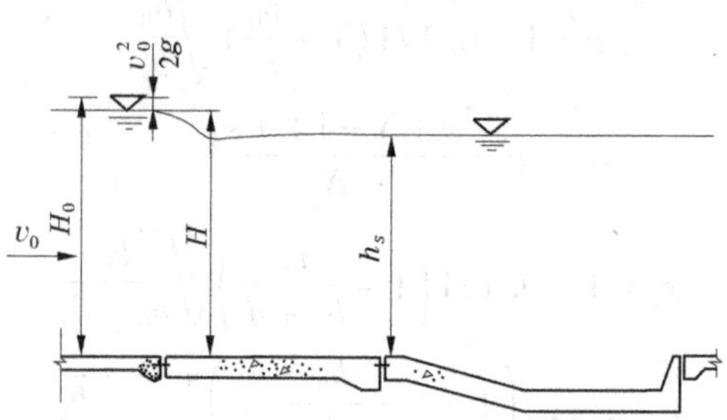

图3-35 高淹没度孔口计算示意图

$$B_0 = \frac{Q}{\mu_0 h_s \sqrt{2g(H_0 - h_s)}} \tag{3-10}$$

$$\mu_0 = 0.877 + \left(\frac{h_s}{H_0} - 0.65\right)^2 \tag{3-11}$$

式中 μ_0——淹没堰流的综合流量系数,可按式(3-11)计算求得或由表3-9查得;
其余符号意义同前。

表3-9 淹没堰流的综合流量系数μ_0值

H_s/H_0	0.90	0.91	0.92	0.93	0.94	0.95	0.96	0.97	0.98	0.99	0.995	0.998
μ_0	0.940	0.945	0.950	0.955	0.961	0.967	0.973	0.979	0.986	0.993	0.996	0.998

(3)当出闸水流为孔流时,见图3-36。

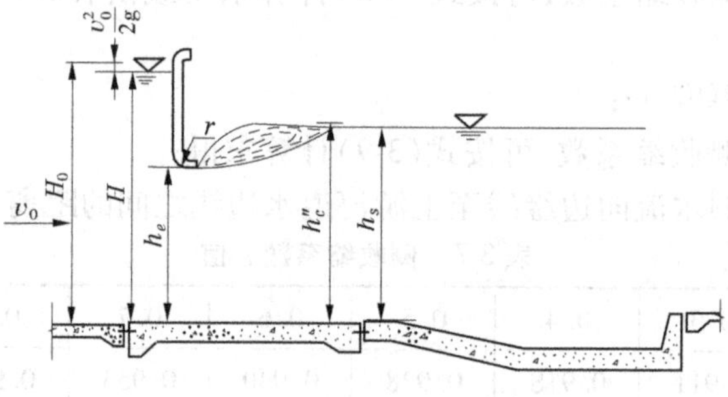

图3-36 孔口出流计算示意图

$$B_0 = \frac{Q}{\sigma' \mu h_e \sqrt{2gH_0}} \tag{3-12}$$

$$\mu = \varphi \varepsilon' \sqrt{1 - \frac{\varepsilon' h_e}{H}} \tag{3-13}$$

$$\varepsilon' = \frac{1}{1 + \sqrt{\lambda\left[1 - \left(\frac{h_e}{H}\right)^2\right]}} \tag{3-14}$$

$$\lambda=\frac{0.4}{2.718^{16\frac{r}{h_e}}} \tag{3-15}$$

式中 h_e——孔口高度，m；

μ——宽顶堰上孔流流量系数，可按式(3-13)计算或由表3-10查得；

ε'——垂直收缩系数，可由式(3-14)计算求得；

φ——流速系数，可取0.95～1.0；

λ——计算系数，可由式(3-15)计算求得，该公式适用于$0<\frac{r}{h_e}<0.25$的情况；

r——胸墙底圆弧半径，m；

σ'——宽顶堰上孔流淹没系数，可由表3-11查得，表中h_c''为跃后水深，m。

表3-10 孔流淹没系数μ值

γ/H_e	h_e/H													
	0	0.05	0.10	0.15	0.20	0.25	0.30	0.35	0.40	0.45	0.50	0.55	0.60	0.65
0	0.582	0.573	0.565	0.557	0.549	0.542	0.534	0.527	0.520	0.512	0.505	0.497	0.489	0.481
0.05	0.667	0.656	0.644	0.633	0.622	0.611	0.600	0.589	0.577	0.566	0.553	0.541	0.527	0.512
0.10	0.740	0.725	0.711	0.697	0.682	0.668	0.653	0.638	0.623	0.607	0.590	0.572	0.553	0.533
0.15	0.798	0.781	0.764	0.747	0.730	0.712	0.694	0.676	0.657	0.637	0.616	0.594	0.571	0.546
0.20	0.842	0.824	0.805	0.785	0.766	0.745	0.725	0.703	0.681	0.658	0.634	0.609	0.582	0.553
0.25	0.875	0.855	0.834	0.813	0.791	0.769	0.747	0.723	0.699	0.673	0.647	0.619	0.589	0.557

表3-11 孔流淹没系数σ'值

$\frac{h_s-h_c''}{H-h_c''}$	≤0	0.1	0.2	0.3	0.4	0.5	0.6	0.7	0.8	0.9	0.92	0.94	0.96	0.98	0.99	0.995
σ'	1.00	0.86	0.78	0.71	0.66	0.59	0.52	0.45	0.36	0.23	0.19	0.16	0.12	0.07	0.04	0.02

水闸的过闸水位差是根据上游淹没影响、允许的过闸单宽流量和水闸工程造价等因素综合比较确定。一般情况下，平原区水闸的过闸水位差可采用0.1～0.3 m。

水闸的过水能力与上下游水位、底板高程和闸孔总净宽等是相互关联的，设计时，需要通过对不同方案进行技术经济比较后最终确定。

（二）单孔宽和闸室总宽度确定

闸室单孔宽度b_0，根据闸门形式、启闭设备条件、闸孔的运用要求和工程造价，并参照闸门相关标准综合选取。我国大中型水闸的单孔宽度一般采用8～12 m。

闸孔孔数$n=B_0/b_0$，设计中应取略大于计算要求的整数，但总净宽不宜超过计算值的3%～5%。当孔数少于8孔时，为避免下游形成折冲水流对下游消能不利，常采用单数孔。当孔数较多时，单、双数孔均可。

闸室总宽度$B=nb_0+(n-1)d_z$，其中d_z为闸墩厚。

闸室总宽度应与上下游河道或渠道宽度相适应，一般不小于河(渠)道宽度的60%。

(三)过水能力复核

孔宽、孔数和闸室总宽度拟定后,再考虑闸墩等的影响,计算侧收缩系数 ε,根据堰流或孔流计算公式,进一步复核过水能力。计算的过水流量与设计流量的差值,一般不得超过设计流量的 ±5%。

二、消能防冲参数计算

(一)消能防冲设计条件的选择

水闸在过水过程中,随着闸门开启度的不同,闸下水深、流态及过闸流量也随之变化,设计条件较难确定。一般是上游水位高,闸门部分开启,单宽能量大为控制条件。设计时应以闸门的开启程序、开启孔数和开启高度进行多种组合计算,进行分析比较确定。注意应考虑下游水位上升滞后于泄量增大的情况,计算时可选用相应于前一开度泄量的下游水位。下游始流水位应选择在可能出现的最低水位。

设计时通常以过闸单宽能量 E 最大为控制条件。

$$E = \gamma \Delta H q \tag{3-16}$$

式中 γ——水的重度,kN/m³;

ΔH——上、下游水位差,m;

q——闸孔单宽流量,m²/s。

(二)闸门的控制运用

根据水闸的水力设计或水工模型试验成果,规定闸门的启闭顺序和开度,避免产生集中水流或折冲水流等不良流态。闸门的控制运用方式应满足下列要求:

(1)闸孔泄水时,保证在任何情况下水跃均完整地发生在消力池内。

(2)闸门尽量同时均匀分级启闭。如不能全部同时启闭,可由中间孔向两侧分段、分区或隔孔对称开启,关闭时与上述顺序相反。

(3)严格控制始流条件下的闸门开度,避免闸门停留在振动较大的开度区泄水。

(4)关闭或减小闸门开度时,避免水闸下游河道水位降落过快。

(三)消力池参数计算

1. 消力池池深计算

消力池的深度根据对下游最不利情况对应的流量和相应的上、下游水位确定。

消力池计算示意图见图 3-37。

消力池深度按式(3-17)~式(3-20)计算。

$$d = \sigma_0 h''_c - h'_s - \Delta z \tag{3-17}$$

$$h''_c = \frac{h_c}{2}\left(\sqrt{1 + \frac{8\alpha q^2}{g h_c^3}} - 1\right)\left(\frac{b_1}{b_2}\right)^{0.25} \tag{3-18}$$

$$h_c^3 - T_0 h_c^2 + \frac{\alpha q^2}{2g\varphi^2} = 0 \tag{3-19}$$

$$\Delta z = \frac{\alpha q^2}{2g\varphi^2 h'^2_s} - \frac{\alpha q^2}{2g h''^2_c} \tag{3-20}$$

式中 d——消力池深度,m;

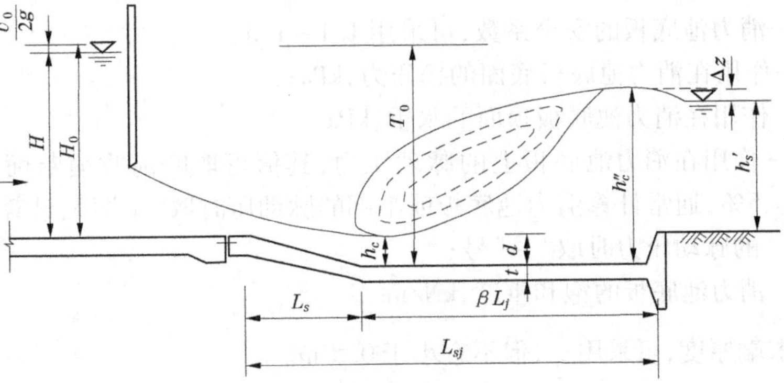

图 3-37　消力池计算示意图

σ_0——水跃淹没系数，可采用 1.05～1.10；

h_c''——跃后水深，m；

h_c——收缩水深，m；

α——水流动能校正系数，可采用 1.0～1.05；

q——过闸单宽流量，m^2/s；

b_1——消力池首端宽度，m；

b_2——消力池末端宽度，m；

T_0——由消力池底板顶面算起的总势能，m；

Δz——出池落差，m；

φ——流速系数，取 0.95～1.00；

h_s'——出池河床水深，m。

2. 池长计算

$$L_{sj} = L_s + \beta L_j \tag{3-21}$$

$$L_j = 6.9(h_c'' - h_c) \tag{3-22}$$

式中　L_{sj}——消力池长度，m；

L_s——消力池斜坡段水平投影长度，m；

β——水跃长度校正系数，可采用 0.7～0.8；

L_j——水跃长度，m。

3. 消力池底板厚度

护坦的厚度可根据抗冲和抗浮要求分别按式(3-23)、式(3-24)计算，并取较大值。

抗冲
$$t = k_1\sqrt{q\sqrt{\Delta H'}} \tag{3-23}$$

抗浮
$$t = k_2\frac{U - W \pm P_m}{\gamma_b} \tag{3-24}$$

式中　t——消力池底板始端厚度，m；

$\Delta H'$——闸孔泄水时上、下游水位差,m;

k_1——消力池底板计算系数,可采用0.15～0.20;

k_2——消力池底板的安全系数,可采用1.1～1.3;

U——作用在消力池底板底面的扬压力,kPa;

W——作用在消力池底板顶面的水重,kPa;

P_m——作用在消力池底板上的脉动压力,其值可取跃前收缩断面流速水头值的5%,通常计算消力池底板前半部的脉动压时取"+"号,计算消力池后半部的脉动压力时取"-"号;

γ_b——消力池底板的饱和重度,kN/m³。

消力池末端厚度,可采用$\frac{t}{2}$,但不宜小于0.5 m。

(四) 海漫长度计算

海漫的长度取决于消力池出口的单宽流量、上下游水位差、地质条件、尾水深度及海漫本身的粗糙程度等因素。根据可能出现的最不利水位流量组合,可用下面公式估算

$$L_p = K_s \sqrt{q_s \sqrt{\Delta H'}} \tag{3-25}$$

式中 L_p——海漫长度,m;

K_s——海漫长度计算系数,可由表3-12查得;

q_s——消力池末端单宽流量,m²/s;

$\Delta H'$——消力池泄水时的上、下游水位差,m。

表3-12 海漫长度计算系数 K_s 值

河床土质	粉砂、细砂	中砂、粗砂、粉质壤土	粉质黏土	坚硬黏土
K_s	14～13	12～11	10～9	8～7

三、水力设计案例

(一)基本资料

本工程位于河南省某县城郊处,它是某河流梯级开发中最末一级工程。该河属稳定性河流,河面宽约200 m,深7～10 m。该工程所担负的任务是:正常情况下拦河截水,抬高水位,以利灌溉,洪水时开闸泄水,以保安全。

1. 地质条件

根据钻孔了解闸址地层属河流冲积相,闸址处地层向下分布情况如下表3-13所示。

表3-13 闸址处地层分布情况

土质名称	重粉质壤土	细砂	中砂	重粉质壤土	中粉质壤土
分布范围 由上而下	河床表面以下 深约3 m	高程 28.8 m以下	厚度约5 m	高程22 m以下	厚度5～8 m

2. 地形

闸址处系平原型河段、两岸地势平坦，地面高程约为 40.00 m，河床坡降平缓，纵坡约为 1/10 000，河床平均标高约 30.00 m，主河槽宽度 80 ~ 100 m，河滩宽平，呈复式河床横断面，河流比较顺直。

3. 闸址

闸址处有足够的中细砂。

4. 水文气象

(1)气温：本地区年最高气温 42.2 ℃，最低气温 -20.7 ℃，平均气温 14.4 ℃。

(2)风速：最大风速 $V=20$ m/s，吹程 0.6 km。

(3)径流量：非汛期(1 ~6 月及 10 ~12 月)9 个月份月平均最大流量 9.1 m^3/s。汛期(7 ~9 月)三个月，月平均最大流量为 149 m^3/s，年平均最大流量 $Q=26.2$ m^3/s，最大年径流总量为 8.25 亿 m^3。

(4)灌溉用水季节，拦河闸正常挡水位为 38.50 m。

(5)洪水标准见表 3-14 所示。

表 3-14 洪水标准

项目	重现期(年)	洪水流量(m^3/s)	闸前水位(m)	下游水位(m)
设计洪水	20	937	39.15	39
校核洪水	50	1 220	40.35	40.2

(二)闸孔设计

1. 闸型确定

本工程主要任务是正常情况下拦河截水，以利灌溉，而当洪水来临时，开闸泄水，以保防洪安全。由于是建于平原河道上的拦河闸，应具有较大的超泄能力，并利于排除漂浮物，因此采用不设胸墙的开敞式水闸。

同时，由于河槽蓄水，闸前淤积对洪水位影响较大，为便于排出淤沙，闸底板高程应尽可能低。因此，采用无底坎平顶板宽顶堰，堰顶高程与河床同高，即闸底板高程为 30.00 m。

2. 闸孔尺寸计算

由上、下游水位，推算上游水头及下游水深，如表 3-15 所示。

表 3-15 上游水头计算

计算情况	流量 Q (m^3/s)	下游水深 h_s (m)	上游水深 H (m)	过水断面面积 (m^2)	行近流速 (m^3/s)	$\frac{v_0^2}{2g}$	上游水头 H_0 (m)
设计流量	937	9	9.15	995.768	0.941	0.045	9.195
校核流量	1 220	10.20	10.35	1 166.768	1.046	0.056	10.406

注：考虑壅高为 15 ~20 cm。

闸门全开泄洪时，为平底板宽顶堰堰流。

判别是否为淹没出流，见表 3-16。

表 3-16　淹没出流判别

计算情况	下游水深 h_s(m)	上游水头 H_0(m)	$h_s \geq 0.8H_0$	流态
设计水位	9	9.195	9≥7.357	淹没出流
校核水位	10.20	10.406	10.20≥8.325	淹没出流

按照闸门总净宽计算公式(3-2),根据设计洪水和校核洪水两种情况分别计算,见表3-17。其中,ε 为堰流侧收缩系数,取0.96;m 为堰流流量系数,取0.385。

表 3-17　闸孔总净宽计算

计算情况	流量 Q (m^3/s)	下游水深 h_s (m)	上游水头 H_0 (m)	$\frac{h_s}{H_0}$	淹没系数 σ	B_0(m)
设计流量	937	9	9.195	0.979	0.045	50.07
校核流量	1 220	10.20	10.406	0.98	0.056	55.50

根据《水闸设计规范》(SL 265—2016)选定单孔净宽 $b = 8$ m,选用7孔,闸孔总宽度为

$$L = nb_0 + (n-1)d = (7 \times 8) + (2 \times 1.6 + 4 \times 1.2) = 64(\text{m})$$

3. 校核泄洪能力

根据孔口与闸墩的尺寸可计算侧收缩系数,查《水闸设计规范》(SL 265—2016)表2-2,结果如下:

对于中孔　$\frac{b_0}{b_s} = \frac{8}{8+1.2} = 0.870$　得　$\varepsilon_{中1} = 0.976$;

靠缝墩孔　$\frac{b_0}{b_s} = \frac{8}{8+1.6} = 0.833$　得　$\varepsilon_{中2} = 0.973$;

对于边孔　$\frac{b_0}{b_s} = \frac{8}{8+41.05} = 0.163$　得　$\varepsilon_{中3} = 0.909$;

所以

$$\varepsilon = \frac{n_1\varepsilon_{中1} + n_2\varepsilon_{中2} + n_3\varepsilon_{中3}}{n_1 + n_2 + n_3} = \frac{1 \times 0.976 + 4 \times 0.973 + 2 \times 0.909}{1 + 4 + 2} = 0.956$$

与假定接近,根据选定的孔口尺寸与上下游水位,进一步换算流量,见表3-18。

表 3-18　过流能力校核计算表

计算情况	流量 Q (m^3/s)	堰上水头 H_0 (m)	$\frac{h_s}{h_0}$	σ	ε	Q	校核过流能力
设计流量	937	9.195	0.979	0.41	0.96	1 048.04	11.8%
校核流量	1 220	10.406	0.98	0.4	0.96	1 230.99	0.8%

设计情况超过了规定5%的要求,说明孔口尺寸有些偏大,但根据校核情况满足要求,所以不再进行孔口尺寸的调整。

(三)消能防冲设计

1. 消能防冲设计的控制情况

由于本闸位于平原地区,河床的抗冲刷能力较低,所以采用底流式消能。

设计水位或校核水位时闸门全开宣泄洪水,为淹没出流,无须消能。闸前为正常高水位 38.50 m,部分闸门局部开启,只宣泄较小流量时,下游水位不高,闸下射流速度较大,才会出现严重的冲刷河床现象,需设置相应的消能设施。为了保证无论何种开启高度的情况下均能发生淹没式水跃消能,所以采用闸前水深 $H=8.5$ m,闸门局部开启情况,作为消能防冲设计的控制情况。

为了降低工程造价,确保水闸安全运行,可以规定闸门的操作规程,本次设计按 1、3、5、7 孔对称方式开启,分别对不同开启孔数和开启度进行组合计算,找出消力池池深和池长的控制条件。

按式(3-17)~式(3-20)计算结果列入表 3-19。

表 3-19 消力池池深池长估算表

开启孔数 n	开启高度 e (m)	收缩系数 ε'	泄流量 Q (m^3/s)	单宽流量 q (m^2/s)	收缩水深 h_c(m)	跃后水深 h_c''(m)	下游水深 H_s (m)	流态判别	消力池尺寸 池深 d (m)	池长 L_s (m)	水跃长 L_{sj}(m)	说明
1	0.8	0.554	44	5.44	0.49	3.27	2.40	自由出流	1.03	21.5	19.2	
	1.0	0.616	60	7.55	0.62	4.03	2.65		1.6	24.5	23.5	
	1.2	0.617	73	9.08	0.74	4.41	2.95		1.7	25.7	25.3	
	1.5	0.619	91	11.4	0.93	4.90	3.25		1.9	27.2	27.4	池深控制
	2.0	0.621	122	15.3	1.24	5.53	3.62		2.2	31.7	29.6	限开
3	0.8	0.554	131	5.44	0.44	3.27	3.75	淹没出流				
	1.0	0.616	181	7.55	0.62	4.03	4.25					
	1.2	0.617	217	9.08	0.74	4.41	4.58					
	1.5	0.619	273	11.4	0.93	4.90						
	2.0	0.621	366	15.3	1.24	5.53						

通过计算,为了节省工程造价,防止消力池过深,对开启 1 孔开启高度为限制开度 2.0 m 时,为消力池的池深控制条件。

2. 消力池尺寸计算

1)消力池深度

根据所选择的控制条件,估算池深为 2 m,计算挖池后的收缩水深 h_c 和相应的出池落差 ΔZ 及跃后水深 h_c'',验算水跃淹没系数符合在 1.05~1.10 的要求。

$$\sigma_0 = \frac{d + h_s + \Delta Z}{h_c''} = \frac{2 + 3.25 + 0.01}{5.00} = 1.05$$

2) 消力池池长

根据池深为 2 m,按式(3-21)、式(3-22)计算出相应的消力池长度为 32 m。

3) 消力池底板厚度

采用挖深式消力池。为了便于施工,消力池的底板做成等厚,为了降低底板下部的渗透压力,在水平底板的后半部设置排水孔,孔下铺设反滤层,排水孔孔径为 10 cm,间距为 2 m,呈梅花形布置。

根据抗冲要求,按式(3-23)计算消力池底板厚度。其中,k_1 取 0.18。

$t = 0.18\sqrt{11.4\sqrt{8.5 - 3.25}} = 0.9(\text{m})$,取 $t = 1.0$ m。

3. 海漫长度计算

用式(3-25)计算海漫长度结果列入表 3-20。其中,k_s 为海漫长度计算系数,根据闸基土质为中粉质壤土选为 12。取计算表中的大值,确定海漫长度为 40 m。

表 3-20　海漫长度计算

流量 Q (m^3/s)	上游水深 H(m)	下游水深 h_s' (m)	单宽流量 q (m^2/s)	$\Delta H'$(m)	L_P(m)
100	8.5	3.35	1.56	5.25	22.7
200	8.5	4.30	3.13	4.20	30.4
300	8.5	5.25	4.69	3.25	34.9
400	8.5	5.95	6.25	2.55	37.9
500	8.5	6.62	7.81	1.88	39.3
600	8.5	7.20	9.38	1.30	39.2
700	8.5	7.80	10.9	0.70	36.2

4. 防冲槽设计

海漫末端河床冲刷坑深度 d_m,按不同情况计算如表 3-21 所示。

表 3-21　冲刷坑深度 d_m 计算

计算情况	海漫末端单宽流量 q' (m^2/s)	相应过水水面积 A (m^2)	湿周 x (m)	$R^{\frac{1}{5}}$	$[v_0]$ (m/s)	海漫末端水深 t (m)	d_m (m)
校核情况	15.25	1 422.52	157.16	1.554	1.243	11.80	1.700
设计情况	11.71	1 243	149.57	1.527	1.222	10.60	-0.056

根据计算确定防冲槽的深度为 1.70 m。采用宽浅式,底宽取 3.4 m,上游坡率为 2,下游坡率为 3,出槽后作成坡率为 5 的斜坡与下游河床相连。

任务八 防渗排水设计

【学习目标】

1. 掌握全断面直线比例法进行闸基动水压力计算方法。
2. 掌握改进阻力系数法。
3. 能进行闸底板渗透动水压力计算,并能判断地基的渗透稳定性。

水闸的防渗排水设计应根据闸基地质情况、闸基和两侧轮廓线布置及上下游水位条件等进行,其内容应包括渗透压力计算、抗渗稳定性验算、反滤层设计、防渗帷幕及排水孔设计和永久缝止水设计。本任务主要介绍渗透压力计算和抗渗稳定性验算。

一、闸基渗透压力计算

岩基上水闸基底渗透压力计算可采用全截面直线分布法,但应考虑设置防渗帷幕和排水孔时对降低渗透压力的作用和效果。土基上水闸基底渗透压力计算可采用改进阻力系数法或流网法;复杂土质地基上的重要水闸,应采用数值计算法。

(一)全截面直线分布法

全截面直线分布法是假定渗流沿地下轮廓线流动时,水头损失沿程按直线变化。

(1)当岩基上水闸闸基设有水泥灌浆帷幕和排水孔时,闸底板底面上游端的渗透压力作用水头为 $H-h_s$,排水孔中心线处为 $\alpha(H-h_s)$,下游端为零,其间各段依次以直线连接,见图3-38,作用于闸底板底面上的渗透压力可按式(3-26)计算:

$$U=\frac{1}{2}\gamma(H-h_s)(L_1+\alpha L) \tag{3-26}$$

式中 U——作用于闸底板底面上的渗透压力,kN/m;

L_1——排水孔中心线与闸底板底面上游端的水平距离,m;

α——渗透压力强度系数,可采用0.25。

(2)当岩基上水闸闸基未设水泥灌浆帷幕和排水孔时,闸底板底面上游端的渗透压力作用水头为 $H-h_s$,下游端为零,其间以直线连接,见图3-39,作用于闸底板底面上的渗透压力可按式(3-27)计算:

$$U=\frac{1}{2}\gamma(H-h_s)L \tag{3-27}$$

式中 L——闸底板底面的水平投影长度,m;

其他符号意义同前。

(二)改进阻力系数法

改进阻力系数法是在独立函数、分段法和阻力系数法等方法的基础上综合发展起来的一种精度较高的计算方法。其基本原理如图3-40所示,有一简单的矩形渗流区,渗流段长度为 L,透水层厚度为 T,地基渗透系数 K,两断面间的水头差为 h。根据达西定律,

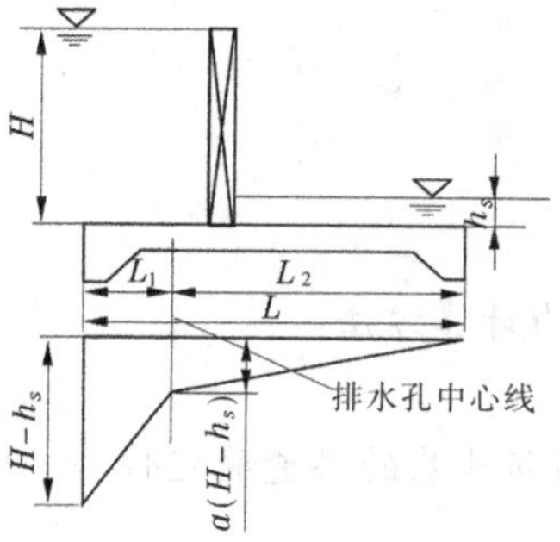

图 3-38 闸基有防渗措施时渗透压力计算图

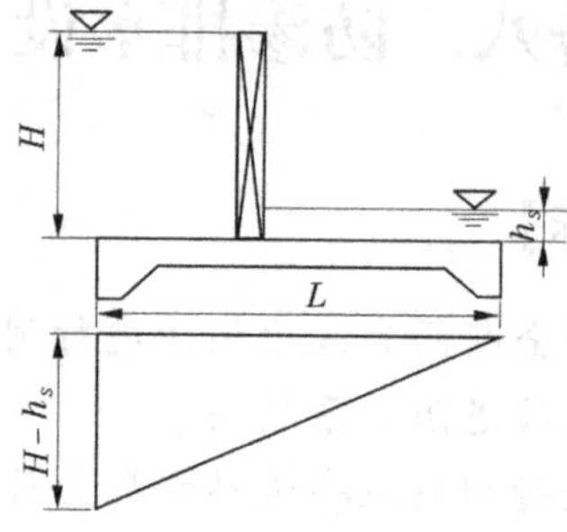

图 3-39 闸基无防渗措施时渗透压力计算图

渗流区的单宽流量 q 为

$$q = K\frac{h}{L}T \tag{3-28}$$

令 $\frac{L}{T}=\xi$,则得

$$h = \xi q/K \tag{3-29}$$

式中 ξ——阻力系数,仅和渗流区的几何形状有关,是渗流边界条件的函数。

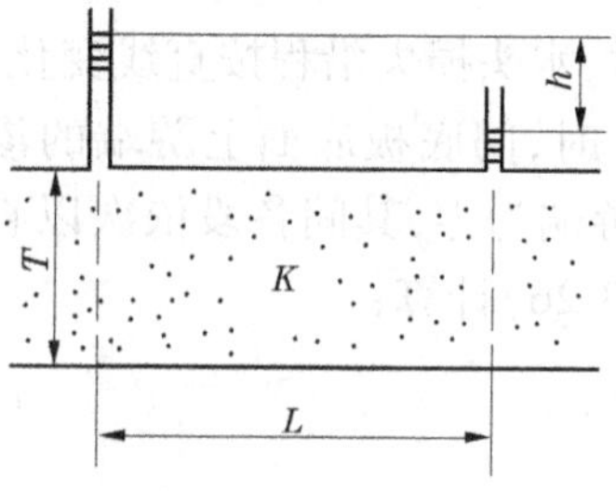

图 3-40 基本原理示意图

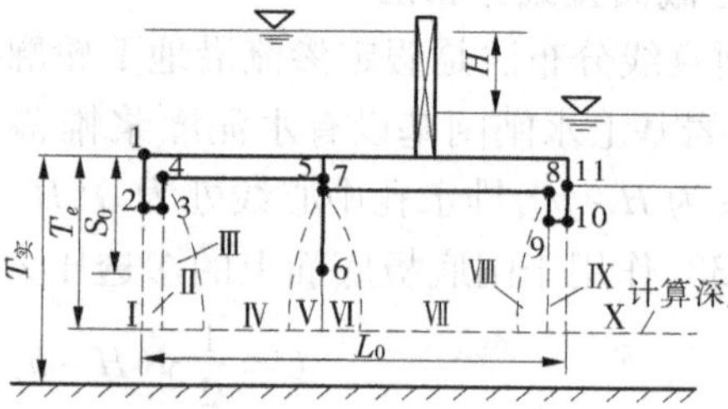

图 3-41 地下轮廓线简化示意图

1. 地下轮廓的简化

对于复杂的地下轮廓,先把整个渗流区大致按等势线位置分成若干个典型流段,进行地下轮廓的简化,见图 3-41。求每个典型流段的阻力系数 ξ_i 和水头损失 h_i。

$$h_i = \xi_i q/K \tag{3-30}$$

对于不同的典型段,其 ξ_i 是不同的,根据水流的连续性原理,各段的单宽渗流量相等,且总水头 H 应为各段水头损失 h_i 之和。即

$$H = \sum_1^n h_i = \frac{q}{K}\sum_1^n \xi_i \tag{3-31}$$

$$h_i = \xi_i \frac{H}{\sum_1^n \xi_i} \tag{3-32}$$

式中 n——总分段数。

2. 典型流段阻力系数

(1)进口段和出口段,见图 3-42(a)。

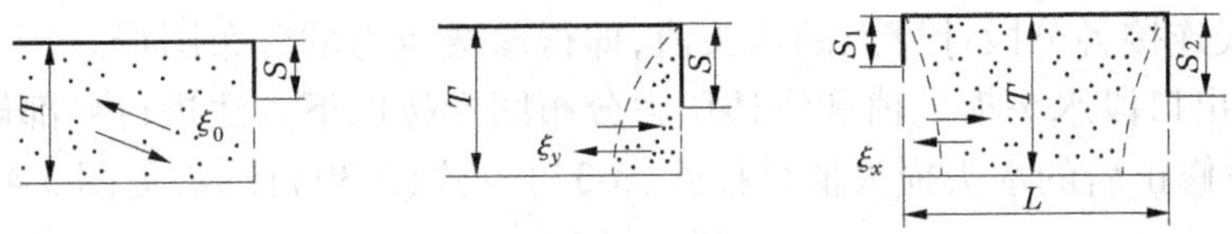

(a)进、出口段 (b)内部垂直段 (c)内部水平段

图 3-42 典型流段计算示意图

$$\xi_0 = 1.5\left(\frac{S}{T}\right)^{3/2} + 0.441 \tag{3-33}$$

式中 ξ_0——进出口段的阻力系数;

S——板桩或齿墙的入土深度,m;

T——地基透水层深度,m。

(2)内部垂直段,见图 3-42(b)。

$$\xi_y = \frac{2}{\pi}\ln\cot\left[\frac{\pi}{4}\left(1 - \frac{S}{T}\right)\right] \tag{3-34}$$

式中 ξ_y——内部垂直段的阻力系数。

(3)内部水平段,见图 3-42(c)。

$$\xi_x = \frac{L - 0.7(S_1 + S_2)}{T} \tag{3-35}$$

式中 ξ_x——内部水平段的阻力系数,当 $\xi_x < 0$ 时,取 $\xi_x = 0$;

L——内部水平段长度,m;

S_1、S_2——水平两端板桩或齿墙的入土深度,m。

求出各段的水头损失后,再由出口处(为零)向上游方向依次叠加,或由进口(上、下游水位差)向下游依次减小,求出各拐点的渗压水头,两点之间可近似认为是呈直线变化。

3. 计算步骤

(1)确定地基计算深度。上述计算方法对地基相对不透水层较浅时可直接应用,但在相对不透水层较深时,须用有效深度 T_e 作为计算深度 T_c。T_e 可按下式计算:

$$\begin{cases} 当\ \dfrac{L_0}{S_0} \geq 5 时, T_e = 0.5L_0 \\ 当\ \dfrac{L_0}{S_0} < 5 时, T_e = \dfrac{5L_0}{1.6\dfrac{L_0}{S_0} + 2} \end{cases} \tag{3-36}$$

式中 L_0——地下轮廓线水平投影长度,m;

S_0——地下轮廓线铅直投影长度,m。

算出有效深度 T_e 后,再与相对不透水层的实际深度相比较,应取其中较小的值作为计算深度。

(2)按地下轮廓形状将渗流区分成若干个典型渗流区域,计算各段的水头损失和各拐点的渗压水头。

(3)以直线连接各分段计算点的水头值,即得渗透压力的分布图形。

(4)对进、出口段水头损失值和渗透压力分布图形按以下方法进行局部修正:

进、出口段修正后的水头损失值可按式(3-37)~式(3-39)计算,见图3-43:

$$h_0' = \beta' h_0 \tag{3-37}$$

$$h_0 = \sum_{i=1}^{n} h_i \tag{3-38}$$

$$\beta' = 1.21 - \frac{1}{\left[12\left(\frac{T'}{T}\right)^2 + 2\right]\left(\frac{S'}{T} + 0.059\right)} \tag{3-39}$$

式中 h_0'——进、出口段修正后的水头损失值,m;

h_0——进、出口段水头损失值,m;

h_i——各段的水头损失,m;

β'——阻力修正系数,当计算的 $\beta' \geq 1.0$ 时,取 $\beta' = 1.0$;

S'——底板埋深与板桩入土深度之和,m;

T'——板桩另一侧地基透水层深度,m。

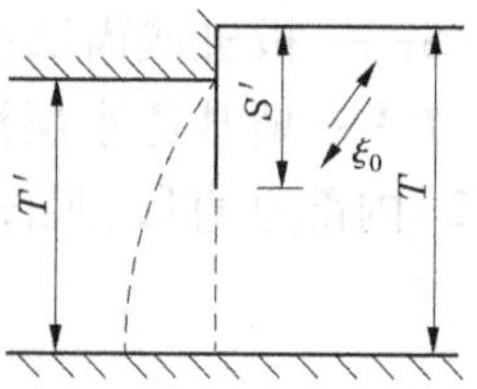

图3-43 进出口修正计算示意图

修正后水头损失的减小值,可按式(3-40)计算:

$$\Delta h = (1 - \beta') h_0 \tag{3-40}$$

式中 Δh——修正后水头损失的减小值,m。

进、出口段齿墙不规则部位可按下列方法进行修正,见图3-44:

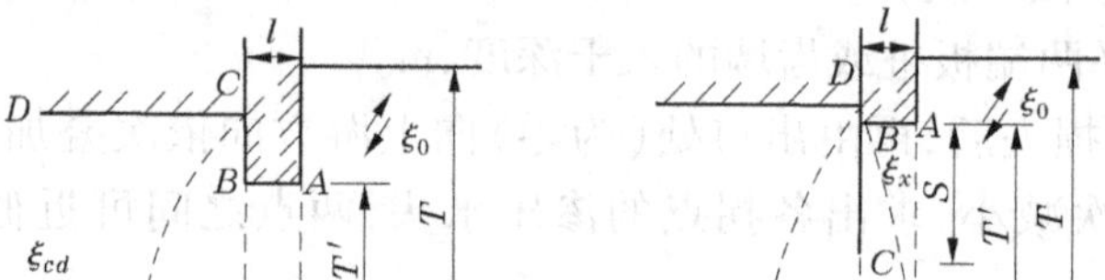

图3-44 进出口齿墙部位修正计算示意图

①当 $h_x \geq \Delta h$ 时,可按式(3-41)进行修正:

$$h_x' = h_x + \Delta h \tag{3-41}$$

式中 h_x——水平段的水头损失值,m;

h_x'——修正后的水平段水头损失值,m。

②当 $h_x < \Delta h$ 时,可按下列两种情况分别进行修正:

若 $h_x + h_y \geq \Delta h$,可按式(3-42)和式(3-43)进行修正:

$$h_x' = 2h_x \tag{3-42}$$

$$h_y' = h_y + \Delta h - h_x \tag{3-43}$$

式中 h_y——内部垂直段的水头损失失值,m;

h'_y——修正后的内部垂直段水头损失值，m。

若 $h_x + h_y < \Delta h$，可按式(3-42)、式(3-44)和式(3-45)进行修正：

$$h'_y = 2h_y \tag{3-44}$$

$$h'_{cd} = h_{cd} + \Delta h - (h_x + h_y) \tag{3-45}$$

式中 h_{cd}——图3-44中 CD 段的水头损失值，m；

h'_{cd}——修正后的 CD 段水头损失值，m。

以直线连接修正后的各分段计算点的水头值，即得修正后的渗透压力分布图形。

当岸墙、翼墙墙后土层的渗透系数小于或等于地基土的渗透系数时，侧向渗透压力可近似地采用相对应部位的水闸闸底正向渗透压力计算值，但应考虑墙前水位变化情况和墙后地下水补给的影响；当岸墙、翼墙墙后土层的渗透系数大于地基土的渗透系数时，可按闸底有压渗流计算方法进行侧向绕流计算。

二、抗渗稳定验算

渗流坡降计算公式：

$$J = \frac{h}{S} \tag{3-46}$$

式中 J——出口段渗流坡降值；

S——闸基内部或进、出口段的渗流长度，m；

h——渗流段 S 两点的渗流水头损失，m。

要求水平段和出口段的渗流坡降必须分别小于表3-22规定的水平段和出口段允许渗流坡降值。

表3-22 水平段和出口段允许渗流坡降值

地基类别	允许渗流坡降值	
	水平段	出口段
粉砂	0.05~0.07	0.25~0.30
细砂	0.07~0.10	0.30~0.35
中砂	0.10~0.13	0.35~0.40
粗砂	0.13~0.17	0.40~0.45
中砾，细砾	0.17~0.22	0.45~0.50
粗砾夹卵石	0.22~0.28	0.50~0.55
砂壤土	0.15~0.25	0.40~0.50
壤土	0.25~0.35	0.50~0.60
软黏土	0.30~0.40	0.60~0.70
坚硬黏土	0.40~0.50	0.70~0.80
极坚硬黏土	0.50~0.60	0.80~0.90

注：当渗流出口处设滤层时，表列数值可加大30%。

三、设计案例

某水闸地下轮廓线布置，见图 3-45 所示，上游水深 6.0 m，下游水深 2.0 m。闸基透水层深度为 30 m。试用改进阻力系数法求：

(1)闸底板下的渗透压力。

(2)闸底板水平段的平均渗透坡降和出口处的平均逸出坡降。

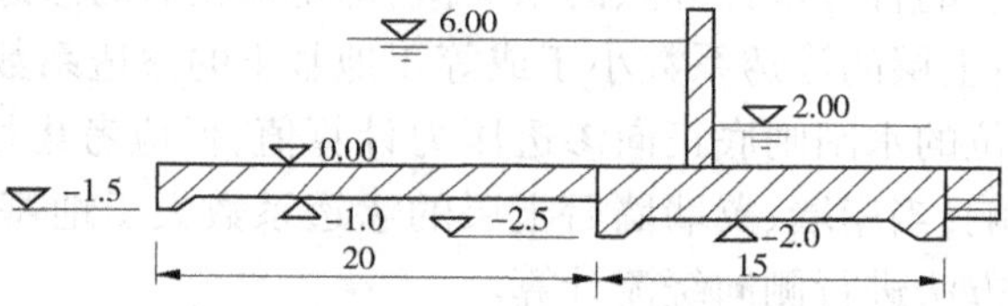

图 3-45 地下轮廓线

解：1. 简化地下轮廓线

为了便于计算，将复杂的地下轮廓线进行简化，由于铺盖头部及底板上下游两端的齿墙均较小，可以简化为板桩，见图 3-46。

2. 确定地基的有效深度

由地下轮廓线简化图可知，$L_0 = 20 + 15 = 35(\text{m})$，$S_0 = 2.5$ m，$L_0/S_0 = 14 > 5$，所以 $T_e = 0.5L_0 = 17.5$ m。

3. 渗流区域的分段和阻力系数的计算

从各拐点引等势线，将渗流区域分为 8 个典型段，Ⅰ、Ⅷ为进出口段，Ⅱ、Ⅳ、Ⅴ、Ⅶ为内部垂直段，Ⅲ、Ⅵ为内部水平段。

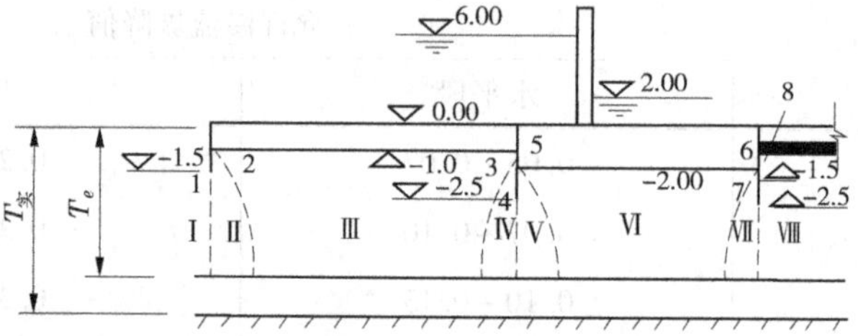

图 3-46 简化地下轮廓线

$$\xi_1 = 1.5\left(\frac{S}{T}\right)^{3/2} + 0.441 = 0.479 \qquad (S = 1.5\ \text{m}, T = 17.5\ \text{m})$$

$$\xi_2 = \frac{2}{\pi}\ln\cot\left[\frac{\pi}{4}\left(1 - \frac{S}{T}\right)\right] = 0.668 \qquad (S = 0.5\ \text{m}, T = 16.5\ \text{m})$$

$$\xi_3 = \frac{L - 0.7(S_1 + S_2)}{T} = 1.127 \qquad (S_1 = 0.5\ \text{m}, S_2 = 1.5\ \text{m}, L = 20\ \text{m}, T = 16.5\ \text{m})$$

$$\xi_4 = \frac{2}{\pi}\ln\cot\left[\frac{\pi}{4}\left(1 - \frac{S}{T}\right)\right] = 0.735 \qquad (S = 1.5\ \text{m}, T = 16.5\ \text{m})$$

$$\xi_5=\frac{2}{\pi}\ln\cot\left[\frac{\pi}{4}\left(1-\frac{S}{T}\right)\right]=0.670\qquad (S=0.5\ \text{m}, T=15.5\ \text{m})$$

$$\xi_6=\frac{L-0.7(S_1+S_2)}{T}=0.953\qquad (S_1=0.5\ \text{m}, S_2=0.5\ \text{m}, L=15\ \text{m}, T=15.5\ \text{m})$$

$$\xi_7=\frac{2}{\pi}\ln\cot\left[\frac{\pi}{4}\left(1-\frac{S}{T}\right)\right]=0.670\qquad (S=0.5\ \text{m}, T=15.5\ \text{m})$$

$$\xi_8=1.5\left(\frac{S}{T}\right)^{3/2}+0.441=0.449\qquad (S=0.5\ \text{m}, T=16.0\ \text{m})$$

综上可得 $\xi=\sum_1^8\xi_i=5.751$

4. 计算渗透压力

(1)各段水头损失的计算：$h_i=\xi_i\dfrac{H}{\sum_1^8\xi_i}$

$h_1=0.333; h_2=0.465; h_3=0.784; h_4=0.511;$

$h_5=0.466; h_6=0.663; h_7=0.466; h_8=0.312$

(2)进出口水头损失的修正。

进出口损失的修正系数：

$$\beta_1=1.21-\frac{1}{\left[12\left(\frac{T'}{T}\right)^2+2\right]\left(\frac{S'}{T}+0.059\right)}=0.665<1.0$$

$$(S'=1.5\ \text{m}, T'=16.5\ \text{m}, T=17.5\ \text{m})$$

$$h_1'=\beta_1h_1=0.665\times0.333=0.221$$

进口：

$$\Delta h=0.333-0.221=0.112$$

$$h_2'=h_2+\Delta h=0.465+0.112=0.577$$

出口段损失修正系数：

$$\beta_2=1.21-\frac{1}{\left[12\left(\frac{T'}{T}\right)^2+2\right]\left(\frac{S'}{T}+0.059\right)}=0.589<1.0$$

$$(S'=1.0\ \text{m}, T'=15.5\ \text{m}, T=16\ \text{m})$$

$$h_8'=\beta_2h_8=0.589\times0.312=0.184$$

$$h_7'=h_7+\Delta h=0.466+0.128=0.594$$

(3)计算各拐点的渗压水头：

$$H_1'=\Delta H-h_1'=4.0-0.221=3.779$$

$$H_2'=H_1'-h_2'=3.779-0.577=3.202$$

$$H_3'=2.418\quad H_4'=1.907\quad H_5'=1.441$$

$$H_6'=0.778\quad H_7'=0.184\quad H_8'=0$$

(4)底板单宽渗透压力：

$$U_1=\frac{1}{2}(H_5'+H_6')\times15\times1=16.64(\text{t/m})$$

5. 计算渗透坡降

$$J_x = \frac{h'_6}{L_x} = \frac{0.663}{15} = 0.044$$

$$J_{出口} = \frac{h'_8}{S} = \frac{0.184}{1.0} = 0.184$$

任务九　闸室稳定验算

【学习目标】

1. 掌握作用于水闸闸室的各种荷载计算方法。
2. 掌握闸室稳定验算的内容、方法和判断标准。
3. 掌握提高闸室抗滑稳定和地基承载力的措施。
4. 能进行闸室的稳定验算。

水闸的闸室,要求在施工、运行、检修等各个时期,都不产生过大沉降或沉降差,不致沿地基表面发生水平滑动,不致因基底压力的作用使地基发生剪切破坏而失稳。因此,必须验算闸室在刚建成、运行、施工以及检修不同工作情况下的稳定性。对于孔数较少而未分缝的小型水闸,可取整个闸室(包括边墩)作为验算单元;对于孔数较多设有沉降缝隙的水闸,则应取两缝之间的闸室单元进行验算。

一、荷载及其组合

水闸承受的主要荷载有自重、水重、水平水压力、扬压力、浪压力、泥沙压力、土压力及地震力等。

(1)自重。主要指结构(底板、闸墩、胸墙、工作桥、交通桥、闸门及启闭设备)的自重。

(2)水重。闸底板顶面以上的水体重量。

(3)扬压力。作用在底板底面的渗透压力及浮托力之和。

(4)水平水压力。主要是指作用在胸墙、闸门、闸墩及底板上的水平水压力。

闸前铺盖为黏土时,底板与铺盖连接处的水压力可以近似按梯形分布计算,见图3-47(b)。

闸前为钢筋混凝土铺盖时,止水片以上的水平水压力按静水压力分布计算,止水片以下按梯形分布计算,e 点的水平水压力强度等于该点的浮压强及 f 点的渗透压强之和。g 点的水平水压力为该点的扬压力强度,e 和 g 之间按直线变化计算,见图3-47(a)。

底板齿墙上的水平水压力两侧都有,方向相反,数值相差很小,可以略去不计。

(5)浪压力。根据规范,平原地区水闸按莆田试验站的公式计算。

(6)泥沙压力、地震力可参照重力坝。

荷载组合分为基本组合和特殊组合。基本组合包括正常蓄水位情况、设计洪水位情况和完建情况。特殊组合包括校核洪水位情况、地震情况、施工情况和检修情况等。

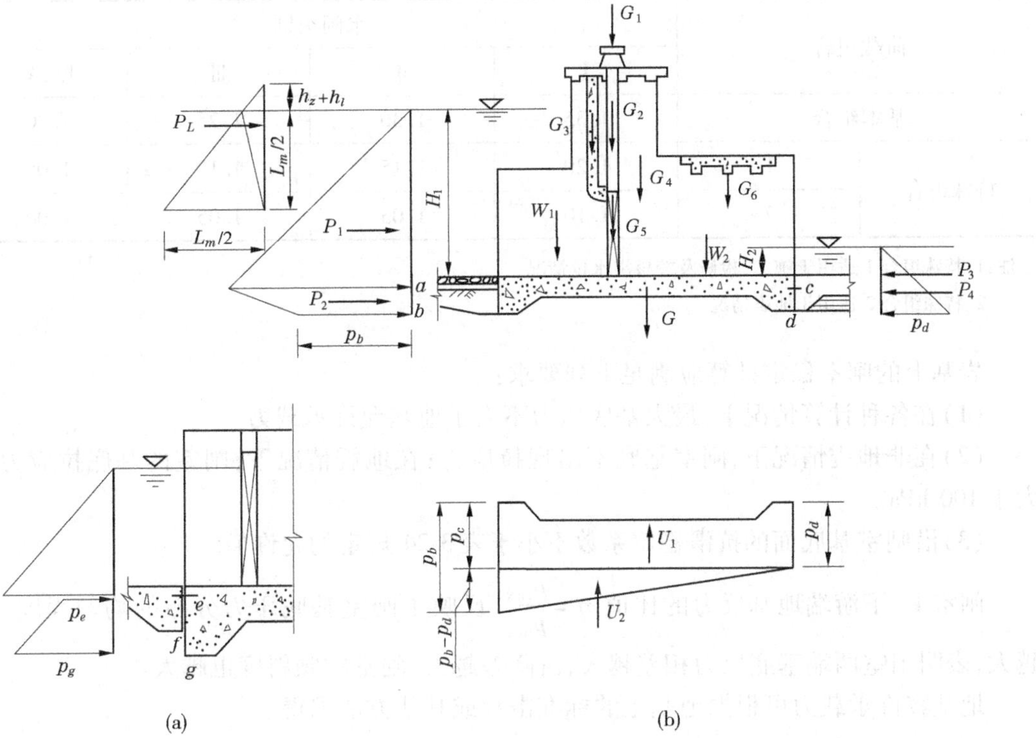

图 3-47　闸室的作用力计算

二、闸室的稳定性及安全指标

土基上的闸室稳定计算应满足下列要求：

(1)在各种计算情况下，闸室平均基底压力不大于地基的容许承载力，最大基底压力不大于地基允许承载力的 1.2 倍。

(2)闸室的基底压力的最大值与最小值之比不大于表 3-23 的允许值。

表 3-23　土基上闸室基底应力最大值与最小值之比的允许值[η]

地基土质	荷载组合	
	基本组合	特组合殊
松软	1.50	2.00
中等坚硬、紧密	2.00	2.50
坚硬、紧密	2.50	3.00

注：1. 对于特别重要的大型水闸，采用值可按表列数值适当减小。
2. 对于地震情况，采用值可按表列数值适当增大。

(3)沿闸室基底面的抗滑稳定系数 K_c 不小于表 3-24 规定的允许值。

表 3-24 K_c 的允许值

荷载组合		水闸级别			
		Ⅰ	Ⅱ	Ⅲ	Ⅳ、Ⅴ
基本组合		1.35	1.30	1.25	1.20
特殊组合	1	1.20	1.15	1.10	1.05
	2	1.10	1.05	1.05	1.00

注：1. 特殊组合 1 适用于施工、检修及校核洪水位情况。
2. 特殊组合 2 适用于地震情况。

岩基上的闸室稳定计算应满足下列要求：

(1)在各种计算情况下，最大基底压力不大于地基允许承载力。

(2)在非地震情况下，闸室基底不出现拉应力；在地震情况下，闸室的基底拉应力不大于 100 kPa。

(3)沿闸室基底面的抗滑稳定系数不小于表 3-24 规定的允许值。

闸室上、下游端地基反力的比值 $\eta=\frac{p_{\max}}{p_{\min}}$，反映了闸室基底压力分布的均匀程度。$\eta$ 越大，表明闸室两端基底反力相差越大，沉降差越大，闸室的倾斜度也越大。

地基容许承载力可根据地基土的标准击数或其他方法求得。

三、计算方法

(一)验算闸室基底压力

对于结构布置及受力情况对称的闸孔，如多孔水闸的中间孔或左右对称的单孔闸，按下式计算基底最大和最小压应力：

$$\sigma_{\min}^{\max}=\frac{\sum G}{A}\pm\frac{6\sum M}{W} \tag{3-47}$$

式中 $\sum G$——铅直荷载的总和，kN；

A——闸室基底面的面积，m^2；

$\sum M$——作用在闸室的全部荷载对基底面垂直水流流向形心轴的力矩，kN · m；

W——闸室基础弧面对于该底面垂直水流方向的形心轴的截面矩，m^3。

对于结构布置或受力不对称的情况，应按双向偏心受压公式计算基底压力，具体计算公式见《水闸设计规范》(SL 265—2016)。

(二)验算闸室的抗滑稳定

对建在土基上的水闸，除应验算其在荷载作用下沿地基面的抗滑稳定外，当地基面的法向应力较大时，还需验算深层抗滑稳定性。

闸室产生平面或深层滑动的可能性与地基的法向力有关，可用下列经验公式判别：

$$p_u=A\gamma_b B\tan\varphi+2c(1+\tan\varphi) \tag{3-48}$$

式中 p_u——地基产生深层滑动时的临界法向应力，kPa；

A——系数,一般为 3 ~4;

γ_b——地基土的浮重度,kN/m³;

B——底板顺水流方向的宽度,m;

φ——地基土的内摩擦角,(°);

c——地基土的凝聚力,kPa。

当闸底最大应力 $p_{max} < p_u$ 时,可只做平面滑动验算;如 $p_{max} \geq p_u$,还需进行深层滑动校核。一般情况下,闸基面的法向应力较小,不会发生深层滑动。

水闸沿地基面的抗滑稳定应按下式进行计算:

$$K_c = \frac{f\sum G}{\sum H} \tag{3-49}$$

或

$$K_c = \frac{\tan\varphi_0 \sum G + c_0 A}{\sum H} \tag{3-50}$$

式中 $\sum G$——作用在闸室上全部竖向荷载的总和(包括闸室基础底面上的扬压力),kN;

$\sum H$——作用在闸室上全部水平向荷载的总和,kN;

f——底板与地基土间的摩擦系数,参考值见表 3-25;

φ_0——底板与地基土间的摩擦角,(°);

c_0——底板与地基土间的黏结力,kPa,参考值见表 3-26。

表 3-25 底板与地基土间的摩擦系数 f

地基类别		f
黏土	软弱	0.20 ~0.25
	中等坚硬	0.25 ~0.35
	坚硬	0.35 ~0.45
壤土、粉质壤土		0.25 ~0.40
砂壤土、粉砂土		0.35 ~0.40
细砂、极细砂		0.40 ~0.45
中砂、粗砂		0.45 ~0.50
砂砾石		0.40 ~0.50
砾石、卵石		0.50 ~0.55
碎石土		0.40 ~0.50
软质岩石	极软	0.40 ~0.45
	软	0.45 ~0.55
	较软	0.55 ~0.60
硬质岩石	较坚硬	0.60 ~0.65
	坚硬	0.65 ~0.70

表 3-26 φ_0、c_0 值(土质地基)

土质地基类别	φ_0	c_0
黏性土	0.9φ	$(0.2\sim0.3)c$
砂性土	$(0.85\sim0.9)\varphi$	0

注:φ 为室内饱和固结快剪(黏性土)或饱和快剪(砂性土)试验测得的内摩擦角;c 为室内饱和固结快剪试验测得的黏结力。

当闸室沿基底面的抗滑稳定安全系数小于容许安全值时,可采取以下抗滑措施:

(1)增加铺盖长度,或在不影响抗渗稳定的前提下,将排水设施向水闸底板靠近,以减小作用在底板上的渗透压力。

(2)利用上游钢筋混凝土铺盖作为阻滑板,但闸室本身的抗滑稳定安全系数仍应大于1.0。

(3)将闸门位置略向下游一侧移动,或将水闸底板向上游一侧加长,以便多利用一部分水重。

(4)增加闸室底板的齿墙深度。

(5)增设钢筋混凝土抗滑桩或预应力锚固结构。

四、闸室沉降

如果闸室沉降太大,则闸顶高程下降过多,达不到设计要求。如果闸室沉降差太大,则引起闸室倾斜、断裂,影响其正常运行。

为了减少不均匀沉降,可从闸室和地基两个方面采取措施:

(1)采取轻型结构并加长底板长度,以减小作用在地基上的压应力。

(2)调整结构布置,尽量使地基上压力均匀分布。

(3)尽量减少相邻建筑物的重量差,并将重的建筑物先施工,使其提前沉降。

(4)进行地基处理,以提高地基承载力。

五、地基处理

根据工程实践,当黏土地基标准贯入击数大于5,或砂性土地基标准贯入击数大于8时,对于中小型水闸,可直接在天然地基上修建水闸,一般不需处理。对于软弱地基,一般采用以下三种处理方法。

(一)换土垫层法

换土垫层法是工程上广为采用的一种地基处理方法,适用于软弱黏性土,包括淤泥质土。当软土层位于基面附近,且厚度较薄时,可全部挖除。如软土层较厚不宜全部挖除,可采用换土垫层法处理,将基础下的表层软土挖除,换以砂性土,水闸即建在新换的土基上,见图3-48。

砂垫层的主要作用:①通过垫层的应力扩散作用,减小软土层所受的附加应力,提高地基的稳定性;②减小地基沉降量;③铺设在软黏土上的砂层,具有良好的排水作用,有利于软土地基加速固结。

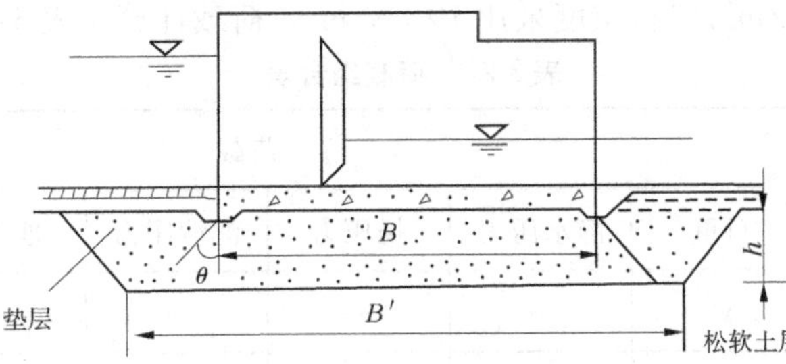

图 3-48 换土垫层法地基处理

垫层的厚度一般为 1.5 ~ 3.0 m。垫层的宽度，通常选用建筑物基底压力扩散至垫层的宽度再加 2 ~ 3 m。垫层材料以中壤土最为适宜，含砾黏土以及级配良好的中粗砂也适宜，粉砂、细砂不宜作为垫层材料。

（二）桩基础法

在地基中打桩或钻孔灌注钢筋混凝土桩，在桩顶上设承台以支承上部结构。水闸桩基一般采用摩擦桩，由桩周摩擦阻力和桩底支承力共同承担上部荷载。桩基可以大大提高地基的承载力，因而采用桩基的闸室可以采用分离式底板。

（三）高速旋喷法

旋喷法是用钻机以射水法钻进至设计高程，然后由安装在钻杆下端的特殊喷嘴把高水压、压缩空气和水泥浆或其他化学浆液高速喷出，搅动土体，同时钻杆边旋转边提升，使土体与浆液混合，形成柱桩，以达到加固地基的目的。它适用于黏性土及砂性土地基，也可用作砂卵石层的防渗帷幕，适用范围较广。

六、稳定分析案例

（一）设计情况及荷载组合

1. 设计情况选择

水闸在使用过程中，可能出现各种不利情况。完建无水期是水闸建好尚未投入使用之前，竖向荷载最大，容易发生沉陷或不均匀沉陷，这是验算地基承载力的设计情况。正常挡水期时下游无水，上游为正常挡水位，上下游水头差最大，闸室承受较大的水平推力，是验算闸室抗滑稳定性设计情况。泄洪期工作闸门全开，水位差较小，对水闸无大的危害，故不考虑此种情况。本次设计地震烈度为 6°，不考虑地震情况。

2. 荷载组合

完建无水期和正常挡水期均为基本荷载组合。取中间三孔一联为单元进行计算，需计算的荷载见表 3-27。

（二）完建无水期荷载计算及地基承载力验算

1. 荷载计算

荷载计算主要是闸室及上部结构自重。在计算中以三孔一联为单元，底板顺水流向长 $B = 18$ m，计算单元底板宽度 $A = 28$ m。省略一些细部构件重量，如栏杆、屋顶等。力矩为对闸底板上游端点所取。钢筋混凝土重度采用25 kN/m^3，混凝土重度采用 23 kN/

m^3,水重度采用 10 kN/m^3,砖石重度采用 19 kN/m^3。荷载计算见表 3-28。

表 3-27 荷载组合表

荷载组合	计算情况	荷载					
		自重	静水压力	扬压力	泥沙压力	地震力	浪压力
基本组合	完建无水期	√	—	—	—	—	—
	正常挡水期	√	√	√	—	—	√

表 3-28 完建无水期荷载计算表

荷载		自重(kN)	力臂(m)	力矩(kN·m)	
				↙ +	− ↘
闸底板		21 250	0	—	—
闸墩	中墩	11 220	0	—	—
	缝墩	7 480	0	—	—
工作桥		1 463	3	4 389	—
交通桥		1 694	4.5	—	—
检修桥		630	3	1 890	—
启闭机		235	3	705	—
启闭机房		1 209	3	3 627	—
排架		1 011	3	3 033	—
闸门		621	3	1 863	—
合计		46 813	—	7 884	—

2. 地基承载力验算

根据荷载计算结果,采用式(3-47)进行地基承载力的验算,可得结论完建无水期的地基承载力能够满足要求,地基也不会发生不均匀沉陷。

地基承载力为 $p_{\substack{max\\min}} = \dfrac{\sum G}{A} \pm \dfrac{\sum M}{W} = \dfrac{46\ 813}{28 \times 18} \pm \dfrac{7\ 884 \times 6}{28 \times 18^2} = \begin{matrix}98.09\\87.67\end{matrix}(kPa)$

地基承载力平均值 $\bar{p} = \dfrac{p_{max} + p_{min}}{2} \leqslant [p]$,代入数值得:

$$\bar{p} = \frac{98.09 + 87.67}{2} = 92.88(kPa) < [p] = 200\ kPa$$

最大应力 $p_{max} = 98.09\ kPa < 1.2 \times 200 = 240(kPa)$

地基不均匀系数 $\eta = \dfrac{p_{max}}{p_{min}} < [\eta]$,代入数值得:

$$\eta = \frac{98.09}{87.67} = 1.12 < [\eta] = 2.5$$

(三)正常挡水期验算

1. 荷载计算

正常挡水期荷载计算除闸室自重外,还有静水压力、水重、闸底板所受扬压力在渗透计算中可得。由于浪压力小于静水压力的5%,可忽略不计。荷载计算见表3-29。

表3-29 正常挡水期荷载计算表

荷载名称		垂直力(kN)		水平力(kN)		力臂(m)	力矩(kN·m)	
		↓	↑	→	←		-↘	↙+
闸室自重		46 813	—	—	—			7 884
上游水压力	P_1	—	—	9 922.82	—	2.83	38 004.4	—
	W_1	12 750.81	—	—	—	5.5	—	70 129.46
浮托力		—	8 240.40	—	—	0	—	—
渗透压力		—	7 431.01	—	—	3	22 293.03	—
合计		59 563.81	15 671.41	—	—	—	60 297.43	78 013.46
		43 892.4	—	9 922.82	—	—		17 716.03

2. 地基承载力验算

根据荷载计算结果,采用式(3-47)进行地基承载力的验算,可知正常挡水期的地基承载力及地基不均匀系数均满足要求。

地基承载力 $$p_{\substack{max\\min}} = \frac{43\ 892.4}{28 \times 18} \pm \frac{17\ 716.03 \times 6}{28 \times 18^2} = \frac{98.81}{75.37}\ (\text{kPa})$$

地基承载力平均值 $$\bar{p} = \frac{98.81 + 75.37}{2} = 87.09(\text{kPa}) < [p] = 200\ \text{kPa}$$

最大应力 $$p_{max} = 98.81\ \text{kPa} < 1.2 \times 200 = 240(\text{kPa})$$

地基不均匀系数 $$\eta = \frac{98.81}{75.37} = 1.31 < [\eta] = 2.5$$

3. 闸室抗滑稳定计算

闸底板上、下游端设置的齿墙深度为1.0 m,按浅齿墙考虑,闸基下没有软弱夹层。滑动面沿闸底板与地基的接触面,采用式(3-49)进行计算,其中的闸底板与地基之间的摩擦系数,根据闸址处地层分布可知为重粉质壤土和细砂,查闸室基础底面与地基之间的摩擦系数表得0.45,允许的抗滑稳定安全系数根据本工程主要建筑物为3级,查表得1.20。经计算闸室抗滑稳定满足要求。

抗滑稳定安全系数 $K = \dfrac{f \cdot \sum G}{\sum H} \geqslant [K]$,代入数值计算得:

$$K = \frac{0.45 \times 43\ 892.4}{9\ 922.82} = 1.99 > [K] = 1.20$$

任务十　闸室的结构计算

【学习目标】

1. 掌握闸墩的结构计算方法。
2. 掌握底板的结构计算方法。
3. 能进行闸墩和底板的结构分析与计算。

闸室为一受力情况比较复杂的空间结构,可用有限元对两道沉降缝之间的一段闸室进行整体分析。但为简化计算,一般都将其分解为若干个部件(如胸墙、闸墩、底板、工作桥及交通桥)分别进行计算,但单独计算时还考虑它们之间的相互作用。

一、闸墩的结构计算

闸墩可视为固结于闸底板上的悬臂结构。水平截面应力控制于墩底截面,其应力一般按偏心受压公式计算,见图3-49。下面简单介绍平面闸门闸墩的应力计算。

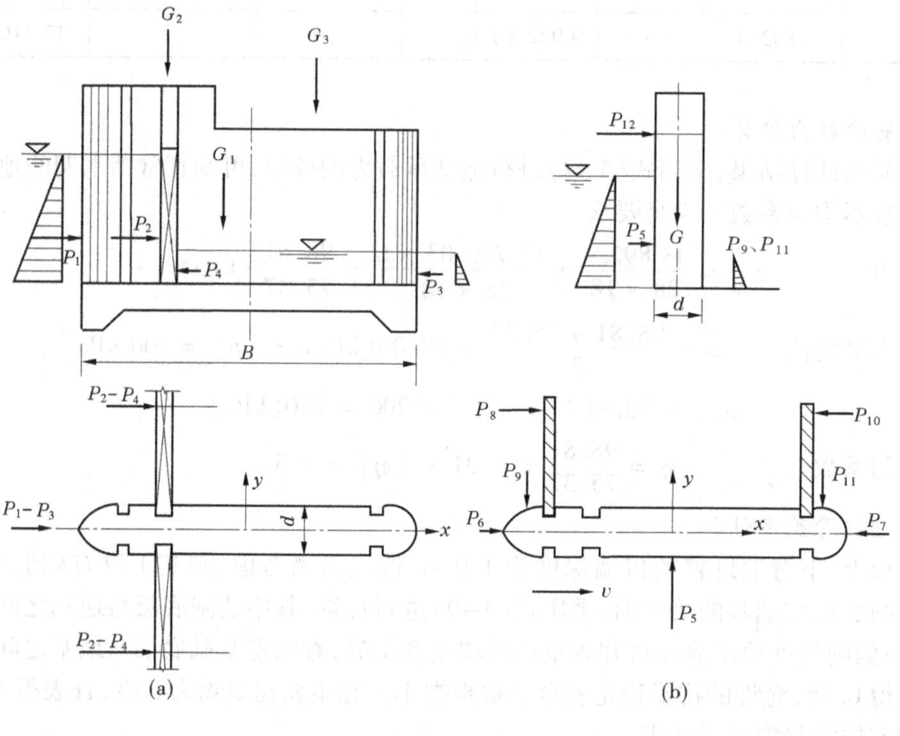

图3-49　闸墩结构计算

平面闸门的闸墩,需要验算水平截面(主要是墩底)上的应力和门槽应力。计算时应考虑两种情况:①运用情况。当闸门关闭时,不分缝的中墩主要承受上、下游水压力和自重等荷载;对分缝的中墩和边墩,除上述荷载外,还将承受侧向水压力或土压力等荷载;不分缝的中墩，在一孔关闭，邻孔闸门开启时，其受力情况与分缝的中墩相同。②检修情况。一孔检修，相邻闸孔运行（闸门关闭或开启）时，闸墩也将承受侧向水压力，与分缝的中墩一样，需要验算在双向水平荷载作用下的应力。

（一）闸墩水平截面上的正应力和剪应力计算

闸墩水平截面上的正应力可按材料力学的偏心受压公式计算：

$$p = \frac{\sum G}{A} \pm \frac{\sum M_x}{I_x}y \pm \frac{\sum M_y}{I_y}x \tag{3-51}$$

式中 $\sum G$——计算截面竖向作用力总和，kN；

A——计算截面面积，m^2；

$\sum M_x$、$\sum M_y$——计算截面以上各力对截面形心轴 x 轴（顺水流方向）、y 轴（垂直水流方向）的力矩总和，kN · m；

I_x、I_y——计算截面对形心轴 x、y 轴的惯性矩，m^4；

x、y——计算点至形心轴的距离，m。

计算截面上顺水流流向和垂直水流流向的剪应力分别为

$$\begin{cases} \tau_x = \dfrac{Q_x S_x}{I_x d} \\ \tau_y = \dfrac{Q_y S_y}{I_y B} \end{cases} \tag{3-52}$$

式中 Q_x、Q_y——计算截面上顺水流流向、垂直水流流向的剪力，kN；

S_x、S_y——计算点以外的面积对形心轴 x 轴、y 轴的面积矩，m^3；

d——闸墩厚度，m；

B——闸墩长度，m。

（二）门槽应力计算

门槽承受闸门传来的水压力后将产生拉应力，计算方法参看有关书籍。

二、整体式底板内力计算

整体式平底板的平面尺寸远较厚度大，受力比较复杂。目前，工程上实际仍用近似计算的方法进行强度分析。一般认为闸墩刚度较大，底板顺水流方向弯曲比垂直方向小很多，故常在垂直水流方向截取单宽板条进行内力计算。常用的计算方法有以下几种。

（一）倒置梁法

该法假定地基反力顺水流方向呈直线分布，垂直水流方向为均匀分布。计算时，先按偏心受压公式计算纵向地基反力，然后在垂直水流方向截取若干板条，作为支承在闸墩上的倒置梁，用结构力学方法按连续梁计算其内力并布置钢筋，见图3-50。作用在梁上的均布荷载 q 为

$$q = q_{反} + q_{扬} - q_{自} - q_{水} \tag{3-53}$$

式中 $q_{反}$、$q_{扬}$——地基反力及扬压力，kN/m；

$q_{自}$、$q_{水}$——底板自重及作用在底板上的水重，kN/m。

倒置梁法的优点是计算简便。其缺点是没有考虑底板与地基变形的协调条件；假定

底板垂直水流方向地基反力均匀分布是不符合实际的；支座反力与竖向荷载也不相符。因此，该法只适用于软弱地基上的小型水闸。单孔闸底板计算时，考虑闸墩与底板的约束为弹性固结，故跨中负弯矩可近似按下式计算：

$$M_{max}=\frac{1}{10}q\left(\frac{L}{2}\right)^2 \tag{3-54}$$

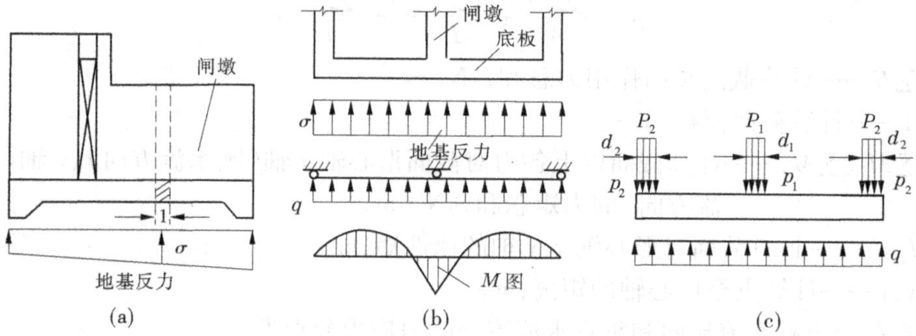

图 3-50 倒置梁法计算

（二）弹性地基梁法

《水闸设计规范》(SL 265—2016)规定：①土基上的水闸闸室底板的应力分析可采用反力直线分布法或弹性地基梁法。相对密度小于或等于 0.50 的砂土地基，可采用反力直线分布法；黏土地基或相对密度大于 0.50 的砂土地基，可采用弹性地基梁法。②当采用弹性地基梁法分析水闸闸室底板应力时，应考虑可压缩土层厚度与弹性地基梁半长之比值的影响。当比值小于 0.25 时，可按基床系数法（文克尔假定）计算；当比值大于 2.0 时，可按半无限深的弹性地基梁法计算；当比值为 0.25～2.0 时，可按有限深的弹性地基梁法计算。

底板由于闸墩的影响，在顺水流方向的刚度很大，可以忽略底板沿该方向的弯曲变形。假定地基反力呈直线分布，在垂直水流方向截取单宽板条及墩条，按弹性地基梁计算地基反力和底板内力。其步骤如下：

(1)用偏心受压公式计算纵向（顺水流方向）的地基反力。

(2)计算板条及墩条上的不平衡剪力。以闸门为界，将底板分为上、下两段，分别在两段的中央截取单宽板条和墩条进行分析，如图 3-51 所示。作用在脱离体的力有底板自重 $q_{自}$、水重 $q_{水}$、中墩重 N_1 及缝墩重 N_2，中墩及缝墩重包括其上部结构及设备自重。在底板的底面有扬压力 $q_{扬}$ 及地基反力 $q_{反}$。由于底板上的荷载在顺水流方向是有突变的，而地基反力是连续变化的。作用在单宽板条及墩条上的力是不平衡的，即作用在板条及墩条上的两侧必然作用有剪力 Q_1 和 Q_2，并由 Q_1 和 Q_2 的差值来维持板条和墩条上力的平衡，差值 $\Delta Q=Q_1-Q_2$，称为不平衡剪力。以下游段为例，根据板条上力的平衡条件，取 $\sum F_y=0$，则：

$$N_1+2N_2+\Delta Q+(q_{自}+q'_{水}-q_{扬}-q_{反})L=0 \tag{3-55}$$

其中

$$q'_{水}=q_{水}(L-2d_2-d_1)/L$$

(3)确定不平衡剪力在闸墩和底板上的分配。不平衡剪力 ΔQ 应由闸墩及底板共同

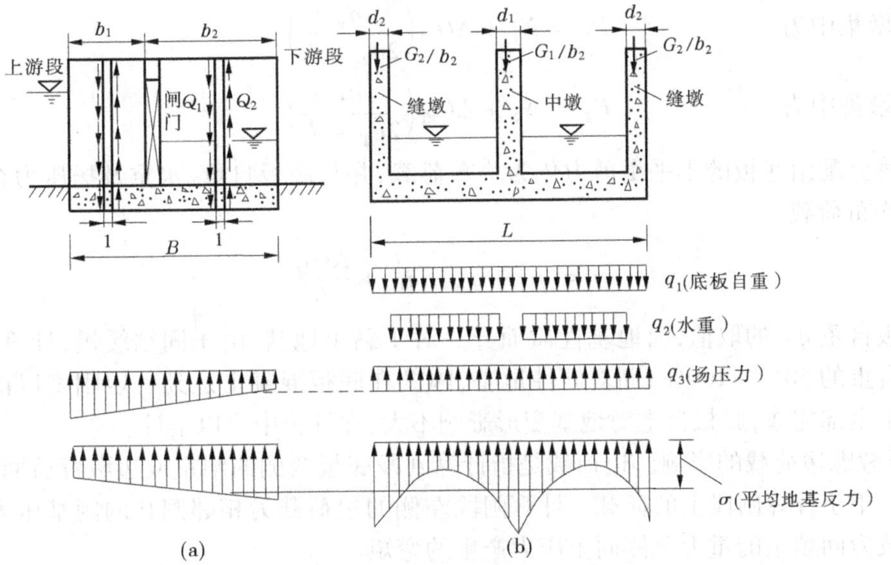

图 3-51　闸底板结构计算

承担,各自承担的数值,可根据剪应力分布图面积按比例确定。为此,需要绘制板条及墩条截面上的剪应力分布图。对于简单的板条和墩条截面,可直接用积分法求得,如图 3-52 所示。

由材料力学可知,截面上的剪应力

$$\tau = \frac{\Delta QS}{bJ} \tag{3-56}$$

式中 ΔQ——不平衡剪力,kN;

S——计算截面以下的面积对全截面形心轴的面积矩,m^3;

b——截面在 y 处的宽度,m;

J——截面惯性矩,m^4。

一般情况下,不平衡剪力的分配比例是:底板占 10% ~15%,闸墩占 85% ~90%。

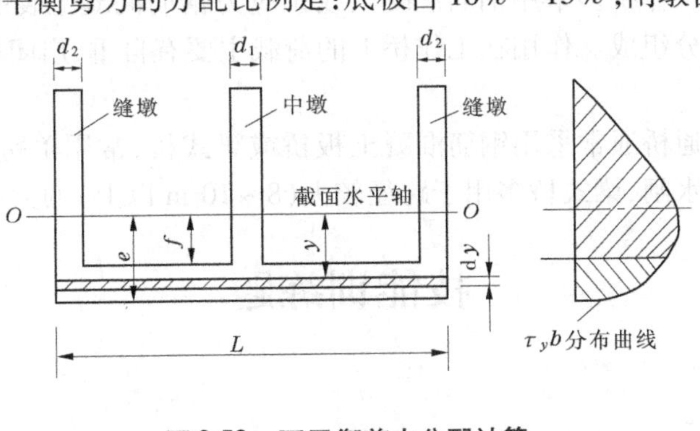

图 3-52　不平衡剪力分配计算

(4)计算基础梁上的荷载。

①将分配给闸墩的不平衡剪力与闸墩及其上部结构的重量作为梁的集中力。

中墩集中力 $$P_1 = N_1 + \Delta Q_{墩}\left(\frac{d_1}{2d_2 + d_1}\right) \tag{3-57}$$

缝墩集中力 $$P_2 = N_2 + \Delta Q_{墩}\left(\frac{d_2}{2d_2 + d_1}\right) \tag{3-58}$$

②将分配给底板的不平衡剪力化为均布荷载，并与底板自重、水重及扬压力合并，作为梁的均布荷载

$$q = q_{自} + q'_{水} - q_{扬} + \frac{\Delta Q_{板}}{L} \tag{3-59}$$

底板自重 $q_{自}$ 的取值，因地基性质而异。对于黏土地基，由于固结缓慢，计算中可采用底板自重的50% ~100%；而对砂性地基，因其在底板混凝土达到一定刚度以前，地基变形几乎全部完成，底板自重对地基变形影响不大，在计算中可以不计。

(5)考虑边荷载的影响。边荷载是指计算闸段底板两侧的闸室或边墩背后回填土及岸墙等作用于计算闸段上的荷载。计算闸段左侧的边荷载为相邻闸孔的闸基压力，右侧的边荷载为回填土的重力及侧向土压力产生的弯矩。

三、胸墙

胸墙承受的荷载，主要为静水压力和浪压力。计算图形应根据其结构形式和边界支承情况来确定。

板式胸墙：选取 1 m 高的板条，板条上承受均布荷载 q（板条中心的静水压力及浪压力强度），按简支或固端计算内力，并进行配筋。

梁板式胸墙：一般为双梁式结构，板的上、下端支承在梁上，两侧支承在闸墩上。当板的长边与短边之比小于或等于 2 时，为双向板，可按承受三角形荷载的四边支承板计算内力。当板的长边与短边之比大于 2 时，按单向板计算。

四、工作桥与交通桥

大中型水闸的工作桥多采用钢筋混凝土或预应力钢筋混凝土装配式梁板结构，由主梁、次梁、面板等部分组成。作用在工作桥上的荷载主要有自重、启闭机重、启门力以及面板上的活荷载。

水闸闸顶的交通桥通常采用钢筋混凝土板桥或梁式桥，常用单跨简支的形式。板桥适用于跨径较小的水闸，梁式桥多用于跨径较大(8 ~10 m 以上)的大中型水闸。

技能训练题

一、填空题

1. 水闸是一种低水头的水工建筑物，兼有________和________的作用，用以________和________，以满足水利事业的各种要求。

2. 水闸按所承担的任务分为________闸、________闸、________闸、________闸和

________闸。

3. 水闸由________段、________段和________段组成。

4. 闸下水位随水闸泄流量变化，且滞后于泄流量变化，在天然地基上可产生各种水跃连接形态，而且往往出现________和________两种不利流态，必须采取有效措施来改善。

5. 消能设计的控制条件一般是上游水位高，闸门________开启和单宽流量________。

6. 底流消能设施有________式、________式和________式三种形式。

7. 水闸防渗设计的原则是在高水位侧采用________、________、________等防渗措施，在低水位侧设置________设施。

8. 闸基渗流计算的方法有________法、________法和________法。

9. 闸底板上、下游端一般设有齿墙，因为有利于________，并________。

10. 闸墩的外形轮廓应满足过闸水流________、________小和________大的要求。

11. 工作桥的作用是________，交通桥的作用是________。

12. 对于软弱黏性土和淤泥质土，应采用________地基处理方法。

13. 影响水闸工作条件的因素中有两个最主要因素是地基条件________（好、差）和水头________（高、低）且尾水位变幅________（大、小）。

14. 设计拦河闸，进行过水能力计算时，过水能力确定用________及________水位；做消力池深度计算用________水位；闸室稳定分析用________和________水位。

15. 为了防止防冲结构局部、下游河床及两岸的有害冲刷，保证其安全应用，首先要选用适宜的________；其次是合理地进行________，以利水流扩散，解决好"归河"问题；第三是消除水流的剩余能量和采用相应的________措施。

二、名词解释

折冲水流；地下轮廓线

三、选择题

1. (　　)闸孔形式结构简单、施工方便，但自由泄流时流量系数较小，易产生波状水跃。

A. 驼峰堰型　　B. 曲线堰型

C. 胸墙孔口型　　D. 宽顶堰型

2. 验算水闸的过流能力时，计算的过流能力与设计流量的差值不得超过(　　)。

A. ±8%　　B. ±5%

C. ±10%　　D. ±3%

3. 底流消能是在水闸下游产生(　　)水跃来进行消能的。

A. 临界　　B. 淹没

C. 远驱　　D. 稳定

4. 混凝土铺盖与底板连接处设(　　)止水效果较好。

A. 沥青麻袋　　B. 紫铜片

C. 柏油油毛毡　　D. 塑料带

5. 对于密实的地基或岩基，采用(　　)底板较合适。

A. 整体式　　B. 箱式

C. 反拱式　　D. 分离式

6. 在动水中关闭静水中开启的闸门是(　　)。

A. 工作闸门　　B. 检修闸门

C. 事故闸门　　D. 平面闸门

7. 适用于弧形闸门侧止水的是(　　)。

A. P 型　　B. L 型

C. 刀型　　D. ♀ 型

8. 水闸翼墙的高度为 6 ~ 10 m，用(　　)形式的挡土墙较合适。

A. 重力式　　B. 扶壁式

C. 悬臂式　　D. 空箱式

9. 枯水期下闸挡水，洪水期开闸泄水，这个闸可能是(　　)。

A. 节制闸　　B. 进水闸　　C. 分洪闸　　D. 挡潮闸

四、判断题

1. 闸孔孔数少于 8 孔时，应采用奇数孔，利于对称开启闸门，改善下游水流条件。(　　)

2. 勃莱法认为渗流在水平方向流动和垂直方向流动，消能效果是不一样的，后者是前者的 3 倍。(　　)

3. 铺盖的厚度是根据铺盖土料的允许水力坡降值计算确定的。(　　)

4. 铺盖具有较好的防渗效果，所以越长越好。(　　)

5. 水闸的侧向绕渗为有压渗流，不必考虑侧向防渗措施。(　　)

6. 闸底板的长度只与地基情况有关，与水头无关。(　　)

7. 水闸进行稳定计算时，计算单元为沿水闸轴线方向取单位长度 1 m，计算各种荷载值的大小。(　　)

8. 海漫的作用是进一步消减水流剩余能量，保护护坦安全，并调整流速分布，保护河床、防止冲刷。(　　)

五、简答题

1. 水闸按作用可分为几类？各适用什么场合？按闸室结构形式如何分类？

2. 土基上的水闸由哪几部分组成？各起什么作用？

3. 从工作条件和结构特点出发，分析土基上的闸坝有哪些工作特点？

4. 闸孔形式有哪几种？各自优缺点及适用条件是什么？

5. 试述确定水闸孔口尺寸的原则、方法和步骤。如何确定水闸孔数及总长度？

6. 怎样选择消力池的形式和设计其尺寸？

7. 什么叫波状水跃？它有什么特征？产生波状水跃的原因是什么？怎样防止？

8. 海漫的作用是什么？对它有什么要求？如何选择材料和确定其尺寸？

9. 防冲槽的作用是什么？如何确定防冲槽尺寸？

10. 怎样做好上游河床的防护和翼墙以外的护岸工程？

11. 什么叫地下轮廓线和闸基防渗长度？如何确定闸基防渗长度？

12. 闸基渗流的计算目的是什么？有哪些计算方法？

13. 铺盖的作用是什么？对铺盖有哪些要求？对铺盖材料有哪些要求？如何确定铺盖的长度？

14. 与水平防渗比较，垂直防渗效果如何？垂直防渗有哪几种形式？如何确定它的深度和厚度？其适用条件如何？

15. 水闸的排水设备和反滤层一般设置在什么地方？

16. 闸室是水闸的主体，它由哪几部分组成？各部分的主要作用是什么？

17. 闸室结构形式有哪几种？各自的适用条件是什么？

18. 试根据不同分类方法说明闸底板有哪些类型？对它们有哪些要求？怎样布置？

19. 闸墩的布置原则和设计要求是什么？闸墩有哪几种形式？

20. 选择闸墩形式和设计其尺寸时各应考虑哪些因素？

21. 胸墙有哪些形式？如何选择？

22. 水闸在哪些地方必须分缝？缝的间距和缝宽各为多少？为什么？

23. 为什么对具有防渗要求的缝均应设止水？护坦区的分缝要不要设止水？为什么？

24. 试述水闸垂直和水平止水的布置。

25. 水闸闸室稳定验算的内容有哪些？

26. 当闸室的抗滑稳定安全系数及地基承载力方面不满足要求时，应采用哪些措施？

27. 各类水闸闸址选择应考虑哪些因素？

28. 试分析扭曲面式翼墙、反翼墙、圆弧形翼墙、抛物线形或椭圆形翼墙、斜降式翼墙、斜坡式反翼墙等的优缺点和适用条件。

六、计算题

1. 某水闸采用钢筋混凝土铺盖，尺寸如图3-53所示。已算得 c、d 两点的压力水头为2.4 m和2.3 m，求闸底板上游端点 a，止水片上下表面 b 和 b'、c、d 各点的水平水压强度。

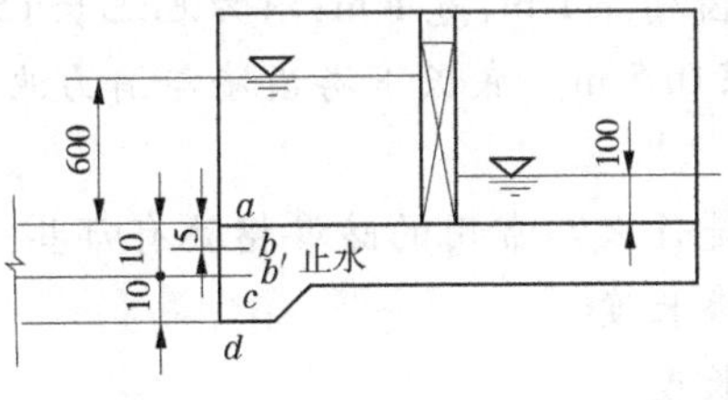

图3-53　水闸剖面图　（单位：cm）

2. 某河道上水闸地下轮廓布置如图3-54所示。闸基透水层深度为12 m。用阻力系数法求：

(1) 闸底板下的渗透压力。

(2) 闸底板水平段的平均渗透坡降和出口处的平均逸出坡降。

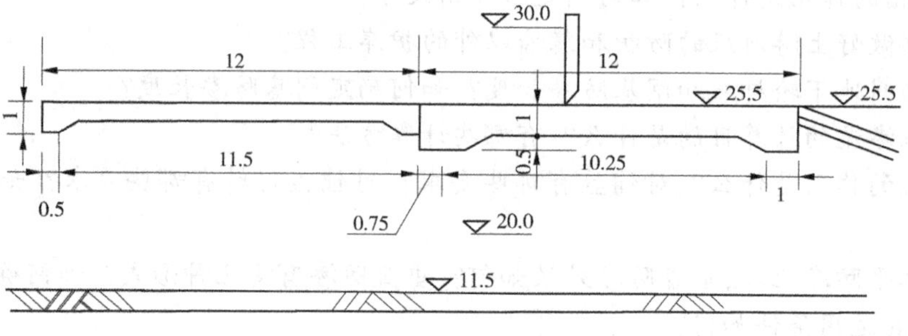

图 3-54　水闸地下轮廓布置　（单位:m）

3. 水闸闸孔计算

资料:某水闸采用无坎平底宽顶堰形式,堰顶高程为 1.0 m,与河底同高。闸室无胸墙并采用钢丝网水泥平面闸门,预制工厂供应相当于闸孔宽度为 6.0 m、7.0 m 及 8.0 m 三种规格的闸门,闸墩厚 1.0 m,头部为半圆形。上游翼墙为圆弧形,其外半径为 15 m,该翼墙上游的两岸边坡均为 1:2.5 。

计算时采用上游最高水位为 6.85 m,相应下游水位为 4.80 m,此时要求宣泄流量 870 m^3/s;上游正常水位为 4.90 m,相应下游水位为 4.20 m,此时要求宣泄流量不小于 230 m^3/s。河床均为黏土,其标准贯入击数为 9 ,水流通过闸孔后的单宽流量(其值在本习题中用总流量除以闸空总宽度进行计算,闸空总宽度包括闸墩在内)不允许超过 24 m^3/s。

要求:(1)确定闸孔数目及闸孔宽度。

(2)画出该水闸平面图(包括上游翼墙)。

七、分析题

基本资料:一无坝引水闸,位于 15 m 厚的砂壤土地基上,渗径系数为 8。引水设计流量为 80 m^3/s,上游正常引水位为 120 m,设计洪水位为 127 m,校核洪水位为 128 m,引水渠渠底高程 118 m。通过设计流量时对应的下游水位为 119.80 m。黏土铺盖厚 1 m;闸室底板顺水流长度为 12 m,齿墙深 1 m,宽 1 m;消力池池长 15 m,底板前部厚 0.5 m,后面逐渐减小到 0.5 m,消力池深 0.5 m。底板下游齿墙与消力池布置,见图 3-55。

问题:

(1)水闸闸基防渗原则是什么?常用的防渗措施有哪些?

(2)计算水闸的允许防渗长度。

(3)确定混凝土铺盖的长度。

(4)计算实际的防渗长度。

(5)判断是否需要设置垂直防渗措施?如果需要,垂直防渗措施至少需要布置多深?

(6)进行闸基地下轮廓布置,并绘图说明。

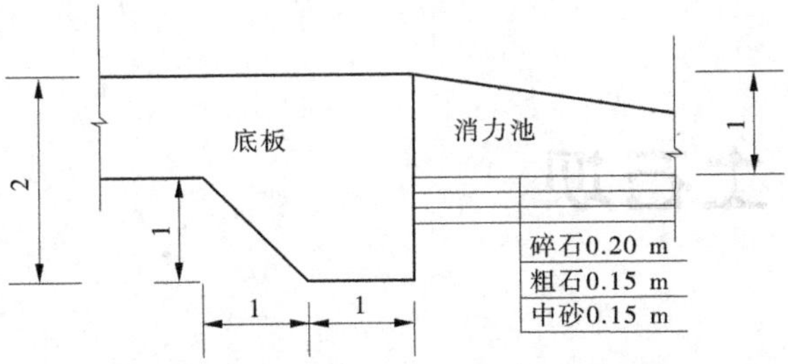

图 3-55 底板下游齿墙与消力池布置图 （单位:m）

项目四　土石坝

任务一　土石坝的特点与分类

【学习目标】

1. 掌握土石坝的特点。
2. 掌握碾压式土石坝的类型和适用情况。
3. 掌握土石坝的组成。

土石坝是指由当地土料、石料或混合料，经过抛填、碾压等方法堆筑成的挡水坝。当坝体材料以土和砂砾为主时，称土坝；以石渣、卵石、爆破石料为主时，称堆石坝；当上述两类材料均占相当比例时，称土石混合坝。由于筑坝材料主要来自坝区，故又称当地材料坝。

土石坝历史悠久，在世界各地得到广泛应用和发展，其主要原因是：

(1)可以就地取材，节约大量水泥、木材和钢材，几乎任何土石料均可筑坝。

(2)能适应各种不同的地形、地质和气候条件。

(3)大功率、多功能、高效率施工机械的发展，提高了土石坝的施工质量，加快了进度，降低了造价，促进了高土石坝建设的发展。

(4)岩土力学理论、试验手段和计算技术的发展，提高了大坝分析计算的水平，加快了设计进度，进一步保障了大坝设计的安全可靠性。

(5)高边坡、地下工程结构、高速水流消能防冲等设计和施工技术的综合发展，对加速土石坝的建设和推广也起了重要的促进作用。

一、土石坝的特点和设计要求

土石坝坝体主要由散粒体的土料、砂砾、石渣、石料等构成，坝体是散粒体结构。因此，土石坝与其他坝型相比，在稳定、渗流、冲刷、沉陷等方面具有不同的特点和设计要求。

(一)稳定方面

土石坝的基本剖面为梯形或复式梯形。由于填筑坝体的土石料为松散体，抗剪强度低，上下游坝坡平缓，坝体体积和质量都大，所以土石坝不会产生水平整体滑动。土石坝失稳的形式，主要是坝坡的滑动或坝坡连同部分坝基一起滑动。

为保证土石坝在各种条件下能保持稳定，应合理设计坝坡和防渗排水设备。

(二)渗流方面

土石坝挡水后,在坝体内形成由上游向下游的渗流,渗流不仅使水库损失水量,还易引起管涌、流土等渗透变形。坝体内渗流的水面线叫作浸润线,如图4-1所示。浸润线以下的土料承受着渗透动水压力,并使土的内摩擦角和黏结力减小,对坝坡稳定不利。

图4-1 浸润线

坝体与坝基、两岸以及其他非土质建筑物的结合面,易产生集中渗流,因此设计土石坝时必须采取防渗措施以减少渗漏,保证坝体的渗透稳定性,并做好各种结合面的处理,避免产生集中渗流,保证工程安全。

(三)冲刷方面

土石坝为散粒体结构,抗冲能力很低。坝体上下游水的波浪在水位变化范围内冲刷坝坡;波浪也有可能沿坝坡爬升冲刷坝顶;雨水也会造成坝顶和坝坡的冲刷;季节气温变化,也可能使坝坡受到冻结膨胀和干裂的影响。为防止上述不利影响,应采用相应的工程措施。

(1)在土石坝上下游坝坡设置护坡,坝顶及下游坝面布置排水措施,以免风浪、雨水及气温变化带来的有害影响。

(2)坝顶在最高库水位以上留一定的超高或设置防浪墙,以防止洪水漫过坝顶造成事故。

(3)布置泄水建筑物时,进出口离坝坡有一定距离,以免泄水时对坝坡产生淘刷。

(四)沉陷方面

由于土石料存在较大的孔隙,且易产生相对移动,在自重及水压力作用下,会有较大沉陷。沉陷使坝的高度不足,不均匀沉陷还将导致土石坝裂缝,横缝对坝体极为不利。为防止竣工时坝顶低于设计高程和产生裂缝,施工时应严格控制碾压标准并预留沉陷量,可按坝高的1%~2%预留沉陷值。

二、土石坝的分类

土石坝常按坝高、施工方法、筑坝材料及防渗体位置进行分类。

(一)按坝高分类

土石坝按坝高可分为低坝、中坝和高坝。高度在30 m以下的为低坝,高度在30~70 m的为中坝,高度超过70 m的为高坝。土石坝的坝高应从坝体防渗体(不含混凝土防渗墙、灌浆帷幕、截水墙等坝基防渗设施)底部或坝轴线部位的建基面算至坝顶(不含防浪墙),取其大者。

(二)按施工方法分类

土石坝按施工方法可分为碾压土石坝、水力冲填坝和定向爆破坝三种。

1. 碾压土石坝

碾压土石坝是将土石料按设计要求分层填筑碾压而成。根据土料的分布情况又可分为均质土坝、土质防渗体土石坝和合成材料防渗体土石坝。

1) 均质土坝

坝体基本上由一种透水性较小的土料(壤土、砂壤土等)填筑而成,如图 4-2 所示。这种坝型土料单一,施工方便,便于质量控制,比较适用于建造低坝。当坝址附近有适宜土料且数量足够时,宜优先采用。

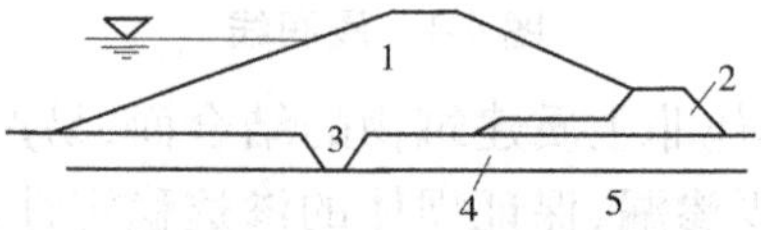

1—均质土;2—坝趾排水体;3—截水槽;4—覆盖层;5—不透水地基

图 4-2　均质土坝

2) 土质防渗体土石坝

用透水性较小的黏土作防渗体,透水性较大的土石料(砂、砂砾料或堆石料)作坝的坝壳。防渗体位于坝体中部或稍向上游倾斜的,称为心墙土石坝或斜心墙土石坝,如图 4-3(a)所示;防渗体位于坝体上游的,称为斜墙土石坝,如图 4-3(b)所示。

在黏性土较少,而砂石料较多的地方,可采用这种坝型。土质斜墙坝与心墙坝坝体的防渗体和坝壳部分分工明确,坝壳部分材料稳定性好,可以适用于建造较高土石坝;斜墙与坝壳之间施工干扰较小,防渗效果也较好,但黏土用量和坝体总工程量一般比心墙坝大些,并且其抗震性能和对不均匀沉陷的适应性也不如心墙坝好。

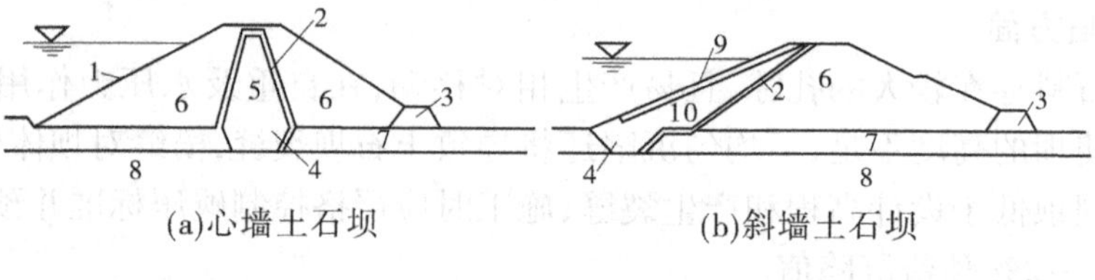

1—块石护坡;2—反滤层;3—坝趾排水体;4—截水槽;5—土质心墙;6—砂砾料或堆石;

7—覆盖层;8—不透水地基;9—斜墙保护层;10—土质斜墙

图 4-3　土质防渗体土石坝

3) 人工防渗体土石坝

当坝址附近缺少合适防渗土料但有充足砂石料时,可采用钢筋混凝土、沥青混凝土、复合土工膜等人工材料作防渗体,坝体其余部分由砂石料或堆石填筑。防渗体可位于坝上游面、中间或中间偏上游,如图 4-4 所示。常见的坝型有钢筋混凝土面板坝、沥青混凝土面板坝、沥青混凝土心墙坝和土工膜防渗土石坝。

由于采用振动碾压堆石,使得混凝土面板堆石坝获得很大发展。面板坝坝体较小,运用安全,施工维修也较方便,在地质条件较好,又有适宜石料的情况下,防渗面板坝是一种经济安全的坝型。

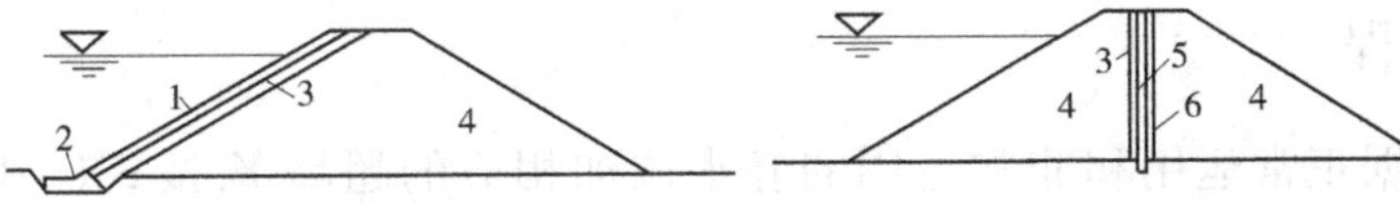

(a)面板堆石坝　　(b)心墙土石坝

1—人工防渗材料面板;2—趾板;3—垫层及过渡区;4—堆石或砂砾料;5—人工防渗材料心墙;6—垫层

图 4-4　人工防渗体土石坝

由于刚性心墙与两侧填土的弹性模量相差较大,地震时两者的变形差较大,易于引起振动破坏。因此,在设计烈度超过 7 度的地震区不宜修建刚性心墙坝。

随着人工合成材料的发展,用土工膜的土石坝逐渐兴起。土工膜不仅防渗性能好,而且具有质量轻、柔性好、强度高、耐磨、施工简便等优点。土工膜最常见的破坏是被硬物刺穿,目前工程中采用的多为由土工织物和土工膜在工厂加工复合而成的复合土工膜,这种整体结构改善了单一土工膜的工程特性(如抗拉强度、顶破及穿刺强度、摩擦特性等),简化了施工程序,因而复合土工膜是用于土石坝防渗的理想材料。

2. 水力冲填坝

水力冲填坝是以水力为动力完成土料的开采、运输和填筑全部工序而建成的坝。其施工方法是用机械抽水到高出坝顶的土场,以水冲击土料形成泥浆,然后通过泥浆泵将泥浆送到坝址,再经过沉淀和排水固结而筑成坝体。这种坝因填筑质量难以保证,目前在国内外很少采用。

3. 定向爆破堆石坝

定向爆破堆石坝是按预定要求埋设炸药,使爆出的大部分土石料抛向预定的地点而形成的坝。这种坝填筑防渗部分比较困难,除苏联外,其他国家极少采用。我国已建有 40 多座,最高的为陕西省石砭峪水库大坝,坝高 82.5 m。

任务二　土石坝的基本剖面

【学习目标】

1. 掌握土石坝坝顶高程确定的方法。
2. 掌握土石坝坝顶宽度的确定方法。
3. 掌握土石坝坝坡的确定方法。
4. 能初步拟定土石坝的剖面。

土石坝的剖面尺寸主要根据坝高和坝的等级、坝型以及筑坝材料特性、坝基情况和施工、运行条件等参照实际工程初步拟定。然后通过渗流和稳定分析检验,最终确定合理的剖面形状。土石坝的基本剖面是梯形,基本尺寸主要包括坝顶高程、坝顶宽度、上下游坡度。

一、坝顶高程

坝顶高程根据正常运用和非常运用的静水位加相应的超高 Y,按式(4-1)、式(4-2)、式(4-3)确定,见图4-5。

$$\nabla_{顶} = \nabla_{静水} + Y \tag{4-1}$$

$$Y = R + e + A \tag{4-2}$$

$$e = \frac{Kv^2 D}{2gH_m}\cos\beta \tag{4-3}$$

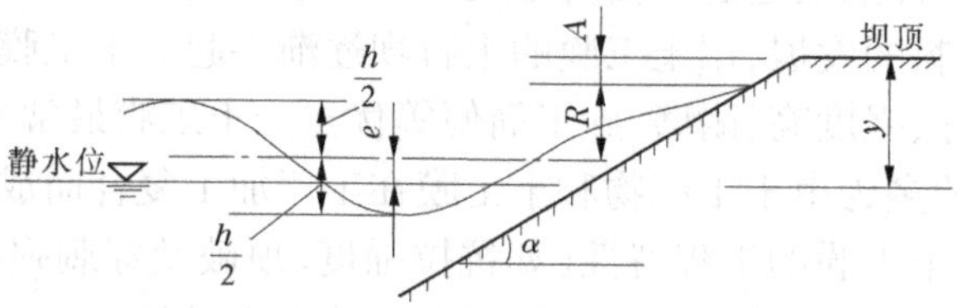

图4-5　坝顶超高图

式中　Y——坝顶在静水位以上的超高,m;

R——波浪在坝坡上的最大垂直爬高,m;

e——最大风壅水面高度,即风壅水面超出原库水位高度的最大值,m;

H_m——坝前水域平均水深,m;

K——综合摩阻系数,计算时一般取 3.6×10^{-6};

A——安全加高,m,根据坝的等级和运用情况,按表4-1确定;

v——库水位上空10 m处的风速,m/s,正常运用条件下采用多年平均最大风速的1.5倍,非常运用条件下采用多年平均最大风速;

D——风区长度,m;

β——风向与水域中线(或坝轴线的法线)的夹角,(°)。

表4-1　安全加高 A 值　(单位:m)

运用情况		坝的级别			
		1	2	3	4、5
设计		1.50	1.00	0.70	0.50
校核	山区、丘陵区	0.70	0.50	0.40	0.30
	平原、滨海区	1.00	0.70	0.50	0.30

式(4-1)~式(4-3)适用于 $v<20$ m/s,$D<20$ km 的情况。

波浪爬高 R 的计算,对小型水库工程,可用下述经验公式计算:

$$R = 3.2K_{\Delta}h\tan\alpha \tag{4-4}$$

$$h = 0.166v^{5/4}D^{1/3} \tag{4-5}$$

式中　K_{Δ}——坝坡的糙率渗透性系数,按表4-2确定;

h——波高;

α——静水位处坝的坡角,(°);

其余符号意义同上。

表 4-2 糙率渗透性系数 K_Δ

护面类型	K_Δ	护面类型	K_Δ
光滑不透水护面(沥青混凝土)	1.0	砌石护面	0.75~0.80
混凝土板护面	0.9	抛填两层块石(不透水基础)	0.60~0.65
草皮护面	0.85~0.9	抛填两层块石(透水基础)	0.50~0.55

当风向与坝轴的法线成一夹角 β 时,波浪爬高应乘以折减系数 K_β,可按表 4-3 确定。

表 4-3 斜向坡折减系数 K_β

β(°)	0	10	20	30	40	50	60
K_β	1	0.98	0.96	0.92	0.87	0.82	0.76

坝顶高程应分别按以下三种情况计算,取其最大值:①正常蓄水位或设计洪水位+正常运用情况的坝顶超高;②校核洪水位+非常运用情况的坝顶超高;③正常蓄水位+非常运用情况的坝顶超高+地震安全加高。

坝顶设防浪墙时,超高值 Y 是指静水位与墙顶的高差。

坝顶高程是指坝体沉降稳定后的数值。施工沉降值一般为坝高的1%。

二、坝顶宽度

坝顶宽度应根据运行、施工、构造、交通和人防等方面的要求综合研究后确定。

当无特殊交通要求时,高坝的坝顶最小宽度可选用10~15 m,中低坝可选用5~10 m。

坝顶宽度必须考虑心墙或斜墙顶部及反滤层布置的需要。在寒冷地区,坝顶还须有足够的厚度以保护黏性土料防渗体免受冻害。

三、上下游坝坡

土石坝的坝坡坡度对坝体稳定及工程量大小起着很重要的作用。影响坝坡大小的因素主要有:坝型、坝高、坝体和坝基材料的性质、坝体所承受的荷载以及坝的施工情况和运用条件等。

一般情况下,上游坝坡经常浸在水中,工作条件不利,所以当上下游坝坡采用同一种土料时,上游坝坡比下游坝坡缓。心墙坝上下游坝壳多采用强度较高的非黏性土填筑,所以坝坡一般比均质坝陡。塑性斜墙坝上游坝坡较缓,下游坡则和心墙坝相仿。地基条件好、土料碾压密实的,坝坡可以陡些,反之则应放缓。黏性土料的稳定坝坡为一曲面,上部坡陡,下部坡缓,所以用黏性土料做成的坝坡,常沿高度分成数段,每段10~30 m,从上而下逐渐放缓,相邻坡率差值取0.25或0.5。砂土和堆石的稳定坝坡为一平面,可采用均一坡率。当坝基或坝体土料沿坝轴线分布不一致时,应分段采用不同坡率,在各段之间设过渡区，使坝坡缓慢变化。

在变坡处可根据需要确定是否设置马道，碾压土石坝上下游坝坡常沿高程每隔 10 ~ 30 m 设置一条马道，其宽度不小于 1.5 m，用以拦截雨水，防止冲刷坝面，同时也兼作交通、检修和观测之用，还有利于坝坡稳定。马道一般设在坡度变化处。

土石坝坝坡确定的步骤是：根据经验用类比法初步拟定，再经过核算、修改以及技术经济比较后确定。坝坡经验值见表 4-4。

表 4-4　坝坡经验值

类型			上游坝坡	下游坝坡
土坝（坝高）（m）	<10		1∶2.00 ~ 1∶2.50	1∶1.50 ~ 1∶2.00
	10 ~ 20		1∶2.25 ~ 1∶2.75	1∶2.00 ~ 1∶2.50
	20 ~ 30		1∶2.50 ~ 1∶3.00	1∶2.25 ~ 1∶2.75
	>30		1∶3.00 ~ 1∶3.50	1∶2.50 ~ 1∶3.00
分区坝	心墙坝	堆石（坝壳）	1∶1.7 ~ 1∶2.7	1∶1.50 ~ 1∶2.50
		土料（坝壳）	1∶2.0 ~ 1∶3.0	1∶20 ~ 1∶3.00
	斜墙坝		石质比心墙坝缓 0.2；土质缓 0.5	取值比心墙坝可适当偏陡
人工材料面板坝			1∶1.4 ~ 1∶1.7	1∶1.30 ~ 1∶1.40（堆石） 1∶1.50 ~ 1∶1.60（卵石）
沥青混凝土面板坝			不陡于 1∶1.7	

四、案例分析

（一）基本资料

新建塘坝位于山东临沂山区，工程等别为Ⅴ等，主要建筑物级别为 5 级，次要建筑物 5 级。塘坝设计洪水标准 20 年一遇，校核洪水标准 100 年一遇。塘坝流域中心处多年平均最大 24 h 降雨量 $H_{24}=118$ mm。

大坝采用黏土心墙坝，要求黏土心墙底部嵌入岩基不小于 1.5 m，顶部不设防浪墙。

大坝迎水坡设计坡比为 1∶2.5，背水坡为 1∶2.0。

（二）水文水利计算

1. 计算方法

根据《山东省小型水库洪水核算办法》，采用经验公式图表查算法推算设计洪水。

2. 设计雨期的确定

设计雨期根据对水库流域内暴雨特性及产汇流规律进行分析，该水库入库洪水均不超过 24 h，确定设计雨期为 24 h。

3. 设计暴雨量的推算

塘坝流域中心处多年平均最大 24 h 降雨量 $H_{24}=118$ mm，变差系数 $C_V=0.57$，取 $C_S=3.5C_V$，各设计频率的暴雨量 H_{24P}，成果见表 4-5。

表 4-5 塘坝各设计频率暴雨量计算成果

频率(%)	K_P	H_{24P}(mm)
1	3.06	361.1
5	2.14	252.5

4. 设计洪水的推求

(1)流域特征参数 K 计算

$$K = L/(J^{1/3}F^{2/5}) \tag{4-6}$$

式中 K——流域特征参数;

L——干流长度,m,取 $L=1.0$ km;

J——平均干流比降,m/m,取 $J=0.13$ m/m;

F——流域面积,km^2,取 $F=0.42$ km^2。

经计算,$K=2.79$。

(2)单位面积最大洪峰流量 q_m:根据设计暴雨及流域特征参数 K,查泰沂山南山区 $q_m \sim H \sim K$ 图,得各频率单位面积最大洪峰流量 q_m,成果见表 4-6。

表 4-6 塘坝各设计频率单位面积最大洪峰流量成果

频率(%)	1	5
q(m^3/(s·km^2))	50.4	36.6

(3)设计最大洪峰流量 Q_m 计算

$$Q_m = q_m F \tag{4-7}$$

式中 Q_m——洪峰流量,m^3/s;

q_m——单位面积最大洪峰流量,m^3(s·km^2);

F——流域面积,km^2,$F=0.42$ km^2。

计算得各频率最大洪峰流量 Q_m,成果见表 4-7。

表 4-7 塘坝各设计频率最大洪峰流量成果

频率(%)	1	5
Q_m(m^3/s)	21.2	15.4

(4)洪水总量 W 计算

$$W = 0.1 \times R \times F \tag{4-8}$$

式中 W——洪水总量,万 m^3;

R——净雨深,mm;

F——流域面积,km^2,$F=0.42$ km^2。

净雨深 R 由 $P+P_a \sim R$ 关系图查得,其中 $P=0.75H_{24P}$,$P_a=40$ mm。各设计频率洪水总量成果见表 4-8。

表 4-8 塘坝各设计频率洪水总量计算成果

频率(%)	1	5
P(mm)	270.8	189.4
$P+P_a$(mm)	310.8	229.4
R(mm)	242.8	163.4
W(万 m^3)	10.2	6.9

5. 坝顶高程计算

1) 坝顶超高的计算

坝顶超高计算按照《小型水利水电工程碾压式土石坝设计导则》(SL 189—2013)(以下简称"设计导则"),计算如下

$$y = R + A \tag{4-9}$$

式中 y——坝顶超高,m;

R——波浪爬高,m;

A——安全加高,m。

(1) 波浪爬高 R:

$$R = 3.2K_\Delta h\tan\alpha \tag{4-10}$$

式中 K_Δ——坡面糙率,取 0.8。

h——波高。

$$\tan\alpha = 1/m_上 = 0.4 \quad (m_上 = 2.5);$$

$$h_{正常} = 0.166 \times v_风^{5/4} \times D_吹^{1/3} = 4.07 \quad (v_风 = 24\ \text{m/s}, D_吹 = 0.10\ \text{km});$$

$$h_{非常} = 0.166 \times v_风^{5/4} \times D_吹^{1/3} = 2.55 \quad (v_风 = 16\ \text{m/s}, D_吹 = 0.11\ \text{km})。$$

经计算 $R_{正常} = 4.17$ m;$R_{非常} = 2.61$ m。

(2) 安全加高 A:根据"设计导则"中 6.1.1 条规定,正常运用条件下 A 取 0.50 m,非常运用条件下 A 取 0.3 m。

(3) 坝顶超高 y 的计算:

正常运用 $y_{正常} = R_{正常} + A_{正常} = 4.67$ m;

非常运用 $y_{非常} = R_{非常} + A_{非常} = 2.91$ m。

2) 坝顶高程计算

按照"设计导则"6.1.2 条规定,坝顶高程等于水库静水位与坝顶超高之和,分别按以下运用条件计算,取其最大值:

(1) 设计洪水位或正常蓄水位加正常运用条件的坝顶超高;

(2) 校核洪水位加非常运用条件的坝顶超高;

(3) 正常蓄水位加非常运用条件的坝顶超高加地震安全加高(地震安全加高取 1.0 m)。

根据上述几种情况分别计算坝顶高程,计算结果见表 4-9。

因此,坝顶高程不应低于 98.85 m。

表 4-9 塘坝坝顶高程计算成果

水位	运用情况	洪水位(m)	坝顶超高(m)	核算坝顶高程(m)
设计洪水位	正常运用	94.18	4.67	98.85
正常蓄水位	正常运用	93.00	4.67	97.67
正常蓄水位	非常运用(地震)	93.00	3.91	96.91
校核洪水位	非常运用	94.46	2.91	97.37

任务三 土石坝的构造

【学习目标】

1. 掌握土石坝坝顶构造要求和布置。
2. 掌握土石坝黏土防渗体的布置要求。
3. 掌握土石坝下游坝脚排水体布置形式和要求。
4. 掌握土坝上下游护坡的类型。
5. 能很熟练的阅读土坝工程图。

土石坝的构造主要包括坝顶、护坡、防渗体和排水设施等部分。

一、坝顶

土石坝坝顶一般都做护面,可采用碎石、砂砾石或铺渣油,以防雨水冲刷。如作交通用,则应满足道路的设计要求。

坝顶上游侧常设防浪墙,防浪墙可用混凝土或浆砌石修建,应有足够的坚固性,且底部应与防渗体紧密结合,墙身应设置伸缩缝。混凝土面板堆石坝的防浪墙一般兼有挡水作用,故伸缩缝内应设止水。防浪墙的高度一般为 1.0 ~ 1.2 m。

在坝顶下游侧宜设置路缘石,结合坝顶排水,路缘石应设置排水口,坝顶路面可向上、下游分别倾斜 2% ~ 3%,当设防浪墙时,只向下游倾斜。如有条件,可在坝顶上游侧设置照明设备。

坝面布置与坝顶结构力求经济实用,在建筑艺术方面力求美观大方。坝顶构造布置见图 4-6。

二、防渗体

设置防渗体的目的是减少通过坝体和坝基的渗漏量,降低浸润线,以增加下游坝坡的稳定性,降低渗透坡降以防止渗透变形。土石坝的防渗体应有心墙、斜心墙、斜墙、铺盖和截水墙等。

(一)黏性土心墙

心墙一般布置在坝体中部,有时稍偏上游并稍为倾斜,以便和坝顶的防浪墙相连接,

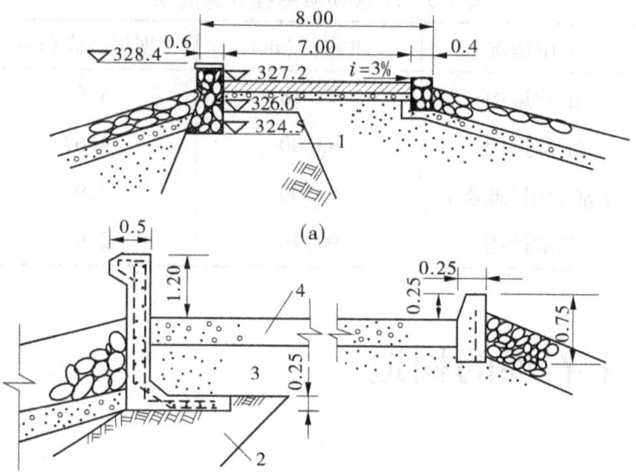

1—心墙;2—斜墙;3—回填土;4—坝顶路面

图 4-6 坝顶构造布置 (单位:m)

如图 4-7 所示。

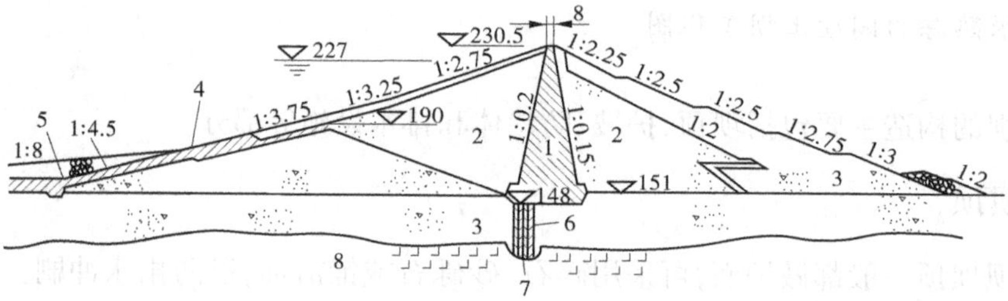

1—黏土心墙;2—半透水材料;3—砂卵石;4—施工时挡水斜墙;5—盖层;6—混凝土防渗墙;7—灌浆帷幕;8—玄武岩

图 4-7 黏土心墙坝

心墙坝顶部厚度一般不小于 3 m,底部厚度不宜小于作用水头的 1/4。黏土心墙两侧边坡多在 1:0.15 ~1:0.3。心墙的顶部应高出设计洪水位 0.3 ~0.6 m,且不低于校核水位,当有可靠的防浪墙时,心墙顶部高程也不应低于设计洪水位。心墙顶与坝顶之间应设有保护层,厚度不小于该地区的冰结或干燥深度,同时不宜小于 1.0 m。心墙与坝壳之间应设置过渡层,岩石地基上的心墙,一般还要设混凝土垫座,或修建 1 ~3 道混凝土齿墙。齿墙的高度为 1.5 ~2.0 m,切入岩基的深度常为 0.2 ~0.5 m,有时还要在下部进行帷幕灌浆,如图 4-8 所示。

(二)黏土斜墙

黏土斜墙位于上游坝坡处,见图 4-9。墙顶厚不宜小于 3.0 m。底厚不宜小于作用水头的 1/5。墙顶应高出设计洪水位 0.6 ~0.8 m,且不低于校核水位。同样,如有可靠的防浪墙,斜墙顶部也不应低于设计洪水位。斜墙顶部和上游坡都必须设保护层,厚度不得小于冰冻和干燥深度,一般用 2 ~3 m。一般内坡不宜陡于 1:2.0,外坡常在 1:2.5 以上。斜墙与保护层以及下游坝体之间,应根据需要分别设置过渡层。

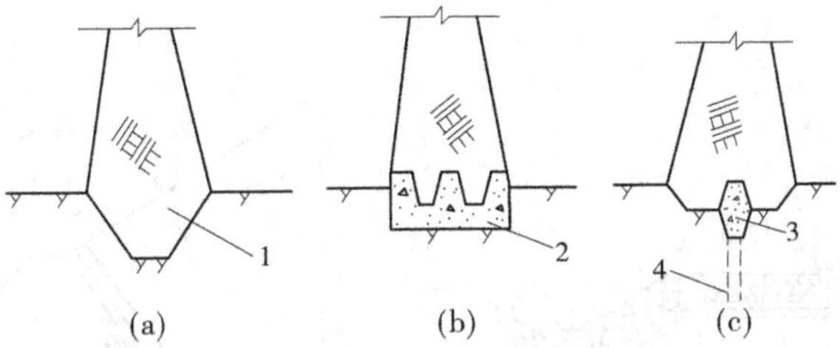

1—截水槽;2—混凝土垫座;3—混凝土齿墙;4—灌浆孔

图 4-8　心墙与地基的连接

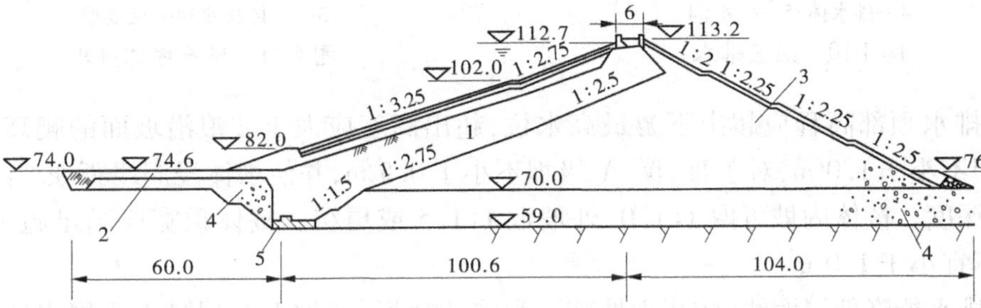

1—黏土斜墙;2—黏土铺盖;3—砂砾半透水层;4—砂砾石土基;5—混凝土盖板齿墙

图 4-9　黏土心墙坝

(三)非土料防渗体

其他非土料防渗体有钢筋混凝土、沥青混凝土、土工膜、木板、钢板、浆砌块石和塑料薄膜等,较常用的沥青混凝土和钢筋混凝土,将在堆石坝中介绍。

三、排水设施

坝体排水设施的作用是排除坝体渗水,降低下游坝壳内浸润线及孔隙水压力,防止坝坡冻胀破坏与渗透变形,增加下游坝坡的稳定性。

排水设施应具有充分的排水能力,防止被泥沙堵塞,以保证任何情况下都能自由地排出全部渗水,在排水设施与坝体、土基结合处,都应设置反滤层。常用的坝体排水有以下几种形式。

(一)贴坡排水

紧贴下游坝坡的表面布置,它由 1 ~2 层堆石或砌石筑成,在石块与坝坡之间设置反滤层,如图 4-10 所示。

贴坡排水顶部应高出浸润线逸出点 1.5 m 以上,且应使坝体浸润线在冻结深度以下。排水设备的厚度应大于冻结深度,其下部与坝脚排水沟相接。

这种排水设备不能降低浸润线,但用料较少,构造简单,便于检修,能防止浸润线出逸点以下坝坡产生渗透变形,适用于浸润线较低的坝和下游无水的中小型土石坝。

(二)棱体排水

在下游坝脚处用块石堆成棱体,在棱体石块和坝体与地基土体之间设置反滤层,如

图 4-11所示。

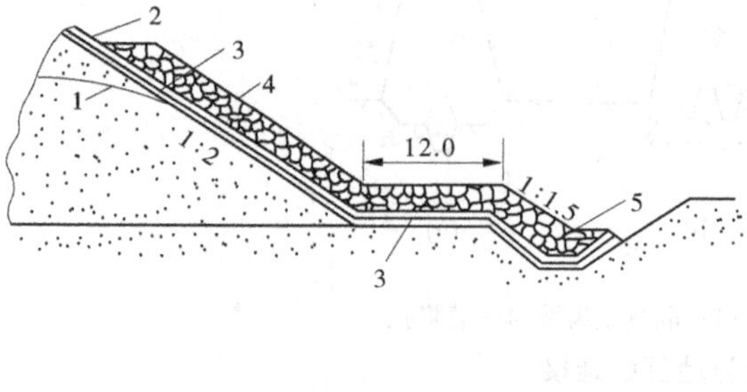

1—浸润线;2—护坡;3—反滤层;
4—排水体;5—排水沟

图 4-10　贴坡排水

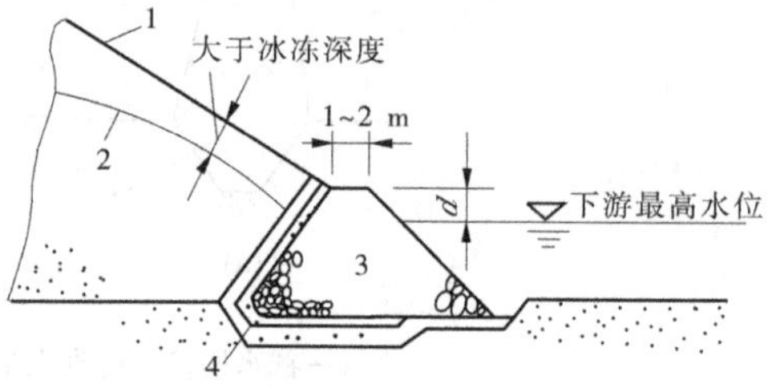

1—下游坝坡;2—浸润线;
3—棱体排水;4—反滤层

图 4-11　堆石棱体排水

棱体排水顶部高程应超出下游最高水位,超出高度应大于波浪沿坡面的爬高,对于Ⅰ、Ⅱ级坝不小于1.0 m,对于Ⅲ、Ⅳ、Ⅴ级坝不小于0.5 m,并使坝体浸润线距坝坡的距离大于冰冻深度。棱体内坡可取1∶1.0,外坡取1∶1.5或更缓。棱体顶宽应满足施工和观测需要,不宜小于1.0 m。

棱体排水能降低浸润线,防止坝坡冻胀和渗透变形,保护下游坝脚不受尾水冲刷,且有支持坝体稳定的作用,比较可靠,但石料用量较大,费用较高,与坝体施工有干扰,检修也困难。土石坝的河槽部分常用这种排水体。

(三)褥垫排水

褥垫排水是将石块沿坝基面平铺并伸展到坝体内的排水设施,块石层厚0.4~0.5 m的块石,并用反滤层包裹,如图4-12所示。

褥垫伸入坝体内的长度应根据渗流计算确定,对黏性土均质坝不大于坝底宽的1/2。当下游水位低于排水设施时,降低浸润线的效果显著,还有助于坝基排水固结。但当坝基产生不均匀沉陷时,褥垫排水层易遭断裂,而且检修困难,施工时有干扰。

(四)管式排水

管式排水是一种将排水暗管埋入坝体内部的一种排水形式,见图4-13。暗管可以是带孔的陶瓦管、混凝土管或钢筋混凝土管,还可以是由碎石堆筑而成。平行于坝轴线的集水管收集渗水,经由垂直于坝轴线的横向排水管排向下游,横向排水管的间距为15~20 m。

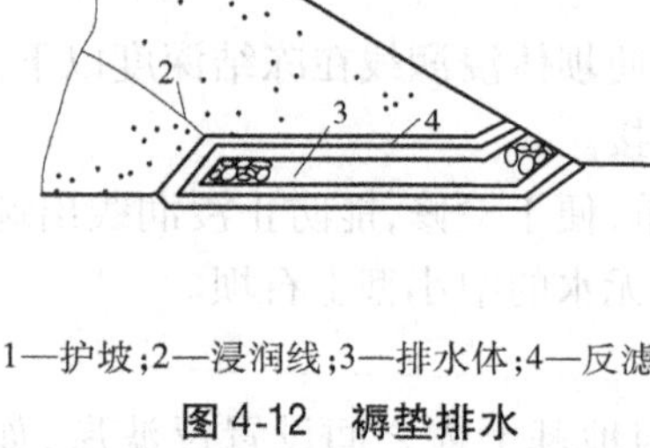

1—护坡;2—浸润线;3—排水体;4—反滤层

图 4-12　褥垫排水

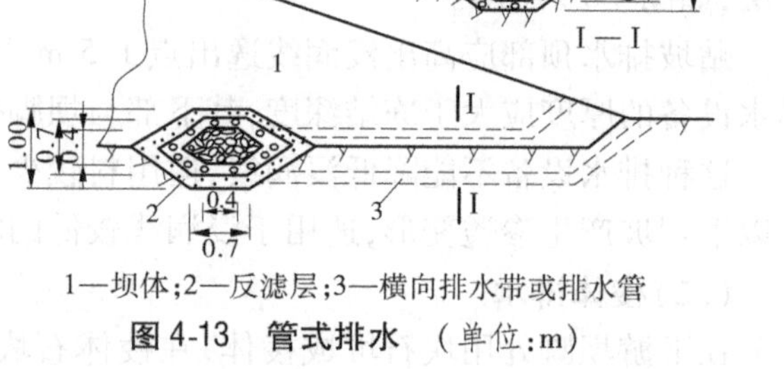

1—坝体;2—反滤层;3—横向排水带或排水管

图 4-13　管式排水　(单位:m)

管式排水的优缺点与褥垫式排水相似。排水效果不如褥垫式好,但用料少。一般用于土石坝岸坡及台地地段,因为这里坝体下游经常无水,排水效果好。

(五)综合式排水

为充分发挥各种形式的排水优点,降低造价,在实际工程中常根据具体情况采用几种排水形式组合在一起的综合式排水,见图4-14。

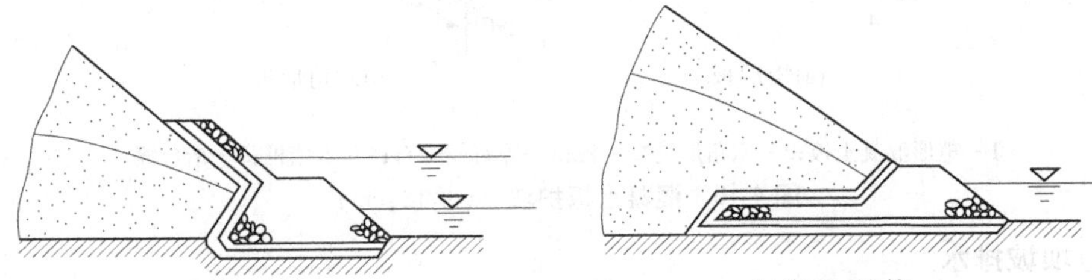

(a)贴坡+棱体　(b)褥垫+棱体

图4-14　综合式排水

四、土石坝的护坡与坝坡排水

土石坝的上游面容易受波浪淘刷、顺坝水流冲刷、冰冻和漂浮物的损害,下游面受雨水、水下部位的风浪、动物、冰冻、水流、干裂等因素的破坏。因此,上下游坝坡必须设置护坡。

(一)上游护坡

上游护坡可采用抛石、干砌石、浆砌石、混凝土块(板)或沥青混凝土,如图4-15和图4-16所示,其中以砌块石护坡最常用。根据风浪大小,干砌石护坡可采用单层砌石或双层砌石,单层砌石厚0.3~0.35 m,双层砌石厚0.4~0.6 m,下面铺设0.15~0.25 m厚的碎石或砾石垫层。

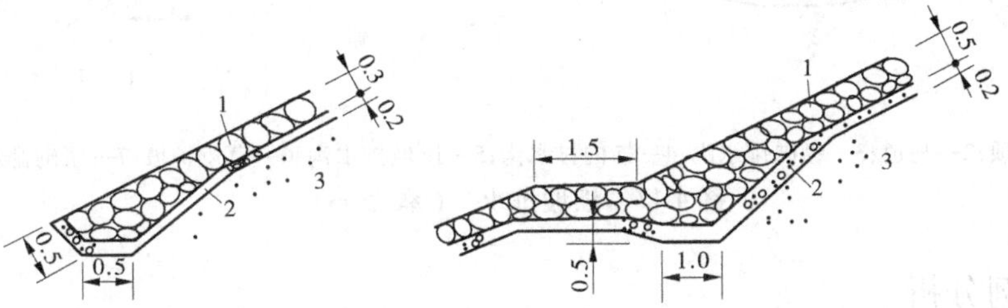

(a)马道　(b)护坡坡角

1—干砌石;2—垫层;3—坝体

图4-15　干砌石护坡　(单位:m)

护坡范围上至坝顶,下至水库最低水位2.5 m以下,4、5级坝可减至1.5 m,不高的坝或最低水位不确定时常护至坝底。上游护坡在马道及坡脚应设置基座以增加稳定性。

(二)下游护坡

下游护坡可采用草皮、碎石或块石等,其中草皮护坡是最经济的形式之一。下游坝面需要全部护砌。如坝体为堆石、碎石或卵石填筑,可不设护坡。

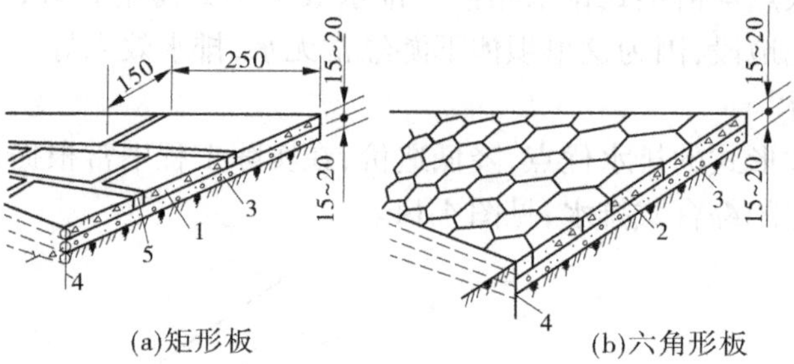

1—矩形混凝土板;2—六角形混凝土板;3—碎石或砾石;4—木档桩;5—结合缝

图 4-16　混凝土板护坡　(单位:cm)

(三)坝坡排水

为防止雨水冲刷,在下游坝坡上常设置纵横连通的排水沟,见图4-17。沿土石坝与岸坡的连接处,也应设置排水沟以拦截山坡上的雨水。坝面上纵向排水沟沿马道内侧布置,用浆砌石或混凝土板铺设成矩形或梯形。横向排水沟可每隔 50 ~ 100 m 设置一条,总数不少于两条。排水沟断面一般深 0.2 m、宽 0.3 m,可采用浆砌石或混凝土块砌筑。

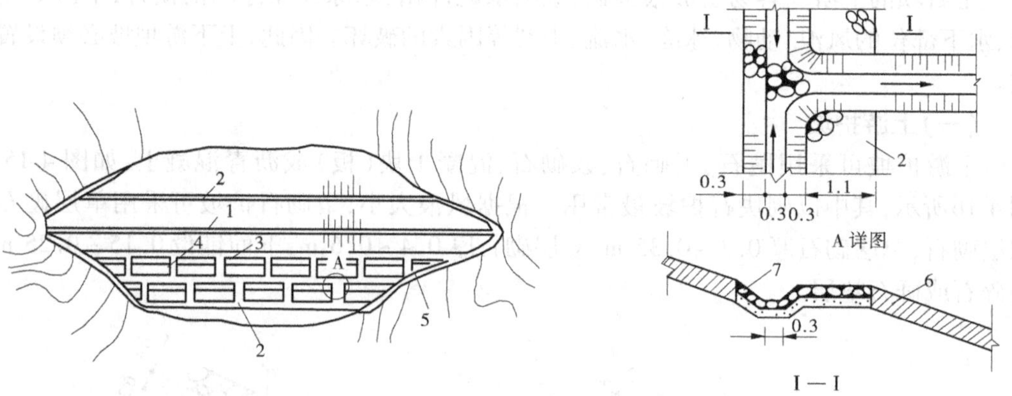

1—坝顶;2—马道;3—纵向排水沟;4—横向排水沟;5—岸坡排水沟;6—草皮护坡;7—浆砌排水沟

图 4-17　坝坡排水　(单位:m)

五、案例分析

某黏性土心墙堆石坝为 2 级建筑物,坝顶高程 563.20 m。黏性土心墙底高程为511.00 m,相应心墙底宽为11.50 m;心墙顶高程561.80 m;水库正常蓄水位560.00 m,相应下游水位 515.00 m;设计洪水位 560.50 m,相应下游水位 518.00 m;校核洪水位561.40 m,相应下游水位519.10 m。不考虑风浪爬高、地震及坝体沉降的影响。

分析:心墙底部厚度、心墙顶部高程能不能满足要求?

解:根据《碾压式土石坝设计规范》(SL 274—2001)中第 5.5.2 条,土质心墙防渗体底部厚度,不宜小于水头的1/4。

正常蓄水位下心墙底部厚度不宜小于:

(560.00 - 515.00)/4 = 11.25(m) < 11.50 m

设计洪水位下心墙底部厚度不宜小于：

(560.50 - 518.00)/4 = 10.63(m) < 11.50 m

校核洪水位下心墙底部厚度不宜小于：

(561.40 - 519.10)/4 = 10.58(m) < 11.50 m

《碾压式土石坝设计规范》(SL 274—2001)中第5.5.3条还规定，土质防渗体心墙顶部在正常蓄水位或设计洪水位以上的超高应为0.30～0.60 m。非常运用条件下，心墙防渗体顶部不应低于非常运用条件的静水位。本工程不考虑风浪爬高、地震及坝体沉降的影响。

正常蓄水位下心墙顶部高程：

560.00 + (0.30～0.60) = 560.30～560.60(m) < 561.80 m

设计洪水位下心墙顶部高程：

560.50 + (0.30～0.60) = 560.80～561.10(m) < 561.80 m

校核洪水位下心墙顶部高程：

561.40m < 561.80 m

由以上计算可知，心墙底部厚度、心墙顶部高程均满足要求。

任务四 土石坝的筑坝材料

【学习目标】

1. 掌握土石坝各部分对材料的要求和适宜土料。
2. 掌握黏性土体的填筑标准。
3. 掌握非黏性土体的填筑标准。

就地取材是土石坝的特点。坝体附近土石料的种类及工程性质、料场的分布、储量、开采和运输是进行土石坝设计的重要依据。选择筑坝土石料应遵循的原则是：①填筑坝体的土石料应具有与其使用目的相适应的物理力学性质，并且有较好的长期稳定性；②在不影响工程安全的前提下，优先使用坝址附近的材料和枢纽建筑物的开挖料，少占或不占农田；③便于开采、运输。

一、坝体各组成部分对材料的要求

由于土石坝的坝壳、防渗体、排水体等组成部分承担的任务和所处的工作条件不同，所以土石坝对材料的要求也有所不同。

（一）均质坝对土料的要求

均质坝不设置专门的防渗体，土料除具有一定的抗剪强度外，还应具有一定的抗渗性能，其渗透系数不宜大于 10^{-4} cm/s，黏粒含量一般为10%～30%，有机质含量不大于5%，最常用的土料是砂质黏土和壤土。

（二）防渗设施对土料的要求

作为坝体防渗体的土料首先应该具有足够的防渗性，渗透系数不大于 10^{-5} cm/s，它与坝壳材料的渗透系数之比应该最小，最好不大于 1/1 000。防渗土料还应该有一定的塑性，以便适应坝体和坝基的变形而不产生裂缝。一般塑性指数为 7～20 的适用作防渗材料。塑性指数过大，则黏粒含量太多，不宜用来防渗。浸水后膨胀软化较大的黏土以及开挖压实困难的干硬性黏土应尽量不用。防渗体对杂质的含量的要求也比对坝体材料的要求高，一般要求有机质含量不超过 2%，水溶性盐（按质量计）不大于 3%。

塑性指数大于 20 和液限大于 40% 的冲积黏土，膨胀土，开挖、压实困难的干硬黏土，冻土，分散性黏土，均不宜作为防渗体的土料。

（三）心墙坝和斜墙坝对坝壳材料的要求

坝壳土石料主要是为了保持坝体的稳定性，要求有较高的抗剪强度，一般没有防渗要求，所以很少用黏土或壤土、砂壤土建造，而多用粒径级配较好的中砂、粗砂、砂石、卵石及其他透水性高、抗剪强度较大的混合料。均匀的砂料，特别是颗粒较细的砂料，不均匀系数在 1.5～2.6 时，极易产生液化，高坝尽量不用，在地震区更应忌用。砂石土和风化料也可作为坝壳材料，但要进行适当的布置和必要的处理。图 4-18 为理想的土料颗粒级配曲线，设计时可供参考。

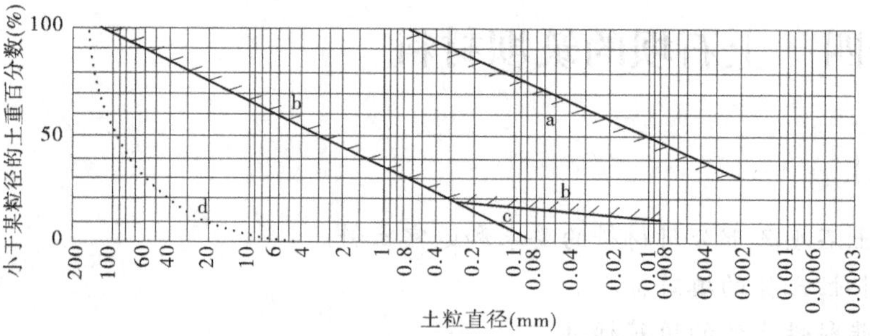

a—心墙、斜墙土料上限；a～b—均质土坝及厚心墙坝的土料范围；b～c—优良透水料；d—密实度最佳的透水料

图 4-18 理想的颗粒级配曲线

（四）排水设施和砌石护坡对石料的要求

排水设备和砌石护坡所用的石料，应有较高的抗水性（在水中不软化、溶蚀）、抗冻性和耐风化力强，石料的抗压强度不低于 49 MPa，软化系数不小于 0.75～0.85，岩石的孔隙率不大于 3%。岩石尺寸应满足设计要求，块石形状应比较方正，最长边与最短边比值一般为 1.5～2.0。新鲜的岩浆岩、某些新鲜的沉积岩及变质岩均可用作排水设备、护坡的材料。

二、土石料的填筑标准

土石料的填筑标准是指土料的压实程度及其适宜含水量。一般情况下，土石料压得越密实，即干密度越大，其抗剪强度、抗渗性、抗压缩性也越好，可使坝坡较陡、剖面缩小。但过大的密实度需要增加碾压费用，往往不一定经济，工期还可能延长。因此，应综合分析各种条件，并通过试验，合理地确定土料的填筑标准，达到既安全又经济的目的。

（一）黏性土的压实标准

对不含砾或含少量砾的黏性土料，以设计干重度作为设计指标，按击实试验的最大干重度乘以压实度确定。对于Ⅰ级坝和高坝压实度为 0.98～1.00，对于Ⅱ级、Ⅲ级及其以下的中坝压实度为 0.96～0.98。

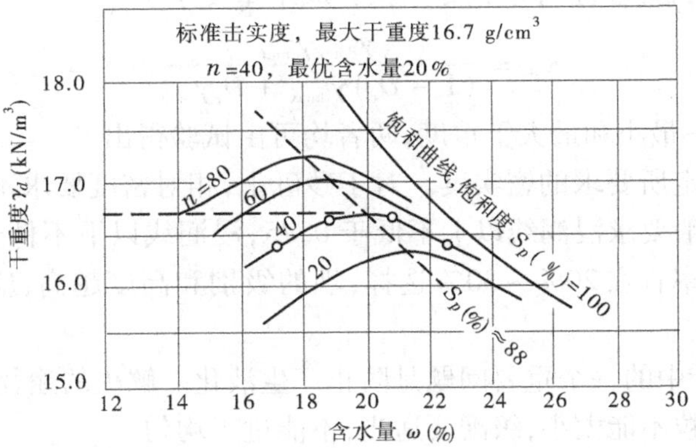

图 4-19 黏性土击实曲线

土料的压实度受击实功能的控制，同时又随含水量而变化。在一定的压实功能条件下达到最佳压实效果的含水量称为最优含水量。填土所能达到的干重度与击实功能和含水量的关系如图 4-19 所示。最优含水量多在塑限附近，黏性土的填筑含水量控制在最优含水量附近。

（1）填土含水量 ω 由下式计算：

$$\omega = \omega_\rho + \beta I_\rho \tag{4-11}$$

式中 ω——土的最优含水量；

ω_ρ——土的塑限；

I_ρ——土的塑性指数；

β——系数（高坝可取为 ±0.1，中低坝可取 ±0.1～0.2）。

（2）填土的干重度 γ_d：

$$r_d = m\frac{r_s(1 - v_a)}{1 + 0.01\omega r_s} \tag{4-12}$$

式中 v_a——单位土体中空气的体积（黏性土取为 0.05，壤土可取为 0.04，砂壤土可取为 0.03）；

γ_s——土粒比重；

m——施工条件系数（高坝可取为 0.97～0.99，中低坝可取为 0.95～0.97）。

（二）非黏性土料的压实标准

非黏性土料是填筑坝体或坝壳的主要材料之一，对它的填筑密度也应有严格的要求，以便提高其抗剪强度和变形模量，增加坝体稳定和减小变形，防止砂土料的液化。它的压密程度一般与含水量关系不大，而与粒径级配和压实功能有密切关系。压密程度一般用相对紧密度 D_r 来表示。

$$D_r = \frac{e_{max} - e}{e_{max} - e_{min}} \tag{4-13}$$

式中 e_{max}、e_{min}——最大与最小孔隙比；

e——设计孔隙比。

为了便于施工控制，常将相对密度 D_r 换算成干重度 γ_d。

$$\gamma_d = \frac{\gamma_{dmax}\gamma_{dmin}}{(1 - D_r)\gamma_{dmax} + D_r\gamma_{dmin}} \tag{4-14}$$

式中 γ_{dmin}、γ_{dmax}——最小和最大干重度，两者均可由试验得出。

设计时，应当选定所要求的密实度。对于砂砾土，相对密度要求不低于0.75～0.80，地震区的土石坝，一般要求浸润线以上不低于0.75，浸润线以下不低于0.75～0.85。对于堆石坝，平均孔隙率宜在20%～30%选择，坝的级别和高度越高，应选小值，反之应选大值。

非黏性土料设计中的一个重要问题是防止产生液化。解决的途径除要求有较高的密实度外，还要注意颗粒不能太小，级配要适当，不能过于均匀。

任务五　土石坝的渗流分析

【学习目标】

1. 了解土坝渗流分析的目的。
2. 掌握均质土坝渗流计算的方法。
3. 掌握土体渗透变形的类型和特点。
4. 掌握土坝防止渗透变形的措施。
5. 能进行不透水地基上均质土坝渗流分析。

一、渗流分析的任务和方法

（一）渗流分析的任务

（1）确定坝体浸润线和下游渗流出逸点的位置。

（2）确定坝体与坝基的渗流量，以便估计水库渗漏损失和确定坝体排水设备的尺寸。

（3）确定坝坡出逸段和下游地基表面的出逸坡降，以判断该处的渗透稳定性。

（4）确定库水位降落时上游坝壳内自由水面的位置，估算由此产生的孔隙水压力，供上游坝坡稳定分析之用。

（二）渗流计算的方法

土石坝渗流计算的方法可分为公式计算法和流网法两大类。公式计算法分为流体力学法和水力学法，流网法的流网可用作图、数值分析和模型试验绘制。下面主要介绍均质土坝渗流计算的水力学法。

采用水力学法计算时，作了如下一些假定：坝体土是均质的，坝体内每点在各方向的渗透系数都是常数；渗透水流为二元稳定流，属层流运动，符合达西定律；渗透水流是渐变流，等势线上各点的水头是常数。

二、渗流分析的水力学法

（一）均质坝的渗流计算

（1）不透水地基上均质坝，下游无排水设备或设贴坡排水设备，下游水深为 H_2。

计算时将坝体剖面分为上游楔形体、中间段和下游楔形体三段，见图 4-20。B' 点为浸润线逸出点，以 O 点为坐标原点，建立如图 4-20 所示坐标系。

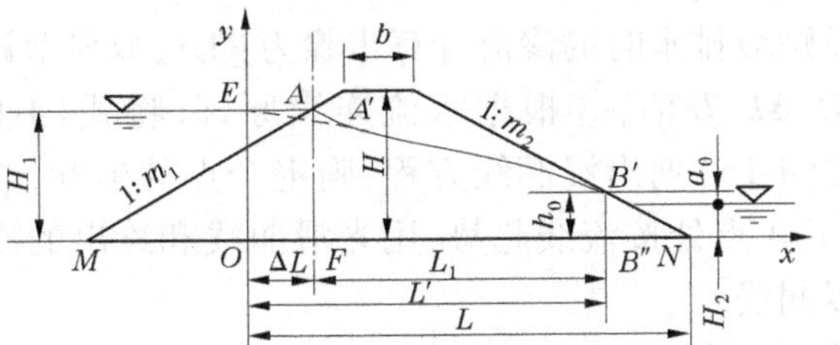

(a)上游坝身段计算图

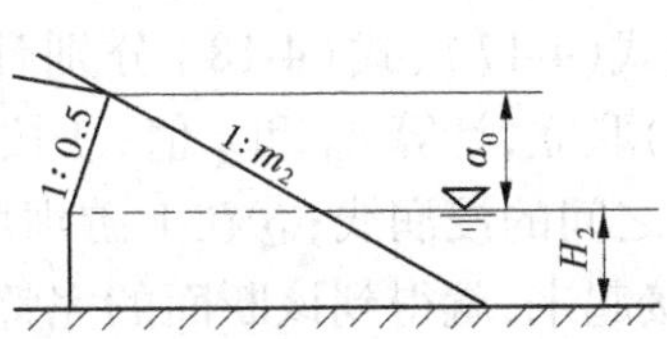

(b)下游坝脚处渗流计算图

图 4-20 均质坝无排水或设贴坡排水的渗流计算

通过中间的坝体单宽渗流量 q_1 和浸润线方程式计算公式

$$q_1 = k\frac{H_1^2 - (H_2 + a_0)^2}{2[L - m_2(H_2 + a_0)]} \tag{4-15}$$

$$y = \sqrt{H_1^2 - \frac{2q_1}{k}x} \tag{4-16}$$

$$\Delta L = \frac{m_1}{1 + 2m_1}H_1 \tag{4-17}$$

$$L = \Delta L + L_1 \tag{4-18}$$

式中 H_1——上游水深，m；

m_1、m_2——上、下游坝坡系数，如为变坡则取平均值；

h_0——浸润线在下游坝坡上逸出点的高度；

k——坝体土料渗透系数，m/s；

ΔL——上游楔形体段折算的等效矩形宽度，m；

L_1——水库水面与上游坝坡交点至下游坝趾之间的水平距离，m；

x、y——浸润线任意点的坐标值。

试验研究认为，下游水位以上的坝身段与楔形体段以 1∶0.5 的等势线为分界面，下游水位以下部分以铅直面作为分界面，与实际情况更相近。

通过下游楔形体的渗流量计算公式：

通过下游楔形体上部的渗流量 q_2' 为

$$q_2' = \int_0^{a_0} k\frac{y}{(m_2 + 0.5)y}\mathrm{d}y = k\frac{a_0}{m_2 + 0.5} \tag{4-19}$$

通过下游楔形体下部的渗流量 q_2'' 为

$$q_2'' = k\frac{a_0 H_2}{(m_2 + 0.5)a_0 + \frac{m_2 H_2}{1 + 2m_2}} \tag{4-20}$$

通过下游楔形体的总渗流量 q_2 为

$$q_2 = q_2' + q_2'' = K\frac{a_0}{m_2 + 0.5}\left(1 + \frac{H_2}{a_0 + a_m H_2}\right) \tag{4-21}$$

$$a_m = \frac{m_2}{2(m_2 + 0.5)^2} \tag{4-22}$$

不透水地基上均质坝、无排水或设贴坡排水时的渗流计算步骤为：①选取典型计算断面；②按式(4-17)、式(4-18)分别计算 ΔL、L 值；③根据水流连续原理，将式(4-15)和式(4-21)联立，计算 a_0 和 q 值；④按式(4-16)列出浸润线方程，确定个点的坐标，绘出从 a_0 到 H_1之间的浸润线；⑤在上游坝肩下 A 点处按流线趋势，用光滑曲线和绘出的浸润线平顺连接起来，就得到该断面的完整浸润线.

(2)不透水地基上设有棱体排水设备、下游有水的均质土坝渗流计算。

建立如图 4-21 所示的坐标系，坝体 q 渗流量、浸润线方程式和单宽流量可按下列公式计算：

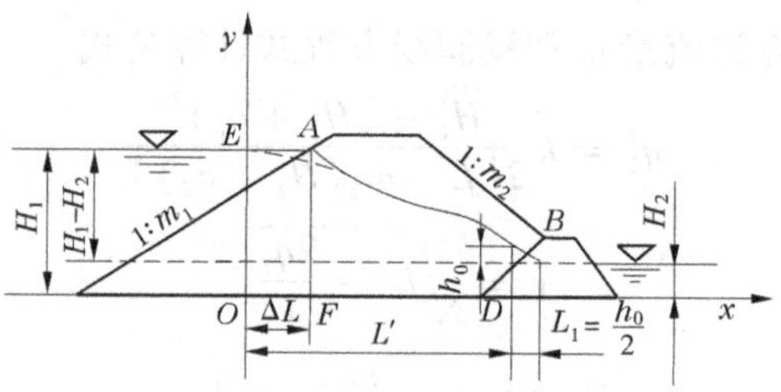

图 4-21　设棱体排水的渗流计算

$$q = k\frac{H_1^2 - (h_0 + H_2)^2}{2L'} \tag{4-23}$$

$$h_0 = \sqrt{L'^2 + (H_1 - H_2)^2} - L' \tag{4-24}$$

$$y = \sqrt{H_1^2 - \frac{2q}{k}x} \tag{4-25}$$

式中　L'——折算矩形上游面至排水体上游坡与下游水位交点之间的水平距离，m；

h_0——下游水位与排水体上游坡交点处的浸润线高度，m；

H_2——下游水深，m。

其余符号意义与无排水设备情况相同。

(3)有限深度透水地基上的均质土坝渗流计算。

如图 4-22 所示，对坝体和地基渗透系数相近的均质土坝，可先假定地基不透水，按上述方法确定坝体的渗流量 q_1 和浸润线；坝体浸润线可不考虑坝基渗透的影响，仍用地基不透水情况下算出的结果，然后假定坝体不透水，计算坝基的渗流量 q_2；最后将 q_1 和 q_2 相加，即可近似地得到坝体坝基的渗流量。当坝体的渗透系数大于坝基渗透系数的1/100

时,认为坝体是不透水的。反之,当坝基的渗透系数小于坝体渗透系数的 1/100 时,认为坝基是不透水地基。

计算坝基的渗流量 q_2,其计算式如下:

$$q_2 = K_T \frac{H_1 T}{nL} \tag{4-26}$$

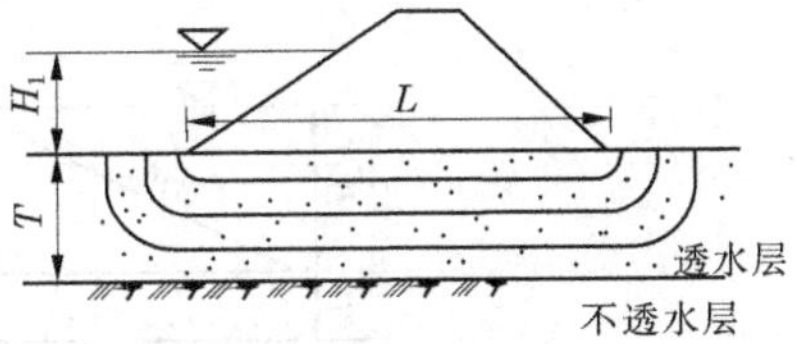

图 4-22　有限深度透水地基上的渗流计算

式中　K_T——坝基透水层土的渗透系数;

H_1——上游水深,m,当下游有水,水深为 H_2 时,应采用上、下游水位差,即用(H_1 - H_2)代替 H_1;

L——排水设备前的坝底宽;

T——透水层厚度;

n——坝基渗径修正系数,可由表 4-10 查取。

表 4-10　坝基渗径修正系数 n 值

L/T	20	5	4	3	2	1
n	1.15	1.18	1.23	1.30	1.44	1.87

浸润线按式(4-16)计算,用这种近似方法计算的渗流量比实际值小,浸润线比实际的高。

(二)心墙坝的渗流计算

有限深透水地基上的心墙坝,一般都有截水槽以拦截透水地基渗流。心墙土料的渗透系数 K_e 常比坝壳土料的渗透系数小得多,故可近似地认为上游坝壳中无水头损失,心墙前的水位仍为水库的水位。计算时一般分下述两段,如图 4-23 所示。

(1)心墙、截水墙段:其土料一般是均一的,可取平均厚度 δ 进行计算。若心墙后的浸润线高度为 h,则通过心墙、截水墙的渗流量 q_1 为

$$q_1 = K_e \frac{(H_1 + T)^2 - (h + T)^2}{2\delta} \tag{4-27}$$

式中　T——透水层厚度,m;

δ——心墙、截水墙平均厚度,m;

K_e——黏土心墙渗透系数,m/s;

其余符号含义同前。

(2)下游坝壳和坝基段:由于心墙后浸润线的位置较低,可近似地取浸润线末端与堆石棱体的上游端相交,然后用式(4-28)计算下游坝体和坝基的渗流量 q_2:

$$q_2 = K\frac{h_2}{2L} + K_T T \frac{h}{L + 0.44T} \tag{4-28}$$

按连续性 $q_1 = q_2 = q$,可由式(4-27)和式(4-28)求得 q 和 h。心墙后的浸润线可按式(4-29)近似计算:

$$y = \sqrt{h^2 - \frac{h^2}{L}x} \tag{4-29}$$

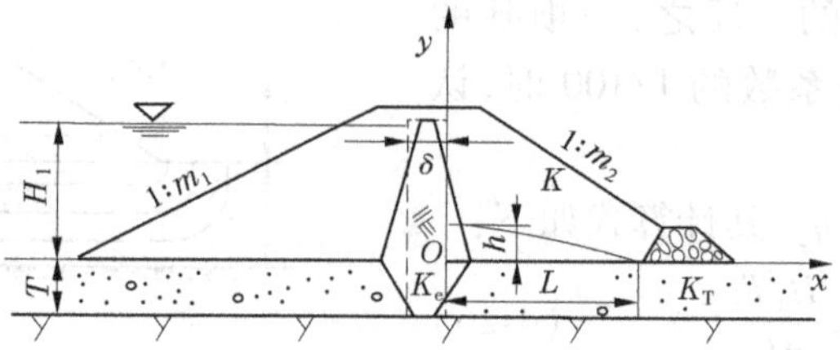

图 4-23 透水地基黏土心墙坝渗流计算

当下游有水时，可近似地假定浸润线逸出点在下游水面与堆石棱体内坡的交点处，用上述同样的方法进行计算。

（三）总渗流量计算

计算总流量时，应根据地形及透水层厚度的变化情况，将土石坝沿坝轴线分为若干段，然后分别计算各段的平均单宽流量，则全坝的总渗透流量 Q 可按下式计算：

$$Q = \frac{1}{2}[q_1 l_1 + (q_1 + q_2) l_2 + \cdots + (q_{n-2} + q_{n-1}) l_{n-1} + q_{n-1} l_n] \tag{4-30}$$

式中 l_1、$l_2 \cdots l_n$——各段坝长，m；

q_1、$q_2 \cdots q_n$——各断面的单宽流量，m^3/s。

三、土石坝的渗透变形及其防止措施

坝体和地基中的渗流，由于机械或化学作用，可能使土体产生局部破坏，称为渗透变形。严重时可能导致工程失事，必须采取有效的防控措施。

（一）渗透变形的类型

（1）管涌。在渗流作用下，坝体或坝基中的细小颗粒被渗流带走逐步形成渗流通道的现象称为管涌，常发生在坝的下游坡或闸坝下游地基面渗流逸出处。没有凝聚力的无黏性砂土、砾石砂土中容易出现管涌；黏性土的颗粒之间存在有凝聚力（或称黏结力），渗流难以把其中的颗粒带走，一般不易发生管涌。

（2）流土。在渗流作用下，成块土体被掀起浮动的现象称为流土。它主要发生在黏性土及均匀非黏性土体的渗流出口处。发生流土时的水力坡降称为流土的破坏坡降。

（3）接触冲刷。当渗流沿两种不同土壤的接触面流动时，把其中细颗粒带走的现象，称为接触冲刷。接触冲刷可能使临近接触面的不同土层混合起来。

（4）接触流土和接触管涌。渗流方向垂直于两种不同土壤的接触面时，例如在黏土心墙（或斜墙）与坝壳砂砾料之间，坝体或坝基与排水设施之间，以及坝基内不同土层之间的渗流，可能把其中一层的细颗粒带到另一层的粗颗粒中去，称为接触管涌。当其中一层为黏性土，由于含水量增大凝聚力降低而成块移动，甚至形成剥蚀时，称为接触流土。

（二）防止渗透变形的措施

土体发生渗透变形的原因主要取决于渗透坡降、土的颗粒组成和孔隙率等。因此，防止渗透变形的工程措施，一方面是降低渗流坡降从而减小渗流速度和渗流压力；另一方面是增强渗流逸出处土体抵抗渗透变形的能力。常用的工程措施有：①在上游侧设置水平与垂直防渗体，截阻渗流，延长渗径，全面降低渗透坡降；②在下游侧设置排水沟或减压井,降低渗流出口处的渗流压力;③对可能发生管涌的渗流地段,铺设反滤层,拦截可能被涌流挟带的细粒;④对下游可能产生流土的地段,应加盖重,盖重下的保护层也必须按反滤原则铺设。

反滤层一般是由2~3层不同粒径的非黏性土、砂和砂砾石组成的,如图4-24所示。层次排列应尽量与渗流的方向垂直,各层次的粒径则按渗流方向逐层增加,设置反滤层要遵循的原则是:①被保护土壤的颗粒不得穿过反滤层;②各层的颗粒不得发生移动;③相邻两层间,较小的一层颗粒不得穿过较粗一层的孔隙;④反滤层不能被堵塞,而且应该具有足够的透水性,以保证排水畅通;⑤应保证耐久、稳定,其工作性能和效果应不随时间的推移和环境的改变而遭受破坏。

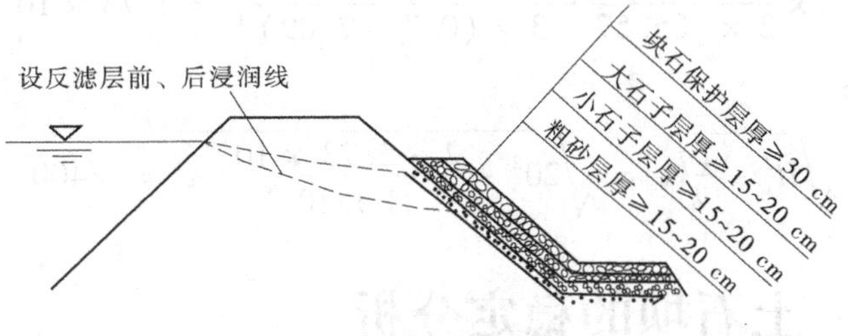

图4-24　反滤层示意图

反滤层级配的设计,详见《碾压式土石坝设计规范》(SL 274—2001)。

四、案例分析

某水库大坝为均质土坝,上、下游坝坡坡比均为1:3,建在不透水的岩石地基上,无排水设备。坝顶高程为224.50 m,正常蓄水位为222.50 m,下游水位为203.20 m,大坝基础高程为202.50 m,见图4-25。均质土坝的渗透系数$k=1\times10^{-4}$ cm/s,浸润线上游坝坡进坝点至下游坝脚的水平投影距离$l=77$ m。

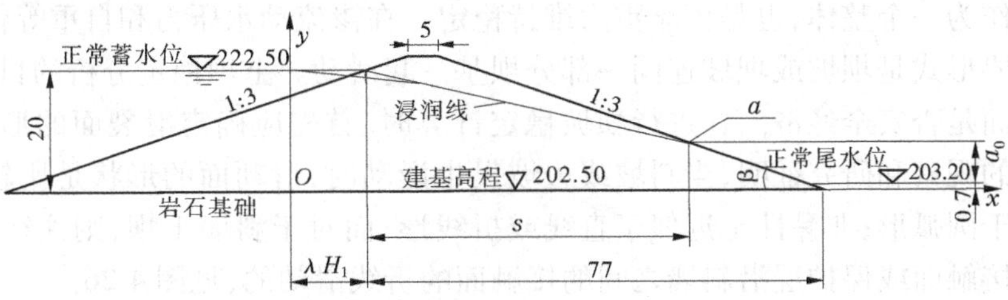

图4-25　典型剖面计算图　(单位:m)

试求:

(1)坝体渗水逸出点的高度a_0;

(2)通过坝体的单宽渗流量q;

(3)浸润线方程。

解:均质土坝在不透水地基上,无排水设备,坝体单宽渗流量q、渗出高度a_0采用以下二式联合求解:

$$q_1 = k\frac{H_1^2 - (H_2 + a_0)^2}{2[L - m_2(H_2 + a_0)]}$$

$$q_2 = K\frac{a_0}{m_2 + 0.5}(1 + \frac{H_2}{a_0 + a_m H_2})$$

式中:$L = \lambda H_1 + 77 = \frac{m_1}{1 + 2m_1}H_1 + 77 = \frac{3}{1 + 2 \times 3} \times 20 + 77 = 85.57\ (\text{m})$;

$H_1 = 20$ m;

$H_2 = 0.7$ m;

经试算:$a_0 = 7.09$ m

$$q_1 = 1 \times 10^{-6} \times \frac{20^2 - (0.7 + 7.09)^2}{2 \times [85.57 - 3 \times (0.7 + 7.09)]} = 2.73 \times 10^{-6}(\text{m}^3/(\text{s}\cdot\text{m}))$$

浸润线方程:

$$y = \sqrt{H_1^2 - \frac{2q}{k}x} = \sqrt{20^2 + \frac{2 \times 2.73 \times 10^{-6}}{1 \times 10^{-6}}x} = \sqrt{400 - 5.46x}$$

任务六　土石坝的稳定分析

【学习目标】

1. 了解土坝坝坡失稳的形式。
2. 掌握土石坝稳定计算的方法和判断标准。
3. 能对圆弧滑动面进行稳定分析。

一、概述

土石坝作为一个整体,也是依靠重力维持稳定。在渗流动水压力和自重等作用下,坝体失稳的主要形式是坝坡或坝坡连同一部分坝基一起滑动。土坝稳定分析的目的是验算所拟定的剖面是否安全经济。在进行坝坡稳定计算时,首先应确定滑裂面的形状。根据对斜坡坍滑的观察和研究证明,当斜坡或边坡发生滑动时,滑动面的形状是比较复杂的、黏性土近似于圆弧形;非黏性土近似于直线或折线形;而对于斜墙土坝,则往往是沿着斜墙与坝体的接触面或保护层沿斜墙之间的接触面的折线滑动的,见图 4-26。

二、荷载组合及稳定安全系数的标准

(一)荷载

土石坝稳定计算必须考虑的荷载有自重、渗透动水压力、孔隙水压力和地震惯性力等。

(1)自重。坝体自重在浸润线以上的土体一般按湿重度计算,浸润线以下、下游水位以上的按饱和重度计算,下游水位以下的按浮重度计算。

(2)渗透动水压力。动水压力的方向与渗透方向相同,作用在单位土体上的渗透动

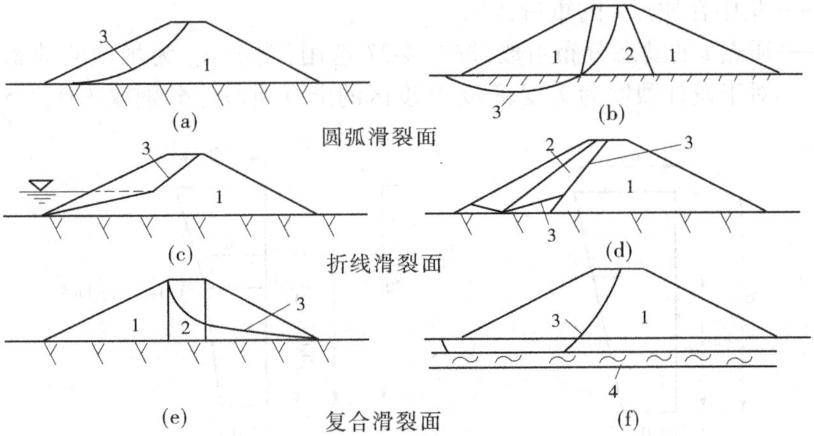

1—坝壳;2—防渗体;3—滑裂面;4—软弱层

图 4-26 坝坡滑裂面形状

水压力为 γJ,γ 为水的重度,J 为该处的渗透坡降。

(3)孔隙水压力。这是黏性土体中常存在的一种力。黏性土在外荷载作用下产生压缩时,由于土内空气和水一时来不及排除,外荷载便由土粒及空隙中水和空气共同承担。土粒骨架承担的应力称为有效应力,它在土体滑动时能产生摩擦力,而水和空气承担的应力称为孔隙压力,它是不能产生摩擦力的。土体中的有效应力 σ' 为总应力 σ 与孔隙压力 u 之差,所以土体的有效抗剪强度为

$$\tau = c + (\sigma - u)\tan\varphi' = c' + \sigma'\tan\varphi' \tag{4-31}$$

式中 φ'——内摩擦角;

c'——凝聚力。

孔隙压力的存在使土的抗剪强度降低,对于黏性填土或坝基,在施工期和水库水位降落期必须计算相应的孔隙压力,必要时,还要考虑施工末期孔隙压力消散的情况。

目前考虑孔隙压力的方法有两种:一种是总应力法,即采用不排水剪的总强度指标 φ_u、c_u 来确定土的抗剪强度 $\tau_u = c_u + \sigma\tan\varphi_u$;另一种是有效应力法,即先计算孔隙压力,再把它当作一组作用在滑弧上的外力来考虑,采用与有效应力相应的由排水剪或固结快剪试验求得的有效强度指标 φ'、c'。

(4)地震惯性力。沿土石坝高度作用于质点 i 处的水平向地震惯性力 Q 可按下式计算:

$$Q = K_H C_z W_i \alpha_i \tag{4-32}$$

竖向地震惯性力 V 计算式为

$$V = \frac{2}{3} K_H C_z W_i \alpha_i \tag{4-33}$$

式中 K_H——水平向地震系数,当设计烈度为 7 度时,取 $K_H = 0.1$,当设计烈度为 8 度时,取 $K_H = 0.2$,当设计烈度为 9 度时,取 $K_H = 0.4$;

C_z——地震效应折减系数,一般取 $C_z = 0.25$;

W_i ——集中在质点 i 的重量,kN;

α_i ——质点 i 的动态分布系数,按图 4-27 选用,图中 α_m 为坝顶的动态分布系数,对于设计烈度为 7 度、8 度、9 度区的土石坝,α_m 分别取 3.0、2.5、2.0。

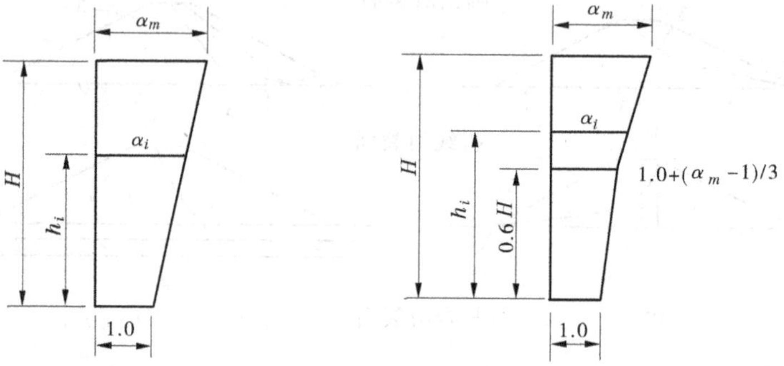

(a)坝高$H \leqslant 40$ m　　(b)坝高$H > 40$ m

图 4-27　土石坝动态分布系数 α_i

(二)稳定计算情况

根据经验,应对以下几种荷载组合情况进行稳定计算:

(1)正常运用情况(设计情况)包括:①上游为正常蓄水位,下游为相应的最低水位或上游为设计洪水位,下游为相应的最高水位时,在稳定渗流情况下的上、下游坝坡的稳定计算;②水库水位正常降落时,上游坝坡的稳定计算。

(2)非常运用情况(校核情况)包括:①施工期,凡黏性填土均应考虑孔隙水压力的影响,考虑孔隙水压力消散的条件为填筑密度低,饱和度 >80%,k 为$10^{-7} \sim 10^{-3}$ cm/s 的大体积填土;②水库水位非常降落,如自校核洪水位降落、降落至死水位以下,大流量泄空等情况下的上游坝坡稳定计算;③校核洪水位下有可能形成稳定渗流时的下游坝坡稳定计算。

(三)稳定安全系数标准

坝坡的抗滑稳定安全系数应不小于规定的数值。

采用计入条块间作用力的计算方法时,坝坡的抗滑稳定安全系数不小于表 4-11 所规定的数值。采用不计条块间作用力的瑞典圆弧法计算坝坡稳定时,对Ⅰ级坝和Ⅱ级以下的高坝,以及一些比较复杂的情况,这时的最小安全系数应比表 4-11 中规定降低 8%。

表 4-11　容许最小抗滑稳定安全系数

运用条件	工程等级			
	1	2	3	4、5
正常运用	1.50	1.35	1.30	1.25
非常运用Ⅰ	1.30	1.25	1.20	1.15
非常运用Ⅱ	1.20	1.15	1.15	1.10

三、土料抗剪强度指标的选取

一般情况下，黏性土的抗剪强度随固结度的增加而增加。稳定计算时应该采用黏性土固结后的强度指标。确定抗剪强度指标的方法有前述的有效应力法和总应力法两种，《碾压式土石坝设计规范》(SL 274—2001)规定，对1级坝和2级以下高坝，在稳定渗流期必须采用有效应力法作为依据，3级以下中低坝可采用两种方法的任一种。

四、稳定分析方法

(一)圆弧滑动面法

土石坝设计中目前最广泛采用的圆弧滑动法有瑞典圆弧法和简化的毕肖普法。

基本原理：假定滑动面为圆柱面，将滑动面内土体视为刚体，边坡失稳时该土体绕滑弧圆心 O 作旋转运动，计算时沿坝轴线取单宽按平面问题进行分析。由于土石坝工作条件复杂，滑动体内的浸润线又呈曲线状，而且抗剪强度沿滑动面的分布也不一定均匀，因此为了简化计算和得到较为准确的结果，实践中常采用条分法，即将滑动面上的土体按一定宽度分为若干个铅直土条，分别计算各土条对圆心 O 的抗滑力矩 M_r 和滑动力矩 M_s，再分别取其总和，其比值即为该滑动面的稳定安全系数 K：

$$K = \sum M_r / \sum M_s \tag{4-34}$$

1. 不计条块间作用力的瑞典圆弧法

以渗流稳定期，用有效应力法计算为例说明如下。

(1)确定圆心半径，绘制圆弧。

(2)将土条编号。土条宽度常取滑弧半径 R 的1/10，即 $b=0.1R$。各块土条编号的顺序为：零号土条位于圆心之下，向上游(对下游坝坡而言)各土条的顺序为1、2、3…n，往下游的顺序为 −1、−2…−m，见图4-28。

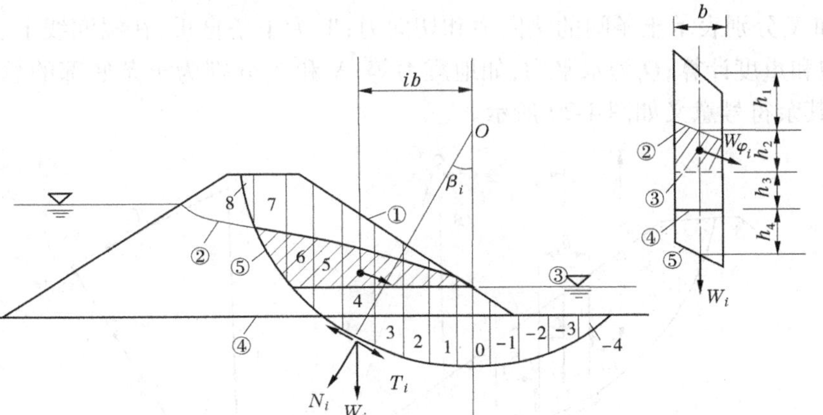

①—坝坡线；②—浸润线；③—下游水面；④—地基面；⑤—滑裂面

图4-28 圆弧滑动计算简图

(3)计算土条的重量 W_i。计算抗滑力时,浸润线以上部分用湿重度,浸润线以下部分用浮重度:

$$W_i = [\gamma_1 h_1 + \gamma_3(h_2 + h_3) + \gamma_4 h_4]b \tag{4-35}$$

式中 h_1、h_2、h_3、h_4——土条各分段的中线高度;

γ_1、γ_3、γ_4——坝体土的湿重度、浮重度和坝基土的浮重度。

计算滑动力时,下游水位与浸润线之间的土体用饱和重度,浸润线以上仍用湿重度,下游水位以下用浮重度计算。

(4)安全系数,计算公式为

$$K = \frac{\sum\{[(W_i \pm V)\cos\beta_i - ub\sec\beta_i - Q\sin\beta_i]\tan\varphi'_i + c'_i b\sec\beta_i\}}{\sum[(W_i \pm V)\sin\beta_i + M_c/R]} \tag{4-36}$$

式中 W_i——土条重量;

Q、V——水平和垂直地震惯性力(向上为负,向下为正);

u——作用于土条底面的孔隙水压力;

β_i——条块重力线与通过此土条底面中点的半径之间的夹角;

b——土条宽度;

φ'、c'——土条底面的有效应力抗剪强度指标;

M_c——水平地震惯性力对圆心的力矩;

R——圆弧半径。

用总应力法分析坝体稳定时,略去公式含孔隙压力 u 的项,并将 φ'、c' 换成总应力强度指标。

2. 简化的毕肖普(Bishop)法

瑞典圆弧法不满足每一土条力的平衡条件,一般计算出的安全系数偏低。毕肖普法在这方面作了改进,近似考虑了土条间相互作用力的影响,其计算简图如图 4-29 所示。图中 E_i 和 X_i 分别表示土条间的法向力和切向力;W_i 为土条自重,在浸润线上、下分别按湿重度和饱和重度计算;Q_i 为水平力,如地震力等;N_i 和 T_i 分别为土条底部的总法向力和总切向力,其余符号意义如图 4-29 所示。

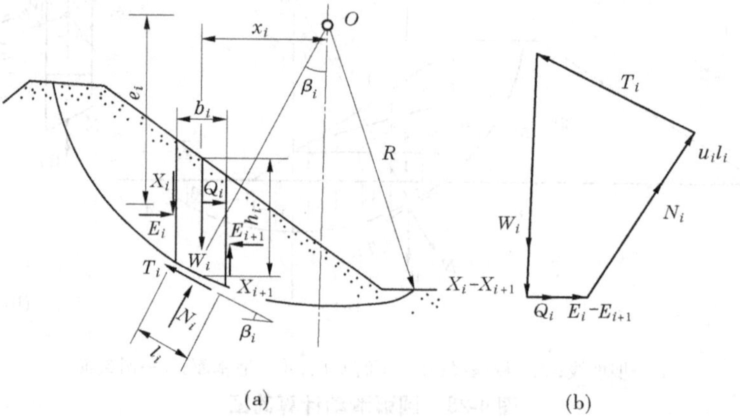

图 4-29 简化的毕肖普法

为使问题可解，毕肖普假设 $X_i = X_{i+1}$，即略去土条间的切向力，使计算工作量大为减少，而成果与精确法计算的仍很接近，故称简化的毕肖普法。安全系数计算公式为

$$K = \frac{\sum \{[(W_i \pm V)\sec\beta_i - ub\sec\beta'_i]\tan\varphi'_i + c'_i b\sec\beta_i\}[1/(1 + \tan\beta_i\tan\varphi'_i/K)]}{\sum[(W_i \pm V)\sin\beta_i + M_C/R]} \tag{4-37}$$

式中符号意义同上。

3. 最危险滑弧位置确定

如图 4-30 所示，首先由下游坝坡中点 a 引出两条直线，一条是铅直线，另一条与坝坡线成 85°角，再以 a 点为圆心，以 $R_内$、$R_外$ 为半径（$R_内$、$R_外$ 由表 4-12 查得）作两个圆弧，得到扇形 $bcdf$，然后按图示作直线 M_1M_2 并延长使其与扇形相交，交点为 eg。最危险的滑弧圆心就在扇形面积中的 eg 线附近。

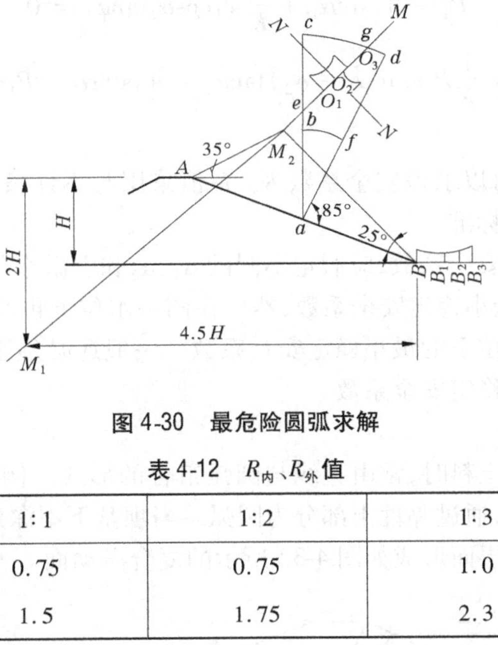

图 4-30　最危险圆弧求解

表 4-12　$R_内$、$R_外$ 值

坝坡	1:1	1:2	1:3	1:4
$R_内/H$	0.75	0.75	1.0	1.5
$R_外/H$	1.5	1.75	2.3	3.7

计算最小稳定安全系数的步骤为：

（1）首先在 eg 线上假定几个圆心 O_1、O_2、O_3 等，从每个圆心作滑弧通过坝脚点，按公式分别计算其 K_c 值。按比例将 K_c 值画在相应的圆心上，绘制 K_c 值的变化曲线，可找到该曲线上的最小 K_c 值，例如 O_2 点。

（2）再通过 eg 线上 K_c 最小的点 O_2，作 eg 垂线 $N—N$，在 $N—N$ 线上取数点为圆心，画弧仍通过 B 点，求出 $N—N$ 线上最小的 K_c 值。一般认为该 K_c 值即为通过 B 点的最小安全系数，并按比例画在 B 点。

（3）根据坝基土质情况，在坝坡上或坝脚外，再选数点 B_1、B_2、B_3 等，仿照上述方法，求出相应的最小安全系数 K_{c1}、K_{c2}、K_{c3} 等，并标注在相应点上，与 B 点的 K_c 连成曲线找到 K_{cmin}。一般至少要计算 15 个滑弧才能得到答案。

（二）折线滑动面法

对于部分浸水的非黏性土坝坡，由于水上与水下土的物理性质不同，滑裂面不是一个平面，而是近似折线面，以图 4-31 所示心墙坝的上游坝坡为例，说明折线法按极限平衡理论计算安全系数的方法。

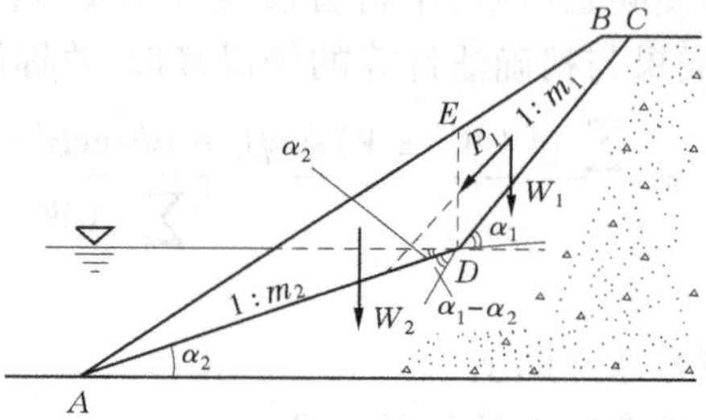

图 4-31　非黏土坝坡部分浸水的稳定计算

图 4-31 中 ADC 为任一滑裂面，折点 D 在上游水位处，以铅直线 DE 将滑动土体分为两块，其重量分别为 W_1、W_2，假定两块土体间的作用力为 P_1，其方向平行于 DC 面，两块土体底面的抗剪强度内摩擦角分别为 φ_1、φ_2，则土块 $BCDE$ 沿 CD 滑动面和土体 ADE 沿 AD 滑动面的力的平衡式为

$$P_1 - W_1\sin\alpha_1 + \frac{1}{K}W_1\cos\alpha_1\tan\varphi_1 = 0 \tag{4-38}$$

$$\frac{1}{K}W_2\cos\alpha_2\tan\varphi_2 + \frac{1}{K}P_1\sin(\alpha_1 - \alpha_2)\tan\varphi_2 - W_2\sin\alpha_2 - P_1\cos(\alpha_1 - \alpha_2) = 0 \tag{4-39}$$

由以上二式联立，可以求得安全系数 K。K 值采用与不计条块间作用力的瑞典圆弧法相同的稳定安全系数标准。

为求得坝坡的稳定安全系数，应假定不同的 α_1、α_2 和上游水位，即先求出在某一水位和 α_2 下不同 α_1 值时的最小稳定安全系数，然后在同一水位下再假定不同的 α_2 值，重复上述计算可求出在这种水位下的最小稳定安全系数。一般还必须至少再假设两个水位，才能最后确定坝坡的最小稳定安全系数。

（三）复合滑动面法

当滑动面通过不同土料时，常由直线与圆弧组合的形式。例如，厚心墙坝的滑动面，通过砂性土部分为直线，通过黏性土部分为圆弧。当坝基下不深处存在有软弱夹层时，滑动面也可能通过软弱夹层而形成如图 4-32 所示的复合滑动面。

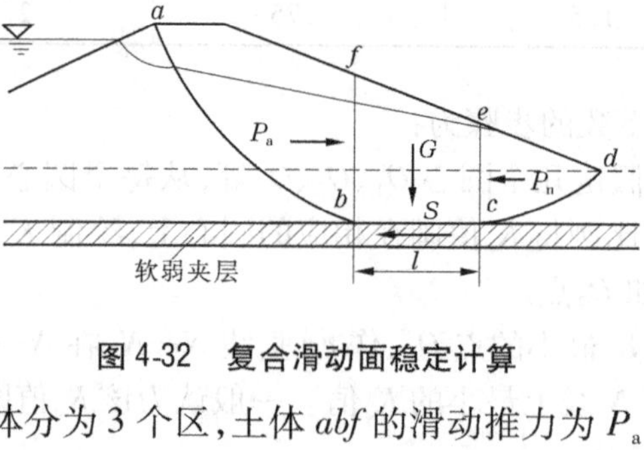

图 4-32　复合滑动面稳定计算

计算时，可将滑动土体分为 3 个区，土体 abf 的滑动推力为 P_a，土体 cde 的推力为 P_n，分别作用于 fb 和 ec 面上。由土体 $bcef$ 产生的抗滑力 S 作用于 bc 面上，稳定安全系数 K 可表示为：

$$K = \frac{抗滑力}{滑动力} = \frac{S}{P_a - P_n} = \frac{w\tan\varphi + cL}{P_a - P_n} \tag{4-40}$$

式中 w——土体 $bcef$ 的自重；

φ、c——软弱夹层的内摩擦角和凝聚力。

求 P_a、P_n 时，可用条分法将两边的滑动土体 abf 和 cde 分成几个条块，并假定条块间的推力近似于水平。用上述试算法，拟定一个安全系数 K，推求各条块对下一块的推力（求 P_a 时从左块开始，求 P_n 时则从右块开始），得出 P_a 和 P_n 后代入式(4-40)，如果得到 K 值与拟定的 K 值不同，则重新拟定 K，重复计算，直至两者相等。当然，也要多假定几个 ab 弧和 cd 弧的位置，经过多次试算，才能求出沿这种滑动面的最小稳定安全系数。

五、案例分析

基本资料：某均质土坝，见图 4-33，3 级建筑物，坝高 31.85 m，坝顶宽 7 m，上下游坝坡分别为 1∶3、1∶3.25、1∶3.5 及 1∶2.75、1∶3、1∶3.25，筑坝材料为中粉质壤土，土料设计指标为 $\varphi=20.1°$，$C=15$ kPa，湿重度 $\gamma_m=19.5$ kN/m³，浮重度 $\gamma_1=10.5$ kN/m³，饱和重度 $\gamma_{sat}=20.5$ kN/m³。试求上游为正常高水位（水深 $H_1=27.52$ m），下游无水（假设下游水位与地基平）时，下游坝坡的稳定安全系数。

解：取 1 m 坝长，采用列表法计算。

(1) 按比例绘制坝体横剖面图，并将浸润线画于图上。

(2) 确定最危险滑弧圆心的位置，见图 4-33。

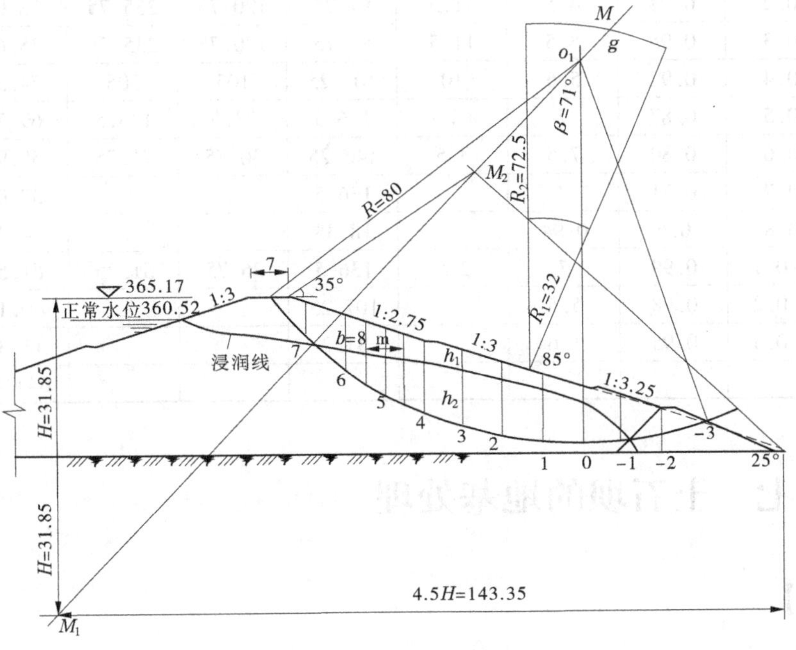

图 4-33 某均质土坝计算简图

(3) 在 eg 线上以任一点 O_1 为圆心，以半径 $R=80$ m 作圆弧。

(4) 取土条宽度 $b=8$ m，将滑动土体分条，见图 4-33。将各土条的 $\sin\beta_i$ 和 $\cos\beta_i$ 值填入计算表 4-8。

(5)量出各土条中心线的各土条高度 h_{1i}、h_{2i}，填入表 4-8 中。第 8 号土条宽度 b' = 3 m，高度 h' = 2.5 m，不足一个土条 8 m 的宽度，需要进行换算成 b = 8 m，高度 $h = b'h'/b = 3 \times 2.5/8 = 0.94$ m的土条；-3 号土条量出的宽度 b' = 5 m，高为 h' = 2.5 m，同理换算成 b = 8 m，高度 $h = b'h'/b = 5 \times 2.5/8 = 1.6$ m 的土条。

(6)计算各土条的重量。

(7)计算：$\tan\varphi = \tan 20.1° = 0.381\,9$

$$弧长\ \sum l_i = \frac{\pi R}{180°}\theta = \frac{3.14 \times 80}{180°} \times 71° = 99.084\,4$$

(8)将有关数据代入式(4-36)，求坝坡稳定安全系数为 K = 1.28。

(9)选取其他滑弧，重复上述计算过程，即可求得最小稳定安全系数。其最小的稳定安全系数不得小于表 4-13 中规定的数值。

表 4-13 计算表

土条编号	$\sin\beta_i$	$\cos\beta_i$	h_{1i}	h_{2i}	$\gamma_m h_{1i}$	$\gamma' h_{2i}$	$\gamma_{sat} h_{2i}$	(⑥+⑦) $\cos\beta_i$ $\tan\varphi_i$	(⑥+⑧) $\sin\beta_i$
①	②	③	④	⑤	⑥	⑦	⑧	⑨	⑩
0	0	1	4.05	8.75	78.99	91.88	179.38	65.59	0
1	0.1	0.99	4	10.5	78	110.25	215.25	71.17	29.33
2	0.2	0.98	4.5	11.5	87.75	120.75	235.75	78.03	64.7
3	0.3	0.95	4.5	11.5	87.75	120.75	235.75	75.65	97.05
4	0.4	0.92	5.5	10	107.25	105	205	74.57	124.9
5	0.5	0.87	7	7	136.5	73.5	143.5	69.77	140.0
6	0.6	0.80	7.5	3.5	146.25	36.75	71.75	55.91	130.8
7	0.7	0.71	7		136.5			37.01	95.55
8	0.8	0.6	0.94		18.33			4.2	14.66
-1	-0.1	0.99	7	2.5	136.5	26.75	51.25	61.53	-18.78
-2	-0.2	0.98	5.5		107.25			40.14	-21.45
-3	-0.3	0.95	1.6		31.2			11.32	-9.36
合计								644.89	647.4

任务七　土石坝的地基处理

【学习目标】

1. 了解土坝对地基的要求。
2. 掌握砂砾石地基防渗处理的方法。
3. 能根据地基情况正确选择地基处理方法。

土石坝对地基的要求比混凝土坝低，但地基的性质对土石坝的构造和尺寸有很大影响。天然地基往往不能完全满足要求，如经常遇到深厚覆盖层地基，渗透性大、节理裂隙发育的岩层以及软弱夹层、断层破碎带等地质条件复杂的地基，均需要进行处理，以保证工程运行安全。

土石坝地基处理的目的是：①改善地基的剪切特性，防止剪切破坏，减少剪切变形，保证地基不发生滑动；②改善地基的压缩性能，减少不均匀沉降，以限制坝体裂缝的发生；③减少地基的透水性，使地基以至坝身不产生渗透变形，并把渗流流量控制在允许的范围内；④改善地基的动力特性，防止液化。

岩石地基的处理见重力坝部分，本任务主要介绍非岩石地基的处理。

一、砂砾石地基处理

砂砾石地基一般强度较大，压缩变形较小，处理的主要问题是解决渗流问题，通常采取"上堵下排" 的措施。"上堵"包括水平和铅直防渗措施，主要有黏土截水墙、混凝土防渗墙、板桩和帷幕灌浆，以及水平方向的防渗铺盖等；"下排" 主要是排水减压，有减压井、反滤式排水沟以及水平方向的反滤式盖重。所有这些措施既可以单独使用，也可以联合使用。

（一）黏性土截水墙

当覆盖层深度在 15 m 以内时，可开挖深槽直达不透水层或基岩，槽内回填黏性土而成截水墙（也称截水槽），心墙坝、斜墙坝常将防渗体向下延伸至不透水层而成截水墙，见图 4-34（a）。

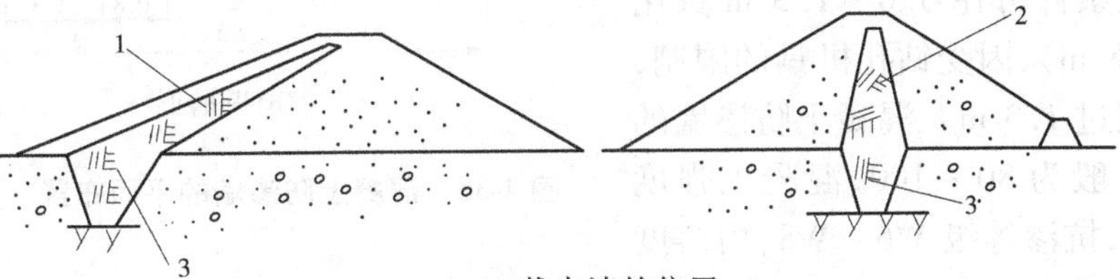

(a)截水墙的位置

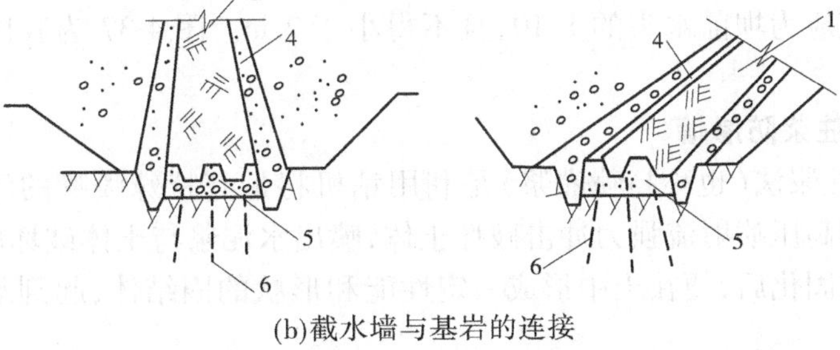

(b)截水墙与基岩的连接

1—黏土斜墙；2—黏土心墙；3—截水墙；4—过渡层；5—垫座；6—固结灌浆

图 4-34 黏土截水墙

均质土坝也可以将坝体部分延伸至不透水层而成截水墙，见图 4-35。

截水墙底宽常根据回填土料的允许渗透坡降与基岩接触面抗渗流冲刷的允许坡降以及施工条件确定。截水墙内回填黏土、重壤土时不小于 0.1H（H 为作用水头），中、轻壤土不小于 0.2H，且一般不小于 3 m，以利于施工。截水墙的土料应与其上部的心墙或斜墙一致。均质土坝截水墙所用土料应与坝体相同，其截水墙的位置宜设于距上游坝脚 1/3～1/2 坝底宽处。

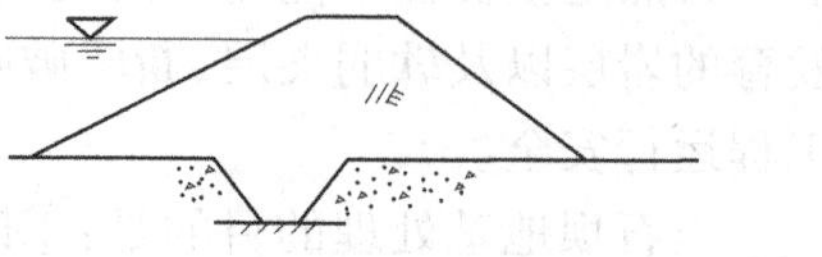

图 4-35 均质坝截水墙

截水槽底部与不透水层的接触面是防渗的薄弱环节。若不透水层为岩基，为了防止因槽底部接触面发生集中渗流而造成冲刷破坏，可在岩基建混凝土或钢筋混泥土齿墙；若岩石破碎，应在齿墙下进行帷幕灌浆，如图 4-34(b)所示。截水槽回填时，应在齿墙表面和齿墙岩面抹黏土浆。对于中小型工程，也可在截水槽底部基岩上挖一条齿槽以延长接触面的渗径，加强截水槽与基岩的连接。

截水墙结构简单、工作可靠、防渗效果好，得到了广泛的应用。其缺点是槽身挖填和坝体填筑不便同时进行，若汛前要达到一定的坝高拦洪渡汛，工期较紧。

（二）混凝土防渗墙

用钻机或开槽机在土层中造成圆孔或槽孔，在孔中浇混凝土，最后连成一片，成为整体的混凝土防渗墙，适用于地基渗水砂砾石层深度较厚的情况，如图 4-36 所示。

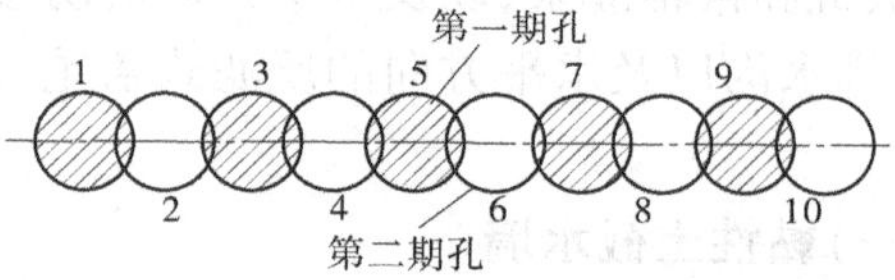

(a)圆形孔

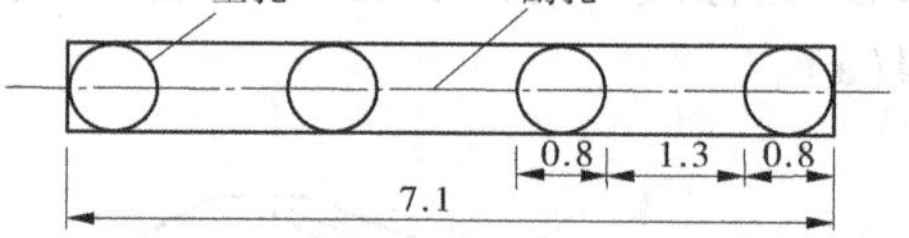

(b)板槽形

图 4-36 混凝土防渗墙的平面布置 （单位：m）

防渗墙厚度根据防渗和强度要求确定。按施工条件可在 0.6～1.3 m 选用（一般为 0.8 m），因受钻孔机具的限制，墙厚不能超过 1.3 m。混凝土防渗墙的允许坡降一般为 80～100，混凝土强度等级为 C10，抗渗等级 W6～W8，坍落度 8～20 cm，水泥用量为 300 kg/ m^{3}左右。墙底应嵌入半风化岩内 0.5～1.0 m，顶端插入防渗体，插入深度应为坝前水头的 1/10，且不得小于 2 m。图 4-37 为我国碧口土石坝的混凝土防渗墙。

（三）高喷注浆防渗墙

高压喷射注浆法（也称高喷灌浆）是利用钻机将带有特殊喷嘴的注浆管钻进至土层的预定深度，用高压喷射流强力冲击破坏土体，喷出水泥浆与土体破坏后分离的土粒搅拌混合，经过凝结固化后，便在土中形成一定性能和形状的固结体，起到承载和防渗抗渗的目的。

固结体的形状与喷射流的移动方向有关。一般分为旋转喷射注浆法（简称旋喷法）、定向喷射注浆法（简称定喷法）和摆喷注浆法（简称摆喷法）。定喷和摆喷通常用在地基防渗和边坡加固等工程。旋喷法主要用于地基加固，处理后的地基承载力有明显提高，地基土的变形性质也有改善。

高压喷射灌浆的特点：高喷法具有成本较低，施工速度较快，固结体强度大，可靠性高等优点。

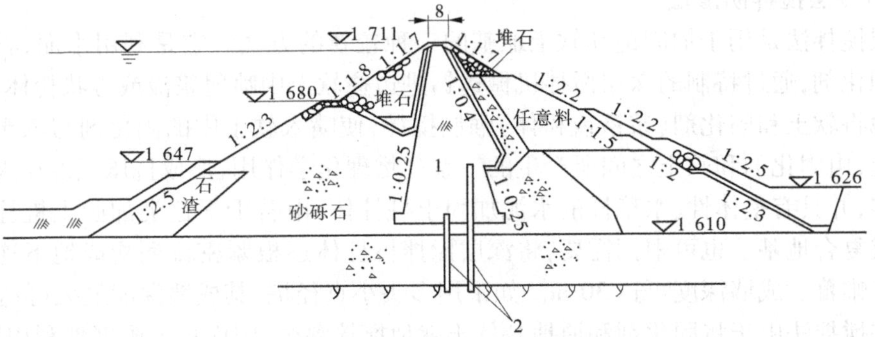

1—黏土心墙;2—混凝土防渗墙

图 4-37 透水地基混凝土防渗墙

高喷灌浆孔距及布置形式的设计合理与否,对高压喷射灌浆的造价及质量影响很大。表4-14 所示就是常用的几种孔距及布置形式。大值适用于细颗粒地层,小值适用于大颗粒地层。在相同的工艺参数情况下,在中细砂、粉砂地层,孔距可大些,一般为 2.0 ~ 2.5 m;在砾卵石及卵漂石地层,孔距多采用 1.0 ~ 1.5 m;在中粗砂、壤土或杂填土层,孔距多采用 1.5 ~ 2.0 m。

表 4-14 高压喷射灌浆固结体特性指标

编号	名称	图型	孔距(m)	厚度(m)	特点
1	折线型	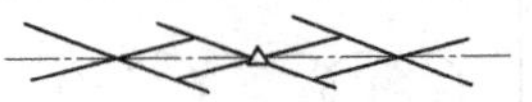	1.6 ~ 2.5	10 ~ 30	便于连接
2	微摆型	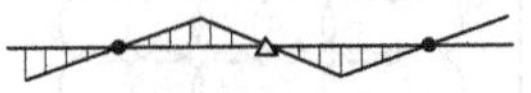	1.6 ~ 2.2	20 ~ 40	连接可靠、墙厚
3	交叉型	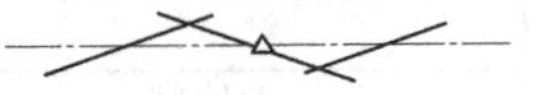	1.6 ~ 2.5	蜂窝状	连接结构稳定性好
4	直摆型		1.6 ~ 2.2	20 ~ 50	便于连接
5	摆定型	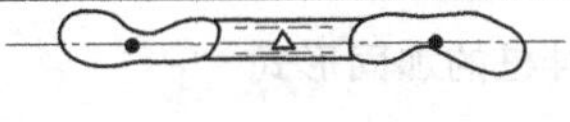	1.6 ~ 2.5	10 ~ 40	连接结构稳定性好
6	柱列型	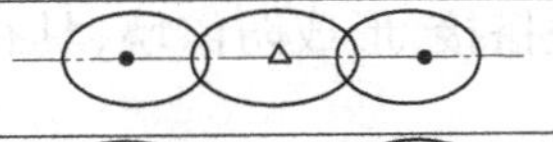	0.8 ~ 1.4	20 ~ 40	套接可靠性差
7	柱板式	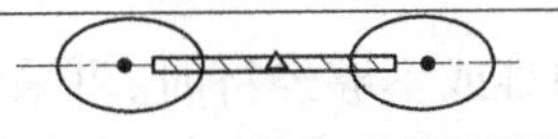	1.4 ~ 2.0	>10	便于连接,结构稳定性好

根据目前的工程实践经验,交叉折线型连接形式较为可靠,特别是其中的微摆喷法在堤防、土坝工程防渗中经常使用。喷射方向与轴向的夹角一般为 20° ~ 30°,连接角度 120° ~ 140°,布孔施工时可按由疏到密的原则,分序施工,先喷一序孔,再喷二序孔。如遇到转折孔,则孔距和喷射角度要做适当调整,以确保转折孔与邻孔墙体之间的紧密连接。

以提高地基承载力为加固目的时,可按正方形、矩形或梅花形等布孔,孔距一般为旋喷桩径的 3 ~ 4 倍。对防渗工程多采用双排或三排布孔,使旋喷桩形成帷幕。旋喷桩的桩间距为 0.86R(R 为旋喷桩设计半径)、排距为 0.75R 时较为经济。

（四）深层搅拌防渗墙

深层搅拌法是用于加固饱和软土地基的一种较新的方法。它是利用水泥、石灰等材料作为固化剂，通过特制的深层搅拌机械边钻进边往软土中喷射浆液或雾状粉体，在地基深处就地将软土和固化剂（浆液或粉体）强制搅拌，使喷入软土中的固化剂与软土充分拌和在一起，由固化剂和软土之间所产生的一系列物理化学作用，形成抗压强度比天然土强度高得多，并具有整体性、水稳性的水泥加固土桩柱体，由若干根这类加固土桩柱体和桩间土构成复合地基。也可根据需要，将深层搅拌桩柱体逐根紧密排列构成地下连续墙或作为防水帷幕。成墙深度可达 30 m。如采用多头小直径桩，其成墙深度最大可达 18 m。

深层搅拌法由于将固化剂和原地基软土就地搅拌混合，因而最大限度地利用了原土，无需开采原材料，大量节约资源，施工速度快。

搅拌桩的布置形式一般采用柱状、壁状、格栅状和块状四种布桩形式，如图 4-38 所示。

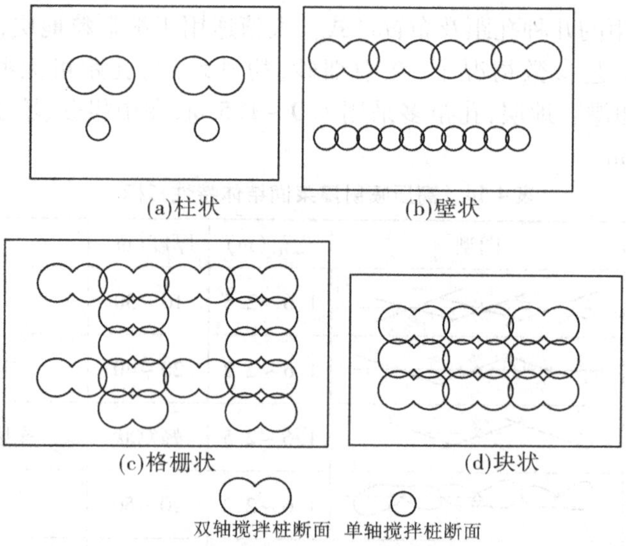

图 4-38　深层搅拌桩的加固形式

当用于防渗时，可以将相邻的搅拌桩重叠搭接，形成防渗墙，具有较高的防渗性能。

（五）灌浆帷幕

当砂卵石层很厚，用上述三种方法都较困难或不够经济时，可采用灌浆帷幕防渗。灌浆帷幕的施工方法是：先用旋转式钻机造孔，同时用泥浆固壁，钻完孔后在孔中注入填料，插入带孔的钢管。待填料凝固后，在带孔的钢管中置入双塞灌浆器，用一定压力将水泥浆或水泥黏土浆压入透水层的孔隙中。压浆可自下而上分段进行，分段可根据透水层性质采用 0.33 ~0.5 m。待浆液凝固后，就形成了防渗帷幕。

砂卵石地基的可灌性，可根据地基的渗透系数、可灌比值 M 及小于 0.1 mm 颗粒含量等因素来评判。$M = D_{15}/d_{85}$，D_{15} 为某一粒径，在被灌土层中小于此粒径的土重占总土重的 15%，d_{85} 是另一粒径，在灌浆材料中小于此粒径的重量占总土重的 85%。一般认为，地基中小于 0.1 mm 的颗粒含量不超过 5%，或渗透系数 $k > 10^{-2}$ cm/s 或 $M > 10$，可灌水泥黏土浆，当渗透系数 $k>10^{-1}$ cm/s 或 $M>15$ 时，可灌水泥浆。

灌浆帷幕的厚度 T，根据帷幕最大作用水头 H 和允许水力坡降 $[J]$，按下式估算：

$$T=\frac{H}{[J]} \tag{4-41}$$

一般 $[J]=3\sim4$。

灌浆帷幕的优点是灌浆深度大，这种方法的主要问题是对地基的适应性较差，有的地基如粉砂、细砂地基，不易灌进，而透水性太大的地基又往往耗浆量太大。

（六）防渗铺盖

这是由黏性土做成的水平防渗设施，是斜墙、心墙或均质坝体向上游延伸的部分。当采用垂直防渗有困难或不经济时，可考虑采用铺盖防渗。防渗铺盖构造简单，造价一般不高，但它不能完全截断渗流，只是通过延长渗径的办法，降低渗透坡降，减小渗透流量，所以对解决渗流控制问题有一定的局限性，其布置形式如图 4-39 所示。

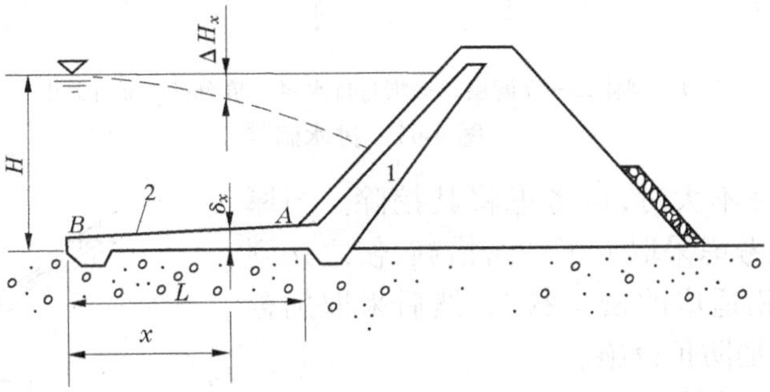

1—斜墙；2—铺盖

图 4-39 水平铺盖

铺盖常用黏土或砂质黏土材料，渗透系数应小于砂砾石层渗透系数的 1/100。铺盖长度一般为 4～6 倍水头，铺盖厚度主要取决于各点顶部和底部所受的水头差 ΔH_x 和土料的允许坡降 $[J]$，即距上游端为 x 处的厚度应不小于 $\delta_x=\Delta H_x/[J]$，$[J]$ 值对于黏土可取 5～10，对壤土可取 3～5。上游端部厚度不小于 0.5 m，与斜墙连接处常达 3～5 m。铺盖表面应设保护层，铺盖与砂砾石地基之间应根据需要设置反滤层或垫层。

（七）排水减压措施

常用的排水减压设施有排水沟和排水减压井。

排水沟在坝趾稍下游平行坝轴线设置，沟底深入到透水的砂砾石层内，沟顶略高于地面，以防止周围表土的冲淤。按其构造，可分为明沟和暗管两种，如图 4-40 和图 4-41 所示。两者都应沿渗流方向按反滤层布置，明沟沟底与下游的河道连接。

将深层承压水导出水面，然后从排水沟中排出，其构造如图 4-42 所示。在钻孔中插入带有孔眼的井管，周围包以反滤料，管的直径一般为 20～30 cm，井距一般为 20～30 m。

二、细砂与淤泥地基处理

（一）细砂地基处理

饱和的均匀细砂地基在动力作用下，特别是在地震作用下易于液化，应采取工程措施

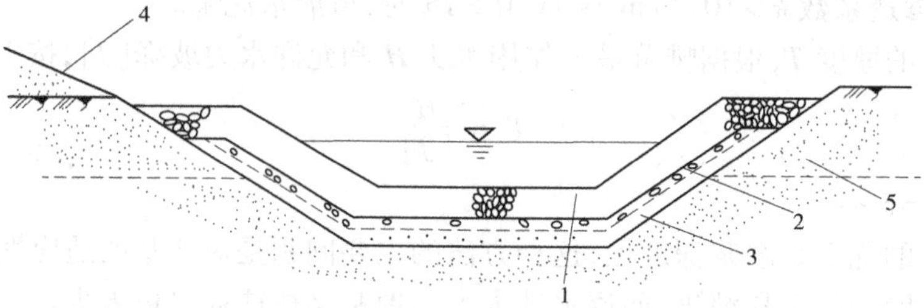

1—干砌石；2—碎石；3—粗砂；4—坝坡；5—砂砾石层

图 4-40　排水减压沟

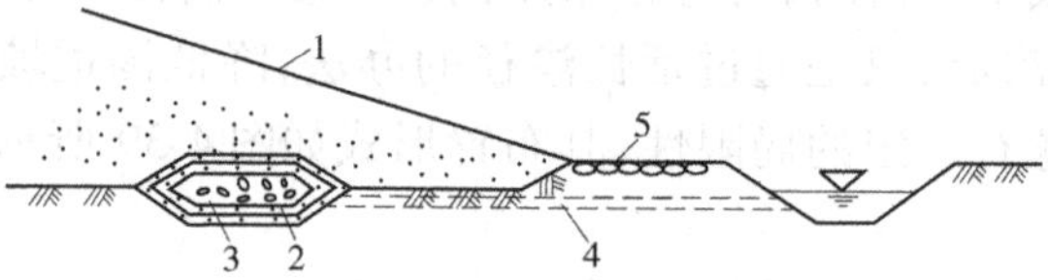

1—坝体；2—反滤层；3—坝身排水；4—暗沟；5—堆石盖重

图 4-41　排水暗管

加以处理。当厚度不大时，可考虑将其挖除。当厚度较大时，可首先考虑采取人工加密措施，使之达到与设计地震烈度相适应的密实状态，然后采取加盖重，加强排水等附加防护设施。

（二）淤泥层的地基处理

淤泥层地基天然含水量大，重度小，抗剪强度低、承载能力小。当埋藏较浅且分布范围不大时，一般应把它全部挖除；当埋藏较深，分布范围又较宽时，则常采用压重法或设置砂井加速排水固结。压重施加于坝趾处。

砂井排水法，是在坝基中钻孔，然后在孔中填入砂砾，在地基中形成砂桩的一种方法。设置砂井后，地基中排除孔隙水的条件大为改善，可有效地增加地基土的固结速度。

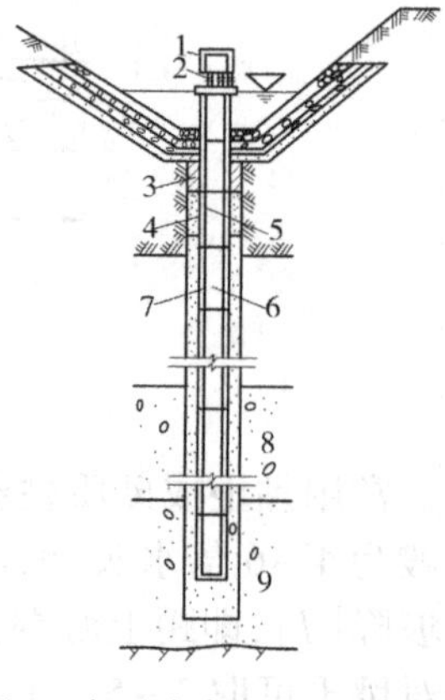

1—井帽；2—钢丝出水口；3—回填混凝土；4—回填砂；5—上升管；6—穿孔管；7—反滤层；8—砂砾石；9—砂卵石

图 4-42　排水减压井

三、软黏土和黄土地基处理

软黏土层较薄时，一般全部挖除。当土层较薄而其强度并不太低时，可只将表面较薄的可能不稳定的部位挖除，换填较高强度的砂，称为换砂法。

黄土地基在我国西北部地区分布较广，其主要特点是浸水后沉降较大。处理的方法一般有预先浸水，使其湿陷加固；将表层土挖除，换土压实；夯实表层土，破坏黄土的天然结构，使其密实等。

任务八 土石坝与坝基、岸坡及其他建筑物的连接

【学习目标】

1. 了解土坝与坝基、岸坡及其他建筑物的接触面连接存在的问题。
2. 掌握土坝与坝基接触面连接的措施。
3. 掌握土坝与岸坡连接的措施。
4. 掌握土坝与其他建筑物的接触面连接的方法。

土石坝与坝基、岸坡及其他建筑物的接触面都是防渗的薄弱部位，必须妥善处理，使其结合紧密，避免产生集中渗流；保证坝体与河床及岸坡结合面的质量，不使其形成影响坝体稳定的软层面，并不致因岸坡形状或坡度不当引起坝体不均匀沉降而产生裂缝。

一、坝体与土质地基及岸坡的连接

坝体与土质地基及岸坡的连接必须做到：①清除坝体与地基、岸坡接触范围内的草皮树干、树根、含有植物的表土、蛮石、垃圾及其他废料，并将清理后的地基表面土层压实；②对坝断面范围内的低强度、高压缩性软土及地震时易于液化的土层，进行清除或处理；③防渗体必须坐落在相对不透水土基上，否则应采取适当的防渗处理措施；④地基覆盖层与下游坝壳粗粒料（如堆石）接触处，应符合反滤层要求，否则必须设置反滤层，以防止地基土流失到坝壳中。

心墙和斜墙在与两端岸坡连接处应扩大其断面，加强连接处防渗性可靠性，扩大断面与正常断面之间应以渐变的形式过渡，并且岸坡应大致平顺，不应成台阶状、反坡或突然变坡，如图4-43所示，岸坡上缓下陡时，变坡角应小于20°，岸坡不宜陡于1∶1.5，见图4-43。

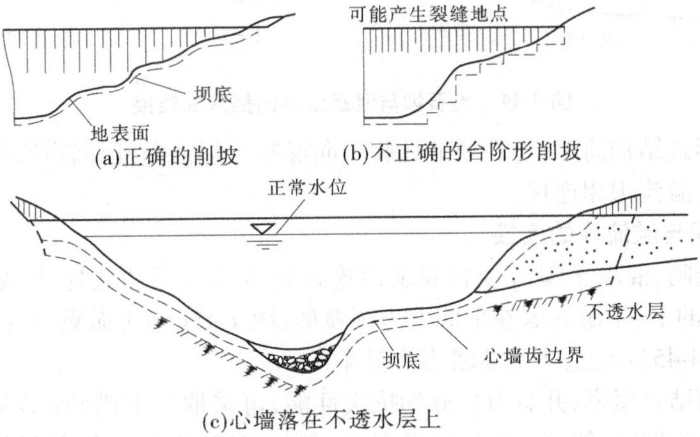

(a)正确的削坡 (b)不正确的台阶形削坡

(c)心墙落在不透水层上

图4-43 土石坝与岸坡的连接

二、坝体与岩石地基及岸坡的连接

坝体与岩石地基及岸坡的连接必须做到:①坝断面范围内的岩石地基与岸坡,应清除表面松动石块、凹处积土和突出的岩石;②土质防渗体和反滤层应与相对不透水的新鲜或弱风化岩石相连接。基岩面上一般宜设混凝土盖板、喷混凝土层或喷浆层,将基岩与土质防渗体分隔开来,以防止接触冲刷;③对失水时很快风化变质的软岩石(如页岩、泥岩等),开挖时应预留保护层(厚 10 ~ 15 cm),待开始回填时,随挖除、随回填;④土质防渗体与岩石或混凝土建筑物相接处,如防渗土料为细粒黏性土,则在邻近接触面 0.5 ~ 1.0 m 内,应控制在高于最优含水量不大于 3% 的情况下填筑,在填土前用黏土浆抹面。如防渗土料为砾石土,临近接触面应采用纯黏性土或砾石含量少的黏性土,在略高于最优含水量下填筑,使其结合良好并适应不均匀沉降。

在高坝防渗体底部混凝土盖板以下的基岩中,宜进行浅层铺盖式灌浆,以改善接触条件,在与防渗体接触的覆盖层中,也宜进行浅层铺盖式灌浆。

三、坝体与混凝土建筑物的连接

(一)土石坝与重力坝的连接

土石坝与混凝土重力坝常采用插入式连接,见图 4-44。

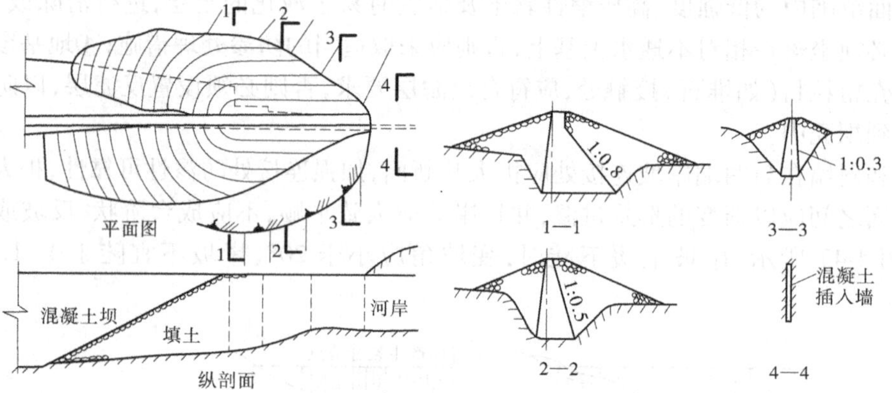

图 4-44 土石坝与混凝土坝的插入式连接

这种连接形式结构简单,土石坝的坡脚要向混凝土坝方向延伸较长,故对中高坝不适于直接与混凝土溢流坝相连接。

(二)土石坝与溢流坝的连接

土石坝与船闸、混凝土溢流坝和溢洪道连接时常采用翼墙式连接,如图 4-45 所示。其中图 4-45(a)的上、下游翼墙在平面上为圆弧形;图 4-45(b)上游翼墙为圆弧形,下游翼墙为斜降式;图 4-45(c)上、下游翼墙均为斜降式。

为使接触面结合紧密,并具有良好的抗震性能,可采取以下措施:①混凝土挡土墙宜采用 1:0.5 左右的坡度,使填土高度缓慢变化,避免裂缝;②为避免土和混凝土两种不同类型结构地震时变形不协调,在结合部位脱开或产生间隙,宜尽可能增大接触面积,将土石坝的防渗体适当扩大;③在结合部位数米范围内设置良好的反滤层,一旦出现裂缝后使其可以自愈。同时,在寒冷地区,要防止因翼墙厚度和保护层厚度不足而使填土冻结。

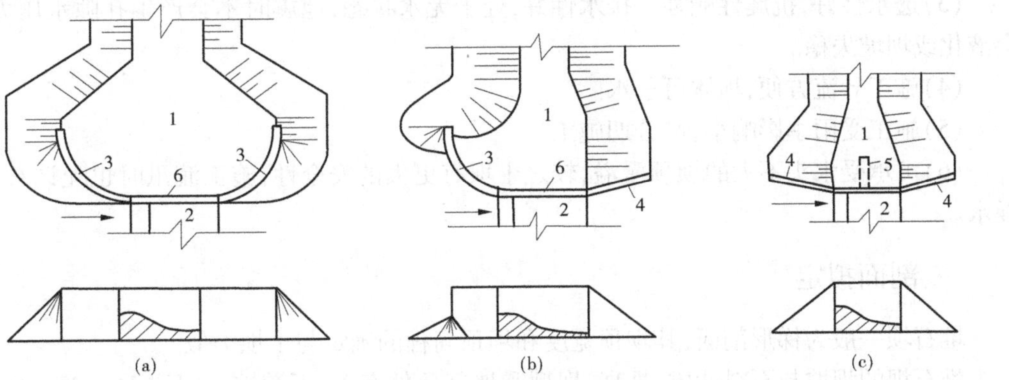

1—土石坝;2—溢流重力坝;3—圆弧形翼墙;4—斜降式翼墙;5—刺墙;6—边墩

图 4-45 翼墙式连接

(三)土石坝与坝下埋管的连接

土石坝下面埋设坝下涵管时,土质防渗体与坝下埋管连接处,应适当扩大防渗体断面,以延长渗径。在防渗体下游面与坝下涵管接触处,一定要做好反滤层,将涵管包起来。

坝下埋管周围均应仔细回填不透水土料,分层夯实。涵管本身必须设沉陷缝,做好止水,对于地震区的土石坝以及高中土石坝,不得在软基上布置坝下埋管,低坝采用软基上的坝下埋管时,必须有充分的技术论证。

任务九 堆石坝

【学习目标】

1. 了解堆石坝的特点。
2. 掌握堆石坝的剖面布置。
3. 掌握堆石坝的防渗处理方法。

堆石坝是以堆石体为支撑,在其上游表面设置混凝土面板作为防渗结构的一种堆石坝,简称面板堆石坝或面板坝。它主要由堆石作为支承体和弱透水材料作为防渗体这两部分组成。按防渗体的位置分为心墙坝和斜墙坝,按防渗体材料的性质分为刚性防渗体坝(如混凝土、钢筋混凝土、木板和钢板等)和塑性防渗体坝(如土料和沥青混凝土等),按施工方法分为抛填坝、碾压坝和定向爆破坝。

堆石坝与普通土坝相比具有如下优点:

(1)抗滑稳定性好。水荷载作用于面板后传递到坝体上,整个堆石坝重量及面板上部分水重抵抗水压;分层碾压的堆石密实度高,抗剪强度大。大多数堆石坝不做稳定分析,取坝坡1:1.3或1:1.4,对应坡角37.6°或35.5°,接近松散抛填堆石的自然休止角,大大低于碾压堆石的内摩擦角(大于45°)。

(2)坝坡陡,断面小,枢纽布置紧凑。

(3)透水性好,抗震性能强。排水性好,处于无水状态,地震时不会产生孔隙水压力,不会液化或坝坡失稳。

(4)施工导流方便,坝体可过水。

(5)施工受雨季影响小,可分期施工。

(6)可承受水头不大的坝顶漫溢,较之土坝有更大的安全性,施工渡汛时也允许有少量漫水。

一、剖面拟定

堆石坝一般为梯形剖面,其坝顶宽度和坝顶高程的确定与土坝类似。

堆石坝的坝坡与石料性质、坝高、坝型和地基条件有关,下游坡一般取1:1.25~1:1.4。如果石料质量或地基条件较差,则需要放缓边坡,有的达1:2.0~1:2.2。我国有些岩基上的堆石坝下游坡用大块石护面或干砌石护面,坡度可陡至1:1,甚至1:0.5~1:0.7,运用情况良好。上游坡取决于防渗体的材料和结构,变化范围较大,可自1:0.5到1:2.5,在地震区有的达1:3.0,由稳定计算条件确定。

坝体应根据料源及对筑坝材料强度、渗透性、压缩性、施工方便和经济合理等要求进行分区,如图4-46所示。从上游向下游宜分为垫层区、过渡区、主堆石区、下游堆石区;在周边缝下游侧设置特殊垫层区;100 m以上高坝,宜在面板上游面低部位设置上游铺盖区及盖重区。各区坝料的渗透性宜从上游向下游增大,并应满足水力过渡要求。下游堆石区下游水位以上的坝料不受此限制。堆石坝体上游部分应具有低压缩性。下游围堰和坝体结合时,可在下游坝趾部位设硬岩抛石体。

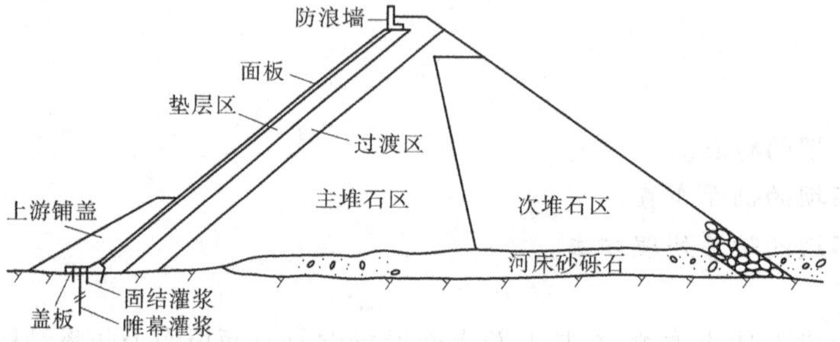

图4-46 堆石坝材料分区示意图

二、堆石坝的构造

(一)防浪墙

坝顶上游侧设置防浪墙,墙高采用4~6 m,墙顶高出坝顶1~1.2 m,防浪墙的底部高程高于正常蓄水位。防浪墙上游侧底部位,设置宽0.6~0.8 m的小道,以利检查行走。坝顶下游侧可设置护栏或低挡墙,护栏高度为0.5~1.0 m,挡墙高度1.0 m左右。低坝防浪墙可以采用与面板连成整体的低防浪墙结构形式。防浪墙必须坚固不透水,并经稳定和强度验算。防浪墙应设伸缩缝，其止水应和面板的止水或面板与防浪墙间水平接缝的止水连接。

(二)堆石体

堆石体是支承堆石坝并使之稳定的一个主要部分。一般应采用新鲜、完整、坚硬和耐久的石料。

对于沉降反应敏感的非土质防渗体(混凝土和沥青混凝土)堆石坝，当坝壳或坝体采用抛填式堆石施工时，要求尽可能采用新鲜、完整、坚实的大石料，并要求石块的最大边长与最小边长之比不大于3~5，细料不超过5%。对于土质防渗体堆石坝，可把粒径较小、强度较低、抗冻性也较差的石料填筑在坝体内部，两侧棱体则采用强度较高、粒径较大的材料。

碾压堆石坝一般多采用薄层碾压填筑堆石。每层填筑的厚度为0.6~0.9 m，用6~14 t的振动碾碾压，使干重度和孔隙率达到设计标准。在坝体设计中，如能正确、合理地选择颗粒级配和材料分区，则几乎所有料场和施工开挖中的石料都可用来堆筑坝体。西北口混凝土面板堆石坝，主堆石体堆筑层厚80 cm，最大粒径60 cm，加水25%~50%，用13.5 t和17.2 t振动碾碾压，压实干重度为21.0~21.5 kN/m^3，相应孔隙率为25%~23%，上游过渡层部分要求稍微高一些，主堆石体靠下游部分则要求稍微降低。

实践证明，经振动碾压的坝体，建成后的沉降量都不大。抛填式堆石坝，施工期的沉降一般都在碾压过程中基本完成，而运行期的沉降量仅为坝高0.2%左右。

(三)防渗体

堆石坝的黏土斜墙和心墙防渗体的构造与土坝类似。下面只简述钢筋混凝土面板(斜墙)和沥青混凝土防渗体的构造和设计要点。

1.钢筋混凝土面板

钢筋混凝土面板的设计内容主要包括面板厚度、配筋、分缝和止水、垫层和底座等。

(1)面板的厚度。面板是浇筑在已碾压密实的垫层上，在水荷载作用下，面板会将其承受的水压力均匀地传至垫层和堆石体上，其本身不承受弯矩，或只承受很小的弯矩。因此，板厚主要由防渗性和耐久性两个条件确定。

(2)面板的配筋。面板配筋的作用主要是承受蓄水前温度变化和干缩产生的拉应力，并有防止裂缝开展的作用。一般在面板截面的中部双向配置钢筋，配筋率约为0.5%。

(3)面板的分缝和止水。为了适应堆石体的变形，也考虑温度变化及施工设备等因素，面板须分缝，一般有垂直缝、水平缝和周边缝，如图4-47所示。垂直缝又称伸缩缝，从坝顶沿坝面一直延伸到坝脚，方向与坝轴线垂直，间距一般为12~18 m，所有垂直缝都不使用填充材料，以便接触紧密，最大限度地减少面板移动。水平缝可用坚硬木板作填充材料，填充深度为面板厚度的一半，如图4-47(b)所示。

在面板接缝处都应设置止水设备。常用的止水材料有止水铜片、橡皮止水和塑料止水等。止水可设一道或两道。靠近岸边部位的周边缝和垂直缝，处于坝面受拉区，属于张拉缝，是容易拉开的薄弱点，至少应设两道止水，如图4-47(a)所示。其他垂直缝、水平缝的止水构造则比较简单，但都必须保证止水片焊接牢固，并保证混凝土的浇筑质量，如图4-47(c)所示。

(4)面板的垫层。以前的抛填式堆石坝，多在堆石体上游设一层干砌石作为面板垫层。碾压的钢筋混凝土面板堆石坝，堆石体的上游面则以碾压的级配料作为面板垫层，它除作为面板的基座外，还有半透水的反滤作用。其颗粒级配应符合反滤层的规定，垫层的

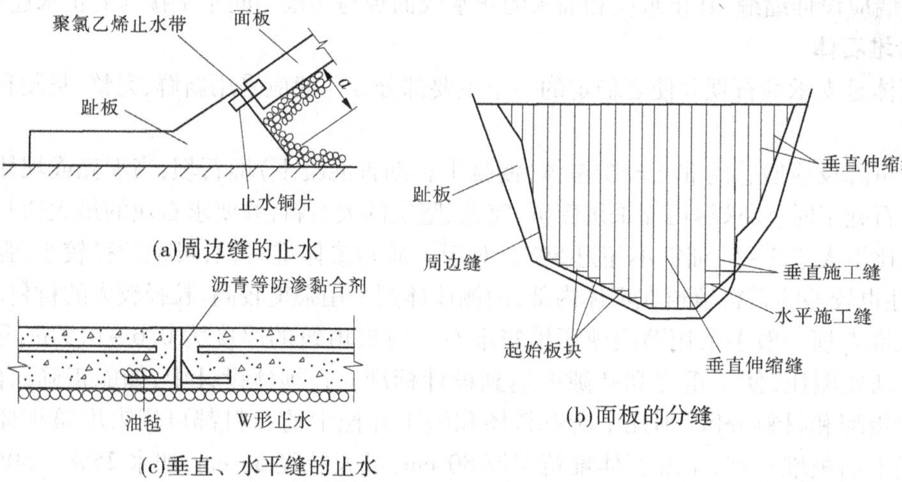

(a)周边缝的止水
(b)面板的分缝
(c)垂直、水平缝的止水

图 4-47 面板的分缝与止水

厚度为 3 ~5 m,按堆石体的粒径大小可用一层或两层,垫层在碾压后的渗透系数一般为 $10^{-2} \sim 10^{-4}$ cm/s。

(5)连接的垫板。设置垫板的目的是给紫铜片和模板接头提供一个平整的基底面。做法是将砂浆直接铺设在用沥青处理过的堆石表面上,垫板与止水片之间再涂上薄层沥青。垫板的厚度可从零到需要达到平整面的厚度,允许垫板突入面板设计厚度的深度不超过 50 mm。

(6)面板的底座。底座是面板与河床和两岸基岩连接的混凝土板结构,面板底端即铰接在这个底座上。面板与底座之间设有周边止水缝,并通过锚筋、固结灌浆将底座与稳定基岩连接成整体,以形成止水封闭系统。

2. 沥青混凝土防渗体

沥青混凝土具有较好的塑性、柔性、防渗透性,不易产生裂缝,既使产生裂缝也有自行愈合的性能,而且施工简单、造价低,所以适用于做土石坝的防渗材料。它可用于做斜墙和心墙,但已建堆石坝大多数是斜墙的。

任务十 坝下涵管

【学习目标】

1. 掌握坝下涵管的作用和类型。
2. 掌握涵管的位置选择。
3. 掌握坝下涵管的布置与构造。

在土石坝水库枢纽中,主要泄水建筑物应是河岸溢洪道,底孔的设计流量一般不大。当两岸地质条件或其他原因,不宜开挖隧洞时,可以采用坝下设涵管的方法来满足泄、放水的要求。

坝下涵管结构简单、施工方便、造价较低，故在小型水库工程中应用较多。但其最大的缺点是如设计、施工不良或运用管理不当，极易影响土石坝的安全。由于管壁和填土是两种不同性质的材料，如两者结合不紧密，库水就会沿管外壁与填土之间的接触面产生集中渗流。特别是当管道由于坝基不均匀沉陷或连接结构等方面的原因，发生断裂、漏水等情况时，后果更加严重。实践证明，管道渗漏是引起土石坝失事的重要原因之一。所以，坝下涵管不如隧洞运用安全，但如涵管能置于比较好的基岩上，加上精心设计、施工，是可以保证涵管及土石坝的安全。在软基上，除经过技术论证外，不得采用涵管式底孔。对于高坝和多地震区的坝，在岩基上也应尽量避免采用坝下涵管。

一、涵管的类型和位置选择

（一）坝下涵管的类型

涵管按其过流形态可分为：具有自由水面的无压涵管；满水的有压涵管；闸门前段满水但门后具有自由水面的半有压涵管。其管身断面形式有圆形、圆拱直墙形（城门洞形）和箱形等。涵管材料一般为预制或现浇混凝土和钢筋混凝土或浆砌石。无压涵管的断面形式如图 4-48 所示。

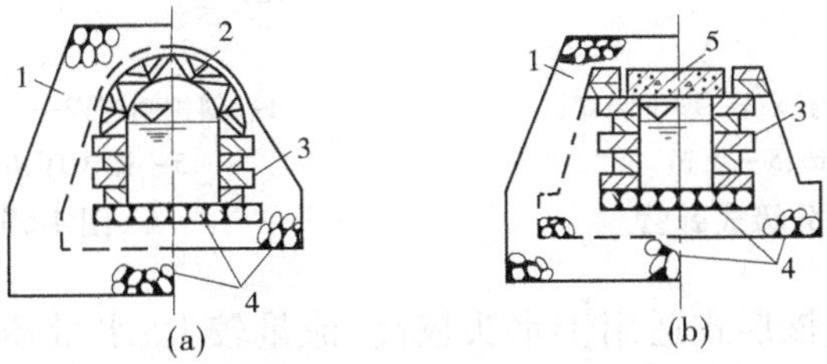

1—截渗环；2—浆砌石拱圈；3—浆砌条石；

4—浆砌块石；5—钢筋混凝土盖板

图 4-48　无压涵管的断面形式

（二）涵管的位置选择

在进行涵管的位置选择及布置时，应综合考虑涵管的作用、地基情况、地形条件、水力条件、与其他建筑物（特别是土坝）之间的关系等因素，选择若干方案进行分析比较，加以确定。在进行线路选择及布置时，应注意以下几个问题：

（1）地质条件。应尽可能将涵管设在岩基上。坝高在 10 m 以下时，涵管也可设于压缩性小、均匀而稳定的土基上。但应避免部分是岩基，部分是土基的情况。

（2）地形条件。涵管应选在与进口高程相适宜的位置，以免过多的挖方。涵管进口高程的确定，应考虑运用要求、河流泥沙情况及施工导流等因素。

（3）运用要求。引水灌溉的涵管，应布置与灌区同岸，以节省费用；两岸均有灌区，可在两岸分设涵管。涵管最好与溢洪道分设两岸，以免水流干扰。

（4）管线宜直。涵管的轴线应为直线并与坝轴线垂直，以缩短管长，使水流顺畅。若受地形或地质条件的限制，涵管必须转弯时，其弯曲半径应大于 5 倍的管径。

二、涵管的布置与构造

(一)涵管的进口形式

小型水库的坝下涵管,大多数是为灌溉引水而设,常用的形式如下。

(1)分级斜卧管式。这种形式是沿山坡修筑台阶式斜卧管,在每个台阶上设进水口,孔径 10 ~ 50 cm,用木塞或平板门控制放水。卧管的最高处设通气孔,下部与消力池或消能井相连(见图 4-49)。该形式进水口结构简单,能引取温度较高的表层水灌溉,有利于作物生长。缺点是容易漏水,木塞闸门运用管理不便。

(2)斜拉闸门式。该形式与隧洞的斜坡式进水口相似,如图 4-50 所示。其优缺点与隧洞斜坡式进水口相同。

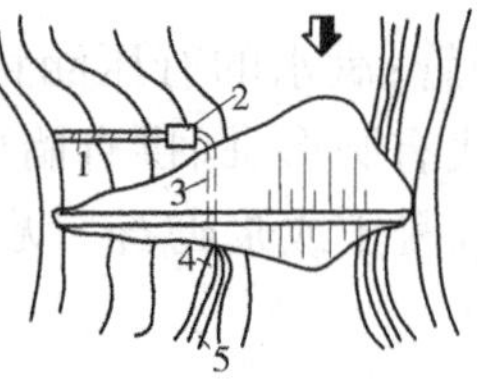

1—卧管;2—消力池;3—坝下涵管;
4—消力地;5—渠道

图 4-49 分级式卧管

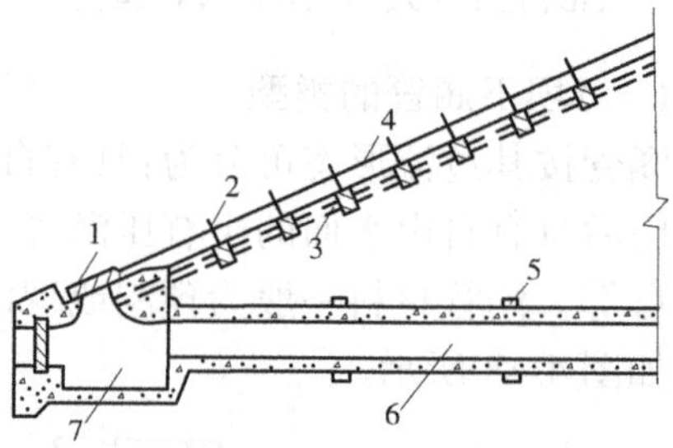

1—斜拉闸门;2—支柱;3—通气孔;4—拉杆;
5—截渗环;6—涵管;7—消能井

图 4-50 斜拉闸门

(3)塔式和井式。该形式适用于水头较高、流量较大、水量控制要求较严的涵管,其构造和特点与隧洞的塔式进口基本相同。井式进口是将竖井设在坝体内部,如图 4-51所示,以位置Ⅱ为佳。位置Ⅰ,如竖井和涵管的接合处漏水,将使坝体浸润线升高,而且竖井上游段涵管检修不便。位置Ⅲ,竖井稳定性差,实际已成塔式结构。竖井应设于防渗心墙上游,以保证心墙的整体性。

(二)管身布置与构造

(1)管座。设置管座可以增加管身的纵向刚度,改善管身的受力条件,并使地基受力均匀,所以管座是防止管身断裂的主要结构措施之一。管座可以用浆砌石或低强度等级混凝土做成,厚度一般为 30 ~ 50 cm。管座和管身的接触面成 90° ~ 180°包角,接触面上涂以沥青或设油毛毡垫层,以减少管身受管座的约束,避免因纵向收缩而裂缝。

(2)伸缩缝。土基上的涵管,应设置沉陷缝,以适应地基变形。良好的岩基,不均匀沉陷很小,可设温度伸缩缝。一般将温度伸缩缝与沉陷缝统一考虑。对于现浇钢筋混凝土涵管,伸缩缝的间距一般为 3 ~ 4 倍的管径,且不大于 15 m。当管壁较薄设置止水有困难时,可将接头处的管壁加厚。对于预制涵管,其接头即为伸缩缝,多用套管接头,如图 4-52所示。

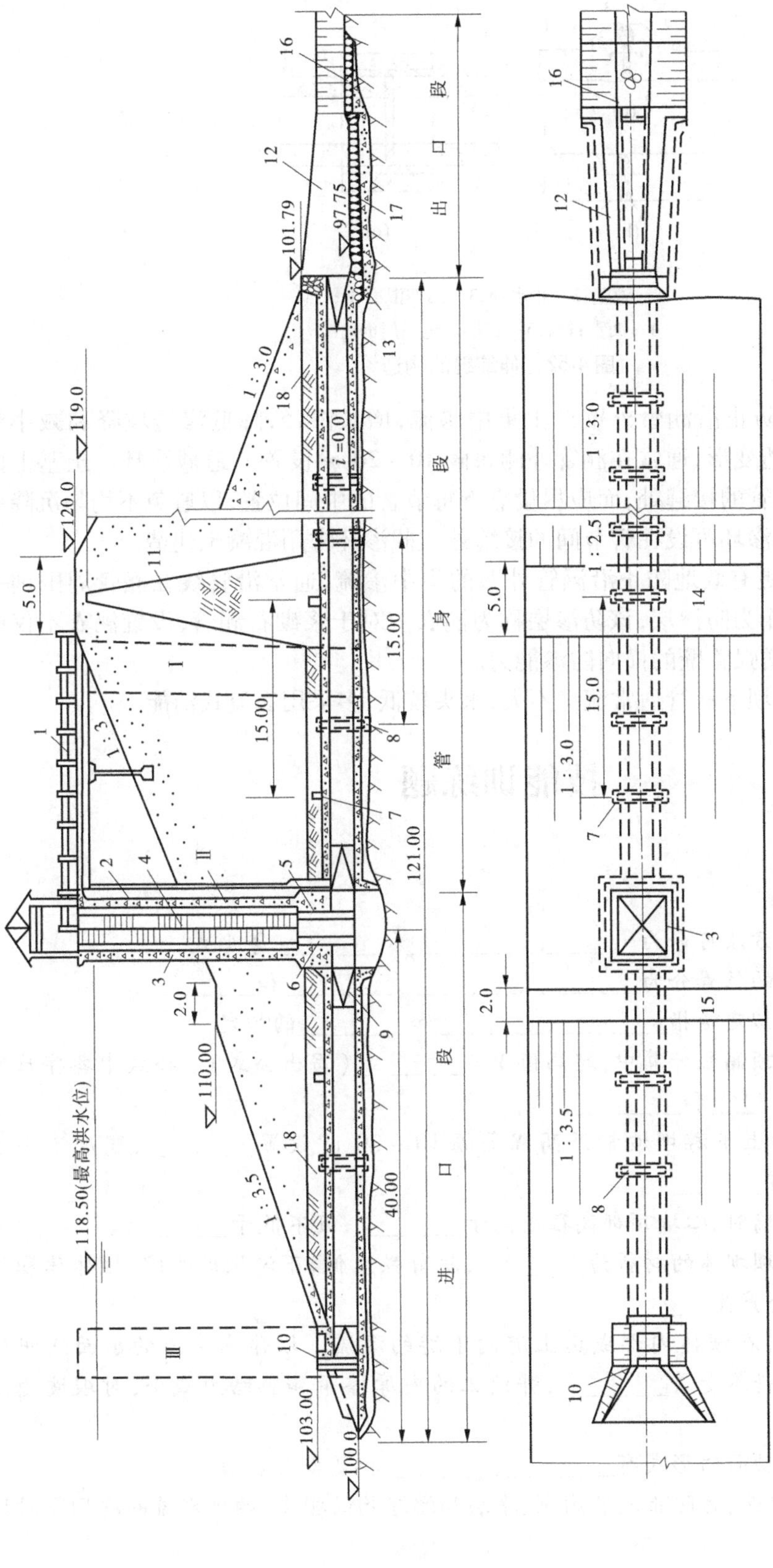

1—工作桥;2—通气孔;3—控制塔;4—爬梯;5—主闸门槽;6—检修闸门;7—截渗环;8—伸缩缝;9—渐变段;
10—拦污栅;11—黏土心墙;12—消力池;13—岩基;14—坝顶;15—马道;16—干砌石;17—浆砌石;18—黏土

图 4-51　涵管布置图（单位：m）

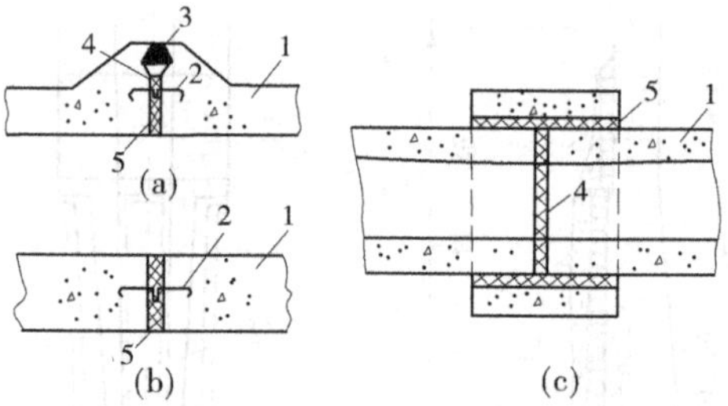

1—管壁；2—止水片；3—二期混凝土；
4—沥青材料；5—二层油毡三层沥青

图 4-52 伸缩缝的构造

(3)截渗环。为防止沿涵管外壁产生集中渗流，增长渗径，降低渗透坡降和减小流速，避免填土产生渗透变形，通常在涵管外侧每隔 10 ~ 20 m 设置一道截渗环。土基上的截渗环不宜设在两节管的接缝处，而应尽量靠近每节管的中间位置，以避免不均匀沉降引起破坏。岩基上的截渗环可设在管节间的接缝处。截渗环常用混凝土建造。

(4)涵衣。为了更有效地防止沿涵管外壁的集中渗流，通常沿管线在涵管周围铺一层 1 ~ 2 m 厚的黏土作为防渗层，该防渗层称为涵衣。对于浆砌石涵管，设置涵衣不仅能防止集中渗流，还能增强管壁的横向防渗能力。

涵管的出口布置坝下涵管通常流量不大，水头较低，多采用底流式消能。

技能训练题

一、填空题

1. 土石坝按施工方法可分为________、________和________等形式。

2. 土坝按防渗体的位置分为________、________、________和________。

3. 土石坝的剖面拟定是指________、________和________的拟定。

4. 在土石坝的坝顶高程计算中，超高值 $Y=$________（写出公式）。公式中各字母的含义是________、________和________。

5. 碾压式土石坝上下游坝坡常沿高程每隔 10 ~ 30 m 设置________，宽度不小于 1.5 ~ 2.0 m，一般设在________。

6. 当有可靠防浪墙时，心墙顶部高程应高于________，且不低于________。

7. 由于填筑土石坝坝体的材料为________，抗剪强度低，下游坝坡平缓，坝体体积和重量都较大，所以不会产生________。

8. 土石坝挡水后，在坝体内形成由上游向下游的渗流。坝体内渗流的水面线叫作________。其下的土料承受着________，并使土的内摩擦角和黏结力减小，对坝坡稳定________。

9. 土石坝可能滑动面的形式有________、________和复合滑裂面。

10. 土石坝的上游面，为防止波浪淘刷、冰层和漂浮物的损害、顺坝水流的冲刷等对坝坡的危害,必须设置________。

11. 土石坝砂砾石地基处理属于"上防"措施,铅直方向的有________、板桩、________和帷幕灌浆。

12. 砂砾石地基一般强度较大,压缩变形也较小,因而对建筑在砂砾石地基上土石坝的地基处理主要是解决________。

13. 土石坝与混凝土坝、溢洪道、船闸、涵管等混凝土建筑物的连接,必须防止接触面的________,防止因________而产生的裂缝,以及因水流对上下游坝坡和坝脚的冲刷而造成的危害。

14. 土石坝的渗漏处理时,要遵循"________"的原则,即在坝的上游坝体和坝基________、阻截渗水,在坝的下游面设________排出渗水。

15. 设坝基和均质坝坝身材料的渗透系数分别为 k_T、k, $k_T > k$ 与 $k_T = k$ 相比,坝内浸润线将________。(抬高、不变、降低)

16. 渗流在防渗体出口处及排水体入口处,________坡降最大,为防止________变形,当 J ________$[J]$($[J]$为允许渗透坡降)时,必须设置________。

17. 坝下涵管线路选择时应注意的问题是________、________、________、________。

18. 坝下涵管的进口形式有________、________、________。

19. 截渗环是为防止________、________、________、________而设置的。

20. 为防止坝下涵管产生集中渗流,常将涵管的管壁外围局部加厚,称为________。

二、选择题

1. 土石坝的黏土防渗墙顶部高程应(　　)。
   A. 高于设计洪水位
   B. 高于设计洪水位加一定超高,且不低于校核洪水位
   C. 高于校核洪水位
   D. 高于校核洪水位加一定安全超高

2. 关于土石坝坝坡,下列说法不正确的有(　　)。
   A. 上游坝坡比下游坝坡陡
   B. 上游坝坡比下游坝坡缓
   C. 黏性土料做成的坝坡,常做成变坡,从上到下逐渐放缓,相邻坡率差为 0.25 或 0.5
   D. 斜墙坝与心墙壁坝相比,其下游坝坡宜偏陡些,而上游坝坡可适当放缓些

3. 反滤层的结构应是(　　)。
   A. 层次排列应尽量与渗流的方向水平
   B. 各层次的粒径按渗流方向逐层增加
   C. 各层的粒径按渗流方向逐渐减小,以利保护被保护土壤
   D. 不允许被保护土壤的细小颗粒(小于 0.1mm 的砂土)被带走

4. 砂砾地基处理主要是解决渗流问题,处理方法是"上防下排",属于上防的措施有(　　)。
   A. 铅直方向的黏土截水槽、混凝土防渗墙、板桩

B. 止水设备

C. 排水棱体

D. 坝体防渗墙

5. 黏性土不会发生(　　)。

A. 管涌　　B. 流土

C. 管涌或流土　　D. 不确定

6. 下列关于反滤层的说法不正确的是(　　)。

A. 反滤层是由2~3层不同粒径的无黏性土料组成,它的作用是滤土排水

B. 反滤层各层材料的粒径沿渗流方向由大到小布置。

C. 相邻两层间,较小层的颗粒不应穿过粒径较大层的孔隙

D. 各层内的颗粒不能发生移动

7. 土石坝上、下游坝面如设变坡,则相邻坝面坡率差值一般应在(　　)范围内。

A. 0.35~0.45　　B. 0.15~0.25

C. 0.25~0.50　　D. 0.50~0.75

8. 一般坝顶不允许溢流的坝型为(　　)。

A. 拱坝　　B. 浆砌石坝

C. 土石坝　　D. 混凝土重力坝

9. 不能够降低土坝坝体浸润线的排水设备有(　　)。

A. 堆石棱体排水　　B. 褥垫式排水

C. 贴坡式排水　　D. 管式排水

10. 黏性土的填筑标准是(　　)。

A. 最优含水率　　B. 孔隙率

C. 相对密度　　D. 设计干重度及相应的含水率

11. 当滑裂面通过无黏性土,坝坡部分浸入水中时为(　　)形滑裂面。

A. 折线　　B. 直线

C. 曲线　　D. 复合

12. 土坝坝体由于不均匀沉降而产生(　　)。

A. 纵缝　　B. 横缝

C. 水平缝　　D. 竖向裂缝

三、名词解释

流土;管涌;反滤层;浸润线

四、判断题

1. 上游坝坡长期处于水下饱和状态,水库水位也可能快速下降,为了保持坝坡稳定,上游坝坡常比下游坝坡为缓。(　　)

2. 土石坝的坝坡特征为上部坡缓,下部坡陡。(　　)

3. 心墙坝的上、下游坝坡均比斜墙坝的缓。(　　)

4. 有限深透水地基上的心墙坝,一般都做有截水槽以拦截透水地基渗流。心墙土料的渗透系数常比坝壳土料的小得多,故可近似地认为上游坝壳中无水头损失,心墙前的水位仍为水库的水位。 ( )

5. 在渗流作用下,坝体或坝基中的细小颗粒被渗流带走逐步形成渗流通道的现象称为流土。 ( )

6. 黏性土的颗粒之间存在有凝聚力(或称黏结力),渗流难以把其中的颗粒带走,一般不易发生流土。 ( )

7. 反滤层一般是由2~3层不同粒径的非黏性土、砂和砂砾石组成的。层次排列应尽量与渗流的方向垂直,各层次的粒径则按渗流方向逐层减小。 ( )

8. 土石坝失稳形式主要是坝坡滑动或坝坡与坝基一起滑动。 ( )

9. 滑裂面通过无黏性土时,滑裂面的形状可能是曲线。 ( )

10. 用瑞典圆弧法计算土石坝坝坡稳定问题,没有考虑土条间的相互作用力,计算出的抗滑稳定安全系数偏小。 ( )

11. 简化毕肖普法计算土石坝坝坡稳定时,近似考虑了土条间相互作用力的影响。 ( )

12. 流土这种渗透变形主要发生在黏性土体的渗流出口处。 ( )

13. 孔隙水压力在土体滑动时能产生摩擦力,增大黏性土体的抗剪强度。 ( )

14. 心墙坝、斜墙坝作防渗设施的土料应具有足够的防渗性,与坝壳材料的渗透系数之比最好不大于1/100。 ( )

15. 非黏性土料是填筑坝体或坝壳的主要材料之一,对它的填筑密度也应有严格的要求。压密程度一般用填土的干重度γ_d来表示。 ( )

16. 斜墙与下游坝体之间应根据需要设置过渡层。 ( )

17. 排水设施应具有充分的排水能力,不至被泥沙堵塞,以保证在任何情况下都能自由地排出全部渗水。 ( )

18. 土石坝的不均匀沉陷主要由地基的不均匀性造成。 ( )

五、简答题

1. 土石坝有哪些特点?对土石坝的要求有哪些?
2. 土石坝各有哪些类型?
3. 如何确定土石坝的坝项高程?
4. 影响土坝坝坡的因素有哪些?
5. 常见的防渗体有哪几种形式,各有何要求?
6. 土石坝为何需要设排水设备?常见的排水设备有哪几种形式,各有何要求?
7. 土石坝各组成部分对土料要求有何不同?
8. 黏性土料和非黏性土料填筑标准用什么指标控制?如何确定这些指标?
9. 什么叫渗透变形?防止渗透变形的工程措施有哪些?
10. 反滤层的作用是什么?均质坝、心墙坝以及斜墙坝在哪些部位需设置反滤层?
11. 土石坝失稳的原因有哪些?常见的滑动破坏形式有哪几种?

12. 提高土石坝坝坡抗滑稳定性的工程措施有哪些?

13. 砂卵石地基的防渗措施有哪些? 各适用于何种情况?

14. 土石坝的上、下游坝坡通常采用值的范围如何? 为什么上游坝坡比下游坝坡平缓?

15. 渗流分析的任务是什么? 有哪些方法?

16. 土石坝渗流变形有哪几类? 防止渗流变形的措施有哪些?

17. 重力坝与土石坝的失稳有什么不同? 影响土石坝稳定的因素有哪些?

18. 土石坝坝坡滑裂面的形状有哪几种? 在什么情况下易产生何种滑裂面?

19. 土石坝为什么要设置反滤层? 设置反滤层应遵循什么原则? 通常应在哪些部位设置反滤层?

20. 土石坝与坝基、岸坡及其他建筑物连接时应注意什么问题?

21. 涵管管身的细部构造有哪些? 各有什么作用?

六、计算题

1. 某均质土坝修建在不透水地基上,坝体下游设有棱体排水,坝体土料的渗透系数 $k=1\times10^{-8}$ m/s,坝体断面见图 4-53,试计算坝体的渗流量。

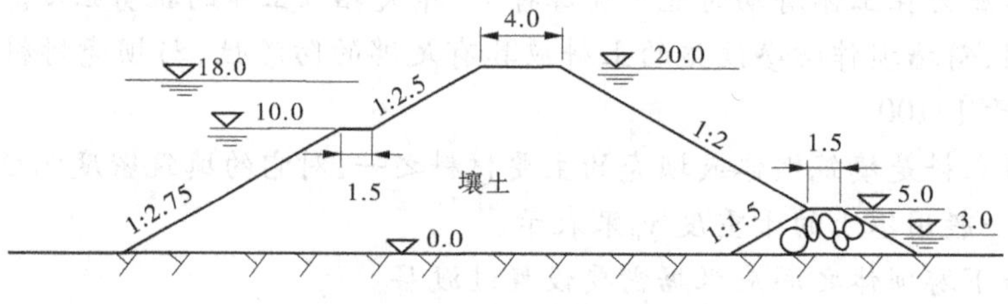

图 4-53　均质土坝坝体断面图　(单位:m)

2. 某水库设计和校核洪水位分别为 118.7 m 和 120.0 m,相应吹程分别为 2.0 km 和 2.5 km,坝址区多年平均最大风速为 18 m/s。该工程拟取混凝土重力坝和土坝做比较,混凝土重力坝上游上部坝坡 1:0.1,土坝为 1:3,干砌石护坡,2 级建筑物。各自坝顶高程为多少? 若坝建基面高程为 50 m,且位于 7 度地震区,各自坝顶高程为多少?

3. 请按图 4-54 所示均质土坝剖面,坝体材料 $k=10^{-5}$ cm/s,请用水力学方法计算库水位 50 m、相应下游水位 5 m 的坝内浸润线,并用 1:1 000 比例作图表示;又库水位按 $V=3$ m/d 速度从 50 m 降低到 20 m,试用 1:1 000 比例尺画出流网,并求在 30 m 处的渗透坡度,检验该处是否可能发生渗透变形。

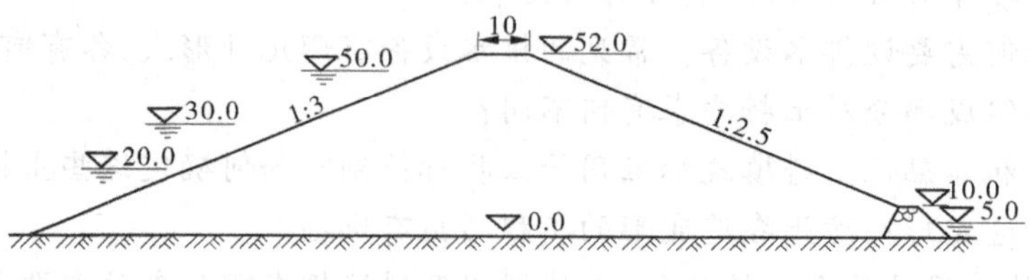

图 4-54　均质土坝剖面图　(单位:m)

4. 某均质土石坝坐落在不透水地基上，坝体上下游坡均为1∶2.5，坝高45 m。坝壳渗透系数 $k=2.0\times10^{-2}$ cm/s。坝壳砂砾料力学指标为：水上 $\varphi=30°$，水下 $\varphi=28°$，湿重度 $\gamma_1=20.5$ kN/m³，浮重度 $\gamma_2=12.4$ kN/m³。试计算：①上游水深 $H_1=41$ m，下游水深 $H_2=3.0$ m时，通过单宽坝段坝体的渗流量以及浸润线；②自己假定一条折线滑动面，求在上游水深为35 m 时的坝体稳定安全系数（不考虑地震荷载）。

5. 土坝渗流和稳定计算

某黏土心墙砂砾坝断面如图4-55所示，心墙底部为一厚度90 cm 的截水墙。已知渗流系数分别为 $k_1=2.0\times10^{-2}$ cm/s，$k_2=2.16\times10^{-5}$ cm/s。坝壳力学指标为：水上 $\varphi=36°30'$（水下折减2°），湿重度 $\gamma_{湿}=20.5$ kN/m³，浮重度 $\gamma_{浮}=12.4$ kN/m³。

(1)试计算单位宽度坝段坝体及坝基的渗流量；

(2)列出浸润线方程，并绘制流网图。

(3)用折线法计算侧槽图示滑动面的安全系数。

(正常水位：上游119.5 m，下游53.0 m)

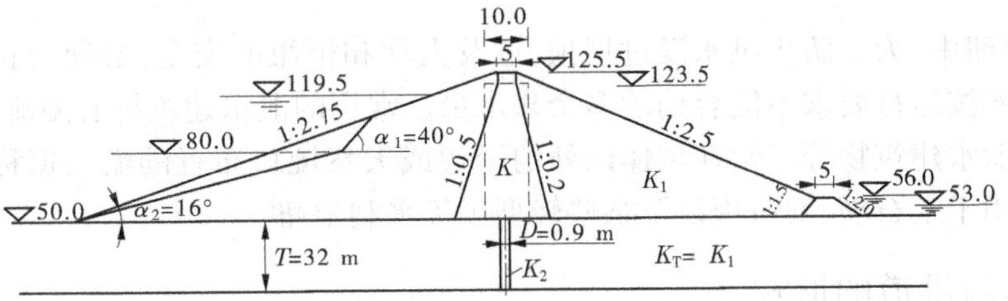

图4-55 黏土心墙砂砾坝断面图

七、分析题

基本资料：某水库总库容为50万m³，灌溉面积为2 000亩。水库设计洪水位为58.3 m，波浪沿坝坡垂直爬高为0.7 m，波浪中心线距静水位高度0.2 m；校核洪水位为59.0 m，波浪沿坝坡垂直爬高为0.5 m，波浪中心线距静水位高度0.2 m；正常蓄水为57.2 m，波浪沿坝坡垂直爬高为0.7 m，波浪中心线距静水位高度0.2 m。坝基为岩石，坝基面高程为30.0 m。大坝采用黏土心墙坝，大坝土体均采用机械碾压。

问题：(1)依据《水利水电工程等级划分及洪水标准》(SL 252—2000)，确定水库的等别和土坝的级别。

(2)确定坝顶高程(不考虑防浪墙)。

(3)确定土坝上、下游坝坡。

(4)确定黏土心墙的断面尺寸。

(5)防渗心墙与坝基面如何连接？

(6)按比例绘制土坝典型剖面图。

项目五　河岸溢洪道

任务一　河岸溢洪道的类型和位置选择

【学习目标】

1. 掌握溢洪道的形式和作用。
2. 掌握河岸溢洪道的位置选择。

在水利枢纽中，为了防止洪水漫过坝顶，危及大坝和枢纽的安全，必须布置泄水建筑物，以宣泄水库按运行要求不能容纳的多余来水量。常用的泄水建筑物有溢流坝段、河岸溢洪道、深式泄水建筑物等。常在坝体以外的岸边或天然垭口布置的溢洪道称为河岸溢洪道，一般适用于土石坝、堆石坝以及某些轻型坝等水利枢纽。

一、河岸溢洪道的形式

河岸溢洪道的主要形式有正槽溢洪道、侧槽溢洪道、井式溢洪道和虹吸式溢洪道等。

（一）正槽溢洪道

正槽溢洪道泄槽与溢流堰轴线正交，过堰水流与泄槽轴线方向一致，如图 5-1 所示。

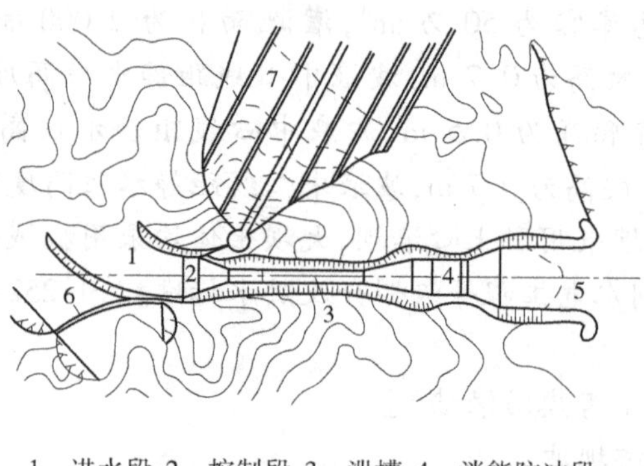

1—进水段；2—控制段；3—泄槽；4—消能防冲段；
5—出水渠；6—非常溢洪道；7—土石坝

图 5-1　正槽溢洪道布置图

正槽溢洪道水流平顺，超泄能力大，结构简单，运用管理方便，适用于各种水头和流量。因此，在实际工程中，大多数以土石坝为主坝的水利枢纽都采用这种溢洪道。

（二）侧槽溢洪道

侧槽溢洪道的溢流堰与泄槽的轴线接近平行，过堰水流在侧槽段的较短距离内转弯约90°，如图5-2所示，再经泄槽泄入下游。因而水流在侧槽中的紊动和撞击都很强烈，且距坝头较近，直接关系到大坝的安全。它适宜用在坝肩山体较高、岸坡较陡的中小型水库中。

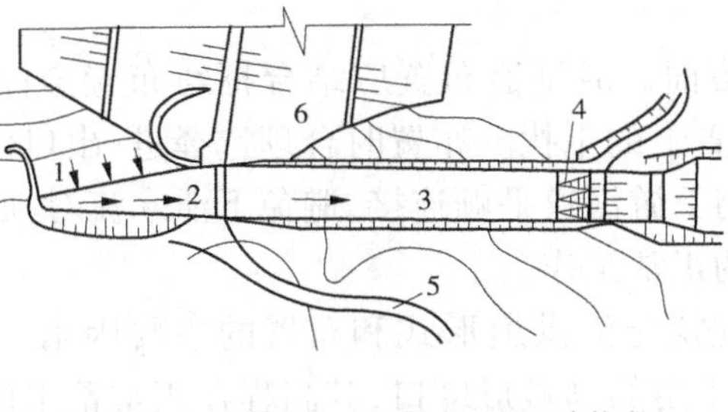

1—溢流堰；2—侧槽；3—泄槽；4—出口消能段；
5—上坝公路；6—土石坝

图5-2 侧槽式溢洪道布置图

（三）井式溢洪道

如图5-3所示，这种溢洪道由溢流喇叭口段、渐变段、竖井段和泄水隧洞段组成。水流进入环形溢流堰后，经竖井和泄水隧洞段流入下游。它适用于岸坡陡峻、地质条件良好、地形条件适宜的情况。它的缺点是水流条件复杂，超泄能力小，容易产生空蚀和振动。在工程实践中，布置这种泄洪设施往往与导流隧洞相结合，施工期采用隧洞导流，竣工后废洞利用。专门布置竖井式溢洪道泄洪在我国应用较少，仅在某些山区渠道退水工程中应用过。

（四）虹吸式溢洪道

虹吸式溢洪道由具有虹吸作用的曲管和淹没在上游水位以下的进口（又叫遮檐）组成，如图5-4所示。在水库正常高水位以上设有通气孔，当库水位超出正常高水位时，淹没了通气孔，水流经过堰顶并与空气混合，逐渐将曲管内的空气带出，使曲管内产生真空，虹吸作用发生而自动泄水。这种溢洪道的优点是能自动调节上游水位，不需设置闸门。其缺点是超泄能力较小，构造复杂，且进口易堵塞，管内易空蚀。适用于上游淹没高程有严格限制的情况。

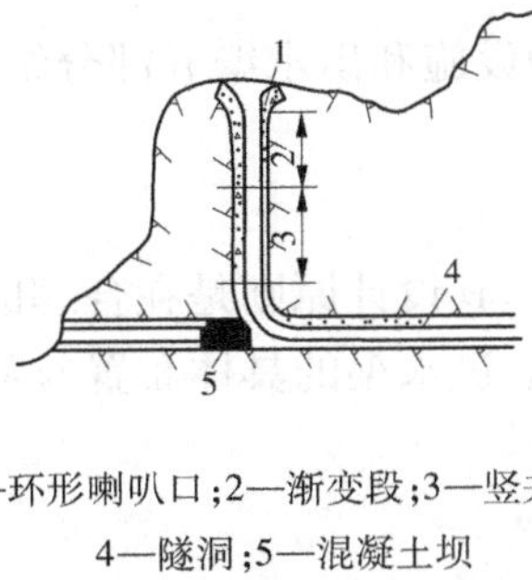

1—环形喇叭口；2—渐变段；3—竖井段；
4—隧洞；5—混凝土坝

图5-3 井式溢洪道示意图

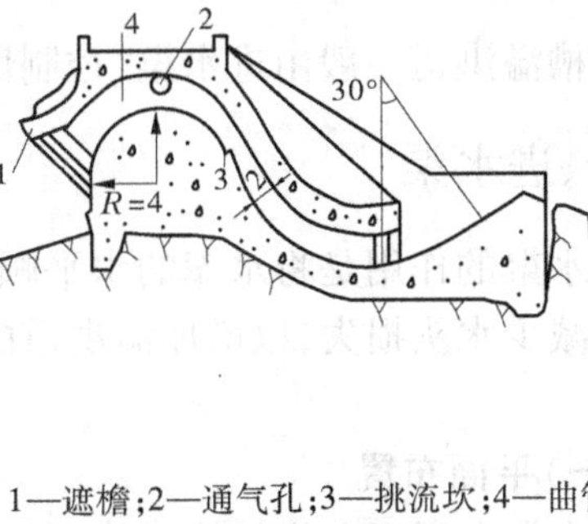

1—遮檐；2—通气孔；3—挑流坎；4—曲管

图5-4 虹吸式溢洪道示意图 （单位：m）

以上四种类型的泄洪设施，前两种整个流程是完全敞开的，故又称为开敞式溢洪道，而后两种称为封闭式溢洪道。

二、河岸溢洪道的位置选择

河岸溢洪道位置选择是否得当,对水库工程的安全和造价有很大影响。其位置选择应主要考虑以下条件:

(1)枢纽总体布置方面。溢洪道布置应结合枢纽布置全面考虑,避免泄洪、发电、航运及灌溉等建筑物在布置上的干扰。布置时合理选择进、出口位置,保证水流顺畅。进水口应短而直,出水渠应与下游河道平顺连接,避免下泄水流对坝址下游河床的严重冲刷及淤积,保证其他建筑物的正常工作。

(2)地形条件。这是决定溢洪道形式和布置的主要因素。较理想的地形条件是,离大坝不远的库岸有通向下游的马鞍形垭口,其高程在正常蓄水位附近,垭口后面有长度不大的冲沟直通原河道,出口离坝脚较远,不威胁大坝安全,且易解决下泄水流的归河问题。

(3)地质条件。这是影响溢洪道安全的关键因素。溢洪道应布置在坚固、完整且稳定的岩基上,以减少护砌工程量并有利于工程的安全。应尽量避免深挖,以免造成高边坡失稳或边坡处理困难等问题。需要特别指出的是,在选择溢洪道的位置时,应充分考虑水文地质条件,以确保溢洪道的安全。

(4)施工和管理方面。应避免溢洪道开挖与其他建筑物施工相互干扰,出渣线路和堆渣场地便于布置,并考虑利用开挖出来的土石料作为筑坝材料,以减少弃料。为管理方便,溢洪道不宜距离大坝太远。

任务二　正槽溢洪道

【学习目标】

1. 正确描述正槽溢洪道各组成部分和结构形式。
2. 掌握正槽溢洪道各部分的布置及构造。
3. 能熟练识读河岸正槽溢洪道工程图。

正槽溢洪道一般由进水渠、控制段、泄槽、消能防冲设施和出水渠五部分组成。

一、进水渠

进水渠的作用是将水库的水平顺地引至溢流堰前。其设计原则是在合理的开挖方量下尽量减少水头损失,以增加溢洪道的泄水能力。为此,进水渠的具体布置应从三个方面考虑。

(一)平面布置

进水渠在平面上最好按直线布置,且前缘不得有阻碍进流的山头或建筑物,以便水流均匀平顺入渠。受地形、地质条件及上游河势的影响需设置弯道时,弯道轴线的转弯半径不宜小于4倍渠底宽度。弯道与控制段之间应布置直线段过渡。

进水渠的长度应尽量缩短,如能使溢流堰直接面临水库,就不需要进水渠,堰前只做一个喇叭形进水口即可,如图 5-5 所示。

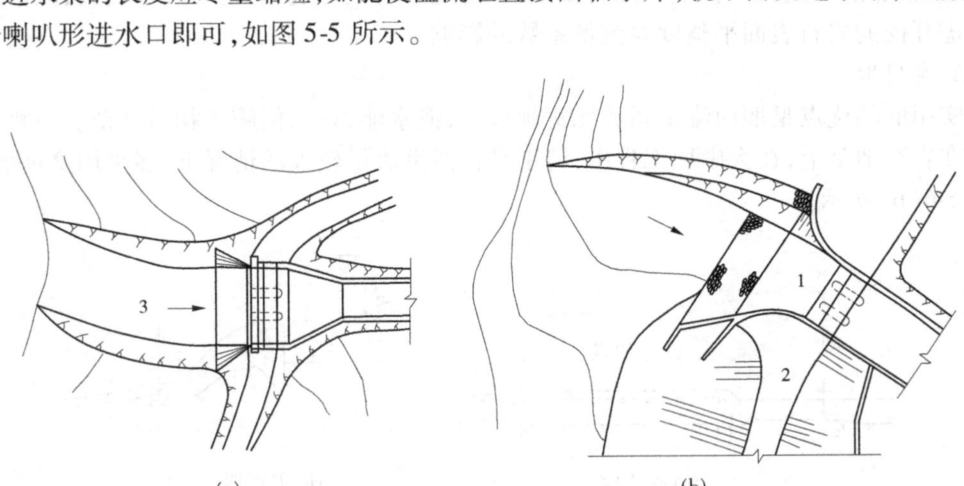

1—喇叭口;2—土坝;3—进水渠

图 5-5 溢洪道进水渠的形式

(二)横断面布置

进水渠应有足够大的横断面尺寸,一般可先拟定流速来控制断面尺寸。进水渠流速应大于库水悬移质的不淤流速和小于渠底不冲流速,一般不应大于 4 m/s。在山势陡峭、开挖量较大的情况下,也可以采用 5 ~7 m/s。

进水渠横断面一般按梯形布置,侧坡根据稳定要求确定。新鲜岩石一般为 1:0.1 ~1:0.3,风化岩石选用 1:0.5 ~1:1.0,土基选用 1:1.5 ~1:2.5,在控制段前缘过渡成矩形断面。为了减小水头损失和防止冲刷,进水渠宜用混凝土、浆砌石做衬砌。岩基上的进水渠如开挖整齐,也可以不做衬砌,但在堰前渐变段范围内宜做衬砌。

(三)纵断面布置

进水渠的纵断面应布置成平坡或不大的反坡(倾向水库)。当控制段采用实用堰时,堰前渠底高程宜比控制段堰顶高程低 $0.5H$(H 为堰面定型设计水头),以保持良好的入流条件和增大堰的流量系数。当控制段采用宽顶堰时,渠底高程可与堰顶齐平或略为降低。

二、控制段

控制段又称溢流堰段,是控制溢洪道泄洪流量的关键部位。

(一)堰型选择

溢流堰通常选用宽顶堰、实用堰,有时也采用驼峰堰。

1.宽顶堰

宽顶堰结构简单,施工方便,水流条件稳定,但流量系数较低。在相同条件下,需要的溢流前缘要比实用堰长,土石挖方较大。一般用于泄洪量不大的中小型工程,堰型布置如图 5-6(a)所示。

宽顶堰的堰体一般都应用混凝土或浆砌石进行衬砌,使堰基免受冲刷,保持堰面平整光滑，以增加泄水能力。在坚实的岩基上，如有足够的抗冲能力，也可以不衬砌，但这时必须考虑开挖的岩石表面平整度对流量系数的影响。

2. 实用堰

实用堰的优点是堰面流量系数比宽顶堰大，泄水能力强，但施工相对复杂。一般要求建筑在岩石地基上，在大中型工程中，特别是在泄洪流量较大的情况下，多采用这种堰型，如图5-6(b)所示。

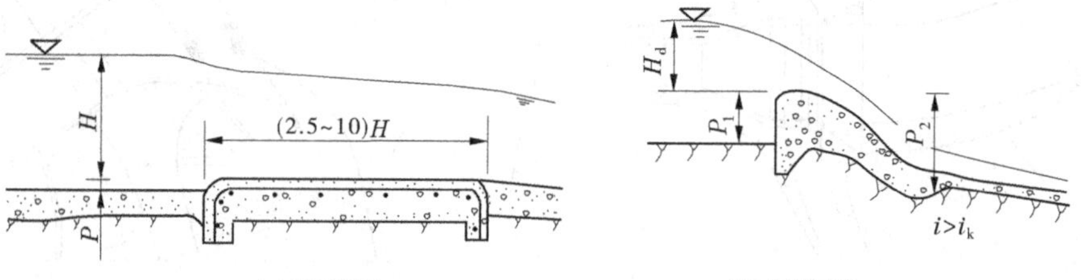

(a)宽顶堰　　(b)实用堰

图5-6　控制段堰形

我国采用最多的是WES标准剖面堰和克—奥剖面堰，堰面的水力学参数可从《水力学》或有关设计手册中查询。对于重要工程，其水力学参数应由水工模型试验进行验证或修正。

3. 驼峰堰

驼峰堰是一种复合圆弧低堰，如图5-7所示。它的特点是堰体较低，流量系数较大，设计与施工难度介于WES堰与宽顶堰之间，对地基要求相对较低，适用于软弱岩性地基。

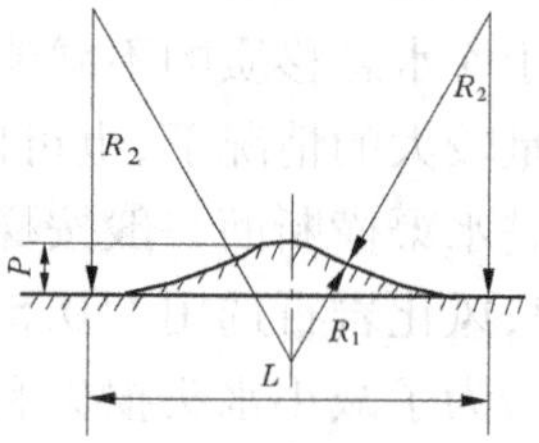

图5-7　驼峰堰常见剖面图

(二)堰面参数对流量的影响

1. 定型设计水头H_d的选择

在堰顶水头不变的情况下，H_d愈小，流量系数愈大，但是，过小的H_d将对堰面产生不利影响。对于低堰($P_1 \leqslant 1.33H_d$，P_1为上游堰高)，堰面出现危险负压的概率比高堰少得多。所以，当$P_1 \leqslant 1.33H_d$时，取$H_d = (0.65 \sim 0.85)H_{max}$；当$P_1 > 1.33H_d$时，取$H_d = (0.75 \sim 0.95)H_{max}$。

2. 实用堰高度选择

堰高对流量系数也有较大的影响，实践证明，低实用堰的流量系数随P_1/H_d的减小而减小。在确定H_d的前提下，P_1愈小，则流量系数m愈小。当$P_1/H_d < 0.3$时，m值明显降低，为了获得较大流量系数，一般要求$P_1 > 0.3H_d$。对驼峰堰取$P_1 = (0.24 \sim 0.34)H_d$，见表5-1。

在低堰中，下游堰高P_2对流量系数也有影响。当堰顶水头较高，下游堰高不足时，过堰水流将不能保证自由宣泄，从而出现流量系数随着堰顶水头增加而降低的现象。因此，下游堰高P_2必须保持一定的高度，一般$P_2 \geqslant 0.6H_d$。

表 5-1 $P_1/H_d \sim m$ 关系表

m		0.1	0.2	0.3	0.4	0.5	0.6	0.7	0.8	0.9
P_1/H_d	克—奥	0.426	0.446	0.460	0.469	0.476	0.480	0.483	0.485	0.490
	垦务局	0.422	0.445	0.458	0.467	0.473	0.477	0.480	0.483	0.492

(三)堰长对流量的影响

对于宽顶堰,堰长 L(沿水流方向)对流量影响也很大。当堰长 $L>10H$(H 为堰顶水头)时,则实际过流量将小于按宽顶堰计算的流量。这时的水流状态已不属于宽顶堰流,而是明渠非均匀流,它的沿程能量损失已不能忽略。

三、泄槽

泄槽的特点是坡陡、流急。槽内的水流特点是高速、紊乱、掺气、惯性大,对边界变化非常敏感。当边墙有转折时,就会产生冲击波,对下游消能产生不利影响;当水流的弗劳德数 $Fr>2$ 时,将会产生波动和掺气现象;若流速超过 15 m/s,可能产生空蚀问题。因此,应注重泄槽的合理布置。

(一)泄槽的平面布置

泄槽在平面上应尽量按直线、等宽和对称布置。当泄槽较长时,为减少开挖且不影响下游消能,可在泄槽的前端设收缩段,末端设扩散段,但必须严格控制。为了适应地形地质条件,减少工程量,泄槽轴线也可设置弯道。

1. 收缩角与扩散角

当泄槽的边墙向内收缩时,将使槽内水流产生陡冲击波。冲击波的波高取决于边墙的偏转角 θ,其值越大,波高则越大。当边墙向外扩散时,水流将产生缓冲击波。若扩散角 θ 过大,水流将产生脱离边墙的现象。因此,应严格控制其边墙的收缩角和扩散角。一般不宜大于 6°~8°设计时,边墙的收缩角和扩散角可按式(5-1)计算:

$$\tan\theta = \frac{1}{KFr} = \frac{\sqrt{gh}}{Kv} \tag{5-1}$$

式中 θ——边墙与泄槽中心线夹角,(°);

K——经验系数,一般取 3.0;

Fr——扩散段或收缩段的起、止断面的平均弗劳德数;

g——重力加速度,取 9.8 m/s²;

h——扩散段或收缩段的起、止断面的平均水深,m;

v——扩散段或收缩段的起、止断面的平均流速,m/s。

工程经验和试验资料表明,当收缩角和扩散角控制在 6°以内时,槽内的水流流态较好,可不进行冲击波验算。对重要工程还应进行水工模型试验。

2. 弯道设计

如受地形、地质或布置上的需要,泄槽在平面上必须设弯道时,弯道应设置在流速较小、水流平稳、底坡较缓,且无变化的部位。弯道设计应满足以下要求:横断面内流速分布均匀;冲击波对水流扰动影响小;在直线段和弯道之间可设置缓和过渡段;为降低边墙高度和调整水流，宜在弯道和缓和过渡段渠底设置横向坡；弯道半径宜采用 6～10 倍泄槽宽度，如图 5-8所示，R 为轴线转弯半径，B 为泄槽底宽。

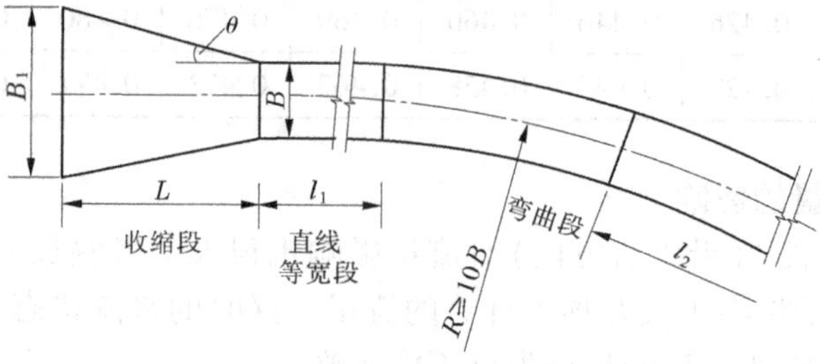

图 5-8　泄槽平面布置图

（二）泄槽的纵剖面布置

泄槽纵剖面设计主要是选择适宜的纵坡。泄槽纵坡以一次坡的水力条件最佳，因此对于长度较短的泄槽，宜采用单一的纵坡。为了保证不在泄槽上产生水跃，纵坡不宜太缓，而太陡的纵坡对泄槽的底板和边墙的自身稳定不利。因此，纵坡坡度必须大于水流临界坡。常用纵坡为 1%～15%，在坚硬岩石上可以更大，实践中有用到 1∶1的。

当泄槽较长时，为了适应地形地质条件，减少开挖量，泄槽沿程可以随地形、地质条件变化而变坡，但变坡次数不宜过多，且以由缓变陡为好。

纵坡由缓变陡，应避免缓坡段末端出射的水流脱离陡坡段始端槽底而产生负压和空蚀的现象。为此，应在变坡处采用与水流轨迹相似的抛物线过渡，如图 5-9 所示。抛物线方程按式(5-2)确定：

$$y = x\tan\theta + \frac{x^2}{K(4{H_0}^2\cos^2\theta)} \tag{5-2}$$

其中
$$H_0 = h + \frac{v^2}{2g}$$

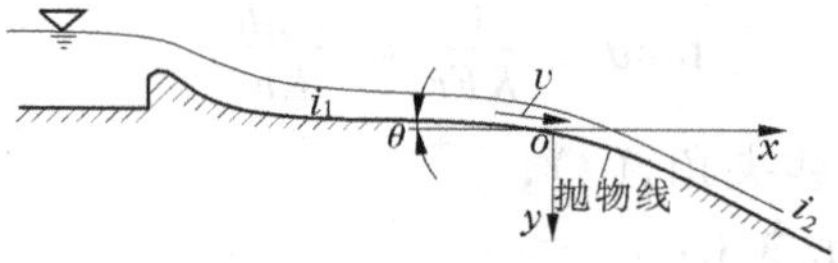

图 5-9　变坡处抛物线连接

式中　x、y——以缓坡泄槽末端为原点的抛物线横坐标、纵坐标，m；

H_0——抛物线起始断面的比能，m；

h——抛物线起始断面水深，m；

v——抛物线起始断面平均流速，m/s；

θ——变坡处前段坡角，(°)；

K——系数，对于重要工程且落差较大者取 1.5，其余取 1.1～1.3。

纵坡由陡变缓时，由于槽面体型变化和离心力的作用，流态复杂，压力分布变化大，水流紊动强烈，该处及其后一定范围内容易发生空蚀，应尽量避免。在无法避免的情况下，

应在变坡处用半径 R 不小于 8 ~ 10 倍水深的反弧段过渡。

(三)泄槽的横断面布置

泄槽的横断面形状与地质情况有关,在非岩基上,一般做成梯形断面,边坡为 1∶1 ~ 1∶2;在岩基上的泄槽多做成矩形或近于矩形的横断面,边坡为 1∶0.1 ~ 1∶0.3。泄槽的过水断面通过水力计算确定。

泄槽的边墙或衬护高度应按水流波动及掺气后的水深加安全超高确定,水流波动及掺气后的水深可按式(5-3)估算:

$$h_b = \left(1 + \frac{\zeta v}{100}\right)h \tag{5-3}$$

式中 h_b、h——计入和不计入波动及掺气的计算断面水深,m;

v——不计入波动及掺气时计算断面上的平均流速,m/s;

ζ——修正系数,一般取 1.0 ~ 1.4 s/m,当 $v > 20$ m/s 时宜取大值。

泄槽的安全超高可根据工程的规模和重要性决定,一般取 0.5 ~ 1.5 m。

设置弯道后,弯道处由于离心力和冲击波共同作用下产生的横向水面高差 ΔZ(见图 5-10)按式(5-4)计算:

$$\Delta Z = K\frac{v^2 B}{g r_c} \tag{5-4}$$

式中 ΔZ——横向水面高差,m;

K——超高系数,其值可查表 5-2;

v——计算断面平均流速,m/s;

B——计算断面水面宽度在水平方向的投影,m;

r_c——弯曲中心轴线对应的半径,m。

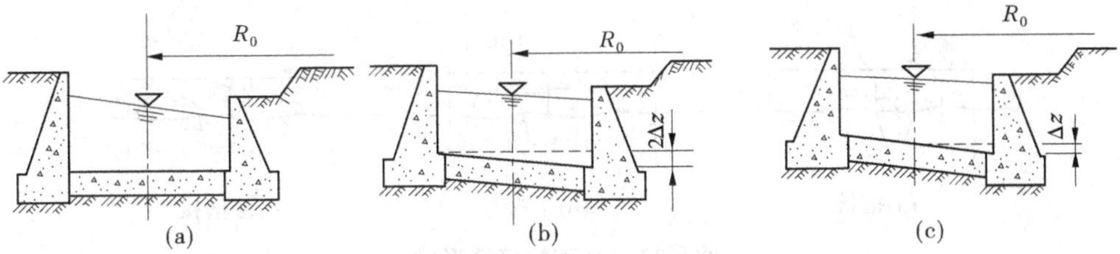

图 5-10 弯道横向水面超高

表 5-2 不同断面形状泄槽的超高系数 K 值

泄槽断面形状	弯道曲线的几何形状	K 值
矩形	简单圆曲线	1.0
梯形	简单圆曲线	1.0
矩形	带有缓和曲线过渡段的复曲线	0.5
梯形	带有缓和曲线过渡段的复曲线	1.0
矩形	既有缓和曲线的过渡段,槽底又有横向斜倾	0.5

为消除弯道冲击的干扰,保持泄槽轴线底部高程和边程高度,常将内侧渠底高程降低 ΔZ,外侧抬高 ΔZ。

(四)泄槽的构造

1. 泄槽的衬砌

为了保护槽基不受冲刷和风化,泄槽一般都要进行衬砌,并且要求衬砌表面平整光滑、止水可靠、排水畅通、坚固耐用。衬砌表面平整光滑可以防止产生负压和空蚀;接缝处的止水可靠,可以防止高速水流钻入缝内将衬砌掀动;底板下的排水设备排水畅通可以有效地降低扬压力以增加衬砌的稳定性以及使用寿命。

泄槽一般采用混凝土衬砌,流速不大的中小型工程也可以采用水泥砂浆或细石混凝土砌石衬砌,但应适当控制砌体表面的平整度。

衬砌的厚度主要根据工程规模、流速大小和地质条件决定。目前,衬砌厚度的确定尚未形成成熟的计算方法和公式,在工程应用中主要采用工程类比法确定,一般取0.4~0.5 m,不应小于0.3 m。当单宽流量或流速较大时,衬砌厚度应适当加厚,甚至可达0.8 m。

为了防止温度变化引起温度裂缝,重要的工程常在衬砌临水面配置适量的钢筋网,纵横布置,各方向的含钢率为0.1%~0.2%。岩基上的衬砌,在必要的情况下可布置锚筋插入新鲜岩层,以增加衬砌的稳定。锚筋的直径为25 mm以上,间距1.5~3.0 m,插入岩基1.0~1.5 m。土基上的衬砌,由于土基与衬砌之间基本无黏着力,又不能采用锚筋,为增加衬砌的稳定,可适当增加衬砌厚度或增设上下游齿墙。

2. 衬砌的分缝、止水和排水

为了控制温度裂缝的发生,除配置温度钢筋外,泄槽衬砌还需要在纵、横方向分缝,并与堰体及边墙贯通。岩基上的混凝土衬砌,由于岩基对衬砌的约束力大,分缝的间距不宜太大,一般采用10~15 m,衬砌较薄时对温度影响较敏感应取小值。衬砌的接缝有搭接、平接和键槽接等多种形式,如图5-11所示。垂直于流向的横缝比纵缝要求高,宜采用搭接式,岩基较坚硬且衬砌较厚时也可采用键槽缝,纵缝可采用平接的形式。

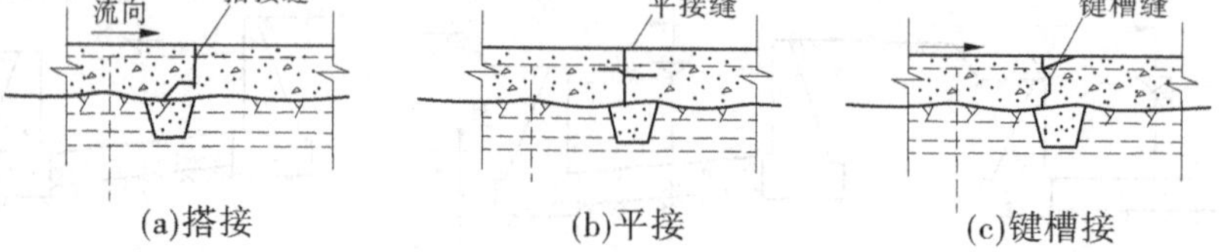

(a)搭接　(b)平接　(c)键槽接

图5-11　衬砌的接缝形式

衬砌底面,将衬砌掀动,所有的伸缩缝都应布置止水,其布置要求与水闸底板基本相同。

衬砌的排水设施,一般在纵、横伸缩缝下面布置,并且纵、横贯通,将渗水汇集到纵向排水管内排往下游。岩基上的横向排水,通常在岩基开挖沟槽并回填不易风化的碎石形成。沟槽尺寸一般取0.3 m×0.3 m,顶面盖上木板或沥青油毛毡,防止浇筑衬砌时砂浆进入而影响排水效果。纵向排水一般在沟内放置透水的混凝土管,直径10~20 cm,视渗水多少而定。管与横向排水沟的接口不封闭,以便收集横向渗水,管周填上不易风化的碎石。小型工程也可以按横向排水方法布置。施工时,纵、横排水沟应注意开挖成一定的坡度,保证横向排水汇集的渗水尽快地汇集到纵向排水管,并顺畅地排往下游。

土基或破碎软弱的岩基,常在衬砌底面设置平铺式排水,由厚度30 cm的碎石层形成。对于黏性土地基,应先铺一层厚0.2~0.5 m的砂砾垫层,再铺碎石,或直接在砂砾垫层中布置透水混凝土管形成排水层。对于细砂地基,则应先铺一层厚0.2~0.4 m的粗砂,再做碎石排水层。

泄槽两侧的边墙,其墙顶高程可由泄槽的水面曲线高程并考虑水流波动和掺气高度及安全超高确定。边墙的结构,如基岩良好,可做成衬砌式,其结构与底板衬砌相同,厚度一般不小于30 cm,且用钢筋与岩坡锚固。边墙本身无需设置纵缝,但多在与边墙接近的底板设置纵缝(见水闸分离式底板布置);横缝应与底板贯通。对于较差的岩基,需将边墙做成重力式挡土墙。此外,边墙同样应做好止水和排水,排水应与底板下面横向排水连通。必须指出,泄槽构造(止水排水等)是防止动水压力和扬压力对衬砌的稳定安全的影响而采取的有力措施,对保证泄槽的安全运用是很重要的,切勿忽视其作用而马虎行事,以致造成工程事故。

四、消能防冲设施

溢洪道泄洪,一般是单宽流量大、流速高,能量集中,如果消能设施考虑不当,出槽的高速水流与下游河道的正常水流不能妥善衔接,下游河床和岸坡就会遭受冲刷,甚至会危及河岸溢洪道的安全。

河岸溢洪道的消能设施一般采用挑流消能或底流消能,有时也可采用其他形式的消能措施,当地形地质条件允许时,优先考虑挑流消能,以节省消能防冲设施的工程投资。

挑流消能一般适用于岩石地基的中高水头枢纽,消能设施的平面形式有等宽式、扩散式和收缩式(包括窄缝式),挑流鼻坎有连续式、差动式等。采用挑流消能时,应考虑挑射水流的雾化对枢纽其他建筑物运行的影响,有关计算内容和方法与重力坝相关内容类似。

挑流坎的结构形式一般有重力式和衬砌式两种,如图5-12所示。前者适用较软弱岩基或土基,后者适用坚实完整岩基。

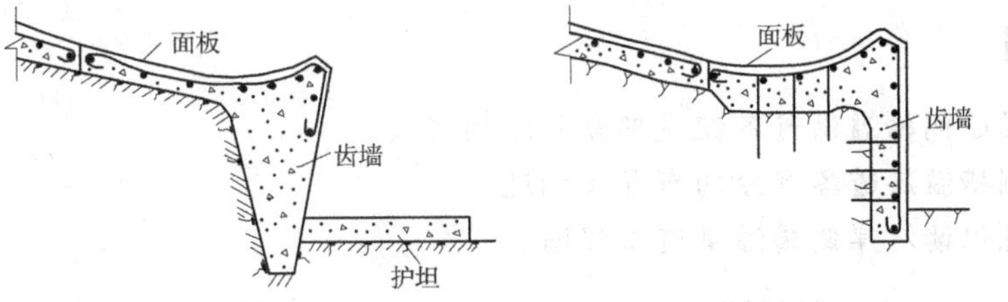

(a)重力式　(b)衬砌式

图5-12　挑流坎的结构形式

挑流坎上还常设置通气孔和排水孔,如图5-13所示。通气孔的作用是从边墙顶部孔口向水舌补充空气,以免形成真空影响挑距或造成结构空蚀。坎上排水孔用来排除反弧段积水;坎底排水孔则用来排放地基渗水,降低扬压力。底流消能适用于土基或软弱岩基,其消能原理和布置与水闸相应内容基本相同。

五、出水渠

出水渠的作用是使溢洪道下泄的洪水顺畅地流入下游河床。当消能防冲设施直接与

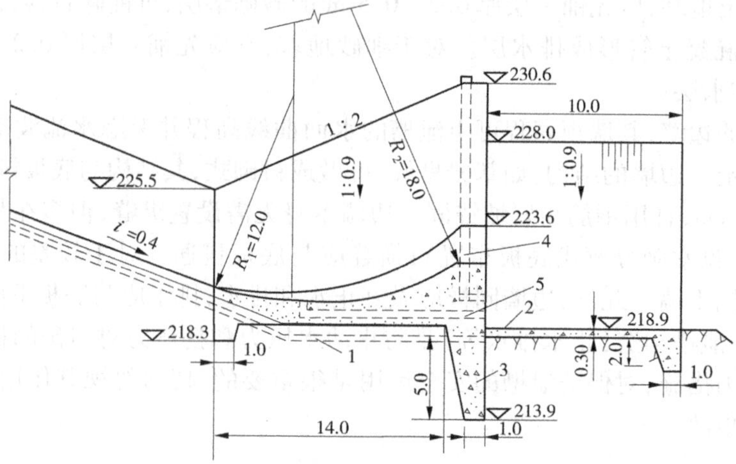

1—纵向排水；2—护坦；3—混凝土齿墙；4—ϕ50 cm 通气孔；5—ϕ10 cm 排水管

图 5-13 挑坎构造 （单位：m）

河床连接时，可不另设出水渠。此时，必须通过水文计算和洪水调查等方法确定下游河床水位，同时还应考虑建库后可能发生的水位变化。

出水渠的布置优先考虑利用天然沟谷，并采用必要的工程措施，如明挖或布置成小型跌水，以较小的投资，保证沟谷受到冲刷或坍塌时不影响泄洪和危及当地民房及其他建筑物的安全。当地形条件良好时，出水渠的底坡应尽量接近于下游原河道的平均底坡，使出流平顺归入原河道。

任务三 侧槽溢洪道

【学习目标】

1. 正确描述侧槽溢洪道各组成部分和结构形式。
2. 掌握侧槽溢洪道各部分的布置及构造。
3. 能熟练识读河岸侧槽溢洪道工程图。

一、侧槽溢洪道的布置特点

侧槽溢洪道一般由溢流堰、侧槽、泄水槽、出口消能和出水渠组成。

侧槽溢洪道与正槽溢洪道相比，主要区别在于溢流堰部分。其布置特点是溢流堰在侧槽的一侧，侧向进流，纵向泄流，溢流堰既是低堰也是侧槽的一边槽壁。其主要优点是溢流堰可大致沿地形等高线布置，并沿河岸向上游延伸，以减少开挖量。其主要缺点是进堰水流首先冲向对面的槽壁，再向上翻腾，产生漩涡，逐渐转向再泄向下游，形成一种不规则的复杂流态，与下游水面衔接难以控制，给侧槽的布置造成困难。侧槽溢洪道一般适用于坝肩山头较高，岸坡较陡，不利于布置正槽溢洪道且泄流量相对较小的情况。

由于岸坡较陡，侧槽的横断面宜按窄深式布置。这样，有利于增加槽内水深，稳定流态。在陡峭的山坡上,窄深断面要比宽浅断面节省开挖量。以图 5-14 为例,如窄深断面过水面积为 ω_1,宽浅断面过水面积为 ω_2,当 $\omega_1=\omega_2$ 时,窄深断面可节省开挖面积 ω_3。侧槽溢洪道的溢流堰可采用实用堰、宽顶堰和梯形堰,但采用实用堰较多。

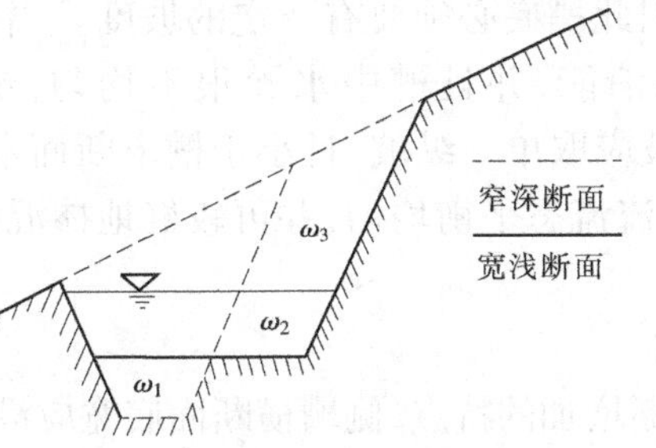

图 5-14 侧槽挖方量比较图

二、侧槽尺寸设计

侧槽设计的要求是满足泄洪条件,保持槽内流态良好、造价低廉和施工管理方便,设计的任务是确定侧槽的槽长(堰长)、断面形式、起始断面高程、槽底纵坡和断面宽度,有关尺寸参数如图 5-15 所示。

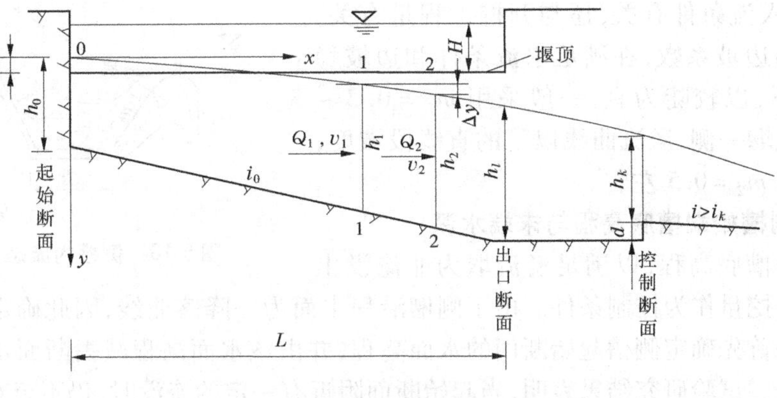

图 5-15 侧槽水面曲线计算简图

(一)堰长

侧槽堰长 L(溢流前缘长度)与堰型、堰顶高程、堰顶水头和溢洪道的最大设计流量有关。堰型应根据工程规模、流量大小选择,对于大中型工程一般选择实用堰。溢流堰长度可按下式计算:

$$L=\frac{Q}{m\sqrt{2g}H^{\frac{3}{2}}} \tag{5-5}$$

式中 Q——溢洪道的最大泄流量,m^3/s;

H——堰顶水头,m,行近流速水头可忽略不计;

m——流量系数,与堰型有关。

（二）槽底纵坡

侧槽应有适宜的纵坡以满足泄洪要求。由于水流经过溢流堰泄入侧槽时，水冲向对面槽壁，水的大部分能量消耗于水体间掺混撞击，对沿侧槽方向的流动并无帮助，完全依靠重力作用向下游流动，因此槽底必须要有一定的坡度。当槽底纵坡较陡时，槽内水流为急流，水流不能充分掺混消能，并且槽中水深很不均匀，最大水深可高于平均水深的5%～20%。因此，槽底纵坡应取单一纵坡，且小于槽末断面水流的临界坡。当槽底纵坡较缓时，槽内水流为缓流，水流流态平衡均匀，并可较好地掺混消能。初步拟定时，一般采用槽底纵坡为0.01～0.05。

（三）侧槽横断面底宽

为了适应流量沿程不断增加的特点，侧槽横断面底宽应沿侧槽轴向自上而下逐渐加大。首先，根据地形地质条件通过工程类比法初选若干起始断面底宽 b_0 并经过经济比较确定。采用机械施工时，应满足施工最小宽度要求。侧槽末端断面底宽 b_L，可按比值 b_0/b_L 确定。一般来说，b_0/b_L 值愈小，侧槽开挖量愈少。但是，当 b_0/b_L 过小时，由于槽底需要开挖较深，将增加紧接侧槽末端水流调整段的开挖量。因此，合理的 b_0/b_L 值应根据槽址的地形地貌条件通过比较确定。通常的 b_0/b_L 值宜采用0.25～0.65，即 $b_L=(1.5\sim4.0)b_0$。

（四）侧槽横向边坡系数

侧槽横向边坡系数（见图5-16）取值合理与否，不仅与入流条件有关，还与开挖工程量有关。靠岸一侧的边坡系数，在满足水流条件和边坡稳定的前提下，以较陡为宜，一般采用 $m_1=0.3\sim0.5$；靠溢流堰一侧，溢流曲线以下的直线段坡度，一般可采用 $m_2=0.5$ 左右。

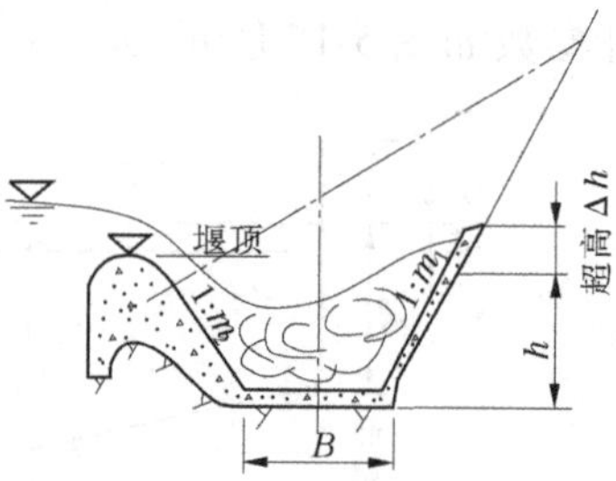

图5-16　侧槽内流态示意图

（五）侧槽始端槽底高程与末端水深

侧槽的槽底高程，以满足溢流堰为非淹没出流和减少开挖量作为控制条件。由于侧槽沿程水面为一降落曲线，因此确定槽底高程的关键所在是首先确定侧槽起始断面的水面高程，并由该水面高程减去断面水深求得该处的槽底高程。试验研究结果表明，当起始断面附近有一定的淹没时，仍不至对整个溢流堰的过堰流量有较大的影响，此时仍可认为溢流堰沿程出流属于非淹没出流。为节省开挖量，适当提高渠底高程，常取侧槽起始断面水位高出堰顶水位 $h_s=0.5H$，据此确定槽底高程。

侧槽水面曲线的推算，首先必须确定控制断面水深 h_L，控制断面一般选用侧槽末端断面（若设水平调整段，则以调整段末端为控制断面），由该断面的临界水深 h_k 计算侧槽末端水深 h_L。为减少侧槽开挖量，应使侧槽末端断面水深 h_L 尽量接近经济断面水深。

为保证侧槽末端实际水深与理论水深 h_L 一致，常需在侧槽末端设置一水平调整段与泄槽连接，并在调整段末端设置控制断面。调整段的长度以不小于 $(2\sim3)h_k$ 为宜；控制断面则用抬高泄槽起始断面高程（形成低坎）构成，使水流在该断面形成临界流，该断面的水深即为临界水深 h_k，h_k 可由水力学公式计算。

任务四 非常溢洪道

【学习目标】

1. 掌握非常溢洪道的作用。
2. 掌握非常溢洪道的形式和布置要求。

在大中型水库和重要的小型水库中，除平时运用的正常溢洪道外，还建有非常溢洪道。这种非常溢洪道是一种保坝的重要措施，仅在发生特大洪水，正常溢洪道宣泄不及致使水库水位将要漫顶时才启用。由于超设计标准的洪水是稀遇的，故非常溢洪道的使用概率少，但要求运用灵活可靠，为此非常溢洪道应该结构简单，便于修复，启闭及时，并能控制下泄流量。常用的非常溢洪道一般分为漫流式非常溢洪道、自溃式非常溢洪道和爆破引溃式非常溢洪道。

一、漫流式非常溢洪道

漫流式非常溢洪道的布置与正槽溢洪道类似，堰顶高程应选用与非常溢洪道启用标准相应的水位高程。控制段(溢流堰)通常采用混凝土或浆砌石衬砌，设计标准应与正槽溢洪道控制段相同，以保证泄洪安全。控制段下游的泄槽和消能防冲设施，如行洪过后修复费用不高时可简化布置，甚至可以不做消能设施。控制段可不设闸门控制，任凭水流自由宣泄。溢流堰过水断面通常做成宽浅式，故溢流前缘长度一般较长。因此，这种溢洪道一般布置在高程适宜、地势平坦的山坳处，以减少土石方开挖量。

二、自溃式非常溢洪道

自溃式非常溢洪道有漫顶溢流自溃式和引冲自溃式两种形式。漫顶溢流自溃式非常溢洪道由自溃坝(或堤)、溢流堰和泄槽组成。自溃坝布置在溢流堰顶面，坝体自溃后露出溢流堰，由溢流堰控制泄流量，如图5-17所示。自溃坝平时可起挡水作用，但当库水位达到一定的高程时应能迅速自溃行洪。为此，坝体材料宜选择无黏性细砂土，压实标准不高，易被水流漫顶冲溃。当溢流前缘较长时，可设隔墙将自溃坝分隔为若干段，各段坝顶高程应有差异，形成分级分段启用的布置方式，以满足库区出现不同频率稀遇洪水的泄洪要求。浙江南山水库自溃式非常溢洪道，采用2 m宽的混凝土隔墙将自溃坝分为三段，各段坝顶高程均不同，形成三级启用形式，除遇特大洪水时需三级都投入使用外，其他稀遇洪水情况只需启用一级或两级，则行洪后的修复工程量亦可减少。

自溃式非常溢洪道的优点是结构简单，施工方便，造价低廉；缺点是运用的灵活性较差，溃坝时具有偶然性，可能造成自溃时间的提前或滞后。所以，自溃坝的高度常有一定的限制，国内已建工程一般在6 m以下。

引冲自溃式非常溢洪道也是由自溃坝、溢流堰和泄槽组成，在坝顶中部或分段中部设引冲槽，如图5-18所示。当库水位超过引冲槽底部高程后，水流经引冲槽向下游泄放，并

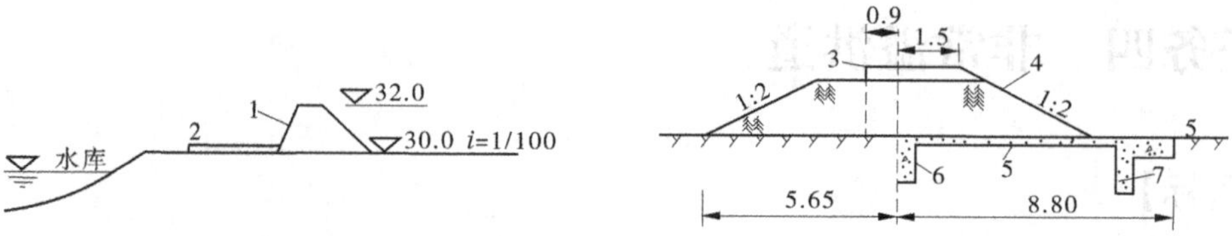

(a)国内某水库非常溢洪道示意图　　　(b)国外某水库漫顶自溃堤断面图

1—土堤;2—公路;3—自溃堤各段间隔墙;4—草皮护面;5—0.3 m 厚的混凝土护面;
6—0.6 m 厚、1.5 m 深的混凝土截水墙;7—0.6 m 厚、3.0 m 深的混凝土截水面

图 5-17　漫顶自溃式非常溢洪道进水口断面图　(单位:m)

把引冲槽冲刷扩大,使坝体自溃泄洪。这种自溃方式在溃决过程中流量逐渐加大,对下游防护较有利,故自溃坝体高度可以适当提高。对于溢流前缘较长的坝,也可以按分级分段布置。引冲槽槽底高程、尺寸和纵向坡度可参照已建工程拟定。

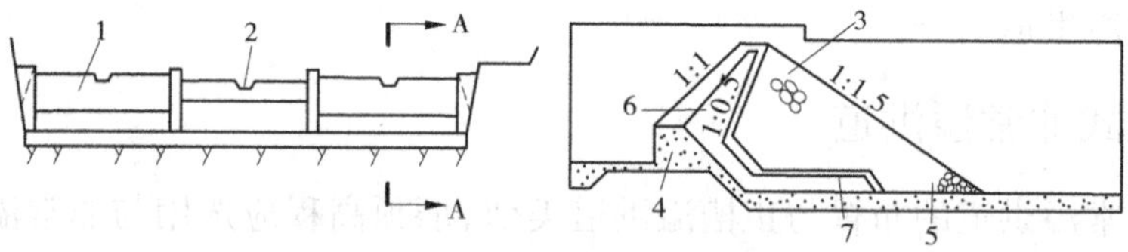

(a)上游立视图　　　(b)A—A剖面图

1—自溃堤;2—引冲槽;3—引冲槽底;4—混凝土堰;
5—卵石;6—黏土斜墙;7—反滤层

图 5-18　某水库引冲自溃坝式溢洪道

应当指出,自溃式非常溢洪道在溃坝泄洪后,需在水位降落后才能修复,如果堰顶高程较低,还会影响水库当年的蓄水量。但是,非常溢洪道的启用机会是很小的,故这种影响一般不大。关键的问题是保证自溃土坝在启用时必须能按设计要求被冲溃,为此应参照已建工程经验进行布置,并应通过水工模型试验验证。

三、爆破引溃式非常溢洪道

与自溃式非常溢洪道类似,爆破引溃式非常溢洪道由溢洪道进口的副坝、溢流堰和泄槽组成。当溢洪道启用时,引爆预先埋设在副坝廊道或药室的炸药,利用爆破的能量把布置在溢洪道进口的副坝强行炸开决口,并炸松决口以外坝体,通过快速水流的冲刷,使副坝迅速溃决而泄洪。如果这种溢洪措施的副坝较长,也可分段爆破。爆破的方式、时间可灵活、主动掌握。由于这种引溃方式是由人工操作的,因而使坝体溃决有可靠的保证。

应当指出,非常溢洪道由于设计理论不完善,实践经验不足,在运用中还存在不少问题,在设计和运用中应谨慎对待。若启用不当,将造成不必要的人为洪峰,反而会加重下游的灾情。

技能训练题

一、填空题

1. 河岸溢洪道一般适用于________以及________等水利枢纽。

2. 选择溢洪道位置时，主要考虑的因素是________、________、________、________和________。

3. 正槽溢洪道一般由________、________、________、________和________组成。

4. 正槽溢洪道泄槽的平面布置应尽量采用直线、等宽和对称，而在实际工程中经常采用收缩段是为了________；采用弯曲段是为了________；采用扩散段是为了________。

5. 正槽溢洪道的溢流堰常用形式有________，________，也可采用________。

6. 泄槽衬砌的接缝形式有①________，简图是________；②________，简图是________；③________，简图是________。

7. 当河岸溢洪道下游采用挑流消能时，其挑流坎的结构形式一般有①________，简图是________，适用于________；②________，简图是________，适用于________。

二、简答题

1. 溢洪道在水利枢纽中的作用是什么？

2. 河岸溢洪道分哪几种主要形式？其运用特点如何？

3. 简述正槽溢洪道与侧槽溢洪道的区别。

4. 非常溢洪设施的形式有那些？各自具有什么特点？

5. 在什么情况下启用非常溢洪设施？

项目六　水工隧洞

任务一　水工隧洞的类型和工作特点

【学习目标】

1. 掌握水工隧洞的作用和类型。
2. 理解水工隧洞的工作特点。

一、水工隧洞的类型

水工隧洞因担负任务性质的不同，可分为取水隧洞和泄水隧洞两大类；按工作时水力条件的不同，分为有压隧洞和无压隧洞两种。

取水隧洞用来从水库取出用于灌溉、发电、工业用水、生活供水等所需要的水量，其流速一般较低。泄水隧洞可配合溢洪道宣泄部分洪水，可用来排沙、泄放水电站尾水以及放空水库等，一般为高速水流。有压隧洞工作时，隧洞内充满水，内壁面各个部位均作用有较大的内水压力，并保证洞顶的测压管水头大于 2 m。无压隧洞工作时水流具有自由水面，保持一定的净空。取水隧洞和泄水隧洞工作时可为有压或无压状态，或前段有压后段无压状态，但必须避免有压流和无压流交替出现的工作状态。

在设计水工隧洞时，根据枢纽的规划、布置，尽量做到多功能、多目标开发，使得一洞多用，以节省工程投资，如采用“临时变永久”或“二洞合一”等形式。

“临时变永久”，是指工程竣工后，将施工导流洞改为放空、排沙、泄洪隧洞，也可改为发电、灌溉的引水隧洞。当导流洞的进口高程较低，不满足其他隧洞承担的任务时，可设置成“龙抬头”形式——导流洞上方另设进水口，如图 6-1 所示。

“二洞合一”，是指泄洪与灌溉、泄洪与发电引水相结合布置，泄洪、排沙、放空相结合布置，发电引水与灌溉供水相结合布置等，如图 6-2 所示。只设一个进水口，在适当的位置分岔。需注意的是：多功能的隧洞虽可简化枢纽布置，节省造价，但隧洞工作条件较复杂，水流不稳定，分岔处容易产生空蚀、振动。

隧洞一般由进口段、洞身段和出口段三部分组成。

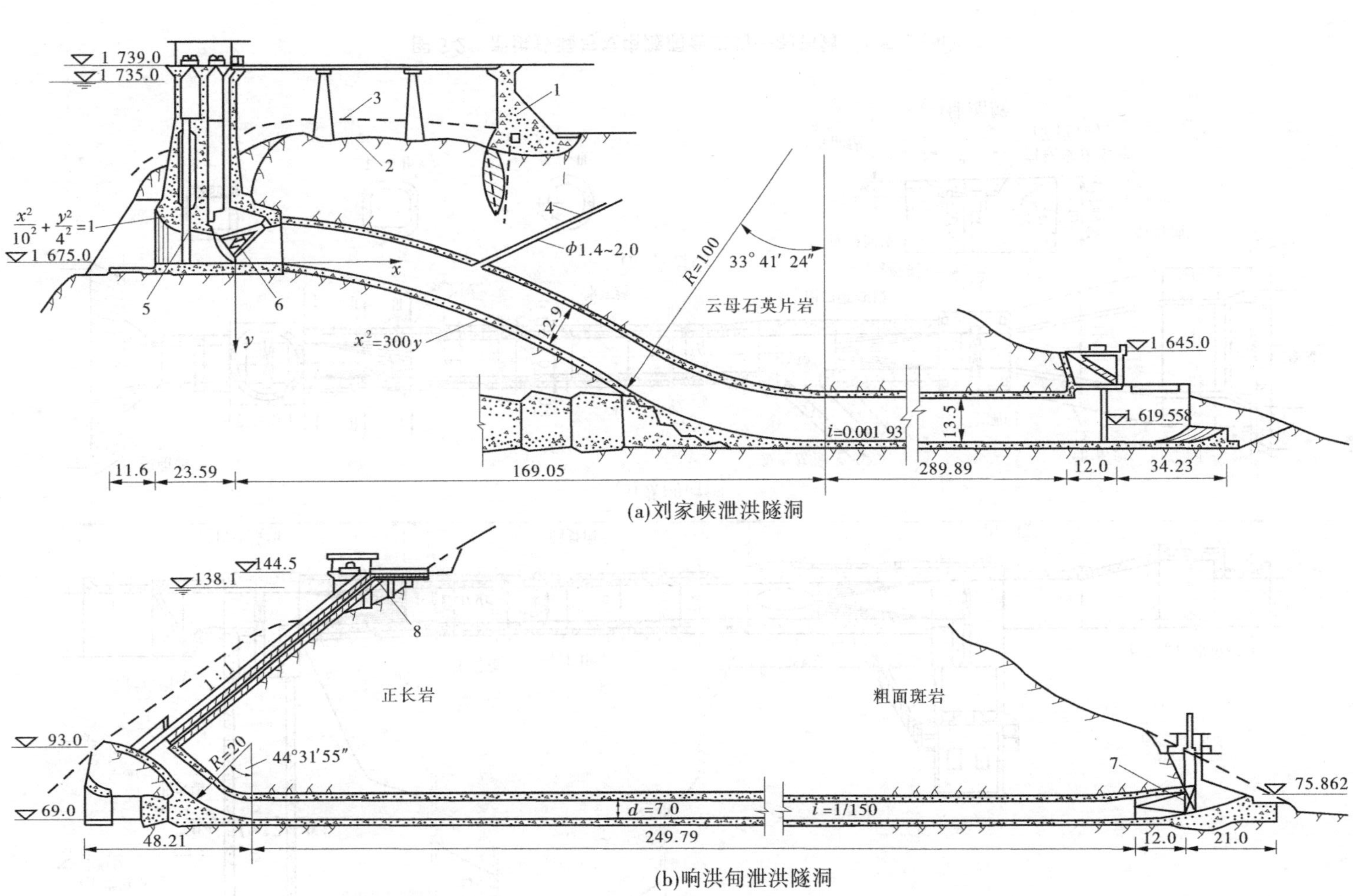

1—混凝土副坝;2—岩面线;3—原地面线;4—通风洞;5—检修闸门槽;
6—弧形闸门;7—工作闸门;8—通气孔

图6-1　导流隧洞改深式泄水隧洞布置　(单位:m)

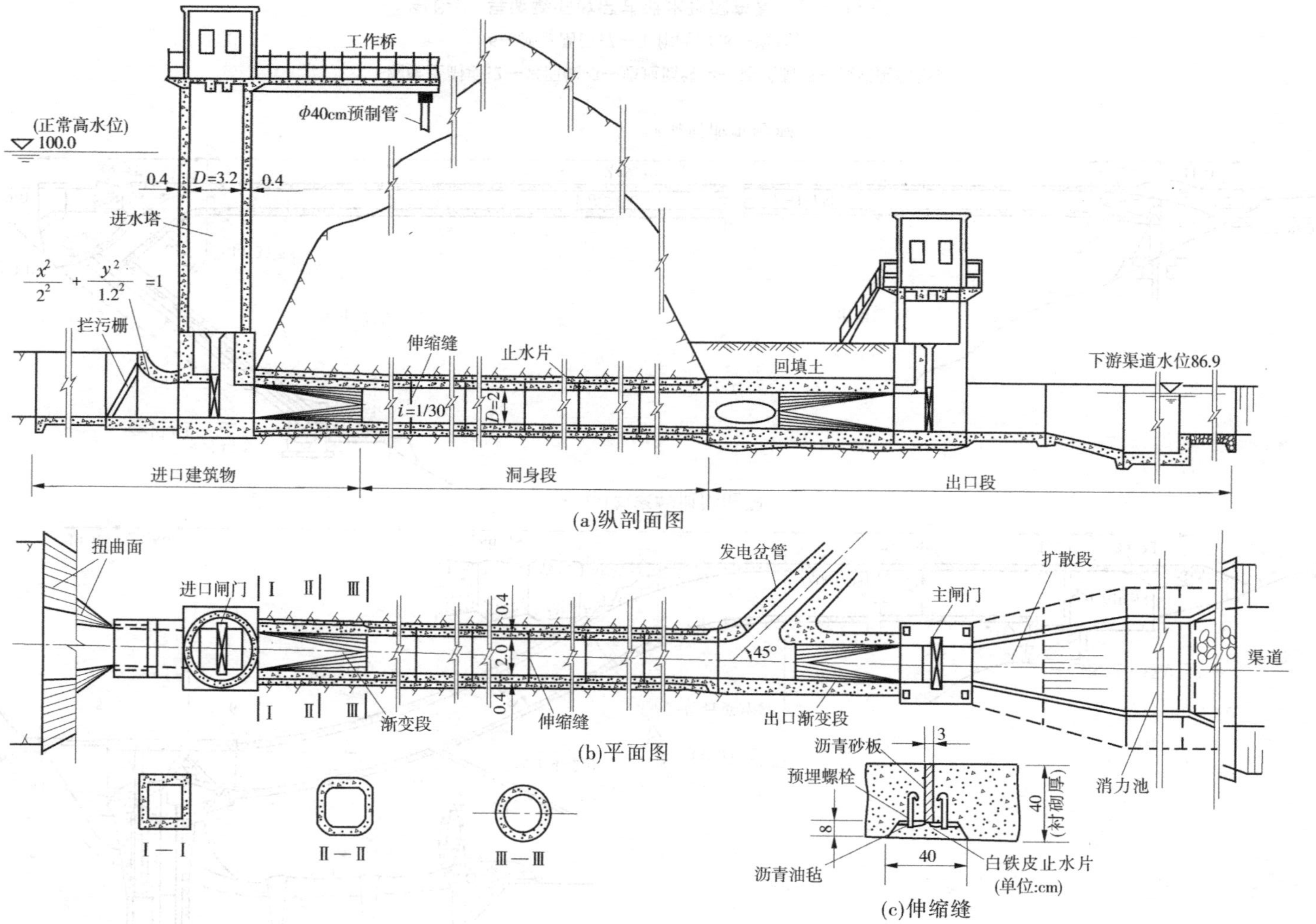

图 6-2　泄洪隧洞与发电隧洞合二为一的布置　（单位:m）

二、水工隧洞的特点

（一）水流特点

高速水流的泄洪洞，对建筑物的体型、水力条件及结构布置均有较高的要求。如考虑不周，极易产生空蚀破坏。因此，在隧洞的体形设计及水流边壁的平整度方面均应予以特别重视。对于容易发生空蚀的部位，还应采用防蚀、抗磨材料或其他防蚀措施。有压隧洞往往承受很大的内水压力，衬砌渗漏，压力水将渗入围岩裂隙，形成附加的渗透压力，破坏岩体稳定，因此要求围岩有足够的厚度。

（二）结构特点

隧洞是在山体中开挖出来的建筑物，其结构性状及受力与围岩密切相关。开挖隧洞后改变了围岩原来的应力平衡状态，引起应力重分布，使围岩产生变形。因此，隧洞中常需设置临时性支护和永久性衬砌以承受山岩压力等荷载。

（三）施工特点

隧洞是地下结构，开挖、衬砌的工作面小，洞线长、工序多、干扰大。因此，虽然隧洞石方工程量不一定很大，但工期往往较长，尤其是兼作导流的隧洞，其施工进度往往控制整个工程的工期。因此，改善施工条件，加快施工进度，提高施工质量，是隧洞施工的重要课题。

任务二　水工隧洞的选线与总体布置

【学习目标】

1. 正确进行水工隧洞的选线，掌握选线的一般原则。
2. 掌握有压隧洞和无压隧洞的总体布置。

线路选择和工程布置是隧洞设计的关键问题。我国已建的隧洞工程实践证明，布置上所造成的缺陷是难以弥补的，故要高度重视隧洞线路选择和工程布置。这两个问题是一项工作的两方面，是紧密联系、相互兼顾的。

一、隧洞选线

洞线选择关系到围岩的稳定、施工进度、工程造价、安全运行等各个方面。洞线选择应根据枢纽总体布置及隧洞的用途，并综合考虑地形、地质、施工、水流、埋藏深度等各种因素，拟定几条洞线，通过技术经济比较选定。由于自然条件千差万别，要选出满足各方面要求的理想洞线是很困难的，在洞线比较中，应根据工程的具体特点，抓住主要矛盾，兼顾其他。通常起主导作用的地形、地质条件，应给予充分的重视。这里仅介绍隧洞选线时的一般原则。

（1）尽量避开地质条件不良地段。隧洞的路线选择应尽量避开山岩压力大、地下水位高、渗水严重的岩层，以及断层、破碎带和可能滑坡的不稳定地段。当隧洞轴线与岩层面及主要节理裂隙相交时，应尽量成较大夹角。在整体块状结构的岩体中，其夹角不宜小于30°，在层状岩体中，其夹角不宜小于45°。

(2)力求洞线短、水流平顺。隧洞路线应力求短而直,以减少工程费用和水头损失。如由于地形、地质条件和枢纽布置的原因必须转弯,对低流速隧洞,转弯半径不宜小于5倍的洞径(或洞宽),偏转角一般不宜大于60°。曲线段两端用直线连接,其长度不宜小于5倍的洞径(或洞宽),以使弯道水流平顺。对于高流速的无压隧洞,应力求避免在平面上设置曲线段。

(3)进出口位置合适。隧洞进出口应选择在岩层风化浅、岩石较坚硬完整、边坡稳定的地段。进出口的水流应平顺对称,避免产生涡流。当拦河坝为土石坝时,隧洞进出口应与土石坝间隔一定距离,以防止水流对上游坝坡和下游坝脚的冲刷。

(4)洞顶以上和傍山隧洞岸边一侧的岩体应有足够的围岩厚度,以保证围岩的稳定。其最小厚度应根据围岩承载能力及渗透稳定性、隧洞断面形状及尺寸、施工条件、内水压力等因素综合分析决定。对于有压隧洞,当围岩坚硬完整时,为使围岩的承载能力得到保证,洞身部位的最小覆盖层的厚度应大于或等于该部位的内水压力。对于无压隧洞及有压隧洞的进出口,洞口应尽量选在岩体坚硬完整和地质构造简单的地段。

进出口岩体最小厚度涉及明挖量的大小、进洞工期、洞口岩体的边坡稳定的问题。一般以施工成洞条件为准,并采取合理的施工工序和工程措施,以减少明挖,争取工期。对于相邻两隧洞间岩体的厚度,应根据地质条件、布置需要、围岩受力状况、隧洞形式及尺寸、施工方法及运行条件等综合分析决定,一般不宜小于1~2倍的洞径(或洞宽)。

(5)应兼顾施工方便。对于长隧洞,洞线的选择还应考虑设置施工竖井或支洞问题,以便增加开挖工作面,改善施工条件,加快施工进度。

二、水工隧洞的布置

(一)总体布置

(1)根据枢纽任务,确定隧洞是专用或是一洞多用。针对不同要求,结合地形、地质和水流条件拟定进口的位置、高程。

(2)在选定洞线方案的基础上,根据地形、地质等条件选择进口段的结构形式(竖井式、塔式、岸塔式、斜坡式等),确定闸门在隧洞中的布置。

(3)确定洞身的纵向底坡和横断面的形状及尺寸。

(4)根据地形、地质、尾水位和施工条件等确定出口位置和底板高程,选用合理的消能方式。

(二)闸门在隧洞中的布置

水工隧洞的闸门按其工作性质分为工作闸门、检修闸门和事故闸门。

工作闸门主要用于调节流量和控制孔口,应能在动水中启闭。它可以设在进口、出口或隧洞中的任一适宜位置。

泄水隧洞一般都布置两道闸门:一道是工作闸门,用以控制流量,要求能在动水中启闭;另一道是检修闸门,设在隧洞进口,当工作闸门或隧洞检修时,用以挡水。隧洞出口如低于下游水位,也要设检修闸门。深水隧洞的检修闸门一般需要能在动水中关闭,静水中开启,也称事故闸门。泄水隧洞的闸门位置,相当程度上决定着隧洞的工作条件,因此是隧洞布置的关键问题之一。

无压隧洞一般将闸门设置在隧洞进口处。按隧洞进口和水面的相对位置,进水口可以分为表孔溢流式和深孔式。

(1)表孔溢流式进水口多属于龙抬头的布置形式,如图6-3所示。其作用主要用于泄洪,闸门布置与岸边溢洪道相似,只是由隧洞替代了溢洪道的泄水槽,如毛家村、流溪河、冯家山等无压泄洪洞都采用了这种布置方式。

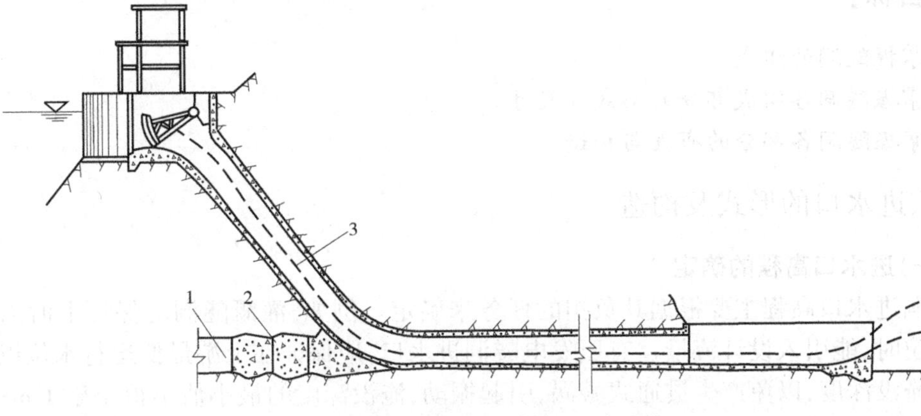

1—导流洞;2—混凝土堵头线;3—水面线

图6-3 表孔溢流式进水口泄洪隧洞布置

(2)深孔式进水口也可采用无压泄水隧洞,为保证隧洞内水流为无压状态,闸门后洞顶需高出洞内水面一定高度,并向闸门后通气。其优点是工作闸门和检修闸门均设在首部,运行管理方便,易于检查和维修;洞内不受压力水流作用,有利于山坡稳定。缺点是流速大的部位容易发生空蚀。

有压隧洞一般将工作闸门设置在出口处。泄流时洞内流态平稳,工作闸门便于部分开启,控制简单,管理方便。但洞内经常承受较大的内水压力,对山坡的稳定不利,因此对围岩地质条件的要求比无压隧洞高。实际工程中,常在进口设置事故检修闸门,平时可用于挡水,以免洞内长时间承受较大的内水压力。

有些泄水隧洞因受地形、地质和枢纽布置等因素的限制,为了获得良好的水流及结构受力条件,常将工作闸门布置在洞内,工作闸门前为有压洞段,工作闸门后为无压洞段(见图6-4)。我国三门峡、小浪底、碧口、新丰江、鲁布革等泄洪洞都采用了这种布置方式。

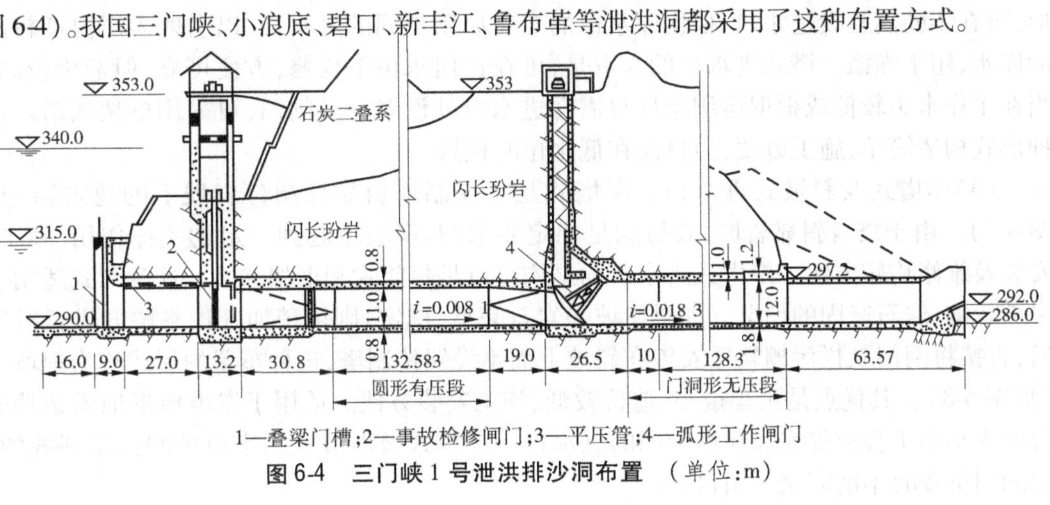

1—叠梁门槽;2—事故检修闸门;3—平压管;4—弧形工作闸门

图6-4 三门峡1号泄洪排沙洞布置 (单位:m)

任务三 水工隧洞的组成及构造

【学习目标】

1. 掌握隧洞的组成。
2. 掌握隧洞各组成部分的形式和尺寸。
3. 掌握隧洞各部分的布置与构造。

一、进水口的形式及构造

（一）进水口高程的确定

隧洞进水口高程主要根据其负担的任务来确定。例如，灌溉隧洞应保证上游为最低工作水位时，能引入设计流量。有压发电隧洞进水口，应保证在上游最低运行水位以下有足够的淹没深度，以免产生贯通式漩涡，引起振动，淹没深度的最小值不得小于 1 m；其进水口顶部高程应保证上游在最低运行水位时能取到发电所需要的流量；进水口底板应高于水库的淤沙高程。对多种用途的隧洞，进水口高程的选择应照顾到各方面的要求。

（二）深孔式进水口建筑物的形式

深孔式进水口建筑物按其布置和结构形式不同，可分为竖井式、塔式、岸塔式和斜坡式四种。

（1）竖井式进水口。在进水口附近的岩体中开挖竖井，闸门安装在井底，井上设置启闭设备，拦污栅设于洞外，如图 6-5 所示。这种进口形式构造简单，不受风浪、冰冻影响，抗震性能好，安全可靠。缺点是施工开挖困难，门前洞段不易检修。适于岩体完整、稳定、坚固的岸坡。

（2）塔式进水口。当进水口处岸坡较缓或地质情况较差时，可采用塔式。塔的形式有框架式和封闭式（见图 6-6），塔独立于岸坡用钢筋混凝土建造，顶部设操作平台和启闭机室，并通过工作桥与岸边或坝顶相联系。封闭式塔的水平截面可为圆形、矩形或多角形，可在不同高程设进水口，根据库水位的变化启用不同的进水口，以引取表层温度较高的库水，用于灌溉。塔式进水口的优点是，可在任何水位下检修，方便可靠，但造价较高。当在工作水头较低或根据运用条件只需在进水口处设置一道闸门，可采用框架式塔。这种形式构造简单，施工方便，但只能在低水位时检修。

（3）岸塔式及斜坡式进水口。岸塔式是将控制塔斜靠在洞口岩坡上的建筑物（见图 6-7）。由于塔身斜靠岩坡，故易满足稳定要求，对岸坡也起到一定的支撑作用，施工、安装及维修均较方便。岸塔式进水口的结构可以是封闭式和框架式的。这种形式适用于岸坡较陡、岩石坚固的情况。如果岸坡的岩石完整、稳定，则可稍加开挖平整并进行衬砌后，直接将闸门及拦污栅轨道安置在斜坡上而不设置控制塔，这种布置的形式称为斜坡式（见图 6-8）。其优点是工程量小、造价较低、施工安装方便。适用于岸坡地形地质条件适合的中小型工程或仅安装检修闸门的进水口。岸塔式及斜坡式进水口的闸门是斜放的，故闸门下降时不能完全利用自重。

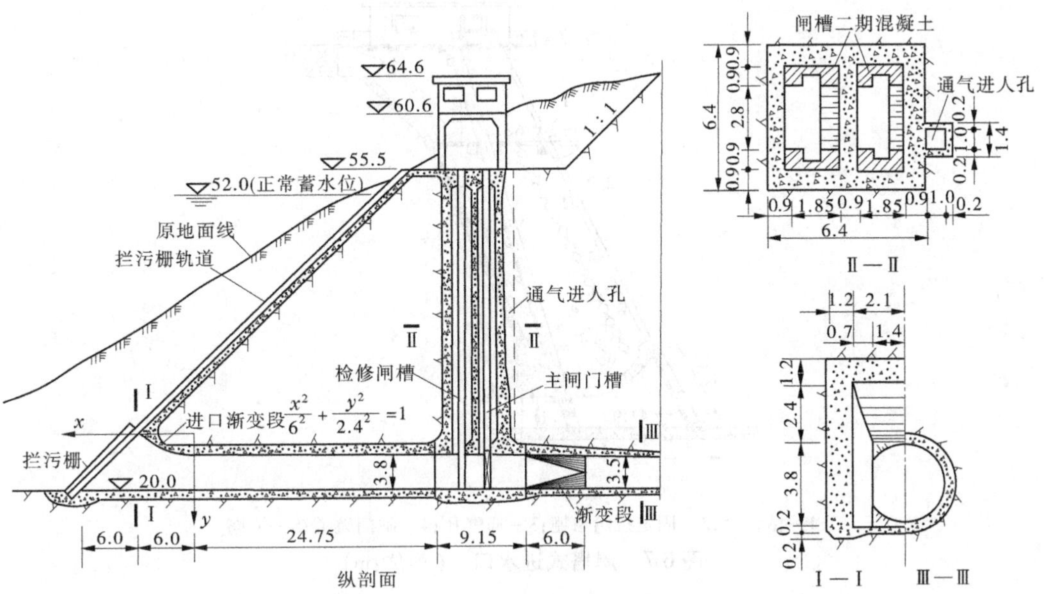

图 6-5 竖井式进水口 (单位:m)

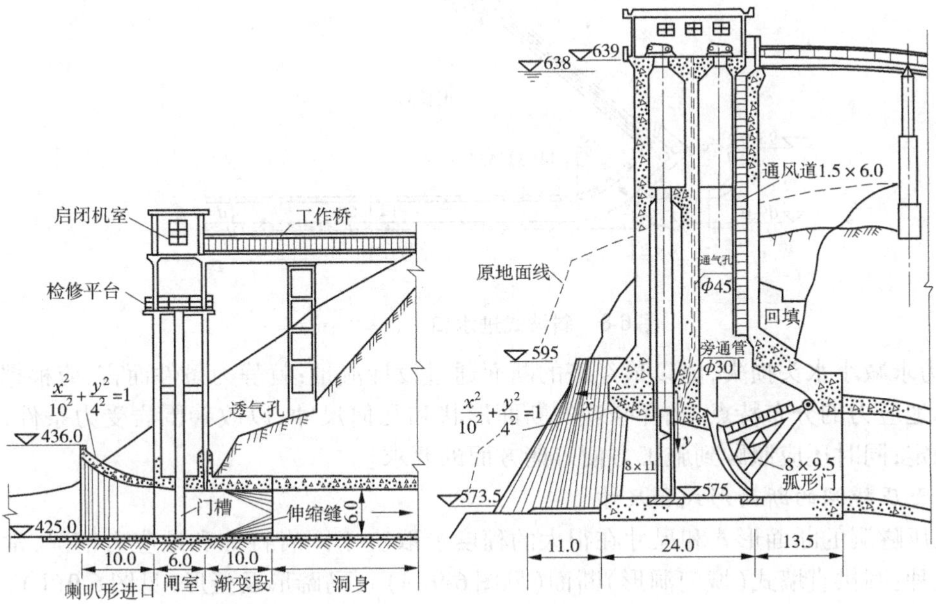

(a)框架塔式进水口　　(b)封闭塔式进水口

图 6-6 塔式进水口 (单位:m)

二、洞身断面形式及构造

(一)洞身断面形式和尺寸

隧洞洞身断面形式选择涉及的因素很多,就水力条件而言,要求洞身断面具有平顺的

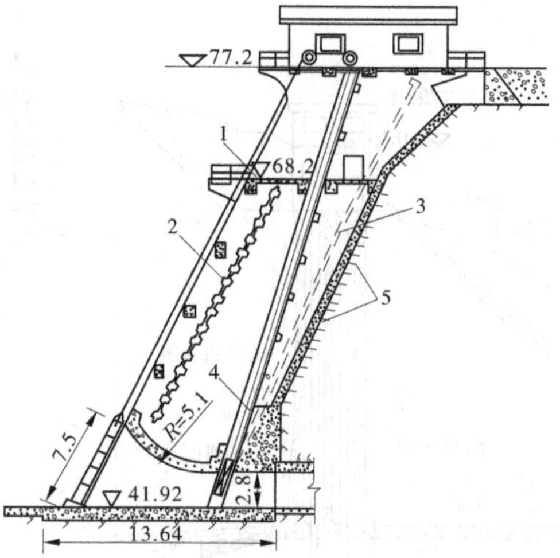

1—清污台;2—固定拦污格栅;3—通气孔;4—闸门轨道;5—锚筋

图 6-7　岸塔式进水口　(单位:m)

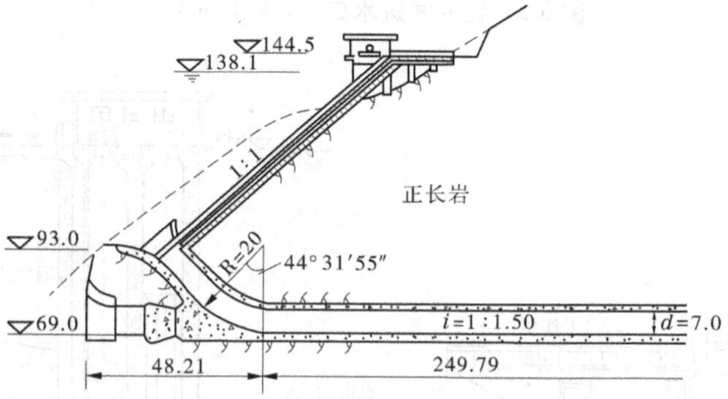

图 6-8　斜坡式进水口　(单位:m)

轮廓,力求减小水头损失,能以最经济的断面通过设计流量;就静力条件而言,应根据围岩特性和地应力的分布特点,选择合理的断面形状和几何尺寸,以改善围岩受力条件,保持围岩稳定;同时还应照顾到施工方便等诸方面的要求。

1. 无压隧洞的断面形式和尺寸

无压隧洞的断面形式和尺寸在很大的程度上取决于围岩特性和地应力情况,常采用以下几种:圆拱直墙式(城门洞形)断面(见图6-9(a)),马蹄形及蛋形(见图6-9(b)、(c)、(d))。圆拱直墙形适用于地质条件较好,垂直山岩压力较小而无侧向山岩压力的情况。顶部为平拱或半圆拱,圆拱的中心角为90°~180°。断面的高宽比一般为1.0~1.5,洞内水位变化较大时取大值。此外应与地应力条件相适应,垂直山岩压力大于水平地应力时,宜采用较大的高宽比;反之,取用小值。当地质条件较差、侧向山岩压力较大时,宜采用马蹄形或蛋形断面;当地质条件差或地下水压力很大时,也可采用圆形断面。

无压隧洞的断面尺寸,应根据水力计算确定。低流速的无压隧洞,若通气条件良好,

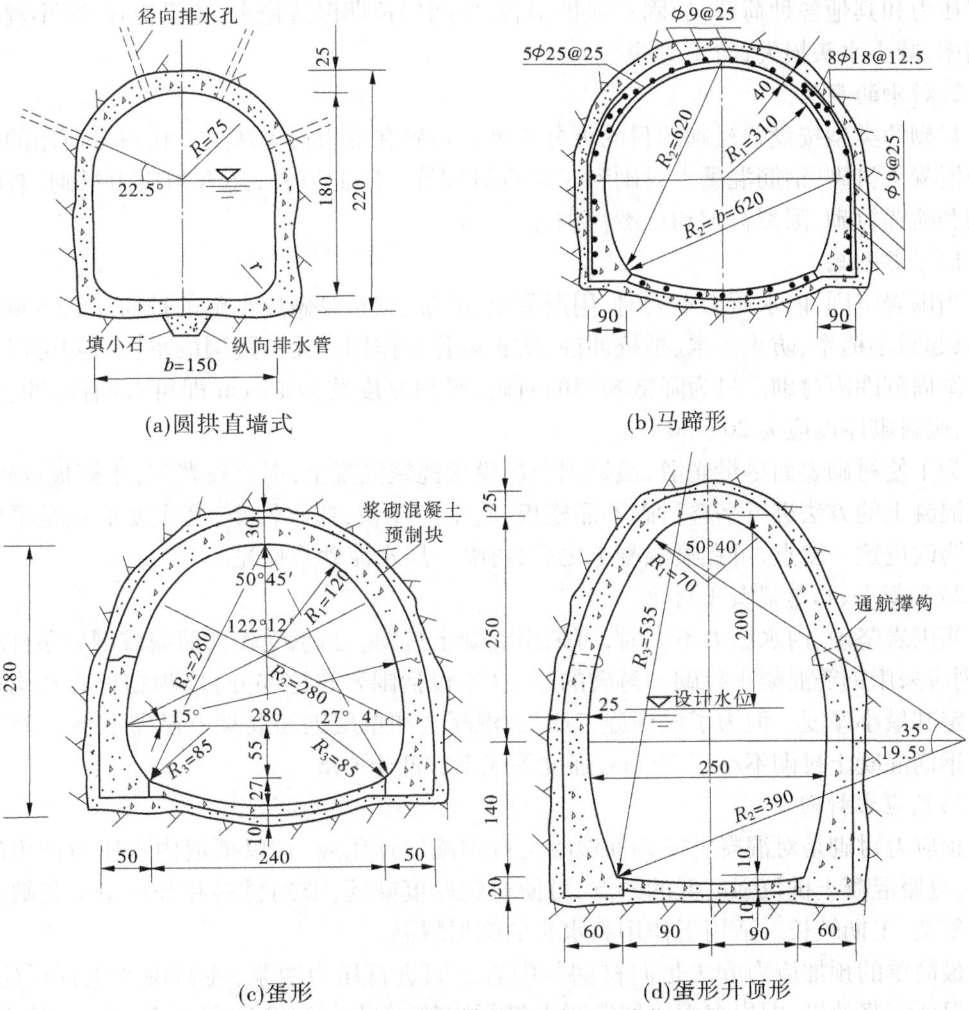

图 6-9 无压隧洞的横断面形状 （单位：cm）

水面线以上的空间不宜小于隧洞断面积的 15%，其净空高度不小于 40 cm。高流速的无压隧洞，在掺气水面以上的空间，一般为断面积的 15% ~ 25%。当采用圆拱直墙形断面时，水面线（高速水流含掺气）不得超过直墙范围。无压隧洞考虑施工要求的最小断面尺寸为：高度不小于 1.8 m，宽度不小于 1.5 m；圆形断面的内径不小于 1.8 m。

2. 有压隧洞的断面形式和尺寸

有压隧洞的断面多为圆形，其水力条件好，水力特性也最佳，与其他形式断面相比，面积一定时过水能力最大。当围岩坚硬且内水压力不大时，也可采用便于施工的非圆形断面。

有压隧洞的断面尺寸，应根据水力计算确定，主要核算其泄流能力和沿程压坡线。泄流能力按管流计算，压坡线水头应高于洞顶 2 m 以上。其最小断面尺寸应同时满足施工和检修要求。

（二）隧洞衬砌

1. 衬砌的作用

为了保证水工隧洞安全有效地运行，通常需要对隧洞进行衬砌。衬砌的作用是：承受围岩压力和其他各种荷载；加固和保护围岩，使围岩长期保持稳定，免受破坏；减小隧洞表面糙率，减小水头损失；防止渗漏。

2. 衬砌的类型

衬砌的类型按设置衬砌的目的可分为平整衬砌和受力衬砌两类。按衬砌所用的材料分为混凝土衬砌、钢筋混凝土衬砌和浆砌石衬砌等。除此以外，还有预应力衬砌、装配式衬砌和喷锚衬砌、限裂衬砌和抗裂衬砌等。

1）平整衬砌

当围岩坚固、内水压力不大时，用混凝土、喷浆、砌石等做成平整的护面。它不承受荷载，只起减小糙率、防止渗水、抵抗冲蚀、防止风化等作用。无压隧洞的平整衬砌可以只在水流湿周范围内衬砌。只为降低糙率的衬砌，平均厚度约为 15 cm 即可；若有防冲、抗渗要求，则衬砌厚度应为 20 ~ 30 cm。

为了使衬砌表面尽量光滑，最好用金属模板浇筑混凝土，但比较费工，用模板也较多。用喷混凝土的方法进行平整衬砌不需模板，施工进度快，透水性小，其主要缺点是平整度差。为改进这一缺点，可在喷混凝土之后，再喷一层水泥砂浆抹光。

2）混凝土、钢筋混凝土衬砌

当围岩坚硬、内水压力不大时，可采用混凝土衬砌。当承受较大荷载或围岩条件较差时，则应采用钢筋混凝土衬砌。衬砌的厚度（不包括围岩超挖部分）应根据计算和构造要求确定其最小厚度。但为了保证施工质量，混凝土和单层钢筋混凝土衬砌不小于 25 cm，双层钢筋混凝土衬砌不小于 30 cm，强度等级不宜低于 C15。

3）预应力衬砌

预应力衬砌是对混凝土或钢筋混凝土衬砌施加预压应力，以抵消内水压力产生的拉应力，克服混凝土抗拉强度低的缺点，可使衬砌厚度减薄，节约材料和开挖量。其缺点是施工复杂，工期较长。适用于作用高水头的圆形隧洞。

最简单的预加应力方法是向衬砌与围岩之间进行压力灌浆，使衬砌产生预压应力。为了保证灌浆效果，围岩表面应用混凝土进行修整，并与衬砌之间留有 2 ~ 3 cm 的空隙，以便灌浆。浆液应采用膨胀性水泥，以防干缩时预压应力降低。这种预加应力方法要求围岩比较坚硬完整，必要时可先对围岩进行固结灌浆。

4）喷锚衬砌

喷锚衬砌是指利用锚杆和喷混凝土进行围岩加固的总称。由于喷射混凝土能紧跟掘进工作面施工，缩短了围岩的暴露时间，使围岩的风化、潮解和应力松弛等不致有大的发展。所以，喷混凝土施工给围岩的稳定创造了有利条件。

喷混凝土支护的主要作用是：充填岩体表面张开的裂隙，使围岩结成整体；填补不平整表面，缓和应力集中；保护岩体表面，阻止岩块松动。喷混凝土施工时，应先撬除危石，清洗岩面，然后喷一层厚约 1 cm 的小水灰比的水泥砂浆或厚 2 ~ 3 cm 的富水泥混凝土。喷完上述底层后，即可分次喷混凝土，每次厚 3 ~ 8 cm。如同时采用锚杆，则可在第一层混凝土喷完后设置，必要时还可加设钢筋网，然后再喷第二、三层，直至达到预定设计厚度。喷混凝土衬砌的厚度一般不小于 5 cm，最大不宜超过 20 cm。

锚杆支护是用特定形式的锚杆锚固于岩石内部，把原来不够完整的围岩固结起来，从而增加围岩的整体性和稳定性。其对围岩的加固原理可归结为三个方面:一是悬吊作用,如图6-10(a)所示,用锚杆将可能塌落的不稳定岩体悬吊在稳定岩体上;二是组合作用,如图6-10(b)所示,用锚杆将层状岩体结合在一起,形成类似的组合梁,增加其抗弯和抗剪能力;三是固结作用,如图6-10(c)所示,不稳定的断裂岩块在许多锚杆作用下固结起来,形成一叫"有支撑能力的岩石拱"。对一具体隧洞而言,这三种作用往往是综合发生的。

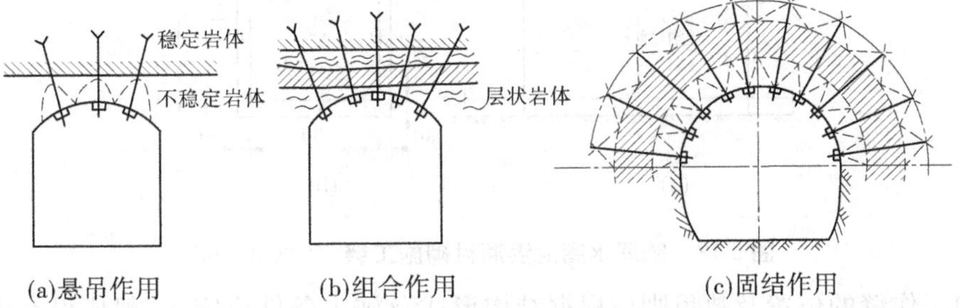

图6-10 锚杆的支护作用

工程实践证明,采用锚喷支护可以减少混凝土衬砌量,不用模板,施工安全,造价降低,是一种多、快、好、省的施工方法。但需注意研究内外水压力、抗渗、允许流速以及糙率等问题。

3.衬砌的构造

1)衬砌的分缝和止水

在混凝土及钢筋混凝土衬砌中,一般设有永久性的横向变形缝(垂直水流方向)和施工工作缝。

变形缝是为防止不均匀沉陷而设置的,其位置应设于荷载大小、断面尺寸和地质条件发生变化之处。如洞身与进口或渐变段接头处以及断层、破碎带的变化处,均需设置变形缝,缝内贴沥青油毡并做好止水。在断层、破碎带处,还应增加衬砌厚度并配置钢筋,其构造如图6-11所示。

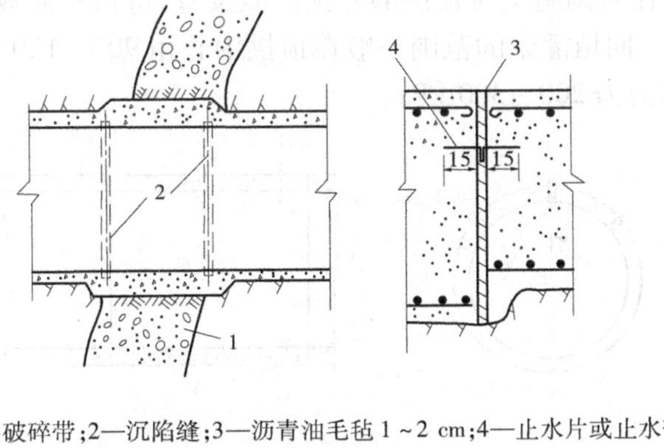

1—断层破碎带;2—沉陷缝;3—沥青油毛毡1~2 cm;4—止水片或止水带

图6-11 伸缩变形缝 (单位:cm)

围岩地质条件比较均一的洞身段,可只设置施工缝。施工缝有纵向与横向两种。横向施工缝间距一般为6~12 m,底板和边墙、顶拱的缝面不得错开。无压隧洞的横向施工缝，一般可不做特殊处理。对于有压隧洞和有防渗要求的无压隧洞，横向施工缝应根据具体情况采取必要的接缝处理措施。

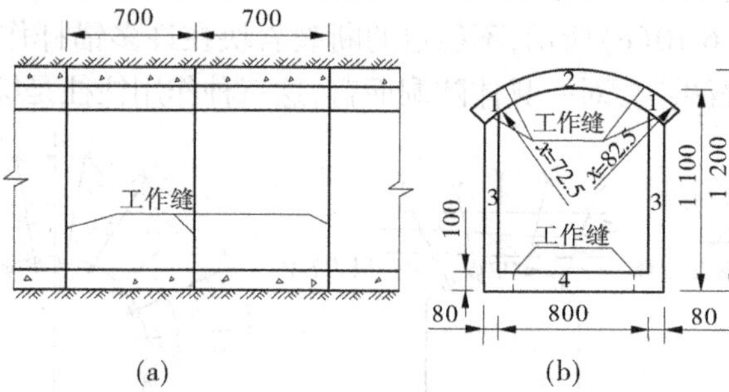

图 6-12　陆浑水库泄洪洞衬砌施工缝　（单位：cm）

纵向工作缝的位置及数目则应根据结构形式及施工条件决定，一般应设在内力较小的部位。衬砌的分缝、分块情况见图 6-12(b)，图中 1、2、3、4 为分块浇筑的顺序编号。无论是无压隧洞还是有压隧洞，其纵向施工缝均须凿毛处理。可设一些插筋以加强其整体性，必要时还可设置止水片（见图 6-13）。

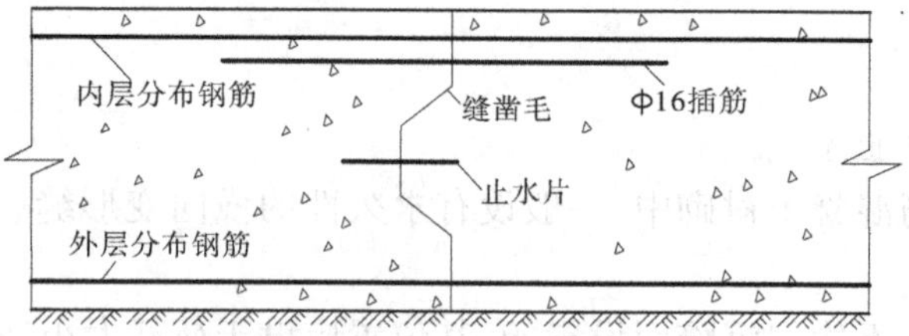

图 6-13　衬砌的纵向工作缝

2) 灌浆、防渗与排水

为了充填衬砌与围岩之间的缝隙，改善衬砌结构传力条件和减少渗漏，常对衬砌进行回填灌浆。一般是在衬砌施工时顶拱部分预留灌浆管，待衬砌完成后，通过预埋管进行灌浆，如图 6-14 所示。回填灌浆的范围一般在顶拱中心角 90° ~ 120°以内，孔距和排距一般为 4 ~ 6 m，灌浆压力为 200 ~ 300 kPa。

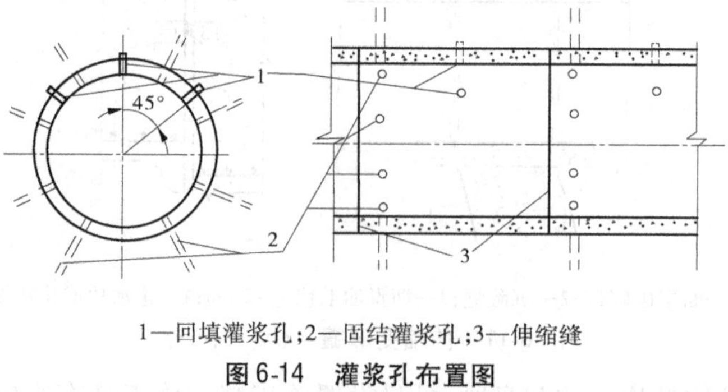

1—回填灌浆孔；2—固结灌浆孔；3—伸缩缝

图 6-14　灌浆孔布置图

为了提高围岩的强度和整体性，改善衬砌结构受力条件，减少渗漏，隧洞衬砌后还常对围岩进行固结灌浆。固结灌浆孔通常对称布置,排距2~4 m,每排不少于6孔。孔深一般约为1.0倍的隧洞半径,灌浆压力为内水压力的1.5~2.0倍。灌浆时应加强观测,防止洞壁变形破坏。回填灌浆孔与固结灌浆孔通常分排间隔排列(见图6-14)。

当地下水位较高时,外水压力可能成为无压隧洞的主要荷载之一,为此可采取排水措施以降低外水压力。

无压隧洞的排水,可在洞内水面高程以上设置排水孔来实现(见图6-9(a)),孔距和排距2~4 m,孔深2~4 m。应注意排水钻孔应在灌浆之后进行,以防堵塞。当无压隧洞边墙很高时,也可在边墙背后水面高程以下设置暗的环向及纵向排水系统。

有压隧洞一般不设排水。确有必要设置排水时,也只能采用环向、纵向排水暗管,环向暗排水可用砾石铺成,每隔6~8 m设一道,收集的渗水汇集后由衬砌下部的纵向排水管(例如无砂混凝土管)排向下游。

三、出口段构造

有压泄水隧洞的出口常设有工作闸门及启闭机室,闸门前设有渐变段,闸门后设有消能设施。有压泄水隧洞,出口段的体形对有压隧洞的压力状况起控制作用。为不使洞身出现负压,其出口断面应逐渐收缩,使出口断面小于洞身断面,但不宜收缩过多,以免降低泄流能力。根据工程经验,出口断面与洞身断面的收缩比一般为0.8~0.9。对水流条件差、洞身沿程体形变化多者取大值。无压泄水洞的出口构造主要是消能设施。

泄水隧洞出口水流的特点是单宽流量集中,所以常在隧洞出口外设置扩散段,使水流扩散,使得单宽流量减小,然后再以适宜的方式进行消能。泄水隧洞常用的消能方式有挑流消能和底流消能。当出口高程高于或接近于下游水位,并且下游水深和地质条件适宜时,应优先选用挑流消能。

底流式消能具有工作可靠、对下游水面波动影响范围小的优点,所以应用较多。消力池的宽度和深度可按水力学方法计算,水流出洞后的扩散连接段,水平向可采用1:6~1:8,垂直向宜采用水流质点的抛物轨迹线与消力池连接(见图6-15)。

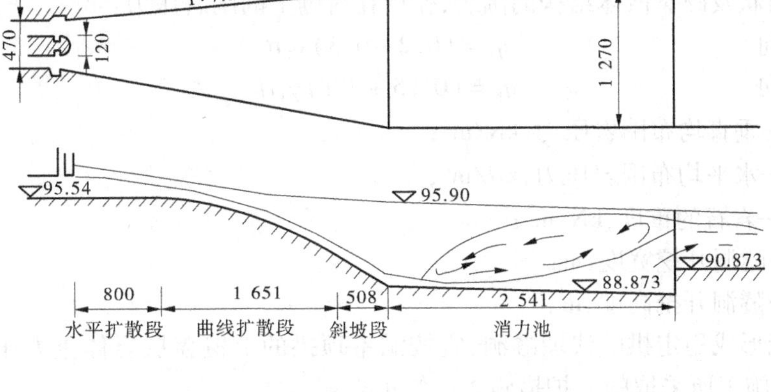

图6-15 底流水跃消能布置 (单位:高程 m;尺寸 cm)

任务四 隧洞衬砌的荷载及结构计算

【学习目标】

1. 掌握作用于隧洞衬砌的荷载。
2. 了解隧洞衬砌的结构计算。

一、隧洞衬砌的荷载及其组合

(一)荷载

隧洞是地下结构,衬砌与围岩有相互的作用,作用于衬砌的荷载种类与大小既取决于隧洞的工作条件,同时也取决于围岩地质条件及施工情况。作用于衬砌的荷载有自重、围岩压力、内水压力、外水压力、温度荷载、弹性抗力、灌浆压力、地震荷载等。

荷载计算对象与结构计算相同,为单位洞长。

1. 围岩压力

围岩压力也称山岩压力。隧洞开挖后由于围岩变形(隧洞开挖破坏了岩体原来的平衡,从而引起围岩应力重分布,引起变形)或塌落而作用在衬砌上的压力,称围岩压力。按作用的方向围岩压力主要有两种:作用于衬砌顶部的垂直围岩压力;作用于衬砌两侧的侧向围岩压力。一般岩体中,作用在衬砌上的主要是垂直向下的围岩压力,对软弱破碎岩层,还需考虑侧向围岩压力。

计算山岩压力的方法很多,但目前工程中常用的方法主要有自然平衡拱法和经验法。这里仅介绍较为实用的经验法。

我国2002年颁布的《水工隧洞设计规范》(SL 279—2002)规定,围岩作用在衬砌上的荷载,应根据围岩条件、横断面形状和尺寸、施工方法以及支护效果确定,围岩压力的计取应符合下列规定:

(1)自稳条件好,开挖后变形很快稳定的围岩,可不计围岩压力。

(2)薄层状及碎裂散体结构的围岩,作用在衬砌上的围岩压力:

垂直方向 $$q_v=(0.2\sim0.3)\gamma_1 B \tag{6-1}$$

水平方向 $$q_h=(0.05\sim0.1)\gamma_1 H \tag{6-2}$$

式中 q_v——垂直均布围岩压力,kN/m^2;

q_h——水平均布围岩压力,kN/m^2;

γ_1——岩石的重度,kN/m^3;

B——隧洞开挖宽度,m;

H——隧洞开挖高度,m。

(3)不能形成稳定拱的浅埋隧洞,宜按洞室顶拱的上覆盖层岩体重力作用计算围岩压力,再根据施工所采取的支护措施予以修正。

(4)块状、中厚层至厚层状结构的围岩,可根据围岩中不稳定块体的作用力来确定围岩压力。

(5)采取了支护或加固措施的围岩,根据其稳定状况,可不计或少计围岩压力。

(6)采用掘进机开挖的围岩,可适当少计围岩压力。

(7)具有流变或膨胀等特殊性质的围岩,可能对衬砌结构产生变形压力时,应对这种作用进行专门研究,并宜采取措施减小其对衬砌的不利作用。

2. 弹性抗力

在荷载作用下,衬砌向外变形时受到围岩的抵抗,围岩抵抗衬砌向外变形而作用在衬砌外壁的作用力,称为弹性抗力。弹性抗力是一种被动力。它与地基反力不同,后者是由力的平衡决定的,其数值与围岩的性质无关;而前者的产生是有条件的。考虑围岩弹性抗力的重要条件取决于岩石本身的承载能力,而充分发挥弹性抗力作用的主要条件是围岩与衬砌接触程度。当岩石比较坚硬,且有一定的厚度(一般要求大于3倍的洞径),无不利的滑动面,围岩与衬砌紧密接触时,才可考虑弹性抗力的作用,否则不考虑围岩的弹性抗力,只考虑衬砌底部的地基反力。

岩石的弹性抗力可以近似地认为与衬砌表面法线方向位移 δ 成正比,即

$$p_0 = k\delta \quad (10\ \text{kPa}) \tag{6-3}$$

式中 p_0—岩石弹性抗力;

δ——衬砌表面法线方向位移,cm;

k——与岩石情况及隧洞开挖尺寸有关的弹性抗力系数,N/cm^3。

弹性抗力系数常用类比法和现场试验方法来确定。弹性抗力估计过高,则会使衬砌结构不安全,估计过低则造成不经济。因此,必须对其进行认真分析和估算。

3. 内、外水压力

内水压力是有压隧洞衬砌上的主要荷载。当围岩坚硬完整,洞径小于6m时,可只按内水压力进行衬砌的结构设计。内水压力可根据隧洞压力线或洞内水面线确定。在有压隧洞的衬砌计算中,常将内水压力分为均匀内水压力和非均匀内水压力两部分。均匀内水压力是洞顶内壁以上水头 h 产生的,其值为 γh;非均匀内水压力是指洞内充满水,洞壁各点的压强值为 $\gamma d(1-\cos\theta)/2$(θ 为计算点半径与洞顶半径的夹角,d 为隧洞内直径)时的压力。非均匀内水压力的合力向下,方向向下,数值等于单位洞长内的水重(见图6-16)。

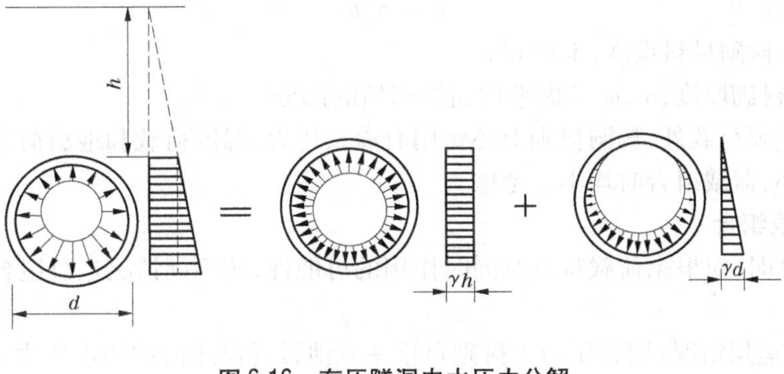

图6-16 有压隧洞内水压力分解

对有压发电引水隧洞,还应考虑机组甩负荷时引起的水击压力,对于无压隧洞的内水

压力则由洞内的水面线来计算。

外水压力的大小取决于水库蓄水后形成的地下水位线，由于地质条件的复杂性，很难准确计算，一般来说，常假设隧洞进口处的地下水位线与水库正常挡水位相同，在隧洞出口处与下游水位或洞顶齐平，中间按直线变化。考虑到地下水渗流过程的水头损失，工程中实际取用外水压力的数值应等于地下水的水头乘以折减系数 β_e（见表 6-1）。设计中，当与内水压力组合时，外水压力常用偏小值；当隧洞放空时，采用偏大值。

表 6-1 外水荷载折减系数 β_e 值选用表

级别	地下水活动状况	地下水对围岩稳定的影响	β_e 值
1	洞壁干燥或潮湿	无影响	0
2	沿结构面有渗水或滴水	风化结构面填充物质，降低结构面的抗剪强度，对软弱岩体有软化作用	0 ~ 0.4
3	沿裂隙或软弱结构面有大量滴水，线状流水或喷水	泥化软弱结构面填充物质，降低结构面的抗剪强度，对中硬岩体有软化作用	0.25 ~ 0.6
4	严重股状流水，沿软弱结构面有小量涌水	地下水冲刷结构面中填充物质，加速岩体风化，对断层等软弱带软化泥化，并使其膨胀崩解，以及产生机械管涌。有渗透压力，能鼓出较薄的软弱层	0.4 ~ 0.8
5	严重滴水或流水，断层等软弱带有大量涌水	地下水冲刷挟带结构面中填充物质，分离岩体，有渗透压力，能鼓出一定厚度的断层等软弱带，能导致围岩塌方	0.65 ~ 1.0

4. *衬砌自重*

衬砌自重为沿隧洞轴线 1 m 长的衬砌重量。根据衬砌厚度的不同，沿洞线分段进行计算，认为自重是均匀作用在衬砌厚度的平均线上，衬砌单位面积上的自重强度 g 为

$$g = \gamma_c h \tag{6-4}$$

式中 γ_c——衬砌材料重度，kN/m^3；

h——衬砌厚度，m，应考虑平均超挖回填的部分。

除上述主要荷载外，隧洞衬砌上还作用有灌浆压力、温度荷载和地震荷载等。由于对衬砌影响较小，荷载组合时均不予考虑。

（二）荷载组合

衬砌计算时，应根据荷载特点及同时作用的可能性，按不同情况进行组合。设计中常用的组合有：

（1）正常运用情况：围岩压力 + 衬砌自重 + 宣泄设计洪水时的内水压力 + 外水压力。

（2）施工、检修情况：围岩压力 + 衬砌自重 + 可能出现的最大外水压力。

（3）非常运用情况：围岩压力 + 衬砌自重 + 宣泄校核洪水时的内水压力 + 外水压力。

正常运用情况属于基本组合,用以设计衬砌的厚度、配筋量和强度校核,其他情况用作校核。工程中视隧洞的具体运用情况还应考虑其他荷载组合。

二、衬砌结构计算

衬砌结构计算的目的是确定衬砌厚度、材料强度等级以及配筋量。衬砌结构计算的对象,是根据隧洞沿线荷载、断面形状与尺寸的不同将其分为若干段,每段选取一代表性的单位洞长。

衬砌结构计算步骤,主要包括:选择衬砌形式并初步拟定其厚度;分别计算单位洞长上各种荷载产生的内力,并按不同的荷载组合叠加;进行强度核核、确定配筋量,判定初拟衬砌厚度是否合理并进行修改。

衬砌结构计算的方法,当前有两种:一种是以衬砌为计算对象的结构力学法,另一种是以隧洞整体为计算对象的弹性力学法。

(一)结构力学法

将衬砌与围岩相互分开,以衬砌本身为研究对象。认为衬砌是构件,是承受荷载的主体,围岩是基础,围岩的作用是以弹性抗力的形式施加给衬砌,并按文克尔假定考虑。结构力学法的主要缺点是:仅能求得衬砌的应力,而不能求出围岩的应力,也无法对围岩的稳定进行分析;其次,这种方法将围岩与衬砌相互分开,将衬砌作为承荷主体,消极地承受荷载,而实际上衬砌与围岩两者紧密结合,是一个整体,共同承受荷载,因而使衬砌尺寸过大。此外,衬砌与围岩间的相互关系复杂,不能简单地用弹性抗力来反映两者之间的相互作用,并且弹性抗力的理论假定——文克尔假定,与实际存在较大出入。尽管结构力学法存在上述问题,但在多年应用中已形成一套完整的体系,在一定程度上反映了隧洞的工作状态,并为广大设计人员所熟悉,因此在一定条件下还得以运用。

(二)弹性力学法

将围岩与衬砌视为整体,两者共同承受荷载。其特点是能对围岩进行分析,并能严格按衬砌与围岩共同工作进行分析而无须采用弹性抗力的概念。由于弹性理论仅能对某些特定条件下的隧洞给出精确解,其使用受到限制。随着计算机的发展与运用,弹性力学的数值方法,即有限元法,已得到广泛应用,它能模拟复杂的岩体结构,并能得出较为符合实际的成果。

《水工隧洞设计规范》(SL 279—2002)规定,衬砌结构计算应按各设计阶段的要求,根据衬砌的结构特点、荷载作用形式、围岩和施工条件等,选用不同的方法进行计算。

以内水压力为主要荷载,围岩为Ⅰ、Ⅱ类的圆形有压隧洞,宜采用弹性力学解析法;Ⅳ、Ⅴ类围岩中的隧洞,宜采用结构力学法;无压隧洞可采用结构力学法;Ⅱ、Ⅲ类围岩中的隧洞,视围岩的条件和所能取得的基本资料选用合适的方法。如围岩稳定性较好,有较强的自承能力,衬砌目的主要是加固围岩,或者隧洞跨度大,围岩很不均匀的,宜采用有限元法。

隧洞衬砌结构计算的具体过程,这里不作介绍。对圆形有压隧洞的衬砌,可根据具体情况参照《水工隧洞设计规范》(SL 279—2002)附录B进行结构计算。需要说明的是,在生产实践中,现已普遍通过计算程序运用计算机进行隧洞衬砌结构计算。

技能训练题

一、填空题

1. 水工隧洞一般由________、________和________三部分组成。

2. 水工隧洞路线选择的一般原则是________、________、________、________、________。

3. 无压隧洞的断面形状常采用________、________、________。

4. 无压低流速隧洞可采用弯道，弯道转角采用________60°（小于或等于、大于、大于或等于），曲率半径________5倍洞径（小于或等于、大于、大于或等于），其上下游连接________5倍洞径的直线段（小于或等于、大于、大于或等于）。对于高流速的无压洞，应力求避免在平面上设置曲线段。

5. 在选择水工隧洞线路的纵坡时，务使选取的纵坡满足________、________和________的要求，并考虑________。

二、选择题

1. 关于隧洞选线，不正确的说法有（　　）。

A. 洞线要与岩层构造断裂向及主要软弱带走向有较大交角

B. 洞线应与最大水平地应力方向尽量垂直

C. 对于有压隧洞，当考虑弹性抗力时，围岩的最小覆盖厚度不小于3倍洞径

D. 对于低流速的隧洞，弯道曲率半径不应小于5倍洞径或洞宽

2. 工作闸门布置在（　　）的为有压隧洞。

A. 进口　　B 洞身

C. 中部　　D. 出口

3. 隧洞洞身的（　　）为不受力衬砌。

A. 喷锚衬砌　　B. 预应力衬砌

C. 平整衬砌　　D. 单层衬砌

4. 有压隧洞的出口断面面积应（　　）洞身断面面积。

A. 大于　　B. 等于

C. 小于　　D. 无法确定

5. 水工隧洞的回填灌浆的目的是（　　）。

A. 加固围岩，提高围岩的整体性

B. 充填衬砌与围岩之间的空隙，使之结合紧密

C. 保证围岩的弹性抗力

D. 减少渗漏，减小外水压力

三、判断题

1. 无压隧洞要避免有压流和无压流交替出现的状态。 ( )
2. 有压隧洞断面一般为圆形。 ( )
3. 隧洞的衬砌主要是为了防渗。 ( )
4. 圆拱的中心角越小,产生的拱脚推力就越大。 ( )
5. 隧洞衬砌的变形缝是为防止不均匀沉陷而设置的。 ( )
6. 隧洞的固结灌浆与回填灌浆二者的作用是一样的。 ( )
7. 围岩弹性抗力不是独立的荷载,而是依附于其他荷载产生的。 ( )

四、简答题

1. 什么叫水工隧洞?它的结构特点是什么?
2. 水工隧洞有哪些用途?按水流状态划分有哪两类?泄水隧洞的工作特点是什么?
3. 有压和无压泄水洞分别设置哪些用途的闸门?各自的应用条件是什么?
4. 选择水工隧洞洞线的原则和要求是什么?
5. 泄水洞进口建筑物由哪些部分组成?各部分的作用是什么?
6. 进口建筑物有哪些类型?各自的优缺点和适用条件是什么?
7. 泄水洞有多种断面形式,试分析影响断面形式选择有哪些因素?为什么有压洞一般采用圆形断面?而无压洞多采用城门形断面?
8. 洞身衬砌的作用是什么?衬砌材料和类型有哪些?
9. 隧洞衬砌为什么要分缝?如何分缝?分缝如何止水?
10. 水工隧洞的灌浆有哪几种?各自作用是什么?如何确定灌浆要素?
11. “龙抬头”布置方式适用于什么情况?设计中应注意哪些问题?
12. 什么叫山岩压力?有哪些计算方法?影响山岩压力的因素有哪些?
13. 把围岩看成结构物或部分结构物时,应如何计算应力场呢?
14. 何谓弹性抗力?

项目七 橡胶坝

任务一 橡胶坝的特点、组成

【学习目标】

1. 掌握橡胶坝的特点。
2. 掌握橡胶坝的组成和作用。

橡胶坝是用胶布按设计要求的尺寸，锚固于底板上成封闭状的坝袋，通过连接坝袋和充胀介质的管道及控制设备，用水(气)将其充胀形成的袋式挡水坝(见图7-1)。

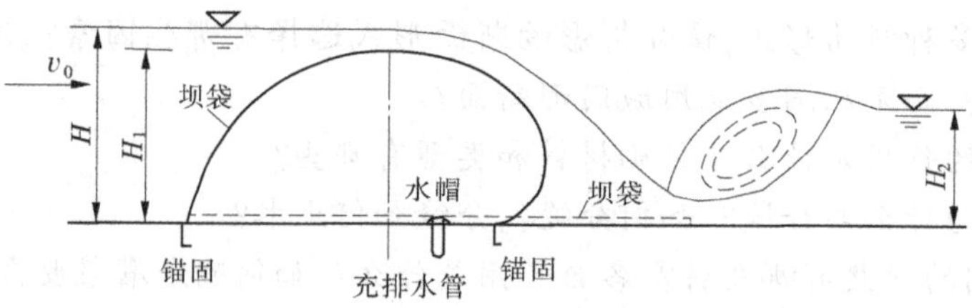

图7-1 橡胶坝示意图

橡胶坝可升可降，既可充坝挡水，又可坍坝过流；坝高调节自如，溢流水深可控；起闸门、滚水坝和活动坝的作用，其运用条件与水闸相似，用于防洪、灌溉、发电、供水、航运、挡潮、地下水回灌以及城市园林美化等工程中(见图7-2)。

一、橡胶坝的特点

橡胶坝在其适用范围内，与其他同规模的常规结构的闸坝相比，具有结构简单、节省材料、造价低、工期短、自重轻、抗震性能好、跨度大、不阻水、止水效果好、新颖美观、管理方便、运行费用低等优点。

橡胶坝也存在一定的缺点，主要表现在坝袋坚固性较差、坝袋易老化、使用寿命较短和坝高受限制等方面。

二、橡胶坝的组成

橡胶坝工程按结构组成可划分为三部分(见图7-3)：①基础土建部分，包括基础底板、边墩(岸墙)、中墩(多跨式)、上下游翼墙、上下游护坡、上游防渗铺盖或截渗墙、下游

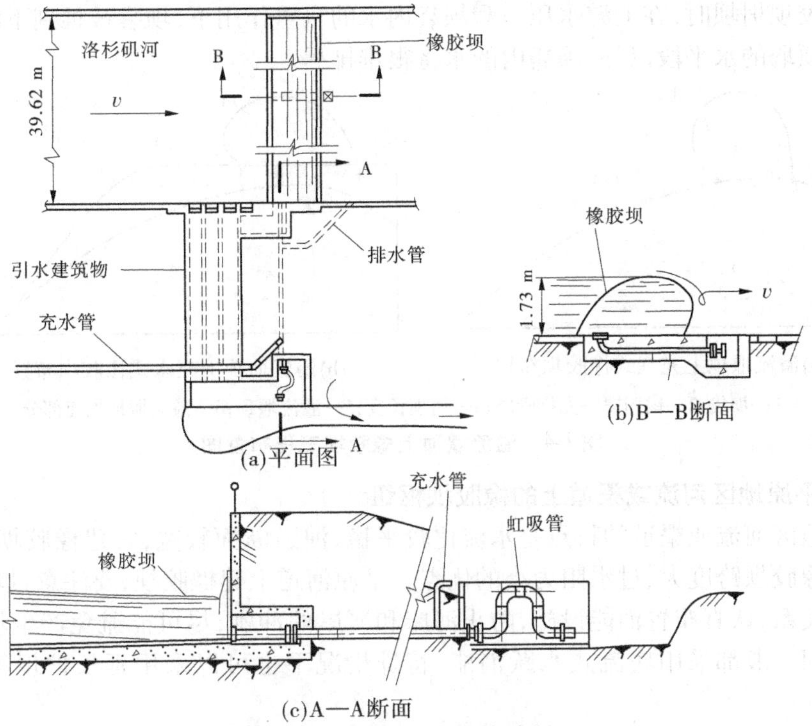

图 7-2　美国洛杉矶河橡胶坝

消力池、海漫等；②挡水坝体，即橡胶坝坝袋；③控制和安全观测系统，包括充胀和坍落坝体的充排设备、安全及检测装置等。

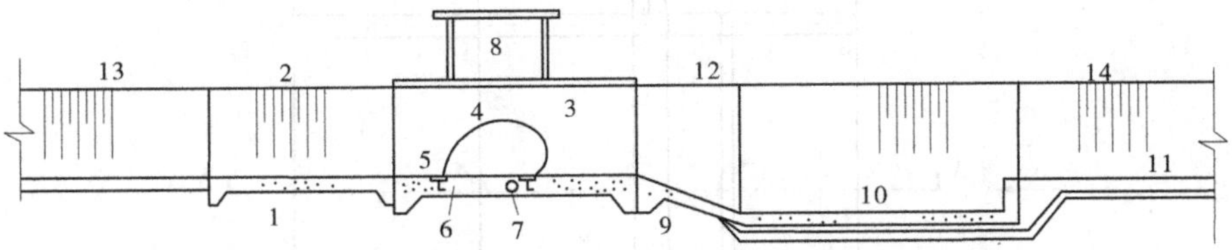

1—铺盖；2—上游翼墙；3—岸墙；4—坝袋；5—锚固；6—基础底板；
7—充排管路；8—控制室；9—斜坡段；10—消力池；11—海漫；
12—下游翼墙；13—上游护坡；14—下游护坡

图 7-3　橡胶坝工程各部分名称

三、橡胶坝枢纽布置

橡胶坝枢纽是以橡胶坝为主体的水利枢纽，一般由橡胶坝、引水闸、泄洪闸、冲沙闸、水电站、船闸等组成，具有防洪、灌溉、发电、供水、航运、挡潮、地下水回灌以及城市园林美化等多种功能。

建在溢流堰或溢洪道上的橡胶坝（见图 7-4），过坝水体直泄而下，其后紧接消能设施，坝袋不宜发生振动，故建在溢洪道上的橡胶坝运用状况应是最好的。对呈曲面型的溢流堰，应采用充气式橡胶坝。严禁在呈曲面的溢流堰顶上布置充水式橡胶坝，严禁在平顶宽顶堰的水平宽度不满足坝袋坍平宽度要求的情况下布置充水式橡胶坝。其原因是，当充水式橡胶坝坍坝时，在上游水压力和坝袋内水的自重作用下，坝袋被推到下游侧曲面上或平顶宽顶堰的水平段以外，坝袋内的水将很难排尽。

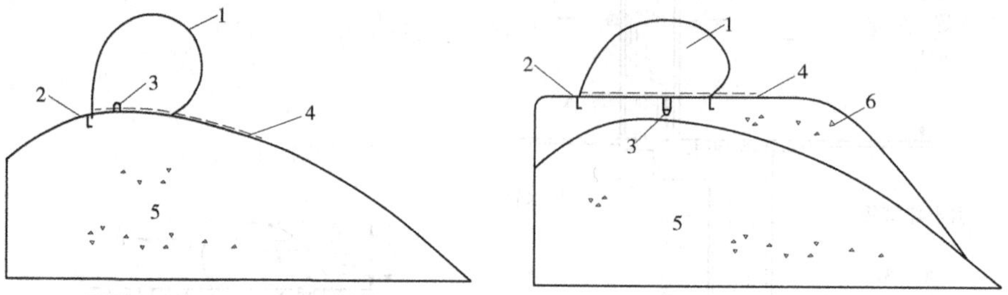

(a)溢流堰顶上充气式橡胶坝布置　　(b)溢流堰顶上充水式橡胶坝布置

1—坝袋；2—锚固；3—充排管路；4—坍坝长度；5—溢流堰顶；6—溢流堰顶加建部分

图 7-4　溢流堰顶上橡胶坝工程布置图

（一）平原地区河流或渠道上的橡胶坝枢纽

平原地区河流或渠道的特点是水流比较平稳，河道断面较宽，宜建橡胶坝枢纽，它能充分发挥橡胶坝跨度大、过水阻力小的优点。平原河道上建橡胶坝，要注意过坝水流与下游水深的关系，认真布置消能设施，防止河床和河岸的冲刷，尽可能避免产生坝袋振动磨损。橡胶坝一般都采用底流式水跃消能，特殊情况下也可以采用延长护坦等消能形式（见图 7-5）。

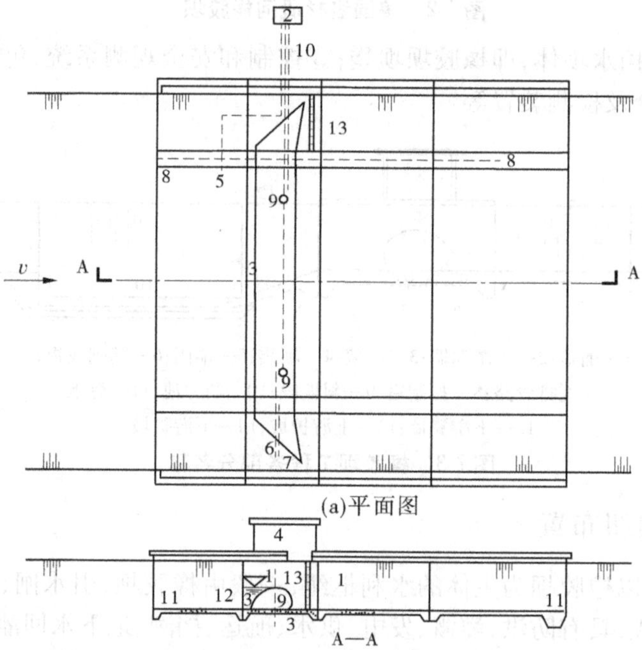

(a)平面图

(b)纵剖面图

1—坝袋；2—泵房；3—锚固；4—管理房；5—泵吸排水管；6—安全溢流管；
7—排气管；8—水位观测管；9—进出水口；10—测压管口；
11—水位管口；12—泵吸排水口；13—活动步梯

图 7-5　平原河道上的橡胶坝工程布置

例如临沂市小埠东拦河橡胶坝枢纽工程，坝高 3.5 m、坝长 1 135.0 m，采用的是“闸坝结合、对称布置”的枢纽总体布置方案，以 16 跨橡胶坝为主体，对称布置有调节闸、桥头堡、泵站等单元工程，以便于冲沙、调洪、控制和运用，其枢纽布置见图 7-6。

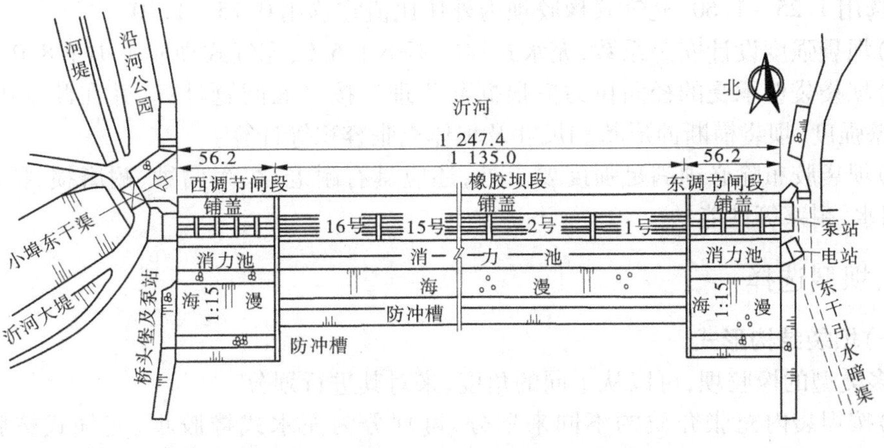

图 7-6　临沂市小埠东拦河橡胶坝枢纽平面布置示意图　（单位：m）

（二）山区河道上的橡胶坝枢纽

山区河道的特点是坡陡流急，不仅河床坡降较大，来水猛且不平顺，水流中还含有大量推移质，橡胶坝工作条件恶劣，当坝顶溢流时极易引起坝袋振动，特别是水流中挟带的粒径粗大的推移质更易磨损坝袋。在布置橡胶坝的消能防冲设施时，可将坝底板与消力池设置成 1∶2～1∶4的斜坡式连接，以避免过坝砂石被卷入坝袋底部，磨损坝袋。在山区河道上布置橡胶坝要特别慎重，应进行充分的调查研究，必要的话进行可行性论证。

任务二　坝袋设计

【学习目标】

1. 了解橡胶坝坝袋的设计原则。
2. 掌握橡胶坝的坝型选择。
3. 熟悉橡胶坝坝袋胶布构造。
4. 了解橡胶坝坝袋的设计参数及过程。

坝袋是橡胶坝工程的主体性挡水建筑物，坝袋用骨架和橡胶材料的选用及其胶布的构造设计，不仅关系着橡胶坝工程的使用寿命，也与橡胶坝工程的安全运行息息相关。因此，进行坝袋设计时，在选择合适的坝型后，还要对坝袋胶布的构造提出明确的要求，按技术经济的原则确定坝袋设计参数，优先选用成熟可靠且耐老化的骨架和橡胶材料及其胶布加工方式，按坝袋标准的要求进行检验与验收。

橡胶坝坝袋设计应遵循下列原则：

（1）橡胶坝的充胀介质是选择水还是气，应按运用要求、工作条件经技术经济比较后确定。

(2)坝体布置可采用单跨式或多跨式。

(3)坝袋设计内外压比 α 值的选用应经技术经济比较后确定。充水式橡胶坝内外压比值宜选用1.25～1.60,充气式橡胶坝内外压比值宜选用0.75～1.10。

(4)坝袋强度设计安全系数,充水式坝应不小于6.0,充气式坝应不小于8.0。

(5)坝袋袋壁承受的径向拉力应根据薄膜理论按平面问题计算,并在此基础上进行坝袋袋壁强度、坝袋横断面形状和尺寸及坝体充胀容积等计算。

(6)坝袋胶布除必须满足强度要求外,还应具有耐老化、耐腐蚀、耐磨损、抗冲击、抗屈挠、耐水、耐寒等性能。

一、坝型选择

(一)坝袋结构形式

诸多类型的橡胶坝,可以从不同的角度,来对其进行划分。

(1)按坝袋内充胀介质的不同来划分,可划分为充水式橡胶坝、充气式橡胶坝(见图7-7)和水气混合式橡胶坝(见图7-8)。充水式橡胶坝是完全用水来充胀坝袋,充气式橡胶坝则是完全用空气来充胀坝袋。水气混合式橡胶坝的坝袋内部分充水,部分充气。

(2)按锚固坝袋的方式不同来划分,可分为单锚固和双锚固。单锚固是仅在坝底板的上游侧布置一条锚固线来将坝袋锚紧,而双锚固则是沿充胀的坝袋在底板上贴地宽度的上下游边缘处各布置一条锚固线来锚紧坝袋。

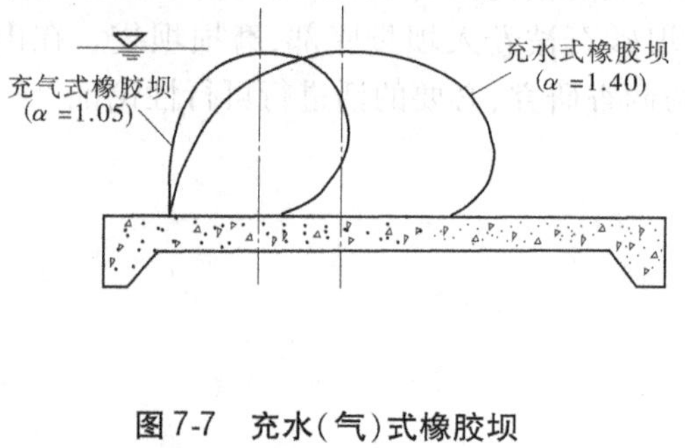

图7-7　充水(气)式橡胶坝

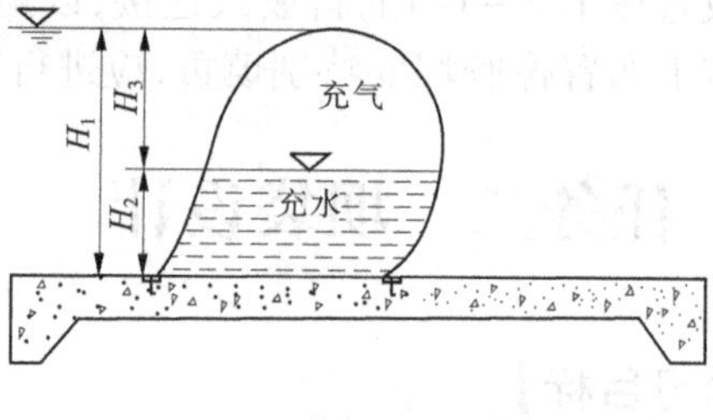

图7-8　水气混合式橡胶坝

(3)按采用坝袋数量的多少来划分,可分为单袋式和多袋式。单袋式是只安装一个坝袋来挡水,这是最常用的方式。多袋式是将两个以上的坝袋叠加起来,以达到所需的挡水高度。

(二)充水式与充气式橡胶坝的选择

坝袋按充胀介质可分为充水式、充气式,应按运用要求、工作条件经技术经济比较后确定。充水式橡胶坝在坝顶溢流时袋形比较稳定,振动小,过水均匀,对下游河床冲刷较小。由于气体具有较大的压缩性,充气式橡胶坝在坝顶溢流时,会出现凹口现象,造成水流集中,对下游河道冲刷较强。在有冰冻的地区,充气式橡胶坝内的介质没有冰冻问题,充水橡胶坝不具备这一优点;充气式橡胶坝气密性要求高,充水式橡胶坝这方面的要求相对低一些;充气式橡胶坝比充水式橡胶坝工程投资低。在确定方案时应根据运用要求和工作条件,考虑上面的优缺点来进行坝型选择。

二、坝袋胶布构造

(一)坝袋胶布结构

坝袋胶布由帆布和橡胶加工硫化而成。坝袋胶布应达到强度高、耐老化、耐腐蚀、耐磨损、抗冲击、抗屈挠、耐水、耐寒等性能要求,满足使用目的。

将合成纤维(或其他材质织物)按一定的编织结构进行编织,织成坝袋用的帆布,在帆布上浸胶、贴胶、硫化,使帆布与橡胶黏合在一起,就可以做成单层或多层的坝袋胶布。橡胶层通常分为外层、夹层和内层(见图7-9)。

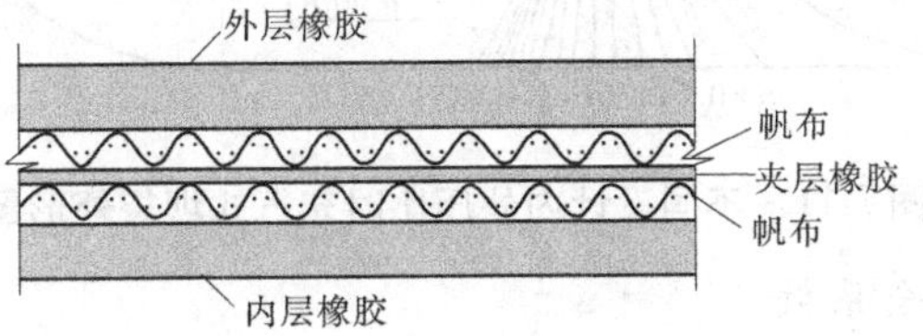

图7-9　帆布构造示意图

橡胶坝坝袋帆布是由锦纶丝束按方平结构编织的,此种织物也称网眼布,橡胶易于渗入其间起"钉子"效用,它与橡胶的黏合性很好。

橡胶坝坝袋的制造主要采用氯丁橡胶,也有采用乙丙或丁苯等橡胶。

(二)坝袋技术参数选择

在进行坝袋设计时,首先是要选择坝袋的设计内外压比 α 和坝袋强度设计安全系数。这两个参数的选取互相联系,相互制约,其值的选取应经技术、经济和安全比较后确定。

1. 坝袋设计内外压比

坝袋设计内外压比定义为 $\alpha = H_0/H_1$,其中 H_0 为坝袋内压水头,H_1 为设计坝高。当 H_1 为定值时,α 值越大,坝袋外形越挺拔,所需坝袋胶布周长和坝袋容积越小;另一方面,由于坝袋贴地长度短,充胀容积小,所需基础底板和充排设备的造价可能降低。α 值越大,坝袋胶布拉力也越大,随之坝袋造价就越高。

根据调查,充水式橡胶坝采用的设计内外压比最低为1.25,规范推荐的选取范围是1.3～1.6。充气式橡胶坝的设计内外压比选取的范围为0.75～1.10(见图7-10和图7-11中的灰影区部分)。

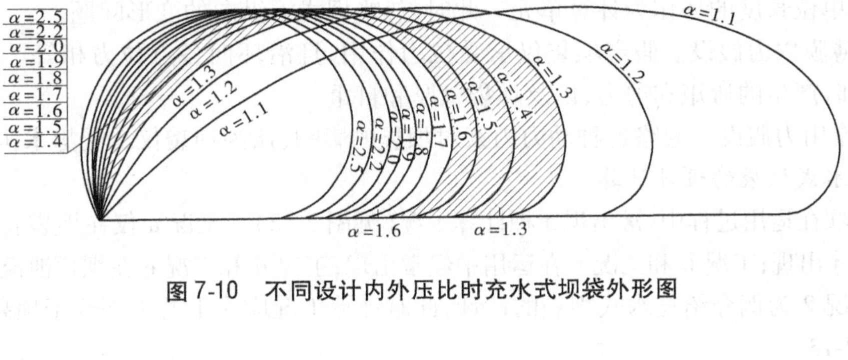

图7-10　不同设计内外压比时充水式坝袋外形图

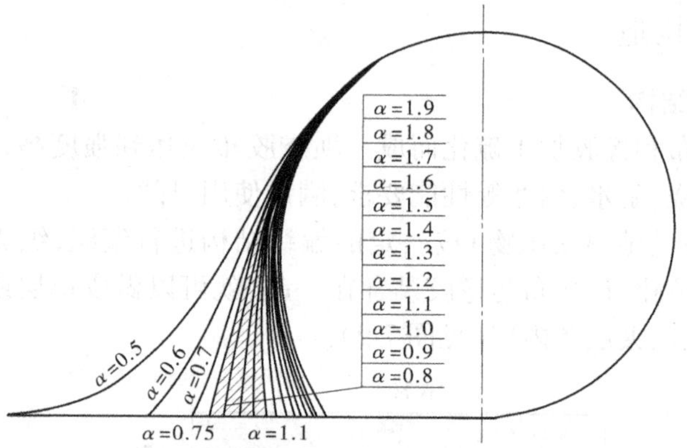

图 7-11　不同设计内外压比时充气式坝袋外形图

2. 坝袋强度设计安全系数

坝袋强度设计安全系数是指坝袋抗拉强度与坝袋设计计算强度之比,这是一种不论建筑物等级而采用的单一安全系数法。《橡胶坝工程技术规范》(GB/T 50979—2014)规定:坝袋强度设计安全系数充水坝应不小于 6.0,充气坝应不小于 8.0。

在确定坝袋强度设计安全系数时还应考虑下列因素:坝袋材料加工制成胶布时强度损失一般达 15% ~25% ,并且材料强度存在不均匀性;坝袋在使用过程中因老化等所造成的强度损失,以及工程规模和重要性等。

三、坝袋设计参数计算

坝袋设计的计算内容包括坝袋袋壁拉力、坝袋周长、坝袋贴地长度和坝袋充胀容积等参数的设计计算。

(一)坝袋计算的基本公式

1. 基本假设

橡胶坝坝袋充胀挡水时,由于自身的薄膜结构原因,在受到动水压力、风力、波浪压力等的作用下,引起坝袋变形,有时还会受到坝袋产生振动时的动水压力作用等,然而在进行坝袋理论计算的数学推导过程中不可能将这些因素一一考虑在内,因此必须进行简化。

(1)平面问题假设。将坝袋的计算假定为只进行坝袋横断面情况下的计算,即可从坝袋上取单位长度的环作为计算单元。此时,忽略坝袋沿纵向的变形问题。

(2)薄膜内力假设。假定坝袋仅承受拉力作用,且沿环向各点拉力相等。忽略坝袋袋壁受拉时产生的弯矩和剪力,以及坝袋壁厚和自重。

(3)作用力假设。忽略各种动力因素对坝袋的影响,认为坝袋仅承受静水压力作用。

2. 充水式坝袋的设计计算

橡胶坝在运用过程中,常出现 5 种计算工况(见图 7-12)。工况 a 仅在坝袋安装后或检修试水时才出现;工况 b 和工况 c 在运用中经常出现;工况 d 和工况 e 在坝顶泄流时出现。

以工况 2 为例介绍充水式坝袋的设计,此时计算工况应为上游水深等于坝高,下游无水,见图 7-13。

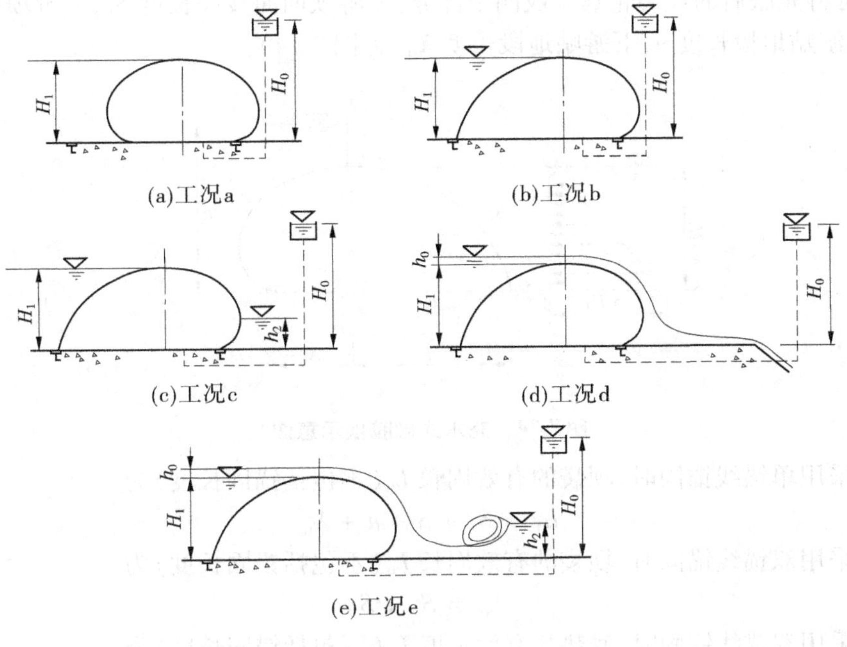

H_1—设计坝高；h_0—溢流水深；H_0—坝袋内压水头；h_2—下游水深

图 7-12　坝袋设计计算常见运行工况

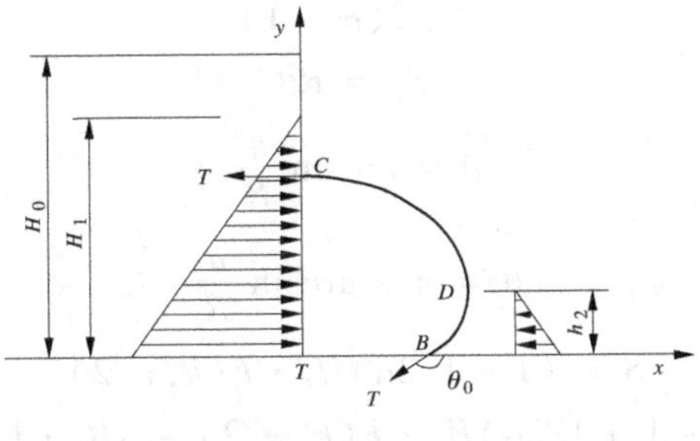

图 7-13　坝袋内力图

坝袋各项设计参数可通过数解法按下列公式计算。

(1)坝袋径向计算强度：

$$T = \frac{1}{2}\gamma(\alpha - \frac{1}{2})H_1^2 \tag{7-1}$$

式中　T——坝袋径向计算强度，kN/m；

γ——水的容重，kN/m^3；

α——内外压比，$\alpha = H_0/H_1$；

H_0——内压水头，m；

H_1——设计坝高，m。

(2)可将充胀后的坝袋轮廓分成四个部分：上游坝面曲线段长度 S_1，下游坝面曲线段长度 S，上游贴地段长度 n，下游贴地段长度 X_0（见图 7-14）。

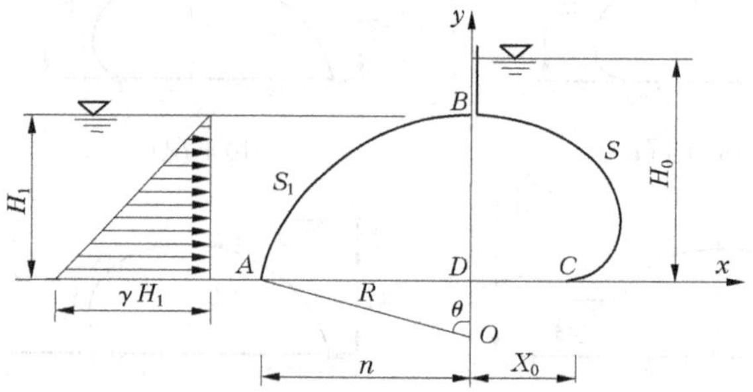

图 7-14 充水式橡胶坝示意图

①当采用单锚线锚固时，坝袋的有效周长 L_0（不包括锚固长度）为

$$L_0 = S_1 + S + n + X_0 \tag{7-2}$$

②当采用双锚线锚固时，坝袋的有效周长 L_0（不包括锚固长度）为

$$L_0 = S_1 + S \tag{7-3}$$

③当采用双锚线锚固时，底垫片有效长度 L_0（不包括锚固长度）为

$$L_0 = n + X_0 \tag{7-4}$$

坝袋各部分 n、S_1、S 与 X_0 的计算公式如下：

$$n = \frac{1}{\sqrt{2(\alpha - 1)}}H_1 \tag{7-5}$$

$$S_1 = R\theta \tag{7-6}$$

当 $\alpha \leqslant 1.5$ 时，

$$\theta = \arcsin\frac{n}{R} \tag{7-7}$$

当 $\alpha > 1.5$ 时，

$$\theta = \pi - \arcsin\frac{n}{R} \tag{7-8}$$

$$S = (1 - 1/2\alpha)H_1 \cdot F(k,\pi/2) \tag{7-9}$$

$$X_0 = (\alpha - 1 + 1/2\alpha)H_1 \cdot F(k,\pi/2) - \alpha H_1 \cdot E(k,\pi/2) \tag{7-10}$$

上游坝面曲线段半径 R 的计算式为

$$R = \frac{2\alpha - 1}{4(\alpha - 1)}H_1 \tag{7-11}$$

$$F(k,\pi/2) = \int_0^{\pi/2}\frac{1}{\sqrt{1 - k^2\sin^2\varphi}}\mathrm{d}\varphi \tag{7-12}$$

$$E(k,\pi/2) = \int_0^{\pi/2}\sqrt{1 - k^2\sin^2\varphi}\,\mathrm{d}\varphi \tag{7-13}$$

$$k^2 = \frac{2\alpha - 1}{\alpha^2} \tag{7-14}$$

其中，$F(k,\pi/2)$、$E(k,\pi/2)$ 分别为第一、第二类完全椭圆积分。

(3)坝袋单宽容积 $V(m^2)$：

$$V = 1/2R^2\theta - 1/2n(R - H_1) + \alpha H_1 X_0 \tag{7-15}$$

(4)坝袋横面曲线坐标。坐标选取见图 7-14。

上游坝面曲线段坐标

$$X = -\sqrt{Y^2 + 2R(R - H_1) - 2RH_1 + H_1^2} \tag{7-16}$$

下游坝面线段坐标

$$X = X_0 - \left(\alpha - 1 + \frac{1}{2}\alpha\right)H_1 \cdot F(k,\varphi_1) + \alpha H_1 \cdot E(k,\varphi_1) \tag{7-17}$$

其中，$F(k,\varphi_1)$、$E(k,\varphi_1)$ 分别为第一、第二类不完全椭圆积分。

$$F(k,\varphi_1) = \int_0^{\varphi_1} \frac{1}{\sqrt{1 - k^2 \sin^2\varphi}} d\varphi \tag{7-18}$$

$$E(k,\varphi_1) = \int_0^{\varphi_1} \sqrt{1 - k^2 \sin^2\varphi}\, d\varphi \tag{7-19}$$

$$\varphi = \arcsin\sqrt{\frac{2\alpha\frac{Y}{H_1} - \frac{Y^2}{H_1^2}}{2\alpha - 1}} \tag{7-20}$$

坝袋各项设计参数也可通过查表进行计算。

充气式坝袋的设计可参考《橡胶坝技术规范》(SL 227—98)。

(二)坝袋用骨架材料选用

骨架材料是橡胶坝坝袋承载的主体，起着保持坝袋尺寸稳定性的作用。骨架材料性能的优劣与橡胶坝的安全稳定运行和使用寿命息息相关。坝袋骨架材料是用纤维制造而成的帆布，纤维本身的特性决定了帆布的性能。纤维按原料不同可分为天然纤维和化学纤维。

天然纤维主要指植物、动物及矿物纤维，如棉、麻、蚕丝、羊毛、石棉等。实践证明，天然纤维不适合作为橡胶坝坝袋的骨架材料。

化学纤维是指用天然的或人工合成的高分子聚合物经化学处理与纺织而成的纤维，主要分为人造纤维和合成纤维两大类。人造纤维主要有人造丝、人造棉等。合成纤维可分为聚酰胺纤维(锦纶或尼龙)、聚酯纤维(腈纶)、聚丙烯腈纤维(涤纶)、聚丙烯纤维(丙纶)、聚乙烯醇纤维(维纶)、芳香族聚酰胺纤维(芳纶)等。这些合成纤维性能优异，原料来源丰富，应用广泛，适宜作为橡胶坝坝袋的骨架材料。

(三)坝袋用橡胶坝材料选用

橡胶坝坝袋橡胶要求选用的胶料应耐大气老化、耐腐蚀、耐磨损、耐水性好，强度满足使用要求。

依据坝袋橡胶的性能要求，可满足橡胶坝基本要求的橡胶主要有天然橡胶、氯丁橡胶、乙丙橡胶、丁苯橡胶和绿黄化聚乙烯等。氯丁橡胶综合性能好，具有良好的物理机械性能，拉伸强度与天然橡胶相似，耐光、耐热、耐老化、耐油及耐化学品腐蚀性均优于天然橡胶，尤其耐臭氧老化性、耐气候、耐燃性更突出，其主要不足是耐寒性差、容易早期硫化及贮存期短。实践证明，以聚氯乙烯为主体的坝袋胶料配方属较好选择。

任务三　锚固系统

【学习目标】

1. 了解橡胶坝锚固系统结构形式。
2. 了解橡胶坝锚固线。
3. 熟悉橡胶坝锚固系统。

橡胶坝的锚固是用锚固构件将坝袋胶布沿其周边安装固定在坝底板和暗墙(中墩)上,以构成一个密封的袋体。锚固是橡胶坝坝袋能否稳定起到挡水作用的关键部分。坝袋承受的水压力等荷载通过锚固系统传递给坝底板,故锚固构件必须满足设计的强度和耐久性,以达到牢固可靠和严密不透水(气)的要求,保证橡胶坝持久安全运用。

锚固系统设计的内容主要包括锚固结构形式选择,螺栓压板式、楔块挤压式和胶囊充水式锚固设计,锚固线的布置。

一、锚固结构形式

橡胶坝的锚固结构形式按所采用的锚固构件材料不同,可分为螺栓压板式锚固、楔块挤压式锚固和胶囊充水式锚固三种,应根据工程规模、加工条件、耐久性、施工、维修等条件,经过综合经济比较后选用。

(一)螺栓压板式锚固

螺栓压板式锚固靠地埋螺栓和钢构件(或铸铁构件、钢筋混凝土构件等)将坝袋胶布压紧。我国自橡胶坝建设之初就采用螺栓压板进行坝袋的锚固,是应用最广的一种坝袋锚固形式。螺栓压板式锚固的锚固力可控,安装止水效果好。螺栓压板式锚固的造价较楔块挤压式锚固的要高些,但螺栓压板式锚固安装方便,劳动强度低,将来易于拆卸检修,锚固构件的重复利用率高。虽然现在锚固构件的加工制作要求及成本较高,但若定型化后就极为方便。坝高在3.5 m以上的橡胶坝,宜优先采用螺栓压板式锚固结构进行坝袋的锚固。

螺栓压板式锚固按锚紧坝袋的方式可分为穿孔锚固(见图7-15)和不穿孔锚固(见图7-16)。穿孔锚固是在对应于底板上锚固螺栓部位的坝袋上做好标记,然后打孔,再将坝袋套在锚栓上,装上压板,用螺母拧紧。

(二)楔块挤压式锚固

混凝土楔块挤压式锚固是我国首创的,因其节省钢材,造价较螺栓压板式锚固的低,各地使用较多。楔块挤压式锚固在施工安装时锚固力较难控制,楔块易受夯击损毁,维修拆卸不便,楔块重复利用率较低,锚固的密封性较差。楔块挤压式锚固宜用于坝高较低、所需坝袋锚固力不高或坝袋胶布较薄的场合。

楔块挤压式锚固(见图7-17)由前楔块、后楔块(后楔块也可由木料制成)和压轴组成。槽形有靴形和梯形两种。靴形槽是用压轴将坝袋胶布卷起塞入凹槽中,用楔块挤紧。

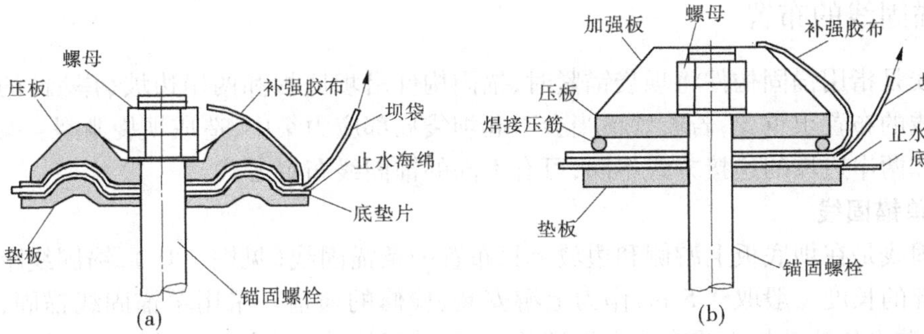

图 7-15 穿孔锚固

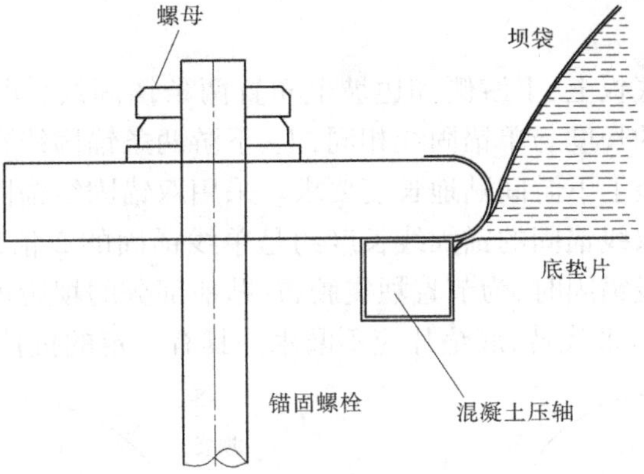

图 7-16 不穿孔锚固

(三)胶囊充水式锚固

胶囊充水式锚固是先建造一个椭圆形的锚固槽(见图 7-18),再制作一条与锚固槽形状相似的封闭胶囊,将坝袋胶布、底垫片和胶囊共同置于锚固槽内,给胶囊充水使坝袋胶布受到挤压,靠此挤压使坝袋胶布和锚固槽之间产生摩擦力来抵抗坝袋的拉力,以此将坝袋锚固。

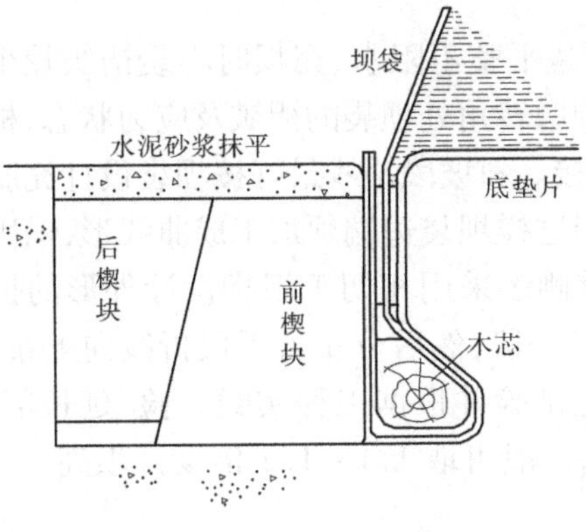

图 7-17 楔块挤压式锚固

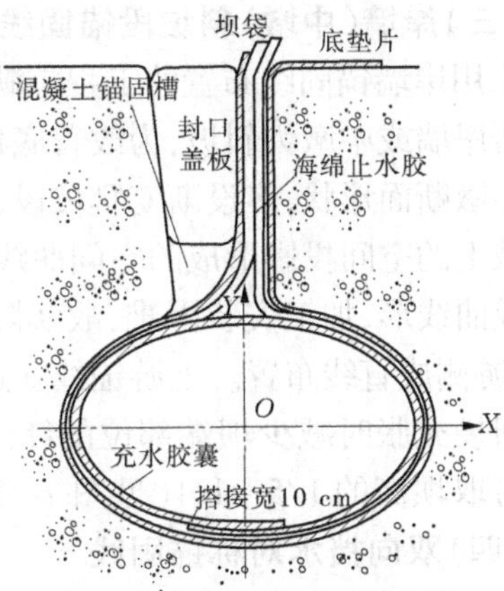

图 7-18 胶囊充水式锚固

二、锚固线的布置

锚固线是指用锚固构件将坝袋锚紧时，锚固构件沿坝底板和两岸边坡（岸墙）的布置线。锚固线的布置很重要，若布置不当会引起坝袋局部应力集中，造成坝袋撕裂。按坝袋与坝底板和两岸边坡的连接方式不同，可有不同的锚固线布置方式。

（一）单锚固线

单锚固线是在坝底板上游侧和边坡上只布置一条锚固线（见图 7-19），锚固线距上游坝底板端部的长度一般取 0.5 m，作为上游安装、检修的通道。采用单锚固线锚固，在坝顶溢流、下游水位波动较大或有来自下游的大风时，坝体的稳定性将会变差；另外，上游来流挟带的过坝砂石易卷进坝袋底部，磨损坝袋。充气式橡胶坝或坝高较低的充水式橡胶坝可采用单锚固线锚固。

（二）双锚固线

双锚固线是在坝底板上、下游侧和边坡上布置两条锚固线（见图 7-20），上游侧锚固线距上游坝底板端部的长度与单锚固线相同，上、下游两条锚固线在底板上的距离应满足设计条件下计算的坝袋上下游间贴地长度要求。采用双锚固线锚固的坝袋的运行稳定性要好于单锚固线的。双线锚固的锚固线长度约是单线锚固的 2 倍，故锚固部分的工程造价也会翻倍。采用双线锚固时，为节省坝袋胶布，贴地部分的坝袋可采用具有防渗功能的加纱胶片（亦称底垫片）来代替，底垫片应不漏水并具有一定的抗拉强度。

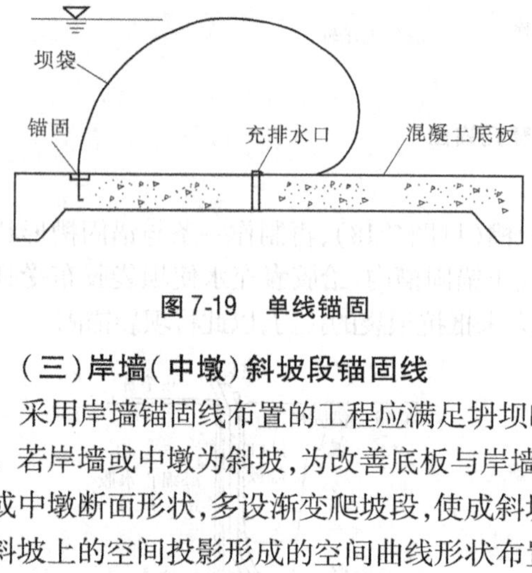

图 7-19　单线锚固

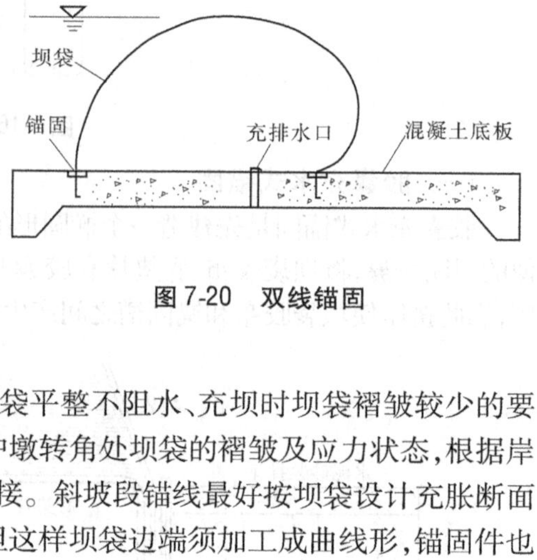

图 7-20　双线锚固

（三）岸墙（中墩）斜坡段锚固线

采用岸墙锚固线布置的工程应满足坍坝时坝袋平整不阻水、充坝时坝袋褶皱较少的要求。若岸墙或中墩为斜坡，为改善底板与岸墙或中墩转角处坝袋的褶皱及应力状态，根据岸墙或中墩断面形状，多设渐变爬坡段，使成斜坡连接。斜坡段锚线最好按坝袋设计充胀断面在斜坡上的空间投影形成的空间曲线形状布置，但这样坝袋边端须加工成曲线形，锚固件也应做成曲线形，加工安装困难，故实际工程中上游侧多采用相切于坝袋设计外形的折线布置，下游侧成直线布置。上游锚线在边坡上要延长一段，然后分布若干段折线向上布置，以便在坝袋充胀时减少坝端部位的纬向应力。经过试验并根据工程实践经验，延长部分 H_x 一般可取坝高的 1/5 ~ 1/4（见图 7-21），坝端坝高一般可取 1.1 ~ 1.2 倍设计坝高。

（四）双向挡水对称锚固线

在实际工程中，对建在河口地点、具有挡潮和蓄水功能的橡胶坝，或具有双向挡水任务的橡胶坝，其锚固线宜采用对称双线锚固布置（见图 7-22）。

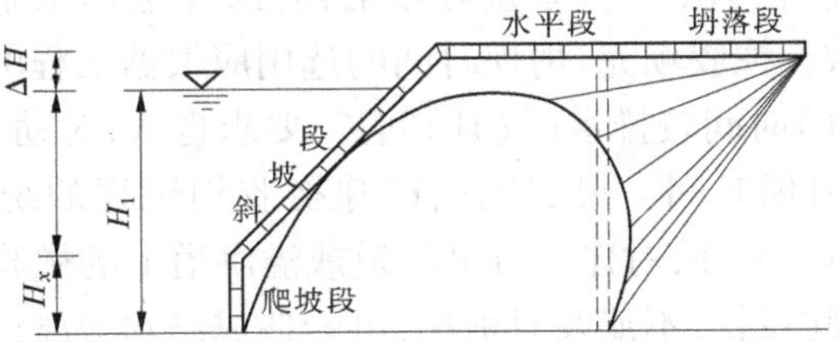

图 7-21 斜坡段锚固示意图

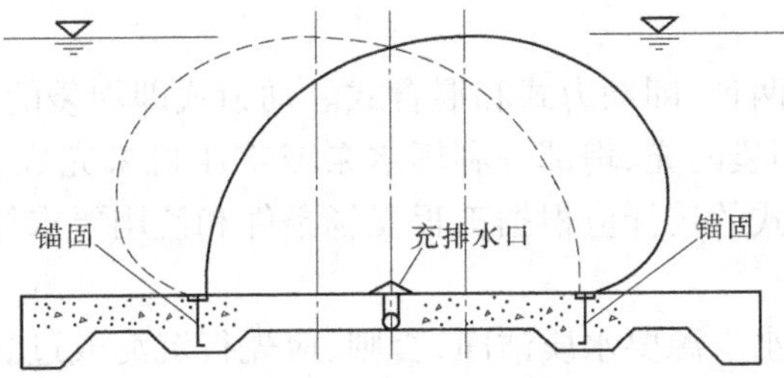

图 7-22 对称双线锚固

(五)堵头式橡胶坝锚固线

若岸墙或中墩为直墙,则宜采用堵头式坝袋,上、下游两条锚固线仍布置在底板两端,其位置与双锚固线的相同,两侧端头沿岸墙或中墩底脚顺水流向布置两条锚固线,组成一个矩形封闭锚固线。为减轻端部坝袋坍肩现象,常将靠近两岸端(或中墩)数米内的底板稍许抬高,一般坡度为1:10~1:6,锚固线也沿此坡度布置。沿岸墙或中墩底脚布置的锚固构件的规格尺寸可比底板上、下游两条锚固线的小些。

任务四 控制、安全和观测系统设计

【学习目标】

1. 了解橡胶坝的控制系统。
2. 了解橡胶坝的安全系统。
3. 熟悉橡胶坝的观测系统。

一、控制系统设计

橡胶坝控制系统的设计包括坝袋的充排时间、充排方式、动力设备选型、管路布置、坝袋进排水(气)辅助装置和控制室等方面的内容。

在进行橡胶坝的控制系统设计时,首先须确定坝袋的充排时间,其次选择坝袋的充排方式,最后进行充排系统的动力设备选型、管路及进出水口等的布置设计。

(一)充排时间

在橡胶坝工程规模即设计坝高、坝长确定的情况下,坝袋容积是已知的,故橡胶坝的充排水(气)时间是决定充排水(气)系统容量的前提,是选择水泵(空压机)台数和充排水管径规格的主要参数。橡胶坝充、坍坝时间的选用应根据工程的具体运用条件确定。

相对来说,充水(气)时间较排水(气)时间长,要求也低,对动力设备容量选择起决定作用的常为排水(气)坍坝时间。根据国内已建橡胶坝工程的统计,其充坝时间为 2 ~ 3 h,坍坝时间为 1 ~2 h。另外,对建在行洪河道或溢洪道上的橡胶坝,由于有突发洪水的情况出现,如因排水时间过长,不能及时坍坝,可能造成洪水漫滩或漫坝,由此会带来严重后果,因此应根据调洪要求或上游洪水位情况来决定排水(气)和坍坝时间。

对于重要的或有特殊要求的橡胶坝工程,其充、坍坝时间或运用方式应作专门研究。

(二)充排方式

填袋的充排方式有两种,即动力式和混合式。动力式即坝袋的充、坍完全利用水泵或空压机进行;混合式即坝袋的充、坍部分利用水泵或空压机来完成,部分利用现有工程条件自充或自排。充排方式的选择应根据工程现场条件和使用要求等经技术经济比较后选定。

充水式橡胶坝的充水水源要水质洁净,否则,应先行沉淀或过滤,再充进坝袋。

1. 动力式充排

充水式橡胶坝采用动力式进行充坝时,坝袋的充胀可采用水泵将水直接充进坝袋,也可先将水抽送到高位蓄水池或水箱后再间接充进坝袋。有条件的地方,当充水量不大时也可以利用自来水充坝。

在有泄洪时间要求的河道上,或当排水管道的出口低于下游水位而不能依靠自流来排空坝袋内的水时,须采用水泵将坝袋内的水直接抽排。

充气式橡胶坝常采用空压机来充胀坝袋。由于气体易于排除,充气式橡胶坝常采用自泄的方式来排空坝袋内的气体。

2. 混合式充排

混合式充排是首先考虑依靠自流来充胀或排空坝袋,以降低充排设备的运行费用。当自流充坝时间较慢而充坝时间要求较紧时,可开泵充水。在洪水期或下游水位高于排水管出口,不能及时或无法靠自流排空坝袋时,可启动水泵将坝袋内的水排出。

(三)动力设备选型设计

动力设备选型设计的目的是既经济合理又安全可靠地选用水泵或空压机的容量及台数。重要的橡胶坝工程应配置汽油或柴油发电机组等备用动力设备。在动力设备选型时,考虑到对一般的橡胶坝工程,其充排水(气)频率不高,可将充胀和排水(气)水泵(空压机)结合在一起,在运行中,通过阀门的切换,使水泵(空压机)既可充水(气),又可排水(气),从而节省工程投资。

(四)管路布置

管道属隐蔽性工程,一旦出现问题,很难修复补救,除设计工况要控制好质量外,管路布置也很重要。管路可布置在坝底板混凝土中,也可布置在坝底板下。布置在坝底板下的管路,因受地下水的不断侵蚀,加上整体稳定性不好,易损坏,故多将管路布置在混凝土底板内。对布置在混凝土底板内的管路,应解决好底板分缝处管道的不均匀沉陷问题。

由于橡胶坝的充排系统利用次数较少,故在管路系统布置时常将充胀和排空的管路合二为一。通过启闭管路系统中不同位置的闸阀，达到利用同一管路进行坝袋的充胀和坍坝排空的目的。

一般沿充坝介质流动的方向进行管路系统的布置。首先是从水源到控制室，在控制室内经过不同闸阀的启闭切换，穿过控制室墙壁和岸墙（和中墩）进入坝底板，通过埋设于坝底板内的管道与坝袋相连接的进排水口进入坝袋。管路的布置力求总长度最短，弯头最少，尽量减少沿程水头损失和局部水头损失。

多跨橡胶坝工程，每跨的管路可分别单独布置，也可几跨合并布置。各跨单独布置时，为避免个别坝袋超压和各跨坝袋高度不一，可在各跨的充排管道之间设置带球阀的连通管，充坝完毕后打开阀门，可使各跨坝袋内压相等，坝高相同。

若采用自动控制的方式进行坝袋的充排，宜优先选用"手电两用"的电动阀，因该类阀门在电力中断或电气设备发生故障时，可通过其设置的手动机构进行阀门的启闭。

（五）坝袋进排水（气）辅助装置设计

1. 水帽

充坝水体自管道系统进入坝袋后，若不采取措施，有压水流可能会直接冲击坝袋；坍坝排水时，坍落的坝袋可能会把管道口封堵，导致坝袋内的水难以排出。因此，须在管道进出坝袋处设置水帽（见图 7-23），使进出坝袋的水流能充排通畅。

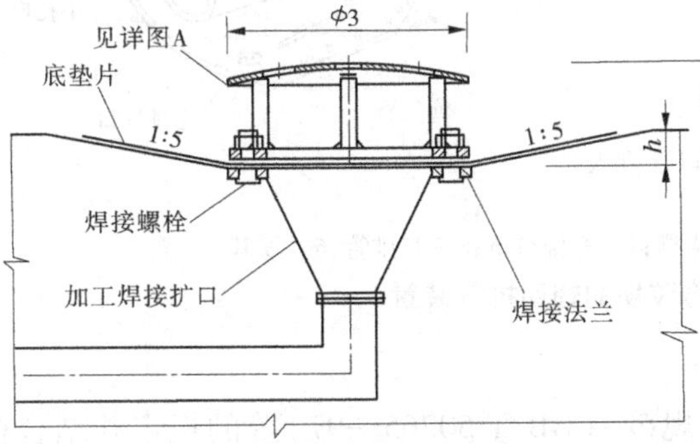

(a)进排水口安装示意图

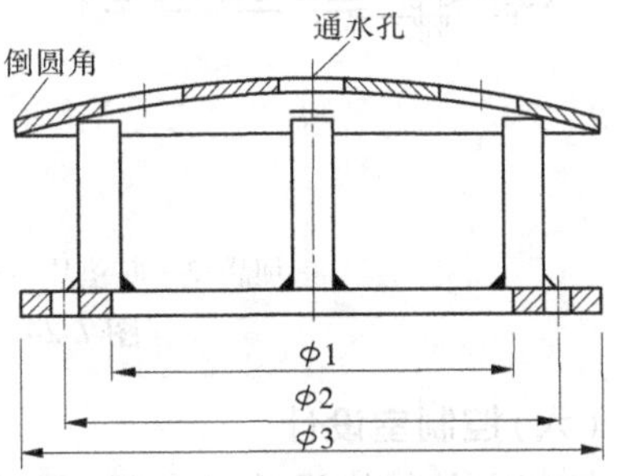

(b)详图A

图 7-23 水帽构造示意图

为使充排水时坝袋起落平稳，充水式的坝袋内宜设置两个水帽，单跨较长时宜设置两个以上的水帽，充排水管在底板上的出口位置应放在能排尽水（气）的地方。对于双线锚固的橡胶坝，水帽宜尽量布置在靠近底板下游锚固线的位置，以利于排空坝袋内的水。对于单线锚固的橡胶坝，若水帽靠下游布置，在坝袋振动或充坝试水时，有可能把孔口处的坝袋撕破，则宜靠上游布置；但在坍坝过流时，坝袋又易封堵孔口，不利于排水，故水帽一般可布置在坝袋贴地长度的中部。

2. 辅助排气装置

我国充气式橡胶坝可采用水帽方式进行充排气，也可采用在伸向坝袋内的充排气管周身钻孔以使气体流动更通畅和均匀。日本橡胶坝标准中推荐了在坍坝后能将坝袋内空气排除的辅助装置，如图 7-24 所示，可供设计时参考。

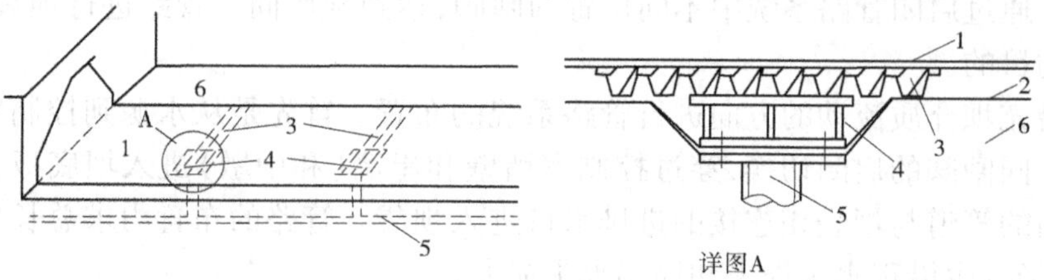

(a)充排方式

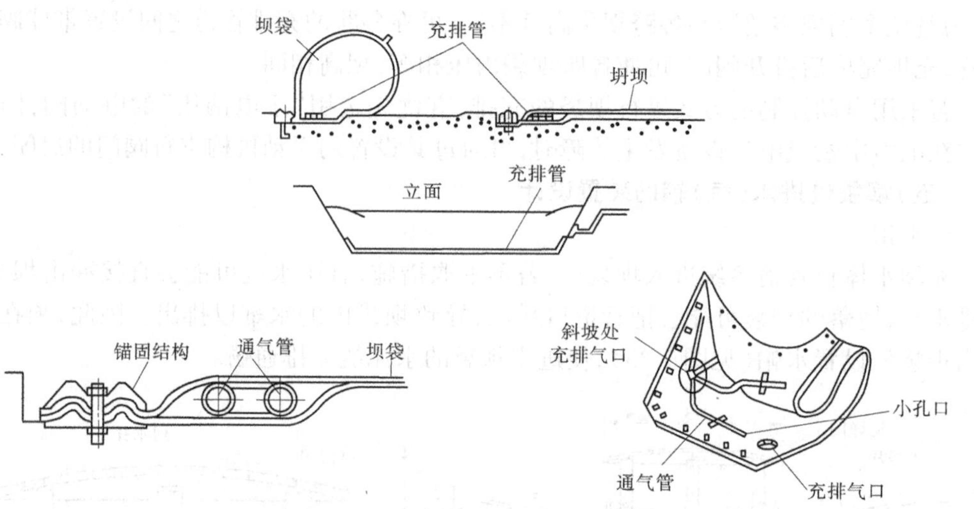

(b)间管方式

1—坝袋;2—底垫片;3—通气格栅;4—充排口罩;5—充排管;6—坝基

图 7-24 日本橡胶坝的辅助排气装置

(六)控制室设计

控制室的结构设计可参照《泵站设计规范》(GB/T 50265—97)等的规定并结合橡胶坝的运用要求来进行。

控制室的布置应注意与周围环境相协调,注意建筑造型,做到布置合理,适用美观。

控制室内的布置应满足结构布置、机电设备布置、安装、运行和检修的要求;满足室内通风、采暖和采光要求,并符合防潮、防火、防噪声等技术规定;满足内外交通运输的要求。

控制室通常建于坝的两岸端,在室内布置时除要方便观测坝内压力、上下游水位等外,还要求能在室内就可直接目视坝体的运行情况。

要特别重视控制室的防水处理,因国内外已有多处橡胶坝工程的控制室出现过渗漏情况。

二、安全与观测设备设置

(一)安全设备设置

1. 充水式橡胶坝安全设备设置

(1)安全溢流管。为防止坝袋超压,充水橡胶坝应在一岸或两岸边墙或中墩上设置安全溢流管(亦称超压溢流管),管的出口位置须与坝袋设计内压水头齐平,其管径要大于坝袋充水管管径,并保证超压溢出水流量不小于坝袋充水流量,见图7-25。当坝袋内水压力超过设计内压值时,水就从溢流管流出,以保坝袋安全。安全溢流管的出口形式有直筒式和弯曲式,为防止洪水倒灌,可设阀门控制。

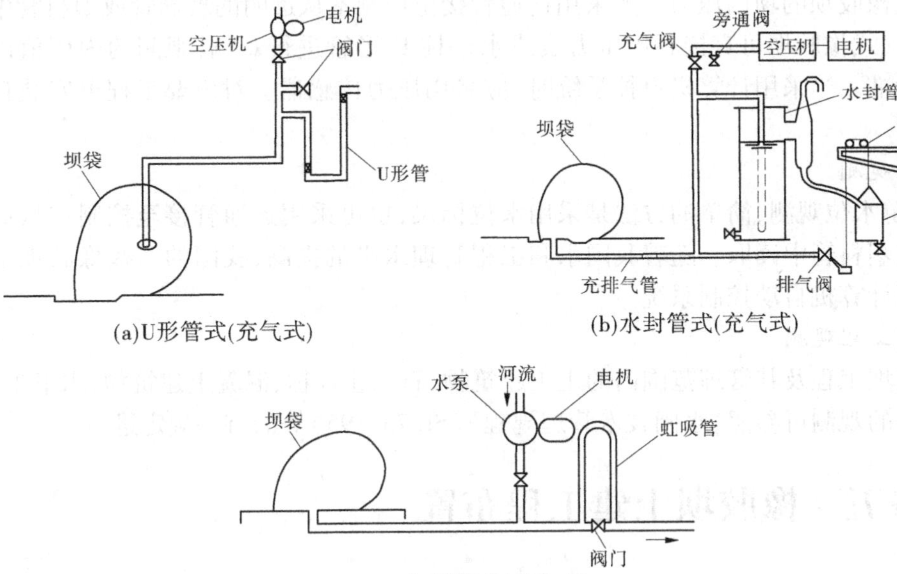

(a)U形管式(充气式)　(b)水封管式(充气式)
(c)虹吸管式(充水式)

图 7-25　橡胶坝安全装置设置方式

(2)虹吸管。对建在山区河道、水库溢洪道上或有突发洪水出现的充水式橡胶坝以及重要的橡胶坝,若不能及时坍坝,将可能出现坝袋超压破裂或库区淹没等问题,在此可采用虹吸管自动坍坝装置。设置虹吸管的目的是限制坝袋内压不得超过设计值,当充坝过量或上游水位陡升而使坝袋内压超限时,坝袋内的水由虹吸管自动排出,从而保障坝袋的安全。虹吸管自动坍坝装置在国外使用较多,我国也有个别的橡胶坝工程使用过,效果较好,但现在工程中采用的很少。

(3)排气孔。充水式橡胶坝由于坝袋内残余的气体或在充水时由水流挟带气体进入坝袋内而使坝体高低不一,尤其是在坝顶溢流时,会产生严重的偏流现象,引起坝袋振动或磨损,故运行时必须排除坝袋内的气体。当坝袋端部采用斜坡式连接时,排气管口宜布置在斜坡上的最高位置,最好与安全溢流管结合使用。堵头式橡胶坝因坝袋不锚固在直墙上,可在坝袋的两端顶部装设排气孔。如坝体较长,可沿跨长方向在坝顶部均匀布设适当数量的排气孔。

2. 充气式橡胶坝安全设备设置

充气式橡胶坝应设置安全排气阀或限压阀,以防坝袋超压破坏,有条件时还可以设置水封管或 U 形管。采用限压式空压机也是一种简单易行的办法。限压式空压机是一种不发生超过规定压力的空压机,具有防止坝袋过度充压的功能。

(二)观测装置设置

为准确掌握橡胶坝上、下游水位及坝袋内压情况,以便为控制运用及管理提供准确的依据,宜设置上、下游水位及坝袋内压观测装置。

1. 坝袋内压力观测

充水式橡胶坝的坝内压力一般采用连通管接至控制室从透明的玻璃管或塑料管中直接读取,充气式橡胶坝可直接利用压力表或水银柱 U 形管进行观测,观测的内压值以坝内静压力为准。当采用计算机自控系统时,应采用压力传感器。对重要工程可安装自动监测设备。

2. 水位观测

上、下游水位观测,简单的方法是采用水位标尺,也可采用连通管接至控制室从透明的玻璃管或塑料管中读取。随着我国水利工程管理水平的提高,我国的一些橡胶坝工程已开始采用计算机自动控制系统。

3. 土建工程观测

对橡胶坝工程及其管理范围内的土工建筑物、石工建筑物、混凝土建筑物、水下工程、水流形态等的观测可参照《水闸技术管理规程》(SL 75—95)等的有关规定进行。

任务五　橡胶坝土建工程布置

【学习目标】

1. 熟悉橡胶坝土建工程的组成。
2. 掌握橡胶坝底板的结构布置。

一、橡胶坝土建工程的组成

橡胶坝土建工程包括基础底板、边墩(岸墙)、中墩(多跨式)、上下游翼墙、上下游护坡、上游防渗铺盖或截渗墙、下游消力池、海漫、防冲槽等。土建部分的投资通常可达整个橡胶坝工程总投资的70%左右,故搞好土建工程设计,对于降低工程造价、保障工程的安全运行意义重大。

橡胶坝工程按上下游的布置顺序可划分为上游连接段、坝基段、下游连接段三部分(见图7-26)。上游连接段的作用是将上游来水顺畅地引进坝段。下游连接段的作用是保证过坝水流不发生有害的冲刷,并与下游水流平顺地衔接。坝基段的基础底板要能确保坝袋运行的稳定性,使橡胶坝能可靠地发挥控制水位、调节流量的作用。橡胶坝工程各建筑物的一般布置要求如下。

(一)上游连接段

上游连接段包括铺盖、护坡、护底、防冲槽、翼墙等。

(1)铺盖。铺盖的主要作用是增加防渗长度,并具有防冲作用,布置在紧靠坝底板的上游侧。

(2)上游护坡、护底。橡胶坝上游护坡、护底的作用是保护上游岸坡和河床免遭进坝

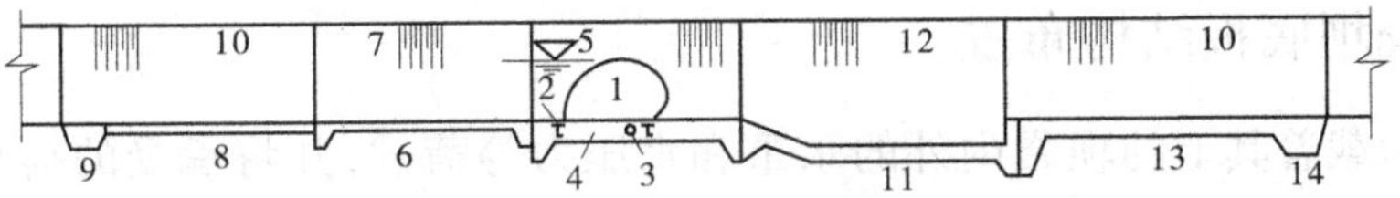

1—坝袋;2—锚固;3—充排管路;4—坝底板;5—岸墙;6—铺盖;7—上游翼墙;8—护底;
9—上游防冲槽;10—护坡;11—消力池;12—下游翼墙;13—海漫;14—下游防冲槽

图7-26 橡胶坝工程一般布置图

水流的冲刷,必要时上游护底首端可设防冲槽或块石防冲齿墙。

(3)上游翼墙。上游翼墙是坝基段和上游岸坡的连接段,其作用是使水流过坝平顺。

(二)坝基段

坝基段是橡胶坝工程的主体部分,包括坝底板、中墩、坝体、控制和安全观测系统等。坝基段的布置应根据橡胶坝的运用要求,综合考虑地形、地质等因素来确定。

(1)坝长。坝长的确定,应满足校核流量时上游水位不超过防洪限制水位,下游单宽泄流量不超过允许单宽泄流量的要求。多跨式橡胶坝的坝长是指所有单跨坝袋长度之和,单跨最大长度宜在100 m以内。

(2)坝高。坝袋设计充胀高度应根据工程规划,满足综合用水要求确定。坝顶高程宜高于上游正常水位0.1~0.2 m。

(3)坝底板尺寸。坝底板尺寸应包括坝底板高程、厚度及顺水流方向的长度等。

坝底板厚度应满足充排水(气)管路及锚固结构布置要求,底板厚度常采用0.5~0.8 m。

顺水流方向的坝底板长度应满足坝袋坍落的宽度要求,并于上下游预留安装检修的交通道。

坝底板高程应根据地形、地质、水位、流量、泥沙、施工及运用和检修条件等确定。在河道断面能满足泄洪要求的条件下,将坝底板适当抬高,有利于坝袋的运行和检修。在山区河道,若推移质较多,也应将坝底板适当抬高,以防过坝砂石被回流卷入坝袋下造成坝袋的磨损。通常坝底板高程比上游河床地形平均高程适当抬高0.2~0.4 m为宜。

(4)控制系统。控制系统包括坝袋充排控制设备及安全观测装置等,均应设在控制室内。控制室布置应考虑运行管理方便。

(5)中墩。多跨橡胶坝应用中墩分开,距离由单跨长度决定。

(三)下游连接段

下游连接段包括下游河床部分的护坦(消力池)、海漫和防冲槽以及两岸翼墙和护坡等。

(1)护坦(消力池)。护坦的作用主要是消除过坝水流的能量,防止冲刷下游河床。橡胶坝常采用底流式消能。

(2)下游翼墙。下游翼墙的作用是使过坝水流平顺扩散。

(3)护坡。下游护坡的作用是保护岸坡免遭翼墙下游水流的冲刷。

(4)海漫及防冲槽。海漫的起点即为护坦(消力池)的出口,用以防护出池水流对河床的冲刷。海漫末端可设防冲槽。

二、橡胶坝底板结构布置

坝底板承载着其上的坝袋内外的水重和水压力等荷载，并将承受的荷载传向地基。同时坝底板又是地下轮廓的主要组成部分，限制通过地基的渗透水流，减小地基渗透变形的可能性，并保护地基免受泄水水流的冲刷。因此，坝底板必须具有足够的坚固性、整体性、抗渗性和耐久性。坝底板通常采用钢筋混凝土结构。橡胶坝的基础工程设计常参照水闸的要求进行，但技术指标与要求比水闸的要低些。

（一）坝底板顺水流方向长度

坝底板顺水流方向的长度应满足坝袋在底板上的坍落长度要求，并应在上、下游留足安装检修的交通道。

1. 单向挡水的橡胶坝

单向挡水橡胶坝的底板长度可按式(7-21)进行计算（见图7-27）。

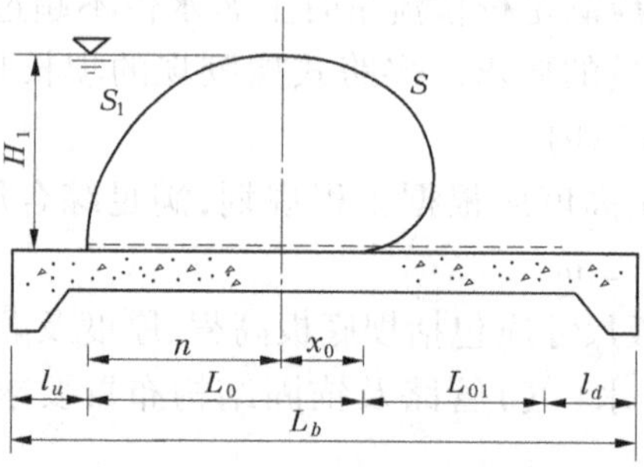

图7-27 单向挡水时底板长度计算示意图

$$L_b = l_u + L_0 + L_{01} + l_d \tag{7-21}$$

$$L_0 = n + x_0 \tag{7-22}$$

$$L_{01} = \frac{S_1 + S - n + x_0}{2} \tag{7-23}$$

式中 L_b——单向挡水时底板顺水流方向的长度，m；

L_0——坝袋贴地段长度（双锚固时底垫片的有效长度），m；

L_{01}——下游锚固线以外的坝袋坍落贴地长度，m；

S_1——上游坝面曲线段长度，m；

S——下游坝面曲线段长度，m；

n——坝袋上游侧贴地段长度，m；

x_0——坝袋下游侧贴地段长度，m；

l_u——上游安装、检修通道，为上游底板端部至锚固线的长度，m，一般取0.5～1.0 m；

l_d——下游安装、检修通道，为下游底板端部至坝袋坍落线贴地边缘的长度，m，一般取0.5～1.0 m。

2. 双向挡水的橡胶坝

双向挡水橡胶坝的底板长度可按式(7-24)进行计算。

$$L_{bt} = l_u + L_0 + 2L_{01} + l_d \tag{7-24}$$

式中 L_{bt}——双向挡水时底板顺水流方向的长度,m;

其余符号意义同上。

(二)底板厚度

橡胶坝底板承受的荷载较小,也较均匀,一般能够满足坝基抗滑稳定、底板强度和刚度的要求,故其厚度应以满足充排水(气)管路及锚固结构布置等要求来决定,坝底板厚度常采用0.5~0.8 m。

(三)坝底板结构

1. 基础底板形式

平底板是橡胶坝工程中最常用的一种底板形式,它构造简单,施工方便,能适应不同的地基要求。充水式橡胶坝常采用平底板作为坝基础底板;充气式橡胶坝既可应用于平底板,又可应用于曲面形状如奥氏溢洪道等形状的底板。

采用堵头式锚固的橡胶坝,充坝时在坝袋和边墙(中墩)的接触部位易出现"坍肩"现象,引起局部溢流,影响橡胶坝的正常蓄水运行。在工程上常采取将边墙(中墩)与坝袋接触部位的混凝土表面做得尽量光滑、端部底板局部逐渐抬高等办法来消除"坍肩"的影响。

2. 底板分缝

坝底板通常沿垂直水流向对底板进行分段,即设置若干道顺水流向的永久缝,以防止和减少由于地基不均匀沉降、温度变化和混凝土干缩引起的裂缝。分段长度(顺水流向永久缝的缝距)不宜过大,亦不宜过小。如分段长度过大,则永久缝的道数虽可减少,但不可能完全防止和减少裂缝;如分段长度过小,则永久缝的道数增多,不仅增加施工麻烦,还增加了工程造价,而且多设置一道缝,在防渗方面就有可能增加一个薄弱环节。钢筋混凝土底板顺水流方向的永久缝(包括沉降缝、伸缩缝)的缝距不宜大于20 m(岩基)或35 m(土基)。为了增大橡胶坝底板的整体性,基础底板的永久缝的缝距可适当增大些。

坝底板上永久缝的构造形式可采用铅直贯通缝、斜搭接缝或齿形搭接缝,缝宽可采用2~3 cm。

3. 基础底板地下轮廓

在坝底板的上下游端,通常设有深度为0.5~1.5 m的齿墙,以增加基础防渗长度和坝基抗滑稳定性。

4. 坝底板配筋

橡胶坝混凝土底板配筋应按结构应力分析计算确定,但一般按构造要求进行配筋即可满足要求,构造钢筋直径可选用10 mm或12 mm,钢筋间距每米不少于3根,通常在坝底板底层和面层都配筋。

任务六 防渗排水设计

【学习目标】

1. 熟悉橡胶坝的渗透压力计算。

2. 掌握橡胶坝的防渗排水设施的设置。

3. 掌握橡胶坝的防渗排水设计。

橡胶坝的坝基防渗排水设计主要是根据坝址处地质情况、坝基和两岸连接轮廓线布置及上下游水位等条件进行，其内容包括渗透压力计算、防渗排水设施设置、抗渗稳定性验算等。

橡胶坝地下轮廓线布置应遵照防渗与导渗相结合的原则，即在坝基上游侧布置防渗设施，如防渗铺盖、垂直防渗体或截水槽等，用来延长渗径，减少底板渗透压力，降低坝基平均渗透坡降，并保证不超过规定的允许值；在坝基下游侧布置排水设施，如排水孔（或排水井）和滤层等，使渗透水流尽快地安全排走，防止渗流出口处发生渗透变形，并减少底板渗透压力，增加坝基的抗滑稳定性。

一、渗透压力计算

橡胶坝的防渗排水设计可参考水闸的防渗排水设计要求。

二、防渗排水设施设置

防渗排水设施的设置原则是上堵下排、防渗与导渗相结合，即在上游段布置防渗设施，尽可能地降低渗压水头，在下游段设置排水，通过排除渗水达到降低渗压水头的目的。

（一）铺盖

铺盖布置在紧接坝底板的上游段，主要作用是增加防渗长度，并具有防冲作用。防渗铺盖可由混凝土、钢筋混凝土、浆砌石、黏土和土工膜等不透水的材料筑成。钢筋混凝土铺盖若与坝底板用铰接钢筋连接，还可以起到阻滑板的作用，应根据不同的坝基土质种类来确定铺盖的形式和尺寸。

（二）垂直防渗体

当在粉土、粉细砂、轻砂壤土或轻粉质砂壤土上铺设防渗铺盖不经济或防渗效果不好时，或者要求板桩兼有加固地基作用时，宜在坝底板的上游端设置板桩以作为垂直防渗体。板桩有钢筋混凝土板桩、水泥砂浆帷幕、高压喷射灌浆帷幕、混凝土防渗墙、土工膜垂直防渗结构等形式，应根据当地条件因地制宜地加以选用。

（三）排水设施

设置排水的目的：一是继续降低渗透压力，并将渗流安全导至下游；二是保护末端的地基土不被渗流破坏。排水的起点始于防渗段的终点。排水形式有平铺式排水、排水减压井和排水沟等。

1. 平铺式排水

平铺式排水一般用直径不同的卵石、砾石、碎石等做成，平铺在设置排水孔的护坦下面和海漫首端，厚度0.2～0.6 m。在排水设施和地基土壤之间应设滤层，其作用是增加地基土的抗渗稳定性，防止渗流出口处土体的渗透变形或流失而引起破坏。对滤层的设计要求是：使被保护土不发生渗透变形；渗透性大于被保护土的渗透性，能通畅地排出渗透水流；不致被细粒土淤塞失效。

2. 排水减压井

当坝基持力层或覆盖层的渗透系数远小于下卧层，尤其是下卧层为承压水时，为了消减承压水对坝基稳定的不利影响，必要时可在坝基下游设置深入该承压透水层的排水井，引出承压水，达到降压的目的。但是，绝对不能布置在坝底和两岸防渗段范围内，以避免与坝基防渗和两岸侧向防渗的要求相抵触。排水井的井深和井距应根据透水层埋藏深度及厚度合理确定，井管内径不宜小于 0.2 m，间距大致为 3.0 m。滤水管的开孔率应满足出水量要求，管外应设置滤层。

3. 排水沟

排水沟断面尺寸应根据透水层厚度合理确定，其宽度应随透水层的厚度增大而加宽，一般不宜小于 2.0 m。排水沟内应按滤层结构要求敷设导渗层，排水沟的深度取决于导渗层需要的厚度，排水沟侧壁最好用混凝土齿墙阻挡，以使渗水全部按由下而上的方向逸出。排水沟盖板上应设冒水孔，盖板的厚度应满足在脉动水压力作用下不被掀翻的要求。

4. 侧向防渗

侧向防渗排水布置（包括刺墙、板桩、排水井等）应根据上下游水位、墙体材料和墙后土质以及地下水位变化等情况综合考虑，并应与坝基的防渗排水布置相适应。如在岸墙的后面设置刺墙，其在平面图上沿坝轴线方向的长度一般达上下游水位差的 1 ~ 3 倍，刺墙高度应高出侧向渗流的自由水面，刺墙厚度根据防渗要求及受力大小而定。

另外，对双向挡水的橡胶坝，其防渗排水布置应以水位差较大的一向为主，合理选择双向布置形式。

5. 止水设备

橡胶坝基础土建部分各构件之间设有沉降缝、伸缩缝等永久缝，缝宽多为 2 ~ 3 cm，以适应地基不均匀沉降和伸缩变形。凡不允许透水的缝中均需设置止水，止水的形式应能适应不均匀沉降和温度变化的要求。垂直止水与水平止水相交处必须构成密封系统。常见的止水材料参考水闸有关内容。

三、抗渗稳定性验算

验算坝基抗渗稳定性，主要是为了防止地下渗流冲蚀地基土并造成渗流变形，因而坝基地下轮廓线必须具有足够的防渗长度，以减小坝基底板下的渗流坡降值。根据稳定和经济合理的要求，对初拟的坝基地下轮廓线进行复核。

（一）土质坝基抗渗稳定性验算

渗流坡降 J 是水头 H 和地下轮廓线防渗长度 L 的比值。验算坝基抗渗稳定性时，要求水平段和出口段的渗流坡降应分别小于表 7-1 规定的允许渗流坡降值，该表中值已考虑到相当于 1.5 的安全系数，表中所列水平段和出口段允许渗流坡降值未考虑渗流出口处滤层的作用，当渗流出口处设滤层，且考虑滤层作用时，表中数值可加大 30%。

表 7-1　水平段和出口段允许渗流坡降值

地基类别	允许渗流坡降值	
	水平段	出口段
粉砂	0.05 ~ 0.07	0.25 ~ 0.30
细砂	0.07 ~ 0.10	0.30 ~ 0.35
中砂	0.10 ~ 0.15	0.35 ~ 0.40
粗砂	0.13 ~ 0.17	0.40 ~ 0.45
中砾、细砾	0.17 ~ 0.22	0.45 ~ 0.50
粗砾夹卵石	0.22 ~ 0.28	0.50 ~ 0.55
砂壤土	0.15 ~ 0.25	0.40 ~ 0.50
壤土	0.25 ~ 0.35	0.50 ~ 0.60
软黏土	0.30 ~ 0.40	0.60 ~ 0.70
坚硬黏土	0.40 ~ 0.50	0.70 ~ 0.80
极坚硬黏土	0.50 ~ 0.60	0.80 ~ 0.90

（二）砂砾石坝基抗渗稳定性验算

因为一般土质地基渗流出口段的渗流破坏系流土破坏，只有砂砾石坝基才有可能出现管涌破坏。故验算砂砾石坝基出口段抗渗稳定性时，应首先判别可能发生的渗流破坏形式（流土或管涌）：

当 $4P_f(1-n)>1.0$ 时，为流土破坏；

当 $4P_f(1-n)<1.0$ 时，为管涌破坏。

砂砾石坝基出口段防止流土破坏的允许渗流坡降值即表 7-1 中所列的出口段允许渗流坡降值。

砂砾石坝基出口段防止管涌破坏的允许渗流坡降值可按下式计算：

$$[J]=\frac{7d_5}{Kd_f}[4P_f(1-n)^2] \tag{7-25}$$

$$d_f=1.3\sqrt{d_{15}d_{85}} \tag{7-26}$$

式中　$[J]$——防止管涌破坏的允许渗流坡降值；

d_f——坝基土的粗细颗粒分界粒径，mm；

P_f——小于 d_f 的土粒百分数含量（%）；

n——坝基土的孔隙率；

d_5、d_{15}、d_{85}——坝基土颗粒级配曲线上小于含量 5%、15%、85% 的粒径，mm；

K——防止管涌破坏的安全系数，可采用 1.5 ~ 2.0。

任务七 消能防冲设计

【学习目标】

1. 熟悉橡胶坝泄流能力计算。
2. 掌握橡胶坝的消能防冲设计。

在进行橡胶坝消能防冲的设计时，首先应验算建坝后在各种工况下的河道过流能力，在弄清橡胶坝的流态、消能特点后，才可进行消力池的设计计算，并根据结果拟定消力池的结果。为提高消能效果，避免对河床产生有害的冲刷，保证通畅，还应布置一定长度的海漫，必要时还应在河床防渗防冲段的上下游侧端部设置防冲槽。

一、泄流能力计算

橡胶坝泄洪能力，可按堰流基本公式计算：

$$Q = \varepsilon\sigma mB\sqrt{2g}h_0^{3/2} \tag{7-27}$$

式中 Q——过坝流量，m^3/s；

B——溢流断面的平均宽度，m；

h_0——计入行近流速水头的堰顶水头，m；

m——流量系数；

σ——淹没系数，可取宽顶堰的试验数据；

ε——堰流侧收缩系数，与边界条件有关。

橡胶坝流量系数的主要影响因素是坝顶过流的水力条件和坝的几何边界条件，即橡胶坝的泄流量、上下游水位、溢流时的坝高、坝袋袋内压力、坝袋锚固布置形式、充胀介质等。根据模型试验数据分析，橡胶坝的流量系数介于宽顶堰与曲线型实用堰之间，坝袋完全坍平时，可视作宽顶堰，流量系数 $m=0.33\sim0.36$；坝袋充胀时，可视为曲线型实用堰，流量系数 $m=0.36\sim0.45$。

橡胶坝在运用中，流量系数可按如下公式计算。

(1)单锚固充水式橡胶坝流量系数：

$$m = 0.138 + 0.018\frac{h_1}{H} + 0.152\frac{H_0}{H} + 0.032\frac{h_2}{H} \tag{7-28}$$

式中 H_0——坝袋内压水头，m；

H——运行时坝袋充胀的实际坝高，m；

h_1——坝上游水深，m；

h_2——坝下游水深，m。

以上各值均以坝底为基准面。溢流时的坝高可量测或用式(7-29)计算：

$$\frac{H}{H_1} = 0.513\,8 - 0.767\,3\frac{h_1}{H_1} + 0.874\,2\frac{H_0}{H_1} + 0.145\,2\frac{h_2}{H_1} \tag{7-29}$$

式中 H_1——设计坝高,m;

其余符号意义同上。

(2)双锚固充水式橡胶坝流量系数:

$$m = 0.1630 + 0.0913\frac{h_1}{H} + 0.0951\frac{H_0}{H} + 0.0037\frac{h_2}{H} \quad (7\text{-}30)$$

$$\frac{H}{H_1} = 0.2127 - 0.2533\frac{h_1}{H_1} + 0.7053\frac{H_0}{H_1} + 0.1088\frac{h_2}{H_1} \quad (7\text{-}31)$$

(3)双锚固充气式橡胶坝流量系数:

$$m = 0.0930 + 0.2720\frac{h_1}{H} + 0.0200\frac{H_0}{H} + 0.0270\frac{h_2}{H} \quad (7\text{-}32)$$

$$\frac{H}{H_1} = 0.6275 + 0.0802\frac{h_1}{H_1} + 0.0976\frac{H_0}{H_1} + 0.2372\frac{h_2}{H_1} \quad (7\text{-}33)$$

公式的适用范围是:$\frac{H - h_2}{h_0} \leqslant 0.45$。

二、消能设计

根据橡胶坝泄流时的水流流态,可简单划分为如下三种工况:

(1)橡胶坝全部坍落,袋面上行洪,水流比较平稳,流速与原河床流速相近。

(2)橡胶坝全部充起,坝顶部类似实用堰。当坝顶开始溢流时,下游水深很浅甚至无水,水流连接条件不利,随着溢流量的增加,下游水深逐渐升高,形成水跃。

(3)橡胶坝未充到设计高度,或在坍落过程中,坝型类似于宽顶堰。坝顶溢流时,水流具有两个自由表面的跌差:一个在上游面的顶端,一个在下游面的顶尾。如为淹没式宽顶堰,则只有上游一个自由表面跌差。

消能设计应根据橡胶坝的特点进行。坍坝泄洪时其上下游水位、过坝流量是变化的,因此在设计消力池时,应对坍坝过程中可能出现的各种水力条件及水位组合情况进行计算,选取最不利组合情况下的计算值,作为选定消力池的深度、长度和底板厚度的依据,使其能满足消散动能与均匀扩散水流的要求,且应与下游河道有良好的衔接。

消力池、海漫、防冲槽的设计参考水闸相关内容。

任务八 基础稳定计算

【学习目标】

1. 熟悉橡胶坝的荷载计算及其组合。
2. 了解坝基底部的压力,并能进行计算。

橡胶坝基础稳定计算的内容包括荷载及其组合,以及坝底板和岸墙、翼墙的稳定计算等,应根据结构受力条件及工程地质条件来进行设计和计算。

一、荷载计算及其组合

作用在橡胶坝上的荷载分为基本荷载和特殊荷载两类。

(一)基本荷载

(1)坝袋充胀时坝体(含坝袋内的水重)及基础底板的自重。

(2)设计水位组合时的静水压力。

(3)相应于设计水位组合时的扬压力(包括浮托力和渗透压力)。

(4)土压力。

(5)泥沙压力

(6)风压力等。

(7)相应于设计水位组合时的波浪压力。

(8)其他出现机会较多的荷载。

(二)特殊荷载

(1)地震荷载。

(2)其他出现机会较少的荷载。

按常规,尚须对出现设计和校核洪水位时的各种荷载组合进行计算,但因橡胶坝的运用特点,即橡胶坝在出现以上水位时已经坍坝泄洪,此时控制段的水面均一,结构受力属安全状态,故不进行以上洪水位组合时的计算。

(三)荷载计算

荷载计算参加水闸相关内容。

(四)荷载组合

计算橡胶坝控制段的稳定和应力时的荷载组合,如表7-2所示。

表7-2　荷载组合表

荷载组合	主要考虑情况	荷载										说明
		自重	水重	静水压力	扬压力	土压力	泥沙压力	风压力	浪压力	地震荷载	其他	
基本组合	完建情况	√	—	—	—	√	—	—	—	—	√	必要时可考虑地下水产生的扬压力
	正常蓄水位情况	√	√	√	√	√	√	√	√		√	按正常蓄水位组合计算水重、静水压力、扬压力及浪压力
特殊组合	地震情况	√	√	√	√	√	√	√	√	√	√	按正常蓄水位组合计算水重、静水压力、扬压力及浪压力

二、坝基底压力分析

坝底板结构布置完成后，要对其进行稳定验算。应选取在施工、检修和运用过程中可能出现的最不利的工作情况，作为稳定计算的条件。一般按试坝或检修时、设计工况时挡水运用和非常运用这三种工作状态进行坝底板稳定计算。

试坝或检修时，坝的上下游均无水（见图 7-28），坝基底不承受浮托力和渗透压力，地基只承受坝袋内水重和坝底板自重这些均布荷载，此时应验算这些荷载是否超过地基允许承载力。

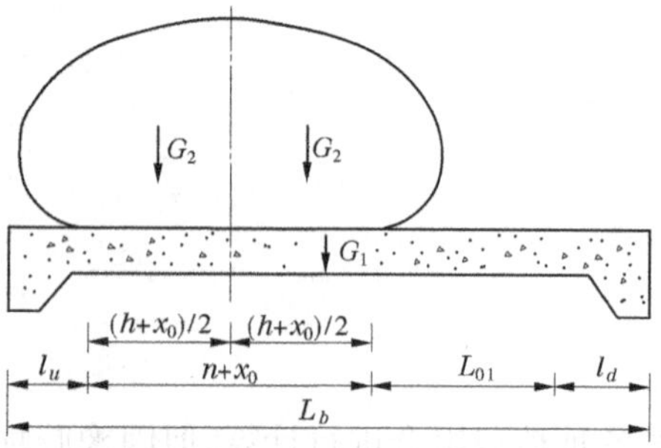

图 7-28　坝基底压力计算图（未蓄水）

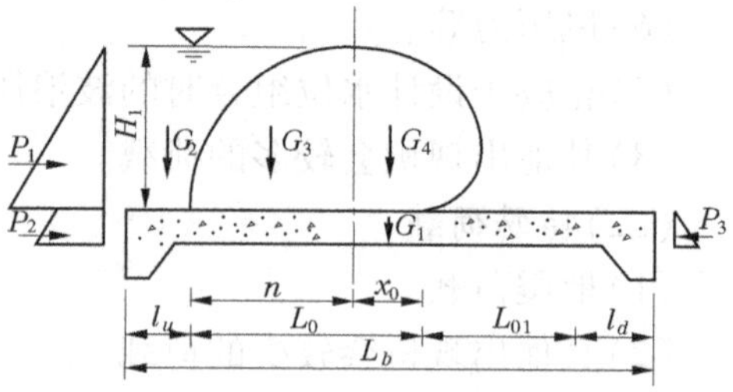

图 7-29　坝基底压力计算图（设计工况）

设计工况时（见图 7-30），橡胶坝充胀挡水，上游水位与坝顶齐平，坝下游无水，应对这种最不利的水位组合情况进行坝基稳定计算。

非常运用情况是排水设施失效时的渗透压力、浮力，再加上地震惯性力和地震动水压力以及风浪压力等。各种荷载的计算要根据工程具体情况考虑确定。

坝基底压力的计算过程参考水闸相关内容。

另外，坝底板抗滑稳定等计算也参考水闸相关内容，此处省略。

任务九　岸墙、中墩和翼墙设计

【学习目标】

1. 了解岸墙、中墩、翼墙及护坡的形式。
2. 熟悉岸墙、中墩、翼墙及护坡的组成。
3. 掌握护坡类型的选择。

岸墙（中墩）是橡胶坝坝袋与两岸连接的结构。岸墙（中墩）的设计高度应首先满足坝袋锚固布置的要求，同时高于坝顶溢流时最高溢流水位。岸墙（中墩）有斜坡式和直墙式，其计算要求与底板基本相同，即各种情况下的平均基底压力应不大于地基允许承载力；基底压力的最大值与最小值之比以及抗滑稳定安全系数都不小于规定的允许值。

坝袋与两岸的连接布置，应使过坝水流平顺。上下游翼墙与岸墙两端应平顺连接，其顺水流方向的长度应根据水流和地质条件确定。岸墙和翼墙通常广泛应用于水利工程中的水工挡土墙，中墩用于橡胶坝的分跨。

一、岸墙

橡胶坝坝袋与两岸的连接通常有斜坡式和直墙式两种结构。斜坡式的优点是省去高大的直立式岸墙、翼墙，减少两岸连接结构工程量，与原河道上下游的边坡相适应，水流顺畅。从减少坝袋端部褶皱的角度考虑，岸墙的坡度以缓于1∶2为好。

直墙式结构即为迎水面直立的水工挡土墙结构。水工挡土墙的结构形式有重力式、半重力式、衡重式、悬臂式、扶壁式和空箱式等，但在橡胶坝工程中应用最多的是重力式，它是依靠墙体本身的重量以满足其稳定要求。这种挡土墙结构最为简单，施工方便，但由于重力式挡土墙断面和重量较大，在土质地基上使用往往受到地基允许承载力的限制，其墙体高度不能太高；在岩基上虽然承载力不是控制条件，但过高的重力式挡土墙由于断面大，材料耗费较多，因而不经济。一般来说，在坚实或中等坚实的地基上，高度在6 m以下的挡土墙，采用重力式是较为经济的。一般重力式挡土墙的顶宽0.4～0.6 m。迎水面常做成垂直的；背水面为1∶0.4～1∶0.6 的坡度。为了改善地基的应力状况，可将其底部适当扩大，每边扩大的宽度不大于基础的深度。底部宽度宜取挡土墙高度的70%左右。

二、中墩

橡胶坝的特点是跨度大，但因受单跨长度限制，也需设中墩进行分跨控制运用。《橡胶坝技术规范》(SL 227—98)规定，考虑坝袋运输安装、检修方便以及运行管理要求，单跨最大长度在100 m以内为宜。对于冰棱等漂浮物较多的河段，单跨在20～30 m为宜。

中墩的设计高度，除满足坝袋锚固布置的要求外，还应高于最高溢流水位。中墩的厚度多由构造要求决定，一般采用0.8～1.0 m即可。中墩与坝底板之间宜设顺水流方向的永久缝。中墩长度应大于坝袋充胀时的长度，但宜小于底板长度0.5～1.0 m。当橡胶坝与其他水工建筑物结合，或需利用中墩导入与扩散水流时，中墩长度应与上游铺盖和下游消力池长度一样。

多跨充水式橡胶坝，常在厚80～100 cm的中墩上对称布置两根直径20 cm以上的超压溢流管，以防坝袋超压破坏，但由此易导致中墩上出现沿溢流管方向的裂缝。所以，中墩内设置的超压溢流管宜错开布置。同时，应注意混凝土的施工过程控制，采取措施防止沿超压溢流管方向裂缝的产生。

中墩最不利的工作情况是在检修时，邻跨坍坝，中墩承受堵头坝袋的侧向水压力作用。而当各跨坝袋均坍落后，中墩竖立于水中，沿中墩周向的水压力互相抵消，中墩受力状况最有利。

三、翼墙

橡胶坝上下游两侧的翼墙宜与坝基及两岸岸坡平顺连接，除用以挡土外，最主要作用是将上游来水平顺地导入坝底板和将过坝水流均匀地扩散下泄，因此在平面布置上要与上游进水条件相配合，同时要与过坝水流的扩散相适应。从过坝水流条件来说，上下游翼墙最好采用扭曲面与两岸岸坡连接，以使进、出坝底板的水流平顺，且工程量较省，但施工较复杂，只适宜建在坚硬的黏性土地基上，否则，施工不易成型。

根据橡胶坝工程实践经验，坝袋采用斜坡式连接的工程，斜坡式岸墙与河道上下游边坡的坡度基本一致，过坝水流平顺。坝袋采用堵头式的工程，其岸墙为直立式，橡胶坝的上游翼墙多数采用圆弧式或椭圆弧式，因为这种布置形式进水条件较好，且施工较简单；下游翼墙多数采用圆弧（或椭圆弧）与直线组合式或折线式，因为这种布置形式有利于出坝水流扩散，施工也较简单。在坚硬的黏性土和岩石地基上，上下游翼墙可采用扭曲面与岸坡连接的形式。

翼墙分段长度应根据结构和地基条件确定。建筑在坚实或中等坚实地基上的翼墙分段长度可采用 15 ~ 20 m，建筑在松软地基或回填土上的翼墙分段长度可适当减短。

（一）上游翼墙

上游翼墙顺水流向的投影长度应大于或等于上游护坦长度，其高度应略高于上游最高水位。上游翼墙扩散角度不宜过大，否则，坝前过水宽度收缩太快，在两侧岸墙处容易产生涡流，对底板上的坝袋安全不利。

（二）下游翼墙

下游翼墙的长度根据需要进行布置，其高度在靠近坝出口处应略高于下游最高水位。

下游翼墙扩散对消能影响很大。下游翼墙的平均扩散角不宜过大，否则，虽可减少工程量，但过坝水流将脱离翼墙临水面，两侧出现回流，压缩主流并使之更为集中，使下游河道遭受冲刷。因此，下游翼墙的平均扩散角每侧宜采用 7° ~ 12°，即扩散度为 1:5 ~ 1:8。

在有侧向防渗要求的条件下，上下游翼墙的墙顶高程应分别高于上下游最不利的运用水位。

四、护坡

当橡胶坝上下游翼墙外的水流流速和水面波动较大时，常设置块石护坡，以保护上下游翼墙以外的岸坡不受冲刷。护坡的构造与相应段内的铺盖和海漫相同。流速较大的部位，可用浆砌块石护坡，再接干砌石护坡。采用干砌石护坡时，可每隔 10 ~ 15 m 沿纵横向均设置混凝土和浆砌石格埂。在护坡下面应铺碎石、砾石或粗砂作为垫层，其厚度为 10 ~ 20 cm，也可用土工织物作垫层。

上游护坡长度一般布置到铺盖末端，下游护坡长度应较河底防冲槽稍长。块石护坡的厚度，一般都不得小于 0.20 ~ 0.25 m。护坡的高程应在可能达到的高水位以上。在护坡与坡脚及护坡与岸坡交接处，应放大断面做成块石坡脚，嵌入土中，以防淘刷。

任务十　地基处理

【学习目标】

1. 了解橡胶坝地基处理的常用方法。
2. 掌握地基处理常用方法的选择。

进行橡胶坝地基处理的目的主要有：一是增加地基的承载能力；二是提高地基的稳定性；三是减小或消除地基的有害沉降，防止地基渗透变形。

一般条件下，橡胶坝可不进行地基沉降计算，对于地基承载力要求特别高的大型橡胶坝，应根据设计需要和工程实际情况进行地基沉降计算。

当天然地基不能满足承载力、稳定和变形三方面中任何一个方面的要求时，就应根据工程具体情况因地制宜地进行地基处理。根据工程实践经验，当黏性土地基的贯入击数大于4击、砂土的贯入击数大于8击（粉砂、细砂）或10击（中砂、粗砂）时，可作为天然地基，不必进行处理；当黏性土地基或砂土地基的特性指标分别属于表7-3或表7-4所列范围时，就应进行地基处理。

表7-3 软土特性指标

软土类别	$N_{63.5}$（击）	e	W（%）
软弱黏性土	2～4	0.75～1.00	$\geqslant W_L$
淤泥质土	1～2	1.00～1.50	$>W_L$
淤泥	≤1	≥1.50	$>W_L$

注：$N_{63.5}$为标准贯入击数（击）；e为孔隙比；W为天然含水量（%）；W_L为液限。

表7-4 松砂特性指标

松砂类别	D_r（%）	$N_{63.5}$（击）
粉砂、细砂	≤33	≤8
中砂、粗砂	≤33	≤10

注：D_r为相对密度；$N_{63.5}$为标准贯入击数（击）。

一、土基处理常用方法

建在平原、滨海区的第四纪覆盖层上的橡胶坝，常常会遇到疏松的砂性土或软弱的黏性土地基，这种地基需要进行一定的处理后，方可作为橡胶坝的地基持力层。土质地基的处理方法很多，特别是近年来随着科学技术的发展，新的处理方法不断被提出，如深层搅拌法、高压喷射法、硅化法、电渗法等。但是，其中有些方法目前在设计或施工技术方面尚未成熟，特别是用于大面积的橡胶坝地基处理还有困难；有些方法用于实际工程，造价过高，与其他方法比较显得很不经济。常用的土基处理方法及其基本作用、适用范围和应注意的问题，见表7-5。

二、垫层法

垫层法是工程上一种施工最简便、应用最广泛的地基处理方法，在改善地基应力分布、提高地基稳定性（特别是减少基础两端地基土的塑性变形）方面作用显著，在减少地基（特别是软土不太深厚的地基）沉降方面也有一定的作用。

（1）垫层的计算，主要是确定垫层的厚度和宽度，工程上多数采用按地基允许承载力的要求进行核算的方法，根据地基土质情况、结构形式、荷载大小等因素，以不超过下卧土层允许承载力为原则确定。根据工程实践经验，垫层厚度多为1.5～3.0 m。

表 7-5 土基常用处理方法

处理方法	基本作用	适用范围	说明
垫层法	改善地基应力分布，减少沉降量，适当提高地基稳定性和抗渗稳定性	厚度不大的软土地基	用于深厚的软土地基时，仍有较大的沉降量
强力夯实法	增加地基承载力，减少沉降量，提高抗振动液化的能力	透水性较好的松软地基，尤其适用于稍密的碎石土或松砂地基	用于淤泥或淤泥质土地基时，需采取有效的排水措施
振动水冲法	增加地基承载力，减少沉降量，提高抗振动液化的能力	松砂、软弱的砂壤土或砂卵石地基	1. 处理后地基的均匀性和防止渗透变形的条件较差； 2. 用于不排水抗剪强度小于20 kPa的软土地基时，处理效果不显著
桩基础	增加地基承载力，减少沉降量，提高抗滑稳定性	较深厚的松软地基，尤其适用于上部为松软土层、下部为硬土层的地基	1. 桩尖未嵌入硬土层的摩擦桩，仍有一定的沉降量； 2. 用于松砂、砂壤土地基时，应注意渗透变形问题

(2)垫层材料的选用，应遵循就地取材的原则，采用性能稳定、压缩性低的天然或人工材料，如壤土、中砂、粗砂、含砾黏土、灰土等，但不宜采用粉砂、细砂、轻砂壤土或轻粉质砂壤土。垫层材料中不应含树皮、草根及其他杂质。采用土工合成材料加筋垫层，效果也很好，可以推广使用。

(3)壤土垫层宜分层压实，土料的含水量应控制在最优含水量附近，大型橡胶坝垫层压实系数不应小于0.96；中小型橡胶坝垫层压实系数不应小于0.93。压实系数是指控制干重度与最大干重度的比值。

(4)砂垫层应有良好的级配，宜分层振动密实，相对密度(砂土的最大孔隙比和天然孔隙比之差与其最大孔隙比和最小孔隙比之差的比值)不应小于0.75；强地震区橡胶坝垫层相对密度不应小于0.8。

(5)对于重要的大型橡胶坝工程，垫层压密效果应根据地基土质条件及选用的垫层材料等进行现场试验验证。

三、强力夯实法

强力夯实法又称动力固结法或动力加密法。这种方法是用很重的夯锤从高处自由落下，给地基以强大的冲击力和振动，通过加密(使空气或气体排出)、固结(使水或流体排出)和预加变形(使各种颗粒成分在结构上重新排列)的作用，从而改善地基土的工程性质,使地基土的渗透性、压缩性降低,密实度、承载力、稳定性得到提高,湿陷性和液化可能性得以消除。该法适用于各种松软地基,尤其适用于松软的、透水性好的碎石土或砂土地基。实践证明,采用这种方法加固后的地基土层干重度可达 16 kN/m^3 以上,压缩模量可提高 2 倍以上,承载力可提高 1 倍以上。

(1)锤重和落距应根据地基土质情况和施工设备条件等因素确定,锤重可采用 100 ~ 250 kN,落距可采用 10 ~ 20 m。锤的重心位置应在锤的半高度以下,锤底面积可按锤底面静压力为 30 ~ 40 kPa 计算确定,锤体中宜均匀设置若干个上下贯通的通气孔。

(2)夯点可按方格形或梅花形布置,间距可采用锤底面直径或边长的 1.5 ~ 2.5 倍。

(3)夯点夯击遍数、每遍击数、前后两遍的间歇时间等,均应经现场最佳夯击能试验确定。当地下水位较高时,应适当延长间歇时间,并应有良好的排水措施。夯击能即夯锤重量与落距的乘积,目前国内常用的单击夯击能级为 1 000 ~ 4 000 kJ,最大可达6 000 kJ。夯击能级的选择主要根据地基土的类别及设计要求的加固深度确定。一般来说,在相同条件下,细颗粒土选用的单击夯击能级要比粗颗粒土选用的单击夯击能级适当大一些。

(4)强力夯实的有效加固深度应根据现场试夯结果或当地已建工程经验确定。对于大型橡胶坝工程,一定要先进行试夯。

(5)强力夯实法设计应有防止对周围已有建筑物产生有害影响的措施。

四、振动水冲法

振动水冲法是在 20 世纪 50 年代发展起来的一种较好的地基处理方法,可提高地基承载力,减少沉降量,特别是对饱和砂土,可提高其抗振动液化能力,且具有操作简单、施工进度快、工期短及造价低等优点。振冲孔添加填料挤扩成桩对地基起到了振冲密实或振冲置换作用,对砂土或砂壤土地基尤为适用,对黏性土类也可使用,但加固效果不及砂类土地基,而对含水量较大、抗剪强度较低的软黏土地基则不宜采用。根据工程实践经验,使用振动水冲法加固后的砂土相对密度普遍可达 0.7 以上,黏性土地基承载力可达 200 ~ 300 kPa。

(1)振冲孔添加填料挤扩成桩的桩径和间距的确定,主要取决于振冲器的尺寸、机具功率和当地土质条件。我国常用的振冲器直径为 0.3 ~ 0.35 m,成桩直径小者约 0.5 m,大的可达 1 m 以上,一般为 0.6 ~ 0.8 m。至于振冲孔孔距,一般可按 2 ~ 3 倍桩径的经验值布置,采用 1.5 ~ 2.5 m,按梅花形或方格形布置。孔深应根据设计要求和施工条件确定,应限制在 4 ~ 18 m。当松软土层不厚时,振冲孔宜打穿松软土层。

(2)振冲孔添加的填料宜采用有良好级配的砂、碎石等。碎石最大粒径不宜大于 5 cm,含泥量不宜大于 5% 。

(3)采用振动水冲法加固的地基,当添加与天然地基土质不同的填料时,应按复合地基设计;当不添加填料或添加与天然地基土质相同的填料时,可按均质地基设计。

(4)对于地基土质条件复杂的大型橡胶坝工程,采用的振冲孔孔距、孔深、选用的填料及挤扩成桩的桩径等设计数据以及振冲效果应经现场试验验证。

五、桩基础设计

桩基础是一种较早使用的地基处理方法,用于水闸基础处理,实践经验较多,在建筑、铁道、交通等系统的设计规范中,对此都有规定,甚至还有专门的桩基础设计规范。对松软地基,当利用天然地基有困难时,采用钻孔灌注桩在提高地基承载力、减少沉降量等方面作用显著,工程量小,投资省。工程上最常用的是钢筋混凝土预制桩和钻孔灌注桩。

(1)橡胶坝桩基础宜采用摩擦型桩(包括摩擦桩和端承摩擦桩)。钢筋混凝土预制桩和钻孔灌注桩根据受力特性可分为摩擦型桩和端承型桩。

(2)桩的根数和尺寸宜按承担底板底面以上的全部荷载确定。对于摩擦型桩,经论证后可适当考虑桩间土承担部分荷载。

(3)钢筋混凝土预制桩桩径一般为25~30 cm,钻孔灌注桩桩径一般为0.8~1.2 m。为了避免桩基施工可能引起土的松弛效应和挤压效应对相邻桩的不利影响,预制桩的中心距不应小于3倍桩径或边长,钻孔灌注桩的中心距不应小于2.5倍桩径。

(4)桩的平面布置宜使桩群形心与底板底面以上基本荷载组合的合力作用点相接近,单桩的竖向荷载最大值与最小值之比不宜大于规范规定的允许值。

(5)在同一块底板下,不应采用直径、长度相差过大的摩擦型桩,也不应同时采用摩擦型桩和端承型桩(包括端承桩和摩擦端承桩)。

(6)当防渗段底板下采用端承型桩时,应采取防止底板底面接触冲刷的措施。

(7)单桩的竖向荷载和水平向荷载以及允许的竖向承载力和水平向承载力,可按现行的国家标准《建筑地基基础设计规范》(GB 50007—2011)等有关专业规范计算确定。如采用钻孔灌注桩,桩顶不可恢复的水平位移值宜控制不超过0.5 cm;如采用预制桩,宜控制不超过1.0 cm。

技能训练题

一、填空题

1.橡胶坝按坝袋内充胀介质的不同,可分为________、________和________;按锚固坝袋的方式不同,可分为________和________;按采用坝袋数量的多少,可分为________和________。

2.橡胶坝的锚固结构按所采用的锚固构件材料不同,可分为________锚固、________锚固和________锚固三种。

3.坝袋的充排方式有两种,即________和________。________即坝袋的充、坍完全利用水泵或空压机进行;________即坝袋的充、坍部分利用水泵或空压机来完成,部分利用现有工程条件自充或自排。

4.坝基段是橡胶坝工程的主体部分,包括________、________、________及________等。

二、选择题

1. 下列水工建筑物中，既可充坝挡水，又可泄流的是(　　)。

A. 土坝　　B. 重力坝

C. 橡胶坝　　D. 渠道

2. 依据坝袋用橡胶的性能要求，以(　　)为主体的坝袋胶料配方属较好选择。

A. 天然橡胶　　B. 氯丁橡胶

C. 乙丙橡胶　　D. 丁苯橡胶

3. 橡胶坝锚固形式中，(　　)的造价较高，但安装方便，劳动强度低，将来易于拆卸检修，锚固构件的重复利用率高。

A. 螺栓压板式锚固　　B. 楔块挤压式锚固

C. 胶囊充水式锚固　　D. 双线锚固

4. 橡胶坝工程直墙式岸墙结构中，应用最多的是(　　)，它是依靠墙体本身的重量以满足其稳定要求。这种挡土墙结构最为简单，施工方便，但由于重力式挡土墙断面和重量较大，在土质地基上使用往往受到地基允许承载力的限制，其墙体高度不能太高。

A. 重力式　　B. 悬臂式

C. 扶壁式　　D. 空箱式

三、判断题

1. 橡胶坝单锚固是沿充胀的坝袋在底板上贴地宽度的上下游边缘处各布置一条锚固线来锚紧坝袋。(　　)

2. 对橡胶坝来说，在坚实或中等坚实的地基上，高度在 6 m 以下的挡土墙，采用重力式是较为经济的。(　　)

3. 橡胶坝坝基段是橡胶坝工程的主体部分，包括坝底板、中墩、坝体、护坡、控制和安全观测系统等。(　　)

4. 采用堵头式锚固的橡胶坝，充坝时在坝袋和边墙(中墩)的接触部位易出现“坍肩”现象，引起局部溢流，影响橡胶坝的正常蓄水运行。(　　)

四、简答题

1. 橡胶坝的优缺点有哪些？

2. 橡胶坝的组成部分有哪些？

3. 平原地区河流或渠道上的橡胶坝枢纽和山区的橡胶坝枢纽有什么区别？

4. 橡胶坝坝袋用骨架材料有哪些种类？

5. 橡胶坝坝袋用橡胶材料有哪些种类？

6. 橡胶坝的锚固结构形式有哪些？有什么特点？

7. 按坝袋与坝底板和两岸边坡的连接方式不同，橡胶坝锚固线的布置方式有哪些？有什么特点？

8. 橡胶坝的坝基防渗排水设施有哪些类型?

9. 橡胶坝的岸墙有哪些形式? 各自适用的条件是什么?

10. 橡胶坝土基处理常用方法有什么? 如何选择?

项目八 渠 道

任务一 渠系建筑物

【学习目标】

1. 了解渠系建筑物的基本概念。
2. 掌握渠系建筑物的种类和作用。
3. 掌握渠系建筑物的布置。

在灌区利用灌溉渠道输水及利用排水沟道排水的过程中,为满足控制水流、分配水量、上下游连接和水流交叉等要求而修建的各种水工建筑物,统称为渠系建筑物。渠系建筑物的特点是单个工程的规模一般不大,但数量多,总工程量往往是渠首工程的若干倍,因此设计标准对工程投资及安全性影响很大。所以在进行灌区规划时,做好渠系建筑物的规划设计工作,确定工程的合理设计标准,做好渠系建筑物的配套建设,对整个灌区意义重大。

一、渠系建筑物的种类及作用

渠系建筑物的种类很多,按其作用可分为以下几种:

(1)控制建筑物。也称配水建筑物,主要用以控制渠道的水位和分配流量,以满足各级渠道输水、配水和灌水的要求,如进水闸、节制闸、分水闸等,如图8-1所示。

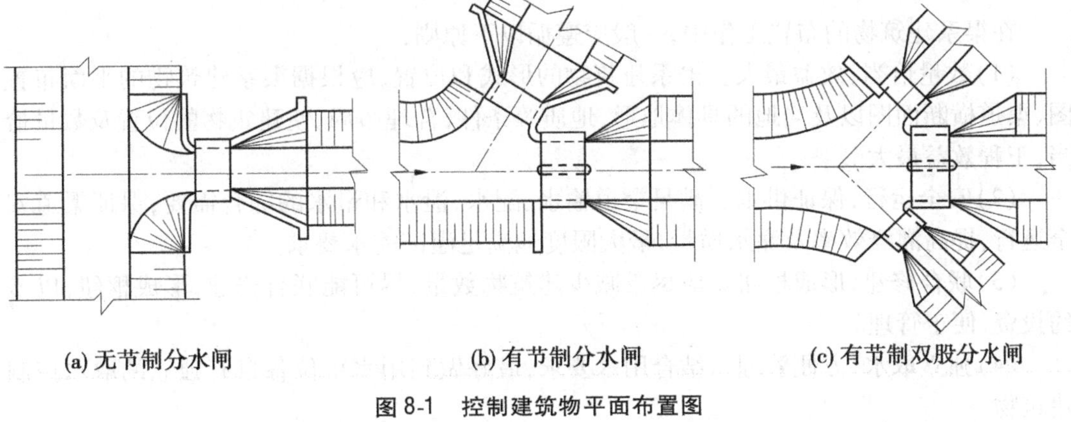

(a) 无节制分水闸　(b) 有节制分水闸　(c) 有节制双股分水闸

图 8-1 控制建筑物平面布置图

(2)泄水建筑物。指为了保护渠道及建筑物安全或进行维修,用以泄放多余洪水或放空渠水的建筑物,如溢流堰、泄水闸、退水闸等。

(3)交叉建筑物。指渠道与高山、山谷、洼地、河沟、道路或其他渠道等相交叉时,修建的用以跨越山谷、洼地、河流、道路等障碍的建筑物,如渡槽、倒虹吸管、涵洞、隧洞、桥梁等。由于渠系建筑物种类较多,应根据交叉处的相对高差、运用要求、地形、地质、水文等条件,经综合比较合理选用。

(4)落差建筑物。也称连接(或衔接)建筑物,当渠道通过地面坡度较大的地段时,为了使渠底纵坡符合设计要求,避免深挖高填,便于调整渠底坡度,可将渠道落差集中而修建的建筑物,如跌水、陡坡等,还可利用集中落差修建水电站。

(5)冲沙和沉沙建筑物。指为了防止和减少渠道淤积,在渠首或渠系中修建的沉沙及冲沙设施,如沉沙池、沉沙条渠、冲沙闸、冲沙管等。

(6)量水建筑物。指用以计量输水量或配水的专门设施,如量水堰、量水槽、量水喷嘴等,如图8-2所示。工程中,常利用符合水利计算要求的建筑物如水闸、渡槽、倒虹吸管等进行量水。

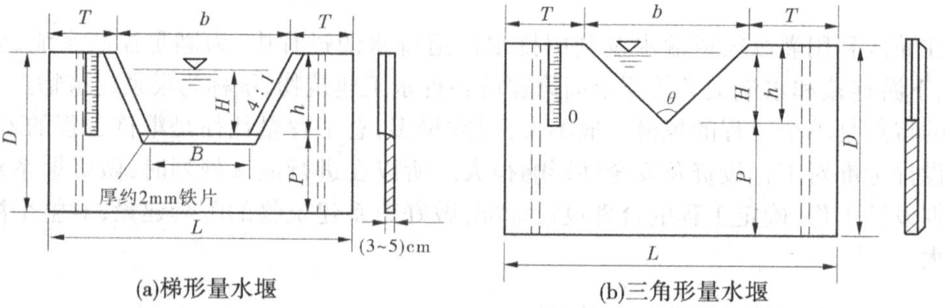

图8-2 量水建筑物

(7)便民利民建筑物。指为便于农业生产,方便群众交通、取水、用水等而修建的建筑物,如农桥、踏步、码头等。

二、渠系建筑物的布置原则

在渠系建筑物的布置工作中,一般应遵循以下原则:

(1)数量恰当,效益最大。渠系建筑物的形式和位置,应根据渠系建筑物的平面布置图、渠道横断面图以及当地的具体地形、地质等条件,合理布局,使建筑物的位置及数量恰当,工程效益最大。

(2)安全运行,保证供水。满足渠道输水、配水、泄水和量水的综合需要,保证渠道安全运行,提高灌溉效率及灌水质量,最大限度地满足灌区需水要求。

(3)联合修建,形成枢纽。应尽量减少建筑物数量,尽可能联合修建,形成枢纽,以节约投资,便于管理。

(4)独立取水,方便管理。结合用水要求,最好做到用水单位各自有独立的取水控制建筑物。

(5)便于交通,方便生产。在满足灌区用水要求的同时,应考虑方便交通,方便生产。

三、渠系建筑物的特点

(1)面广量大,总投资多。在一个灌区内,渠系建筑物的数量是很大的。如陕西宝鸡峡灌区,干渠平均每千米3.8座,支渠平均每千米4座,斗渠平均每千米9.5座,共计建筑物13 484座。虽然单个渠系建筑物的规模一般并不大,但由于分布面广,数量多,它的总投资额往往比渠首枢纽工程的投资大。因此,对渠系建筑物的合理布局、选型及构造、设计的不断革新,对降低工程造价将是十分重要的。

(2)建筑物具有相似性。同一类型的渠系建筑物,其工作条件一般是较为近似的,其结构形式、尺寸及构造也较为相近。因此,在一个灌区内可以较多地采用统一的结构形式和施工方法,广泛采用定型设计和预制装配。这不仅能简化设计和施工程序,便于施工,而且能够保证工程质量,加快施工进度和便于维修。对于规模较大、技术复杂的建筑物,则必须进行专门设计。

(3)受地形影响大,与群众联系密切。渠系建筑物的布置,主要取决于地形条件,同时又与群众的生产、生活密切相关。

四、渠系建筑物的定型设计

由于一般的渠系建筑物多为小型建筑物,因而其结构构造相对简单,在设计过程中,可以直接使用定型设计图集中的尺寸和结构,无须再进行复杂的结构和水力计算。

为了提高工程设计质量,促进水利工程建设,更好地发挥工程效益,我国已先后出版了多种渠系建筑物设计图册(集)。这些图册中的设计图,都经过实践的检验,它们技术先进,经济合理,运行安全可靠,在同类建筑物中具有一定的典型性。

任务二 渠 道

【学习目标】

1. 了解渠道线路选择。
2. 掌握渠道的纵横断面设计。
3. 熟悉无坝取水枢纽和有坝取水枢纽。

渠道是发电、灌溉、航运、给水、排水等水利工程中广泛采用的输水建筑物。渠道遍布整个灌区或电站枢纽,线长面广。规划设计是否合理,将直接关系到渠道的安全、工程土方量的大小、渠系建筑物的多少、施工和管理的难易程度以及工程效益的大小。都江堰灌区,灌溉面积1 200万亩,各级渠道数量巨大;新疆喀群水利工程,如图8-3所示,灌溉面积500万亩。

作为灌溉用渠道,一般可分为干、支、斗、农、毛五级,构成完整的灌溉系统,前四级一般为固定渠道,第五级多为临时渠道。大型灌区可设总干、分干、分支、分斗等渠沟。一般干、支渠主要起输水作用,称为输水渠道;斗、农渠主要起配水作用,称为配水渠道,如图8-4所示。

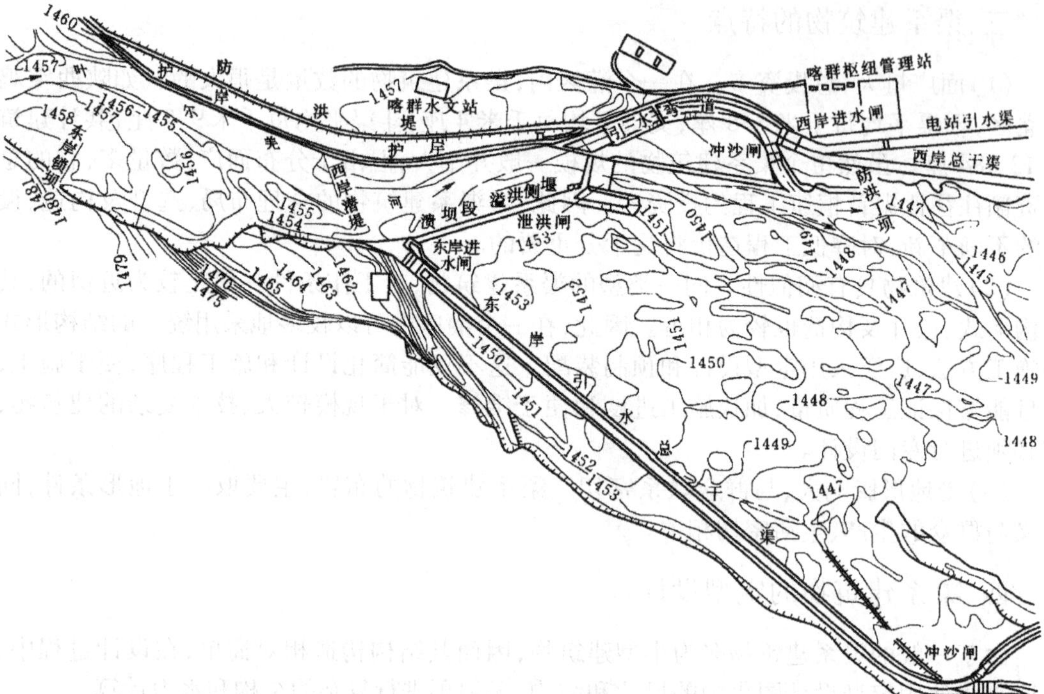

图 8-3 新疆喀群引水枢纽工程

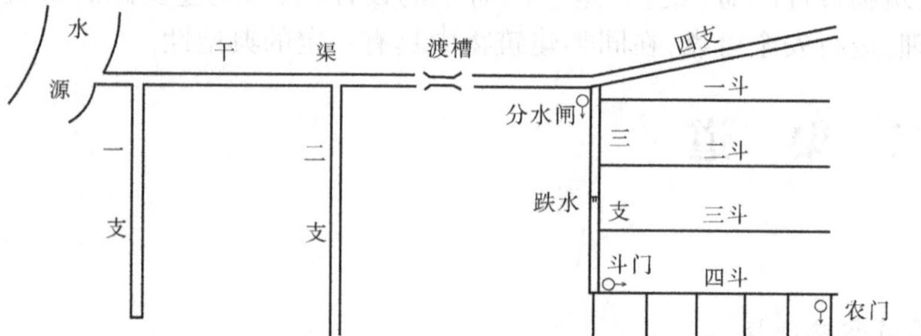

图 8-4 灌区渠系布置示意图

渠道设计的任务是在给定的设计流量条件下，选择渠道的线路，确定渠道的纵坡、横断面尺寸、形状和结构等。

一、渠道线路选择

渠道的线路选择，关系到枢纽合理布置开发、渠道安全输水和降低工程造价等关键问题，应综合考虑地形、地质、施工条件、挖填方平衡及便于管理养护等因素综合分析确定。

(1)地形条件。渠道线路尽量选用直线，并力求选择在挖填方基本平衡的地方，如不能满足，则应尽量避免高填方和深挖方地带，转弯也不能过急。对于衬砌渠道，转弯半径不应小于 2. 5B(B 为渠道水面宽度)；对于不衬砌渠道，转弯半径不应小于 5B。

在山区及丘陵地区，渠道线路应尽量沿等高线布置，以免过大的挖填方量。当渠道通过山谷、山脊时，应对高填、深挖、绕线、渡槽、穿洞等方案进行比较，从中优选方案。

为了减小工程量，渠道应与道路、河流正交。

(2)地质条件。渠道线路应尽量避开渗漏严重、流沙、泥泽、滑坡以及开挖困难的岩层地带。必要时，可进行多种方案比较，如采用外绕回填的办法避开滑坡地带，采取防渗措施以减少渗漏，采用箱涵跨越流沙地段，采用混凝土或钢筋混凝土衬砌以保证渠道安全应用等。

(3)施工条件。为了改善施工条件，确保工程质量，应全面考虑施工时的交通运输、水及动力供应、机械施工场地、取土及弃土场地等条件。

(4)管理要求。渠道的线路选择要和行政区划与土地利用规划相结合，近期目标与远期规划相结合，以确保各用水单位均有相对独立的用水渠道，以便于运用和管理维护。

总之，渠道的线路选择必须充分重视野外踏勘及调查工作，从技术、经济、社会等方面进行仔细分析比较，进行优化设计，才可能使渠道应用方便、安全可靠、经济合计。

二、渠道的纵横断面设计

渠道的断面设计包括纵断面设计和横断面设计，二者相互联系，互为条件。在实际工程设计中，纵、横断面设计应交替、反复进行，最后经过技术经济比较确定。

合理的渠道断面设计，一般应满足以下几方面具体要求：①有足够的输水能力，以满足用水对水量的需要；②有足够的水位，以满足自流灌溉的要求；③有适宜的渠道水流流速，以满足渠道不冲、不淤或周期性冲淤平衡的要求；④有稳定的边坡，以保证渠道安全运用；⑤有合理的断面形式，以减少渗漏等损失，提高水利用系数；⑥尽量满足综合利用要求，做到一专多能；⑦尽量使工程量最少，以有效降低工程总投资，发挥最大工程效益。

(一)横断面设计

渠道的横断面形状，一般采用梯形，它便于施工，并能保证渠道边坡的稳定，也可以采用矩形，如图 8-5 所示。

渠道的断面尺寸，一般应根据使用要求，通过水力计算确定。设计时应根据设计流量设计，按照加大流量校核。

对于梯形渠道，断面设计参数主要包括边坡系数 m、糙率 n、渠底纵坡 i、断面宽深比 α ($\alpha=\dfrac{b}{h}$，b 为底宽，h 为渠道水深)等，根据设计参数即可根据明渠均匀流公式确定渠道断面尺寸。流量公式 $Q=AC\sqrt{Ri}$，其中，A 为过水断面面积，C 为谢才系数，$C=\dfrac{1}{n}R^{\frac{1}{6}}$，$R$ 为水力半径。此外，还需满足渠床稳定要求，即渠道满足不冲不淤要求。

梯形土质渠道两侧的边坡系数，应根据土质情况和开挖深度或填土高度确定，一般取 1～2。对于挖深大于 5 m 或填土高度超过 3 m 的土坡，必须根据稳定条件确定，计算方法同土石坝的边坡稳定计算。为使边坡稳定及便于管理，对于边坡较高的情况，沿高度每隔 4～6 m 设一马道，马道宽 1.5～2.0 m，在马道内侧设排水沟，如图 8-6 所示。

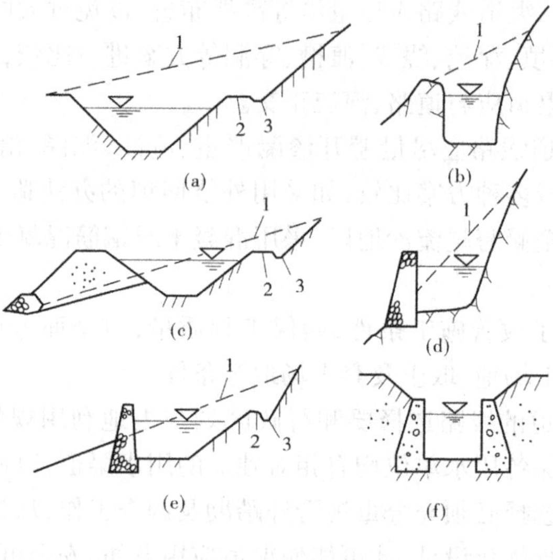

(a)、(c)、(e)、(f)为土基;(b)、(d)为岩基

1—原地面线;2—马道;3—排水沟

图 8-5　渠道断面图

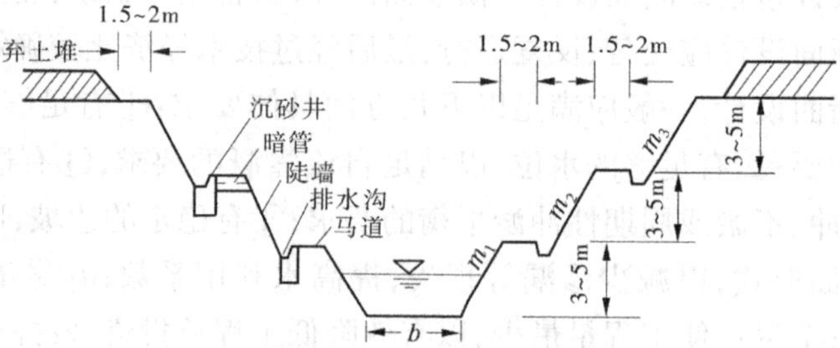

图 8-6　深挖方渠道横断面图　(单位:m)

渠道的糙率 n 是反映渠床粗糙程度的指标,主要依据渠道有无护面、养护、施工情况等选择确定。一般渠道可参考有关水力计算表格加以选定,应尽量接近实际值,大型渠道应通过试验分析确定。

渠道的纵坡 i 应根据纵断面设计要求确定,一般情况下,可参考表 8-1 所列数值。

表 8-1　渠道纵坡一般数值

渠道级别	干渠	支渠	斗渠	农渠
平原灌区	1/5 000 ~ 1/10 000	1/3 000 ~ 1/5 000	1/2 000 ~ 1/5 000	1/1 000 ~ 1/3 000
滨湖灌区	1/8 000 ~ 1/15 000	1/6 000 ~ 1/8 000	1/4 000 ~ 1/5 000	1/2 000 ~ 1/3 000
丘陵灌区	1/2 000 ~ 1/5 000	1/1 000 ~ 1/3 000	石渠 1/500;土渠 1/2 000	石渠 1/300;土渠 1/1 000

对于渠道断面宽深比 α,一般情况下,流量大、含沙量小、渠床土质较差时多用宽浅式渠道,反之,宜采用窄深式渠道。对于中、小型渠道,可以根据渠道流量,参照表 8-2 所列

经验数据选定。

表 8-2 渠道宽深比 α 参考数值

流量(m^3/s)	≤1	1~3	3~5	5~10	10~30	30~60
宽深比 α	1~2	1~3	2~4	3~5	5~7	6~10

(二)渠道纵断面设计

渠道纵断面设计的任务,是根据用水部门对水位的要求,确定渠道的空间位置,并把一些孤立的设计断面,通过渠道中心线的平面位置相互联系起来,再结合渠线两侧实际情况,进行调整确定。

一般纵断面设计主要内容包括确定渠道纵坡、正常水位线、最低水位线、最高水位线、渠底高程线、渠道沿程地面高程线和堤顶高程线。渠道的纵断面如图 8-7 所示。

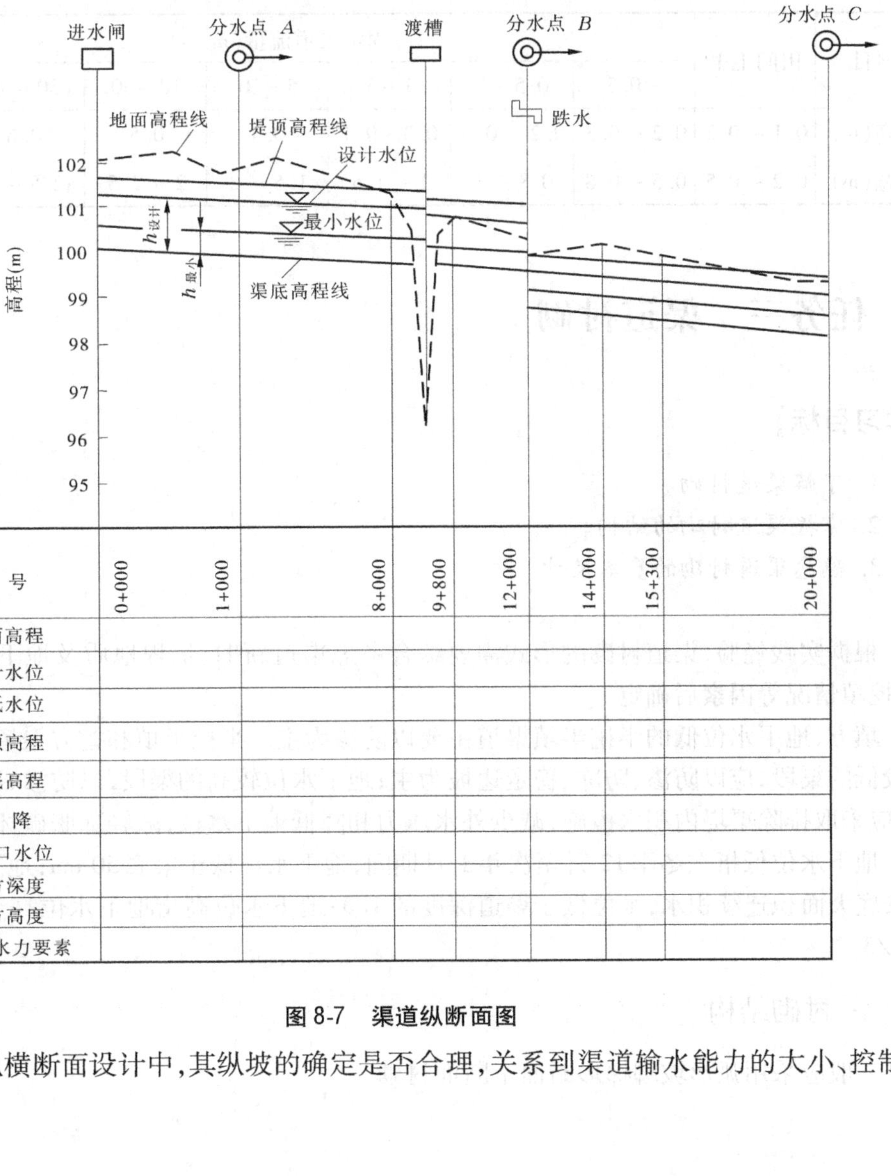

图 8-7 渠道纵断面图

渠道纵横断面设计中,其纵坡的确定是否合理,关系到渠道输水能力的大小、控制灌溉面积多少、工程造价的高低及渠道的稳定和安全。因此，渠道纵坡选择时应注意以下几项原则：

(1)地面坡度。渠道纵坡应尽量接近地面坡度，以避免深挖高填。

(2)地质情况。易冲刷的渠道，纵坡宜缓；地质条件较好的渠道，纵坡可适当陡一些。

(3)流量大小。流量大时纵坡宜缓，流量小时可略陡些。

(4)含沙量。水流含沙量小时，应注意防冲，纵坡宜缓；含沙量大时，应注意防淤，纵坡宜陡。

(5)水头大小。提水灌区水头宝贵，纵坡宜缓；自流灌区水头较富裕，纵坡可以陡些。

为了便于渠道的运用管理和保证渠道的安全，堤顶应有一定的宽度和超高。一般情况下，可以根据渠道设计流量的大小，参考表8-3确定。如果渠道的堤顶与交通道路相结合，则堤顶应根据交通要求确定。

表8-3 堤顶宽度和安全超高数值

项目	田间毛渠	固定渠道流量(m^3/s)						
		<0.5	0.5~1	1~5	5~10	10~30	30~50	>50
超高(m)	0.1~0.2	0.2~0.3	0.2~0.3	0.3~0.4	0.4	0.5	0.6	0.8
顶宽(m)	0.2~0.5	0.5~0.8	0.8~1	1~1.5	1.5~2	2~2.5	2.5~3	3~3.5

任务三　渠道衬砌

【学习目标】

1. 了解渠道衬砌。
2. 掌握渠道衬砌的结构。
3. 熟悉渠道衬砌的基本尺寸。

根据实践经验，渠道衬砌的形式需要综合考虑渠道新旧、工程地质及地下水、渠道走向、挖填情况等因素后确定。

填方、地下水位低的半挖半填渠道主要以防渗为主。半挖半填和挖方渠道，在地下水位较低的渠段，应以防渗、防冻、稳定边坡为主；地下水位较高的渠段，以防渗、稳定边坡为主，应采取排除渠堤内积水措施，减少外水压力和降低地下水位，减轻冻胀破坏。

地下水位低指在冬季12月至次年1月期间，地下水位低于渠底50 cm；地下水位较低指渠底大面积连续积水，水位低于渠道深度的1/3；地下水位高指地下水位高于渠道深度的1/3。

一、衬砌结构

一般应采用弧形坡脚梯形断面全断面衬砌。

(一)填方或地下水位低的半挖半填渠道

这种类型的渠道主要以防渗为主,采用弧形坡脚梯形断面,混凝土预制板与防渗材料全断面结构形式见图 8-8,边坡自上而下依次为 60 mm 厚 C15 混凝土预制板、30 mm 厚 M5 水泥砂浆垫层、防渗材料。

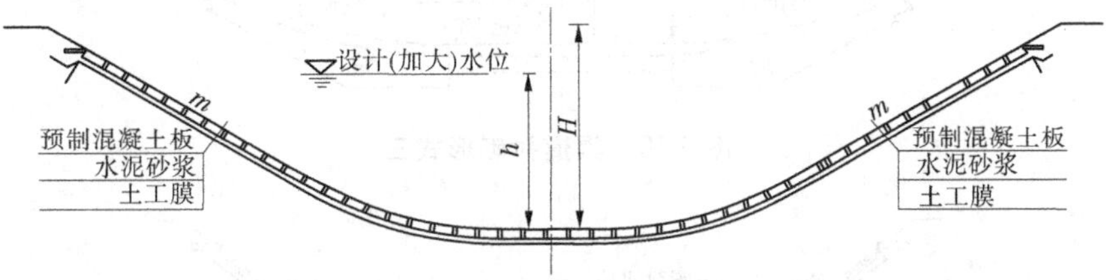

图 8-8 渠道衬砌形式一

(二)地下水位较高的半挖半填和挖方渠道

这种类型的渠道以防渗、防冻、稳定边坡为主,采用弧形坡脚梯形断面,通常情况下采用如图 8-9 所示的衬砌形式。20 cm 厚现浇混凝土圆弧坡脚与苯板防冻衬砌,加强结构现浇混凝土厚度为 30 cm。边坡自上到下依次为 60 mm 厚 C15 混凝土预制板、30 mm 厚 M5 水泥砂浆、防渗材料、苯板。渠底自上到下依次为 60 mm 厚 C15 混凝土预制板、30 mm 厚 M5 水泥砂浆、防渗材料。

部分应急或现浇混凝土圆弧坡脚难以直接施工的渠段采用如图 8-10 所示的衬砌形式。在 20 cm 厚现浇混凝土圆弧坡脚下增加 30 cm 厚浆砌石。渠底自上到下依次为 60 mm 厚 C15 混凝土预制板、30 mm 厚 M5 水泥砂浆、防渗材料,或 20 cm 厚现浇混凝土下铺设 20 cm 厚天然砂砾石。

流量小于 5 m^3/s 的渠道采用弧形底梯形断面渠道衬砌形式,如图 8-11 所示。弧形渠底自上到下依次为 60 mm 厚 C15 混凝土预制板、30 mm 厚 M5 水泥砂浆、防渗材料,或 20 cm 厚现浇混凝土。边坡自上到下依次为 60 mm 厚 C15 混凝土预制板、30 mm 厚 M5 水泥砂浆、防渗材料、苯板。

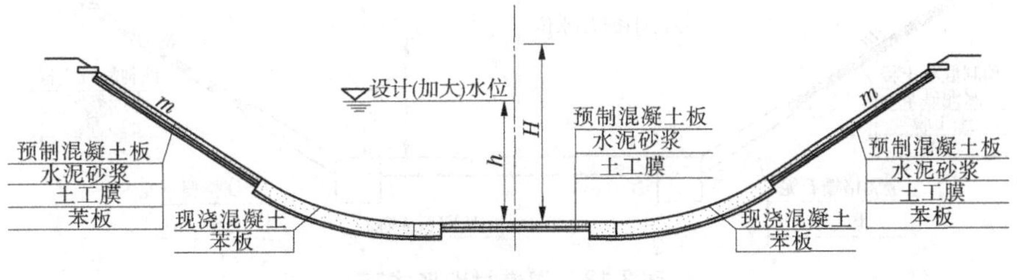

图 8-9 渠道衬砌形式二

(三)地下水位较高,在非灌溉期有侧向浸水的半挖半填和挖方渠道

以防渗、防冻、稳定边坡为主,采取透水固坡砌体结构,排除渠堤内积水,以减少外水压力和降低地下水位,减轻冻胀破坏和边坡滑塌。透水固坡砌体材料主要有格宾石笼、铅丝石笼或土工格栅石笼。坡面砌体厚度 30 cm,作为排水通道。为了防止渠坡细颗粒流失,在金属格栅石笼护坡下面铺设 200 g/m^2 土工布。坡脚砌体按以下两种结构选择:

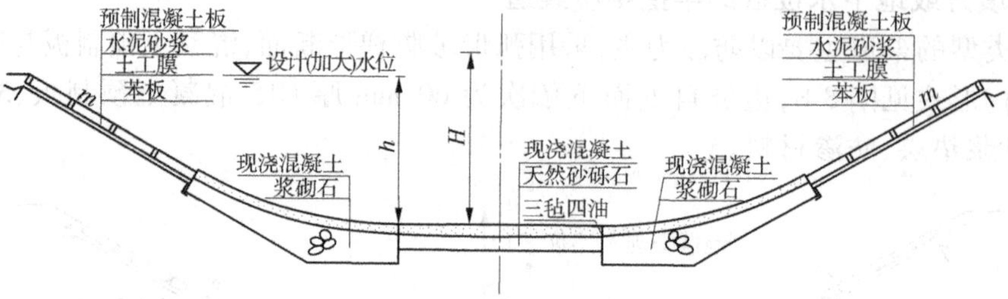

图 8-10 渠道衬砌形式三

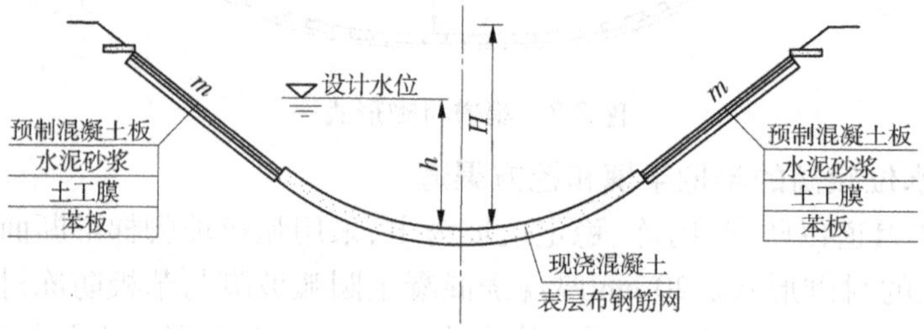

图 8-11 渠道衬砌形式四

(1)矩形断面结构。宜用于渠深小的渠道。坡脚砌体基础深、宽均为 1 m,渠道衬砌形式见图 8-12。

(2)矩形断面错台结构。宜用于渠深大的渠道。砌体可采用错台结构,坡脚基础深 1 m,宽 1.2 m,基础以上每层宽度较其下层减少 0.2 m,分层错台砌筑。砌体高度根据实际情况控制,渠道衬砌形式见图 8-13。

透水固坡砌体护坡以上部分采用板膜衬砌,自上到下依次为 60 mm 厚 C15 混凝土预制板、30 mm 厚 M5 水泥砂浆、防渗材料、苯板。为了减少冲刷,渠底回填卵石或砾石,卵石厚度不大于 0.3 m,砾石厚度不大于 0.4 m。

在地面以下部位可以尝试使用土工格栅石笼等新材料。

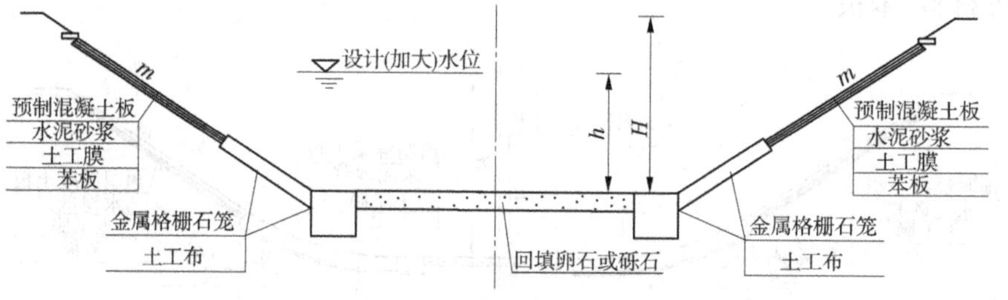

图 8-12 渠道衬砌形式五

二、衬砌主要参数

(一)基础尺寸

无论是现浇混凝土弧形坡脚还是透水固坡砌体,其渠底以上的高度一般不小于设计(或加大)水深的 1/3。对于渠深较大的渠道,现浇混凝土弧形坡脚的高度可提高 30 ~ 50 cm。厚度主要考虑保证施工质量和降低施工难度。

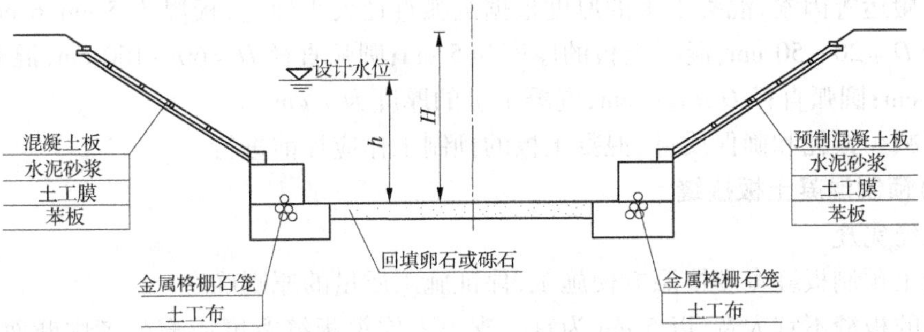

图 8-13 渠道衬砌形式六

1. 现浇混凝土弧形坡脚

现浇混凝土弧形坡脚的半径为 2.5 ~ 10 m，每一级差为 0.5 m，厚度为 20 cm。在冻胀严重地段，加强结构厚度为 30 cm。现浇混凝土下铺设 4 cm 厚聚苯乙烯板。部分应急或现浇混凝土弧形坡脚难以直接施工的渠段，在现浇混凝土弧形坡脚下增加 30 cm 厚浆砌石。

2. 透水固坡砌体

透水固坡砌体材料主要有格宾石笼、铅丝石笼和土工格栅石笼。坡面砌体厚度 30 cm。坡脚砌体有矩形断面结构和矩形断面错台结构两种结构，均可选择。

（二）预制混凝土板尺寸

预制混凝土板尺寸主要考虑人工搬运、铺砌方便，不能太小，以免填缝工作量大，造成工期延长；也不能太大，以免人工劳动强度大，铺砌困难，坡面平整度无法满足。

1. 干渠、支干渠

预制混凝土衬砌板采用的主要板形为矩形和正六边形板。矩形板的尺寸宜为 50 cm × 50 cm。正六边形板，其平面尺寸为直径 50 cm 圆的内接正六边形，即边长 250 cm 的正六边形，内角 120°。其他辅助铺砌的预制混凝土板应与主要板块尺寸协调一致，以便铺砌。压顶板采用矩形板，平面尺寸为 30 cm × 40 cm。

2. 支、斗、农渠

预制混凝土衬砌板采用整体 U 形和弧形板拼装。单块板宽 40 cm，板长根据圆弧半径确定，质量尽可能控制在 75 kg 以内。

3. 预制混凝土板厚度

《灌溉与排水工程设计规范》(GB 50288—1999) 规定 4 级及 4 级以上渠道混凝土预制铺砌防渗衬砌结构的适宜厚度为 5 ~ 10 cm；《渠道防渗工程技术规范》(SL 18—2004) 规定渠道混凝土预制铺砌防渗衬砌结构的适宜厚度为 4 ~ 10 cm。当渠道流速小于 3 m/s 时，寒冷地区混凝土防渗衬砌层的最小厚度为 6 ~ 10 cm(小型渠道为 6 cm，中型渠道为 8 cm，大型渠道为 10 cm)。当预制混凝土板为膜料防渗层的保护层时，其厚度为 4 ~ 8 cm。预制混凝土板的厚度一般规定为：干渠、支干渠预制混凝土矩形和正六边形板的厚度为 6 cm。对于板厚需增加的，要充分论证。

支、斗、农渠预制混凝土板采用整体 U 形和弧形板拼装，弧板的长度为 80 ~ 160 cm，由于弧板较长，极易在圆弧段和直立段部位处断裂。综合考虑混凝土预制件的抗冻胀、预制、运输、搬运等因素，混凝土板的厚度根据圆弧直径大小确定，板厚为5 cm、6 cm、7 cm。圆弧直径$D=20\sim50$ cm，混凝土板的厚度为5 cm；圆弧直径$D=60\sim160$ cm，混凝土板的厚度为6 cm；圆弧直径$D\geqslant180$ cm，混凝土板的厚度为7 cm。

为了减少损耗和确保质量，混凝土板的预制工作应提前进行。

（三）预制混凝土板接缝

1. 板缝宽度

混凝土预制板缝宽度按照方便施工，保证施工质量的原则确定。

干渠的板缝不宜太宽，以5 cm为宜。支、斗、农渠板缝宽度应充分考虑断面大小，以及衬砌板之间的连接强度和整体美观，可确定为5 cm、6 cm、7 cm。圆弧直径$D=20\sim50$ cm，板缝宽为5 cm；圆弧直径$D=60\sim100$ cm，板缝宽为6 cm；圆弧直径$D\geqslant120$ cm，板缝宽为7 cm。

2. 填缝材料

填缝材料以C20细石混凝土为主，应保证预制板之间的连接强度和填缝质量。

（四）混凝土材料和砂浆的性能指标

1. 混凝土的性能指标

渠道衬砌混凝土预制板的性能指标为C15、F150、W6。采用整体U形和弧形混凝土板拼装的渠道，混凝土性能指标为C20、F150、W4。

现浇混凝土和填缝细石混凝土考虑到现场拌和和浇筑等质量存在一定的不确定性，性能指标为C20、F150、W6。

若要调整混凝土性能指标，要有充分的试验依据并经论证。

2. 水泥砂浆的性能指标

渠道衬砌工程中水泥砂浆主要用于浆砌石砌筑和混凝土预制板与防渗材料之间的砂浆垫层。浆砌石砌筑砂浆采用M7.5，混凝土预制板与防渗材料间的砂浆垫层采用M5。

（五）防渗材料

1. 土工膜

原则上中型以上渠道采用0.3 mm/150 g复合土工膜，小型渠道采用0.3 mm土工膜。但综合考虑现阶段投资等因素，自流灌区流量10 m^3/s以上的渠道、扬水灌区流量5 m^3/s以上的渠道，采用0.3 mm/150 g复合土工膜，若提高标准须有充分理由。

2. 土工布

透水固坡结构部分防渗要求，砌体后铺设土工布，规格200 g/m^2。

（六）伸缩缝

根据规范规定并结合灌区工程实际情况，确定灌区渠道刚性衬砌结构的伸缩缝宽度为3 cm，预制混凝土板的伸缩缝间距为6 m，现浇混凝土的伸缩缝间距为12 m。浆砌石只设置沉降缝，间距为12 m。

伸缩缝填缝材料采用PVC802型沥青油膏。预制混凝土板的伸缩缝采用油膏填缝，厚度6 cm。现浇混凝土圆弧坡脚采用两层结构，上层为沥青油膏，下层为苯板，厚度均为3 cm。填缝前应将缝内泥土、杂物清理干净。

技能训练题

一、填空题

1. 渠道的横断面形状，一般采用＿＿＿＿＿＿＿＿，它便于施工，并保持渠道边坡的稳定。

2. 渠道上的桥梁按结构形式及受力特点分为＿＿＿＿＿＿＿＿、＿＿＿＿＿＿＿＿和＿＿＿＿＿＿＿＿等。

3. 渠系建筑物的类型较多，按其作用可以分为以下六类：＿＿＿＿＿＿＿＿建筑物、＿＿＿＿＿＿＿＿建筑物、落差建筑物、＿＿＿＿建筑物、冲沙和沉沙建筑物以及量水建筑物等。

二、选择题

1. 下列渠系建筑物中，属于控制建筑物的是（　　）。

A. 节制闸　　B. 渡槽

C. 跌水陡坡　　D. 泄水闸

2. 为了满足防洪要求，获得发电、灌溉、供水等方面的效益，需要在河流的适宜地段修建不同类型的建筑物，用来控制和支配水流，这些建筑物统称为（　　）。

A. 挡水建筑物　　B. 水利枢纽

C. 大坝　　D. 水工建筑物

3. 当上一级渠道的水量丰富、水位较高时，则其引水方式应采用（　　）。

A. 无坝取水　　B. 有坝取水

C. 蓄水取水　　D. 抽水取水

三、判断题

1. 位于弯道凹岸的取水枢纽，其位置应设在弯道的顶点处，以便于利用弯道环流作用，引取表层清水，防止泥沙进入渠道。（　　）

2. 河道中的取水枢纽当中，引水闸的引水角越小越好。（　　）

四、简答题

1. 渠系建筑物的布置原则有哪些？

2. 渠系建筑物有何特点？

3. 渠道分为几级？各有什么作用？

4. 影响渠道布置的因素有哪些？

5. 渠道的设计有哪些基本要求？

6. 渠道的纵坡选择应该考虑哪些因素？

项目九 渡 槽

任务一 渡槽的组成和类型

【学习目标】

1. 掌握渡槽的作用及适用情况。
2. 掌握渡槽的类型和组成。
3. 学会选用渡槽形式。

一、渡槽的作用及组成

渡槽是渠道跨越河、沟、渠、路或洼地的明流架空交叉建筑物，它由进口连接段、槽身、支承结构与出口连接段组成，如图 9-1 所示。渡槽不仅能够输送渠水，还可以用于排洪、排沙、通航和导流等。

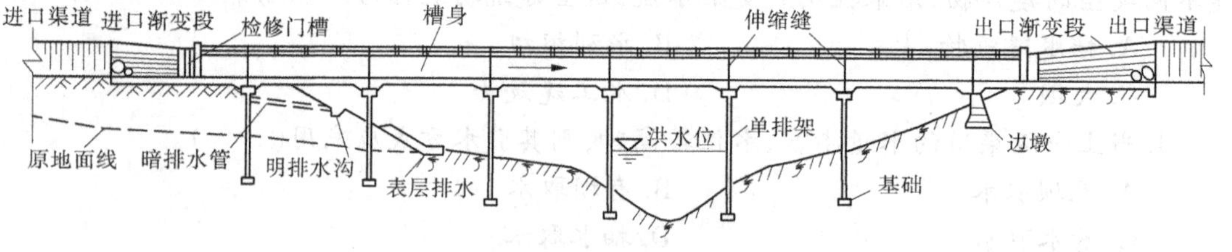

图 9-1 梁式渡槽纵剖面

渠道通过进出口建筑物与槽身相连接，槽身置于支承结构上，槽身重及槽中水重通过支承结构传给基础，再传至地基。

渡槽一般适用于河、渠相对高差较大，河道岸坡较陡，洪水流量较大的情况。它与倒虹吸管相比较具有水头损失小、便于管理运用及可通航等优点，是渠系交叉建筑物中采用最多的一种形式。

二、渡槽的类型

渡槽的类型，一般是指槽身及支承结构的类型，由于槽身及支承结构的类型很多，因此渡槽的分类方法也多。

渡槽按槽身断面形式分为 U 形槽、矩形槽（见图 9-2）、抛物线形槽及圆管槽等。

渡槽按支承结构分为梁式渡槽（见图 9-3）、拱式渡槽（见图 9-4）、桁架式渡槽、斜拉式渡槽等。

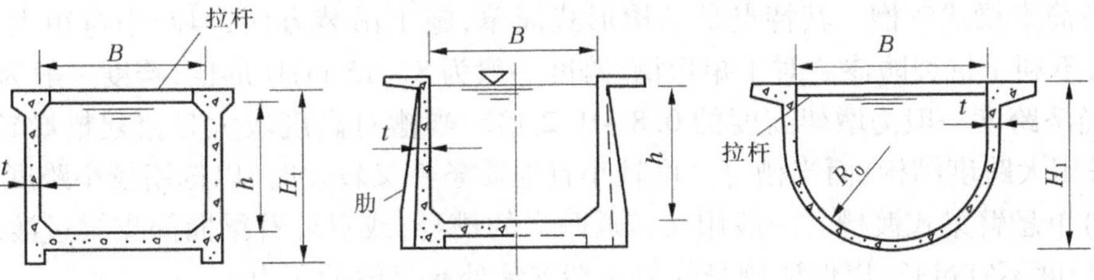

(a) 设拉杆的矩形槽　　(b) 设肋的矩形槽　　(c) 设拉杆的 U 形槽

图 9-2　矩形及 U 形槽身断面形式

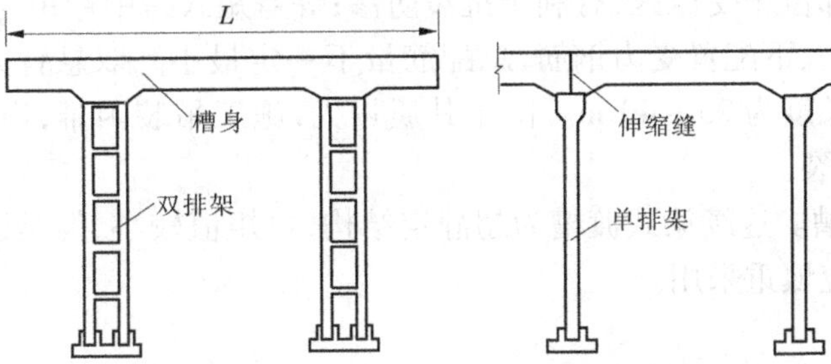

(a) 双悬臂梁式　　(b) 单悬臂梁式

图 9-3　梁式渡槽

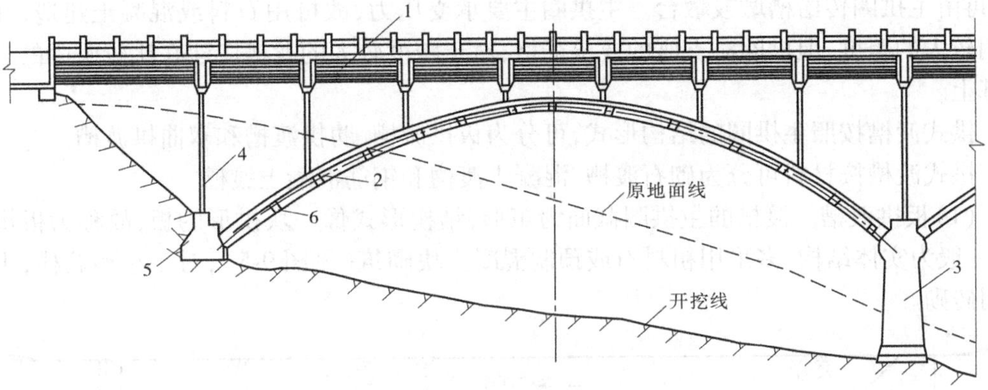

1—槽身;2—肋拱;3—槽墩;4—排架;5—拱座;6—横系梁

图 9-4　拱式渡槽

由于按支承结构分类能够较全面地反映渡槽的性能、特点、受力状态、荷载传递方式及设计方法,因此本节将着重对梁式及拱式渡槽两大类型进行介绍。

(一)梁式渡槽

梁式渡槽的槽身置于槽墩或槽架上,因其纵向受力与梁相同,故称为梁式渡槽。梁式渡槽的槽身根据其支承位置的不同,可分为简支梁式(见图 9-1)、单悬臂梁式(见图 9-3(b))、双悬臂梁式(见图 9-3(a))、连续梁式等形式。前三种为静定结构,后一种为超静定结构。

(1)简支梁式渡槽。其特点是结构形式简单,施工吊装方便,但跨中弯矩大,整个底板受拉,不利于抗裂防渗。对于矩形槽,跨度一般为8~15 m;U形槽,跨度一般为15~20 m。其经济跨度一般为墩架高度的0.8~1.2倍。当槽身高度较大且修建槽墩较为困难时,可采用大跨度结构;而当槽身高度较小且地质条件又较差时,以选用较小跨度为宜。

(2)单悬臂梁式渡槽。一般用在靠近两岸的槽身,或双悬臂梁向简支梁过渡时采用。其悬臂长度不宜过长,以保证槽身的另一端支承处有足够的压力。

(3)双悬臂梁式渡槽。按照悬臂长度的大小,双悬臂梁式又分为等跨度、等弯矩、不等跨不等弯矩三种形式,后一种一般较少用。等跨度式在纵向均布水重及自重作用下,跨中弯矩为零,底板全部位于受压区,有利于抗裂防渗;等弯矩式跨中弯矩与支座弯矩相等,结构受力合理,但需上、下配置受力钢筋,总配筋量不一定最小。双悬臂梁式渡槽的跨度较大,一般每节槽身长度为25~40 m。由于其质量大,施工吊装困难,当悬臂端变形时,接缝处止水容易被拉裂。

(4)连续梁式渡槽。连续梁式渡槽为超静定结构,弯矩值较小,但是适应地基不均匀沉陷的能力差,因此应慎重采用。

(二)拱式渡槽

拱式渡槽是指槽身置于拱式支承结构之上的渡槽。其支承结构由槽墩、主拱圈、拱上结构组成。

主拱圈是拱式渡槽的主要承重结构,其受力特点为:槽身荷载通过拱上结构传给主拱圈,再由主拱圈传给槽墩或墩台。主拱圈主要承受压力,故可用石料或混凝土建造,并可采用较大的跨度,但拱圈对支座的要求严格,对于跨度较大的渡槽应建在比较坚固的岩石地基上。

拱式渡槽按照主拱圈的结构形式,可分为板拱渡槽、肋拱渡槽和双曲拱渡槽。

拱式渡槽按材料可分为砌石渡槽、混凝土渡槽和钢筋混凝土渡槽。

(1)板拱渡槽。渡槽的主拱圈截面为矩形,结构形式像一块拱形的板,故称为板拱渡槽,一般为实体结构,多采用粗料石或预制混凝土块砌筑(见图9-5),对于小型渡槽,也可采用砖砌。

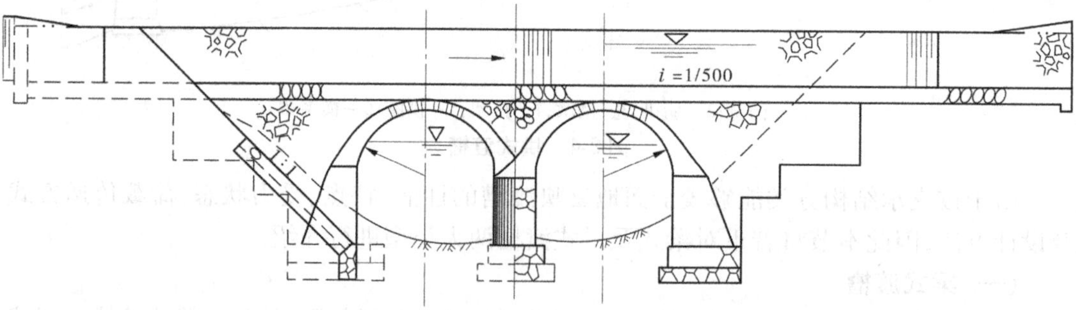

图9-5 板拱渡槽

板拱渡槽的主要特点是可以就地取材,结构简单,施工方便,所以在水利工程中得到了广泛的应用。但是由于其自重较大,对地基要求严格,一般多用于较小跨度的渡槽。

(2)肋拱渡槽。其主拱圈由几根分离的拱肋组成,为了加强主拱圈的整体性和横向稳定性,在拱肋之间每隔一定的距离设置刚度较大的横向联系梁进行连接,拱上结构为排架式,如图 9-4 所示。当槽宽不大时,多采用双肋。肋拱渡槽一般采用钢筋混凝土结构,小跨度拱圈也可采用少筋或无筋混凝土。对于大中跨径的肋拱结构,可分段预制吊装拼接,无需支架施工。这种形式的渡槽外形轻巧美观,自重较轻,工程量较小。

(3)双曲拱渡槽。双曲拱主要由拱肋、拱波和横向联系梁(或横隔板)等部分组成,如图 9-6 所示。因主拱圈沿纵向呈拱形,其横截面也呈拱形,故称为双曲拱渡槽。双曲拱能够充分发挥材料的抗压性能,具有较大的承载力,节省材料,外型美观,主拱圈可分块预制吊装。一般适用于修建大跨度渡槽。

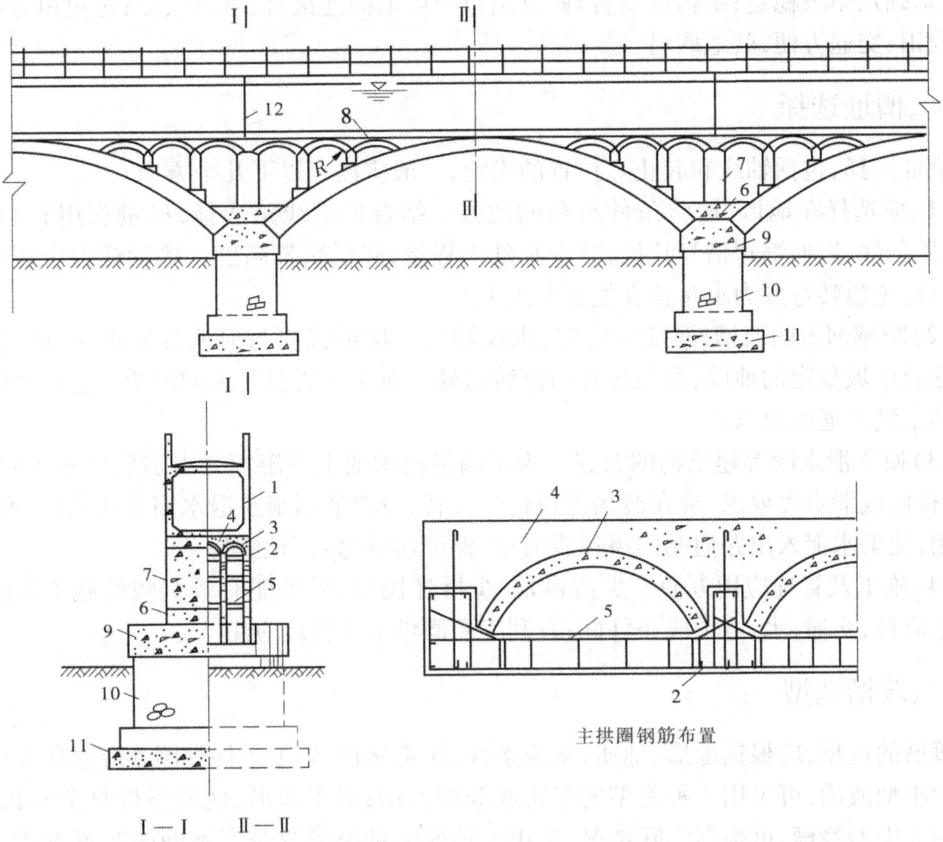

1—槽身;2—拱肋;3—预制拱;4—混凝土填平层;5—横系梁;6—护拱;7—腹拱横墙;
8—腹拱;9—混凝土墩帽;10—槽墩;11—混凝土基础;12—伸缩缝

图 9-6 双曲拱渡槽

任务二 渡槽的总体布置

【学习目标】

1. 掌握渡槽的布置要求。
2. 掌握渡槽的构造要求。

3. 能对渡槽进行总体布置。
4. 能熟练识读渡槽工程图。

渡槽总体布置的主要内容包括槽址选择、结构选型、进出口段的布置等。一般是根据规划确定的任务和要求，进行调查勘察，取得较为全面的地形、地质、水文、建材、交通、施工管理和社会经济等方面的基础资料，在进行技术经济分析比较的基础上，选出最优布置方案。

渡槽总体布置的基本要求是：满足规划中所规定的设计任务，如水流、水位等；槽身长度短、基础及岸坡稳定；结构选型合理；进出口与渠道的连接直、顺、缓、畅；避免填方接头，少占农田；交通方便，就地取材。

一、槽址选择

槽址选择，包括轴线和起止点位置的确定，一般应注意以下几个方面：

(1)应选择在地形、地质条件有利的地方。结合渠道线路选择，尽量利用有利的地形、地质条件，以便缩短槽身长度，减少基础工程量，降低墩架高度。槽轴线力求短而直，进出口避免急转弯并力求布置在挖方渠道上。

(2)跨越河流的渡槽，槽址应稳定，水流顺直。槽轴线应与河流方向正交，槽址应位于河床及岸坡稳定的地段，避免选在河流转弯处。对于有通航要求的河道，应注意渡槽下部的净空满足通航要求。

(3)便于泄水闸等建筑物的布置。为了满足渡槽或上下游填方渠道发生事故时需要停水、检修或泄水等要求，常在渡槽进口适当位置，设置节制闸及退水闸等建筑物，通过联合应用，使渠水泄入出路通畅的溪谷或河道，保证建筑物安全运用。

(4)施工及管理应用方便。少占耕地、少拆迁民房；尽可能有较宽阔的施工场地，便于就地取材；交通、水、电供应条件好；有利于灌溉供水及管理应用。

二、渡槽选型

渡槽的选型，应根据地形、地质、水流条件、建筑材料、施工条件等因素综合研究确定。一般中小型渡槽，可采用一种类型的单跨或等跨渡槽；对于地形、地质条件复杂而长度又较大的大中型渡槽，可根据实际情况，选用一种或两种类型及跨度不同的布置方式，但变化不宜过多，否则将增加施工难度、影响槽墩受力状况。具体选择时，应注意以下几方面：

(1)地形、地质条件。当地形平坦、槽高不大时，一般采用梁式渡槽；对于窄深的山谷地形，当两岸地质条件较好，且有足够的强度和稳定性时，宜建大跨度单跨拱式渡槽。如跨越河道的渡槽，当河道水深流急，水下施工困难，并且滩地高而且很宽时，在河床部位可采用大跨度的拱式渡槽，在滩地则宜采用梁式或中小跨度拱式渡槽。当地基承载力较低时，可采用轻型结构或适当减小跨度。

(2)建筑材料。当槽址附近有较丰富的符合质量要求的石料时，应就地取材，优先采用石拱渡槽。但是拱式渡槽对地基条件要求高，施工劳动强度大，因此应综合分析各种条件，采用经济合理的结构形式。

(3)施工条件。如具备吊装技术及相应设备,应尽可能采用预制构件装配的结构形式,以加快施工进度,降低劳动强度。同一渠系布置有多个渡槽时,应尽量采用同一种结构形式,以便于设计和施工的定型化。

三、进出口段的布置

为了减小渡槽过水断面,降低工程造价,一般槽身纵坡较渠底坡度陡。为使渠道水流平顺地进入渡槽,避免冲刷和减小水头损失,布置渡槽进出口段时应注意以下几个方面:

(1)与渠道直线连接。渡槽进出口前后的渠道上应有一定长度的直线段,与槽身平顺连接,在平面布置上要避免急转弯,防止水流条件恶化,影响正常输水,造成冲刷现象。对于流量较大、坡度较陡的渡槽,尤其要注意这一问题。

(2)设置渐变段。为了使水流平顺衔接,适应过水断面的变化,渡槽进出口均需设置渐变段。渐变段形式,主要有扭曲面式、反翼墙式、八字墙式等。扭曲面式水流条件较好,应用较多;八字墙式施工简单,在小型渡槽中使用较多。渐变段长度 L_j 通常采用下列经验公式计算:

$$L_j = C(B_1 - B_2) \tag{9-1}$$

式中 B_1——渠道水面宽度;

B_2——渡槽水面宽度;

C——系数,进口取 $C=1.5\sim2.0$,出口取 $C=2.5\sim3.0$。

对于中小型渡槽,进口渐变段长度可取 $L_1\geqslant4h_1$,其中 h_1 为上游渠道水深;出口渐变长度可取 $L_2\geqslant6h_2$,其中 h_2 为出口渠道水深。

(3)设置护底与护坡。进出口段的流态较为复杂,为了防止冲刷造成危害,应设置可靠的护底与护坡。

任务三 渡槽的水力计算

【学习目标】

1. 掌握渡槽的水力计算的内容和方法。
2. 学会计算渡槽横断面的尺寸、槽底纵坡和进出口高程。

渡槽水力计算的目的,就是确定渡槽过水断面形状和尺寸、槽底纵坡、进出口高程,校核水头损失是否满足渠系规划要求。

渡槽的水力计算,是在槽址中心线及槽身起止点位置已选择的基础上进行的,所以上下游渠道的断面尺寸、水深、渠底高程和允许水头损失均为已知。

一、槽身断面尺寸的确定

槽身断面尺寸,一般按设计流量设计,按最大流量校核,通过水力学公式进行计算。当槽身长度 $L\geqslant(15\sim20)h$(h 为槽内水深)时,按明渠均匀流公式计算;当 $L<(15\sim20)h$ 时,可按淹没宽顶堰公式进行计算。

用明渠均匀流公式计算时，应正确选择相关参数。槽身糙率 n 应根据施工条件和工艺水平参照工程实测资料分析选取，初步设计时可按有关手册查用；从受力条件考虑，梁式渡槽的槽身侧墙在纵向起着梁的作用，加高侧墙，有利于提高槽身纵向承载能力，故宜适当加大深宽比。工程中多采用窄深式断面，一般矩形槽 $h/b=0.6\sim0.8$，U 形槽 $h/b=0.7\sim0.8$。

为了防止因风浪或其他原因引起侧墙顶溢流现象，侧墙应有一定的超高 Δh。根据建筑物的等级和过流量不同，超高 Δh 可选用 0.2 ~ 0.6 m，也可按下列经验公式确定：

矩形槽： $$\Delta h = h/12 + 5 \quad (\text{cm}) \tag{9-2}$$

U 形槽： $$\Delta h = D/12 \quad (\text{cm}) \tag{9-3}$$

式中 h——槽内水深，cm；

D——U 形槽直径，cm。

对于有通航要求的渡槽，超高值应根据通航要求确定。

二、渡槽纵坡 i 的确定

进行渡槽水力计算时，首先要确定渡槽纵坡。在相同流量下，纵坡的选择对渡槽过水断面大小、工程造价高低、水头损失大小、通航要求、水流冲刷及下游自流灌溉面积等有直接影响。因此，确定一个适宜的坡度，使其既能满足渠系规划允许的水头损失，又能降低工程造价，常需要试算。一般初拟时，常采用 $i=1/500\sim1/1\,500$，槽内流速 1 ~ 2 m/s；对于通航渡槽，要求流速不能太大，纵坡一般取 $i=1/3\,000\sim1/10\,000$。

三、水头损失计算

水流通过渡槽时，由于克服沿程阻力、局部阻力以及水流能量转换，都会产生水头损失，如图 9-7 所示。

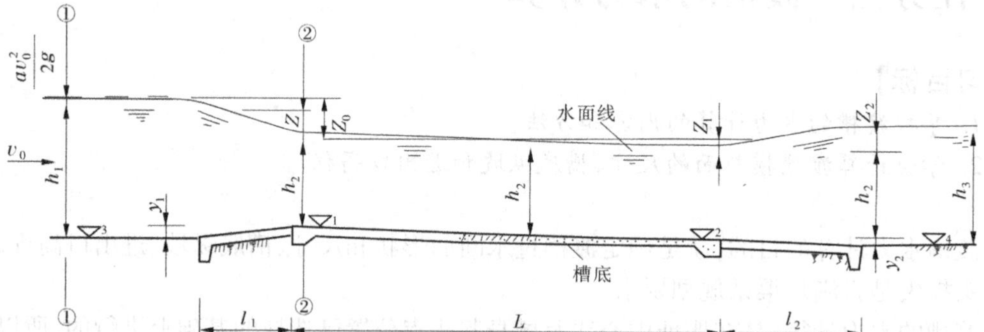

图 9-7 渡槽水力计算示意图

首先，水流经过渡槽进口段时，随着过水断面的减小，流速将逐渐加大，水流势能一部分转化为动能，另一部分因水流收缩而产生水头损失，因此进口段将产生水面降落 Z；水流进入槽身后，槽中水流基本保持均匀流，沿程水头损失值为 Z_1；而出口段的水流，随着过水断面的增大，流速逐渐减小，水流动能一方面扩散而另一方面则转化成势能，使得出

口水面回升 Z_2。

(1)进口水面降落 Z 的计算。可按淹没宽顶堰计算,常用计算公式为

$$Z = \frac{Q^2}{(\sigma\varphi\omega\sqrt{2g})^2} - \frac{v_0^{\ 2}}{2g} \tag{9-4}$$

或

$$Z = \frac{1 + K_1}{2g}(v^2 - v_0^2) \tag{9-5}$$

式中 σ、φ——侧收缩系数和流速系数,均可取 0.9~0.95;

v、v_0——槽内与上游渠道水的流速;

K_1——进口段局部水土损失系数,与渐变段形式有关,见表 9-1;

其余符号意义同前。

表 9-1 进口段局部水土损失系数 K_1

渐变段形式	长扭曲面	八字斜墙	圆弧直墙	急变形式
K_1	0.1	0.2	0.2	0.4

(2)槽身沿程水头损失 Z_1 计算。按照明渠均匀流特点,计算公式为

$$Z_1 = iL \tag{9-6}$$

式中 i——槽身纵坡;

L——槽身长度。

(3)出口水面回升 Z_2 计算。可按下式计算:

$$Z_2 = \frac{1 - K_2}{2g}(v^2 - v_1^2) \tag{9-7}$$

式中 K_2——出口段局部水头损失系数,常取 0.2;

v_1——下游渠道水流流速。

当上、下游渠道断面相等时,也可按下式计算:

$$Z_2 = \frac{1 - K_2}{1 + K_1}Z \tag{9-8}$$

根据工程实际观测和模型试验资料,出口水面回升值 Z_2 约为进口水面降落值 Z 的 1/3。

(4)渡槽总水头损失,按下式计算:

$$\Delta Z = Z + Z_1 - Z_2 \tag{9-9}$$

按上式求得的 ΔZ,如果等于或略小于允许水头损失值,则槽底纵坡和槽身断面即为所求;如果 ΔZ 大于允许值较多,则应重新拟定槽底纵坡,重新计算,直到满足要求。如果 i 值已经很小,若再减小将会过多增加渡槽工程量,也可不改变 i 值,而降低下游渠底高程使渠水位与水面回升后的水位相等;或者由下游推到上游,而将上游渠底部抬高。

四、渡槽进出口高程确定

为保证通过设计流量时,上下游渠道保持均匀流,而不致产生大的壅水或降水,进出口底板应分别进行适当地抬高或降低,可按表 9-2 中公式确定,其中符号见图 9-7。

表 9-2 渡槽进出口高程计算

项目名称	计算公式	说明
进口槽底高程	$\nabla_1 = \nabla_3 + y_1$	抬高值:$y_1 = h_1 - Z - h_2$
出口槽底高程	$\nabla_2 = \nabla_1 - Z_1$	
出口渠底高程	$\nabla_4 = \nabla_2 - y_2$	降低值:$y_2 = h_3 - Z_2 - h_2$

任务四 梁式渡槽

【学习目标】

1. 掌握渡槽横断的形式和适用情况。
2. 掌握梁式渡槽的支撑结构形式。
3. 掌握渡槽进出口的布置要求和形式。
4. 掌握渡槽槽身伸缩缝的构造要求。
5. 能熟练识读梁式渡槽工程图。

在实际工程中,梁式渡槽应用较为广泛,如图 9-1 所示,其组成、作用、特点、总体布置以及水力计算前边已经阐述。下面就槽身、支承结构、基础设计以及进出口建筑物进行介绍。

一、槽身断面形式

在选择渡槽槽身断面形式时,一般应考虑水力条件、结构受力条件、施工条件及通航要求等因素。一般大流量渡槽,多采用矩形断面;中小流量可采用矩形,也可采用 U 形断面。

矩形断面槽身多采用钢筋混凝土或预应力混凝土结构,U 形槽身一般采用钢丝网水泥或预应力钢丝网水泥结构。钢丝网水泥 U 形结构,槽身槽壁厚度一般只有 2 ~3 cm,是一种轻型而经济的结构,它具有水力条件好、纵向刚度较大而横向内力小、节省材料、吊装方便、施工可不立模板、工程造价较低等优点。但是抗冻性和耐久性较差、施工工艺要求高。如施工质量较差,将可能引起表面剥落、钢丝网锈蚀、甚至产生裂缝漏水等现象。对于中小形渡槽,流量较小而且无通航要求时,可在槽顶设拉杆,见图 9-2(a)、(c),其间距一般为 1 ~2 m,以改善槽身横向受力及增加侧墙稳定性。如有通航要求,则不能设拉杆,而应适当加大侧墙厚度,也可做成变厚度侧墙。

为了增加侧墙稳定性,也可沿槽长方向每隔一定距离加一道肋,构成肋板式槽身,如图 9-8 所示。肋的布置,应保证侧墙底部和底板为双向受力的四边支承或三边支承结构。肋间距应适当,初拟时可取(0.7 ~1.0)H_1(H_1 为侧墙高),肋的宽度 b 一般不小于侧墙厚度 t,肋的厚度一般为(2 ~2.5)t。对于大流量(40 ~50 m^3/s 以上)的渡槽,或者因通航需要较大槽宽时,为了减小底板厚度,可在底板下设置边纵梁或中纵梁,而建成多纵梁式矩形槽,如图 9-9 所示。

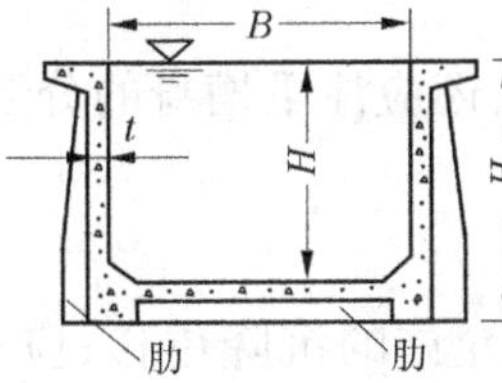

图 9-8 肋板式矩形槽

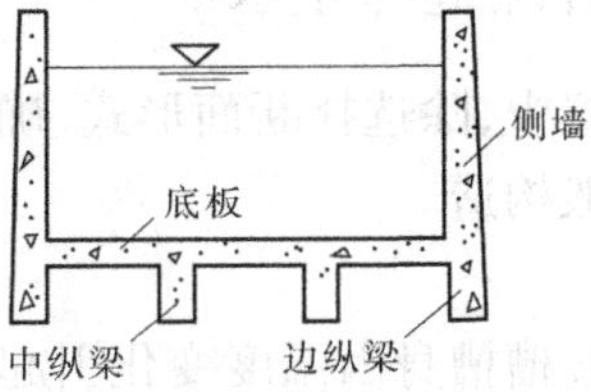

图 9-9 多纵梁式矩形槽

槽身侧墙通常都按纵梁考虑,由于侧墙薄而高,故在设计中除考虑强度外,还应考虑侧向稳定,一般以侧墙厚度 t 与侧墙高度 H_1 的比值 t/H_1 作为衡量指标,其经验数据可参考表 9-3。

表 9-3 槽身侧墙经验尺寸数据参考值

项目名称	t/H_1	厚度 t(cm)
有拉杆矩形槽	1/12 ~ 1/16	10 ~ 20
有拉杆 U 形槽	1/10 ~ 1/15	5 ~ 10
肋板式矩形槽	1/18 ~ 1/20	12 ~ 15

钢筋混凝土 U 形槽,一般采用半圆形上加直段的断面形式。为了便于布置纵向受力钢筋,并增加槽壳的纵向刚度以满足底部抗裂要求,常将槽底弧形段加厚,如图 9-10 所示。图中 s_0 是从 d_0 两端分别向槽壳外缘作切线的水平投影长度,可由作图求出。初步拟定断面尺寸时,可参考表 9-4 所列经验数据。

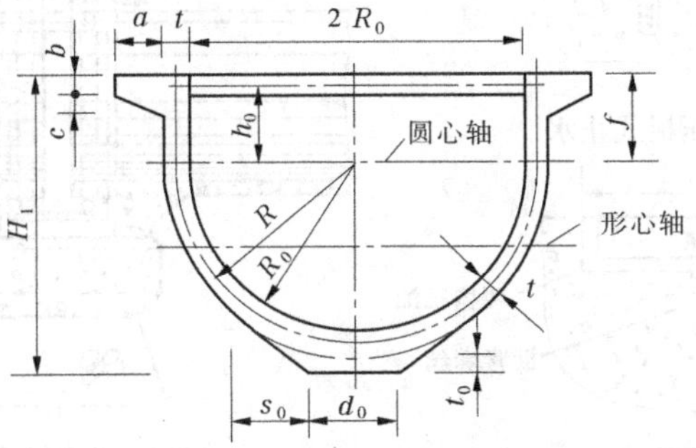

图 9-10 U 形槽槽身

表 9-4 U 形槽经验参数

参数	h_0	a	b	c	d_0	t_0
经验数据	$(0.4\sim0.6)R_0$	$(1.5\sim2.5)t$	$(1\sim2)t$	$(1\sim2)t$	$(0.5\sim0.6)R_0$	$(1\sim1.5)t$

二、渡槽伸缩缝与止水

槽身设布置中，除选择断面形式、确定断面尺寸外，还应注重槽身的分缝、止水及与墩台的连接等一般构造。

（一）分缝

为了适应渡槽槽身因温度变化引起的伸缩变形和允许的沉降位移，应在渡槽进出口建筑物之间以及各节槽身之间设置变形缝，缝宽一般为 2 ~ 5 cm。变形缝的封堵材料，应既能适应变形又能防止漏水，特别是槽身与进出口建筑物之间的接缝止水必须严密可靠，以避免产生大量的漏水，造成岸坡坍塌，影响渡槽安全。

（二）止水

槽身接缝止水材料和构造形式较多，常见的有橡皮压板式止水、塑料止水带压板式水、沥青填料式止水、粘合式止水、套环填料式止水和木糠水泥填塞式止水等，如图 9-11 所示。

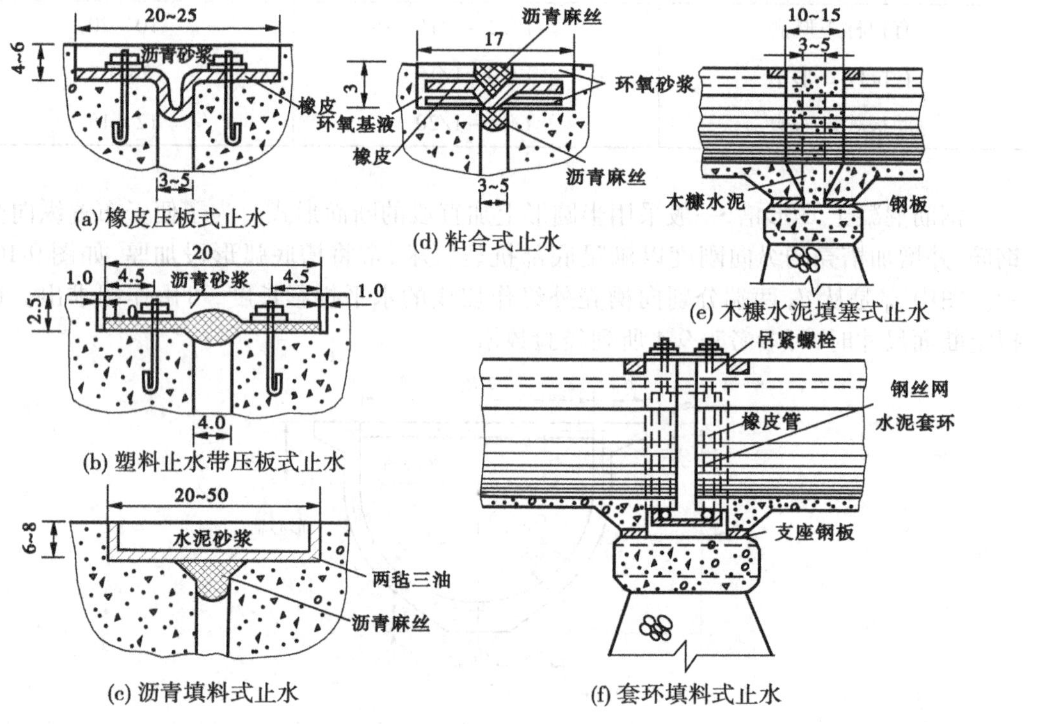

图 9-11 槽身接缝止水构造 （单位：cm）

（1）橡皮压板式止水。它是将厚 6 ~ 12 mm 的橡皮带，用厚度 4 ~ 8 mm、宽 6 mm 左右的扁钢和螺栓将其紧压在接缝处。螺栓的直径一般为 9 ~ 12 mm，间距为 16 倍螺栓直径或 20 倍扁钢厚度，常用 20 cm 左右。为了防止橡皮老化与铁件锈蚀，应在凹槽内填沥青砂浆或 1∶2 水泥砂浆。这种止水如能保证质量可以做到不漏水，且适应接缝变形的性能较好，但检修与更换不太方便。

(2)塑料止水带压板式止水。这种止水是用聚氯乙烯塑料止水带代替橡皮止水带，止水性能良好，具有良好的弹性和韧性，适应变形能力较强，自重轻，易黏结，不易老化，价格一般较低。

(3)沥青填料式止水。这种止水造价低，维修方便，但适应变形的能力和止水效果不理想。

(4)粘合式止水。用环氧树脂将橡皮粘贴在接缝处，施工简便，止水效果好。

(5)套环填料式止水。在接缝两侧的槽端小悬臂外壁上，套一钢筋混凝土或钢丝网水泥套环，以之紧压槽外壁与套环之间的橡皮管或沥青麻丝、石棉纤维水泥等止水填料。

(6)木糠水泥填塞式止水。其填料是用木糠(粒径小于 2 mm)和水泥拌匀，加入适量的水再湿拌而成。这种接缝止水构造简单，造价低，有一定适应变形的能力，在我国南方的小型渡槽中采用较多。

(三)支座

梁式渡槽槽身搁置在墩架上，当跨径在 10 m 以内时，一般不设专门的支座，直接支承在油毡或水泥砂浆垫层上，垫层厚度不小于 10 mm。为防止支承处混凝土拉裂，可设置钢筋网进行加固。当跨径较大时，为使支座接触面的压力分布比较均匀并减小槽身摩擦时所产生的摩擦力，常在支点处设置支座钢板。每个支座处的钢板有两块，分别固定于槽身及墩(架)的支承面上，一般要求每块钢板上先焊上直径不小于 10 mm 的钢筋，钢板厚度不小于 10 mm，面积大小根据接触面处的混凝土的局部压力决定。

对于跨度及纵坡较大的简支梁式渡槽，其支座形式最好能作成一端固定(不能水平移动但可以转动)、一端活动(能水平移动和转动)。

三、槽身结构计算

渡槽的槽身为空间结构，其受力比较复杂，结构计算时，一般近似按纵、横两个方向按平面结构进行分析。

(一)槽身纵向结构计算

一般按满槽水情况设计。对于矩形槽，可将侧墙视为纵向梁，梁截面为矩形或 T 形，按受弯构件计算纵向正应力和剪应力，并进行配筋计算和抗裂验算。

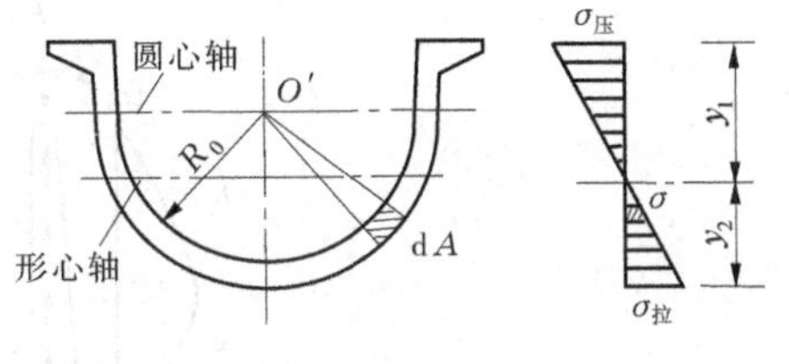

图 9-12 U 形槽身纵向应力计算简图

U 形槽身纵向应力计算时，应先求出截面形心轴位置及形心轴至受压和受拉边沿的距离 y_1 和 y_2，由材料力学计算得出，如图 9-12 所示，再按下式计算：

$$\begin{cases} \sigma_{压} = \dfrac{M}{I_0}y_1 \\ \sigma_{拉} = \dfrac{M}{I_0}y_2 \end{cases} \tag{9-10}$$

式中 $\sigma_{压}$、$\sigma_{拉}$——边沿压应力和边沿拉应力；

y_1、y_2——形心轴至受压、受拉边沿的距离；

M——截面承受的弯矩；

I_0——U 形槽身横截面对形心轴的惯性矩。

U 形槽的纵向配筋计算，一般按总应力法，即考虑受拉区混凝土已开裂不能承受拉力，形心轴以下总拉力由钢筋承担，可由下式计算：

$$\begin{cases} A_S \geqslant \dfrac{\gamma_0 F_{总}}{f_y} \\ F_{总} = \int_A \sigma \mathrm{d}A = \dfrac{M}{I_0} S_{max} \end{cases} \tag{9-11}$$

式中 A_S——钢筋总面积；

$F_{总}$——形心轴以下总拉力；

γ_0——结构重要性系数；

σ——截面某一点的正应力；

f_y——钢筋抗拉强度设计值；

S_{max}——形心轴以下的面积矩；

其他符号意义同前。

（二）槽身横向结构计算

由于荷载沿槽长方向的连续性和均匀性，在槽身横向计算时，通常可沿槽长方向取长度为 1 m 的脱离体，按平面结构分析，如图 9-13 所示。在脱离体上的荷载除有竖向力 q（水重加自重）外，两侧还有剪力 Q_1 和 Q_2，两剪力的差值 ΔQ 与荷载 q 维持平衡，即

$$\Delta Q = Q_1 - Q_2 = q$$

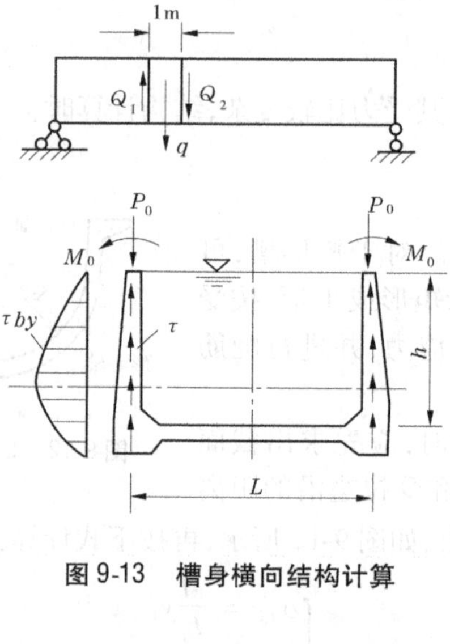

图 9-13 槽身横向结构计算

1. 无拉杆矩形槽

对于无拉杆矩形槽身，侧墙可视为固结于底板上的悬臂梁，侧墙和底板仍按刚性连接处理，其计算简图如图 9-14 所示。由于剪力在截面上的分布沿高度呈抛物线分布，且方向向上。因此，在工程设计中，一般不考虑底板截面上的剪力影响。

矩形槽身两侧墙截面上的剪力不影响侧墙的横向弯矩，可将它集中于侧墙底面按支

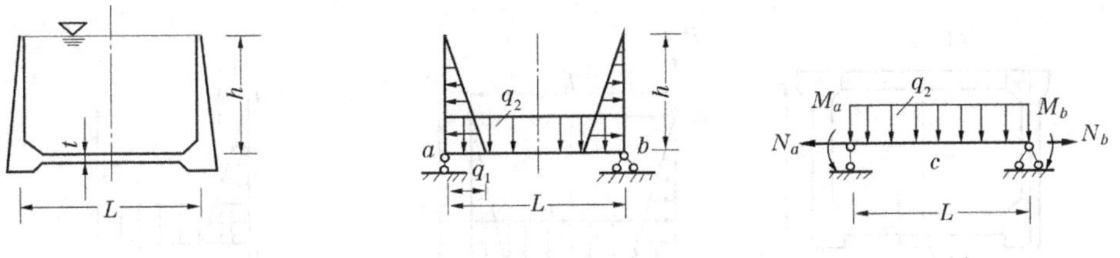

(a)　　(b)　　(c)

图 9-14　无拉杆矩形槽计算简图

承铰考虑,根据图示条件,可以计算如下内力。

侧墙底部最大弯矩值为

$$M_a = M_b = \frac{q_1 h^2}{6} = \frac{\gamma h^3}{6} \tag{9-12}$$

底板拉力值为

$$N_a = N_b = \frac{\gamma h^2}{2} \tag{9-13}$$

底板跨中最大弯矩值为

$$M_c = \frac{q_2 L^2}{8} - M_a \tag{9-14}$$

式中　q_1——作用于侧墙底部的水平水压力, $q_1 = \gamma h$;

q_2——作用于底板上的均布荷载,一般为水重加自重, $q_2 = \gamma h + \gamma_h t$;

γ——水的重度;

γ_h——钢筋混凝土的重度;

t——底板厚度。

分析以上公式可知,在满槽水深时,底板拉力 N_a 取得最大值,底板跨中弯矩 M_c 不一定是最大值。对式(9-14),以 h 为变量求一阶导数,令 $dM_c/dh = 0$,经计算可求出,当 $h = L/2$ 时,其跨中弯矩 M_c 达到最大值。因此,应对这两种情况($h = L/2$ 与满槽水深)分别进行配筋计算,根据结果比较,取其最大值来配置底板跨中钢筋。

当侧墙顶设置交通桥时,应计入其重力及人群荷载对侧墙中心所产生的弯矩 M_0,则上述内力计算应计入 M_0,公式变为

$$M_a = M_b = \frac{q_1 h^2}{6} + M_0 \tag{9-15}$$

$$M_c = \frac{q_2 L^2}{8} - \frac{q_1 h^2}{6} - M_0 \tag{9-16}$$

2. 有拉杆矩形槽

有拉杆矩形槽槽身横向结构计算时,假定设拉杆处的横向内力与不设拉杆处的横向内力相同,将拉杆"均匀化",拉杆截面尺寸一般较小,不计其弯矩作用及轴力对变位的影响,利用结构的对称性,取半边结构计算,其计算简图如图 9-15 所示。

槽身设置拉杆后,可显著减小侧墙和底板的弯矩。计算表明,侧墙底部和跨中的最大弯矩值均发生在满槽水深的情况。有拉杆的矩形槽身属一次超静定结构,可按力矩分配

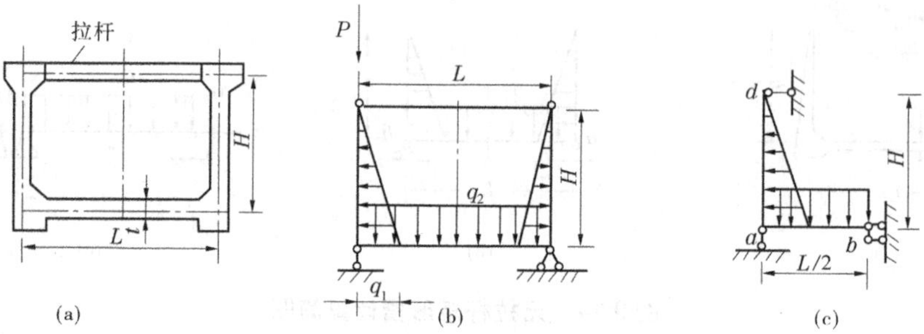

图 9-15　有拉杆矩形槽计算简图

法进行计算，但必须注意，求出拉杆拉力以后，应再乘以拉杆间距，才是拉杆的实际拉力。

3. U 形槽

U 形槽身一般设有拉杆。横向结构计算时取单位长度槽身按平面问题分析。作用于单位长度槽身的荷载有槽身自重、水重及两侧截面上的剪力，其剪力分布呈抛物线形，方向沿槽壳厚度中心线的切线方向，对槽壳产生弯矩和轴向力。该力产生的力矩与其他荷载产生的力矩的方向相反，起抵消作用。因其结构及荷载对称，取半边结构进行分析，计算简图如图 9-16 所示。

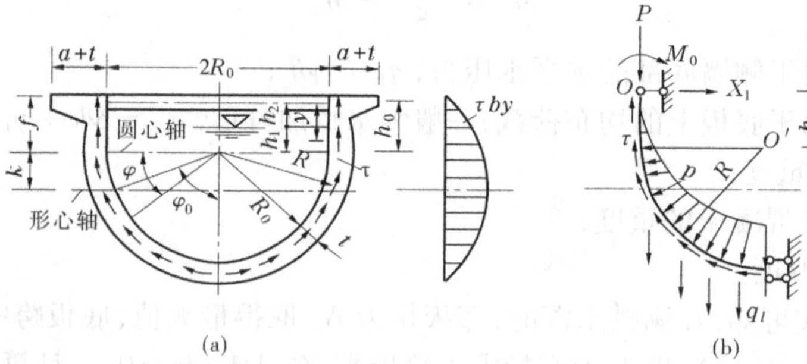

图 9-16　U 形渡槽计算简图

由图 9-16 可知，U 形槽属一次超静定结构，X_1 为基本结构的超静定未知力；P 为槽顶荷载产生的集中力（包括拉杆、人行桥及顶部加大部分的重力）；M_0 为槽顶荷载对槽壳直线段顶部中心的力矩；τ 为剪应力，即两横截面上的剪力差，分布于截面中心的切线方向；p 为垂直作用于槽壁上的静水压强，一般水满槽时，水位按拉杆中心位置计算；q_l 为槽壁单位长度的自重（$q_l = \gamma_h t$），t 为槽壳厚度；R 及 R_0 为槽壳圆弧段的平均半径和内半径；h_0 为拉杆中心到圆心轴的距离；h_1 为圆心轴以上的水深；f 为直线段高度；k 为形心轴至圆心轴的距离。

通过结构力学计算，计算过程比较复杂，在此不再赘述。计算表明，U 形槽槽壁的上半部分一般为外侧受拉，最大正弯矩发生在 $\varphi = 30°$ 附近，槽壁下半部分内侧受拉，最大负弯矩发生在槽底 $\varphi = 90°$ 附近。

U 形槽横向钢筋的布置一般有两种方法：其一为双层布置，即按内外侧控制截面求得的钢筋，分别布置在内外层，这种方法较为常用；其二为单层布置钢筋，即根据弯矩图形，将受力钢筋布置在受拉的一侧，这种方法仅用在小型渡槽，槽壁较薄（厚度在 10 cm 以内）的情况。

为使槽身便于支承在槽墩(架)上及增加U形槽身支承点处的刚度,常在支点处设支承肋,对于简支梁式槽身即为端肋。对于端肋,可近似地视为一简支梁,梁高为端肋中部截面高度,假定槽身全部作用于两端肋简支梁上,荷载均匀分布,取跨中最不利截面进行内力计算及配筋。

在风较大的地区,当槽身较轻、受风面积及高度均较大时,应验算槽身空槽时的倾覆稳定性,以防止槽身在风荷载作用下倾倒掉落。

四、梁式渡槽支承结构

梁式渡槽的支承结构设计,主要包括形式选择、尺寸确定、排架与基础的连接方式以及结构计算等。

(一)支承结构的形式及尺寸

梁式渡槽的支承结构,一般有槽墩式和排架式两种形式。

1. 槽墩式

槽墩一般为重力式,包括实体墩与空心墩两种形式,如图9-17所示。

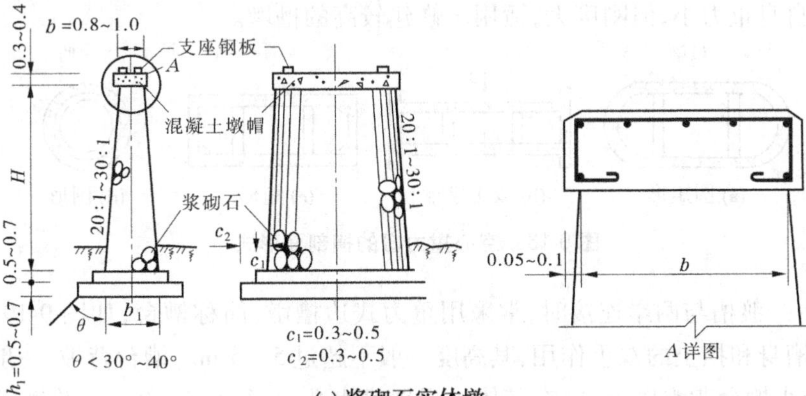

(a)浆砌石实体墩

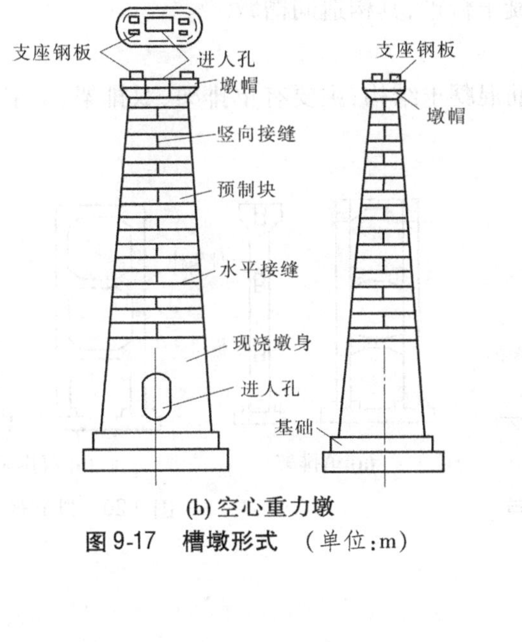

(b)空心重力墩

图9-17 槽墩形式 (单位:m)

(1)实体墩。实体墩的墩头形式多为半圆形或尖角形。墩顶长度应略大于槽身宽度,每边外伸约20 cm。墩顶宽度应大于槽身支承面所需的宽度,常不小于0.8 ~1.0 m。墩顶设置混凝土墩帽,一般厚度0.3 ~0.4 m,四周外挑5 ~10 cm,并布置一定的构造钢筋。为满足墩体强度要求和地基承载力要求,墩身两侧可做成20:1 ~30:1的斜坡。在墩帽上应设置油毡垫座或钢板支座,以便将上部荷载均匀传到墩体上,并减小槽身因温度变化而产生的水平力。实体墩一般采用混凝土或浆砌石结构,构造简单,施工方便,但使用材料多,自身重力大,故高度不宜太大,当槽墩较高、承受荷载又较大时,要求地基应有较大的承载力,因此这种墩高度一般为8 ~15 m。

(2)空心墩。其体形及各部分尺寸基本与实体墩相同。截面形式有圆矩形、矩形、双工字形、圆形等,如图9-18 所示。其壁厚一般为15 ~30 cm,为了加强墩身的整体性并便于分层吊装施工,竖向每隔2.5 ~4.0 m设置一道横梁,并在墩顶和墩底设置进人孔。空心墩墩身,可采用混凝土预制块砌筑,也可将墩身分段预制现场安装。当数量多、墩身较高时,可采用滑升钢模现浇混凝土施工。与实体墩相比较可节省材料,与槽架相比较可节省钢材。其自身重力小,但刚度大,适用于修建较高的槽墩。

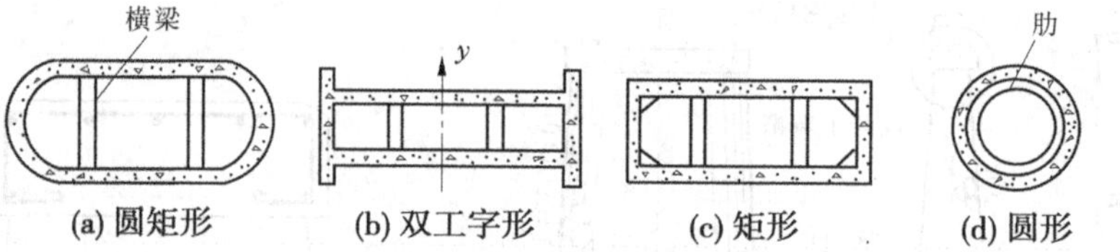

图9-18 空心重力墩的横剖面形式

(3)槽台。渡槽与两岸连接时,常采用重力式边槽墩,简称槽台,如图9-19 所示。槽台起着支承槽身和挡土的双重作用,其高度一般不超过5 ~6 m。槽台背坡,一般 $m=0.25$ ~0.5。为减小槽台背水压力,常在其体内设置排水孔,孔径为5 ~8 cm,并做反滤层予以保护。槽台顶应设混凝土台帽,其构造同槽墩。

2. 排架式

排架式一般为钢筋混凝土结构,主要有单排架、双排架、A 字形排架及组合式排架等形式,如图9-20 所示。

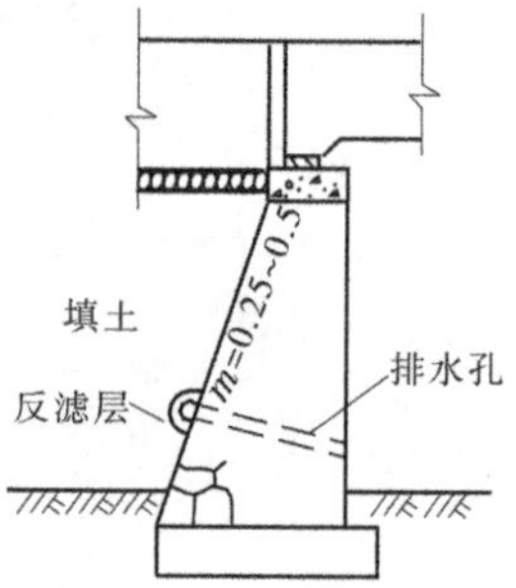

图9-19 重力式槽台

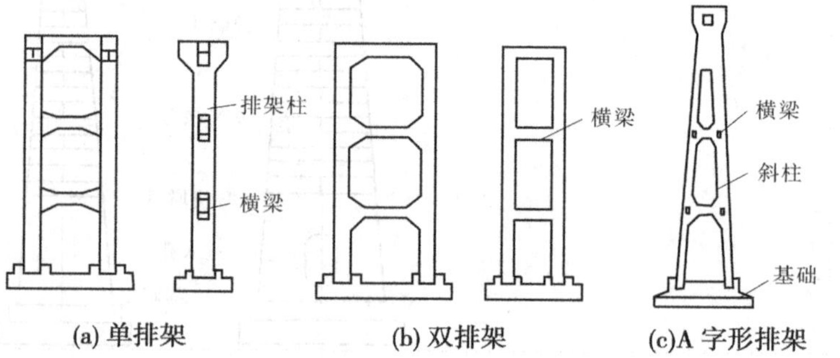

图9-20 排架形式

(1)单排架。这种排架是由两根立柱和横梁所组成的多层刚架结构,其构造如图 9-21 所示。具有体积小、质量轻、可现浇或预制吊装等优点,在工程中被广泛应用。单排架高度一般为 10 ~ 20 m。

单排架两根立柱的中心距,取决于渡槽宽度,一般应使槽身传来的荷载 P 的作用线与立柱中心线相重合,以使立柱成为中心受压构件。两立柱间设置横梁,自上而下等间距布置,横梁与立柱的连接处应设置补角。为改善槽身支撑条件,排架顶部常伸出悬臂短梁。

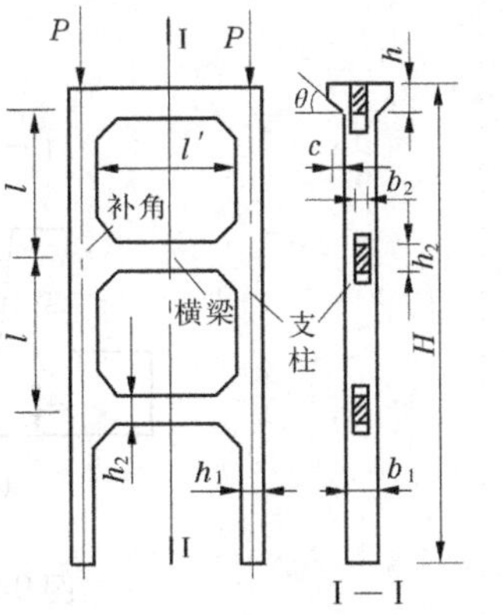

图 9-21 单排架构造

支柱各部分尺寸:长边(顺槽向)$b_1 = (1/20 \sim 1/30)H$,常用 $b_1 = 0.4 \sim 0.7$ m;短边(槽横向)$h_1 = (1/1.5 \sim 1/2.0)b_1$,常用 $h_1 = 0.3 \sim 0.5$ m。对于大型渡槽,可取大值或超过上述尺寸;对于跨度不大的中小型渡槽,支柱以纵向稳定为控制条件,b_1/h_1 值可增大。

两支柱间横梁:间距 $l = 2.5 \sim 4.0$ m;梁高 $h_2 = (1/6 \sim 1/8)l$;梁宽 $b_2 = (1/1.5 \sim 1/2.0)h_2$。

排架顶部悬臂:长度 $c \geq b_1/2$,高度 $h \geq b_1$;倾角 $\theta = 30° \sim 45°$。

(2)双排架。它由两个单排架及横梁组成,属于空间框架结构。在较大的竖向及水平荷载作用下,其强度、稳定性及地基应力均较单排架容易满足要求。可适应较大的高度要求,通常为 15 ~ 25 m。

(3)A 字形排架。通常由两片 A 字形单排架组成,其稳定性好,适应高度大,但施工较复杂,造价也较高。双排架和 A 字形排架均由单排架组成,其构造、基本尺寸可参考单排架确定。

(4)组合式排架。适用于跨越河道主河槽部分,在最高洪水位以下为重力式墩,其上为槽架,槽架可为单排架,也可为双排架。

(二)排架与基础的连接

排架与基础的连接形式,通常有固接和铰接两种。一般现浇时,排架与基础常整体结合,排架竖向钢筋直接伸入基础内,应按固接考虑。预制装配式排架,根据排架吊装就位后的杯口处理方式而定。对于固接,立柱与杯口基础连接时,应在基础混凝土初凝后、终凝前拆除杯口内模板并凿毛,在立柱安装前,将杯口清扫干净,于杯口底浇灌不小于 C20 的细石混凝土,然后将立柱插入杯口内,在其四周再浇灌细石混凝土,如图 9-22(a)所示。对于铰接,仅在立柱底部填 5 cm 厚的 C20 细石混凝土再抹平,将立柱插入杯口后,应在四周灌以 5 cm 厚的 C20 细石混凝土,最后,再在其上填以沥青麻绳等柔性材料,如图 9-22(b)所示。

(三)单排架结构计算

单排架的结构计算,一般分满槽(水)加横向风荷载、空槽加横向风荷载、施工吊装等情况进行,其计算简图由立柱和横梁轴线所组成,如图 9-23(a)所示。

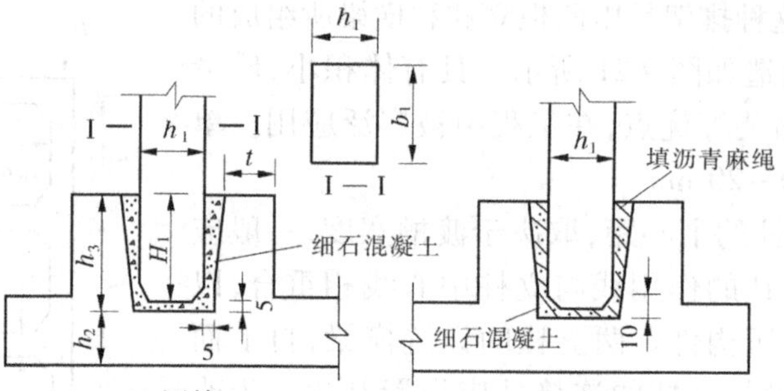

(a) 固接　　(b) 铰接

图 9-22　排架与基础的连接形式　（单位：cm）

1. 荷载确定

图 9-23 中 P 为槽身传给排架的铅直荷载，作用于柱顶；P' 为槽身承受的横向风荷载通过支座作用于立柱顶的一拉一压的垂直轴向力；T' 为槽身上的横向风荷载通过支架传给排架上的水平力，可按槽身风压的 1/2 计算；T_1、T_2、T_3 为排架立柱上化为节点荷载后的横向风荷载，忽略迎面立柱对背面立柱的挡风作用，则两立柱的风荷载相等。排架自重可化为节点荷载考虑（图中未示出）。其他荷载如动水压力、漂浮物冲击力及地震力等是否考虑，可根据实际情况确定。

2. 排架横向计算

荷载组合时，一般采用空槽加横向风荷载和满槽（水）加横向风荷载两种情况。前者往往对排架的内力及配筋起控制作用，而后者则对立柱的配筋起校核作用。

在节点处，铅直荷载为对称荷载，仅使立柱轴心受压，而不产生弯矩和剪力；水平荷载为反对称荷载，将使排架产生弯矩、轴力和剪力。在进行荷载作用分析时，可以利用结构的对称性，如图 9-24 所示。进行内力计算时，一般可采用“无剪力分配法”。

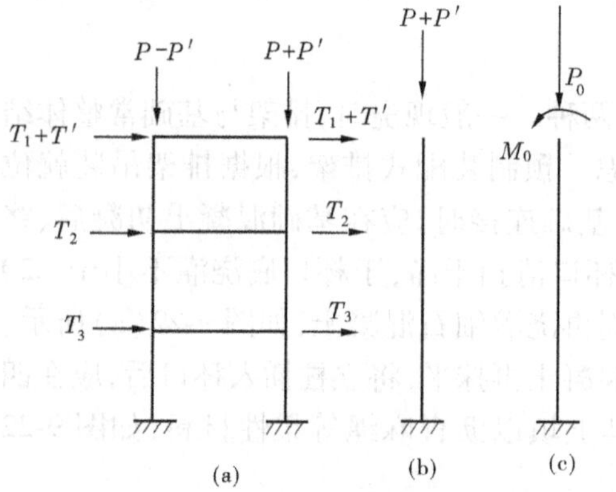

图 9-23　单排架结构计算简图

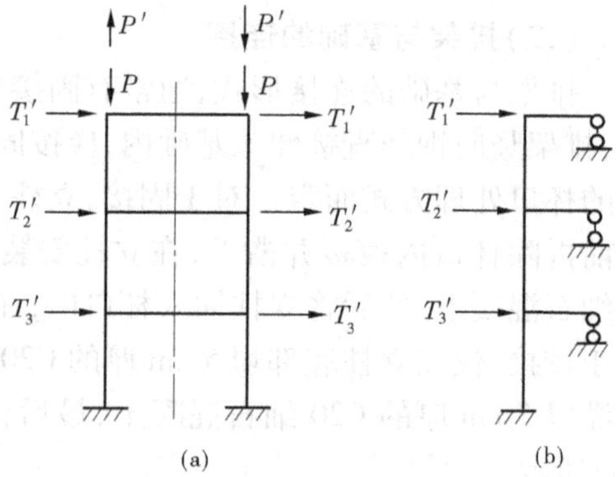

图 9-24　反对称荷载计算简图

由于风压力的方向可能是变化的，所以两个立柱的配筋应该相同。

3. 排架纵向计算

对于等间距排架的立柱，可按轴心受压构件并考虑纵向弯曲的影响进行承载力计算，计算简图如图 9-23(b)所示;若排架两侧跨度不相等,或一侧槽身吊装完毕而另一侧尚未吊装等情况,使排架两侧荷载不对称,此时,应按偏心受压构件验算,计算简图如图 9-23(c)所示。当考虑纵向弯曲时,立柱的计算长度可采用(0.7 ~0.8)H,其中 H 为排架总高度。

4. 排架吊装验算

对于施工吊装情况,其荷载和计算简图应根据运输、安装、吊点布置等情况而定。对于平放在地上的排架,可采用两吊点或四吊点。若排架总高度 $H<15$ m,宜采用两吊点,如图 9-25 所示;若总高度 $H>15$ m,宜采用四吊点。

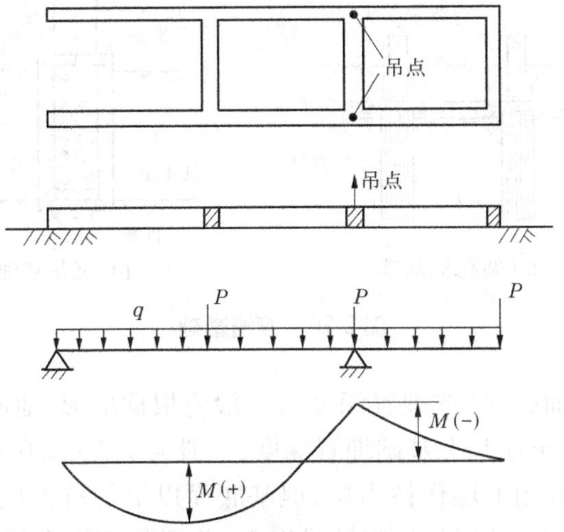

图 9-25 排架吊装计算简图

当排架的总高度较大时,为了避免因吊装所需要的钢筋超过正常运输所需要的钢筋用量,可分成 2 ~3 段进行预制,然后进行吊装拼接。

施工吊点的位置,一般应设在立柱与横梁相交处,并使立柱所承受的正、负弯矩相近。对于两吊点,排架的一端刚离地时,受力最不利,弯矩图如图 9-25 所示,图中均布荷载 q 为立柱自重,集中荷载 P 为横梁自重,在计算时,可考虑 1.1 ~1.3 的动力系数。当结构按运行情况配筋不能满足施工情况要求时,应改变设计施工吊装方案。当吊装困难很大时,也可考虑适当增加钢筋用量。

五、渡槽基础

(一)基础类型选择

渡槽基础,是将渡槽的全部重量传给地基的底部结构。渡槽基础的类型较多,根据埋置深度可分为浅基础和深基础,埋置深度小于 5 m 时为浅基础,大于 5 m 时为深基础;按照结构形式可分为刚性基础、整体板式基础(亦称柔性基础)、钻孔桩基础和沉井基础等。

渡槽的浅基础一般采用刚性基础及整体板式基础,深基础多为桩基础和沉井基础,如图 9-26 所示。

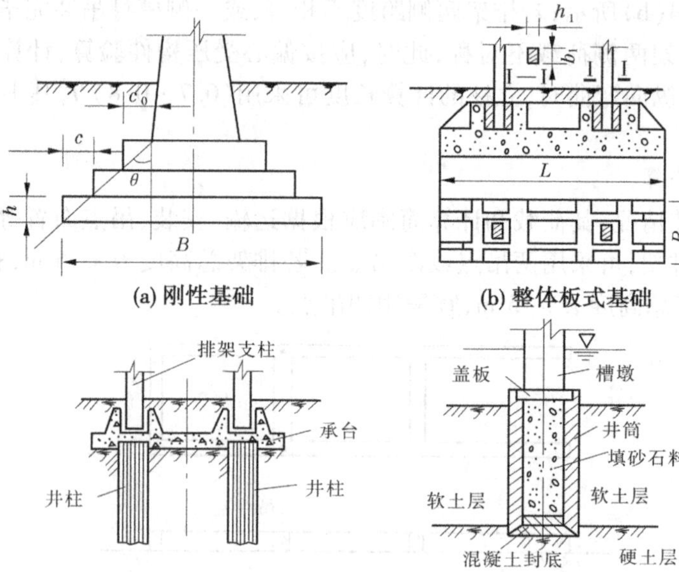

(a) 刚性基础　(b) 整体板式基础

(c) 钻孔桩基础　(d) 沉井基础

图 9-26　渡槽基础

对于浅基础,基底面高程(或埋置深度),一般应根据地形、地质、水文、气象条件和使用要求等条件选定。软土地基上基础埋置深度,一般为 1.5 ~ 2.0 m。当上层地基土的承载能力大于下层时,宜利用上层作持力层,但基底面以下的持力层厚度应不小于 1.0 m。坡地上的基础,基底面应全部置于稳定坡线以下,并削除不稳定的坡土和岩石,以保证工程的安全。对于冰冻地区,基底面埋入冰冻层以下不小于 0.3 ~ 0.5 m,以免因冰冻而降低地基承载能力。耕作地区的基础,基础顶面应设在地面以下 0.5 ~ 0.8 m。河槽中受到水流冲刷的基础,基底面应埋入最大冲刷线之下,以免基底受到淘刷而危及工程的安全。

对于深基础,入土的深度应从稳定坡线、最大冲刷深度处算起,以确保深基础有足够的承载能力。

(1)刚性基础。多用于重力式实体墩和空心墩基础,建筑材料一般用浆砌石或混凝土,其形状呈台阶形,所以又称扩大基础,如图 9-26(a)所示。因这种基础的抗弯能力小,而抗压能力较大,为使基础不产生弯曲或剪切破坏,基础在墩底面的悬臂挑出长度不宜太大,一般用刚性角进行控制。

刚性基础以台阶形式向下扩大时,一般每一级台阶的刚性角 θ 应满足以下条件:

$$\theta = \arctan \frac{c}{h} < [\theta] \tag{9-17}$$

式中 c——每一级台阶的悬臂长度,一般取 30 ~ 50 cm;

h——每一级台阶的高度,一般可取 50 ~ 70 cm;

$[\theta]$——刚性角的允许值,其大小与地基反力、基础形式及材料有关,一般为 30° ~ 40°,对于由 M5 以上砂浆砌筑的浆砌石基础不大于 35°,低于 M5 的砂浆砌筑的浆砌石基础不大于 30°,混凝土基础不大于 40°。

(2)整体板式基础。多用作排架基础,基底面积较大,采用钢筋混凝土梁板结构建造,如图9-26(b)所示。由于设计时考虑其弯曲变形而按梁计算,故又称柔性基础。这种基础可在较小埋置深度下获得较大的底面积,具有体积小、施工方便、适应变形能力强等特点,一般适用于地基较差、不均匀沉陷较大的情况。对于预制装配式排架,"杯口"的深度应略大于支柱插入深度,杯壁厚度取15~30 cm。

(3)钻孔桩基础。利用专门的钻井工具钻孔,在孔内放置钢筋后,最后灌注混凝土而成的井形桩柱,故又称井柱,如图9-26(c)所示。为了便于与槽墩或槽架的连接,在桩顶一般设置承台。

有时直接将桩柱向上延伸,而成为桩柱式槽架,如图9-27所示。

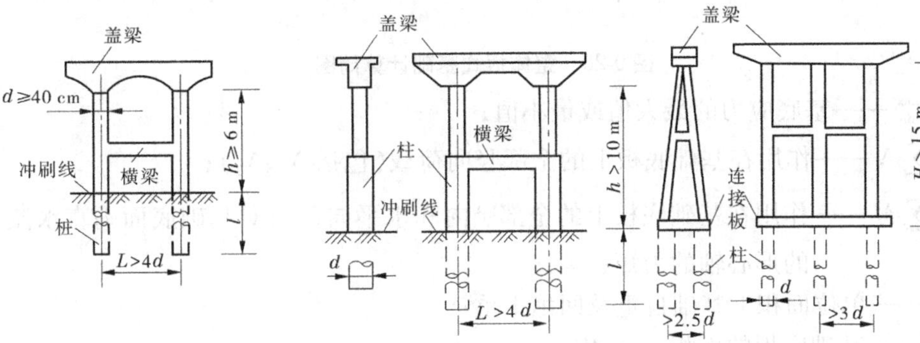

图9-27 柱桩式槽架

这种基础一般适用于荷载大、承载能力低的地基。其主要优点是施工机具简单,施工速度快,造价较低。

(4)沉井基础。沉井基础的适用条件与钻孔基础相似,在井顶做承台(盖板)以便修筑槽墩(架),如图9-26(d)所示。井筒内可根据需要填砂石料或低强度等级混凝土。

(二)基础设计

不同类型的基础设计计算方法不一样,在此,仅对整体板基础设计进行介绍,其他基础可参考有关资料。

(1)底板尺寸确定。基础底板面积的大小与排架传递的荷载以及地基的承载能力有关,尺寸的确定可以参考已建工程进行,也可以按照下式拟定。

$$B \geqslant 3b_1 \tag{9-18}$$

$$L \geqslant s + 5h_1 \tag{9-19}$$

式中 B——底板宽度;

L——底板长度;

s——两支柱间的净距;

b_1、h_1——排架支柱横截面的长边和短边的长度,如图9-28所示。

(2)地基应力验算。基础底板的尺寸确定以后,应根据支柱传给基础顶面的轴力 N_1、N_2,水平剪力 V 及弯矩 M 的大小,按照下式进行地基应力验算:

$$p_{\min}^{\max} = \frac{\sum N}{A} \pm \frac{\sum M}{W} + q \tag{9-20}$$

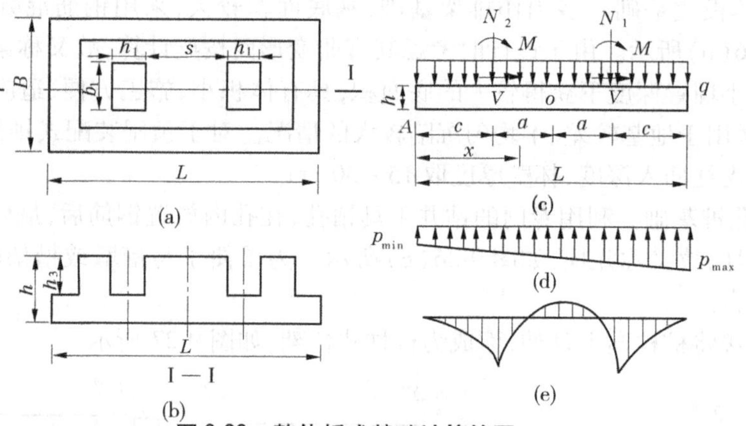

图 9-28 整体板式基础计算简图

式中 $p_{\min}^{\max}$——基底应力的最大值或最小值；

$\sum N$——作用在基础底板上的全部竖向荷载（包括 N_1、N_2）；

$\sum M$——作用在基础底板上的全部竖向和水平向荷载对基础底面垂直水流方向的形心轴的力矩；

q——单位面积上基础自重及回填土重；

A——基础底板的面积，$A = BL$；

W——基础底面对于垂直长边方向的形心轴的截面抵抗矩，$W = BL^2/6$。

一般要求基底的最大和最小应力平均值 p 不超过地基的允许承载力。

（3）底板内力与配筋计算。地基应力求出以后，应作为底板的荷载之一，直接作用于底板的底部。底板的配筋按以下方法确定：在长边方向，可以按倒置梁计算基础底板的弯矩，并可绘制出弯矩图，如图 9-28（e）所示。底层受力钢筋按支柱下的最大弯矩计算，顶层钢筋按跨中最大负弯矩计算；在短边方向，可将基础伸出的部分作为悬臂梁，在地基应力较大的一侧取单位宽度计算弯矩，并配置钢筋。

（4）冲剪强度校核。为了验算基础底板的厚度是否满足设计要求，按照《建筑结构》有关内容进行冲剪强度校核计算。

六、进出口建筑物

渡槽的进出口建筑物，主要包括进出口渐变段、连接段、槽身与上下游渠道的连接等建筑物，以及有时为了满足运用、交通、泄水等要求还须设置的节制闸、交通桥等建筑物。由于进出口段的布置已在前述，下面仅介绍槽身与上下游渠道连接。

为了确保渡槽的安全，槽身与渠道连接时应做到：①连接段的长度要满足防渗要求；②确保岸坡的稳定性，一般应设置护坡和排水设施；③对于填方渠道，要防止发生过大的沉降。

（一）与填方渠道的连接

槽身与填方渠道连接，常采用的方式为斜坡式（见图 9-29）和挡土墙式（见图 9-30）两种。

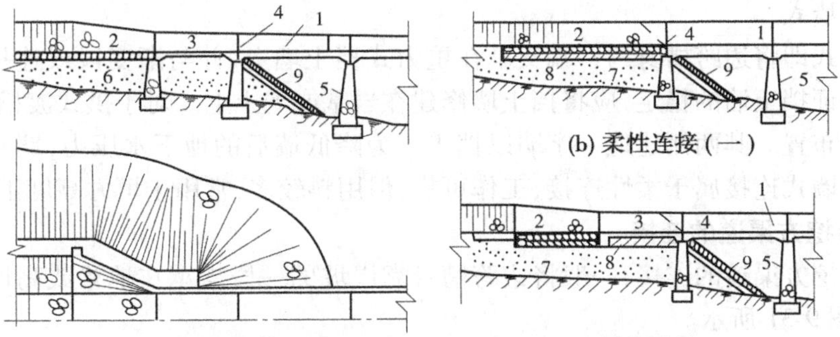

(a) 刚性连接　(b) 柔性连接(一)　(c) 柔性连接(二)

1—槽身;2—渐变段;3—连接段;4—伸缩缝;5—槽墩;6—回填黏性土;
7—回填砂性土;8—铺盖;9—砌石护坡

图 9-29 斜坡式连接

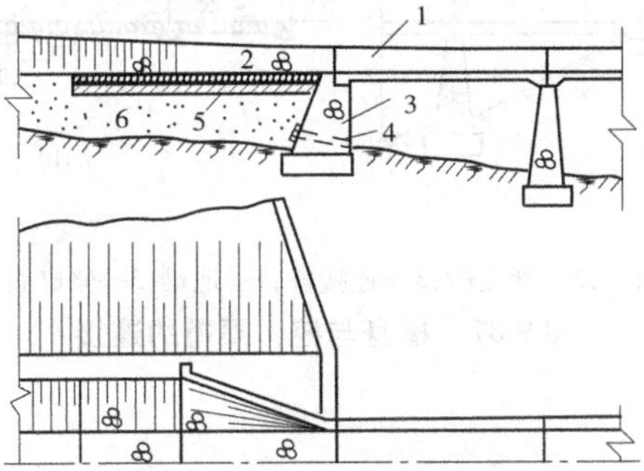

1—槽身;2—渐变段;3—挡土墙;4—排水孔;5—铺盖;6—回填砂性土

图 9-30 挡土墙式连接

1. 斜坡式

斜坡式连接是将连接段(或渐变段)直接伸入到填方渠道末端的锥形土坡内部。根据连接的支承方式,又分为刚性连接和柔性连接。

刚性连接是将连接段支承在埋入锥形护坡内的槽墩或槽架上,支承墩(架)建在岩基或老土上。槽身不受填方沉陷的影响,伸缩缝止水工作较为可靠,工程中应用较多。但是,由于槽底易与填方相互脱离开,可能会形成漏水通道。因此,应采取回填土夯实措施,以减小渠道的沉陷,并做好防渗处理工作。

柔性连接是将连接段直接搁置在填方渠道上。连接段将随填方渠道的沉陷而下沉,因此伸缩缝止水条件较差,对填方质量要求严格,应尽量减少沉陷量。这种连接方式,虽有节省支承工程量、造价较低等优点,但是工程中采用较少。

对于斜坡式连接,为了减少回填土的沉陷量,并满足防渗、排水及稳定要求,在渐变段和连接段下面的回填土宜用砂土(砂砾石土)填筑,并分层夯实,其上部铺 0.5 ~ 1.0 m 的防渗黏土铺盖。为满足防渗要求,进出口建筑物防渗长度,一般不应小于渠道最大水深的 3 ~ 5 倍。填方渠道的坡脚和堤底应设砂石反滤层,以利于排出渗水。渠道末端的锥形土坡不宜太陡,并要求设置护坡,以确保岸坡的稳定性。

2. 挡土墙式

挡土墙式即将边跨槽身的一端支承在重力式挡土墙上，并与渐变段或连接段直接相连。为了保证挡土墙的稳定，应将挡土墙修建在岩基或老土上。对于拱式渡槽，应按槽台的要求进行布置。其两侧建造一字墙以挡土。为降低墙后的地下水压力，墙身应设置排水孔。挡土墙式连接属于柔性连接，工作可靠，但用料较多，常用于填方高度不大的情况。

（二）与挖方渠道的连接

槽身与挖方渠道的连接，一般将边跨槽身靠岸坡的一段支承在地梁或高度不大的实体墩上，如图 9-31 所示。

槽身与渐变段之间常设连接段。有时为了减少槽身长度，可将连接段向槽身方向延伸，并支承在用浆砌石建造的底座上，如图 9-31(b) 所示。

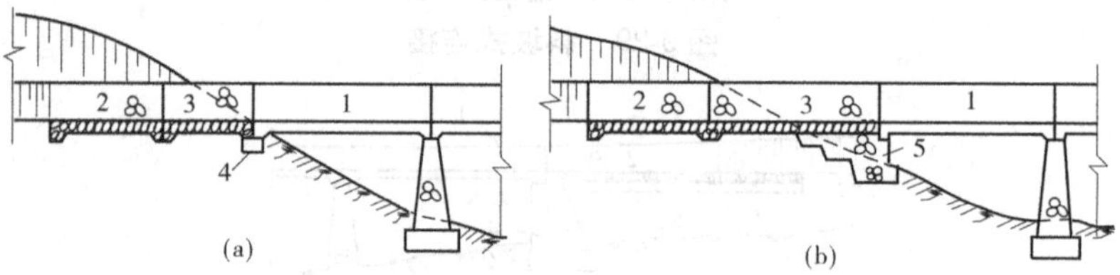

1—槽身；2—渐变段；3—连接段；4—地梁；5—浆砌石底座

图 9-31　槽身与挖方渠道的连接

任务五　拱式渡槽

【学习目标】

1. 掌握拱式渡槽的组成及各部分的作用。
2. 掌握拱上结构的类型及适用情况。
3. 掌握主拱圈参数确定的方法。
4. 能熟练识读梁式渡槽工程图。

拱式渡槽主要特征是支承结构由墩台、主拱圈和拱上结构组成，如图 9-32、图 9-33 所示。与梁式渡槽相比，其支承结构上增加了主拱圈和拱上结构两大部分。因此，决定了拱式渡槽与梁式渡槽的形式、构造和特点的不同。拱式渡槽的设计内容，主要包括渡槽的拱上结构、主拱圈、墩台等。

一、拱上结构及槽身

拱式渡槽的拱上结构，是设置在主拱圈以上，用来传递槽身荷载的重要结构。其形式有实腹式(见图 9-32)和空腹式(见图 9-33)两种。拱上结构的形式拟定，与主拱圈的结构形式及构造特征相协调，并有利于槽身的受力条件及渡槽的整体稳定性。

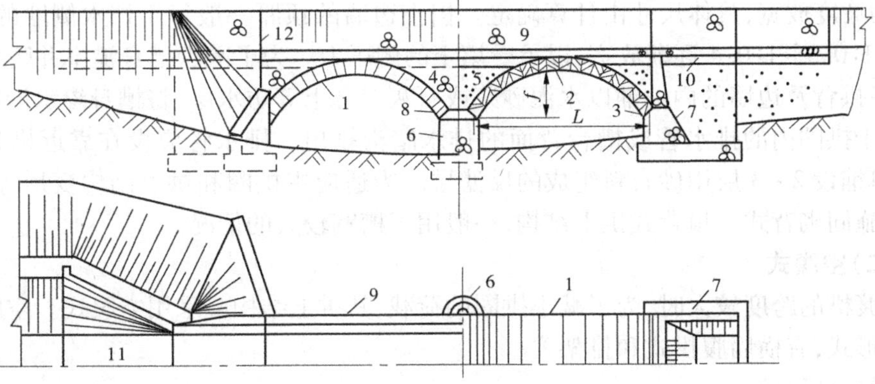

1—拱圈;2—拱定;3—拱脚;4—边墙;5—拱上填料;6—槽墩;7—槽台;
8—排水管;9—槽身;10—垫层;11—渐变段;12—变形缝

图 9-32 实腹式拱式渡槽

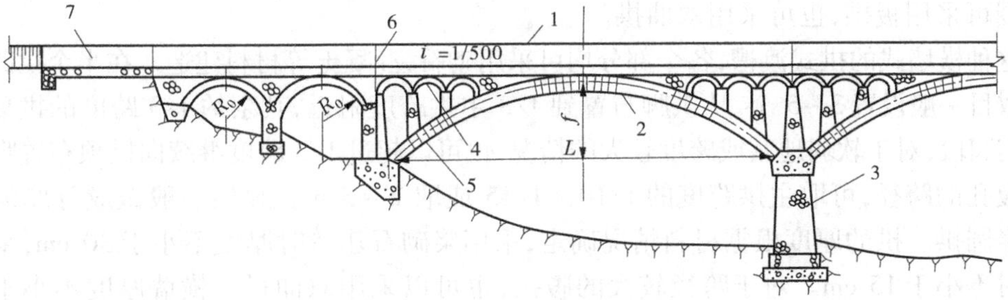

1—槽身;2—主拱圈;3—槽墩;4—腹拱;5—横向墙;6—伸缩缝;7—进口段

图 9-33 空腹式拱式渡槽

(一)实腹式

实腹式拱上结构,各个部分均可用砖、石和混凝土等材料建造,由于材料用量多、质量大,故一般用于小跨度渡槽。这种形式的槽身一般采用矩形断面,而主拱圈一般采用板拱,也可采用双曲拱。实腹式拱上结构,按构造的特点又可为砌背式和填背式两种形式。

1. 砌背式

拱背上砌筑成实体结构,其上再砌筑槽身的挡水侧墙和底板。为了减小槽身糙率和防止槽身渗水对拱圈的侵蚀作用,在槽身侧墙和底板的迎水面可抹 1 ~ 2 cm 厚的水泥沙浆,或浇 5 ~ 10 cm 厚的混凝土。为了适应主拱圈和拱上结构的变形和因温度下降槽身产生的纵向收缩,常在槽墩顶部设变形缝,将槽身和拱上结构分成若干段。缝距一般不大于 15 cm,如单跨的跨度大,也可在主拱圈的拱顶处再设置一道变形缝。缝的宽度为 2 ~ 5 cm,对于槽身缝,需要设置止水。砌背式拱上结构,一般用于槽宽不大的情况。

2. 填背式

填背式是在拱背两侧砌筑挡土边墙,墙内填以砂石料或土料,在边墙和填料的上面再筑槽身的侧墙和底板。底板的作用主要是防渗和防冲,可以做得较薄,但不宜小于 20

cm。挡水侧墙顶部厚度按构造要求确定,不宜小于 30 ~ 50 cm,并自顶部向下以 1∶0. 3 ~ 1∶0. 4的坡度放宽,具体尺寸由计算确定。挡土边墙的顶厚一般等于挡水侧墙的底厚,向下也以 1∶0. 3 ~ 1∶0. 4 逐渐放宽,以承受填土的侧压力。为了减少槽身糙率并防止槽身渗水,应在拱背及边墙的内坡铺以水泥砂浆或石灰三合土等防水层,将槽身渗水沿防水层引至埋设于拱圈内的排水管或槽台背面的排水暗沟排出。排水管应设在靠近拱脚的最低处,进口铺设 2 ~ 3 层用砂石料组成的反滤层。为适应主拱圈和拱上结构变形等影响,其结构措施同砌背式。填背式拱上结构,一般用于槽宽较大的情况。

(二)空腹式

当渡槽的跨度较大时,为了减小拱圈的荷载,其拱上结构应采用空腹式。空腹式拱上结构的形式,有横墙腹拱式和排架式。

1. 横墙腹拱式

在实腹式拱上结构中,对称地留出若干个城门洞形的孔洞,即可成为横墙腹拱式结构,如图 9-33 所示,这些孔洞也称为腹孔。在腹孔顶部设有腹拱,而腹拱背上的腹腔常筑成实腹式,上面的槽身则采用矩形断面,腹拱支撑于横墙上,沿纵向弹性支撑于主拱圈上,主拱圈可采用板拱,也可采用双曲拱。

这种横墙式的拱式渡槽,各个部分均可采用砌石、混凝土等材料建造。在半个拱跨内腹孔的数目一般设置 3 ~ 5 个,从拱脚布置到 1/3 主拱跨度附近,其余约 1/3 跨度的拱顶段仍筑成实腹段,对于软弱地基或跨度较大的情况,也可以超过 1/3 跨度继续向拱顶布置腹孔。

腹孔的跨径,可取主拱跨度的 1/10 ~ 1/15 或取 2 ~ 5 m。腹拱一般做成等厚的圆弧拱或半圆拱。拱的厚度根据材料情况确定,采用浆砌石建造时厚度不小于 30 cm,采用混凝土时不小于 15 cm。对于跨径较大的腹拱,也可以采用双曲拱。横墙厚度不小于腹拱厚度的 2 倍。

在槽台的顶部应设置贯通横缝,将槽台与拱上结构分开,如图 9-34(a)所示,也可将靠近槽台的腹拱做成两铰拱、三铰拱,并在铰处设伸缩缝,如图 9-34(b)、(c)所示。为了形成简易的拱铰,在拱铰处的砌缝可垫 2 ~ 3 层沥青毛毡或采用干砌结构。在空腹与实腹交接处,主拱圈上的边墙也易产生变形而发生裂缝。因此,也应设置适宜的变形竖缝。

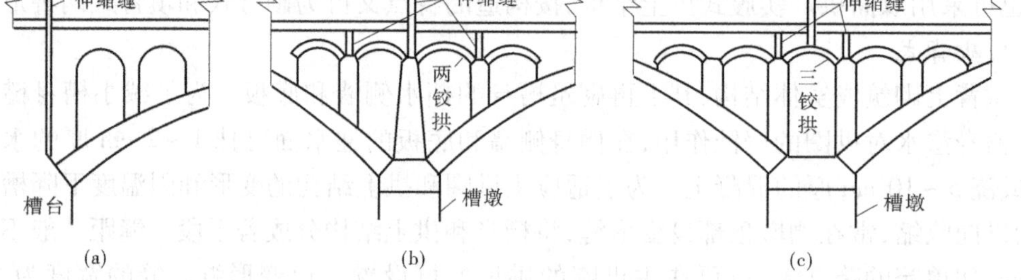

图 9-34 空腹式拱上结构的分缝

拱式渡槽的主拱圈,在对称竖向荷载作用下,拱顶段将产生正弯矩(内缘受拉),拱脚附近将产生负弯矩,其反弯点约在 1/3 拱跨处,因而拱的变形曲线也呈这种形式。所以,槽身在全跨度范围内如果不设缝,约 1/3 跨长的拱顶将段是下部受拉,其余部分将是上部拉。为了避免因这种变形应力而开裂和适应温度变化产生的胀缩,空腹拱式渡槽的槽身,除在槽台顶部设缝外,还应根据跨度的大小,在拱顶、1/3 及 1/4 跨处设置变形缝,将槽身分为两段、三段或四段,缝的宽度为 2 ~5 cm,并在缝中设置止水。

横墙腹拱式拱上结构,主要优点是节省钢材,但质量仍较大 ,圬工材料用量较多,仍属于重型结构。所以,通常适用于中等跨度的情况。

当跨度较大时,为了进一步减小主拱圈的荷载,除缩小实腹段的长度外,也可以在横墙上设置孔洞,或采用立柱腹拱式腹孔,即用立柱代替横墙在柱顶设横梁支承腹孔的拱圈结构形式。

2. 排架式

拱上结构属于排架式,如图 9-4 所示的拱式渡槽。槽身搁置于排架顶部,排架固接于主拱圈之上,主拱圈多采用肋拱形式。对于大跨度情况,为了加强横向刚度和稳定性,主拱圈也可采用双曲或箱式板拱。

排架与拱肋的接头,常采用杯口式连接(见 9-35(a)),也可用预留插筋(见图 9-35(b))、型钢或钢板等形式。排架对称布置在主拱圈上,其间距视主拱圈的跨度大小而定,当主拱圈跨度较小时,排架的间距一般采用 1. 5 ~3. 0 m,跨度较大时,约为拱肋宽度的 15 倍或采用 3 ~6 m。

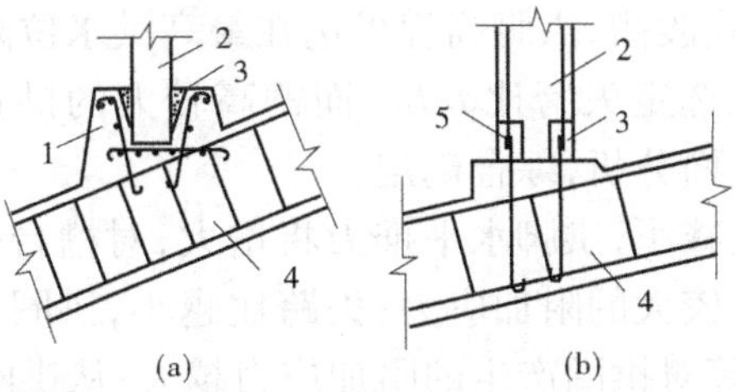

1—杯口;2—排架立柱;3—二期混凝土;4—拱肋;5—钢筋焊接接头

图 9-35 排架与拱肋的连接

排架间距较小时,尽管增加了排架工程量,但槽身跨度较小,排架传给主拱圈的荷载较均匀,有利于改善槽身和主拱圈的受力条件。为适应主拱圈变形和温度变化,应在拱跨的槽身上设置变形缝,将槽身分为若干节,并支承于两个排架上,如图 9-4 所示为纵向支承的简支式,也可采用等跨双悬臂式。所以,槽身虽起纵向梁作用,但跨距小,故可采用少筋或无筋混凝土建造,横断面形式可以采用 U 形,也可采用矩形。

采用排架式拱上结构的渡槽,比横墙腹拱式更为轻巧,对钢筋混凝土结构,可适用于较大的跨度。

空腹式拱上结构形式多种多样,可配合主拱圈和槽身,选用空腹拱式渡槽的形式和跨度。各个部分建筑材料,应根据结构形式和受力条件的不同选用。

二、主拱圈设计

主拱圈是连接渡槽拱上结构与墩台的主要承重结构,较为常用的主拱圈有板拱、肋拱和双曲拱等形式。其设计内容主要包括主拱圈的基本参数确定、拱轴线形式的选择、截面尺寸的确定、主拱圈结构计算等。

(一)基本参数确定

主拱圈基本参数包括跨度 L、矢高 f、拱宽 b、拱脚高程、矢跨比 f/L 和宽跨比 b/L 等。

主跨圈在跨径中央处称为拱顶,两端与墩台连接处称为拱脚,各径向截面重心的连线称为拱轴线。两拱脚截面的重心距离 L 称为计算跨度,简称跨度(见图 9-33)。拱顶截面的重心到拱脚截面中心的铅直距离 f 称为计算矢高,简称矢高。拱圈外边缘的距离 b 称为拱宽。b/L 称为宽跨比,f/L 称为矢跨比。

(1)跨度 L。当 $L<15$ m 时为小跨度,$L=15\sim50$ m 时为中等跨度,$L>60$ m 时为大跨度。跨度的确定,应根据地形、地质、施工条件、渡槽形式及材料供应等因素综合分析。对于槽高不大的渡槽,宜选用小跨度;对于跨越深谷、槽高很大、基础施工很困难的拱式渡槽,可采用大跨度; 一般情况下,在无特殊要求时,可采用 40 m 左右的中等跨度。

(2)宽跨比 b/L。拱宽 b 常与槽身宽度相等,宽跨比对主拱圈横向稳定有较大影响,b/L 越小其横向稳定性越低,一般要求 $b/L>1/20$。对于大跨度小流量的渡槽,宽跨比一般较小,要求 $b/L\geqslant1/25$。为了加大宽跨比,以满足主拱圈的横向稳定要求,槽身的深度比 h/b 可以比梁式渡槽小些。

(3)矢跨比 f/L。矢跨比也叫拱度,反映拱的隆起程度。当 $f/L\leqslant1/5$ 时为坦拱;当 $f/L>1/5$ 时为陡拱。主拱圈的拱顶常与槽身底面相接触。所以,拱脚高层的确定,对矢高 f 有直接影响。槽高不大的拱式渡槽,拱脚高程可选在最高洪水位附近,故矢高 f 的选择余地不大,只有调整跨度 L 才能选定矢跨比 f/L。而槽高较大的拱式渡槽,拱脚高层和矢高 f 的确定范围较大,一般应全面分析,综合确定。

从力学角度看,矢跨比减小,拱脚水平推力将增大,对槽台受力不利。特别是地基条件较差时,会导致槽台产生较大的附加应力;矢跨比越小,拱圈弹性压缩、混凝土收缩、温度变化及地基不均匀沉陷等对拱圈产生的附加应力越大;从拱圈变形来看,拱顶的挠度将随矢跨比减小而加大,尤其是跨度越大变化越明显;从拱圈稳定看,过坦和过陡都不利;从施工角度看,矢跨比越小施工越方便。对于槽高较大的拱式渡槽,为使渡槽外形协调,受力条件较好,矢跨比可适当取大些,以加大矢高、减小槽墩的高度。

对于总长度很大的拱式渡槽,河槽部分宜采用较大的跨度,而两岸滩地或台地部分,因槽高较小可采用较小的跨度。

对于多跨拱式渡槽,为使中墩两侧拱脚水平推力平衡,并使基底压力分布比较均匀,各跨的矢高、跨度和矢跨比应采用相同的数值,进行等跨布置。

根据实践经验,一般石拱渡槽,$f/L=1/3\sim1/5$;肋拱渡槽,$f/L=1/3\sim1/6$;双曲拱渡槽,$f/L=1/5\sim1/8$。

(二)拱轴线形式的选择

拱式渡槽主拱圈的拱轴线形式,一般有圆弧形、悬链线形和二次抛物线形三种。选择拱轴线形状的基本原则,是使拱轴线和拱圈的荷载压力线相吻合。

1. 圆弧形

圆弧形拱圈(简称圆弧拱)多用于跨度较小的渡槽,其中心角一般为 120°~130°,也可采用半圆形。但是,半圆拱的 1/4 跨到拱脚范围常产生较大的拉应力,为防止这段拱圈被拉裂，通常可用带有挑出拱座的墩台，如图9-36所示。圆弧拱的主要优点是构造简单，施工方便；缺点是拱圈受力条件较差，材料用量较大。

圆弧形拱轴线的方程，如用图9-37所示坐标表示，其方程式如下：

$$\left.\begin{aligned} x^2 + y_1^2 - 2Ry_1 &= 0 \\ x &= R\sin\varphi \\ y_1 &= R(1-\cos\varphi) \end{aligned}\right\} \tag{9-21}$$

式中 R——圆弧拱半径，$R = l_1(l_1/f + f/l_1)/2$。

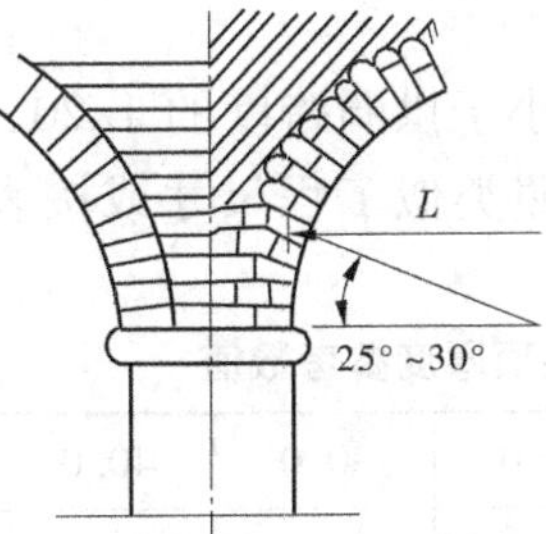

图9-36 挑出拱座的墩台

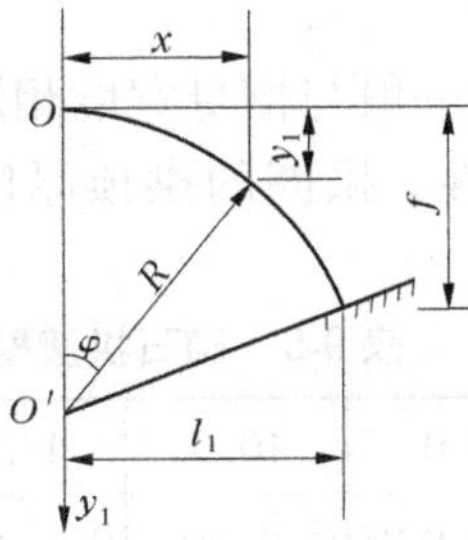

图9-37 圆弧形拱轴线坐标

2. 悬链线形

当渡槽跨度较大时，拱轴线常采用悬链线，使拱圈各截面上只有轴向力，而无弯矩，剪力为零或者很小，以充分发挥材料的抗压性能。对于实腹拱式渡槽，拱轴线采用悬链线形是较为经济合理的；对于空腹拱式渡槽，拱轴线采用二次抛物线形较为合理。

悬链线的方程式（见图9-38）为

$$y_1 = f(\text{ch}\kappa\xi - 1)/(m-1) \tag{9-22}$$

$$k = \ln(m + \sqrt{m^2 - 1}) \tag{9-23}$$

式中 m——拱轴系数，$m = g_k/g_s$，g_k、g_s 为拱脚和拱顶的荷载强度，计算公式为式(9-24)和式(9-25)；

ξ——比例系数，$\xi = x/l_1$；

其余符号意义如图9-38所示。

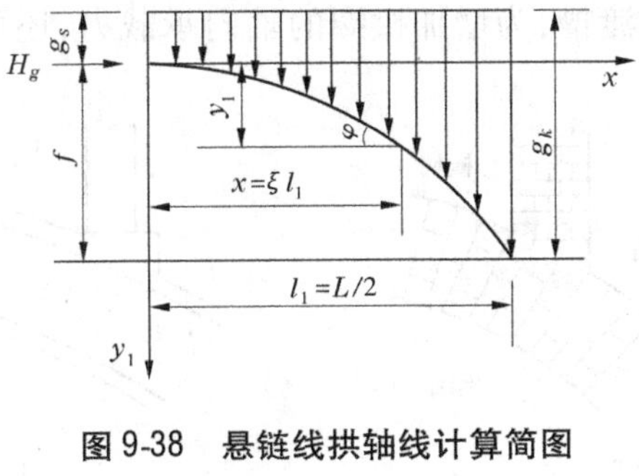

图9-38 悬链线拱轴线计算简图

拱脚、拱顶的荷载强度，计算公式为

$$g_k = q_1 + \gamma_1 d_k/\cos\varphi_k + \gamma_2 h_k \tag{9-24}$$

$$g_s = q_1 + \gamma_1 d_s + \gamma_2 h_s \tag{9-25}$$

式中 q_1——槽身自重、水重、人行道板重、人群荷载等在单位面积上的平均重量；

γ_1、γ_2——拱圈材料及拱上填料（或砌体）的重度；

d_s、d_k——拱顶和拱脚的拱圈厚度；

h_s、h_k——拱顶和拱脚处的拱上填料（或砌体）的高度；

φ_k——拱轴在拱脚处的切线与水平面的夹角（水平倾脚），(°)。

（三）拱圈截面尺寸和构造

1. 板拱渡槽

拱圈的横向宽度，一般与槽身宽度相同，且不小于拱圈跨度的1/20，以保证拱圈有足够的横向刚度和稳定性。拱圈的拱顶厚度，可参照类似工程尺寸或按表9-5中所列数据初步拟定。

表9-5　砌石拱渡槽主拱圈拱顶厚度参考数值

拱圈跨度(m)	6.0	8.0	10.0	15.0	20.0	30.0	40.0	50.0	60.0
拱顶厚度(m)	0.3	0.3~0.35	0.35~0.4	0.4~0.45	0.45~0.55	0.55~0.65	0.7~0.8	0.9~0.95	1.0~1.1

表9-5中数值，当拱圈较平坦时，采用较大值；拱圈净跨大于20 m时，宜采用变截面拱圈，此时拱脚厚度应加大，可采用1.2~1.8倍拱顶厚度；当采用混凝土拱圈时，表中数据可减小10%~20%。

对于料石或混凝土预制砌筑的渡槽，沿拱圈的径向截面应设置通缝，使各层结合良好并能均匀传递轴向压力。较厚的拱圈可分层砌筑，各层间切向缝应互相错开，错距不小于10 cm。

对于厚度较大的变截面拱圈（拱厚从拱顶到拱脚逐渐加大的截面），内圈一般采用料石砌筑，而外圈用块石砌筑以适应拱圈的变化。拱圈与墩台、横墙等连接处，常采用五角石，如图9-39所示，以满足抗剪要求并便于与砌缝配合。

大跨度砌石板拱的砂浆强度等级不低于M10，小跨度可用M5，石料不应低于MU30。

对于大跨度的拱圈，可采用钢筋混凝土箱式板拱，如图9-40所示，每隔一定距离在横墙下面等位置设置横隔板，以加强拱圈的横向刚度与整体性。施工时，可分成几个工字形构件预制吊装，对于大流量渡槽，为增加拱圈的轴向承载力，还可在空箱内浇筑二期埋石混凝土。

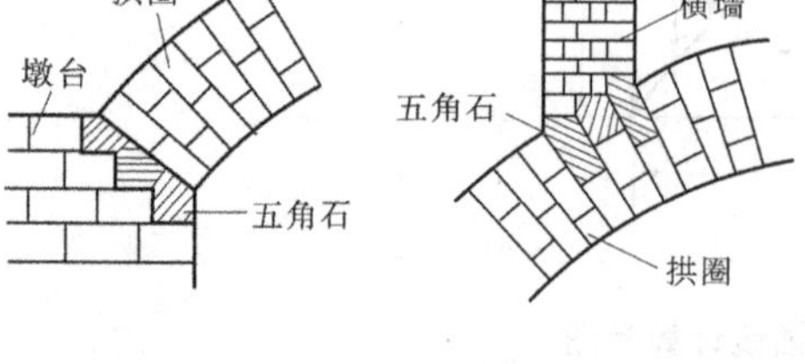

图9-39　拱圈与墩台和横墙的连接

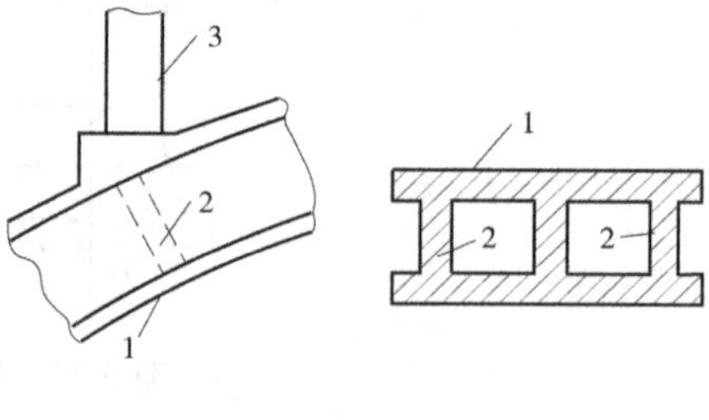

1—拱板；2—横隔板；3—横墙

图9-40　箱式拱板

2. 肋拱渡槽

拱肋的厚度一般不小于 20 cm。小跨度的拱肋常采用等截面，大跨度的可采用变截面。初步拟定尺寸时，拱顶厚度可取为拱跨的 1/40 ~ 1/60。连接拱肋的横系梁，常采用矩形截面，宽度不小于长度的 1/15，且一般不小于 20 cm，在拱肋的连接处须加做托承。

对于钢筋混凝土拱肋，其混凝土强度等级不宜低于 C20，无铰拱肋的纵向受力钢筋应伸入墩帽内，伸入深度应不小于拱脚厚度的 1.5 倍。

拱肋横断面通常采用矩形，厚宽比一般为 1.5 ~ 2.5。承受弯矩较大的大跨度拱肋，为加大抗弯能力和节省材料用量，可采用 T 形、工字形或箱形断面。

3. 双曲拱渡槽

双曲拱的拱肋和拱波通过横向联系连接成整体，横向联系一般有横系梁和横隔板。横系梁的间距一般为 3 ~ 5 m。横隔板的间距一般不超过 10 m，因其刚性较大，通常用在拱顶、1/4 拱跨、拱上结构的横墙或立柱下面以及分段吊装拱肋的接头处，如图 9-41 所示。

对于空腹式拱上结构，其横墙或立柱下面的横隔板，不仅加强了拱圈的横向整体性，而且将横墙和立柱传来的竖向荷载比较均匀地传给拱肋和拱波，使拱肋和拱波同时沿纵向方向共同受力。

横隔板的厚度，一般在 20 cm 左右。目前，横向联系均按构造决定尺寸和配筋，一般可设 ϕ10 ~ 16 钢筋 4 ~ 6 根，并尽量与拱肋主筋相连。

双曲拱的横截面尺寸，见图 9-42，可按以下经验公式拟定：

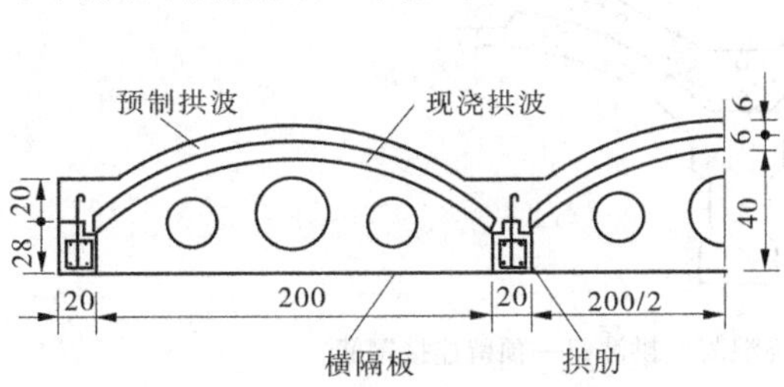

图 9-41 双曲拱拱圈与横隔板 （单位：cm）

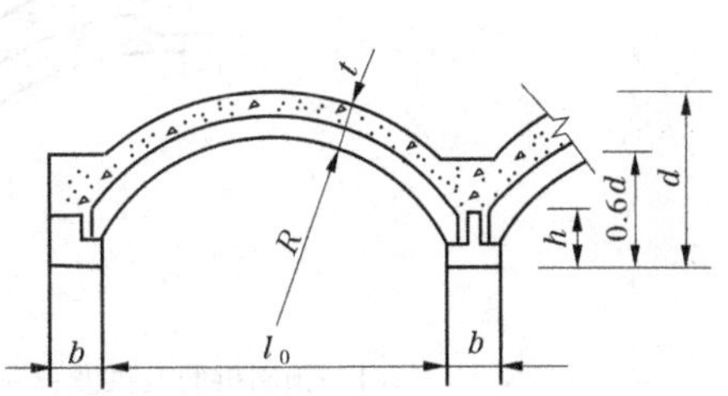

图 9-42 双曲拱截面尺寸

主拱圈高度 d 与拱波厚度 t：

$$\left.\begin{aligned} d &= (L/100 + 35)K \quad &(\text{cm}) \\ t &= L/800 + 8 \quad &(\text{cm}) \end{aligned}\right\} \tag{9-26}$$

拱肋宽度 b 和高度 h：

$$\left.\begin{aligned} b &= L/800 + 18 \quad &(\text{cm}) \\ h &= 0.4d \quad &(\text{cm}) \end{aligned}\right\} \tag{9-27}$$

式中 L——主拱圈计算跨度，cm；

K——系数，可采用 1.2 ~ 1.3。

为了加强拱波、拱肋的连接，拱肋断面多采用凸形、L 形（用于边肋）和凹形等形状，还常在拱肋顶面设置齿槽，并配置锚固钢筋，如图 9-43 所示。

拱波多为预制和现浇两层，预制块的横断面采用长方形，厚度一般为 6 cm，宽 20 ~ 30

cm。为了便于砌缝填实,并使现浇层与之结合得更好,拱波预制块的一侧应做成具有削角的斜面,如图 9-44 所示。

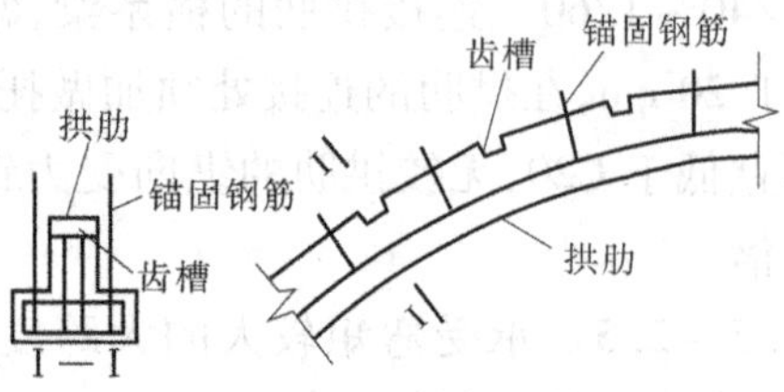

图 9-43 连接齿槽与锚固钢筋

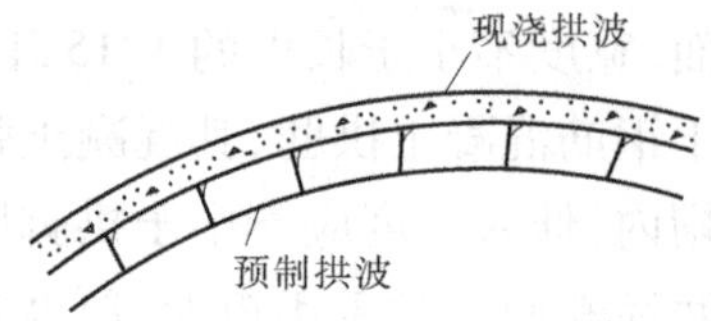

图 9-44 预制削角拱波

拱波横断面轴线通常采用圆弧形,有单波和多波等形式。为了减少拱肋与拱波的接缝,加强整体性,以采用单波或少波(二波、三波)为宜。拱波常用跨径为 l_0 = 1.2 ~ 1.6 m,有的工程已采用 1.8 ~ 2.0 m。拱波的矢跨比多为 1/3 ~ 1/5。

在中肋上的波谷用混凝土加高到 0.6d。主拱圈的混凝土强度等级,一般拱波采用 C20,拱肋采用 C25 ~ C30。

为了加强拱圈的整体性,可将拱肋和两侧各半个拱波预制成整体的飞鸟型单元,如图 9-45所示,吊装就位后将预留在相邻单元的连接钢筋焊接好,再浇筑二期混凝土拱波。这种结构形式的双曲拱一般用于大型渡槽。

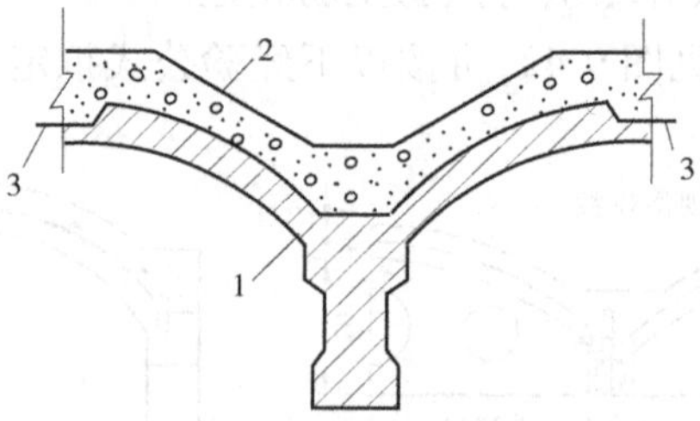

1—预制拱肋及拱波;2—现浇混凝土拱波;3—预留连接钢筋

图 9-45 飞鸟型双曲拱单元

在渡槽和桥梁工程中,早期的双曲拱还采用填平式拱波,即将波谷填到与波顶齐平。但这种形式,横断面厚度变化较大,易产生纵向裂缝,目前采用很少。

(四)主拱圈的受力特点

(1)承压作用。由于支座的约束,通过拱的作用将铅直荷载转变为轴向压力,因此拱圈内力主要是压应力。作为承压结构,主拱圈可用圬工材料建造,并且可以用于很大的跨度,在我国已建成不少超过 100 m 的大跨度拱式渡槽。

(2)推力拱作用。当拱脚无水平约束时,在力学性能上,主拱圈仍然是梁而不是拱。由于铅直荷载的作用,将对支座产生水平推力,如果支座受到破坏而不能提供与水平推力相平衡的反力时,主拱圈就从拱的作用转变为梁的作用,便不能承受原有拱荷载而迅速破坏和失稳。

(3)连拱作用。对于多跨拱式渡槽,如某跨一个支座产生变位,将引起该跨另一端的支座产生弯矩,邻跨也将受到影响。特别是一跨受到破坏时,相邻跨的拱脚水平推力便完全由拱墩承担，当拱墩承受不住这一推力时，便会倾倒，相邻跨也随之破坏。

(4)稳定特征。主拱圈在铅直荷载作用下，将产生强大的轴向压力迫使拱轴变形，当铅直荷载达到一定限度时将失去稳定。拱圈的失稳，有纵向和横向两种形式。纵向失稳，是拱圈在拱轴平面内迅速变形而失稳。横向失稳，是拱圈翘离拱轴平面迅速变形而失稳。

主拱圈的稳定与拱圈结构刚度、整体度、拱圈荷载分布形式有关。对于横向，板拱的刚度和整体性最高，双曲拱次之，肋拱最小。如果拱圈铅直荷载成对称分布，且较均匀，两侧较大而中间较小，则拱圈的稳定性最高；如果拱圈铅直荷载很集中且不对称，则拱圈的稳定性很低。

拱结构的布置，应保证荷载满足对称、均匀、两侧较大而中间较小的要求，以提高拱圈稳定性。拱跨结构的施工，也应按这个原则进行施工组织设计和施工，并应注意推力拱和连拱特点，而使各相邻跨的加载程序互相配合，以确保安全。主拱圈的稳定性，随跨度加大而变化，所以主拱圈的稳定性，便成为大跨度拱式渡槽设计和施工的关键。

(5)地基条件。跨度较大的拱式渡槽，一般要求建在岩基上，以避免地基产生不均匀沉陷而引起过大的拱脚变位，并承受边跨拱脚的强大水平推力。当地基条件较差时，为适应拱脚的变位(小变位)，可设置拱铰，或采用桩基础或沉井基础等。

对于多跨拱式渡槽，每一个槽墩两侧的拱跨应当相同，以使两侧拱脚的水平推力互相平衡。为了避免一拱跨受到破坏而使全部拱跨破坏，可以考虑设置加强墩。

(五)主拱圈的结构计算

主拱圈的结构计算，主要包括拱圈内力计算、强度计算及稳定验算。基于教材面对的对象和篇幅考虑，不再讲述该内容，可参考有关书籍。

三、槽墩和槽台

拱式渡槽的墩台，其结构形式通常采用重力式，一般为浆砌块石或混凝土实体结构，底部多为刚性基础。对于软弱地基，为减小不均匀沉陷和限制墩台的变位，可采用桩基础或沉井基础。

(一)槽墩

拱式渡槽的槽墩形式，根据受力特征，可分为对称墩、不对称墩和单向推力墩等。

(1)对称墩。多跨拱的渡槽，其中墩因两侧受力平衡，故称为对称墩，墩体受力情况与梁式渡槽的重力墩相似，其形式与构造也相近，但对墩帽的要求较高。墩帽的形状如图9-46所示。常用高强度混凝土建造，强度等级为C20到C25，并布置必要的构造钢筋。在墩帽与拱脚结合处，为加强混凝土局部承受能力，应铺设1~2层直径9~12 mm、间距约10 cm的钢筋网。重要的无铰拱墩，还应按设计要求预埋锚固钢筋。

墩帽的宽度，中、小跨度的混凝土墩一般为拱跨的1/15~1/25，浆砌石墩一般为拱跨的1/10~1/20，或取拱圈厚度的2~3倍，一般要求不小于0.8 m。

(2)不对称墩。常用于多跨拱式渡槽不等跨布置的情况。不对称墩的形式和布置，须配合两侧拱跨结构的布置选定，构造和尺寸应根据结构计算确定。

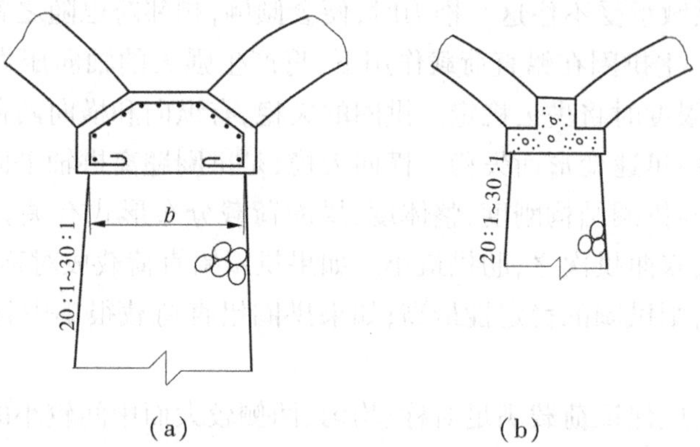

图 9-46　墩帽形状示意图

(3)单向推力墩。拱式渡槽的边拱墩,只有一侧承受拱脚荷载,且拱脚关键荷载是水平推力,故称单向推力墩,也称拱座,如图 9-47 所示。不对称墩的下部,往往是上部墩体的基础,也是主跨拱圈的拱座。这种墩的位置,应选在地形、地基条件较为有利的地方,拱脚高程应接近地面的高程,以减小拱脚水平推力对基底面的力臂,维持拱座的稳定性。

(二)槽台

槽台的基本形状,多采用梯形断面。其形状和尺寸的确定,应保证槽台的稳定,并且尽量使荷载压力线接近槽台各水平截面重心,使水平截面与基础底面所承受的压力接近于均布。槽台基础底面一般为水平面,但有时为了增加抗滑稳定,也可做成倾角不大的斜面(见图 9-48)等。

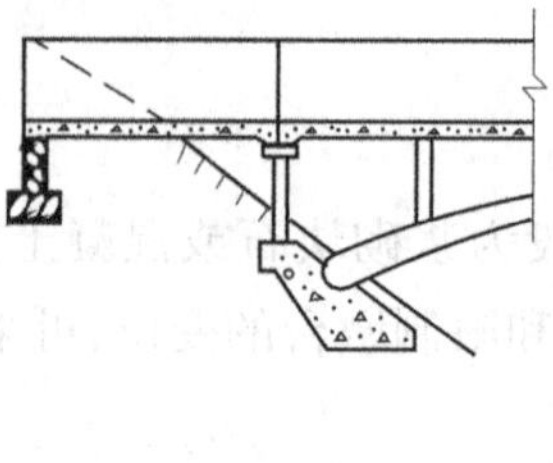

图 9-47　单向推力墩

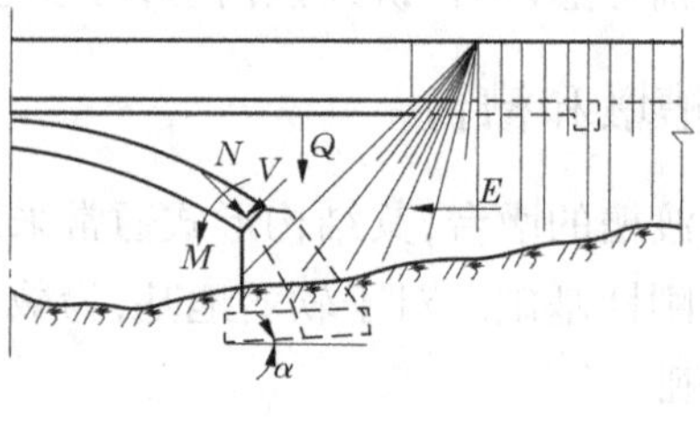

图 9-48　实心式槽台

拱式渡槽的槽台形式,根据结构特征,可分为实心式、空腹式、U 形槽台等。

(1)实心式槽台。当槽宽和拱跨较小时,台背可用低强度浆砌石或贫混凝土筑成实心砌体结构,即重力式,如图 9-48 所示。

(2)U 形槽台。当拱跨较大、槽台较宽时,为了节省台背砌体用料,可做成填背式 U 形槽台,如图 9-49 所示。U 形槽台由前墙、侧墙和基础底板三部分组成,其前墙支承拱圈,顶部支承槽身,后墙起挡土作用。在前墙和侧墙内应填以透水性较好的砂石料。

(3)空腹式槽台。当槽台较高、地基承载力较小时,可将槽台做成空腹式,以减小圬工体积和槽台的质量,如图 9-50 所示。

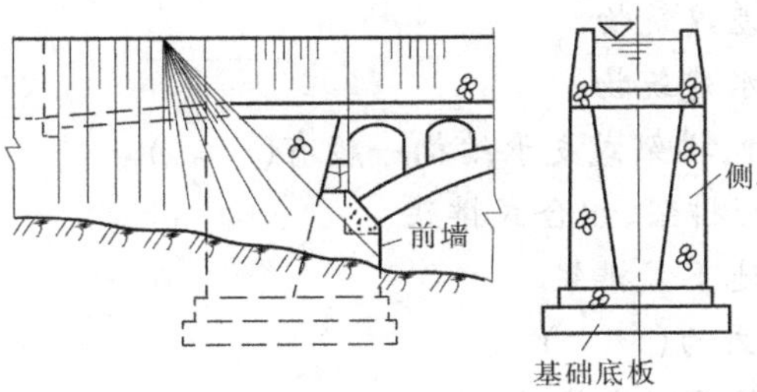

图 9-49　U 形槽台

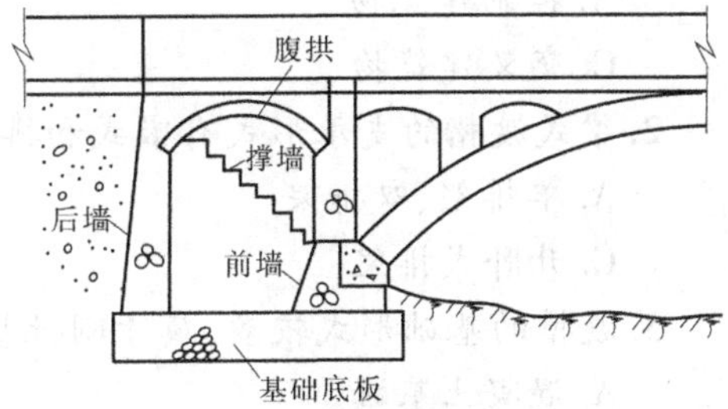

图 9-50　空腹式槽台

技能训练题

一、填空题

1. 渡槽一般由________、________、________和________等部分组成。

2. 进行渡槽设计时，首先应确定渡槽的________。

3. 渡槽是指渠道跨越河、沟、渠、路或洼地时修建的过水桥，一般由________、________、________和________部分组成。

4. 渡槽的适用条件，一般是所跨越的河渠相对高差________，河道的岸坡________，洪水流量________的情况。

5. 渡槽根据支撑结构的情况可分为________和________两大类。

6. 梁式渡槽，根据其支承点位置的不同，可分为________式、________式和________式三种形式。

7. 双悬臂式梁式渡槽，按照其悬臂的长度不同，可以分为________式和________式两种形式，其中________式的跨中弯矩为零，底板受压，抗渗较为有利。

8. 拱式渡槽，根据主拱圈的结构形式（支撑结构特点），分为________式渡槽、________式渡槽和________式渡槽。

9. 渡槽的水力计算方法是：当槽身长度 $L \geqslant (15 \sim 20)H$（$H$ 为槽内水深），其流态属于________流，流量公式为________；当 $L < (15 \sim 20)H$ 时，其流量按________公式计算。

10. 梁式渡槽槽身纵向结构计算时，一般按________情况设计；横向结构计算时，一般沿________方向取单位长度，按________问题设计。

11. 梁式渡槽的支撑形式，有槽墩式、排架式两种。对于后者，主要包括________、________、A 字形排架和组合式排架等。

12. 渡槽的基础形式较多，按照结构和受力特点，一般分为________、________、________以及沉井基础等。

二、选择题

1. 渡槽、倒虹吸和涵洞，属于(　　)。

A. 控制建筑物　　B. 落差建筑物
C. 交叉建筑物　　D. 泄水建筑物

2. 梁式渡槽的支承形式有墩式和排架式两种,排架式支承结构一般有(　　)。
A. 单排架、双排架　　B. U 形排架、组合式排架
C. 升卧式排架　　D. 半地下式排架

3. 渡槽的基础形式较多,属于刚性基础的形式为(　　)。
A. 混凝土基础　　B. 钢筋混凝土基础
C. 钻孔桩基础　　D. 以上都是

4、道路与渠道相交叉,因高差较小(渠高路低),应采用(　　)方案。
A. 渡槽　　B. 桥梁
C. 涵洞　　D. 倒虹吸

三、判断题

1. 在双悬臂式梁式渡槽中,对于等弯矩式结构,由于跨中弯矩与支座弯矩相等,所以结构合理,配筋较少,较为经济。(　　)

2. 梁式渡槽的槽身侧墙,在纵向起着梁的作用,所以加高侧墙可以提高墙身的纵向承载能力。(　　)

3. 渡槽的整体板基础,一般为钢筋混凝土结构,对于变形有一定的抵抗能力,也称柔性基础。(　　)

4. 在同样的条件下,铰结桥板比无横向联系的桥板受力条件要好。(　　)

5. 桥与渡槽的主要区别是:在构造上,除桥面结构外,其余部分二者基本相似;在荷载上,桥除承受恒载外,还承受活载;在基础处理上,无冲刷问题。(　　)

6. 桥梁上的汽车制动力,是指车辆在刹车时,为克服车辆的惯性力而在路面与车辆之间所发生的滑动摩擦力。(　　)

7. 修建渡槽,比修建填方渠道的涵洞过流能力大,但是比修建倒虹吸管水头损失大。(　　)

四、简答题

1. 渡槽的作用是什么?说明其组成及特点。
2. 渡槽的总体布置及槽址选择应考虑哪些因素?
3. 梁式渡槽的支承形式有哪几种?各有何优缺点?适用条件是什么?
4. 渡槽水力计算时应注意什么问题?
5. 渡槽槽身与上下游渠道的连接方式有哪些?有何特点?
6. 拱式渡槽与梁式渡槽相比较有哪些特点?
7. 主拱圈有哪几种形式?其特点和适用条件是什么?

项目十　桥　梁

任务一　桥梁的类型和桥面构造

【学习目标】

1. 掌握桥梁的类型。
2. 掌握桥梁的桥面构造要求。

桥梁是重要的交叉建筑物，在灌排渠系规划中应用极为广泛。渠道上的桥梁，其荷载标准一般低于公路桥梁，但随着农村经济建设的发展，在设计时应适当考虑提高其荷载标准。

由于各级渠道上的桥梁具有量大面广、形式相近等特点，因此定型设计和装配式结构较为适用。此外，桥梁与渡槽具有很多相似之处，如结构形式、受力特征等，主要特色在于桥梁结构及桥面活荷载。

一、桥梁的类型

桥梁的分类方法较多，通常按其用途、荷载、结构形式和受力特点进行分类。

(1)按照用途分类。可分为公路桥、农桥(渠道上的桥梁)等。

(2)按荷载的不同分类。主要有生产桥、拖拉机桥、低标准公路桥等。生产桥用于行人、马车、手扶拖拉机等行驶的桥梁；拖拉机桥用于农用拖拉机行驶的桥梁；低标准公路桥主要用于农村乡间公路桥，亦称简易公路桥。

(3)按结构形式和受力特点分类。可分为梁式桥、拱式桥和桁架拱桥等。梁式桥常见的形式，主要有简支装配式钢筋混凝土板桥、装配式钢筋混凝土梁桥、预应力混凝土简支梁桥、简支钢筋混凝土T形梁桥和连续梁桥等；拱式桥的形式，主要有板拱桥、肋拱桥、桁架拱桥及钢架拱桥等。

二、桥面构造

(一)桥面的组成

桥面，是直接承受各种荷载的部分，它主要包括行车道板、桥面铺装、人行道、栏杆、变形缝、排水设施等，如图10-1所示。

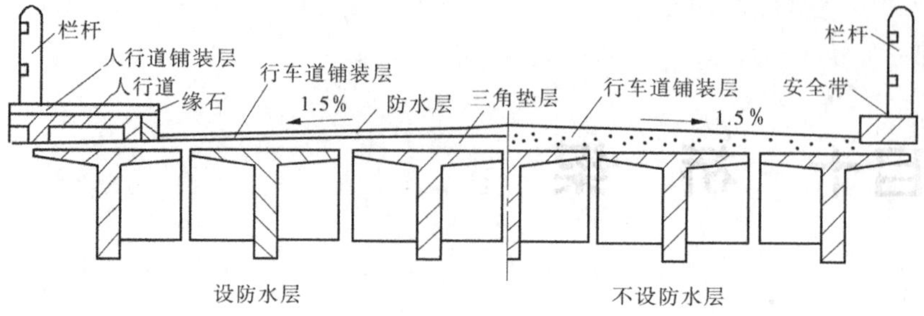

图 10-1　桥面构造简图

（二）桥面净宽

渠道上的桥梁净宽，根据车辆类型、荷载及运行要求确定。一般生产桥桥面净宽为 2 ~2.5 m；拖拉机桥桥面净宽为 3.5 ~4.0 m；低标准公路桥单车道的桥面净宽 4.5 m，双车道的桥面净宽 7.0 m。同时，还要考虑车辆装载货物宽度，以及行人或牲畜的避让等问题，每侧还应留出 0.5 m 的安全宽度。

（三）桥面铺装层

桥面铺装层是指铺设在行车道板上的面层，主要作用在于防止车辆轮胎或履带对行车道板的直接磨损，同时，对车辆作用的集中荷载还有扩散效果。桥面铺装层的铺筑材料一般为混凝土、沥青混凝土和碎石等。铺装层的厚度，对于混凝土、沥青混凝土常用 5 ~8 cm，碎石层为 15 ~20 cm。桥面铺装层与所连道路路面应尽量一致，以便于管理养护和车辆行驶。

（四）桥面排水

为了快速排除面雨水，桥面应设置 1.5% ~3.0% 的横坡，并在行车道两侧适宜的长度内设置直径为 10 ~15 cm 的排水管。排水管一般为钢筋混凝土管或铸铁管。当桥长小于 50 cm、桥面纵坡大于 2% 时，可不设排水管，但在桥头引道两侧应设置引水槽。

对于小跨径桥，也可直接在行车道的两侧安全带上设置横向孔道，用钢管或铸铁管将水排出。

（五）人行道或安全带

人行道的设置根据需要而定，人行道宽一般为 0.75 ~1.0 m，为便于排水，人行道也设置向行车道倾斜 1% 的横坡。人行道的外侧必须设置栏杆，栏杆高 0.8 ~1.2 m，栏杆柱间距 1.5 ~2.5 m，柱的截面尺寸为 0.15 m ×0.15 m。

不设人行道时，桥面两侧应设安全带，安全带宽一般为 0.25 m，高 0.2 ~0.25 m。

（六）伸缩缝或变形缝

为降低因温度变化、混凝土收缩、地基不均匀沉降等因素的影响，桥面应设置伸缩缝，缝距一般不超过 20 ~30 m。为保证车辆平稳行驶，并防止雨水和泥土的渗入，缝内必须填塞具有弹性、不透水的橡皮或沥青胶泥等塑性材料。

任务二 桥梁的作用荷载

【学习目标】

1. 掌握作用于桥梁上的荷载及组合。
2. 掌握桥梁的荷载标准。
3. 学会用等代荷载法计算最大弯矩和剪力。

一、荷载分类与组合

(一)荷载分类

作用在桥梁上的荷载较多,按其性质可分为恒荷载、活荷载及其他荷载三类。

恒荷载:也称静荷载或永久荷载,主要包括桥梁上部结构自重、附属设备重、填土重及土压力等。

活荷载:包括车辆荷载及其产生的冲击力、制动力以及所引起的土侧压力等。

其他荷载:包括人群荷载、温度变化及混凝土收缩影响力、支座阻力、水的浮力、冰压力、漂浮物的撞击力以及施工荷载等。

(二)荷载组合

为使桥梁的设计经济合理,必须对荷载进行不同组合,桥梁的荷载组合常有以下两种情况:

(1)主要荷载组合:由恒荷载、车辆荷载、汽车荷载的冲击力、车辆荷载引起的土侧压力及人群荷载组成。

(2)附加荷载组合:①由恒荷载和平板挂车或履带车荷载组成(又称验算荷载组合);②由主要荷载组合中的一种或几种荷载与可能同时作用的一种或几种荷载和外力组成。

二、荷载标准

渠道上桥梁的车辆设计荷载,目前尚无统一规定,设计时,应根据当地具体情况确定。各地的渠道桥梁设计,可以参考以下标准。

(一)车辆荷载

生产桥:可按人群荷载2.5~3.5 kN/m^2 计算,并用35 kN的马车进行验算,如图10-2所示。

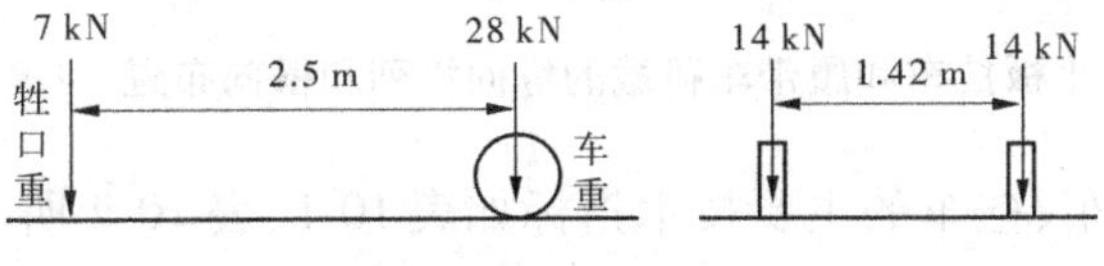

图10-2 35 kN马车荷载

低标准公路桥:计算荷载用汽车-10级或汽车-15级,也可用汽车-10级的一辆车。如需通过履带 - 50 车,还要以履带 - 50 作为验算荷载进行验算,汽车 - 15 级的验算荷载为挂车 - 80。汽车 - 10 级、汽车 - 15 级的平面尺寸、横向布置和车队的纵向排列如图 10-3 所示,验算车辆荷载履带 - 50 和挂车 - 80 的荷载图形及横向布置如图 10-4 所示。

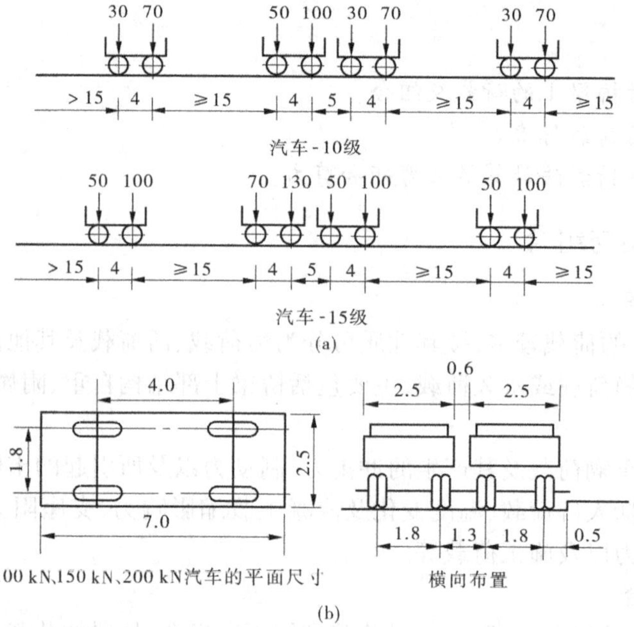

图 10-3 汽车车队的纵向排列、平面尺寸和横向布置 (单位:力,kN;距离,m)

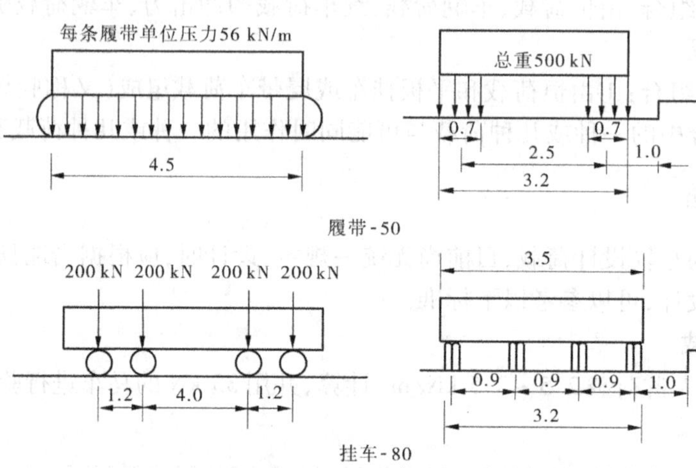

图 10-4 平板挂车和履带车荷载的纵向排列和横向布置 (单位:m)

常用的汽车、履带车、挂车的主要技术指标如表 10-1、表 10-2 所示。

表 10-1 汽-10、汽-15、汽-20 主要技术指标

主要指标		一辆汽车总重力(kN)	一行汽车中车辆数(辆)	后轴重力(kN)	前轴重力(kN)	轴距(m)	轮距(m)	后轮着地宽及长度(m)	前轮着地宽及长度(m)	车辆外形尺寸(长×宽)(m)
汽-10	重车	150	1	100	50	4	1.8	0.5×0.2	0.25×0.2	7×2.5
	主车	100	不限	70	30	4	1.8	0.5×0.2	0.25×0.2	7×2.5
汽-15	重车	200	1	130	70	4	1.8	0.6×0.2	0.3×0.2	7×2.5
	主车	150	不限	100	50	4	1.8	0.5×0.2	0.25×0.2	7×2.5
汽-20	重车	300	1	2×120	60	4+1.4	1.8	0.6×0.2	0.3×0.2	8×2.5
	主车	200	不限	130	70	4	1.8	0.6×0.2	0.3×0.2	7×2.5

表 10-2 履带车、挂车主要技术参数

主要技术指标	单位	履带-50	挂车-80
车辆重力	kN	500	800
履带数或车辆数	个	2	4
各条履带压力或车轴压力	kN(kN/m)	56	200
履带着地长度或纵向轴距	m	4.5	1.2+4.0+1.2
每个车轴的车轮数目	组		4
履带或车轮横向中距	m	2.5	3×0.9
履带宽度或每对车辆着地宽和长	m	0.7	0.5×0.2

(二)汽车冲击力

汽车荷载以较快的速度施加于桥面,易使桥梁发生振动。路不平、车轮不圆及发动机振动等也会引起桥梁的振动。这种因动力作用使桥梁发生振动,而造成内力加大的现象称为冲击作用。

桥梁设计时,应考虑冲击力的影响。汽车荷载的冲击力,按汽车荷载乘以冲击系数μ计算。钢筋混凝土、预应力混凝土和砖石桥涵的冲击系数μ,如表 10-3 所示。

表 10-3 钢筋混凝土、预应力混凝土和砖石桥涵冲击系数

结构种类	跨径活荷载长度(m)	冲击系数$(1+\mu)$
梁、拱上构造、桩式或柱式墩台、涵洞盖板	≤5	1.30
	≥45	1.00
拱桥的主拱圈或拱肋	≤20	1.20
	≥70	1.00

对以下几种情况可不计冲击力的影响:①履带车、平板挂车等验算荷载;②拱顶填料(包括路面)厚度等于或大于 50 cm 的拱桥;③拱顶填料厚度等于或大于 30 cm 的双曲拱桥。

(三)车辆荷载引起的土侧压力

车辆荷载在桥台或挡土墙后填土的破坏棱体上引起的土侧压力,可按公路桥涵设计有关规定计算。

(四)汽车制动力

汽车制动力,是指车辆刹车时为克服车辆的惯性力,在路面与车辆之间发生的滑动摩擦力。制动力的大小,可按布置在荷载长度内的一行汽车车队总重的 10% 计算,但不得小于一辆车的 30%。制动力的着力点,在桥面以上 1.2 m 处,计算墩台时可移至支座中心;计算拱桥时,可移至桥面上,但不计因此而产生的竖向力和力矩。

(五)支座摩阻力

支座摩阻力,是指桥梁结构在温度变化影响下,因伸长或缩短,而在支座处产生的摩擦力。支座摩阻力 T 可按下式计算:

$$T = Gf \tag{10-1}$$

式中 G——活动支座上恒载竖向反力;

f——摩擦系数,可查有关资料确定。

三、等代荷载

桥梁在活荷载作用下的内力计算问题,通常用影响线来解决。当一行汽车荷载或履带车荷载在桥上作用时,某指定截面所产生的最大弯矩和最大剪力计算,可先求出该截面的弯矩和剪力影响线,然后将车辆荷载按最不利的位置布置于影响线上,将各荷载乘以影响线竖标的总和,即可得出该截面的最大弯矩和最大剪力。

利用影响线的方法,计算较为麻烦,且易于出错。为减少计算工作量,特引进等代荷载的概念,即在同号影响范围内假想布满均匀荷载 q,此 q 作用在某指定截面产生的弯矩或剪力值,与一行车辆荷载按最不利位置作用时,计算的最大弯矩或最大剪力值相等。这一均布荷载 q 即称为等代荷载。

实际工程中,各级汽车荷载相应的等代荷载,均可查已编制好的数表。等代荷载查得后,即可按均匀荷载作用下的有关公式,进行桥梁的弯矩和剪力计算。

为了便于学习和应用,表 10-4 列出了较为常用的汽车 - 10 级(计加重车)和履带 - 50(单辆)的等代荷载。

表 10-4 三角形影响线等代荷载

跨径或荷载长度(m)	汽车 - 10 级(计加重车)					履带 - 50(单辆)
	支点	1/8 处	1/4 处	3/8 处	跨中	任意点
1	20.00	20.00	20.00	20.00	20.00	11.11
2	10.00	10.00	10.00	10.00	10.00	11.11
3	6.67	6.67	6.67	6.67	6.67	11.11
4	5.00	5.00	5.00	5.00	5.00	11.11
5	4.40	4.17	4.00	4.00	4.00	11.00
6	3.89	3.73	3.52	3.33	3.33	10.42
7	3.47	3.35	3.20	2.98	2.86	9.69
8	3.13	3.04	2.92	2.75	2.50	8.98
9	2.84	2.77	2.67	2.54	2.35	8.33
10	2.60	2.54	2.47	2.36	2.20	7.75
11	2.40	2.35	2.29	2.20	2.12	7.23
12	2.25	2.18	2.13	2.06	2.03	6.77
13	2.15	2.04	1.99	1.93	1.94	6.36
14	2.06	1.95	1.87	1.84	1.86	5.99
15	1.97	1.87	1.76	1.76	1.78	5.67
16	1.89	1.80	1.69	1.73	1.70	5.37
17	1.85	1.74	1.67	1.71	1.63	5.10
18	1.80	1.67	1.64	1.68	1.57	4.86
19	1.76	1.63	1.61	1.65	1.55	4.64
20	1.70	1.60	1.58	1.61	1.52	4.44
22	1.62	1.53	1.51	1.54	1.46	4.08
24	1.53	1.46	1.44	1.47	1.40	3.78
26	1.46	1.39	1.38	1.40	1.34	3.51
28	1.38	1.33	1.32	1.33	1.29	3.28
30	1.33	1.27	1.26	1.27	1.23	3.08
32	1.29	1.21	1.20	1.22	1.18	2.91

四、案例分析

如图 10-5 所示，为一跨度为 15 m 的简支梁，试计算在汽车 - 10 级荷载作用下跨中截面的最大弯矩。

解:计算方法有以下两种。

方法一:影响线法。

(1)绘制弯矩影响线。对于简支梁,其跨中截面弯矩影响线为三角形,如图 10-5(b)所示。

(2)确定荷载最不利的位置。根据影响线的形状及其概念,当汽车－10 级荷载按照纵向排列,重车的后轮作用于跨中时,跨中产生的弯矩最大。荷载布置如图 10-5(a)所示。

(3)计算跨中最大弯矩。将各车轮的荷载乘以相应影响线的竖标,其乘积的总和,即为跨中截面的最大弯矩。即

$$M_{l/2} = 100y_1 + 50y_2 + 30y_3$$
$$= 100 \times 0.25 \times 15 + 50 \times 0.117 \times 15 + 30 \times 0.0834 \times 15$$
$$= 500.28(\text{kN} \cdot \text{m})$$

方法二:等代荷载法。

由表 10-4 可查得汽车－10 级荷载作用、跨径为 15 m 时,跨中截面的等代荷载 q = 1.78 t/m = 17.8 kN/m。将等代荷载 q 进行全跨布置,如图 10-5(c)所示。跨中截面的最大弯矩为

$$M_{l/2} = ql^2/8 = 1/8 \times 17.8 \times 15^2$$
$$= 500.63(\text{kN} \cdot \text{m})$$

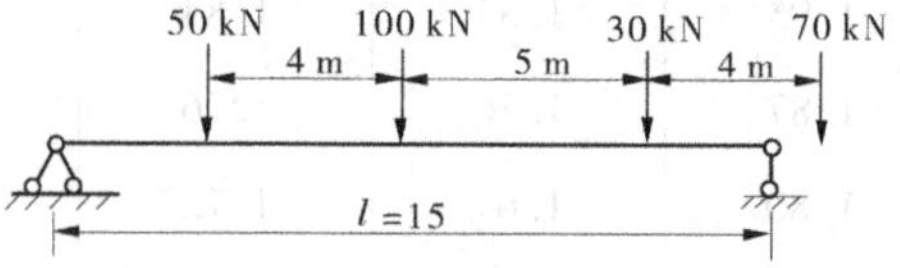

(a) 最不利荷载位置

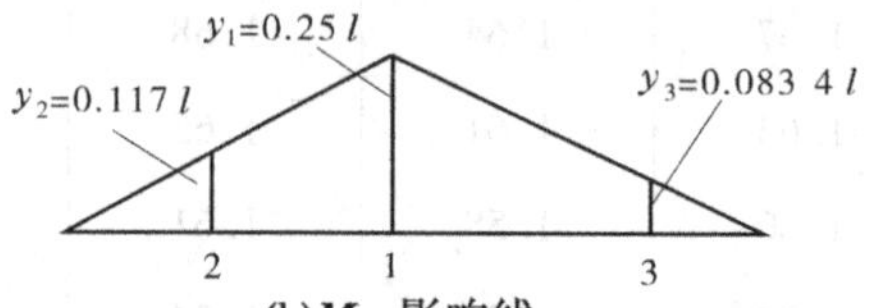

(b)$M_{l/2}$ 影响线

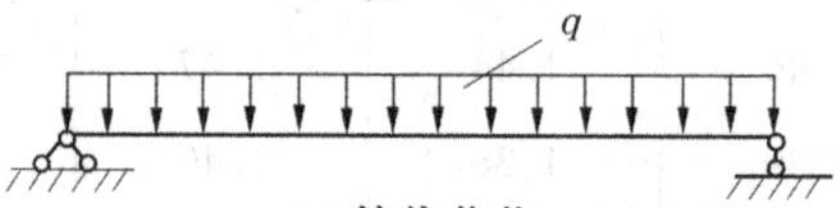

(c) 等代荷载

图 10-5 等代荷载的概念简图

任务三 钢筋混凝土梁式桥

【学习目标】

1. 掌握钢筋混凝土梁式桥的类型及适用情况。

2. 熟悉梁式桥的构造。

3. 熟悉梁式桥的墩台和支座。

梁式桥一般由上部结构和下部结构两部分组成。上部结构也称桥跨结构,包括行车道板、梁、路面、人行道和栏杆等,下部结构包括桥墩、桥台等,如图 10-6 所示。

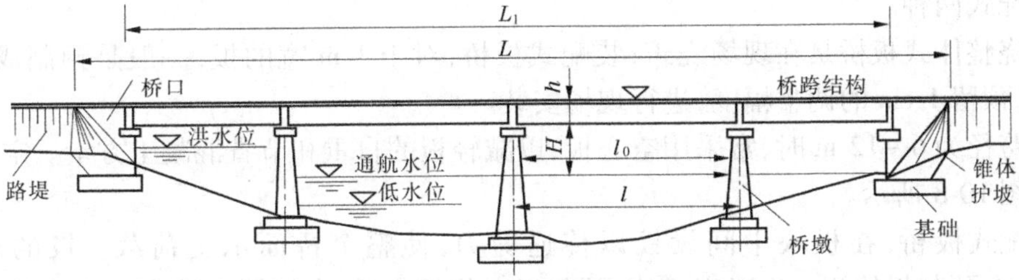

图 10-6 桥梁的基本组成

上部结构两支点的距离 l 称为计算跨径;设计洪水位线上相邻两桥墩的水平净距 l_0 称为桥梁的净跨径;两个桥台侧墙或八字墙尾端间距 L 称为桥梁全长;两桥台台背前缘间距 L_1 称为桥梁总长。

设计洪水位或通航水位对上部结构最下缘高差 H,称为桥下净空高度;桥面对上部结构最低边缘的高差 h,称为桥梁的建筑高度。

一、梁式桥的类型

钢筋混凝土梁式桥的类型,按行车道板的横截面形状,分为板桥和梁桥,如图 10-7 所示。

当跨径小于 6 m 时,通常采用简支式板桥,如图 10-7(a)、(b)所示,为现浇整体式和预制式;当跨径为 6~12 m 时,可采用空心板桥,如图 10-7(c)所示;当桥的长度较大,且跨径在 8 m 以上时,可采用预制 T 形梁,如图 10-7(d)所示;当跨径在 20 m 左右时,可采用工字形梁,如图 10-7(e)所示。

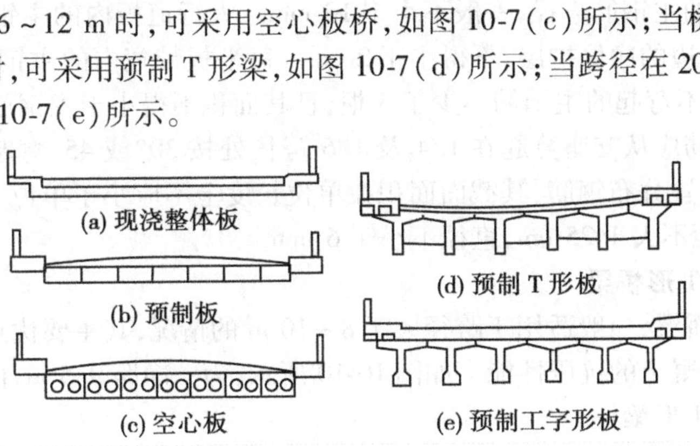

(a) 现浇整体板

(b) 预制板

(c) 空心板

(d) 预制 T 形板

(e) 预制工字形板

图 10-7 行车道板梁

梁式桥按其总长和计算跨径,又可分为以下三种类型:

小桥:8 m $\leqslant L_1 \leqslant$ 40 m 和 5 m $\leqslant l <$ 20 m;

中桥:30 m $\leqslant L_1 \leqslant$ 100 m 和 20 m $\leqslant l <$ 40 m;

大桥：$L_1 \geqslant 100$ m 和 $l \geqslant 40$ m。

二、梁式桥的构造

（一）板桥

板桥一般用于渠道上的小跨径桥梁，其支承形式多为简支。板桥的形式有现浇整体式和装配式两种。

现浇整体式板桥是在现场浇筑；装配式板桥，对于 1 m 宽的板，一般是预制成 99 cm 的板宽，预留 1 cm 的调整幅度，进行现场安装。

当跨径为 6～12 m 时，常采用空心板，以减轻板的自重和节省混凝土方量。空心板的形式见图 10-8 所示。

装配式板桥，在板块中间设铰以传递剪力，使整个桥面承受荷载。铰的形式见图 10-9。在预制板的侧面涂以废机油，预制板安装就位后，在接缝中填塞 C30 小石子混凝土，即作为混凝土铰。

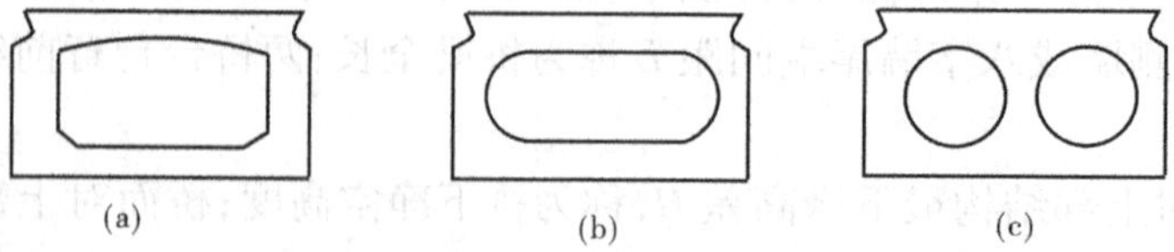

图 10-8　空心板的形式

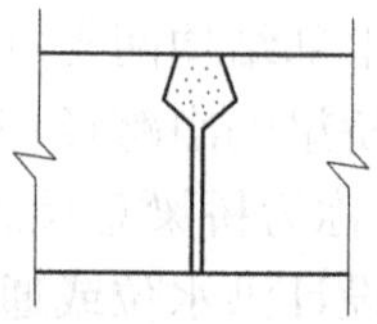

图 10-9　接缝构造

板桥的板厚 t 一般为计算跨度 l 的 1/12～1/18，计算跨度 l 一般采用净跨 l_0 加板厚。它的钢筋、模板及混凝土浇筑工作，均比 T 形截面梁简单。

板桥的建筑高度，比 T 形截面梁式桥小，能减小两边路堤的高度，从而节省土方量。在平原地区排涝河道上，当洪水历时短、交通允许间断时，也可修成漫水桥。

行车道板内的主钢筋直径，一般不小于 10 mm。人行道板内的主钢筋直径，不小于 6 mm。主钢筋到板边的净保护层，不得小于 2 cm。每米板带宽内的主钢筋，跨中不应少于 5 根，伸入支座内不弯起的主钢筋不少于 3 根，且其面积不得小于主钢筋面积的 1/4。

板内的主钢筋应从支座算起在 1/4 及 1/6 跨径处按 30°或 45°弯起。板内垂直于主钢筋的方向，应设置分布钢筋，其截面面积在单位长度上不应小于单位宽度上主钢筋截面面积的 15%，间距不大于 25 cm，直径不小于 6 mm。

（二）装配式 T 形桥梁

装配式 T 形桥梁，一般适用于跨径大于 8～10 m 的情况，其主要优点是可以减轻梁的自重，充分发挥混凝土的抗压性能。如图 10-10 所示，为一净跨 9.5 m，由 5 根预制 T 形梁装配而成的简支 T 形梁桥。

T 形梁桥的上部结构，通常由 T 形截面主梁、横隔板（梁）和主梁翼板（桥面板）组成。

主梁的间距，应根据荷载大小、桥面宽度及施工吊装能力等因素决定，通常采用 1.3～1.7 m。

主梁高度 h，视跨径大小、主梁间距及荷载大小等而定，通常取 $h = (1/10 \sim 1/16)l$。

主梁梁肋宽度，应尽可能小，以减轻质量，应根据主筋的布置需要而定，一般为 15～

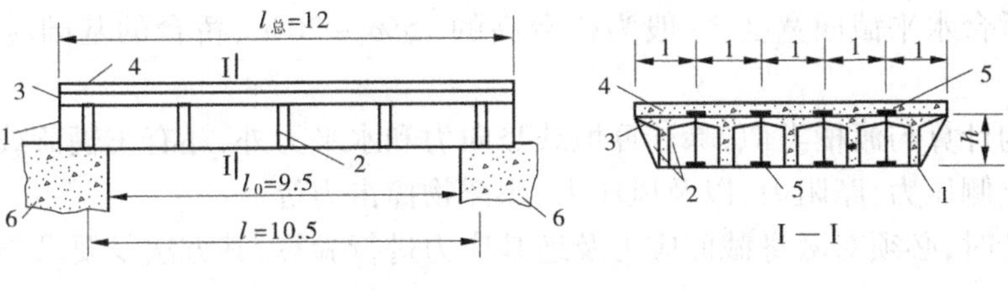

1—主梁;2—横隔板;3—主梁翼板;4—路面;5—连接钢板;6—桥墩

图 10-10 装配式 T 形桥梁 (单位:m)

20 cm,甚至还可以小些。

主梁翼板边缘厚度一般不小于 6 ~ 8 cm,梁肋处翼板厚度一般不小于梁高的 1/12。

T 形梁两端及跨径中间应设置横隔板(梁),以增加上部结构的整体性和横向刚度。横隔板(梁)的高度,为梁高的 3/4,或与主梁同高,如图 10-10 所示。横隔板的宽度,可采用 12 ~ 15 cm,间距为 2.5 ~ 9.0 m。对于跨径小于 12 m 的 T 形梁,可不设中横隔板(梁),仅在两端设置端横隔板(梁)。

主梁翼板间的连接,常采用图 10-11 所示的形式,即将 T 形梁翼板内伸出的钢筋向上弯折,并且伸入桥面铺装层,与铺装层内附加横向短钢筋与纵向钢筋形成钢筋网,再浇灌铺装层。

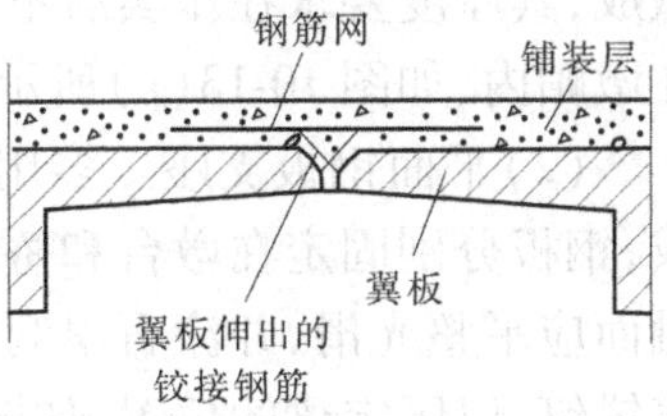

图 10-11 翼板连接示意图

T 形梁如无中间隔板,只有端隔板及翼板连接,则属于铰接形式;当有中横隔板(梁)连接时,则属于刚性连接形式。

三、梁式桥的墩台

梁式桥的桥墩与桥台常用的形式有重力式、桩柱式等,其构造及特征可参考渡槽的槽墩。

当桥孔在三孔以下,并且桥跨较小时,桥台可采用轻形结构。这种形式的桥台上端由梁板结构支撑,下端则由相邻桥台和桥墩间设置的支撑梁进行支撑,桥台的上、下端均可视为铰,按简支的梁板构件承受桥台后的土压力,因此其断面尺寸较小,如图 10-12 所示。

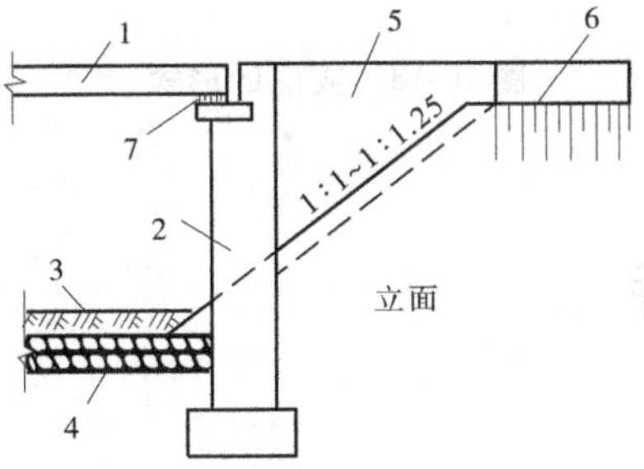

1—桥跨结构;2—桥台墙体;3—冲刷线;4—支撑梁;

5—耳墙;6—路堤;7—垫层座

图 10-12 轻型桥台示意图

支撑梁的断面尺寸,一般不小于 40 cm × 40 cm,可用钢筋混凝土或浆砌石建造,中距一般为 2 ~ 3 m,顶面可与渠道的衬砌相齐平或设在冲刷线以下。

轻型的桥台水平截面宽度，一般为桥台高的 15% ~20%，桥台的基础应埋设在冰冻层以下。

墩台结构计算与渡槽类似，除计算恒载竖向力和水平力外，还有车辆荷载引起的制动力及引起的土侧压力、摩阻力，以及风压力、漂浮物撞击力等。

墩台设计时，必须对墩身截面应力及地基应力进行验算，其方法及要求与渡槽相同。

四、梁式桥的支座

梁式桥的支座，是将上部结构的各种荷载传递到墩台上的重要部件。支座的设置要求，是能适应活荷载、温度变化、混凝土收缩与徐变等因素引起的位移。

简支梁桥的支座形式，通常是每跨的一端设固定支座，另一端设活动支座。多跨简支梁桥，一般把固定支座设在桥台上，每一个桥墩上布置一个活动支座和一个固定支座，以使各墩台能均匀承受纵向水平力。实际工程中，常用的支座有以下两种：

(1)垫层支座。一般用于跨径小于 10 m 的简支梁桥。垫层是用油毛毡或水泥砂浆做成，其厚度要求在压实后不小于 10 mm。固定的一端，加设套在铁管中的锚钉，锚钉埋在墩帽内，如图 10-13(a)所示。

(2)平面钢板支座。多用在跨径 12 ~15 m 的简支梁桥中。活动支座由两块钢板做成，钢板分别固定在墩台和桥跨结构中，为了减小其摩擦力和防止生锈，要求两块钢板接触面应平整光滑，并涂石墨润滑剂。固定支座一般用一块钢板做成，其顶面和底面各应焊接锚钉，以固定梁的位置，如图 10-13(b)所示。

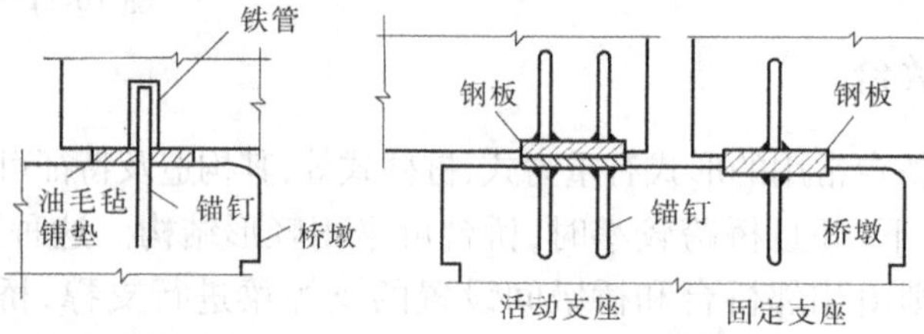

(a) 油毛毡垫层支座　　(b) 平面钢板支座

图 10-13　支座的形式

任务四　拱式桥

【学习目标】

1. 掌握拱式桥的类型。
2. 掌握拱式桥的构造布置。

拱式桥与梁式桥相比较，主要特点在于其上部荷载由拱来承担，拱圈的受力以压力为主。因此，选材范围较大，可利用抗压能力较大的圬工材料建桥，以节约钢筋和水泥，降低工程造价。

拱式桥的类型较多，本节主要对石拱桥和双曲拱桥进行简要介绍。

一、石拱桥

在石料丰富的山丘地区，石拱桥应用较为广泛。

(1)石拱桥有实腹式和空腹式两种类型。当跨径小于 15 m 时，可采用实腹式石拱桥；跨径较大时，常采用空腹式石拱桥。

(2)石拱桥的组成。一般有拱上建筑、主拱圈、墩台及基础四部分，如图 10-14 所示。

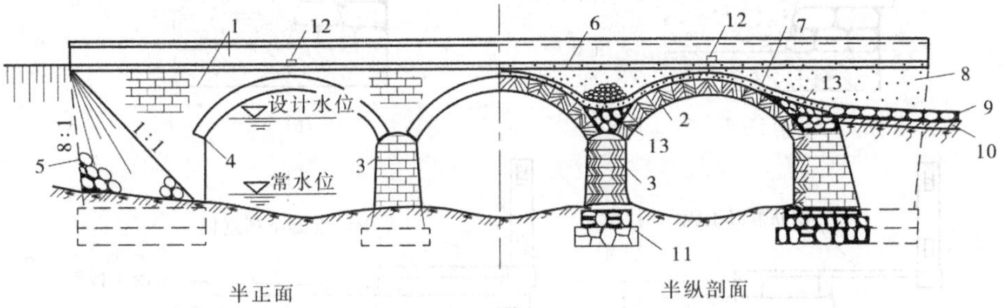

1—拱上结构；2—浆砌料石拱圈；3—浆砌石桥墩；4—拱脚；5—干砌石护坡；
6—碎石填路面；7—三合土层；8—渗水土壤；9—块石盲沟；10—黏土夯实层；
11—浆砌块石基础；12—泄水孔；13—浆砌块石护坡

图 10-14 石拱桥

(3)石拱桥主拱圈的形式及矢跨比。对于跨度在 20 m 以下的石拱桥，主拱圈一般采用等截面圆弧拱，矢跨比为 1/2 ~ 1/6；对于大跨度的石拱桥，采用等截面或变截面悬链线拱，矢跨比为 1/4 ~ 1/8。

(4)拱圈的厚度。对于中、小跨径的石拱桥，其拱圈的厚度可采用下列经验公式进行估算：

$$d = mk\sqrt[3]{l_0} \quad (\text{cm}) \tag{10-2}$$

式中 l_0——拱圈净跨径，cm；

m——系数，一般取 4.5 ~ 6.0，矢跨比越小，m 值越大；

k——荷载系数，汽 - 10 级为 1.0，汽 - 15 级为 1.1，汽 - 20 级为 1.2。

初选拱圈厚度时，也可参照表 10-5 拟定。

表 10-5 圆弧拱圈厚度 （单位：cm）

矢跨比	跨径											
	600		800		1 000		1 300		1 600		2 000	
	f_0	d	f_0	d	f_0	d	f_0	d	f_0	d	f_0	d
1/2		40		45		50		55				
1/3	200	45	267	50	333	55	433	60	533	65	667	70
1/4	150	50	200	55	250	60	325	65	400	70	500	75
1/5	120	50	160	55	200	60	260	65	320	75	400	85

注：矢跨比为 f_0/l_0（f_0 为净矢高，l_0 为净跨）。

(5)石拱桥路面构造。路面一般由车行道和安全带组成;为便于排水,路面应设 1.5% ~3%的横坡;桥面铺装层,一般为碎石路面或沥青混凝土路面;拱圈的宽度,不小于跨径的1/20,不一定和桥面总宽相同。

路面设置人行道时,常见的布置形式如图10-15所示。

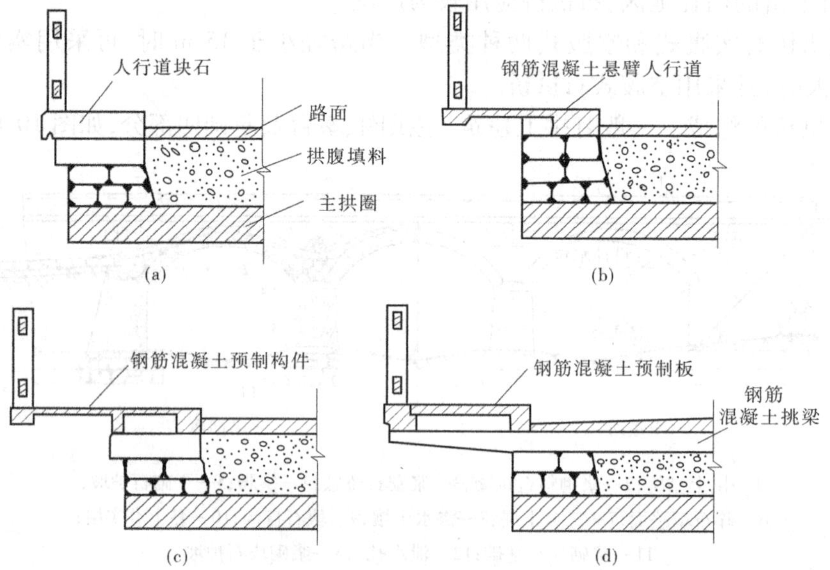

图10-15　拱桥人行道布置

(6)石拱桥的拱上结构。与渡槽相似,实腹拱由侧墙、填料和护拱等组成。侧墙顶宽 50~70 cm,内坡3:1~5:1,填料常用透水性好的粗砂、碎石等。包括路面在内,拱顶填料厚度不宜小于40 cm。靠近拱脚处,采用浆砌块石护拱,以防水和提高拱圈承载能力。

对于空腹式拱,腹拱净跨常为主拱净跨的1/8~1/15,矢跨比为1/2~1/6。腹拱的支承结构常为横墙或柱。

(7)主拱圈的内力计算。拱圈的内力计算,分为恒载作用下的内力计算和活载(车辆荷载)作用下的内力计算。各截面的弯矩和轴向内力值求出以后,应进行组合,以确定设计内力值。最后,利用偏心受压公式,求出拱顶、拱脚截面的最大压应力和拉应力,并对材料的强度进行校核。

恒载作用下的内力,一般按结构力学法求解,也可以按有关书籍中的方法或查表计算法求得;活载作用下的内力,可直接利用影响线面积,以查得的相应于该面积的加载长度上的等代荷载,求出荷载在最不利位置时拱顶和拱脚截面的弯矩和轴向力。

实际工程中,圬工实心板拱桥的设计计算,也采用"等代三铰拱"法。即当拱圈受力首次出现裂缝后,拱圈压力线不再外移,两侧拱段将绕裂缝与压力线的交点转动,而形成拱圈的"破损拱"。当荷载继续增加时,将在拱圈的拱脚处出现"破损铰",从而形成"三铰拱",其计算按三铰拱考虑。根据试验和实践资料,对拱顶截面的轴力可假定偏心距 $e_0 = 0.35d$(d 为拱圈厚度,内侧受拉);在拱脚截面取 $e_0 = 0.25d$(外侧受拉)。然后,应按材料进入塑性状态时的偏心受压公式,对截面的强度进行验算。

二、双曲拱桥

双曲拱桥一般由路面、主拱圈、拱上结构和墩台几部分组成(见图10-16)。其主要特点是结构轻、自重小、省材料、造价低、可预制装配等。除路面构造外,和双曲拱渡槽基本相似,但双曲拱桥的结构和内力计算有以下特点:

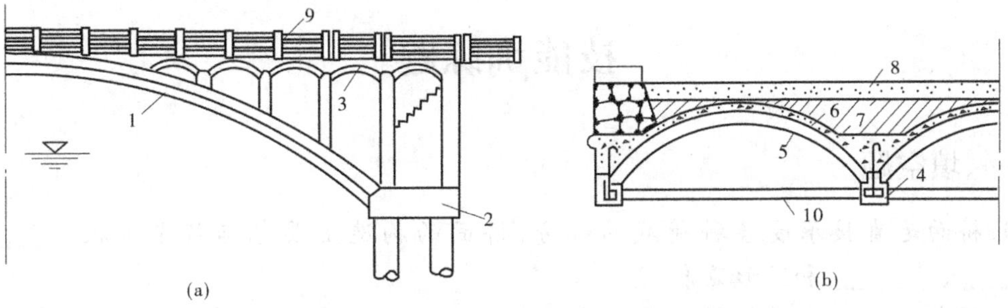

1—主拱圈;2—井柱桥墩;3—两铰腹拱;4—拱肋;5—预制拱波;
6—现浇拱波;7—填料;8—路面;9—栏杆;10—拉杆

图10-16 双曲拱桥布置

(1)桥面构造。为使车轮荷载的集中压力向下分布扩散并减小冲击力的影响,在主拱圈及腹拱圈的顶部应设置一定的填料,填料多采用透水性较好的砂石或混凝土,其厚度(包括桥面)一般为30~50 cm。

路面应设排水坡,并做好排水设施。

桥面较宽时,为节省材料,人行道可用悬臂挑出,做成边肋悬半波形式。

(2)主拱圈轴线形式。常采用圆弧形和悬链线两种。跨径在20 m以下时,多选用实腹式圆弧拱;大中跨径多采用空腹式悬链线拱。矢跨比常用1/4~1/8。悬链线拱轴系数m值($m = g_k/g_s$,详见双曲拱渡槽)的选择不宜过大,一般取1.75左右。

(3)主拱圈的高度。初步拟定时,可用双曲拱渡槽拱圈截面尺寸确定的经验公式计算。但是,公式中的系数K,应根据车辆荷载等级,按照表10-6所列数值选用。当拱肋中矩大于2 m,主拱圈为单波以及矢跨比小于1/10时,主拱圈高度d应适当加大。

表10-6 系数K值

荷载	汽车-15 挂车-80	汽车-10 履带-50	小于汽车-10
K	1.1~1.3	0.9~1.1	0.8~0.9

拱肋的高度,对无支架施工的矩形或倒T形的拱肋,一般不小于跨径的0.9%~1.2%;有支架施工,肋高$h=(0.3\sim0.5)d$,肋底宽$b=(0.6\sim1.0)h$,肋顶宽取$(0.5\sim0.6)b$。

(4)主拱圈的横向联系。桥面宽度一般较大,横断面多采用多波形式,再加上桥面的车辆荷载的作用,因此为使主拱圈有较好的整体性,应加强横向联系。

对跨径较大的双曲拱桥,多采用横隔板,板厚15~20 cm,间距3~5 m。设置横隔板的位置，一般为拱顶、1/4 拱跨、腹拱立墙（柱）下面以及分段预制拱肋的接头处。

对跨径较小的双曲拱桥，当桥面较宽时，拱顶处的横隔板应特别加强。

（5）主拱圈的内力计算。恒荷载作用下的内力计算，与双曲拱渡槽相同，活荷载作用下的内力计算，可参考《拱桥设计计算手册》中的有关表格，并利用等代荷载进行计算。然后，对截面进行强度验算。

技能训练题

一、填空题

1. 桥面是直接承受各种荷载的部分，桥面的构造主要包括行车道板________、________、________和变形缝等。

2. 梁式桥的行车道板梁主要形式有__________、__________、__________、__________和__________。

3. 梁式桥的桥墩与桥台常用的形式有__________和__________。

4. 双曲拱桥一般由__________、__________、__________和__________几部分组成。

二、判断题

1. 桥与渡槽的主要区别是：在构造上，除桥面结构外，其余部分二者基本相似；在荷载上，桥除承受恒荷载外，还承受活荷载；在基础处理上，无冲刷问题。（　）

2. 桥梁上的汽车制动力，是指车辆在刹车时，为克服车辆的惯性力而在路面与车辆之间所发生的滑动摩擦力。（　）

三、简答题

1. 桥梁有哪些类型？由哪几部分组成？

2. 桥面由哪几部分组成？桥面铺装层的作用是什么？

3. 桥梁与渡槽相比较，在构造、荷载上主要有什么区别？

4. 如何考虑作用在桥梁上的荷载及其组合？

5. 什么是等代荷载？有什么作用？

6. 简述铰接板桥的计算方法和步骤。

7. 拱式桥有哪些类型？与桥梁相比较，有什么特点？

项目十一 倒虹吸管和涵洞

任务一 倒虹吸管

【学习目标】

1. 掌握倒虹吸管的作用及适用情况。
2. 掌握倒虹吸管的组成和布置要求。

倒虹吸管属于交叉建筑物，是指设置在渠道与河流、山沟、谷地、道路等相交叉处的压力输水管道。

一、倒虹吸管的特点和使用条件

倒虹吸管的特点是两端与渠道相接，而中间向下弯曲。与渡槽相比，具有结构简单、造价较低、施工方便等优点。但是，输水时水头损失较大，运行管理不如渡槽方便。

倒虹吸管一般适用以下几种情况：①渠道跨越宽深河谷，修建渡槽、填方渠道或绕线方案困难或造价较高时；②渠道与原有渠、路相交，因高差较小不能修建渡槽、涵洞时；③修建填方渠道，影响原有河道泄流时；④修建渡槽，影响原有交通时等。

二、倒虹吸管的组成和类型

倒虹吸管一般分为进口段、管身段和出口段三部分。

倒虹吸管的类型，根据管路埋设情况及高差的大小，倒虹吸管通常可分为竖井式、斜管式、曲线式和桥式四种类型。

（一）竖井式

竖井式倒虹吸管由进、出口竖井和中间平洞组成，如图 11-1 所示。一般适用于流量不大、压力水头小于 3 ~ 5 m 的穿越道路倒虹吸管。竖井的砌筑，一般采用砖、石或混凝土。为了改善平洞的受力条件，管顶应埋设在路面以下 1.0 m 左右。

竖井的断面为矩形或圆形，其尺寸稍大于平洞，并在底部设置深约 0.5 m 的集沙坑，以便于清除泥沙及检修管路时排水。

平洞的断面一般为矩形、圆形或城门洞形。

这种形式的倒虹吸管，构造简单、管路较短、占地较少、施工较容易，但水力条件较差，通常用于工程规模较小的情况。

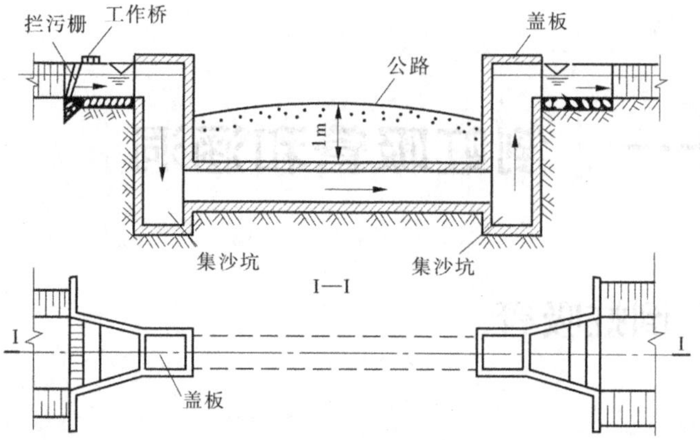

图 11-1　竖井式倒虹吸管

（二）斜管式

斜管式倒虹吸管的管道，进出口为斜卧段，而中间为平直段，如图 11-2 所示。一般用于穿越渠道、河流而两者高差不大，且压力水头较小、两岸坡度较平缓的情况。

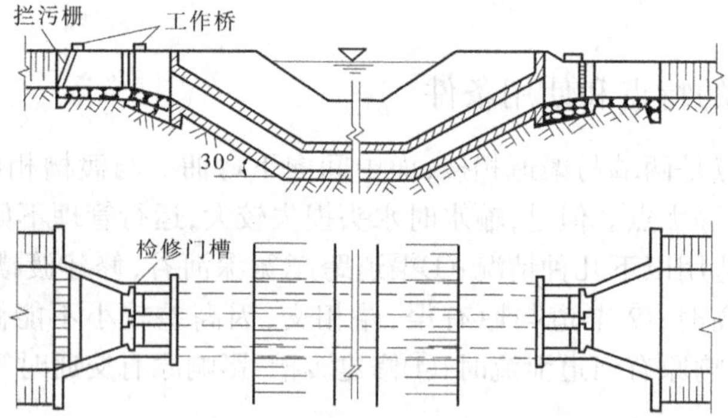

图 11-2　斜管式倒虹吸管

斜管式倒虹吸管与竖井式相比，水流畅通，水头损失小，构造简单，实际工程中采用较多。但是，斜管的施工较为不便。

（三）曲线式

曲线式倒虹吸管的管道，一般是沿坡面的起伏爬行铺设，而成为曲线形，如图 11-3 所示。主要适用于跨越河谷或山沟，且两者高差较大的情况。为了保证管道的稳定性，并减少施工的开挖量，铺设管道的岸坡应比较平缓，对于土坡 $m \geqslant 1.5 \sim 2.0$，岩石坡 $m \geqslant 1.0$。

管身的断面一般为圆形。管身的材料为混凝土或钢筋混凝土，可现浇也可预制安装。管身一般设置管座，当管径较小且土基很坚实时，也可直接设在土基上。在管道转弯处应设置镇墩，并将圆管接头包在镇墩之内。

为了防止温度变化而引起管道产生过大的温度应力，管身顶部应埋置于地面以下 0.5 ~ 0.8 m，为了减小工程量，埋置深度也不宜过大。在寒冷地区，管道应埋置于冻土层以下 0.5 m。通过河道水流冲刷部位的管道，管顶应埋设在冲刷线以下 0.5 m。

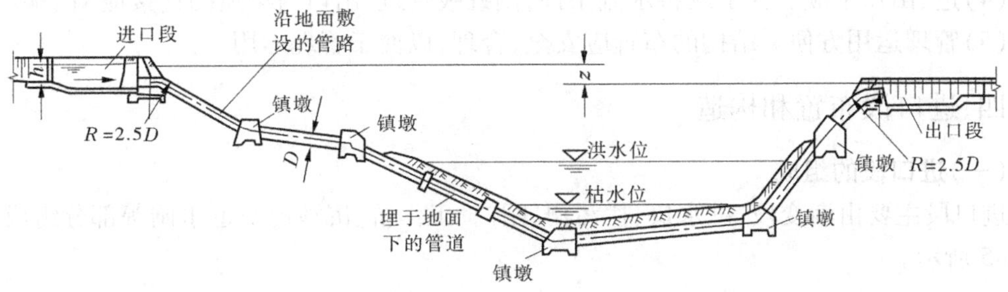

图 11-3　曲线式倒虹吸管

(四)桥式

桥式倒虹吸管与曲线式倒虹吸管相似,在沿坡面爬行铺设曲线形管段的基础上,在深槽部位建桥,管道铺设在桥面上或支承在桥墩等支承结构上,如图 11-4 所示。

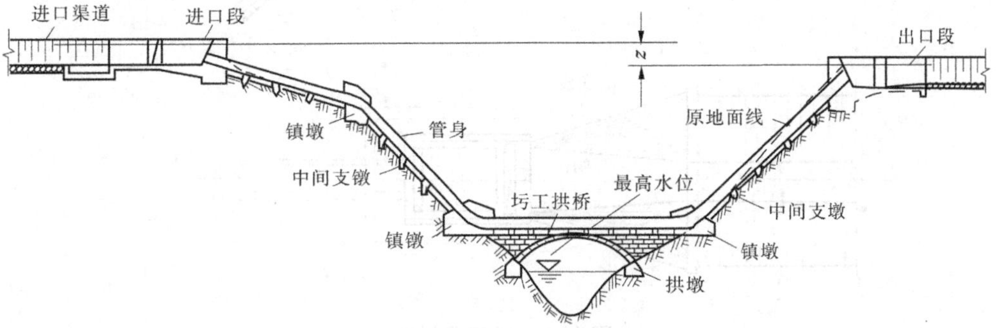

图 11-4　桥式倒虹吸管

桥式倒虹吸管多用于渠道与较深的复式断面或窄深河谷交叉的情况。其主要特点是可以降低管道承受的压力水头,减小水头损失,缩短管身长度,并可避免在深槽中进行管道施工的困难。

桥下应有足够的净空高度,以满足泄洪要求。在通航的河道上,还应该满足通航要求。

三、倒虹吸管的布置要求

倒虹吸管的总体布置应根据地形、地质、施工、水流条件,以及所通过的道路、河道洪水等具体情况经过综合分析比较确定。一般要求如下:

(1)管身长度最短。管路力争与河道、山谷和道路正交,以缩短倒虹吸管道的总长度。还应避免转弯过多,以减少水头损失和镇墩的数量。

(2)岸坡稳定性好。进、出口以及管身应尽量布置在地质条件稳定的挖方地段,避免建在高填方地段,并且地形应平缓,以便于施工。

(3)开挖工程量少。管身应适应地形坡度变化布置,以减少开挖的工程量,降低工程造价。

(4) 进、出口平顺。为了改善水流条件，倒虹吸管进、出口与渠道的连接应当平顺。

(5) 管理运用方便。结构的布置应安全、合理，以便于管理运用。

四、进口段布置和构造

（一）进口段的组成

进口段主要由渐变段、进水口、拦污栅、闸门、工作桥、沉沙池及退水闸等部分组成，如图 11-5 所示。

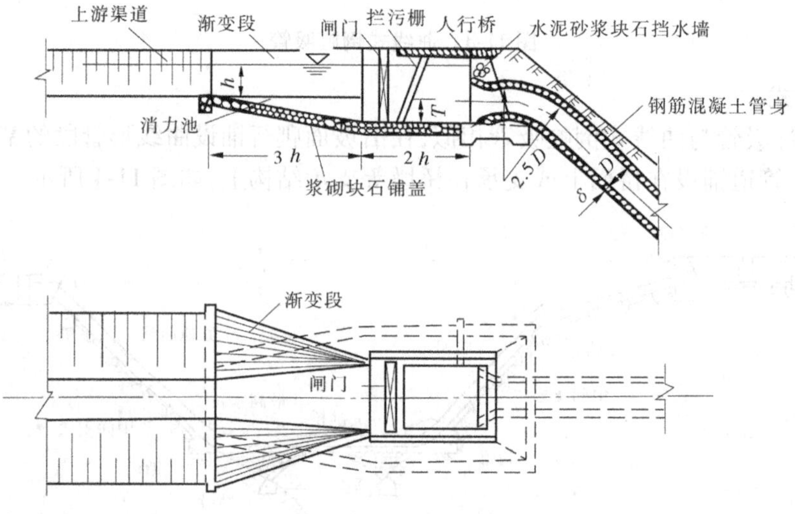

图 11-5　进口段构造

进口段的结构形式，应保证通过不同流量时管道进口处于淹没状态，以防止水流在进口段发生跌落、产生水跃而使管身引起振动。

进口段的轮廓应当平顺，以减少水头损失，并应满足稳定、防冲和渗流等要求。

进口段应修建在地基较好、透水性小的地基上。当地基较差、透水性大时应做防渗处理。通常做 30 ~ 50 cm 厚的浆砌石或做 15 ~ 20 cm 的混凝土铺盖，其长度为渠道设计水深的 3 ~ 5 倍。

（二）进口段的布置和构造

1. 进口渐变段

倒虹吸管的进口一般设有渐变段，其主要作用是使其进口与渠道平顺连接，以减少水头损失。渐变段长度一般采用 3 ~ 5 倍的渠道设计水深。

渐变段的具体形式和构造，可参考渡槽的进口部分。

2. 进水口

倒虹吸管的进水口一般是通过挡水墙与管身相连接而成的。挡水墙可用混凝土浇筑，也可用圬工材料砌筑，砌筑时应妥善与管身衔接好。进水口的形式一般有以下三种：

(1) 喇叭口形，与管身用弯道连接。进口为喇叭口形，进水口段与管身用弯道相连接，如图 11-6 所示。其弯道曲率半径一般为 2.5 ~ 4.0 倍管内径。这种形式的构造较为复杂,但水流条件较好,主要用于岸坡较陡、管径较大的钢筋混凝土管道。

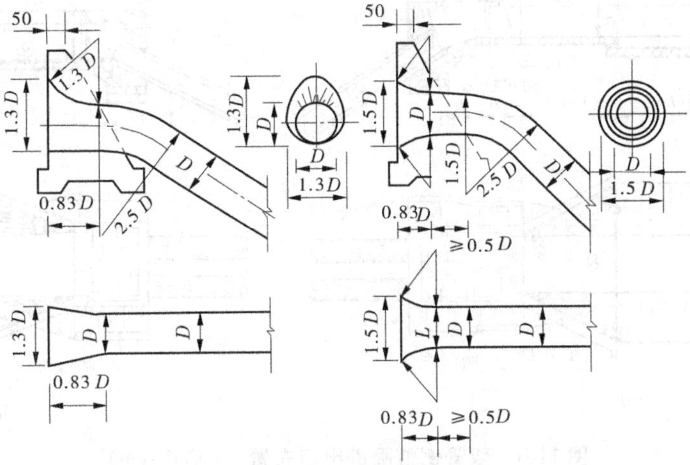

图 11-6 喇叭口接弯道进口布置

(2)喇叭口形,管身直伸胸墙。进口设有喇叭口,并将管身直接伸入胸墙 0.5 ~ 1.0 m,与喇叭口连接,如图 11-7 所示。一般适用于两岸岸坡较缓的情况。

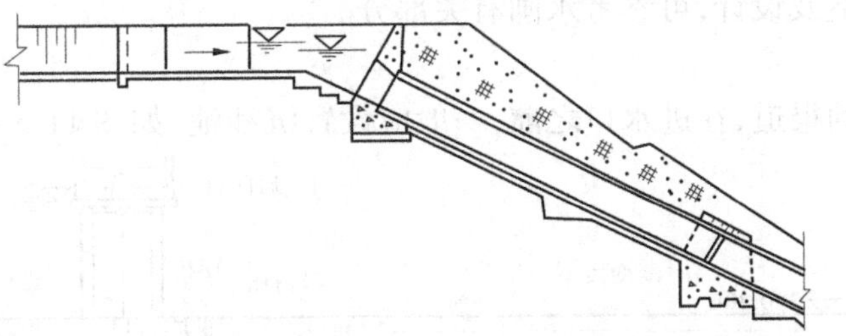

图 11-7 喇叭口接直管道进口布置

(3)无喇叭口,管身直伸胸墙。进口不设喇叭口,将管身直接伸入挡水墙内,如图 11-4所示。主要特点是构造简单、施工方便,但水流条件较差。一般用于小型倒虹吸管。

3. 闸门

双管或多管道虹吸,在其进口应设置闸门,如图 11-8 所示。当过流量较小时,可用一根或几根管道输水,以防止进口水位跌落,同时可增加管内流速,防止管道淤积。

对于单管倒虹吸,其进口一般可不设置闸门,有时仅在侧墙留闸门槽,以便在检修和清淤时使用,需要时临时安装插板挡水。

闸门的形式,可用平板闸门或叠梁闸门。

4. 拦污栅

为了防止漂流物或人畜落入渠内被吸入倒虹吸管内,在闸门前需要设置拦污栅,如图 11-8(a)所示。栅条可用扁钢做成,其间距一般为 20 ~ 25 cm。

拦污栅的布置,应设有一定的坡度,以增加过水面积或减小水头损失,常用坡度为 1/3 ~ 1/5(与水平面的倾角一般为 70° ~ 80°)。

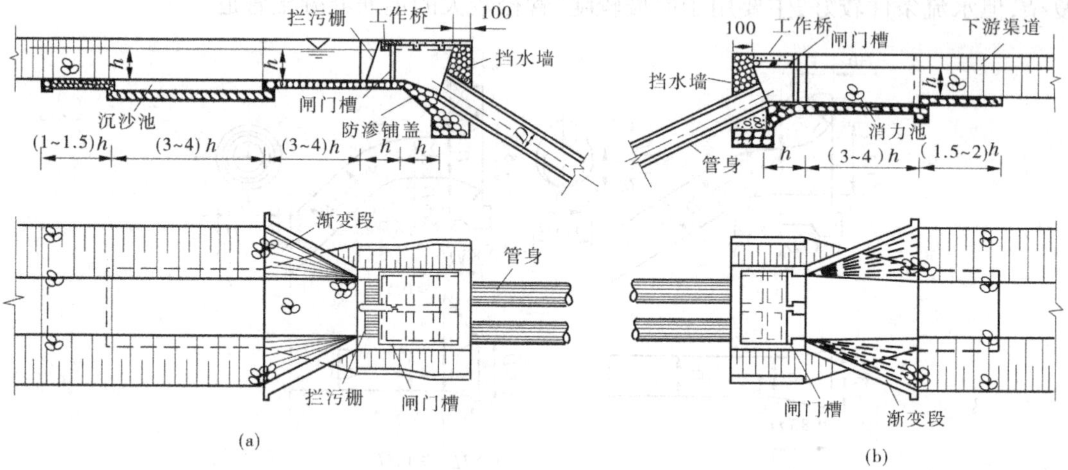

图 11-8　双管倒虹吸进出口布置　（单位:cm）

5. 工作桥

为了启闭闸门或进行清污,有条件情况下,可设置工作桥或启闭台。为了便于运用和检修,工作桥或启闭台面应高出闸墩顶足够的高度,通常为闸门高再加 1.0 ~ 1.5 m。

工作桥的构造及设计,可参考水闸有关部分。

6. 沉沙池

对于多泥沙的渠道,在进水口之前,一般应设置沉沙池,如图 11-9 所示。主要作用是

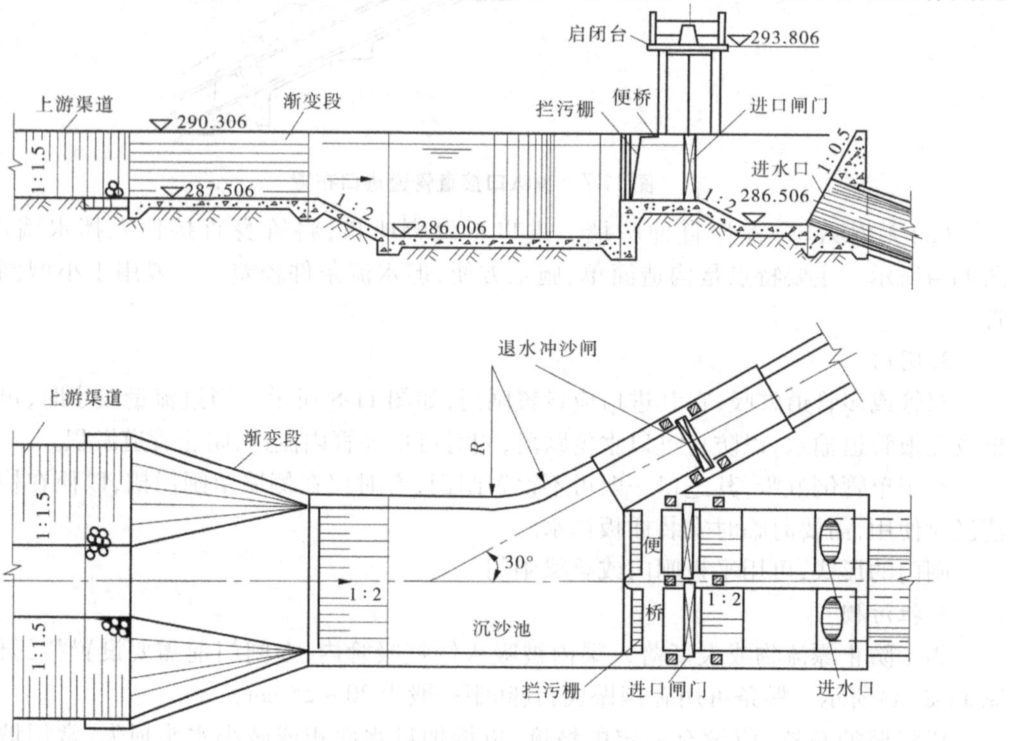

图 11-9　沉沙池及冲沙闸布置　（单位:m）

拦截渠道水流挟带的粗颗粒泥沙和杂物进入倒虹吸管内，以防止造成管壁磨损、淤积堵塞，甚至影响虹吸管道的输水能力。对于悬移质为主的平原地区渠道，也可不设沉沙池。

沉沙池内的泥沙，要根据沉积数量及清淤周期的要求，在停水期间，进行人工清淤；也可结合进口退水冲沙闸，进行水力冲沙。

山丘地区的绕山渠道，沉沙池应适当加深，以防止泥沙入渠造成倒虹吸管的磨损。

7. 进口退水闸

大型或较为重要的倒虹吸管，应在进口设置退水闸。当倒虹吸管发生事故时，为确保工程的安全，可关闭倒虹吸管前的闸门，将渠水从退水闸安全泄出。

五、出口段的布置和构造

出口段包括出水口、闸门、消力池、渐变段等。其布置形式与进口段相似，如图 11-10 所示。

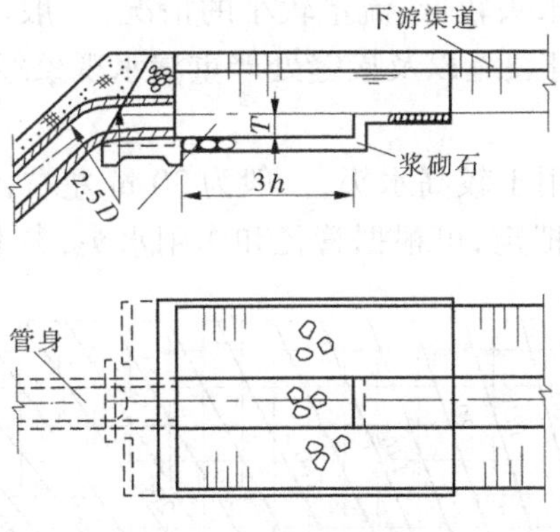

图 11-10　出口段布置

(1)闸门。为了便于运行管理，在双管或多管倒虹吸的出口，应设置闸门或预留检修门槽。

(2)消力池。消力池一般设置在渐变段的底部，主要用于调整出口水流流速分布，以使水流平稳地进入下游渠道，防止造成下游渠道的冲刷。

倒虹吸管出口水流流速一般较小，消力池的尺寸，可按以下经验进行估算。

池长　$L \geqslant (3 \sim 4)h$　(11-1)

池深　$T \geqslant 0.5D + \delta + 30 \quad (\text{cm})$　(11-2)

式中　h——渠道的设计水深；

D、δ——管道内径与管壁厚度。

(3)渐变段。出口一般设有渐变段，以使出口与下游渠道平顺连接，其长度一般为 4 ~ 6倍的渠道设计水深。

为了防止水流对下游渠道的冲刷现象，应在渐变段下游 3 ~ 5 m 的范围内进行渠道的护砌保护。

实际工程中，出口渐变段的长度一般与消力池同长。对于小型工程，出口渠道的连接也可不用渐变段的形式，如用复式渠道与下游渠道按照相同边坡直接相连，如图 11-10 所示。

六、管路布置和构造

管路的布置和构造，主要内容包括管身断面、材料选择，管壁厚度、管段长度确定，分缝止水、泄水冲沙孔、进人孔以及支承结构等。应根据流量大小、水头高低、运用要求、管路埋设情况、高差的大小及经济效益等因素，综合进行考虑。

（一）管身的断面

倒虹吸管的管身断面，一般为圆形，因其水力条件和受力条件较好。对于低水头的管道，也可使用矩形或城门洞形断面。

（二）管身材料和壁厚

倒虹吸管的材料应根据压力大小及流量的多少、就地取材、施工方便、经久耐用等原则综合分析选择。常用的材料主要有混凝土、钢筋混凝土、预应力钢筋混凝土、铸铁和钢材等。

对于水头小于 3 m 的矩形或城门洞形小型管道，也可采用砖、石等材料砌筑。

（1）混凝土管。适用于水头较低、流量较小的情况，一般用于水头为 4 ~ 6 m，有时也可达 10 余 m。为了防止管身裂缝以及接缝处严重漏水现象经常发生，应严格把握材料强度、施工技术及质量等因素。

（2）钢筋混凝土管。适用于较高水头，一般为 30 m 左右，可达 50 ~ 60 m，管径通常不大于 3 m。管壁厚度的初步拟定，可根据管径和作用水头，参考图 11-11 进行。

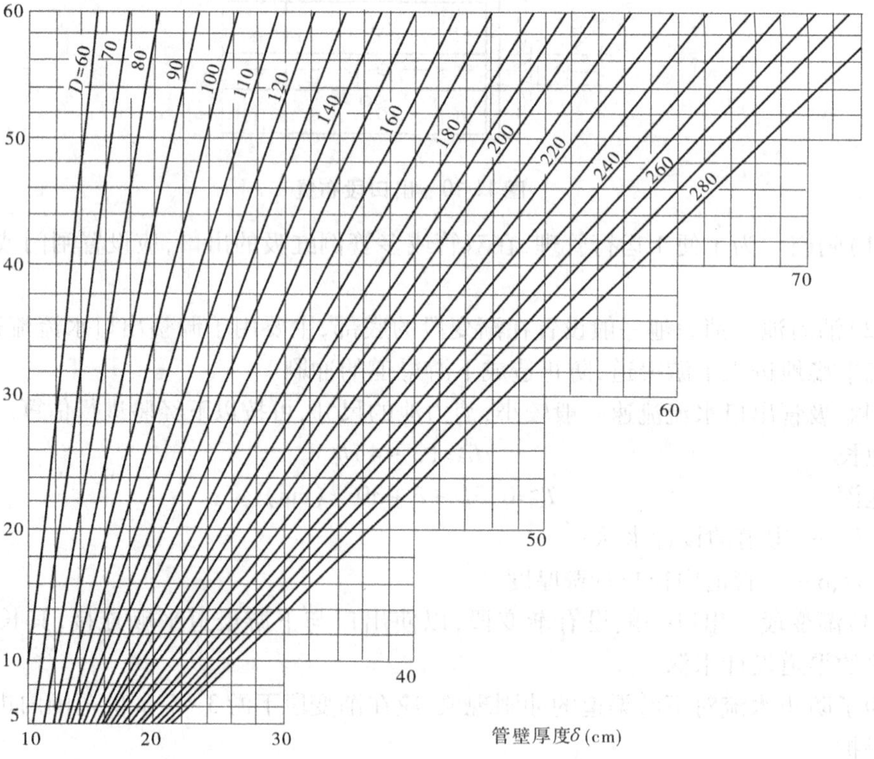

图 11-11　钢筋混凝土倒虹吸管管壁厚度选择曲线

(3)预应力钢筋混凝土管。适用于高水头,与钢筋混凝土管相比,具有弹性较好、不透水性和抗裂性好,能够充分发挥材料的性能。管壁厚度比钢筋混凝土管稍薄,初步拟定时可参考表 11-1。预应力钢筋混凝土管与金属管相比,可以节省钢材用量 80% ~90%。

表 11-1 预应力钢筋混凝土管的管径及管壁厚度

管径(mm)	600	800	1 000	1 200	1 400	2 000
管壁厚 δ(mm)	55	60	70	80	90	130

(4)铸铁管与钢管。多用于高水头(60 m 以上)地段,为了增强管道的刚度,可在管身的外壁每隔一定的距离设置加劲环和支承环。由于这种形式耗用金属材料较多,所以应用上受到了较大限制。

(三)管段长度和分缝止水

为防止管道因地基不均匀沉陷、温度变化以及混凝土的干缩而产生过大的纵向应力,使管身发生横向裂缝,应将管身进行分段,设置沉陷缝或伸缩缝,并在缝内设置止水。

(1)缝的间距。管段长度,即横缝的间距,应根据地基、管材、施工、气温等条件确定。现浇钢筋混凝土管缝的间距,在土基上一般为 15 ~20 m;在岩基上一般为 10 ~15 m。为了减小岩基对管身的收缩约束作用,可采取在管身与岩基之间设置油毛毡垫层等措施。这时,管身采用分段间隔浇筑,缝的间距可以增大到 30 m。

预制钢筋混凝土管及预应力钢筋混凝土管,管节长度可达 5 ~8 m。

(2)伸缩缝的形式。主要有平接、套接、企口接以及预制管的承插式接头等,如图 11-12

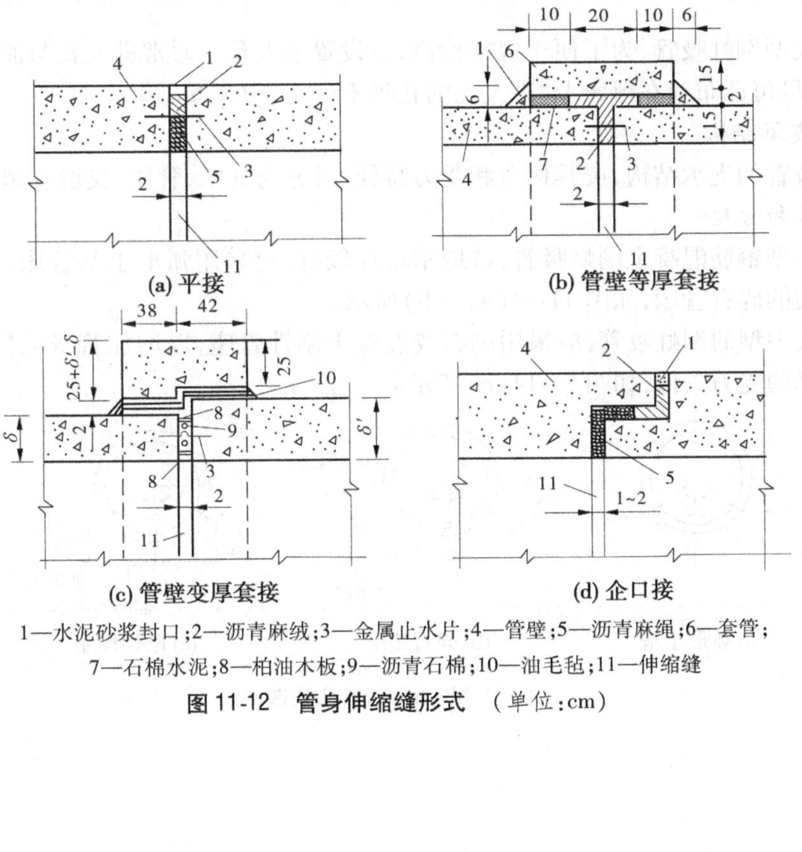

1—水泥砂浆封口;2—沥青麻绒;3—金属止水片;4—管壁;5—沥青麻绳;6—套管;
7—石棉水泥;8—柏油木板;9—沥青石棉;10—油毛毡;11—伸缩缝

图 11-12 管身伸缩缝形式 (单位:cm)

所示。缝的宽度一般为1～2 cm，缝中堵塞沥青麻绒、沥青麻绳、柏油杉板或胶泥等。

现浇管一般采用平接或套接，缝间止水多采用金属止水片。此外，止水的形式还有塑料止水、环氧基液贴橡皮止水等。

预制管、预应力钢筋混凝土管的接头处即为伸缩缝。接头形式有平口式和承插式。承插式接头安装方便，密封性好，具有较大的柔性，目前大多采用这种形式，如图11-13所示。

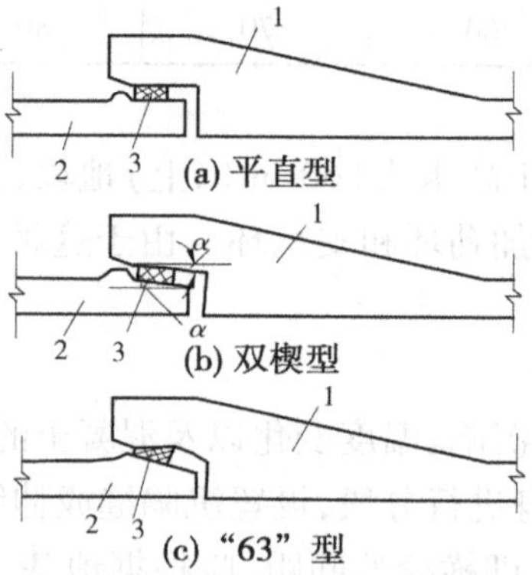

图11-13 钢筋混凝土管承插式接头

（四）泄水冲沙孔、进人孔

为了泄空管内积水、清除管内淤积泥沙以及便于检查维护，一般要在管身设置泄水冲沙孔，其底部标高应与河道枯水位齐平。对于桥式倒虹吸管道，泄水冲沙孔可设在管道的最低部位。

对于大型倒虹吸管，为了便于观察检修，应设置进人孔。通常进人孔与泄水冲沙孔结合布置，并尽可能布置在镇墩上，进人孔的孔径不应小于60 cm。

（五）支承结构

倒虹吸管的支承结构，按其构造和受力特征，可分为管床、管座、支墩及镇墩等形式。

1. 管床和管座

对于小型钢筋混凝土倒虹吸管，若地基条件较好，可采用弧形土基管床、三合土管床或分层夯实的碎石管床，如图11-14(a)、(b)所示。

对于大中型的倒虹吸管，应采用砌石或混凝土刚性管座，以增加管身的抗滑稳定性，并改善地基的受力条件，如图11-14(c)所示。

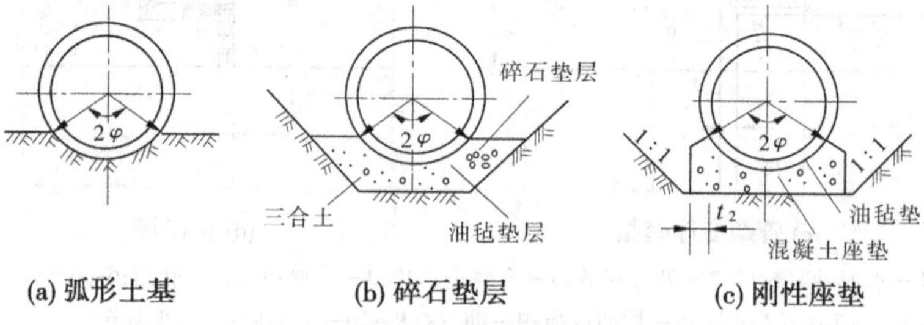

图11-14 管床、管座构造

在岩石地基上修建倒虹吸管时，可以在岩石中直接开槽，将管身直接浇筑在岩基上，也可在槽内浇混凝土垫层，然后敷设管道，如图 11-15 所示。

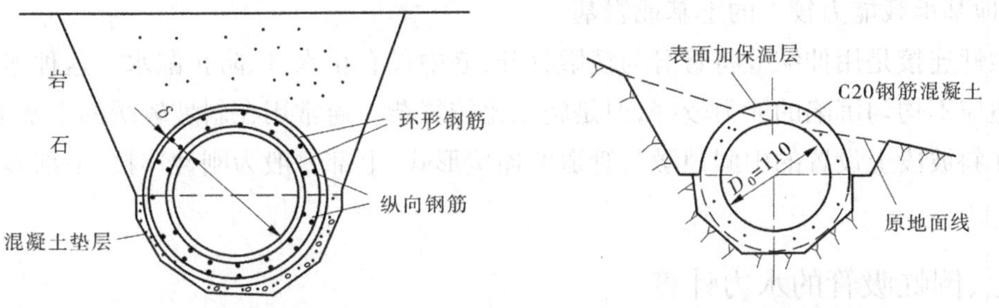

(a) 整体混凝土垫层　(b) 无座垫倒虹吸

图 11-15　岩基上管床示意图

2. 支墩

在承载力较大的地基上敷设中小型倒虹吸管道时，可以不设连续式的管座，而采用设置中间支墩的形式。支墩的构造，应保证管道轴向移动的可能性，一般采用摆动或滑动的形式，管径小于 100 cm 时，也可采用鞍型支墩。

支墩的间距，可根据地基、管径大小、管节的长度等情况而定，一般采用 2 ~ 8 m。包角 2 φ 一般为 90° ~ 135°，管身与支墩间铺沥青油毛毡。

支墩的建造材料，一般采用浆砌石、混凝土等。

3. 镇墩

镇墩是为了连接和固定管道而专门设置的支承结构。设置镇墩的位置，一般在倒虹吸管的变坡处、转弯处、不同管壁厚度的连接处、管身分段处或坡度较陡、长度较大的斜管中部。设置个数应结合地形、地质条件而定。

镇墩的材料主要为砌石、混凝土或钢筋混凝土。对于砌石镇墩，可在管道周围包一层混凝土，多用于小型倒虹吸管。在岩基上的镇墩，为了提高管身的稳定性，也可以加设锚杆与岩基相连接。

镇墩与管道的连接形式有刚性连接和柔性连接两种，如图 11-16 所示。

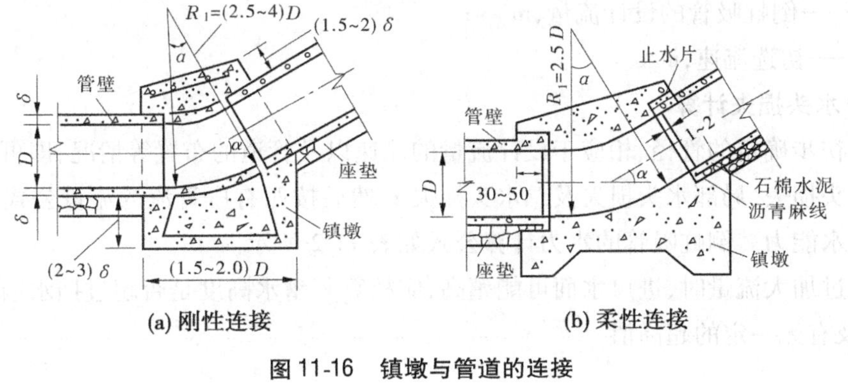

(a) 刚性连接　(b) 柔性连接

图 11-16　镇墩与管道的连接

刚性连接是把管端与镇墩混凝土浇筑在一起，砌石镇墩是将管端砌筑在镇墩内。这种形式的特点是结构简单、施工方便，但适应不均匀沉降的能力较差。一般用于斜管坡度较陡、地基承载能力较大的土基或岩基。

柔性连接是用伸缩缝将管身与镇墩分开，缝中设有止水，以防止漏水。这种连接的特点是适应不均匀沉陷的能力较好，但是施工比较复杂。通常用在斜坡较缓的土基上。

在斜坡段上设置的中间镇墩与管道的连接形式，上部一般为刚性连接，下部多为柔性连接。

七、倒虹吸管的水力计算

倒虹吸管水力计算的任务，主要是根据上游渠底高程、水位、流量和允许的水头损失，确定倒虹吸管的断面尺寸、水头损失、下游渠底高程及进出口的水面衔接形式。

在实际工程中，倒虹吸管的水力计算主要包括下列几种情况：①根据需要通过的流量和允许的水头损失，确定管道的断面形式和尺寸；②由需要通过的流量及拟定的管内流速，校核水头损失是否超过允许值。

（一）断面尺寸的确定

倒虹吸管的断面尺寸与管内流速有关，若流速选得过小，不仅管径偏大，管内还将发生淤积现象；若流速选得过大，尽管可以减小管径，但是水头损失将会增大，并且易造成出口的冲刷。因此，管内流速的确定应综合考虑技术经济和不淤条件。

当通过设计流量时，管内流速一般为 1.5 ~ 3.0 m/s。管内最大流速，一般按允许水头损失控制，在允许水头损失范围内应尽可能选择较大的流速，以减小管径。而管内最小流速，则应按挟沙流速确定。

倒虹吸管的管径，根据初选流速按照以下公式确定：

$$D = \sqrt{\frac{4Q}{\pi v}} \tag{11-3}$$

式中 D——倒虹吸管的管径，m；

Q——倒虹吸管的设计流量，m^3/s；

v——初选流速，m/s。

（二）水头损失计算

根据初步确定的管径、相应于设计流量的流速以及管道的布置等情况，即可计算管道的沿程水头损失、局部水头损失及总水头损失 z，然后按照有压管流的流量公式验算倒虹吸管的过水能力。倒虹吸管的水力计算公式如表 11-2 所示。

当通过加大流量时，进口水面可能壅高，应核算其壅水高度是否超过挡水墙顶和上游渠顶，以及有无一定的超高值。

表 11-2　倒虹吸管水力计算公式

序号	公式名称	计算公式	式中符号说明
1	倒虹吸管的流量	$Q=\mu\omega\sqrt{2gz}$	μ—流量系数; ω—倒虹吸管的过水断面面积,m^2; z—上下游水位差,m; λ—沿程水头损失系数; l—管道总长度,m; D—管道直径,m; $\sum\zeta$—局部水头损失系数总和,ζ 可由相关水力计算手册查得; v—管内平均流速,m/s; n—糙率系数; R—水力半径,m
2	流量系数	$\mu=\dfrac{1}{\sqrt{\lambda\dfrac{l}{D}+\sum\zeta}}$	
3	沿程水头损失	$h_f=\lambda\dfrac{l}{D}\dfrac{v^2}{2g}$	
4	沿程水头损失系数	$\lambda=\dfrac{8g}{C^2},C=\dfrac{1}{n}R^{\frac{1}{6}}$	
5	局部水头损失	$h_j=\sum\zeta\dfrac{v^2}{2g}$	
6	上下游渠道水位差	$z=h_f+h_j=\dfrac{v^2}{2g}(\lambda\dfrac{l}{D}+\sum\zeta)$	

当通过小流量时,应验算上下游渠道实际水位差 z_1 是否大于计算得出的水头损失值 z_2,若 $z_1>z_2$,说明实有的水头大于所需水头,即管道进口处的水位低于上游水位,所以进口水面将会产生跌落,从而在管道内产生水跃衔接,如图 11-17 所示。水跃的脉动和掺气将引起管身的振动,影响管道正常输水,严重时会导致管身破坏。为避免这种现象发生,可根据倒虹吸管总水头的大小,采取以下不同的进口结构布置形式。

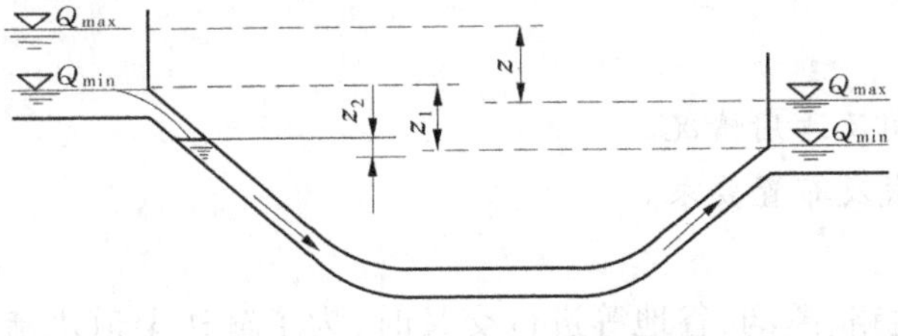

图 11-17　倒虹吸管水力计算

当 z_1-z_2 值较大时,可适当降低管身的进口高程,并在进口前设置消力池,池中的水跃应为进口处水面所淹没,如图 11-18(a)所示。

当 z_1-z_2 值不大时,可略降低管身的进口高程,并在进口前设置斜坡段,使渠道的水面与管口水面在斜坡段衔接,如图 11-18(b)所示。

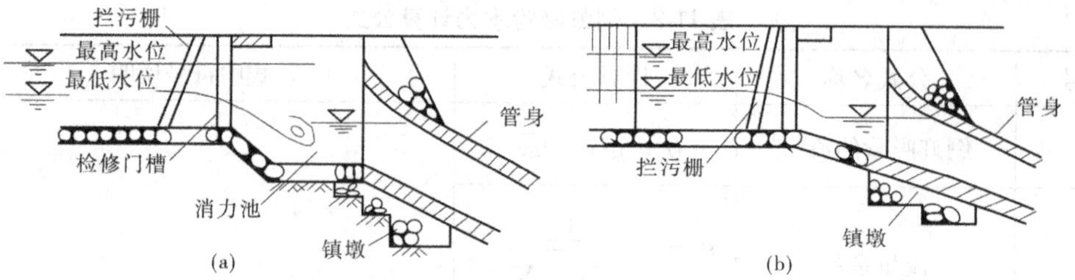

图 11-18　倒虹吸管进口水面衔接

当 $z_1 - z_2$ 值很大时，如在进口设置消力池不便于布置或不经济，可考虑在出口处设置闸门，以抬高出口水位，使倒虹吸管进口淹没，消除管内水跃现象。此时，应加强运行管理，以保证倒虹吸管正常工作。

当通过加大流量，上下游渠道水位差值 z 小于倒虹吸管通过加大流量时所需的水位差值时，应通过计算，适当加大挡水墙及上游渠道堤顶的高度，增加超高值。

（三）下游渠底高程及进出口水面衔接

下游渠底高程的确定及进出口水面衔接，应在上游渠底高程确定的基础上，通过各种特征流量时的水头损失计算成果，以综合分析选定适当的水头损失值 z 作为依据。

上游水面高程 = 上游渠底高程 + 渠道水深

下游水面高程 = 上游水面高程 − 水头损失值 z

下游渠底高程 = 下游水面高程 − 渠道水深

倒虹吸管的断面尺寸和上下游渠道底部高程确定后，应当核算通过小流量时是否满足不淤要求。若计算出的管身断面尺寸较大或通过小流量时管内流速过小，可考虑布设双管或多管。

任务二　涵　洞

【学习目标】

1. 掌握涵洞的作用及适用情况。
2. 掌握涵洞的组成及布置要求。

涵洞是指渠道与道路、溪沟、谷地等进行交叉时，为了输送渠道水流或排泄溪谷中的来水，而在道路或填方渠道下面修建的交叉建筑物，如图 11-19 所示。这种输水涵洞与排水涵洞，一般不设置闸门，通常所说的涵洞主要是指这两种。涵洞与涵洞式水闸（亦简称涵闸或涵管）的根本区别，就在于是否设置闸门。

一、涵洞的组成

涵洞一般由三部分所组成，即进口段、洞身段和出口段。进、出口段是洞身与渠道和

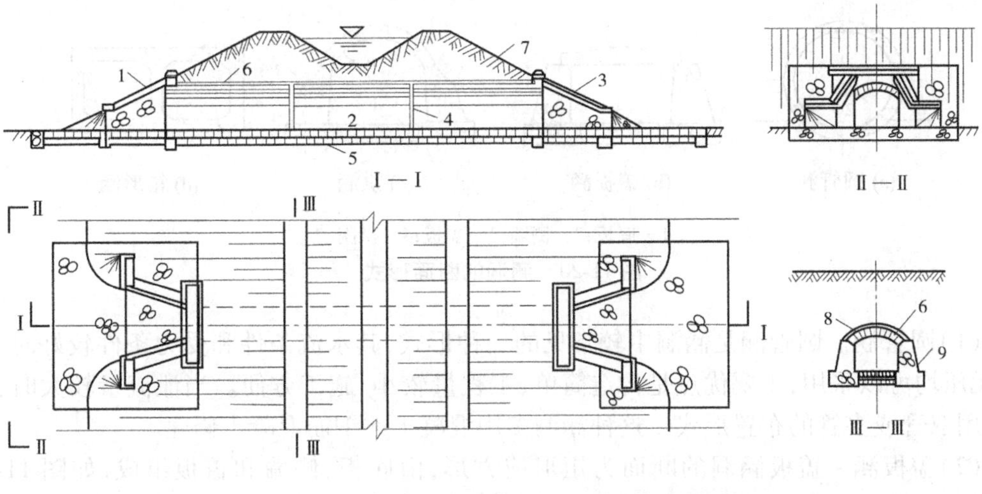

1—进口;2—洞身;3—出口;4—沉降缝;5—砂垫层;6—防水层;7—填方渠道;8—拱圈;9—侧墙

图 11-19　填方渠道下的石拱涵洞示意图

沟溪的连接部分,主要作用是确保水流平顺地进、出洞身,以减少水头损失,防止水流的冲刷;洞身的作用是输送水流,其顶部往往有一定厚度的填土。

涵洞设计时,首先,应根据渠系规划所确定的任务要求,结合当地的具体条件,选定洞身和进出口的形式;其次,通过水利计算确定涵洞的口径、长度、进出口底部高程、纵坡和进出口的形式,进行涵洞的总体布置;最后,进行洞身、翼墙等结构设计和细部构造设计等。

二、涵洞的类型

涵洞的类型较多,一般可以按洞内水流条件、断面形式、埋设方式涵洞的作用及建筑材料等将其分为不同的形式。

(一)按水流条件分类

(1)有压涵洞。有压涵洞的特点,是整个洞身断面充满水流。对于有压涵洞,由于洞内压力较大,因此在泄水时,应特别注意防止出现洞内水流明、满交替现象,而引起涵洞的振动破坏。

(2)无压涵洞。无压洞特征,则是洞内水流从进口到出口均保持有自由水面。这种涵洞多为输水涵洞,因其要求的断面尺寸较大,故可以减少水头损失,有利于输水,对于上下游水头差较小、流速不大的情况,一般可以不考虑专门的防渗、排水和消能问题。这种涵洞主要适用于上游集水面积大、洪水持续时间长、涨落比较缓慢,并且所允许的上游水面壅高值较小的情况,一般可以采用砌石等材料修建,如砌石拱涵或盖板涵。

(3)半有压涵洞。半有压涵洞,其进口洞顶为水流所封闭,而洞内水流有自由水面。排水涵洞可以是有压的,也可以是无压式或半有压式。对于半有压涵洞,应根据流速大小、洪水持续的时间长短,考虑消能、防渗及排水问题。

(二)按断面形式分类

按照涵洞断面形式,可分为圆管涵、盖板涵、拱涵和箱形涵等几种,如图 11-20 所示。

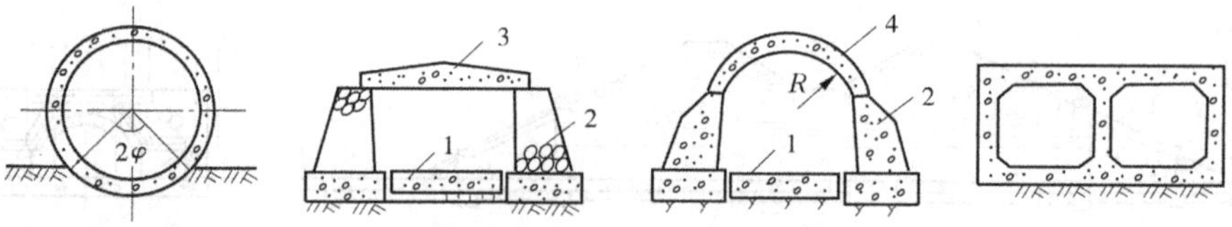

(a) 圆管涵　(b) 盖板涵　(c) 拱涵　(d) 箱形涵

1—底板；2—侧墙；3—盖板；4—拱圈

图 11-20　涵洞的断面形式

(1)圆管涵。圆管涵是涵洞中较常见的一种形式，其水流条件和受力条件较好时，有压、无压均可以采用，主要优点是构造简单、工程量较小、施工方便。当泄流量较大时，可以采用双管或多管的布置形式。这种涵洞多用混凝土或钢筋混凝土修建。

(2)盖板涵。盖板涵洞的断面为矩形或方形，由底板、侧墙和盖板组成，如图 11-20(b)所示。底板和侧墙一般采用浆砌石或混凝土做成，盖板一般为预制钢筋混凝土板。设计时，可以将盖板和底板视为侧墙的支撑，考虑填土的抗力，以减少工程量。按照地基条件的好坏，可将底板分为整体式和分离式两种，盖板的厚度一般为跨径的 1/5 ~ 1/12，盖板设置 2% 坡度向两侧倾斜，以便于排水。

(3)拱涵。拱形涵洞由拱圈、侧墙和底板组成，其特点是受力条件较好，对于填土较高、跨度较大和泄流量较大的明流涵洞较为适用。拱涵的底板分为整体式和分离式，一般可以根据地基条件和跨度的大小选定。有时为了改善整体式底板的受力条件，将其做成反拱式底板，如图 11-21 所示。

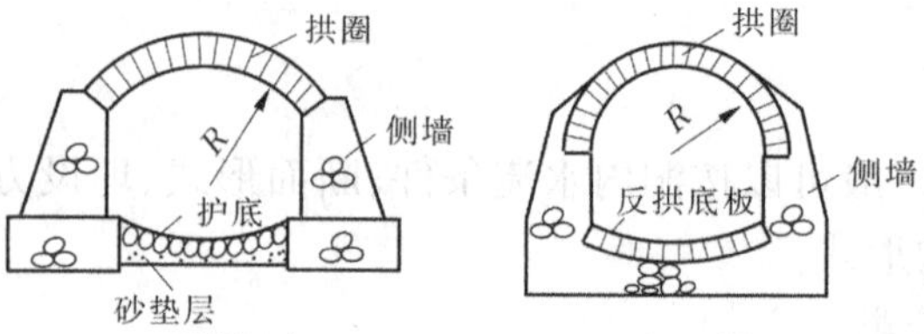

(a) 平拱涵　(b) 半圆拱涵

图 11-21　反拱式底板

拱涵的拱圈，按其形状可分为半圆拱和平拱两种。平拱的矢跨比为 $f/l = 1/3 \sim 1/8$，半圆拱水平推力较小，但是拱圈受力条件差，自拱脚至 1/4 跨径处易出现较大的拉应力。

拱圈可做成等厚或变厚度的，一般混凝土拱圈厚度不小于 20 cm，砌石拱圈不小于 30 cm。

(4)箱形涵。这种涵洞的断面为矩形，为四周封闭的钢筋混凝土整体结构，对于地基的不均匀沉陷适应性较好，随着水深度增加，涵洞的泄流能力增加较为显著，对于明流涵洞较为有利。箱形涵适用于洞顶填土较厚、洞跨较大、地基条件较差的无压或低压的情况。洞身可以直接敷设在砂石地基和砌石、混凝土垫层上。小跨度的箱涵可以采用分段预制、现场安装的方法。

(三)按埋设方式分类

按照涵洞的埋设方式,可以将其分为沟埋式和上埋式两种。沟埋式是指将涵洞埋设在较深的沟槽中,这种槽壁为天然土壤,较为坚实,管道上部及两侧用土回填;上埋式是将涵管直接埋设在地面之上,多用于横穿公路、铁路及河渠堤岸的情况,如图 11-22 所示。

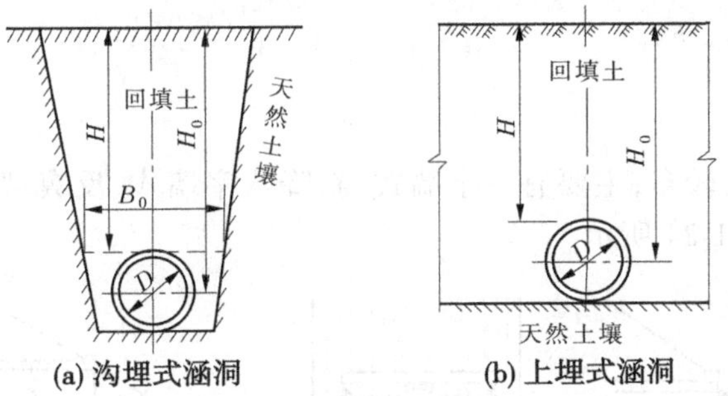

图 11-22　涵洞埋设方式示意图

此外,按照涵洞的作用不同,可将其分为输水涵洞与排水涵洞;按照涵洞的建筑材料,又可将其分为钢筋混凝土涵、混凝土涵、石涵和砖涵等。

三、涵洞的布置

(一)涵洞的布置要求

涵洞布置的任务是确定洞轴线的位置和洞底高程,一般根据地形、地质和水流条件,通过方案比较决定,最终达到水流平顺、不产生冲刷和淤积、运用安全可靠、工程量最小和经济合理等目的,具体要求如下:

(1)地形地质条件。涵洞的线路应选择在地基均匀且承载能力较大的地段,防止产生不均匀沉陷而使得洞身断裂。当受地形条件限制,必须建在软弱地基上时,应采取相应的加固措施。

(2)涵洞轴线的方向。涵洞的轴线应尽量与洞顶渠道或道路正交,以缩短洞身的长度,为了保证水流的畅通,还应注意洞轴线与来水方向一致。

(3)洞顶高程。位于填方渠道下面的涵洞,洞顶高程至少应低于渠底 0.6 ~0.7 m,以防止渠道的渗水沿洞身周围产生集中渗流,从而引起工程的破坏。

(4)洞底高程。对于排洪涵洞,洞底高程应等于或接近原渠沟底的高程,以防止上、下游渠沟的冲刷和淤积,特别是在出口部位更应注意。

(5)洞底坡度。涵洞底部的纵坡一般应等于或大于原渠沟的坡度,一般可以采用 1% ~3%,以防止涵洞的上、下游沟谷遭受水流冲刷或淤积。对于纵坡过陡的涵洞,可以设置齿形基础或在出口设置镇墩,如图 11-23所示,以增加洞身的稳定性。

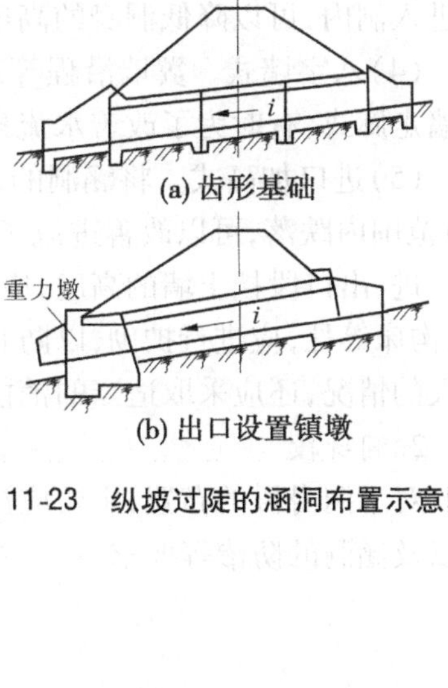

图 11-23　纵坡过陡的涵洞布置示意图

(二)涵洞进、出口段长度

实际工程中,输水涵洞进口收缩段的长度,一般为渠道水深的 3 ~5 倍,出口段应适当加长,一般为渠道水深的 5 ~8 倍。

对于排水涵洞,进、出口段的长度可以适当缩短,但也不能过短,一般以不小于 1.5 倍水深为限。

(三)涵洞布置

1. 进、出口段

进、出口段的形式较多,主要有一字墙式、斜降八字墙式、反翼墙走廊式、八字墙式和进口加高式等,如图 11-24 所示。

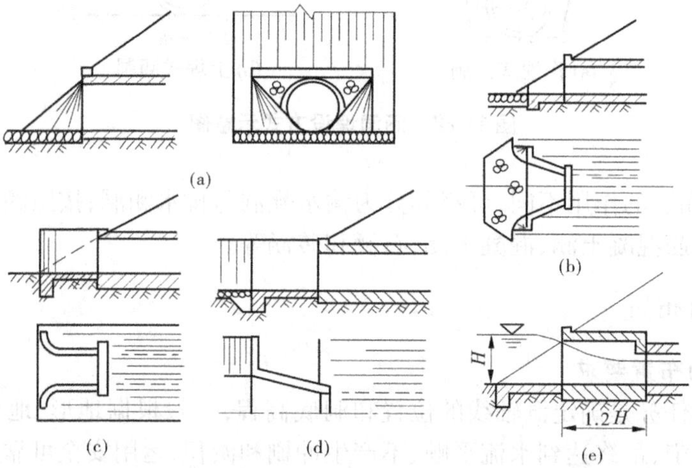

图 11-24　涵洞进出口形式

(1)一字墙式。又称圆锥护坡式,涵洞的进、出口设置圆锥形护坡与堤外边坡相连接,构造较为简单,但水力条件较差,多用于中小型涵洞或出口处。

(2)斜降八字墙式。翼墙的高度沿程变化,在平面上呈八字形,一般扩散角为 20 ~ 40°,其水力条件较好。

(3)反翼墙走廊式。进口两侧翼墙的高度沿程不变,从而形成廊道,水面在该段跌落后进入洞内,可以降低洞身的高度,但将增加工程量。

(4)八字墙式。翼墙沿程等高,平面上为八字,墙体伸出填土边坡以外,其作用同反翼墙走廊式,有时为了改善水流条件,可以改造成扭曲面式。

(5)进口加高式。将涵洞的进口抬高,使水流不封闭洞顶,水面在 1.2H(H 为上游水深)范围内跌落,可以改善进流条件,因其构造较为简单,故常被采用。

进、出口段挡土墙的高度,应根据上、下游设计水位确定。在进、出口一定范围内的渠道、沟床等处,应进行护砌,以防止冲刷破坏,护砌的长度一般为 3 ~5 m。对于出口流速较大的情况,还应采取适当的消能防冲措施。

2. 洞身段

对于洞身段的布置,主要应注意明流洞水面以上的净空、洞顶填土厚度、伸缩缝的设置以及涵洞的防渗等要求。

(1)明流洞的净空。明流涵洞即无压洞,其水面以上要求有足够的净空高度,对于管涵和拱涵,净空高度应大于或等于涵洞高度的1/4;对于箱涵,则应大于或等于洞高的1/6。

(2)洞顶填土厚度。为了保证涵洞具有较好的工作条件,涵洞的顶部应有一定的填土厚度,一般要求应不小于1.0 m。对于进行衬砌的渠道,填土厚度可以适当减小,一般也不小于0.5 m。

(3)伸缩缝的设置。为了适应地基不均匀沉陷、温度变化等条件引起的伸缩变形,在软基上的涵洞,应对其进行分段设置沉降缝。对于砌石、混凝土、钢筋混凝土涵洞,沉降缝的间距应不大于10 m,并且小于2~3倍洞高。沉降缝的位置,通常设在进出口与洞身连接处,或外荷载变化较大的地方。对于预制涵管,应按管节长设缝。

(4)涵洞的防渗。为了防止洞顶及两侧渗漏,可在涵洞外侧填一层防渗黏土,其厚度可采用0.5~1.0 m。有压涵洞,可沿洞身设置截水环。在沉降缝设置处,应设置止水设施,其构造可参考倒虹吸管有关内容。

3. 基础

涵洞的基础设计,应根据地基条件和涵洞的结构形式等因素进行考虑。对于管涵,常采用砌石或混凝土管座式,其包角为90°~135°,可参考倒虹吸管有关内容。

对于拱涵或箱涵,若建在岩基上,仅将基面进行平整即可;若建在压缩性较小的土基上,可进行素土或三合土夯实;若建在软弱地基上,可做碎石或砂砾石垫层。

涵洞的基本构造,可参考倒虹吸管有关内容。

四、涵洞的水力计算

涵洞的水力计算任务是确定涵洞的孔径、下游连接段的形式和尺寸。根据涵洞不同的水流状态,可将其分为无压流、有压流和半有压流三种情况,进行水力计算时,首先应根据上下游水位、洞身的长度及纵坡的大小判断涵洞的水流形态,然后按照不同的水力学过水能力计算公式进行计算。

对于无压流,当洞身长度$L<(5\sim12)H$(H为设计水深)时,属于短洞,洞身段水流可按淹没宽顶堰计算过流能力,过堰水头损失即为进口局部水头损失;当洞身长度$L\geq(15\sim20)H$时,属于长洞,洞身段水流按明渠均匀流计算,其断面尺寸、水面衔接、总水位降低,均可参考渡槽的水力计算,在此不再重复。

对于有压流,其断面尺寸较小,进口水面壅高较大,通常以设计流量时上游允许的壅高水位计算洞身的断面尺寸。为保证洞内有压,洞身纵坡应尽量小些,断面尺寸也不宜太大,以防止洞内产生明、满流交替现象。具体计算方法,可参考倒虹吸管的水力计算。

五、涵洞的结构计算

在涵洞上作用的荷载主要有涵洞自重、填土压力、洞内外水压力、洞顶车辆荷载(道路下的涵洞)等,填土压力式涵洞的主要荷载包括垂直土压力和水平面土压力,其值的大小与填土高度、土壤性质、填土施工方法以及洞身的刚度有关。由于涵洞的形式不同,其内力计算方法也不一样。

整体式圆形涵洞属于刚性管,是三次超静定结构,其内力计算可用弹性中心法。若为等厚圆形涵洞,其内力计算一般可以通过涵管内力计算表,根据不同的铺设方式查得。

在盖板式涵洞的内力计算时，其盖板一般按简支梁计算；对于整体式底板，可将侧墙与底板视为整体结构计算；对于分离式底板，侧墙一般可按照挡土墙进行计算，有时为了节省工程量，也可将挡土墙按简支梁计算，即将涵洞的盖板和底板视为侧墙的支撑。

计算钢筋混凝土箱形涵洞的内力时，可视其为四边封闭的框架，采用力矩分配法计算较为简便，计算时可将地基反力简化为均布荷载。

计算拱形涵洞的内力时，应根据拱圈构造及侧墙底板的连接形式不同，采用相应的计算方法：①对于无铰拱，可按照弹性中心法计算；②对于整体式底板和侧墙，可按整体式结构计算；③对于分离式底板，其侧墙一般可按照重力式挡土墙法计算，考虑到顶拱推力及底板的支承作用，侧墙也可按拱桥轻型桥台计算；④对于底拱，可根据构造情况，按无铰拱和两铰拱计算。

涵洞的结构计算方法，可以参考坝下埋管或倒虹吸管部分有关内容。

涵洞的进出口结构计算，与其形式及构造有关，一般可以按照挡土墙进行设计。

技能训练题

一、填空题

1. 倒虹吸管一般由进口段、管身段、出口段三部分组成。进口段主要包括________、________、________、________、________、________、________等，设计要求________；出口段主要设置有闸门和渐变段等。

2. 倒虹吸管的纵剖面布置形式，主要有以下几种：________、________和桥式倒虹等。

3. 倒虹吸管的管身埋设深度，对于跨河情况，管顶应在________以下 0.5 m；对于穿越公路情况，管顶应在路面以下________m。

二、判断题

1. 倒虹吸管的镇墩，一般采用混凝土或钢筋混凝土重力式结构形式，其位置不宜设置在倒虹吸管的转弯处。（　）

2. 修建渡槽，比修建填方渠道的涵洞过流能力大，但是比修建倒虹吸管水头损失大。（　）

3. 倒虹吸管水力计算的任务是：根据渠道水力要素和上游渠底高程，选定合理的管径，确定下游渠底高程和进出口的水面衔接形式。（　）

三、简答题

1. 倒虹吸管的作用及适用条件是什么？
2. 倒虹吸管有哪些类型？说明其组成、作用及构造。
3. 倒虹吸管布置的一般要求有哪些？
4. 倒虹吸管的管身布置和构造包括哪些内容？主要影响因素有哪些？
5. 倒虹吸管的进出口布置、特点有哪些？
6. 倒虹吸管的水力计算任务是什么？

项目十二 跌水与陡坡

除前述渠系建筑物外，常见的渠系建筑物还有跌水、陡坡等。

跌水与陡坡，是指上、下游渠道高低不同部位之间的连接建筑物，因其将水流落差在此集中，故亦称落差建筑物。这种建筑物一般适用在渠道通过地面过陡的地段，可以保持渠道的设计坡降，避免过高的填方或过深的挖方。

落差建筑物的形式通常有跌水、陡坡、斜管式跌水和竖井式跌水等四种，如图 12-1 所示。其中，跌水和陡坡应用最为广泛。

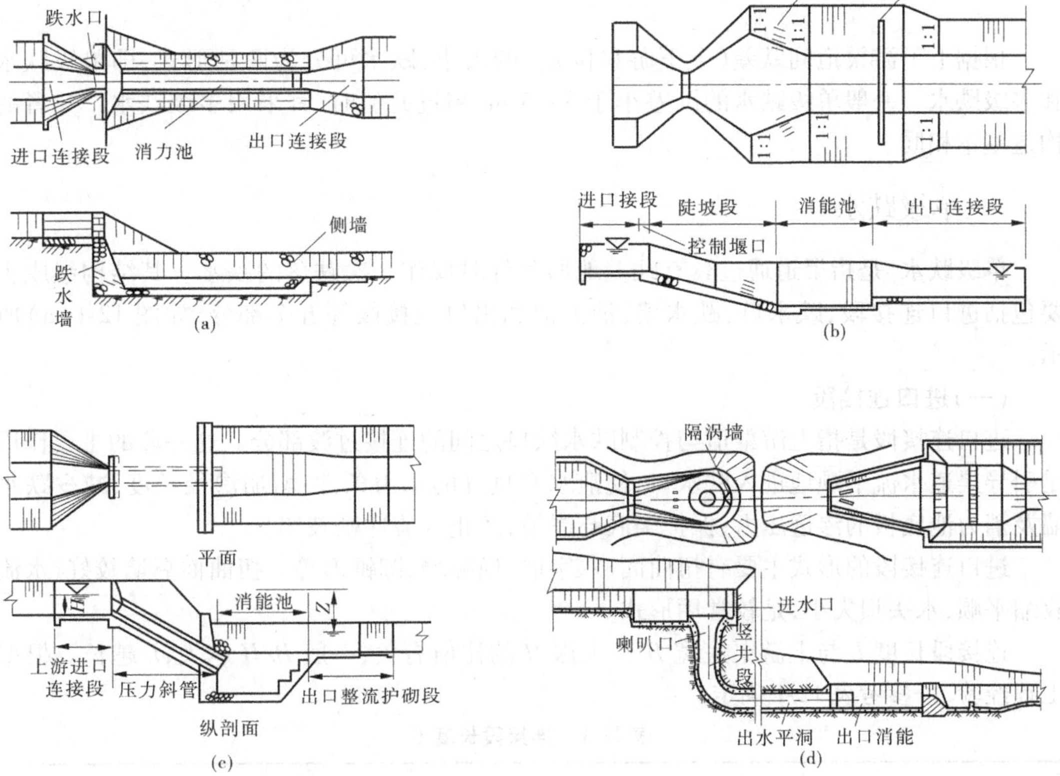

图 12-1 落差建筑物的形式

跌水是指水流呈自由抛射状态跌落于下游消力池中的建筑物；陡坡是指水流受倾斜陡槽约束而沿槽身下泄的建筑物。二者的根本区别在于水流特征不同。

落差建筑物的主要用途是：①调整渠道的纵坡，满足渠道不冲不淤的要求；②用于渠道上的排洪、泄水和退水建筑物中；③充分利用集中落差水流势能，修建小型水电站。

落差建筑物的设计内容主要是工程布置和水力计算，其护坡、护底及挡土墙等结构可参考一般工程经验进行设计。布置时应使进口前渠道水流不出现较大的水面降落和壅高，以免上游渠道产生冲刷或淤积，出口处必须设置消能防冲设施，避免下游渠道的冲刷。

落差建筑物的建筑材料一般采用砖、石、混凝土和钢筋混凝土，目前多用砌石和混凝土。

任务一 跌 水

【学习目标】

1. 掌握跌水的作用和类型。
2. 掌握跌水的组成和布置要求。

根据上下游渠道间跌差（上下游水位差）的大小，跌水可分为两种形式，即单级跌水和多级跌水。一般单级跌水的跌差小于 3～5 m，超过此值时，宜采用多级跌水。二者的构造基本相同。

一、单级跌水

单级跌水，是指渠道通过具有跌差地形条件时仅作一次跌落的跌水。其结构组成主要包括进口连接段、跌水口、跌水墙、消力池和出口连接段等五个部分，如图 12-1（a）所示。

（一）进口连接段

进口连接段是指上游渠道与控制跌水缺口之间的连接过渡部分。这一段的主要作用是引导渠道水流平顺地进入跌水口，使泄水有良好的水力条件；增加渗径长度，减少跌水墙及消力池底板的渗透压力；保护渠底与岸坡，防止水流冲刷破坏。

进口连接段的形式主要有扭曲面、八字墙、横隔墙、圆锥形等。扭曲面翼墙较好，水流收缩平顺，水头损失小，是较常用形式。

连接段长度 L 与上游渠底宽 B 和水深 H 的比值有关，一般 B/H 越大，L 越长。根据工程经验，可参考表 12-1 确定。

表 12-1 连接段长度 L

B/H	≤1.5～2.0	2.1～3.5	>3.5
L	≤(2.0～3.5)H	(2.6～3.5)H	视具体要求适当加长

连接段在平面上的收缩线与渠道中线的夹角 α 应小于 45°，如图 12-2 所示。

连接段的翼墙在跌水口处，应设置一定的直线段，其长度一般为(1～1.5)H，翼墙顶应高出渠道最高水位 0.3 m。

为了防止水流的冲刷和增加渗径长度,防止绕渗及减小跌水墙后和消力池底板的渗透压力,连接段可采用块石和混凝土进行衬砌。在连接段的翼墙和护底均应设置齿墙,并伸入两岸和渠底 0.3 ~0.5 m。

为了防止渗漏和延长渗径,进口连接段前的渠道可设置护底。

(二)跌水口

跌水口又称控制缺口,是设计跌水和陡坡的关键。为使上游渠道水面在各种流量下不生产壅高和降落,常将跌水口缩窄,减小水流的过水断面,以保持上游渠道的正常水深。常用的跌水缺口,主要有矩形、梯形和底部加抬堰等形式,如图 12-3 所示。

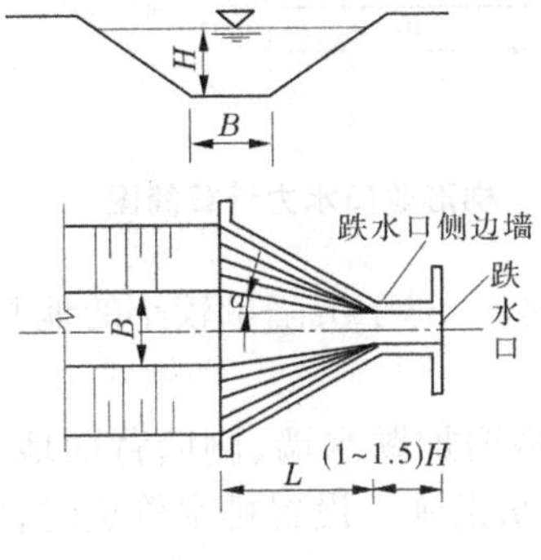

图 12-2　进口连接段

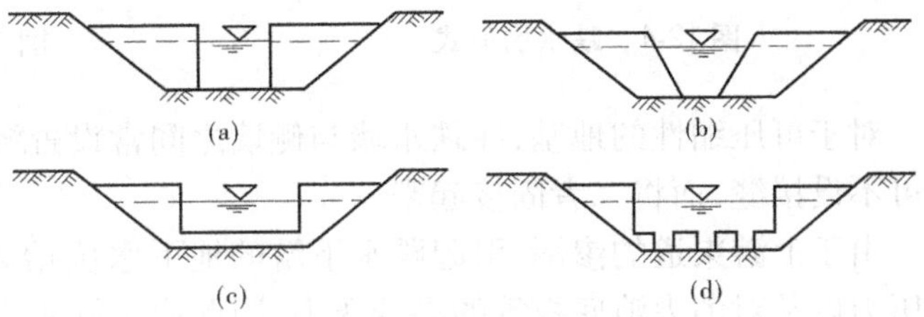

图 12-3　跌水口形式

(1)矩形跌水口。如图 12-3(a)所示,跌水口底部高程与上游渠底相同。由于跌水口的宽度往往是根据设计流量确定的,因此当通过设计流量时,跌水口前的水深与渠道相近,而当流量大于或小于设计流量时,上游水位将产生壅高和降落。同时,由于缺口处断面收缩得较厉害,使其水流集中,单宽流量较大,所以下游易产生严重的旋涡,消能防冲较为困难。这种跌水口,因结构简单、施工方便,故对于渠道流量变化不大的情况较为适用。

(2)梯形跌水口。如图 12-3(b)所示,跌水口底部高程与渠道相同,两侧呈斜坡状,因其跌水口断面狭窄,故又称狭缝堰,常用于流量变化较大或较频繁的情况。这种形式能适应渠道流量的变化,在通过各种流量时,上游渠道不致产生过大壅水和降落现象;水流条件较矩形跌水口有所改善;其单宽流量较矩形跌水口小,减小了对下游渠道的冲刷。但是,由于水流缩窄较快,故梯形跌水口的单宽流量仍较大,水流较集中,造成下游消能困难。因此,当渠道流量较大时,为减少对下游的冲刷,可采用隔墙将缺口分成几个梯形小缺口。

(3)抬堰式跌水口。如图 12-3(c)所示,在跌水口底部作一抬堰,其宽度与渠底相等。这种跌水口能保持通过设计流量时,使跌水口前水深等于渠道正常水深。但通过小流量时,渠道水位将产生壅高或降低,同时抬堰前易造成淤积,对含沙量大的渠道不宜采用。为了解决淤积或排除上游渠道余水问题,有时在堰上做成矩形小缺口,如图 12-3(d)所示。

(三)跌水墙

跌水墙是指为了挡住跌坎上的填土、支撑上部结构和防止下游水流反冲刷等而设置的挡土墙结构。根据地形、地质条件和落差高低，跌水墙可采用重力式、悬臂式或扶壁式等结构，一般多采用重力式挡土墙，而且为直墙式和倾斜式两种，如图 12-4 所示。由于跌水墙插入两岸，其两侧有侧墙支撑，稳定性较好，设计时，可按照重力式挡土墙计算，但考虑到侧墙的支撑作用，也可按梁板结构计算。

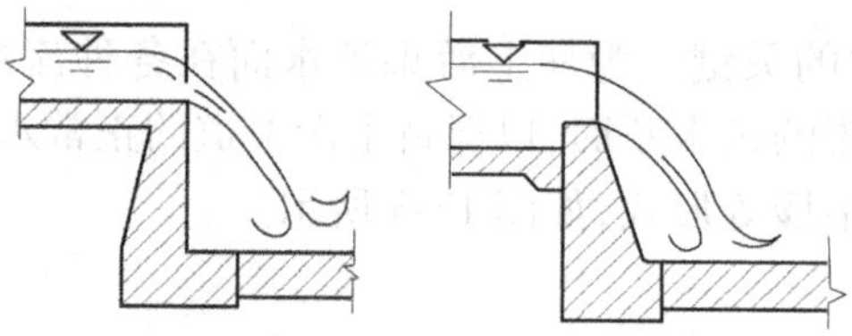

(a)直墙式　　(b)倾斜式

图 12-4　跌水墙形式

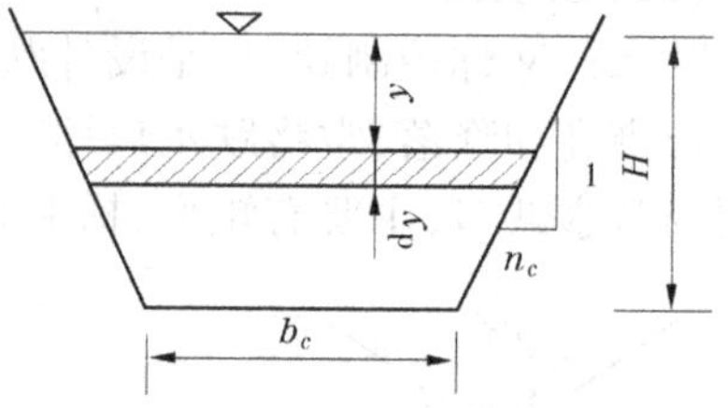

图 12-5　梯形堰口水力计算简图

对于可压缩性的地基，在跌水墙与侧墙之间常设置沉陷缝。对于沉陷量较小的地基，也可不设接缝，而将二者固接起来。

由于上游渠道的渗漏，引起跌水下游的地下水位抬高，将增加跌水墙、侧墙背面地下水压力以及对消力池底板等的渗透压力，因此应做好防渗排水设施。设置排水管道时，应与下游渠道相连。

（四）消力池

为了削减抛射出的水流的多余能量，在跌水墙下应设置消力池，以使下泄水流形成淹没水跃，进而转变为缓流，再流向下游渠道。

消力池在平面上的布置形式一般有扩散和不扩散两种。其横断面形式主要为矩形、梯形和折线形三种。一般来说，矩形断面的消力池，消能效率较高，水流条件较好，但其侧墙断面较大，与下游渠道连接不便；梯形断面的消力池便于与下游渠道连接，侧墙较简单，但是池内易产生回流，造成流态不稳、水面波动、消能效率低、下游渠道冲刷较为严重；折线形断面是指渠底高程以下为矩形，渠底高程以上为梯形，效果较好，目前采用较多。

消力池的各部分尺寸，应由水力计算确定。其底板的衬砌厚度与单宽流量和跌差大小有关，根据经验，可取 0.4～0.8 m。

（五）出口连接段

为改善流经消力池后的水力条件，调整流速在断面上的分布，防止水流对下游渠道的冲刷破坏，在消力池与下游渠道之间应设置出口连接段。

出口连接段的长度一般应略大于进口连接段的长度。

消力池末端常用 1:2～1:3 的反坡与下游渠底相连。平面扩散角度一般采用 30°～40°。

在出口连接段后的渠道仍应用干砌、浆砌石或混凝土衬砌，以调整水流，防止冲刷，其护砌长度一般不小于 3 倍下游水深。

二、多级跌水

多级跌水，是将消力池建造成几个阶梯形状，进行逐级消能的建筑物，如图 12-6 所示。一般适用于地形较陡、跌差较大(超过3～5 m)的情况。

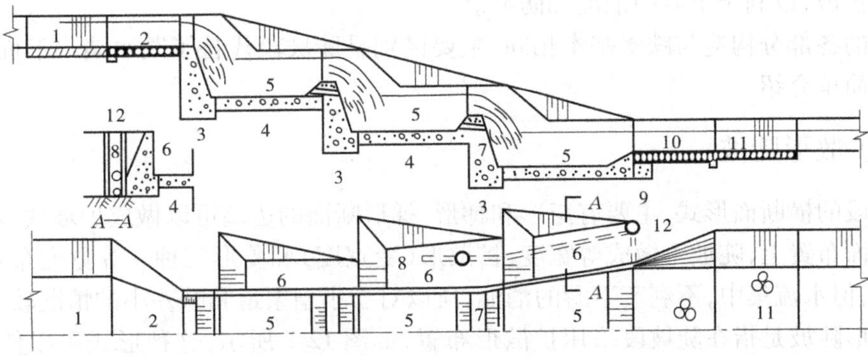

1—防渗铺盖;2—进口连接段;3—跌水墙;4—跌水护底;5—消力池;6—侧墙;
7—泄水孔;8—排水管;9—反滤结构;10—出口连接段;11—出口整流段;12—集水井

图12-6　多级跌水

多级跌水的组成和构造,与单级跌水基本相同。为使各级消力池具有相同的工作条件,并且便于施工管理,各级落差(高度)和消力池长度应当相等。

消力池的长度一般不超过20 m,所以沉陷缝可以设置在消力池的底板前、后两端,在缝内一般设有沥青麻布等止水材料,以适应不均匀沉降和温度变化引起的变形。

多级跌水的形式有设消力槛和不设消力槛两种。在上一级消力池末端设置一定高度的尾槛,可以缩短消力池的长度,以形成淹没水跃,并可作为下一级的控制堰口,各级布置应相同。为便于放空消力池内的积水,在消力池的尾槛上通常留有10 cm×10 cm或20 cm×20 cm的泄水孔。

多级跌水的分级数目和各级落差大小,应根据地形、地质、工程量大小等经济技术指标综合比较确定。一般各级跌差可取3～5 m,对于小流量可取上限。最后一级跌水由于要和下游相连接,因此要进行单独设计。

任务二　陡　坡

【学习目标】

1. 掌握陡坡的作用和类型。
2. 掌握陡坡的组成和布置要求。

陡坡是建在地形过陡的地段,用于连接上下游渠道的倾斜渠槽,因该渠槽的坡度一般大于临界坡度而得名。陡坡的落差、比降,应根据地形、地质条件以及沿渠调节分水需要等进行确定。一般陡坡的落差比跌水大,陡坡的比降不陡于1:1.5。

根据地形条件和落差的大小,陡坡也可以布置成单级或多级。多级陡坡往往建在落差较大且有变坡或有台阶地形的渠段上。

陡坡由五部分所组成,包括进口连接段、控制堰口、陡坡段、消力池和出口连接段。

在陡坡段水流速度较高,因此应做好进口和陡坡段的布置,以使下泄水流平稳、对称且均匀地扩散,以利于下游的消能和防冲。

陡坡的各部分构造与跌水基本相同,主要区别是陡坡段代替了跌水墙。下面就不同部分进行简单介绍。

一、扩散形陡坡

陡坡段的横断面形式,主要有矩形和梯形,梯形断面的边墙可以做成护坡式。

在平面布置上,陡坡可做成等宽度、扩散形(变宽度)和菱形三种。等宽度布置,形式较为简单,但水流集中,不利于下游的消能,所以对于小型渠道和跌差小的情况较为常用。

扩散形陡坡是指在陡坡段采用扩散形布置,如图 12-7 所示,这种形式可以使水流在陡坡上发生扩散,单宽流量逐渐减小,因此对下游消能防冲较为有利。

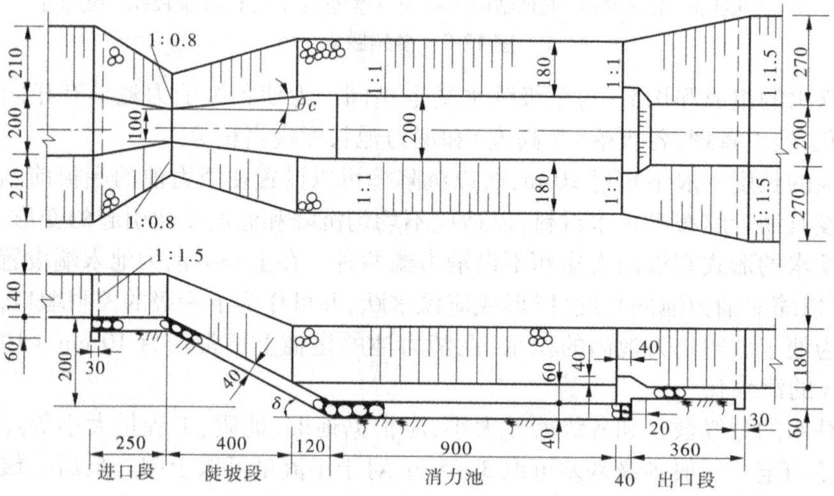

图 12-7 扩散形陡坡 (单位:cm)

陡坡的比降,应根据地形地质情况、跌差及流量的大小等条件进行确定。对于流量较小、跌差小且地质条件较好的情况,其比降可陡一些。在土基上陡坡比降,一般可取 1:2.5～1:5。

对于土基上的陡坡,单宽流量不能太大,当落差不大时,多从进口后开始采用扩散形陡坡。

陡坡平面扩散角,根据经验,一般为 5°～7°。

二、菱形陡坡

菱形陡坡是指在平面布置上呈菱形,即上部扩散而下部收缩。这种布置一般用于跌差 2.5～5.0 m 的情况。

为了改变水流条件,一般在收缩段的边坡上设置导流肋,并使消力池的边墙边坡向陡槽段延伸,使其成为陡坡边坡的一部分,确保水跃前后的水面宽度相同,两侧不产生平面回流旋涡,使消力池平面上的单宽流量和流速分布均匀,从而减轻了对下游的冲刷。

三、人工加糙陡坡

为了促使水流紊动扩散、降低流速、改善下游流态及利于防冲消能，可在陡坡段上进行人工加糙。常见的加糙形式有双人字形槛、单人字形槛、交错式矩形加糙条和棋盘形方墩等，如图 12-8 所示。

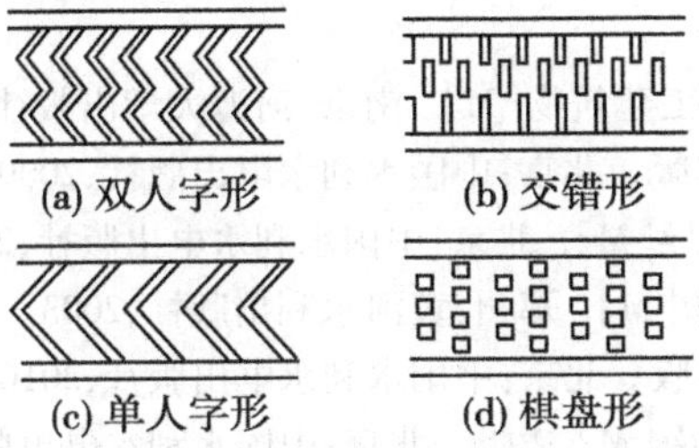

图 12-8　人工糙面的形式

人工加糙的糙条间距，一般不宜过密，不然会使急流脱离底板而产生低压，从而影响陡坡的安全和消能效果。对于重要工程，其布置形式、条槛尺寸大小等应通过模型试验确定。设计时可参考有关教材。

技能训练题

一、填空题

1. ________是指水流呈自由抛射状态跌落于下游消力池中的建筑物；________是指水流受倾斜陡槽约束而沿槽身下泄的建筑物。

2. 与同长度的跌水相比较，陡坡的工程量比较________________。

3. 跌水结构组成主要包括进口____________、____________、____________、____________和____________等五个部分。

二、判断题

1. 渠系建筑物中，陡坡、跌水都是落差建筑物。　(　　)

2. 跌水一般由进口连接段、控制缺口、陡坡段、消力池和下游连接段组成。　(　　)

3. 陡坡由进口连接段、控制缺口、跌水墙、消力池、出口连接建筑物组成。　(　　)

三、简答题

1. 什么是跌水和陡坡？二者有哪些区别？

2. 落差建筑物有哪几种形式？说明其主要用途。

3. 单级跌水一般由哪几部分组成？说明各部分的主要特点及用途。

4. 说明陡坡的组成及各部分作用。

参考文献

[1] 左东启,王世夏,林益才. 水工建筑物[M]. 南京:河海大学出版社,1996.
[2] 杨邦柱. 水工建筑物[M]. 2 版. 北京:中国水利水电出版社,2009.
[3] 冷爱国. 水工建筑物实训指导[M]. 北京:中国水利水电出版社,2008.
[4] 郑万勇,杨振华. 水工建筑物[M]. 郑州:黄河水利出版社,2003.
[5] 程兴奇. 水工建筑物[M]. 4 版. 北京:中国水利水电出版社,2010.
[6] 高本虎. 橡胶坝工程技术指南[M]. 2 版. 北京:中国水利水电出版社,2006.
[7] 水利水电工程专业案例应试辅导与习题集编委会. 水利水电工程专业案例[M]. 郑州:黄河水利出版社,2009.
[8] 中华人民共和国电力部. DL 5077—1997 水工建筑物荷载设计规范[S]. 北京:中国电力出版社,1998.
[9] 中华人民共和国水利部. SL 203—97 水工建筑物抗震设计规范[S]. 北京:中国水利水电出版社,1987.
[10] 中华人民共和国电力部. DL/T 5057—1996 水工混凝土结构设计规范[S]. 北京:中国电力出版社,1998.
[11] 中华人民共和国电力部. DL 5108—1999 混凝土重力坝设计规范[S]. 北京:中国电力出版社,2005.
[12] 中华人民共和国水利部. SL 319—2018 混凝土重力坝设计规范[S]. 北京:中国水利水电出版社,2005.
[13] 中华人民共和国水利部. SL 274—2001 碾压式土石坝设计规范[S]. 北京:中国水利水电出版社,2002.
[14] 中华人民共和国水利部. SL 253—2000 溢洪道设计规范[S]. 北京:中国水利水电出版社,2005.
[15] 中华人民共和国水利部. SL 319—2005 混凝土拱坝设计规范[S]. 北京:中国水利水电出版社,2005.
[16] 中华人民共和国水利部. SL 279—2002 水工隧洞设计规范[S]. 北京:中国水利水电出版社,2003.
[17] 中华人民共和国水利部. SL 265—2016 水闸设计规范[S]. 北京:中国水利水电出版社,2001.
[18] 中华人民共和国水利部. SL 227—98 橡胶坝技术规范[S]. 北京:中国水利水电出版社,1998.